若年ノンエリート層と雇用・労働システムの国際化

オーストラリアの
ワーキングホリデー制度を利用する
日本の若者のエスノグラフィー

藤岡伸明 著
Nobuaki FUJIOKA

福村出版

[JCOPY] 〈出版者著作権管理機構 委託出版物〉
本書の無断複写は著作権法上での例外を除き禁じられています。複写される場合は、そのつど事前に、出版者著作権管理機構（電話 03-3513-6969、FAX 03-3513-6979、e-mail: info@jcopy.or.jp）の許諾を得てください。

はしがき

　本書の刊行を準備していた2016年7月に，バングラデシュの首都ダッカで凄惨なテロ事件が発生した。報道によれば，イスラム過激派組織と何らかのつながりを持つと目される武装集団がレストランを襲撃し，日本人7人を含む20人を殺害した。犠牲になった日本人は，国際協力機構（JICA）による交通インフラ事業の調査のために現地に滞在していた技術者やコンサルタントだった。この事件は，多様な事業に関わる多くの日本人が世界各地で働いていること，そしてこのような人々を取り巻くテロのリスクが高まりつつあることを，日本社会に改めて印象づけたように見える。

　ここで「改めて」という表現を用いたのは，今回の事件について議論する際に3年前のテロ事件に言及する報道が少なからず存在したからである。3年前のテロ事件とは，2013年1月にアルジェリアの天然ガスプラントで発生した大規模な襲撃事件（アルジェリア人質事件）を指す。今回の事件と同様に，アルジェリア人質事件は日本社会に大きな衝撃を与えた。プラント建設に携わる10人の日本人が犠牲になったこの事件は，日系企業や日本人が海外で襲撃の標的になりうること，そして実際に襲撃を受けると多大な人的・経済的損失につながりうることを，日本社会に対して否応なく突きつけた。その衝撃の大きさゆえ，日本のメディアは，連日この事件に関するニュースや続報を大々的に取りあげていた。

　アルジェリア人質事件に関する様々な情報がメディアを通じて駆けめぐるなかで，犠牲になった日本人のなかに派遣技術者が含まれていた事実も一定の注目を集めた。10人の犠牲者のうち5人が東京都内の人材派遣会社から現地に派遣された熟練技術者であったことは，NHKのニュースでも特集として取りあげられた（「NHKニュースウォッチ9」2013年2月8日）。労働者派遣サービスが日本国内で急速に普及・発展していることは周知の事実だが，それが国境を越えて拡張・展開していることを知る人はそれほど多くなかったと思われる。したがって，アルジェリア人質事件は，日本人労働者の派遣サービスが国境を越えて展開しつつある現状を日本社会に広く知らしめたという点でも画期的な

出来事だったと言える。

　ここでテロという側面から離れて，日本企業のグローバルな事業展開や日本人の海外就業という現象に注目すると，日本人労働者を取り巻く「雇用・労働システム」（雇用や労働のあり方を規定する制度，組織，慣習，パターン化された行為などの体系）が，すでにかなりの程度まで国際化されていることに気づかされる。たとえば，日本企業の海外駐在員派遣制度は，「社内（またはグループ企業内）の人事異動」という形態を取った国境横断的雇用・労働システムの一例とみなせる。また，日本人の国際移動に詳しい人であれば，1990年代前半以降に，多くの若い日本人女性が「現地採用者」として海外の日系企業で働いていることを知っているはずである。さらに，近年の若者の就職動向に関心がある人は，中国をはじめとするアジア諸国で働く日本人の若者（男女）が増加しつつあるという報道を見聞きしたことがあるかもしれない。これらは全て，日本人を取り巻く雇用・労働システムが国境を越えて拡張・展開しつつあることを示唆する事例であり，グローバル化が進む日本経済の一側面を映し出す現象と言える。

　ところで，きわめて多くの日本人がその人たちの働く姿を頻繁に見かけているにもかかわらず，雇用・労働システムの国際化とは全く関係のない存在とみなされてきた日本人がいる。それは，海外の主要都市・観光地の第3次産業で働く若い日本人である。80年代後半以降に海外の主要都市や観光地を訪問した人は，行く先々に日本人の店員や接客係がいて何不自由なく過ごすことができた，という不思議な経験をしたことがあるのではないか。海外で言葉が通じなくてトラブルに巻き込まれたらどうしよう，という不安を抱えて海外旅行をした人が，蓋を開けてみれば日本人のツアーガイド，旅行代理店の日本人カウンセラー，ホテルの日本人受付係，土産物店の日本人販売員，日本食レストランの日本人ウェイトレス，日本食スーパーの日本人店員としか話す機会がなく，むしろ現地の人と現地の言葉でもっと話してみたいくらいだった，と感じるようなケースも少なくないのではないか。このように，海外の主要都市や有名観光地に日本の若者がたくさんおり，観光業者，飲食店，小売店などで働いているという状況は，90年代にはすでに認識されていた。しかしながら，一方で日本の雇用・労働研究は，考察対象を日本国内に狭く限定していたためこうし

た人々をほぼ完全に無視してきた。他方で，日本人の国際移動を扱う研究領域では，こうした人々を雇用・労働問題という観点から捉えようとする意識が希薄だった。さらに付言すれば，日本の雇用・労働システムや労働市場の国際化を扱う研究領域では，考察対象が日本国内で働く外国人に限定されてきた。つまり，海外の第3次産業で働く日本の若者は，「日本の若年雇用・労働問題」「日本人の国際移動」「日本における雇用・労働システムの国際化」を扱う既存の研究領域からことごとく軽視または排除されてきた。その結果，こうした人々の就業状況はうやむやにされ，日本の若者を取り巻く雇用・労働システムの国際化という現象を学術的に検証する好機は見逃され続けてきた。

　本書は，日本人の海外就業をめぐるこのような研究状況に疑問を投げかけ，日本の若者を取り巻く国境横断的な雇用・労働問題を扱うための新たな研究枠組みを提示しようとするささやかな試みである。この困難な課題に取り組むにあたって，筆者が立脚点としたのは日本の若年雇用・労働問題である。

　周知の通り，バブル経済の崩壊以降，日本の若者を取り巻く雇用・労働情勢は厳しさを増している。近年は，非正規雇用者，フリーター，ニートの増加に加えて，リーマン・ショック後の派遣切り（雇い止め），正社員になりたい／とどまりたいという若者の思いにつけ込むブラック企業，就職活動に失敗した若者の就活自殺，奨学金（という名の学生ローン）の滞納を理由とする訴訟や破産など，雇用・労働情勢の厳しさを伝えるトピックに事欠かない状況が続いている。このことを念頭に置きながら，厳しい就業環境に身を置く日本の若者と，先に見た海外の第3次産業で働く日本の若者を相互に関連づけつつ考察したときに，日本の若者を取り巻く雇用・労働システムの国際化という事態が明瞭に浮かび上がる。本論を先取りして具体的に言うと，就業環境の悪化を一因とする閉塞状況への打開策・対処法として海外就業（海外滞在）を選択した若者が，日本企業の海外進出に必要な日本人労働者を確保するための国境横断的な雇用・労働システムに組み込まれている現状が見えてくる。こうした事態の全体像を明らかにするための試行錯誤をまとめたものが本書である。

　以上の課題に取り組むにあたって筆者が選んだ考察対象は，ワーキングホリデー制度を利用して豪州に滞在する日本の若者である。ワーキングホリデー制度とは，若者に1年間の滞在と滞在中の就学・就労を認める寛大な国際交流制

度であり，この制度を利用して海外に渡航する日本人は年間約2万人に達する。そのうち約半数が豪州を渡航先として選び，海外長期滞在を経験している。この制度は就労を認めているため，滞在中に現地の第3次産業で働く者も多い。これらの特徴を持つワーキングホリデー制度の利用者は，本書の課題に取り組む対象としてふさわしい存在と言える。彼／彼女らが日本と豪州で経験している雇用・労働の実態を多面的に考察することによって，先行研究が見落としてきた国境横断的な雇用・労働システムの諸側面と，経済のグローバル化のなかで奮闘する日本の若者のリアルな姿を浮き彫りにしたい。

目　次

はしがき　(3)
オーストラリア概要　(10)

序章　若年海外長期滞在者を考察する意義 …………………………… 11
　　はじめに ………………………………………………………………… 11
　　第1節　若年労働市場の変化とキャリアの脱標準化 ………………… 15
　　第2節　閉塞状況に対する対処法・打開策 …………………………… 35
　　第3節　日本企業の海外進出と海外長期滞在者の多様化 …………… 55
　　第4節　本書の課題・構成・調査 ……………………………………… 79

第1部　ワーキングホリデー制度――理念，運用，利用者の概要　　87

第1章　ワーキングホリデー制度と日本人利用者の概要 ……………… 90
　　第1節　ワーキングホリデー制度の理念と歴史 ……………………… 90
　　第2節　ワーキングホリデーの魅力と肯定的イメージ ……………… 101
　　第3節　ワーキングホリデーの問題点と否定的評価 ………………… 105
　　第4節　制度利用者の概要 ……………………………………………… 113
　　まとめ …………………………………………………………………… 119

第2章　豪州ワーキングホリデー制度と日本人利用者の概要 ………… 121
　　第1節　豪州ワーキングホリデー制度の運用状況 …………………… 121
　　第2節　日本人ワーキングホリデー渡航者の概要 …………………… 131
　　第3節　豪州ワーキングホリデー制度の問題点 ……………………… 139
　　まとめ …………………………………………………………………… 146

第1部のまとめ …………………………………………………………… 149

第2部　閉塞状況への打開策・対処法としての海外滞在　　153

第3章　豪州ワーキングホリデー制度の利用者増加を促進する諸要因 ……156
　　第1節　分析枠組み ……………………………………………………… 156

第2節　プッシュ要因………………………………………………157
　　第3節　プル要因……………………………………………………171
　　第4節　媒介要因……………………………………………………180
　　まとめ…………………………………………………………………186

第4章　ライフヒストリー分析（1）
　　　　——キャリアトレーニング型・キャリアブレーク型…………188
　　第1節　考察対象者の選定…………………………………………188
　　第2節　キャリアトレーニング型…………………………………196
　　第3節　キャリアブレーク型………………………………………223
　　まとめ…………………………………………………………………249

第5章　ライフヒストリー分析（2）
　　　　——キャリアリセット型……………………………………………252
　　第1節　ライフヒストリー…………………………………………252
　　第2節　考察（1）「価値ある移動」としてのワーキングホリデー……269
　　第3節　考察（2）階層的戦術としてのワーキングホリデー…………275
　　まとめ…………………………………………………………………289

第2部のまとめ………………………………………………………………292

第3部　日系商業・サービス産業と国境横断的な雇用・労働システム　297

第6章　日本企業の豪州進出と就業機会の増大………………………299
　　第1節　日本企業の豪州進出と日本人向けビジネスの成長………299
　　第2節　現地消費者向けビジネスとしての日本食産業……………311
　　第3節　メルボルン日本食産業の発展と就業機会の増大…………327
　　第4節　ケアンズ観光業の発展と就業機会の増大…………………334
　　まとめ…………………………………………………………………346

第7章　日本食産業における就業状況……………………………………348
　　第1節　ワーキングホリデー渡航者から見た日本食産業…………348
　　第2節　日本食レストラン「瑞穂」の概要…………………………360

第 3 節　仕事そのものを通じて就業経験に対する評価が向上するメカニズム
　　　　　　……………………………………………………………………………… 366
　　まとめと考察 ………………………………………………………………………… 377

第 8 章　日本人向け観光業における就業状況 ……………………………………… 383
　　第 1 節　トリニティ・リバーズにおける就業生活 ………………………… 383
　　第 2 節　就業・生活環境を改善するための実践 …………………………… 391
　　第 3 節　経験に意味を付与する実践 ………………………………………… 399
　　まとめと考察 ………………………………………………………………………… 408

第 3 部のまとめ ……………………………………………………………………………… 413

終章　まとめと展望 ……………………………………………………………………… 421
　　第 1 節　本論のまとめ ………………………………………………………… 421
　　第 2 節　豪州ワーキングホリデー制度利用者を取り巻く国境横断的な雇用・
　　　　　　労働システム ………………………………………………………… 428
　　第 3 節　課題と展望 …………………………………………………………… 434

補章 1　インタビュー調査について ………………………………………………… 437
　　第 1 節　調査対象者の代表性 ………………………………………………… 437
　　第 2 節　インタビューの進め方 ……………………………………………… 441

補章 2　日豪関係史の概略 …………………………………………………………… 449
　　第 1 節　第二次世界大戦以前 ………………………………………………… 449
　　第 2 節　第二次世界大戦期と終戦直後まで ………………………………… 451
　　第 3 節　サンフランシスコ講和条約から 1990 年代まで ………………… 453
　　第 4 節　2000 年代以降 ………………………………………………………… 458

付録 1　インタビュー対象者一覧　(460)
付録 2　各種統計資料　(465)
参考文献　(469)

あとがき　(493)

オーストラリア概要

出所：① Geoscience Australia（2005）および②在日オーストラリア大使館（2011：8-9）より作成。
注：(1) ①の白地図上に，②に記載された地形図と地名を重ね合わせ，さらに州名と複数の都市名を追加した。
(2) 在日オーストラリア大使館広報文化部より転載・修正の許可を得た。

正式名称	オーストラリア連邦（Commonwealth of Australia）
独立	1901年
人口	2151万人（2011年時点：以下同様）
エスニシティ・系譜	イングランド系36.1%，豪州系35.4%，アイルランド系10.4%，スコットランド系8.9%，イタリア系4.6%
首都	キャンベラ（37万人）
主要都市	シドニー（439万人），メルボルン（400万人），ブリスベン（207万人），パース（173万人），アデレード（123万人），ゴールドコースト（51万人），ケアンズ（22万人），ダーウィン（12万人）

出所：豪州政府統計局2011年国勢調査ウェブサイト。

序 章

若年海外長期滞在者を考察する意義

はじめに

　急速に進展する経済のグローバル化を背景に，日本の若者が少なくとも2つの劇的な変化を経験している。1つは若年層を取り巻く就業環境の変化であり，もう1つは人の国際移動の多様化である。前者が激化するグローバル競争を勝ち抜くために（と称して）大々的に進められた正規雇用の縮小と非正規雇用の拡大を一因としていることは周知の事実である。また，就業環境の変化によって，若年層の就業・生活状況（労働と生活のあり方）に様々な変化が引き起こされていることも周知の事実である。そうした変化のなかで特に深刻と思われる事態の1つは，就業・生活状況を改善する道筋が見えない閉塞状況に追い込まれる若者の増加であろう。具体的には，不安定就業や貧困から脱出できない若者，低所得や不安定就業が原因（一因）で結婚や離家（実家を出て一人暮らしなどをすること）ができない若者の増加である。後に見るように，こうした事態が進行していることは各種統計・調査から明らかであるため，日本の若者研究（とりわけ若年雇用・労働研究）において，「若者は閉塞状況にどう対処しているのか／閉塞状況をどのように打開しようとしているのか」という研究テーマの重要性が高まりつつある。

　後者（若者の国際移動の多様化）は，ノンエリート型の海外長期滞在者の多様化という文脈で語られるのが一般的である。もう少し具体的に言うと，短期間の海外旅行者ではなく，日系企業の現地法人で働く企業駐在員でもなく，高等教育機関で学ぶ海外留学生でもなく，永住を前提とする海外移住者でもない新しいタイプの海外長期滞在者――バックパッカー，語学留学生，ワーキング

ホリデー（以下，WHと略記する）渡航者，現地採用者，婚姻移住者など——が出現しており，メディアや研究者の注目を集めている。後に見る通り，これらの海外長期滞在者のなかには，閉塞状況から抜け出すために海外長期滞在を利用する若者が多数存在することが指摘されている。また，これらの海外長期滞在者のなかには，日本企業の海外進出と直接的・間接的な関連を持つ企業で働く者が多いことも指摘されている。具体的に言うと，新しいタイプの海外長期滞在者は，日系企業の現地法人で駐在員を補佐する仕事に就いたり，駐在員とその家族に商品やサービスを提供する企業で働いたり，現地消費者に「日本」を売りにした商品やサービスを提供する企業で働いたりすることが多いと言われている。

このように，経済のグローバル化を共通の背景としながら，若者における就業環境の変化と国際移動の多様化が現代の日本社会において同時進行している。これまでの記述で示唆された通り，そして本書で詳細に示す通り，この2つの現象は次の2つの点で密接に関連しつつ生起している可能性が高い。1つは，就業環境の悪化によって閉塞状況に陥った若者が，閉塞状況に対する打開策・対処法として海外長期滞在を選択するという関連であり，もう1つは，そのような若者の一部が，日本企業の海外進出に必要な労働者を確保するための国境横断的な雇用・労働システムに組み込まれているという関連である。

しかしながら，既存の研究枠組みでは就業環境の変化と国際移動の多様化を切り離して論じるのが一般的であるため，この2つの関連を検証する試みが行われてこなかった。具体的には，（若年）雇用・労働研究が就業環境の変化を，「日本人の国際移動」に関する専門分野（移民研究，観光社会学，国際社会学など）が国際移動の多様化を，それぞれ扱うのが一般的だが，若年雇用・労働研究は，考察の範囲を国内に限定し，海外で働く若者をほぼ完全に無視するという「内向き」状態に陥っている。他方，「日本人の国際移動」に関する専門分野は，国際移動に関わる多様な要因や論点を検証するなかで，雇用・労働に関わる問題を相対的に軽視しがちである。それゆえ，就業環境の変化と国際移動の多様化という2つの現象は別々に議論され，「閉塞状況への打開策・対処法

1　本書では，原則として，「ワーキングホリデー」を「WH」（Working Holiday）と略記する。ただし，章・節・項などの見出し文中では略記しない。WH制度については後述する。

としての海外長期滞在」と「日本企業の海外進出に必要な日本人労働者を確保するための国境横断的な雇用・労働システム」という，若者の雇用・労働に関わる国境横断的なテーマは取りあげられることがなかった。その結果，日本の若者を取り巻く国境横断的な雇用・労働システムの全体像を解明するという課題が意識すらされない状況に陥っている。

　こうした研究状況は，経済のグローバル化が進展し，国境横断的な雇用・労働問題が生起しつつある現代社会にふさわしいものとは言えないだろう。本研究は，このような研究状況を刷新し，新たな研究枠組みを構築するための準備作業の一環として行われたものである。具体的には，若者における就業環境の変化と国際移動の多様化という2つの現象を相互に関連づけつつ上記の2つのテーマに取り組むと同時に，この2つのテーマに取り組むことによって，日本の若者を取り巻く国境横断的な雇用・労働システムの全体像を浮き彫りにすることが本書の最終的な目的である。

　この目的を達成するために，本書が立脚点とするのは社会学的な若年雇用・労働研究である。つまり，本書は若年雇用・労働研究の一環として，社会学的な概念と方法を用いながら，若年雇用・労働研究の考察範囲と視野を拡大する形で，上記のテーマに取り組む。具体的な考察対象は，豪州に滞在するWH渡航者である。WH渡航者とは，WH制度（Working Holiday Program）を利用して海外長期滞在を行う若者を指す。WH制度とは，2国間の協定に基づき，18～30歳までの若者に対して1～2年間の滞在と滞在中の就学・就労を認める国際交流制度である。制度の目的は，両国の若者を相互に受け入れることによって，両国間の相互理解と文化交流を促進することである。日本は1980年の豪州を皮切りに，ニュージーランド（1985年），カナダ（1986年）など計16カ国・地域との間で協定を締結した（2016年8月現在）。この制度を利用する日本人は近年では年間約2万人に達し，制度開始以降の利用者総数は30万人を超えている。日本人の間で最も人気のある国は豪州であり，全体の約半数が滞在国として選んでいる（日本ワーキング・ホリデー協会 2009）。

　第1部で詳細に見る通り，WH渡航者は，1980年代後半以降に増加したノンエリート型の海外長期滞在者だから，本書の考察対象としての資格を備えている。しかも，WH渡航者は海外渡航前に厳しい就業環境を経験する者が多い

ため，彼ら[2]の渡航前の就業状況と渡航までの経緯を見ることによって，若者が閉塞状況への打開策・対処法として海外長期滞在を選択するあり方を確認することが可能である。また，WH渡航者は，海外滞在中に日本企業の海外進出と関連のある企業で働くことが多いため，彼らの海外滞在中の就業状況を見ることによって，日本企業の海外進出に必要な日本人労働者を確保するための国境横断的な雇用・労働システムを把握することが可能である。このようなWH渡航者のうち，最も多い約半数が豪州に滞在しているから，豪州に滞在するWH渡航者を考察対象として選ぶことは理にかなっている。

　なお，本書における海外長期滞在者とは，永住の意思や具体的計画を持たずに，あるいは永住と帰国の両方の可能性を残したまま，比較的長期間にわたって海外に滞在する者を指す。「長期間」は相対的な概念であり，基準となる滞在形態によってその内容は大きく変わるが，本書ではおよそ3カ月以上を「長期間」と捉えたい[3]。

　本章では以下の手順に従って議論を進める。第1節では，若年層における就業環境の変化を実証的・概念的に捉え直すために，若年労働市場の変化とキャリアの脱標準化について検討する。また，この作業を通じて，若年雇用・労働研究が取り組むべき課題と採用すべき研究指針を明らかにする。さらに，ノンエリート型の海外長期滞在者を考察する2つの意義について概観する。第2節と第3節では，ノンエリート型の海外長期滞在者を若年雇用・労働研究の一環として考察する2つの意義についてそれぞれ詳細な検討を行う。また，その作業と並行して，関連する先行研究のサーベイを行う。第4節では，第1～3節の議論を受けて，本書の課題をより厳密に設定し，本論の構成を概観する。最後に，筆者が豪州で実施した調査の概要を説明する。

2　煩雑さを避けるため，本書では性別を問わない三人称複数形（they）を「彼ら」と表記する。
3　3カ月という基準に厳密な理論的・実証的根拠があるわけではない。ただし，日本を含む多くの国で，ビジタービザ（観光および短期商用ビザ）の滞在可能期間が3カ月（90日）と定められているため，3カ月が滞在の目的や形態の分岐点になることが多いことは事実である。本書はこのような法的・慣例的な根拠に基づき，3カ月以上の滞在を「長期滞在」と呼ぶことにする。なお，移民研究では基準となる滞在形態が永住であるため，5年程度の滞在でも「短期滞在」と表現する場合がある。本書はこのような立場とは異なることをあらかじめ明記しておきたい。

第 1 節　若年労働市場の変化とキャリアの脱標準化

(1) 若年労働市場の変化

　周知の通り，バブル経済が崩壊した 90 年代初頭以降，日本の若年労働市場は急激な変化に見舞われた。ここでは，若年失業率，新規学卒者の求人倍率，非正規雇用比率，年間平均給与の 4 点に注目しながら，この間に起きた変化を概観したい。

　まず若年失業率の推移を見てみよう（図表序 - 1）。一見して明らかなように，90 年代初頭から若年失業率が上昇した。特に 15 〜 24 歳の上昇は著しく，1990 年に 4.3％だった失業率は 2003 年に 10.1％を記録した。15 〜 24 歳ほどではないものの，25 〜 34 歳も 1990 年の 2.4％から 2002 年の 6.4％へと大幅な上昇を見せた。2000 年代は景気回復とともに失業率も低下したが，2008 年の世界金融危機（いわゆるリーマン・ショック）の影響で経済が再び低迷し，失業率が急上昇した。世界金融危機の影響が薄れた 2010 年代は，15 〜 24 歳と 25 〜 34 歳ともに失業率が改善しつつあるが，それでも 1990 年と比べれば高い水準にとどまっている。なお，この期間を通じて若年失業率は全年齢の平均失業率を上回っている。

　次に，新規学卒者の求人倍率の推移を確認しよう（図表序 - 2）。まず高卒者

図表序 - 1　若年失業率の推移（男女計）

出所：総務省「労働力調査」各年。

を見ると，バブル景気のもとで3.1倍まで上昇していた求人倍率は，1993年[4]から急激に低下し，1996年には1.1倍まで落ち込んだ。1997年と1998年はやや持ち直したものの，1999年から再び低下に転じ，2003年と2004年には0.5倍という記録的な水準まで落ち込んだ。求人倍率が0.5倍ということは，求人数が就職希望者数の半数しかない状態だから，この時期の就職希望者がいかに厳しい状況に直面していたかが分かる。その後，景気回復の影響で求人倍率もやや上昇し，2007年には1倍を超える水準まで回復したが，世界金融危機後の景気低迷により再び低下し，2014年まで1倍未満の低水準で推移した。2015年以降は求人倍率が1倍を超え，急速に上昇しつつあるが，新興国経済の失速等により世界経済全体の先行きが不透明化しつつあるため，この好調がいつまで続くかは不明である。

　次に大卒者を見てみよう。グラフから，大卒者も高卒者とほぼ同様の変化を辿ったことが分かる。バブル景気のもとで3倍近くまで上昇していた求人倍率は，バブル崩壊後に急低下し，1996年には1.1倍まで落ち込んだ。その後の2年間はやや持ち直したものの，1999年から再び低下に転じ，2000年には1.0倍を記録した。その後は景気回復とともに上昇し，2008年と2009年には2倍を超える水準まで回復したが，世界金融危機後に急低下した。2011～2014年の求人倍率は1.2～1.3倍という低水準で推移し，2015年以降は高卒者ほどではないが上昇傾向にある。高卒者とは異なり，求人倍率が1倍を下回ることはなかったものの，90年代半ば以降，大卒であっても潤沢な選択肢があるわけではない状況が（リーマン・ショック直前の一時的な好況期を除けば）続いている。

　失業率が上昇し，新規学卒者の求人倍率が低迷するなかで急激に増加したのが非正規雇用者である。若年層の非正規雇用比率の推移を示した図表序-3によれば，1992年から2002年までの10年間で，15～24歳の非正規雇用比率は12％から34％まで跳ね上がり，25～34歳の同比率は15％から22％まで上昇した。その後，15～24歳の同比率は横ばいだが，25～34歳は上昇を続けて

4　高卒者の「1993年の求人倍率」とは，厳密には「1993年3月卒業者の1992年7月時点での求人倍率」のことである。また，大卒者の「1993年の求人倍率」とは，「1993年3月卒業者の1992年2～3月時点での求人倍率」を意味する。

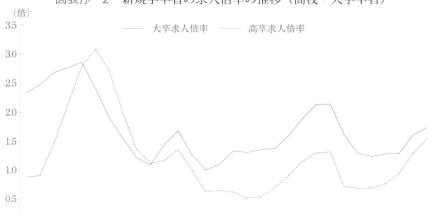

図表序-2 新規学卒者の求人倍率の推移（高校・大学卒者）

出所：高卒者は厚生労働省「高校新卒者の求人・求職状況」，大卒者はリクルートワークス研究所「ワークス大卒求人倍率調査」。
注：(1) 各年3月卒業予定者の求人倍率。
(2) 高卒者は前年（高校3年）7月時点，大卒者は前年度末（大学3年2〜3月）時点での求人倍率。

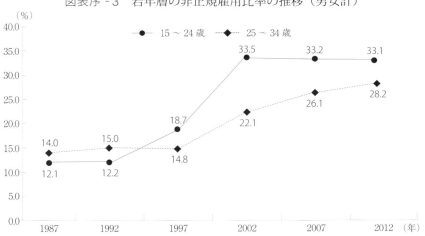

図表序-3 若年層の非正規雇用比率の推移（男女計）

出所：総務省「就業構造基本調査」各年。
注：(1) 雇用者総数に占める非正規雇用者の比率。
(2) 在学中の者を除く。

おり、15〜24歳の水準に近づきつつある。前述の新卒求人倍率の推移を踏まえると、バブル経済崩壊後に企業が正規雇用の枠を絞り込み、代わりに非正規雇用の枠を増加させたことは明らかである。

最後に年間平均給与の変化を概観しよう。民間企業に1年を通じて勤務した給与所得者（非正規雇用者を含む）の年間平均給与を示したグラフを見ると、90年代末以降、若年層の給与水準が目に見えて低下していることが分かる（図表序-4）。若年層の年間平均給与は、1997年から2014年までの17年間で、25〜29歳が373万円から344万円に、30〜34歳は450万円から392万円に、それぞれ低下している。この間に若年層の平均給与は約1割減少した計算になる。給与水準の低下をもたらす要因は多数存在するが、正規雇用の枠が減少し、失業率と非正規雇用比率が高まるなかで、若年層全体に賃金低下圧力が加わっていることは間違いないだろう。

以上、90年代以降に生じた若年労働市場の変化を概観した。その内容を要約すると次のようになる。若年失業率は2000年代初頭までの時期に著しく上昇し、その後はリーマン・ショック前後の乱高下を経て低下傾向にあるが、依然として1990年代初頭より高い水準にとどまっている。バブル経済期に高卒者・大卒者ともに約3倍まで上昇していた新規学卒者の求人倍率は、バブル経済崩壊後の数年間で劇的に低下した。1999〜2013年まで、高卒者の求人倍率は1倍を下回ることが珍しくないほど低迷していた。大卒者は高卒者と比べて雇用機会に恵まれており、リーマン・ショック直前の時期は求人倍率が2倍に

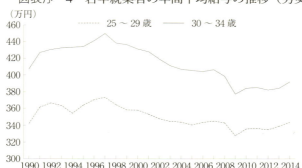

図表序-4　若年就業者の年間平均給与の推移（男女計）

出所：国税庁「民間給与実態統計調査」各年。
注：民間企業に1年を通じて勤務した給与所得者（非正規雇用者を含む）の年間平均給与。

達する時期もあったが，安定的に就職先が確保できるような状況からは程遠く，実質的に選択肢がないような時期も長かった。非正規雇用比率は1992〜2002年の10年間で大幅に跳ね上がった。その後も非正規雇用比率が低下しそうな気配は見られない。年間平均所得は90年代末からの17年間でおよそ1割低下した。

近年，「バブル経済崩壊後に若年層の就業環境が悪化した」ことは当然の前提とされ，こうした文言を見聞きすることも多い。しかし改めてその内実を確認すると，90年代以降に起きた若年労働市場の変化がいかに急激で大規模なものだったかが分かる。少なくとも，「若者の甘え」で説明できるレベルの変化でもなければ，「若者に気合を注入する」（学術的に言えば「若者の職業意識を高める」）程度でどうにかなるものでもないことは確かであろう。本書の全ての議論に先立って，まずこれらの点——90年代以降に若年労働市場が急激に変化し，若年層の就業環境が著しく悪化したこと——を，単に形式的な手続きとしてではなく，実のある議論を行うために片時も忘れてはならない前提事項として，強調しておきたい。

(2) キャリアの脱標準化

本項では，若年層のキャリア（職業経歴）がどのように変化したかを概観する。とはいえ，キャリアを分析するための枠組みは1つではない。たとえば，企業内での昇進，企業横断的な移動，雇用形態の変遷，労働市場からの退出と再参入など様々である。ここでは，本書の考察対象が学卒後間もない（長くとも10年程度の）若者であることを踏まえて，「標準型」キャリアから外れる者の増加という1点に注目したい。本書における標準型キャリアとは，政府統計で用いられる「標準労働者」とほぼ同様のキャリアパターン，すなわち「学校卒業後直ちに正社員として就職し，同一企業に継続勤務する」キャリアのことである。[5] 前項で見た若年労働市場の変化は，このような標準型キャリアから

---

5 「賃金構造基本統計調査」では，「学校卒業後直ちに企業に就職し，同一企業に継続勤務しているとみなされる労働者」を「標準労働者」と定義している。これに対して，本書の標準型キャリアには「正社員として」という条件が付け加えられている。これは，学校卒業後（あるいは在学中から）非正規雇用者として同一企業に継続勤務するパターンを標準型キャリアから除外するためである。「標準労働者」の定義については厚生労働省（2014a）を参照。

外れる者を大量に生み出している。この点を政府統計に依拠しつつ確認する。

その前に，今後の議論を円滑に進めるために，標準型キャリアと関連するいくつかの区分・用語について確認しておきたい。第1に，本書では，標準型キャリアを辿る若者を一括して「(若年)標準層」と呼び，何らかの形で標準型キャリアから外れた若者全体を「(若年)非標準層」と呼ぶ。若年非標準層は，学校卒業後に非正社員として働き始めた者，学卒無業者，学校卒業後に正社員として就職した後に転職（正社員または非正社員）や無業状態を経験した者などを含む。また，非標準層のなかで標準層に近いグループとして，学校卒業後に正社員として就職した後に他企業の正社員に転職した経験がある者を「準標準層」と呼ぶ。

第2に，本書では，標準層／非標準層と類似の概念として「エリート／ノンエリート」という概念を用いる。本書におけるエリートとは，企業・産業社会と国家機構において管理的・専門的地位を占める者およびそうした地位に向かうルートに乗っている者を指す概念であり，ノンエリートとはエリートではない者を総称する概念である。エリートの具体的な例としては，大企業の経営・管理者およびこれらの地位に上昇する可能性のある総合職労働者，医者や弁護士などの高度専門職従事者，国家公務員（キャリア官僚）などがあげられる。エリートと標準層およびノンエリートと非標準層は重なり合う部分もあるが，全く同じというわけではない。たとえば，大企業間を転職する技術者・管理者・総合職労働者はエリートに分類されるが標準層には含まれない（準標準層に含まれる）。学校卒業後に地方公務員や大企業の技能職として継続就業する者は標準層に含まれるが，エリートではなくノンエリートに分類される[6]。

第3に，本書では，安定就業層／中位層／不安定就業層という区分も併用す

---

[6] 労働社会学において，「エリート／ノンエリート」概念は複数の意味で用いられており混乱が生じている。熊沢誠は厳密な定義をせずに，エリート＝大企業の経営・管理者とホワイトカラー労働者，ノンエリート＝それ以外の労働者（主に大企業のブルーカラー労働者）という意味で用いた（熊沢 1981）。これに対して，高山（2009），小西（2002a, 2002b），神野（2006a, 2006b, 2009a, 2009b）は，本書における「標準層／非標準層」とほぼ同じ意味で「エリート／ノンエリート」という概念を用いている。本書の「エリート／ノンエリート」概念は，熊沢の定義に依拠しつつ，エリートに高度専門職従事者や国家公務員を加え，ノンエリートに中小企業労働者や非正規雇用者を加えるといった修正を施したものである。

る。安定就業層とは，長期的・安定的な就業が見込める職に就いている者の総称であり，正規公務員，大企業と中堅企業（＝業界や系列内で相対的上位に位置する中小企業）の正社員（ただし一般職正社員と限定正社員を除く）などを含む。不安定就業層とは，長期的・安定的な就業が見込めない職に就いている者および職がない状態にある者（専業主婦を除く）を指す概念であり，非正規雇用者全般，日雇い労働者，失業者，無業者などを含む。中位層とは，安定就業層と不安定就業層の中間に位置する多様な就業者の総称であり，中小企業の正社員全般，大企業の一般職正社員および限定正社員，看護師・理美容師などの専門職従事者，周辺的正社員（「名ばかり」正社員）[8]などを含むと考えられる。また，フルタイム就業で中核的業務を担い，実質的には正社員と変わらない働き方をしている非正規雇用者や，大企業正社員のうち非人間的な長時間・過重労働に従事している者（過労死予備軍）も，中位層に含めるのが妥当であろう。

　安定就業層は，標準層および転職や失業などを経て安定的な雇用に辿り着いた非標準層からなる。残りの非標準層のうち，相対的に安定した就業状況にある者が中位層，不安定な就業状況にある者が不安定就業層ということになる。ただし，「安定／不安定」はあくまで相対的な尺度であり，産業構造，労使関係，労働市場などの変化に伴って変動するため，3つの層の間の境界線は流動的なものと考えるべきである。

　3つの区分の大まかな対応関係を図示すると図表序-5のようになる。後の議論のために確認しておくと，若年中位層は，ノンエリート層の中〜上位にほぼ対応する。また，若年中位層には標準層・準標準層・非標準層の全てが含まれる。

　以上，若年層内部の階層性を捉えるための3組の区分・用語について検討した。次に，これらの用語を用いつつ若年層におけるキャリアの脱標準化――標準型キャリアから外れる者（＝非標準層）の増加傾向――を確認しよう。ここ

---

[7] 限定正社員とは，従事する職務や就業する地域などが限定された正社員である。近年，正社員と非正社員との間を埋める職位として，限定正社員を設置する企業が現れている（労働政策研究・研修機構 2011b, 2012a）。

[8] 周辺的正社員（または「名ばかり」正社員）とは，正社員とは名ばかりの低位な労働条件で就業する正社員全般を指す。周辺的正社員のうち，特に劣悪な労働条件で就業する者は，中位層ではなく不安定就業層に分類する方が適切かもしれない。

図表序 - 5　若年層の階層的位置に関する区分の対応関係

階層的位置			
高	標準層	エリート層	安定就業層
	準標準層	ノンエリート層	中位層
低	非標準層		不安定就業層
区分	標準／非標準	エリート／ノンエリート	安定／不安定

注：筆者作成。各層の面積は，実際の量的規模を厳密に示すものではない。

では，「平成 19 年版就業構造基本調査」の再集計を行った労働政策研究・研修機構（2009）を参照しながら，初職正規雇用比率とキャリアパターンの変化を検証する。

　図表序 - 6 は，学校卒業後に就いた初職が正規雇用である者の割合を出生コーホート別に示したグラフである。まず高卒者を見ると，男女ともに，1973 〜 1977 年出生コーホートから初職正規雇用比率が低下し始め，1978 〜 1982 年・1983 〜 1987 年出生コーホートにおいて著しく低下している。具体的な数値を見ると，1968 〜 1972 年出生コーホートの初職正規雇用比率が男性 83％，女性 72％だったのに対して，1983 〜 1987 年出生コーホートは男性 61％，女性 46％まで低下している。15 年間で初職正規雇用比率が男女ともに 20％以上低下したことになる。なお，同比率が低下したコーホートは，1990 〜 2005 年に高校を卒業したコーホートである。前項で見た通り，この時期は新規学卒者の求人倍率が急激に低下した時期だから，主として求人倍率の急激な低下が初職正規雇用比率を引き下げたと考えるのが妥当だろう。

　次に大卒者を見ると，高卒者ほど急激ではないものの，同様の変化を示していることが分かる。具体的な数値を見ると，1968 〜 1972 年出生コーホートの初職正規雇用比率が男性 91％，女性 79％だったのに対して，1983 〜 1985 年出生コーホートは男性 76％，女性 72％まで低下している。この間の下落幅は，男性 15％，女性 7％である。低下が著しいのは 1995 〜 2004 年に大学を卒業したコーホートであり，前項のデータと整合的である。高卒者と同様，この時期に新規学卒者の求人倍率が低下したことによって，初職正規雇用比率が引き下

図表序 - 6　初職における正規雇用比率

①高卒者

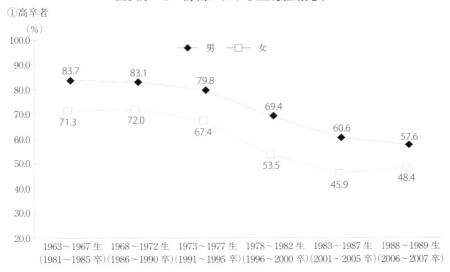

②大卒者

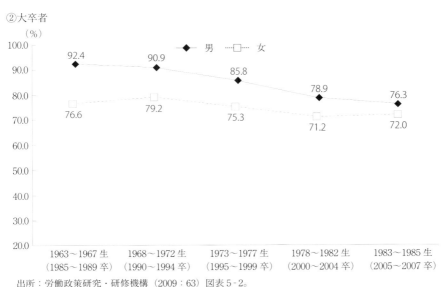

出所：労働政策研究・研修機構（2009：63）図表5-2。
元資料：総務省「平成19年版就業構造基本調査」。
　注：「1963〜1967生」は「1963〜1967年に出生」、「1981〜1985卒」は「（留年等がなければ）1981〜1985年に卒業」の略である。

げられたと考えられる。

このように，90年代以降に最終学校を卒業したコーホートは，高卒・大卒ともに（データの引用は省略するが，専門学校卒者や短大卒者も）初職正規雇用比率が著しく低下している。高卒男性は正社員として就職する者が5割以上の水準を何とか維持しているが，高卒女性に関してはすでに半数以下にまで落ち込んでいる。大卒者は男女ともに7割以上が正社員として就職しており高卒者と比べれば良好な状態だが，見方を変えれば，大卒者の2割以上が卒業後に正社員になれない／ならないことは深刻な事態と言うべきかもしれない。

次に，標準型キャリア比率の変化を見てみよう。図表序-7は，最終学校卒業後から調査時点（2007年）までのキャリアが標準型または準標準型に分類される者の割合を出生コーホートごとに示したものである。まず確認すべきは，高卒者・大卒者ともに女性の多くは（準）標準型キャリアを辿っていないという事実である。特に，最終学校を卒業してから時間が経てば経つほど，（準）標準型の割合は低下している。これは，結婚や出産を機に仕事を辞めたり非正規雇用に移行したりする女性が多いことの反映であると考えられる。とはいえ，女性にとって（準）標準型キャリアが何の意味も持たないと考えるとしたらそれは誤りであろう。少なくとも大卒者の大多数と高卒就職者の多く（1990年以前に卒業したコーホートの場合は大多数）にとっては，初職で正規雇用に就いてしばらくの間は正社員として働き続けることが規範あるいは常識であった可能性が高い。というのも，男性よりは低いものの，女性も初職正規雇用比率は男性に近い水準を維持しているからである（図表序-6）。もし女性の大多数が「どうせそのうち辞めるのだから無理して正社員になろうとする必要はない，初めから非正規雇用で構わない」と考えているとしたら，初職正規雇用比率はもっと低くなっているはずである。男性ほど（準）標準型キャリアにこだわる必要はない／こだわっても仕方ないが，労働条件と出産・育児休暇の取得可能性（および職場で高所得の結婚相手を見つけられる可能性）を考慮すれば，さしあたり（準）標準型キャリアを目指す／辿る方が理にかなっている，という考え方が女性のなかで主流の位置を占めているのではなかろうか。

それでは男性はどうなっているだろうか。まず確認すべきは，高卒者・大卒者ともに標準型と準標準型の合計が半数に達しているという事実である。この

図表序 - 7　標準型キャリア比率

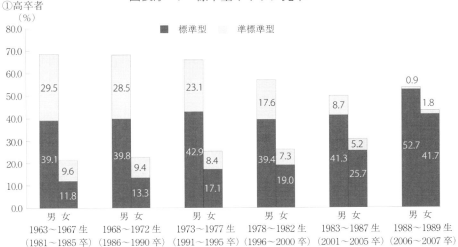

①高卒者

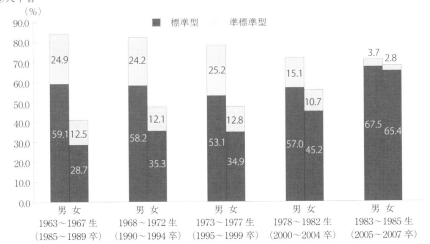

②大卒者

出所：労働政策研究・研修機構（2009：70-71）図表5-8。
元資料：総務省「平成19年版就業構造基本調査」。
注：(1)「1963～1967生」は「1963～1967年に出生」、「1981～1985卒」は「（留年等がなければ）1981～1985年に卒業」の略である。
(2)「標準型」は、初職が正社員であり、なおかつ調査時点（2007年10月）まで継続してその職に就いている者の比率。
(3)「準標準型」は、転職経験があり、初職、前職、現職が正社員である者の比率。
(4) このグラフ上の「準標準型」には、「正社員（初職）→非正社員→正社員（前職）→正社員（現職）」のように、非正社員を経験した者も含まれるが、調査では初職、前職、現職しか聞いていないため、その比率を明らかにすることはできない。

ことは，(準) 標準型キャリアが多くの男性にとっての規範あるいは常識であることを示している。少なくとも大卒者の大多数と 1990 年以前に学校を卒業した高卒者の大多数にとっては，(準) 標準型キャリアを目指す／辿ることは「当たり前」であった可能性が高い。

次に学歴別に細かく見てみよう。まず高卒者を見ると，調査実施直前に卒業したコーホート (1988〜1989 年出生コーホート) を除く全てのコーホートにおいて，標準型キャリア比率が 4 割程度の水準で推移している。若いコーホートには，これから転職や失業を経験する者が相対的に多く含まれるはずだから，1978 年以降に出生したコーホートの標準型キャリア比率は，10 年後には 2〜3 割程度まで落ち込んでいる可能性が高い。また，2000 年以降に卒業したコーホート (1983 年以降に出生したコーホート) は，近い将来，標準型と準標準型を合わせても 5 割を下回ることがほぼ確実である。つまり，1983 年以降に出生したコーホートの高卒就職者にとっては，卒業後に同一企業で継続就業したり正社員として働き続けたりする者は少数派であり，何らかの形で非正規雇用や無業状態を経験する者が多数派になる可能性がきわめて高い。とすれば，このグループにとっての「標準」(＝普通の状態) は，もはや本書が言うところの標準型ではなくなっており，本書が言うところの非標準型こそが彼らにとっての「標準」になりつつある可能性が高い。こうした状況が続けば，高卒就職者の多くが (準) 標準型キャリアを規範とみなさなくなるような事態が生じる (あるいはすでに生じている) のではなかろうか。

次に大卒者を見てみよう。高卒者とは異なり，全てのコーホートにおいて標準型キャリア比率が 5 割を超えている。標準型と準標準型の合計も 7 割を超えている。したがって，大卒者の間では，(準) 標準型が依然として強固な規範として作用している可能性が高い。しかし同時に，若いコーホートほど標準型と準標準型の合計が低下していることも事実である。特に，2000 年以降に卒業したコーホート (1978 年以降に出生したコーホート) は，これから転職や無業状態を経験する者が一定数発生するはずだから，10 年後には標準型キャリア比率が 5 割を下回り，標準型と準標準型の合計も 7 割を下回っているかもしれない。もしそうなれば，高卒者ほどではないにせよ，(準) 標準型キャリアの規範としての影響力や強制力が低下することも十分起こりうる (あるいはす

(3) 若年層内部の多様性・階層性

前項では，性別と学歴によって程度は異なるものの，90年代以降に若年層においてキャリアの脱標準化が進行していることを確認した。また，キャリアの脱標準化によって，客観的なキャリアパターンの変化だけでなく，（準）標準型キャリアの規範としての影響力低下も引き起こされている可能性が高いことを指摘した。

ところで，これまでの議論では，分析を簡略化するために高卒者と大卒者をあたかも均質的な集団であるかのように扱ってきた。しかし実際には，高卒者や大卒者は均質的な集団ではない。地域や学校ランクによって進路状況が大きく異なることはよく知られている。また，正社員として就職した場合に，就職先の企業規模によって就業状況が変わることもよく知られている。そこで本項では，データや先行研究が存在する高卒者の地域と学科，大卒者の大学ランク，高卒・大卒者の就業先の企業規模に注目しながら，若年層内部の多様性と階層性を確認したい。

はじめに，高卒就職者の地域格差から概観しよう。図表序-8は，2015年3月卒業者の高卒求人倍率を都道府県別に見たものである。47都道府県全てを記載すると分かりづらくなるので，ここでは上位と下位の5都道府県だけを記載した。

さて，図表序-2によれば，2015年3月卒業者の高卒求人倍率の全国平均は1.28である（2014年7月時点）。これは就職希望者100人に対して128の求人

図表序-8　都道府県別に見た新規高卒就職者の求人倍率

上位		下位	
都道府県名	求人倍率	都道府県名	求人倍率
東京	3.74	沖縄	0.49
大阪	2.05	青森	0.61
愛知	1.91	鹿児島	0.63
京都	1.85	宮崎	0.64
香川	1.83	長崎	0.65

出所：厚生労働省（2014b：3）第3表。
注：2015年3月卒業者の2014年7月時点での求人倍率。

がある状態を意味する。つまり全国平均で見れば，そして質を考慮せず量だけ見た限りでは，就職希望者全員の就職が可能である。しかし都道府県別に見ると事情は大きく異なる。求人倍率が低い都道府県のなかには求人倍率が1に満たないものも少なからず存在する。たとえば沖縄の場合，求人倍率が0.49だから，このままだと就職希望者の約半数が正規雇用の職に就けない計算になる。雇用の質やミスマッチを考慮すれば，正規雇用職に就けない就職希望者の割合はさらに大きくなる可能性もある。青森や九州の都道府県も同様である。

　その一方で，求人倍率の高い都道府県のなかには求人倍率が2を超えているものも存在する。なかでも東京は，他の都道府県よりはるかに高い3.74という数値を記録している。質を考慮せず量だけ見た限りでは，東京の高卒就職者はある程度まで「仕事を選べる」状況にあると言ってよい。東京ほどではないが，大阪や愛知なども同様の状況にある。

　地域格差は求人倍率だけでなく，無業者（進学も就職もしない者）の比率にも表れている。高卒無業者の比率を都道府県別に示した図表序-9がその証拠である。この表によれば，高校卒業後に無業者になる者の比率が高いのは大都市とその周辺地域（東京，神奈川，奈良）および求人倍率が低い地域（沖縄，北海道）である。無業者比率が最も高い沖縄では，2015年3月に高校を卒業した者の1割以上（12％）が無業者になっている。これに対して，地方の都道府県は無業者比率が低い。大都市とその周辺地域で無業者比率が高いのは，求人が比較的豊富に存在するため焦って仕事に就こうとしないからだと考えられる。沖縄や北海道で無業者比率が高いのは，雇用機会が少なく地理的移動も困難だからと予想される。沖縄や北海道以外の地方において無業者比率が低いのは，求人のある都市部への移動が比較的容易だからであろう。

　次に，高卒者の就職状況を学科別に見てみよう。ここでは無業者の状況を概観する。図表序-10は，2015年3月卒業者全体に占める無業者の比率を示したものである。これによれば，卒業後に無業者になった者の割合が高い学科は普通科（4.9％），総合学科（4.2％），家庭科（3.5％）であり，低い学科は看護科（1.2％），工業科（1.8％），水産科（2.0％）である。普通科卒業者が卒業後に無業者になる確率は，看護科卒業者の4倍も高い計算になる。

　次に，大学ランクと就職状況の関係について見てみよう。大学には偏差値を

図表序-9　都道府県別に見た高卒無業者の比率（％）

上位		下位	
都道府県名	比率	都道府県名	比率
沖縄	12.1	富山	1.1
神奈川	7.7	愛媛	1.4
東京	7.3	佐賀	1.4
奈良	6.8	山形	1.5
北海道	6.0	鳥取	1.6

出所：文部科学省「学校基本調査」（2015年度）。
注：2015年3月卒業者の状況。

図表序-10　学科別に見た高卒無業者の比率（％）

順位	学科	無業者比率
1	普通	4.9
2	総合	4.2
3	家庭	3.5
4	情報	3.3
5	福祉	2.5
6	商業	2.5
7	農業	2.5
8	水産	2.0
9	工業	1.8
10	看護	1.2

出所：文部科学省「学校基本調査」（2015年度）。
注：2015年3月卒業者の状況。

主要な基準とする序列があり，序列上の位置によって就職実績に大きな差があることはよく知られている。たとえば竹内（1995：123-131）は，偏差値上位大学ほど大企業就職率が高いことを，過去の就職実績データを用いて示した。同様の傾向は現在も続いている。労働政策研究・研修機構が卒業直後の大卒者に実施した2006年の調査では，企業規模5000人以上の巨大企業に就職する者の割合は，「国立Ⅰ・私立A」（入試難易度の高い国立大学と偏差値57以上の私立大学）の卒業生が30％に対して，「私立C」（偏差値46以下の私立大学）の卒業生が6％であった（濱中　2007：23）。序列上位大学と下位大学では，巨大企業

図表序 - 11　2012年3月新規学卒就職者の卒業3年後の離職率（事業所規模別）

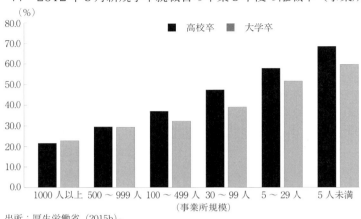

出所：厚生労働省（2015b）。

への就職機会が6倍も異なるという計算になる。また，採用選考の初期段階で下位大学の学生を振るい落とす「学歴フィルター」の存在は公然の秘密となっている（皆上ほか 2015）。さらに，厳密な就職実績データは存在しないものの，一部の偏差値下位大学から大量の大卒フリーターが生み出されているという指摘もなされている（居神ほか 2005）。

　最後に，就業先の企業規模と就業状況の関係について見てみよう。就職後の離職率には，企業規模によって大きな差があると言われている。2012年3月卒業者の3年後の離職率を事業所規模別に見ると，高卒・大卒ともに，1000人以上の大企業に就職した者は2割程度の低い離職率にとどまっている（図表序 - 11）。これに対して，30人未満の中小企業に就職した者の離職率は，高卒・大卒ともに5割以上に達している。これらのデータは，高卒者だけでなく大卒者であっても，中小企業に就職した者は標準型キャリアを辿ることが容易ではないという現実を冷徹に示している。

　以上，ごく簡単ながら，若年層内部の多様性と階層性を検討した。その知見を前項で見たキャリアの脱標準化という文脈で受け取ると，以下の議論が成り立つ。まず，高卒者内部の多様性に関するデータは，標準型のキャリアルートに乗れないことを覚悟している，あるいは標準型キャリアをある程度まで／完全に諦めざるをえない高卒就職（予定）者が，特定の地域や学科にまとまって

存在していることを示している．また，地域や学科によっては，標準型キャリアとの社会的・心理的距離が大きすぎるために，あるいは身近にいる者の大多数が標準型とは異なるキャリアを辿っているために，さらには標準型とは異なるキャリアに何らかの魅力を感じているために，そもそも標準型キャリアを「諦める」という考え方すら存在しない，言い換えれば標準型を目指すのが普通だという「常識」さえ通用しないような人々が，ある程度まとまって存在している可能性もある。たとえば 2014 年度の沖縄では，高校 3 年 7 月時点の求人倍率が 0.49（100 人の就職希望者に対して 49 社の求人枠しかない）であり，都市部と比べてアルバイトの求人も少ないため，高卒者の 1 割以上（12％）が卒業後に無業者になっていた。こうした状況下では，周囲に標準型キャリアへ進む者がほとんどいないような世界が特定の地域や高校に形成されている可能性が高い。他方，大都市とその周辺地域では，正規雇用の求人に加えてアルバイトの求人も比較的豊富にあるため，新卒就職とアルバイトを比較して後者を選択する者が，進学校ではない普通科や総合学科などに集中している可能性が高い。そのような高校では，標準型キャリアを前提にするのではなく，高卒の平均初任給（約 16 万円）とフリーターになった場合の所得（たとえば，時給 900 円で週に 50 時間働くと 1 カ月で約 18 万円）を比較しながら進路を考えるといったことが行われているかもしれない。また，身近な友人や先輩の大半がフリーターになっているために，そうした計算すら行わず，当然のようにフリーターになる者が多いような高校（あるいは学級や友人グループなど）も存在するはずである。

　高卒者ほどではないにせよ，大卒者の間でも，標準型のキャリアを諦めざるをえない，あるいはそもそも標準型を目指すのが普通だという考えを持たないような人々が特定の大学や企業にある程度まとまって存在している可能性がある。特に，偏差値下位大学の学生・卒業者や中小企業に就職した大卒者のなかには，キャリアパターンやキャリア展望が高卒就職者（と言っても一様ではないが）に近い者も少なからず存在するのではないかと考えられる。

（4）若年雇用・労働研究の課題と研究指針

　本節のこれまでの議論では，90 年代以降の若年労働市場の変化を背景に，

若年層においてキャリアの脱標準化が進行中であること，しかもそれは若年層内部で不均等に進行していることを示してきた。また，キャリアの脱標準化によって標準型キャリアの規範としての影響力が低下し，当初から標準型キャリアを諦めたり，そもそも標準型キャリアを目指すという考えすら持たなかったりするような若者が増加し，そうした人々が特定の地域，学科，学校，企業などに集中しつつある可能性を指摘した。

　以上の概観から言えることは，若年雇用・労働研究において，急激に拡大する若年非標準層の就業・生活実態を解明することの重要性が高まっているという点である。また，若年非標準層の就業・生活実態を考察する際には，若年（非標準）層が均質的な存在ではない点と，標準型キャリアが規範としての影響力を喪失しつつある点に留意する必要があることも浮き彫りになった。もう少し詳細に述べると，以上の概観から，若年非標準層の就業・生活実態を考察する際に留意すべき2つの研究指針を導き出すことができる。

　第1に，まずは特定の層や集団に焦点を絞った事例研究を蓄積することが望ましい。具体的には，これまでに指摘した性別，学歴，地域，学科，学校ランク，就業先の企業規模といった指標に加えて，雇用形態，業種，職種，所得水準といった指標を導入しつつ対象を絞り込む必要がある。また，若者が企業社会の外で集まったりネットワークを形成したりする契機となる地縁（地元つながり），学校縁（学生時代の友人つながり），職縁（過去のアルバイト先などの友人つながり），趣縁（趣味・余暇つながり）といったものに注目して考察対象を絞り込み，フィールドワークを実施するアプローチも必要である。なぜなら，頻繁に転職したり就業と失業を繰り返したりする不安定就業層や，就業先で深い人間関係が形成されづらい働き方をする非正規雇用者の就業・生活パターンは，特定の企業や職場に焦点化する調査では捕捉できない可能性が高いからである。このような認識のもとで新たなアプローチを導入しつつ事例研究を蓄積し，それらを比較検討することによって若年非標準層の内部に存在する差異や格差をあぶり出すと同時に，若年非標準層全体が拠って立つ共通基盤を明らかにするという粘り強い作業が必要である。こうした作業を経ずに若年非標準層の就業・生活状況を語ろうとする研究は，安易な一般化（ごく一部の若者に関する知見を若年非標準層全体に適用する）という過ちを犯しかねない。

第2に，若年非標準層の意識や行動を内在的に理解する必要がある。言い換えれば，非標準層の意識・行動を標準層の意識・行動からの逸脱とみなしてはならない。たとえば，沖縄をはじめとする地方では，新規高卒者向けの求人数が絶対的に不足している。こうした状況下では，当事者の意識や行動にかかわらず，一定の失業者や不安定就業者が生み出されることは避けられない。また，低学歴層にとっては正社員求人よりアルバイト求人の質が高いということは実際に起こりうる。なぜなら，彼らにとって現実的な正社員求人とは，経営基盤の脆弱な中小零細企業や，正社員になりたいという若者の思いにつけ込むブラック企業の求人だけという状況が生じうるからである。これらの正社員求人がアルバイト求人より良好であるという保証などどこにも存在しない。このような現実を無視して若年非標準層を「逸脱者」や「問題児」の集団として扱うことは，非科学的である上に暴力的ですらある。従来の規範が非現実的な空論（あるいは抑圧的な暴論）になりつつある現実を認めた上で，そうした現実と日々格闘する若年非標準層の現状認識，試行錯誤，日常的実践，戦術といったものを内在的に理解し概念化することの方が，彼らの「問題点」を並べ立てることよりも，はるかに豊かな理論的・政策的・実践的含意をくみ取れるだろう。

　以上の研究指針に則りつつ本書が考察を行う対象は「ノンエリート型の海外長期滞在を行う若者」，とりわけ豪州WH制度の利用者である。次項以降でこの対象を扱う意義について詳細に検討したい。

(5) 海外長期滞在者を考察する2つの意義

　ノンエリート型の海外長期滞在者を考察する意義について議論するための準備作業として，エリート／ノンエリート型の海外長期滞在について説明しておこう。ノンエリート型の海外長期滞在とはノンエリートのキャリアやライフコースと親和的な海外長期滞在であり，語学留学，WH，バックパッキング，観光ビザを利用した長期滞在，海外企業または海外日系企業での現地採用などを含む。これに対してエリート型の海外長期滞在とは，エリートのキャリアやライフコースと親和的な海外長期滞在であり，大学院留学，大企業経営者・管理者・技術者の海外駐在，多国籍企業・国際機関・高等教育機関での就業などを含む。エリート型の海外長期滞在はその後のキャリアアップや継続就業があ

る程度まで保証されているのに対して，ノンエリート型はその後のキャリアアップや継続就業が保証されていない場合が多い。また，エリート型とノンエリート型の間には，実現するために必要な「資源」の質と量に大きな差がある。エリート型は高学歴，高度な語学力，専門的な技能や資格，卓越した職歴といったものが必須だが，ノンエリート型は基本的にこうしたものを必要としない。とはいえ，ノンエリート型の海外長期滞在を行う場合も，一定の資金，語学力，海外滞在に関する知識とノウハウ，意欲，体力といった「資源」が必要である。したがって，日々の生活に困窮する不安定就業層や貧困層はノンエリート型の海外長期滞在を実現することが難しい。以上から，ノンエリート型の海外長期滞在は，若年非標準層のなかでも相対的に余裕のある層，すなわち若年中位層に特有な行動とみなすのが妥当である[9][10]。

　それでは，このような特徴を持つノンエリート型の海外長期滞在者を若年雇用・労働研究の一環として考察する意義は何か[11]。その答えは以下の2点に要約できる。第1に，海外長期滞在者の渡航動機と渡航までの経緯を就業状況に焦点を当てつつ考察することによって，「閉塞的状況への対処法・打開策の実態解明」という研究テーマに新たな知見を加えることができる。これまで示唆してきた通り，そして次節で詳しく見る通り，若年労働市場の変化とキャリアの脱標準化によって，就業・生活状況を改善する見通しが立たない若者が非標準層を中心に増加しつつある。そうしたなかで，閉塞状況に対処する／閉塞状況を打開するための多様な社会運動，政策的支援，日常的実践が行われるようになった。その結果，若年雇用・労働研究において，これらの運動，政策，実践を記述・分析するという研究テーマの重要性が高まりつつある。海外長期滞在者の事例研究は，この研究領域に対して，グローバル化が進展する時代の若

9　ノンエリート型の海外長期滞在者は仕事を辞めて海外に行くのが普通である。したがって彼らは非標準層に属することになる。

10　もちろん例外もある。たとえばエリートがノンエリート型の海外長期滞在を行う例として，バックパッキングや長期旅行を趣味とする経営者や高度専門職従事者，転職時の待機期間を利用して語学留学や長期旅行をするエリート労働者，大学を休学してWHや語学留学に行く偏差値上位大学の学生などが考えられる。しかしこれらの事例はあくまで例外であり，数もそれほど多くないと予想される。

11　本書の主要な考察対象はノンエリート型の海外一時滞在だから，以下の議論で「海外長期滞在」と表記するときは，特に断りがない限りノンエリート型の海外長期滞在を指すものとする。

年中位層に特有な対処法・打開策という新たな事例を加えることが可能である。
　第2に，海外長期滞在者の海外滞在中の就業状況を考察することによって，日本の若者の一部が，日本企業の海外進出に必要な労働者を確保するための国境横断的な雇用・労働システムに組み込まれている現状を明らかにすることができる。第3節で見る通り，日本の若者の国際移動を扱う先行研究は，国際移動に関わる多様な要因や論点を検証するなかで，雇用・労働に関わる問題を相対的に軽視しがちである。他方，日本の若年雇用・労働研究は，考察の範囲を国内に限定し，海外で働く若者をほぼ完全に無視するという「内向き」状態に陥っている。その結果，日本の若者が直面しつつある国境横断的な雇用・労働問題を考察することが著しく困難になっているのが現状である。これに対して，海外長期滞在者を若年雇用・労働研究の一環として考察する事例研究は，このような先行研究の問題点を明らかにし，研究枠組みの刷新が必要であることを浮き彫りにする。
　第1点については次節で，第2点については第3節で，さらに詳しく議論する。

第2節　閉塞状況に対する対処法・打開策

　本節では，海外長期滞在者を若年雇用・労働研究の一環として考察する第1の意義について詳細な検討を行う。また，その作業と並行して，関連する先行研究のサーベイを行う。
　前節の結びで述べた通り，海外長期滞在者を考察対象とする第1の意義は，彼らの渡航動機と渡航までの経緯を就業状況に焦点を当てつつ考察することによって，「閉塞状況への対処法・打開策の実態解明」という研究テーマに新たな知見を提供できる点にある。そこで本節では，まず若年非標準層の閉塞状況を明らかにした研究を整理する。その際，政府統計や大規模なアンケート調査に依拠した研究を中心に概観したい。次に，若年非標準層が閉塞状況をどのように乗り切ろうと／打開しようとしているのかという問題を扱った研究やジャーナリスティックな報告を整理する。その際，質的調査法を用いたインテンシブな事例研究を中心に概観したい。最後に，先行研究のサーベイを踏まえた上で，海外長期滞在者を考察する意義を再論する。

(1) 若年非標準層の閉塞状況

若年労働市場が変化し，キャリアの脱標準化が進むなかで，若年層とりわけ非標準層が深刻な閉塞状況に陥っている。このことを，①非正規雇用から正規雇用への移行，②離家・結婚，③県外就職，④社会的ネットワーク，⑤自尊感情・不安という5つの角度から検証したい。

① 非正規雇用から正規雇用への移行

よく言われるように，日本の（若年）労働市場では，非正規雇用から正規雇用への移行が困難である。このことを示した研究を見てみよう。2001年に東京都の若者に対して実施された調査では，フリーターからの離脱成功率は男性75％，女性47％，合計63％であった（上西 2002：70）。つまり，フリーターから離脱して正社員になろうとした男性の4分の1，女性の半分が正社員になれなかった。フリーターのなかには離脱を諦めて正社員になろうとする行動すら取っていない者もいるから，かなりの割合のフリーターが正規雇用への移動障壁に阻まれたことが分かる。その後，2011年に東京都の若者に対して実施された調査では，離脱成功率は男性61％，女性48％であった（堀 2012：68）。2000年代の10年間に，男性フリーターは正社員になることがさらに難しくなったようである（女性は横ばい）。

別の調査も非正規雇用から正規雇用への移動障壁の存在を実証している。太郎丸（2006：45-46）は，近畿7府県の若者を対象とした調査に基づいて，初職が非正規雇用や無職であることは正規雇用に移行することを妨げる独立の効果を持つことを明らかにした。また，1988年から2008年までの「労働力調査特別調査」と「労働力調査」の個票データ（34歳以下）を再分析した水落・永瀬（2011）は，非正規就業や無業の経験者が正規就業に移行する割合は90年代半ばから急激に低下していることを明らかにした。

こうした障壁の背景には，そもそも企業が正規雇用を減らしている上に，正社員を雇う際にフリーターを低く評価しているという現実がある。「平成16年雇用管理調査」によれば，フリーターを正社員として採用する際に，フリーターであったことを「プラスに評価する」と回答した企業は4％にすぎないのに対して，「マイナスに評価する」と回答した企業は30％に達した（厚生労働

省 2004b)。ただし、この設問に対して「評価にほとんど影響しない」と回答した企業も62%と多い。しかし、「フリーターであったこと」そのものが評価に影響しないにしても、「技能」や「根気」といった要素で比較したとき、正社員からの転職希望者よりフリーターの方が低く評価される可能性は否定できない。したがって、正社員への転職を目指すフリーターは、数少ない正社員求人を見つけ出し、その求人がブラック企業のものかどうかを見極め、採用選考に際して企業側のマイナスイメージを覆すほどの高い意欲や技能を示さなければならない。これらの困難が足かせとなって、フリーターからの離脱を難しいものにしていると考えられる。

ところで、これまで非正規雇用から正規雇用への移行を妨げる障壁について見てきたが、こうした障壁の存在は、結果として正規雇用の質を低下させることにも寄与している可能性がある。なぜなら、一度非正規雇用者になると正規雇用に復帰することが難しいため、正規雇用者が以前より低い雇用・労働条件を受け入れざるをえなくなっているからである。この点を政府統計や大規模調査で実証することは困難だが、近年の若年労働研究は、こうした事態が進行している可能性が高いことを説得的に論じている。

たとえば中西 (2010) は、「若い人を使い捨てる」というビジネスモデルが多くの企業で受け入れられていること、そしてその背後に企業間の激しい競争と買い手市場の若年労働市場という構造的要因があることを強調し、労働条件悪化の圧力が若年労働市場全体に加わっている点に注意を促した。熊沢 (2010b) は、正社員と非正社員を分けて考えるのではなく、両者の間に存在する「地続きの相互補強関係」(*ibid.*: 41) に焦点を当てるべきだと説く。「地続きの相互補強関係」とは、一方で、低賃金・不安定雇用の非正社員に転落することを恐れる正社員が長時間・過重労働を受け入れ、他方で、過労死予備軍のような働き方を忌避する人々や正社員から離脱した人々が非正規雇用の低位な労働条件を（積極的または消極的に）受け入れることによって、若年層の労働条件が、正規／非正規間の格差を維持しつつ全体として引き下げられていくような悪循環を指す。熊沢は、このような悪循環を共通の背景としてブラック企業やワーキングプアといった問題が起きている可能性を指摘し、「状況改善の戦略は正社員、非正社員を包括する性格をもたねばならない」(*ibid.*: 45) と

主張している。

　以上の先行研究は，非正規雇用者が低位・劣悪な就業環境から抜け出しにくくなっていること，そして非正規雇用への転落を恐れる正規雇用者（の一部）が，正規雇用とは名ばかりの劣悪な労働現場から抜け出しにくくなっていることを示唆している。

　② 離家・結婚

　就業環境の悪化は，若者の離家や結婚を困難なものにしている。まず離家から見てみよう。「出生動向基本調査・独身者調査」によれば，2000 年代以降の 3 回の調査（2002 年，2005 年，2010 年）では，男女ともに非正規就業者の親同居率が正規就業者より高い（国立社会保障・人口問題研究所　2011：14）。直近の 2010 年調査を見ると，男性の正規就業者の親同居率が 67% であるのに対して，パート・アルバイトは 73%，無業者は 88% であり，女性の正規就業者の親同居率が 76% であるのに対して，パート・アルバイトは 86%，無業者は 87% である。また，同調査は，男性正社員の親同居率が就業先の企業規模と関係していることを明らかにしている。1997 年の第 11 回調査を再分析した永瀬（2002：24）は，25 歳以下の男性正社員の親同居率が企業規模と反比例することを示した。具体的には，1000 人以上の大企業に勤める者の親同居率が 57% であるのに対して，100 人未満の中小企業に勤める者は 73% だった。

　別の調査も，就業・経済状況と離家が関連していることを示している。2000 年に千葉県在住の若年未婚者（25〜39 歳）を調査した宮本（2004：141-155）によれば，学歴と所得は親同居率に影響を与えている。具体的には，男女ともに，大卒以上の学歴と 400 万円以上の年収が，親と別居する確率を有意に高めている。

　次に，就業状況と結婚の関係について見てみよう。主要な先行研究は，非正規就業・無業と低所得が結婚の時期を遅らせたり結婚の可能性を低下させたりする効果を持つことを明らかにしている[12]。たとえば，厚生労働省の「平成 22 年社会保障を支える世代に関する意識等調査」は，男性非正規就業者の未婚率

12　本文で紹介した研究の他にも，水落（2006），北村・坂本（2007），佐々木（2012）などが同様の結果を報告している。

が男性正規就業者よりはるかに高いことを示した。具体的には，20代の男性正規就業者の未婚率が68％であるのに対して非正規就業者の未婚率は94％，30代の男性正規就業者の未婚率が31％であるのに対して非正規就業者の未婚率は76％であった（厚生労働省 2012a：2）。「就業構造基本調査」（2002年）を再分析した小杉・堀（2005：90-91）は，男性の既婚率が所得水準とほぼ対応している――低所得層ほど既婚率が低く，高所得層ほど既婚率が高い――ことを明らかにした。酒井・樋口（2005）は，全国の満20～69歳の男女を対象に行った大規模調査（「慶應家計パネル調査」2004年実施）から，フリーター経験には結婚時期を遅らせる独立の効果があることを明らかにした。しかもその効果は，1992年以降に最終学校を卒業した世代においてより強くなっていることも明らかになった。「出生動向基本調査」（1997年）の結果を分析した永瀬（2002）は，正規就業が男女ともに結婚のタイミングを早めること，非正規就業者の結婚タイミングが遅くなる主因は非正規雇用そのものより低所得であることを明らかにした。

　なお，親同居率と未婚率の上昇については，経済的自立の困難という理由だけでなく，自由で豊かな消費生活を送るためにあえて離家・結婚しない者が多いという説明もなされてきた。いわゆる「パラサイト・シングル」仮説である（山田 1999）。しかし，家計経済研究所の「消費生活に関するパネル調査（1993～2005年実施分）」を分析した北村・坂本（2007）は，この仮説の説明力が高いのは親が戦前・戦中世代で子がバブル世代（バブル期に20代半ばだった世代）の場合――つまり親と子の経済状況がともに良好だった時期――だけであり，それ以降の世代には当てはまらないと結論づけた。また，「出生動向基本調査・独身者調査」を見ても，2000年代以降は未婚理由のなかで「自由さや気楽さを失いたくない」の低下傾向と「結婚資金が足りない」の上昇傾向が明確に表れている（国立社会保障・人口問題研究所 2011：7）。

　以上の調査・研究結果は，バブル経済崩壊後に労働市場に参入した世代のなかに，就業・経済上の理由で離家と結婚を実現できずにいる者が多数含まれることを物語っている。

　ところで，経済的な基盤が整わないうちに結婚したり子を持ったりした若者には，どのような状況が待ち受けているだろうか。女性の継続就業断念，保育

所待機児童問題，重い教育費負担などを原因とする生活苦や貧困リスクの高まりが有力なシナリオである。以上のような状況下で，離家や結婚を先送りしたり諦めたりする若者が増加しているのが現状のようである。

③ 県外就職

　高卒者の県外就職率も若年労働市場の動向と関係がある。「学校基本調査」によれば，80年代から1992年まで，高校新卒就職者の県外就職率は23％以上の水準を維持していた（図表序 - 12）。ところが，1993年から県外就職率が低下し，1996年には18％まで落ち込んだ。その後は，20％を上回る年（1998～1999年，2007～2009年）もあったが，基調としては20％未満の低い水準で推移している。

　「地元志向」とも呼ばれるこのような状況の背景には，消費機会をめぐる都市と地方の格差縮小（都市に対する憧れの弱化），地方における人間関係の希薄化に伴う「しがらみ」の弱化，価値観の著しい多様化に伴う承認欲求の高まりとその結果として生じる同質的な他者との関係強化といった非経済的な要因がある可能性は高い（土井 2010）[13]。しかし同時に，県外に良好な就業機会が少ないという経済的な要因が若年層に影響を及ぼしている可能性を無視することもできない。「就業構造基本調査」などのデータを再分析した太田（2005，2007）は，優良な雇用機会の減少が県外就職率の低下をもたらす要因の1つであることを実証した。つまり，「遠くに行ってもいい就職口がないならば，地元にとどまろう」（太田 2007：89-90）という判断が地元志向（県外就職率の低下）の背景にあることは否定しがたい。したがって，地元にとどまる若者のなかには，地元に「閉じこもっている」だけでなく，雇用情勢の悪化によって地元に「閉じ込められている」（*ibid.*：90）者も多数いると考えられる。

　ところで，移動先に良好な就業機会が潤沢に存在するわけではない状況下で

---

[13] 複雑化と流動化が進む現代社会では，あらゆる価値や意味が絶えず問い直され，相対化の圧力を受け続けることになる。その結果，人々は自分自身の拠り所となる価値観や考え方（アイデンティティと言い換えてもよい）を獲得することが困難になる。そうしたなかで強固なアイデンティティを求めると，しばしば自分を承認してくれる可能性が高い他者，すなわち社会的・文化的に同質的な他者との関係に閉じこもってしまいがちである。土井（2010）はこうした事態が若年層において進行しつつあると指摘する。

図表序 - 12　高校新卒就職者の県外就職率の推移（1986 ～ 2015 年）

出所：文部科学省「学校基本調査」各年。
注：各年 3 月卒業者の数値。

　県外就職や離家を強行すると，どのような結果が待ち受けているだろうか。ホームレスやネットカフェ難民のような不安定居住に陥るリスクの高まりがその答えである（水島 2007；ビッグイシュー基金 2010, 2012；飯島・ビッグイシュー基金 2011）。2008 年のリーマン・ショック後に行われた雇い止め（派遣切り）によって，大量の若年不安定居住者が生み出されたことは記憶に新しい。[14]その後，時間の経過とともに雇い止めによる住居喪失者の創出ペースは低下したが，それはあくまで企業による余剰労働力の整理が完了したからであって，若年労働者を取り巻く状況が根本的に改善されたからではない。むしろ，短期・単発の労働者派遣事業のように，需給変動に対応するためのバッファーとして若年労働者を活用する労働力供給システムがますます洗練され，企業・労働市場にとって不可欠のものになりつつある（原口 2011）。

　以上のように，一方では良好な就業機会の減少によって多くの若年者が地元に閉じ込められ，他方では広域移動によって不安定居住者に転落するリスクが高まりつつあるのが現状のようである。

14　厚生労働省（2009）によれば，リーマン・ショック後の 1 年間で 23 万人の非正規雇用者が雇い止めに遭い，少なくとも 3000 人以上が住居を失った。

④ 社会的ネットワーク

近年，就業状況の悪化によって，若者の社会的ネットワークが縮小したり閉鎖的になったりするという事態が進行している。多様な困難を抱える若者に対して行われたインタビュー調査を分析した沖田（2004）は，失業や不安定就業によって，学校時代の友人や職場の同僚とのつながりが希薄になったり，均質で停滞的な交友関係のなかに閉じこもったりする現象が起きていることを明らかにした。同じ調査のデータを再分析した堀（2004）は，若年無業者の社会的ネットワークを，①家族以外の人間関係がほとんどない「孤立型」，②地元の同年齢で構成された人間関係に所属する「限定型」，③人間関係を広げていく志向が強い「拡大型」の3類型に整理した上で，無業者の多くが「孤立型」「限定型」に属することを示した。

他の調査研究も，同様の知見を明らかにしている。樋口（2006：68-70）は，近畿7府県の若者を対象とした調査から，フリーターとニートの社会的ネットワーク（相談ネットワーク）には，「職場の上司・先輩・同僚」が欠落しがちであること，ニートは「相談相手なし」が非常に多いことを明らかにした。東京都の若者に対する調査を分析した久木元（2007, 2012）は，非正規雇用者と失業・無業者の相談ネットワークが正社員より狭く限定されていることを明らかにした。

以上の研究は，就業環境の悪化に伴って，社会的ネットワークという点でも閉塞的な状況に陥る若者が増加していることを示している。

⑤ 自尊感情・不安

最後に，就業状況と心理状態（自尊感情・不安）の関連を見ておこう。先行研究は，就業・社会状況と自尊感情（自己に対する肯定的・否定的な態度）に相関関係があることを明らかにしている。労働政策研究・研修機構が2010年に全国の若者を対象として実施した大規模アンケート調査によれば，若者の自尊感情は，就業形態，所得，勤務先の企業規模，家族（居住）状況と関連がある（下村 2011：12-13）。具体的には以下の通りである。第1に，自営業者，専業主婦，正規就業者の自尊感情が高く，非正規就業者と無業者の自尊感情が低い。特に，何もしていない（職探しや進学準備などをしていない）無業者の自尊感情

は圧倒的に低い。第 2 に，収入が多い者ほど自尊感情が高く，少ない者ほど低い。特に月収 40 万円以上の若者の自尊感情は顕著に高い。第 3 に，勤務先の企業規模が大きい者ほど自尊感情が高く，小さい者ほど低い。特に 1000 人以上の大企業に勤める者の自尊感情は顕著に高い。第 4 に，既婚者の自尊感情が高く，未婚者の自尊感情が低い。特に親と同居する未婚者の自尊感情は著しく低い。

　同様の結果は，近畿 7 府県の若者を対象とした調査でも確認されている。第 1 に，正社員とフリーターの自尊感情を比較すると，正社員が高くフリーターが低い（永吉 2006：126 - 133）。特に，望まずにフリーターになった者（やむを得ず型）の自尊感情は著しく低い。ただし，自ら望んでフリーターになった者（夢追求型）の自尊感情は，正社員の自尊感情よりやや高い。第 2 に，社交性と自分の経歴・経験に対する自己評価を見ると，正社員が高くフリーターとニートが低い（樋口 2006：70 - 71）。特に，ニートは社交性に対する自己評価の低さが際立っている。

　次に，就業状況と将来への不安の関連を調べた先行研究を見てみよう。首都圏（東京・神奈川・埼玉・千葉）に在住する 25 ～ 39 歳の未婚男女に対して行ったアンケート調査を分析した久木元（2011）によれば，若年層が抱える将来不安はかなり深刻である。というのも，調査対象者の 83％が将来に対して不安を感じており，しかも将来に対する不安を感じ，なおかつ自分の将来の見通しは暗いと考える者の割合が 57％に達しているからである（*ibid.*：18）。それでは，若年層の将来不安と就業状況・経済状況はどのように関連しているだろうか。久木元によれば，その要点は次の通りである（*ibid.*：19）。第 1 に，非正社員と無業者は，将来に対する不安を感じ，なおかつ将来の見通しが暗いと回答する者の割合が正社員や自営業者より大きい。第 2 に，正社員や自営業者であっても将来に対する不安を感じる者の比率は高いが，それでも将来の見通しは明るいと回答する者の割合が非正社員・無業者より大きい。第 3 に，正社員と自営業者は，将来に対する不安がなく将来の見通しも明るいと回答する者の割合が非正社員・無業者より大きい。第 4 に，年収が高い者ほど，将来に対する不安はなく／不安があっても将来の見通しは明るいと回答する割合が大きくなり，将来に対する不安を感じ，なおかつ見通しも暗いと回答する割合が小さくなる。

また，同調査の自由回答欄の記述を分析した久木元は，若年層が抱える将来不安の特徴として，次の4点を指摘している。第1に，現在の状況が望ましい将来につながっているという感覚が得られないことによって喚起される不安（現状にとどまることの不安）を語る者が多い。第2に，こうした不安を1つの背景として，現状を「打開」し，今とは異なる新しいステージ（状況や段階）に移ることを志向する言葉が頻出する。第3に，そのような「打開」は，現状を変えることがもたらすリスクに対する不安（現状を出ていくことの不安）を喚起するものでもあり，その結果として，2つの不安を同時に抱えた状態が長期化しつつある。第4に，その帰結として，働くこと自体を忌避する志向が生じつつある可能性を否定できない。

　以上の研究は，就業状況や経済状況の悪化とともに自尊感情が損なわれ，将来に対する不安が増幅されるという事態が若年層において進行中であることを示唆している。また，そうした状況下で，現状を変えたいという思いと現状を変えることに伴うリスクの間で板ばさみになり，身動きが取れなくなっている若者も増加しつつあるように見える。

　本項では，政府統計の再分析や大規模（アンケート）調査の分析を行ったものを中心に，若年雇用・労働問題に関わる先行研究を概観した。その結果として明らかになったのは，若年非標準層が直面する深刻な閉塞状況であった。その要点を要約的に記述すると次のようになる。

　90年代半ば以降，若年非標準層は，ある「状態」や「場所」から抜け出すことがますます困難になりつつある。ある「状態」「場所」とは，低位・劣悪な就業環境であり，未婚という婚姻上の地位であり，実家・地元という居住・生活圏であり，限定的な人間関係であり，現状を変えたいがそうすることのリスクは大きいという心理的葛藤である。つまり，若年非標準層は，狭い地理的・社会的・心理的空間に閉じ込められ，そこから抜け出すことが困難になりつつある。そしてこのような閉塞状況のなかで，自信（自尊感情）を失ったり将来不安に苛まれたりする若者が多数生み出されている。

　以上がこれまで見てきた先行研究の要約である。これを見れば，若年非標準層がいかに厳しい状況に置かれているかが直ちに理解されるだろう。しかしその一方で，この要約（あるいはこれまでの概観）から，「若年非標準層全体が一

様に深刻な閉塞状況のなかで身動きできなくなっている」という主張を読み取るとしたらそれは誤解である。前節で指摘した通り，また本項で繰り返し指摘した通り，若年非標準層の内部には分断や階層性があり，出口が全く見えないほどの閉塞状況に追い込まれている層から相対的に余力のある層まで多様な層が存在している。そしてそれぞれの層や集団は，各々の閉塞状況を乗り切るために／閉塞状況を打開するために，アクセス可能な資源や機会を利用しながら，社会運動に参加したり政策的支援を受けたり（日常的）実践に取り組んだりしていると考えられる。

次項では，質的調査法に依拠したインテンシブな事例研究を中心に概観しながら，若年非標準層が閉塞状況，とりわけ低位・劣悪な就業環境をどのように乗り切ろうと／打開しようとしているかを確認したい。

(2) 閉塞状況への対処法・打開策

本項では，若年非標準層による閉塞状況への対処法・打開策として，①労働・社会運動と各種支援活動への参加，②政府機関・制度の利用，③「やりがい」による補完，④「社会空間」の形成，⑤海外長期滞在という5種類を概観する。①②は公的（または準公的）領域で展開される対処法・打開策であり，③〜⑤は私的領域で行われる対処法・打開策である。

① 労働・社会運動と各種支援活動への参加

はじめに公的（または準公的）な領域で展開される対処法や打開策から見ていこう。具体的には，労働組合に加入したり，労働・貧困問題を専門とするNPO法人や市民団体に参加したり，これらの組織から支援を受けたりすることである。

まず労働組合を見ると，近年，非正規雇用者が加入できる個人加盟ユニオンやコミュニティユニオンが増加し，活発な活動を行っている（遠藤編 2012：木下 2012）。なかでも，首都圏青年ユニオンと（グッドウィルユニオンを傘下に持つ）派遣ユニオンが特に有名である（橋口 2010, 2011）。2000年に結成され

15　本項では，非正規雇用者（フリーター）と無業者（ニート）の間には就業・経済・社会・心理状況において差があることを繰り返し指摘した。

た首都圏青年ユニオンは，若年非正規雇用者を対象とした個人加盟ユニオンの先駆けとも言うべき存在であり，これまでに数多くの事案を解決に導いている[16]。人材派遣業のグッドウィル社に登録する派遣労働者が結成したグッドウィルユニオンは，「データ装備費」という名目で天引きされた給与の返還を求めて集団訴訟を起こし，社会的な注目を集めた（清川・多田 2007）。また，最近はブラックバイトユニオンや個別指導塾ユニオンといった支部を持つ総合サポートユニオンが，学生アルバイトを含む多様な労働者の権利保護と労働条件改善のために活発な活動を展開している（大内・今野 2015；平井 2015）。

労働組合ではなく（あるいは組合と同時に），NPO法人や市民団体に参加したり，そうした組織から支援を受けたりする若者も増加しつつあるようである。たとえばNPO法人POSSEやブラック企業対策プロジェクトは，若年労働者に対して労働相談を行ったり，ブラック企業の問題を社会に提起するための啓発活動を行ったりしている（NPO法人POSSE 2010；今野・川村 2011；今野ほか 2013）。また，ビッグイシュー基金，NPO法人自立生活サポートセンター・もやい，反貧困たすけあいネットワークといった市民団体は，ワーキングプアや生活困窮者の自立支援活動を行ったり，貧困問題を世に問うための啓発活動を行ったりしている（ビッグイシュー基金 2010, 2012；自立生活サポートセンター・もやい編 2012）。さらに，労働問題や貧困問題に取り組む多様な市民団体，労働組合，法律家，学者，個人が集まって結成された反貧困ネットワークは，「反貧困フェスタ」「反貧困世直し大集会」「連続講座：最賃15ドル実現のために闘う！」といったイベントを開催することによって，関連する団体や個人の連携を深めたり，貧困問題を社会に提起したりするといった活動に取り組んでいる[17]。

以上の通り，労働運動や社会運動が活発化するなかで，労働組合に加入したり，NPO法人や市民団体に参加したり，これらの組織から支援を受けたりすることを通じて，閉塞的な就業・生活状況の打開を図る若者が増加しつつあるようである。しかし同時に，こうした動きが若年（非標準）層全体を巻き込ん

---

16 これまでの解決事案については首都圏青年ユニオンのウェブサイトを参照（http://www.seinen-u.org/kaiketujirei.html）。
17 反貧困ネットワークのウェブサイトを参照（http://antipoverty-network.org）。

で大いに盛り上がっているかと言えば，必ずしもそうではないというのが偽らざる現状のようである。このことは，各種団体やイベント参加者の人数にも表れている。たとえば，比較的早い時期（2000年）から活動を開始し，これまでに多くの実績を残している首都圏青年ユニオンでさえ，2013年時点の組合員数は350人程度にとどまっていた（河添 2013：97）。また，反貧困たすけあいネットワーク（2011：1）によれば，同ネットワークの会員数は，2011年1月現在で216人である。同ネットワークが主催した各種イベントの参加者数を見ると，最も盛り上がったイベントでさえ2000人を集めるのがやっとである[18]。もちろん2000人という参加者数は，労働や貧困をテーマとするイベントとしては大盛況の部類に入ると思われる。しかし，2011年8月にフジテレビを包囲した「反韓流デモ」の参加者が5000人を超えていたこと（西本 2011），2011年3月11日以降に各地で行われた反原発デモはそれよりさらに大規模であること，反貧困ネットワークの代表者でもある宇都宮健児氏が2012年と2014年の東京都知事選で連敗を喫したことなどを考えれば，労働・貧困問題に関わる社会運動や支援活動の盛り上がりは限定的であると言わざるをえないだろう。

② 政府機関・制度の利用

次に，政府の機関や制度を利用することによって閉塞状況を打開する方法を概観しよう。ここではジョブカフェと個別労働紛争解決制度を取りあげる。

ジョブカフェの正式名称は「若年者のためのワンストップサービスセンター」である。これは職探しに役立つ多様なサービスを1カ所で受けられることを特徴とする政府の就業支援機関であり，2003年6月に策定された「若者自立・挑戦プラン」に基づいて2004年から開設された（厚生労働省 2004a）。2016年3月現在，ジョブカフェは46都道府県に設置され，若年求職者に対し

18　反貧困ネットワークのウェブサイトにはイベント参加者の概数が記載されたページがある（「これまでの主な活動」http://antipoverty-network.org/activity/history）。それによると，参加者が最も多いイベントは2008年10月19日に明治公園で開催された「反貧困世直しイッキ！大集会──垣根を越えてつながろう！！」であり，2000人の参加者があった。これ以外に1000人以上の参加者を集めたイベントは，2008・2009年の「反貧困フェスタ」と2010年の「反貧困世直し大集会」があり，それぞれ1600，1700，1200人を集めている。

て多様なサービスを提供している（厚生労働省 2016）。具体的には，求人情報の提供に加えて，カウンセリング，職業相談，セミナー，研修，職場体験といった多様なサービスを無料で受けることができる。

2009年に経済産業省が実施した調査によれば，ジョブカフェの年間利用者数は2004年度の109万人から2008年度の167万人に増加している（経済産業省 2009）。また，実際に就職を果たしたジョブカフェ利用者の数も，2004年度の5万3000人から2008年度の8万5000人に増加している（ただしジョブカフェ経由でなく自力で就職した者も含む）。若者を対象とするワンストップサービスという新しい試みは，一定の成果を出しているようである。

ジョブカフェが職探しのための政府機関であるとすれば，職場で起きたトラブルを解決するための公的な制度が個別労働紛争解決制度である。政府は2001年に「個別労働関係紛争の解決の促進に関する法律」を施行し，2002年から全国の労働局で個別労働紛争に関する相談，指導・助言，あっせんを行うようになった（労働政策研究・研修機構 2010）。この制度が施行された直接の背景は，労働組合の影響力低下による労使間紛争処理システムの機能不全である。周知の通り，高度成長期以降に労働組合組織率は低下し，近年は20％を切るまでに落ち込んでいる。そうしたなかで，個別労働紛争を円滑に処理するための新たな公的枠組みとしてこの制度が設けられた。

厚生労働省によれば，この制度による総合労働相談件数は2002年度の63万件から2009年度の114万件へ，民事上の個別労働紛争相談件数は2002年度の10万件から2011年度の26万件へと増加し続けた（厚生労働省 2012b：2）。その後は総合労働相談件数，個別労働紛争相談件数ともに微減傾向にあるが，依然として高い水準にとどまっている（厚生労働省 2015a）。同制度を利用する非正規雇用者も多く，2014年度の個別労働紛争相談件数の32％が非正規雇用者による相談である（*ibid.*：4）。残念ながら制度利用者の年齢は公表されていないが，若者がこの制度を全く利用していないとは考えにくいから，一定数の若者がこの制度を利用して職場のトラブルを解決しようとしていることは間違いない。

以上の通り，2000年代前半以降，若者の就職難や職場トラブルに対処するための政府機関・制度は拡充されつつあり，実際にそうした機関や制度を利用

する者の数も増加している。したがって，閉塞状況への対処法・打開策としての政府機関・制度の役割を無視することはできない。しかし同時に，これらの機関・制度の貢献が他の公的制度や政府の「改革」によって帳消しにされている現実を見落とすわけにはいかない。その最も分かりやすい例が派遣労働の規制緩和である。周知の通り，2004年に労働者派遣法が改定され，製造現場の単純労働に派遣労働者を利用することが可能になった[19]。その結果，リーマン・ショック後の「派遣切り」（雇い止め）によって大量の若年失業者と若年ホームレスが生み出されたことは記憶に新しい。その後，2012年の法改正で日雇い派遣が禁止され，不安定な派遣労働の拡大に一定の歯止めがかけられた（厚生労働省 2012c）。しかし，2015年の法改正で派遣期間の制限がない「専門26業務」というカテゴリーが廃止され，1人の派遣労働者が同じ職場で働ける期間の上限が3年になったため，これまで「専門26業務」に従事していた派遣労働者の多くが法改正後3年以内に雇い止めされるとの懸念が広がっている（平井・沢路 2015）。

このように，政府は一方で不安定雇用を大量に生み出す雇用流動化政策を推進し，他方でジョブカフェや個別労働紛争解決制度を整備してきた。比喩的に言えば，政府は一方で「洪水」（＝大量の失業や不安定雇用）の発生を防ぐための「堰」を開放（＝雇用規制を緩和）し，他方で洪水の被害を防ぐための様々な「治水策」（＝ジョブカフェや個別労働紛争処理制度など）を講じている。こうした状況下では，「政府は本気で（若年層の）失業・不安定就業問題を解決する気があるのか」といった批判や，「ジョブカフェをはじめとする若年就業支援策は，結局のところ，雇用流動化政策の推進を正当化するためのアリバイ作りにすぎないのではないか」といった疑念を払拭することは困難である。

③ 「やりがい」による補完

これまで，閉塞的な就業・生活状況に対して，公的または準公的な領域での解決を試みる対処法・打開策を見てきた。次に，私的な領域で行われる対処法について見てみよう。

---

[19] 1985年から2010年までの労働者派遣法の変遷とその問題点を簡潔にまとめた論稿として，脇田（2010）をあげておく。

若年非標準層が低位・劣悪な就業環境を乗り切るための私的（個人的）な方法としてしばしば指摘されるのが，仕事そのものに何らかの「やりがい」を見出すという対処法である。たとえばバイク便ライダーや自転車メッセンジャー[20]のように，自分の趣味と関連のある仕事に従事する者は，仕事内容それ自体の魅力によって低位な労働条件を穴埋めしがちであると言われている（阿部 2006；神野 2009a, 2009b）。また，介護職や医療事務といった医療・福祉関係の職を選ぶ者は，他者への奉仕や社会的貢献といった観念がもたらす心理的充足感によって低位な労働条件を穴埋めしがちであることも指摘されている（神野 2006b；阿部 2007）。さらに，コンビニエンスストアの雇われ店長のような擬似自営業者は，一定の自己裁量がもたらす達成感によって低位な労働条件を穴埋めしがちであると言われている（居郷 2007）。
　しかし「やりがい」を見出すことによって就業生活を乗り切る方法は，結果的に，労働条件や労働法制上の問題を不問に付すという意識・行動パターンを助長しがちであるという弊害も指摘されている。阿部（2006）と本田（2007, 2008）は，仕事に「やりがい」を見出そうとする若者がしばしば陥る長時間・過重労働や過度な責任の受容を「やりがいの搾取」と呼び，「やりがい」による補完は若年労働者をさらに追い詰めることになりかねないと警鐘を鳴らしている。

④ 「社会空間」の形成

　次に，私的な領域で展開される共同的な対処法について見てみよう。中西・高山編（2009）は，他者とのつながりや集団の内部に形成され，外部社会から相対的に切り離された半自律的な空間やネットワークを「社会空間」と呼ぶ。ノンエリート青年が相互行為を通じて形成する多様な「社会空間」は，彼らに容赦なく襲いかかる社会経済的強制力の影響をわずかながら和らげる防護壁のような役割を果たす。またそれは，彼らが厳しい就業環境を乗り切り，少しでも「マシ」な生活を送るために必要な技法や知恵を学び合う（教え合う）場でもある。さらにそれは，彼らが自分たちの生に肯定的な意味を付与するために役立つイメージやアイディアを交換し合う場でもある。

20　バイク便ライダーと自転車メッセンジャーは，書類をはじめとする小型の荷物をバイクまたは自転車で配送する都市型の配送業である。

このような「社会空間」の具体例として，北海道の中規模都市の工業高校出身者が形成する友人つながり（小西　2002a, 2002b），東京の大都市圏で働く自転車メッセンジャーの企業横断的ネットワーク（神野　2009a, 2009b），東京都西部で働く請負労働者の地縁的・職縁的ネットワーク（戸室　2009），東京都東部の高卒女性が形成する地縁・学校縁的な友人つながり（杉田　2009）などが考察されてきた。また，「社会空間」という概念を使っているわけではないが，千葉県内の駅前でストリートダンスに興じる若者の地縁的・趣縁的な友人つながりを考察した新谷（2002, 2004, 2007）と，茨城県内の駅前広場でスケートボードに興じる若者の地縁的・趣縁的な友人つながりを考察した田中研之輔（2004）も，上述の「社会空間」を明らかにした事例とみなせる。

　これらの研究は，求人情報を交換したり，仕事の後や休日に一緒に遊んだり，イベントに参加したり，悩みを相談し合ったりしながら支え合うノンエリート青年の労働・生活世界を，参与観察やインタビューからなる質的調査を基に記述・分析している。これらの研究に登場する若者が，多様な「社会空間」の庇護や助力を受けて閉塞的な就業・生活状況を乗り切ろうとしている（そして実際に乗り切っている）ことは明らかである。

　とはいえもちろん，これらの研究は，ノンエリート青年が形成する「社会空間」をいたずらに美化したり，その利点を誇張したりしているわけではない。「社会空間」は若者に利点だけでなくリスクをもたらすものであることも指摘（あるいは示唆）されている。たとえば，失業・不安定就業の状態にある友人同士が教え合う求人情報は，さしあたり失業を免れるためには役立つ一方で，不安定な就業状況から抜け出すためには役立たなかったり，場合によっては不安定就業を長期化させたりするようなものかもしれない。友人つながりを重視して地理的移動を忌避する者は，職探しの選択肢を自ら狭めている可能性を否定できない。独特のスタイルに憧れて自転車メッセンジャーの世界に飛び込んだ若者[21]は，不安定な仕事を自ら選び取ったとも言える。また，メッセンジ

---

[21] メッセンジャーは独特の形状と機能を持つ自転車に乗り，独特の服装と携行品（バッグや無線機など）を身につけて業務を遂行する。そのスタイルやファッションは一部の若者の憧れや模倣の対象になっている。そして，メッセンジャーのスタイルやファッションに強く惹きつけられた若者が実際にメッセンジャーとして働くことを選ぶという現象が起こっている。詳細は神野（2009a, 2009b）を参照されたい。

ャーを「個人事業主」のイメージと結びつけがちなメッセンジャー文化は，彼らが労働組合を組織することの障害になっている可能性が高い。

このように，若者が形成する多様な「社会空間」は，閉塞的な就業・生活状況を乗り切るために役立つ有形・無形の「資源」を提供すると同時に，若者が閉塞状況にとどまり続けることを促進しうるものでもある。こうした性質を持つ「社会空間」に対しては，多様な立場から賛否両論の入り混じった様々な見解や評価が示されると予想される。しかし今なすべきことは，若年（非標準）層の就業・生活実態を「解明」することであって「評価」することではない。そもそも，我々は若年（非標準）層の就業・生活状況に何らかの「評価」を下せるほど十分な情報や知識を持ち合わせているわけではない。この点を丹念なフィールドワークに基づく詳細な記述と分析を通じて浮き彫りにしたこと——言い換えれば，大規模なアンケート調査を繰り返しても見えてこない現実の存在をあぶり出したこと——も，「社会空間」を主題とする先行研究の重要な貢献の1つと言えるかもしれない。

⑤　海外長期滞在

最後に，いわゆるグローバリゼーションの時代——カネ，モノ，ヒト，情報などが世界的な規模で移動するようになった70～80年代以降の時代——に特有な対処法・打開策である海外長期滞在について概観しておきたい。日本では，プラザ合意後の急激な円高とバブル経済の影響により，80年代後半に海外旅行と海外留学のブームが起きた。そうしたなかで，バックパッキングと呼ばれる海外長期旅行や，OL留学と呼ばれる海外語学留学が流行した（新井 2001；大野 2007, 2012；佃 2007；山口 2010）。その後90年代に入ると，香港，シンガポール，イギリス，アメリカなどで働く若者（特に女性）の増加（Kelsky 2001；Thang et al. 2002, 2006；Sakai 2003；White 2003；中澤ほか 2008）や，男女交際（国際結婚）を理由に海外長期滞在や移住をする若い女性（山下 1999；白河 2007；島村 2007；Itoh 2012；濱野 2014）の増加が論じられるようになった。さらに2000年代以降は，観光ビザを利用して東南アジアに長期滞在する若者（島村 2007；下川 2007），WHビザ，学生ビザ，インターンシップビザなどを利用してカナダ，アメリカ，イギリス，豪州などに長期滞

在する若者（海外職業訓練協会 2005；南川 2005；藤岡 2008b；藤田 2008；加藤 2009；川嶋 2010），中国本土や東南アジアで働く若者（酒井 2007；下川 2011；松谷 2011）が注目されるようになった。

　これらの研究[22]の問題意識や分析枠組みは一様ではなく，明らかにされた知見も多様で広範囲にわたる。それらの多様な知見のなかで本書にとって特に重要なのは，多くの研究において，閉塞的な就業・生活状況から抜け出すために海外長期滞在を利用するという動機の重要性が繰り返し指摘されている点である。たとえば，OL留学の実態を報告した朝日新聞の記事は，企業社会で周縁化された若い女性の不満や焦りがOL留学ブームの背景にあると指摘している（朝日新聞 1989a, 1989b, 1990；上間 1990a, 1990b）。90年代前半以降に増加した中国（香港と本土）で働く女性を調査した酒井千絵も，同様の動機が重要であると述べている（Sakai 2003；酒井 2007）。バックパッカーの調査を行った大野（2012：第1章）は，将来のキャリア展望（夢）を失ったときにバックパッキングを決意した男性の事例を丹念に記述・分析している。90年代前半以降に増加したシンガポール就職者（主に女性）を調査した研究は，バブル経済崩壊後に進行した雇用情勢の悪化が海外就職を促す要因の1つであると指摘している（Thang et al. 2002, 2006；中澤ほか 2008）。アメリカやイギリスに滞在して文化的な活動（絵画，音楽，ダンスなど）に従事する若者を調査した研究は，日本で順調なキャリアを辿っていない若者がこうした海外長期滞在を選択しがちであることを指摘している（南川 2005；藤田 2008）。WHビザや学生ビザを利用してカナダや豪州に滞在する若者を調査した研究は，日本でキャリアの行き詰まりに直面した若者が適職を探すために，あるいは英語力を身につけてキャリアアップを図るために海外渡航する事例を報告している（加藤 2009；川嶋 2010）。中国（上海と香港）で働く若者を調査した松谷（2011）は，国内の就業環境が悪化するなかで，納得できる仕事を見つけたりキャリアアップを実現したりするための手段の1つとして中国就職を選択する事例を報告している。

　以上は，閉塞的な就業・生活状況から抜け出すために海外長期滞在を行う事

22　ここでは，新聞記事やジャーナリストによる著作も広い意味での「研究」に含めることとする。

例のごく一部である。新聞や雑誌の記事，一般書，留学・WH のガイドブック，インターネット上のブログなどを含めれば，同様の事例は数多く出てくるのが現状である。少なくとも，こうした目的のために海外長期滞在を行う若者の数は，労働・社会運動や各種支援活動に関わる若者の数よりはるかに多いと考えられる[23]。したがって，海外長期滞在者を若年雇用・労働研究の一環として考察することは時宜にかなっていると言えるだろう。

(3) 海外長期滞在者を考察する第1の意義

1項・2項では，若年非標準層が直面している閉塞的な就業・生活状況に焦点を当てながら，関連する先行研究を概観した。以上のサーベイを踏まえた上で，海外長期滞在者を若年雇用・労働研究の一環として考察することの意義を再論すると次の通りである。

ノンエリート型の海外長期滞在は，非標準層に属する若者が閉塞状況から一時的に抜け出すための手段を提供する。したがってそれは，若年非標準層が閉塞状況を「打開」したり「改善」したりするための方法としての側面を有している。本論の内容を先取りしてもう少し具体的に言うと，海外長期滞在は，若者が過労・精神疾患・燃え尽き症候群などで取り返しのつかない状態になることを防いだり，不満のある／やりがいのない仕事を穏便に辞めたり，不安定な生活に秩序を与えたり，マンネリ化した生活に刺激を与えたり，より良い（マシな）職を得たりするためのきっかけや手段として利用されている場合がある。前項の⑤で見た通り，日本の若者が海外長期滞在をこのような目的のために利用していることは，若年雇用・労働研究の外部——移民研究，観光研究，留学研究，ジェンダー研究，人類学など——では繰り返し指摘されてきた。しかし，雇用・労働問題を専門とする研究者がこうした現象に関心を示さなかったために，海外長期滞在者の渡航前の職種や雇用形態を詳細に検討するという試みがこれまでなされてこなかった。その結果，海外渡航者の職種や雇用形態の違いに無頓着なまま，考察対象の若者を一括りにして，あるいはせいぜい男性と女

23　前述の通り，最も盛り上がった反貧困イベントの参加者が 2000 人だったのに対して，海外長期滞在者は，WH 制度の年間利用者だけでも約2万人である。WH 渡航者以外にも海外留学者や海外就職者が多数いることを考えれば，海外長期滞在者の方が圧倒的に多いことは明らかであろう。

性という 2 つのグループに分けて論じるという（雇用・労働問題の専門家から見れば）粗雑な議論が数多く生み出されてきた。こうした議論は，海外長期滞在の利点やリスクが職種や雇用形態によって大きく異なる点を捨象しがちだから，結論として導かれる命題も漠然としたものになりがちである。たとえば，「日本の企業・労働市場で周縁化された女性が活躍の場を求めて海外に向かっている」（Kelsky 2001；Sakai 2003；Thang et al. 2006），「若者がより良いライフスタイルを求めて海外に向かっている」（Sakai 2003；Thang et al. 2006），「若者が海外で『自分探し』をしている／さまよっている」（加藤 2009）といったものである。これらの命題は間違いとは言えないがあまりに漠然としているため，若年雇用・労働研究の知見と接続することが困難である。具体的には，どのような職種・雇用形態の若者がどのような海外長期滞在を選択する傾向があるのか，海外長期滞在者の渡航動機やキャリアプランは職種・雇用形態によってどう異なるのか，といった問いに対して，上記の命題は何も答えられない。

　これに対して本書は，渡航動機や渡航までの経緯を就業状況（主に職種，企業規模，雇用形態）に焦点を当てつつ明らかにすることによって，海外長期滞在者の渡航動機やキャリアプランを，「男女差別」「ライフスタイル」「自分探し」「漂流」といった抽象的な概念や「レッテル」によって説明するのではなく，より精緻な社会学的概念によって理解・説明するという作業に取り組む。そうすることによって，ノンエリート型の海外長期滞在者に関する議論を若年雇用・労働研究と接続すること，とりわけ閉塞状況に対する対処法・打開策の検討と結びつけることが可能になる。これが本書の狙いの 1 つであり，海外長期滞在者を若年雇用・労働研究の一環として考察することの第 1 の意義である。

第 3 節　日本企業の海外進出と海外長期滞在者の多様化

　本節では，海外長期滞在者を若年雇用・労働研究の一環として考察する第 2 の意義について詳細な検討を行う。また，その作業と並行して，関連する先行研究のサーベイを行う。

　第 1 節の結びで述べた通り，海外長期滞在者を考察対象とする第 2 の意義は，彼らの海外滞在中の就業状況を考察することによって，日本の若者の一部が，

日本企業の海外進出に必要な労働者を確保するための国境横断的な雇用・労働システムに組み込まれている現状を明らかにできる点にある。そこで本節では，まず多様化するノンエリート型の海外長期滞在者に関する先行研究を概観する。次に，日本企業の海外進出に伴って，海外で日本人ノンエリート労働者の需要が増加する過程を概観する。最後に，それまでの議論を踏まえて，海外長期滞在者を考察する意義を再論する。

（1）多様化するノンエリート型の海外長期滞在者
① バックパッカーと外こもり

バックパッカーとは，バックパッキングと呼ばれる旅行を行う者を指す。バックパッキングとは，低予算であること，冒険的な要素を好むこと，事前に固定的な旅程を決めないことなどによって特徴づけられる現代的な長期個人旅行であり，第二次大戦後にヨーロッパの若者の間で始まったと言われる（Loker-Murphy and Pearce 1995；O'Reilly 2006）。日本にバックパッキングが普及したのは1970年代以降であり[24]，80年代後半には沢木耕太郎の紀行小説『深夜特急』（沢木 1986a, 1986b）の影響で，90年代後半にはテレビの影響で[25]，バックパッキングのブームが発生した（山口 2010）。

日本人バックパッカーのプロフィールに関しては，調査が難しいためその全貌はよく分かっていない。90年代後半にタイのバンコクで比較的大規模な調査を行った新井克弥は，当地を訪問する日本人バックパッカーの約8割が男性だと指摘している（新井 2001：119）。2000年代にアジア諸国で調査を行った大野（2012）も調査対象者の多くが男性だから，日本人バックパッカーの多くは男性と考えてよさそうである。

新井（2000, 2001）と大野（2007, 2012）によれば，バックパッカーの渡航動機で最も重要なものは，（冒険的・放浪的な）旅を楽しみたいという願望である。また，旅を楽しむことそれ自体に加えて，旅を通じたアイデンティティ探索

---

[24] 日本では，1960〜70年代に「カニ族」と呼ばれる若者が国内で低予算の長期旅行を実践していた（山口 2010）。「カニ族」と同様の旅を海外で行う者がバックパッカーである。
[25] 日本テレビ系列の「進め！電波少年」というTV番組のなかで，「猿岩石」と呼ばれる2人組のコメディアンが香港からロンドンまでヒッチハイクの旅をするという企画が放送され，大きな社会的反響を巻き起こした。

（自分探し）やアイデンティティの刷新（自分を変えること）を主要な動機にあげる者も多い。なぜなら，旅行中に多様な人，場所，文化と接触するバックパッキングは，「自分は何者か」という問いに答えるための手がかりを数多く提供してくれるからである。また，バックパッキングには冒険的な要素が多く含まれるため，旅行中に遭遇した危険や困難を乗り越えることによって達成感や成長実感を得ることが可能である。このことがアイデンティティの刷新を目指す人々にとって大きな魅力になっている。

ただし，現代のバックパッキングを過度に神秘化するとその実態を見誤ることになる。新井（2001）と大野（2007）は，一見すると危険や不確実性に満ちたバックパッキングが，実際には観光メディアや旅行産業によって周到に用意された観光商品の消費になりつつあると指摘する。彼らによれば，現代（特に90年代以降）のバックパッキングは，世界中の都市を結ぶ航空交通網，「辺境」と都市を結ぶバスや鉄道などの陸上交通網，バックパッカーズホステルをはじめとする安価な宿泊施設，旅行会社が提供するツアーやアクティビティ，インターネットカフェ，携帯電話，ガイドブックといった観光・情報インフラと商業施設・サービスに支えられた長期個人旅行である。それは「商品化された冒険」（大野 2007）であり，「『バックパッキング』という名のパッケージツアー」（新井 2001：133）でしかないケースも多い。

このように，バックパッキングは商品化によって大きく様変わりしつつあるが，全てのバックパッカーが一様に「商品化された冒険」を消費しているわけではない。バックパッカーにも複数の類型があり，類型によって滞在状況に大きな差がある。大野（2012）は，バックパッカーを移動型，沈潜型，移住型，生活型の4つに分け，それぞれの類型について詳細な記述と分析を行った。移動型とは多くの国や地域に行くことを重視する人々であり，バックパッカーのなかで最も数が多いと考えられている。商品化の影響を受けやすいのも移動型である。沈潜型とは，気に入った国や町に長期間滞在する人々であり，1つの場所に数カ月以上滞在することも珍しくない。移住型とは，沈潜型が高じて気に入った国や町に移住した人々を指す。生活型とは，特定の場所に定住するつもりがなく，旅そのものを日常として生きるような人々を指す。移住型と生活型のバックパッカーのなかには，飲食店，ホステル，旅行代理店といった観光

関連業者で就業したり，自分でそうした業者を経営したりする者が一定数存在する。また，自給自足的な共同体を作って隠遁的な生活を送る者もいる。

なお，東南アジアに滞在する日本人バックパッカーを取材した下川（2007）は，逃避的な動機が強く，特定の場所に長期間滞在するバックパッカーを「外こもり」と呼んだ。このグループには，大野（2012）の沈潜型，移住型，生活型が混在していると考えられる。外こもりの存在は，日本社会に居場所を確保できない若者が東南アジアを一時的な避難所として利用している現状を示すものと言える。

② ノンエリート型の留学生とワーキングホリデー渡航者

1985年のプラザ合意後の急激な円高とその後のバブル経済をきっかけとして，1980年代後半以降，日本の若者の間にノンエリート型の海外留学[26]やWH[27]が普及した。一部の例外を除けば，90年代にはこれらの海外長期滞在を扱う学術的な研究はほぼ皆無に等しかったが，2000年代以降は，社会学者や人類学者による本格的な調査・研究が行われるようになった。具体的には，WHビザで豪州などに滞在する若者を調査した海外職業訓練協会（2005），学生ビザでアメリカに滞在する若者を調査した南川（2005），学生ビザやWHビザでアメリカとイギリスに滞在する若者を調査した藤田（2008），学生ビザやWHビザでカナダに滞在する若者を調査した加藤（2009），WHビザで豪州に滞在する若者を調査した藤岡（2008b）と川嶋（2010）などがあげられる。

これらの研究は調査地や問題関心が異なるためその内容も一様ではないが，多くの研究が指摘する共通点もいくつか存在する。第1に，こうした海外長期滞在を行う者のなかには女性が多く含まれ，男性が相対的に少ない。第2に，非経済的な渡航動機をあげる者が多い。具体的には，語学力の向上，海外生活の経験，アイデンティティ探索（自分探し，やりたいこと探し），自己実現（やりたいことをやる，夢・憧れを叶える），ステップアップ（人間としての成長，帰

---

26 ノンエリート型の留学とは，大学や大学院ではなく，語学学校や職業訓練機関に留学する場合を指す。一般的に，語学学校や職業訓練機関への留学は入学要件が緩く，お金さえ払えば（語学力や学力が低くても）受講できるコースが多い。
27 この分野の先駆的研究として，豪州に留学した日本人に対する調査を行ったAndressen and Kumagai（1996）がある。

国後にやりたい仕事に就く），閉塞状況からの脱出（一時的退避，海外移住）といった渡航動機をあげる者が多い。第3に，海外滞在中に日系商業・サービス産業（後述）で働いて滞在費用を稼ぐ（補う）者が多い。以上の3点は，ビザの種類や滞在地が違っていても，ノンエリート型の留学者とWH渡航者であればほぼ共通して見出せるようである。

　これに対して，特定の都市にのみ見出される現象も存在する。南川（2005）と藤田（2008）は，アメリカとイギリスの大都市（ニューヨーク，ロスアンジェルス，ロンドン）には，文化的な活動に従事する留学生やWH渡航者が多いことを指摘している。文化的な活動とは，芸術，大衆文化，ファッションなどに関わる多様な活動であり，絵画，写真，演劇，歌，ダンス，DJ，ファッションデザイン，ヘアメークなどを含む。滞在中にこれらの分野で際立った成果を収める者はきわめて少ないが，わずかなチャンスに賭けようとする者や，華々しい成功とまではいかなくとも何かしらの経験を積もうとする者が，上記の大都市に続々と流入し，そして去って行くというサイクルを繰り返しているようである。

　特定の都市ではなく，特定のジェンダーに偏った現象も存在する。藤田（2008），加藤（2009），濱野（2014）は，海外滞在中に現地在住の男性と恋愛関係に発展する日本人女性が多いことを指摘している。こうした女性のなかには，国際結婚をして現地に移住する者も一定数存在する。しかし国際結婚には多くの困難が伴うため，夫婦間の不和や離婚に至るケースも少なくないことが指摘されている。

　それでは，ノンエリート型の留学生やWH渡航者は，帰国後にどのような生活を送っているのか。豪州から帰国したWH渡航者を追跡した川嶋（2010）は，WH経験を通じて成長したと自負する若者たちが，帰国後に日本の企業や労働市場で低い評価を受けて苦悩しがちな現状を報告している。WH渡航者の帰国後の就業状況を調べた海外職業訓練協会（2005）も，WH渡航者は帰国後に非正規雇用に就く者の割合が増え，所得水準も低下しがちであることを明らかにした。以上の知見は，ノンエリート型の留学やWHが大きなリスクを伴う選択肢であることを示唆している。

③　現地採用者

　海外で事業を展開する日本企業の増加に伴って，日系企業の現地法人で現地採用者として雇用される日本人が増加しつつある。たとえば，シンガポール，中国（香港，上海），イギリス（ロンドン），ドイツ（デュッセルドルフ），アメリカ（ロスアンジェルス）に滞在する日本人を対象とした人類学的・社会学的な研究が，このような事例を報告している（町村　1999；Sakai J.　2000；Thang et al.　2002, 2006；Glebe　2003；Machimura　2003；Sakai C.　2003；White　2003；酒井　2007；佃　2007；松谷　2011；中澤ほか　2008）。

　これらの研究によれば，現地採用者は人材派遣業者を介して職を得ることが多いようである。具体的には，人材派遣業者が開催する海外就職セミナーに参加したり，業者のウェブサイトを閲覧したりして求人情報を入手し，直接または業者経由で応募し，日本または現地で面接を受けて採用に至るというのが一般的な流れのようである（Thang et al.　2002, 2006；Sakai C.　2003；酒井　2007）。現地採用と言っても，実際に募集活動や選考が行われる場所は現地とは限らない。現地採用の「現地」とは，あくまで「現地の相場に準じた労働条件」を意味している点に注意が必要である。給与が現地の相場に従って支払われるということは，多くの場合，日本で働く場合よりも給与の絶対水準が低下することを意味する。

　現地採用者の職務は，事務・秘書・営業など多岐にわたるが，その中核をなすのは「仲介」という役割のようである（酒井　2007）。仲介とは，駐在員と現地出身者（労働者・取引先など）の意思疎通を円滑化するための仕事全般を指す。現地採用者は女性が多く，特に留学やWHの経験者が海外経験を生かそうとするケースが多いと言われる（Thang et al.　2002, 2006；Sakai C.　2003；島村　2007）。つまり，典型的な現地採用者とは，日系企業の現地法人で「仲介者」として企業駐在員の補助を担当する留学・WH経験のある女性ということになる。少なくとも，現地採用者が増加し始めた90年代前半においてはこの図式が成り立っていたようである。

28　広義の「現地採用者」とは「現地で採用される者」のことであり，国籍や出身地は無関係である。これに対して，狭義の「現地採用者」は，日本人であるにもかかわらず，現地の相場に準じた労働条件で雇用される日本人労働者を意味する。本書では原則として，「現地採用者」を後者の意味で用いる。

しかし90年代後半以降，IT産業の世界的な成長を背景に，日本企業が自社業務の一部を中国や東南アジア諸国に移管する動きが加速してから，こうした図式は成り立たなくなりつつあるようである。自社業務の一部を国外に移管・委託することは「オフショア化」または「海外アウトソーシング」と呼ばれ，総務・経理関連業務，ソフトウェア開発，データの入力・管理業務，コールセンター業務などがその対象とされることが多い（関口 2011；阿部 2012；冨浦 2012）。日本企業がオフショア化を進める際の移転先・発注先としては，中国・大連のソフトウェアパークが特に有名だが（井原 2004；井上 2011；林ほか 2011；阿部 2012），それ以外にも北京，上海，タイ，インドが日本企業のオフショア化の移転先・発注先として知られている（李・高橋 2006；関口 2011；阿部 2012）。また，近年はさらなるコスト削減を目指して，ベトナムとミャンマーへの移転や投資が加速しつつある（白井 2009；税所 2010；宗像 2012b, 2012c）。

　これらのオフショア関連企業は，一定数の日本人ノンエリート労働者を現地採用していることが明らかになっている（井原 2004；大和田 2009；峯村・奥寺 2010；向井ほか 2010；阿部 2012）。たとえば日本人向けのコールセンター業務には日本人オペレーターが不可欠である。また，データ入力・管理業務には，現地労働者が入力した日本語データのチェックを行う日本人が不可欠である。さらに，オフショア関連企業全般に言えることとして，仲介者の役割が重要である。仲介者は，受注先の企業・部署の日本人と日本語で連絡を取り合ったり，駐在員と現地労働者の意思疎通を円滑化したりする役割が求められる。

　それでは，オフショア関連企業の現地採用者はどのような条件で働いているのか。阿部（2012：12）によれば，大連のHP社コールセンターで働く日本人の月給は5万5800円だった。オフショア関連企業であるマスターピース社の大連データセンターは月給4万3400円，北京データセンターは月給4万9600円，バンコクコールセンターは月給6万7834円である（金額と為替レートは2010年9月時点）。いずれも日本人の感覚からすれば低賃金と言わざるをえない（ただし現地の相場では必ずしも低賃金ではない）。性別構成を見ると，厳密なデータは存在しないが，オフショア関連企業の現地採用者には男性が多く含まれているようである。というのも，新しいタイプの現地採用者をレポートする

記事には男性が頻繁に登場するからである（井原 2004；大和田 2009；峯村・奥寺 2010；向井ほか 2010）。

　日系企業の現地法人にせよオフショア関連企業にせよ，現地採用者として働く場合は，日本で働いていたときより給与の絶対水準が低下することはほぼ避けられない。それにもかかわらず少なからぬ若者が現地採用者として働くのはなぜか。多くの研究が共通して指摘する要因は日本国内における就業環境の悪化であり，日本で良質な雇用機会から排除された者（とりわけ女性）が海外に就業機会を求めるという側面を無視できない（Thang et al. 2002, 2006；Sakai C. 2003；酒井 2007；中澤ほか 2008；松谷 2011）。それに加えて，シンガポールや香港のように欧米文化の影響が強い国・地域を選ぶ者（特に女性）は，男女平等，実力主義，余暇の重視といった欧米的価値観に惹かれて渡航するケースが多いようである（Thang et al. 2002, 2006；Sakai C. 2003；酒井 2007）。これに対して，経済成長が著しい中国で働く若者のなかには，現地で経験を積んだり人的ネットワークを広げたりすることによって，より条件の良い企業に転職したり，自分で事業を始めたりするといった展望（野心）を持つ者も一定数いるようである（松谷 2011）。

　以上の通り，日本企業の海外進出に伴って，多様な現地採用者の労働需要が世界各地で創出されている。現地採用者に求められる技能は日本語，現地語，仲介者としての資質などであり，高学歴や専門性は必ずしも必要ではない。彼らの賃金水準は低く，キャリアの発展性もそれほど大きくないと考えられる。このようなノンエリート労働者（あるいは「グローバル・ノンエリート人材」）が，日系企業のエリートたる駐在員を陰で支えているのが現状のようである。

④　婚姻移住者

　先述の通り，留学や WH といった形で海外に長期滞在する日本人女性のなかには，現地在住の男性と交際したことをきっかけとして，滞在を延長したり国際結婚をしたりする事例が少なからず見られる（藤田 2008；加藤 2009；濱野 2014）。また，留学や WH ではなく，東南アジアでの旅行・観光中に知り合った現地男性と恋愛関係に発展し，滞在延長や国際結婚に至る日本人女性の事例も報告されている（山下 1999；島村 2007）。さらに，海外滞在中に交際

した結果として滞在延長や国際結婚をすると言うより，むしろ当初から外国人男性（特に白人男性）とのロマンスや結婚を主要な目的として海外渡航し，交際や結婚に至る日本人女性が一定数存在するという報告もなされている（Kelsky 2001）。これらの婚姻移住者（およびその予備軍）は，日本人の国際移動を考える上で無視できない存在になりつつあるようである。少なくとも，インドネシアのバリ島や豪州の主要都市では，婚姻移住者が著しく増加し，現地日本人コミュニティに多大な影響を及ぼす存在になりつつあると言われている（山下 1999；Funaki 2010；濱野 2014）。

　婚姻移住者を対象とする調査・研究は始まったばかりだが，いくつかの先駆的な研究が興味深い知見を発表している。バリで生活する婚姻移住者を調査した山下（1999）は，婚姻移住者が日本国籍を保持し，日本を棄てたという意識を持たず，日本とインドネシアをまたがって生きようとしている現状を報告している。彼女たちは，静的・固定的な「日本文化」や「バリ文化」に固執せず，両者を混ぜ合わせたハイブリッドな文化を創造しながら生きている。このような柔軟な生き方を実践する婚姻移住者たちは，一方で現地の観光産業に優秀な労働力を提供し，他方で現地の日本人コミュニティをバリ社会に開かれたものへと変容させる役割を担っているようである。

　これに対して，豪州のシドニー郊外で生活する婚姻移住者を調査した濱野（2011, 2013b, 2014）は，ハイブリッドな文化を創造しながら自らの居場所を確保しようとするバリの婚姻移住者とは異なり，「日本人女性」というマイノリティ性に依拠しつつ自らの居場所を確保せざるをえない婚姻移住者の葛藤を描いた。もう少し具体的に言うと，当地の婚姻移住者は，家事や育児といった「女性的」な役割を引き受けたり日本人婚姻移住者の互助組織を作ったりすることを通じて，自己意識の強化や社会的承認の獲得を実現している。このような形で自分たちの居場所を確保することは，移民が陥りがちな自信喪失や社会的孤立を回避できるという点で有益である。しかし「日本人」であることを強調しすぎると（日本人同士で集まってばかりいると），豪州市民として現地社会に溶け込むことが難しくなってしまう。また，日本と比べて男女間の役割分業が平等であるはずの豪州（欧米文化圏）において，家事や育児といった「女性的」な役割を積極的に引き受けることは，何のために日本を離れたのか／欧米

文化圏に移住したのかという根本的な疑問を喚起せざるをえない。

　婚姻移住者の交際・結婚生活が破綻し，国際離婚に至った際に生じがちな問題についても，調査と検討が進められつつある。加藤（2009）は，カナダに滞在する日本人婚姻移住者がDVの被害に遭ったり，離婚相手の承諾を得ずに子どもを連れて帰国したり，自分の子どもを殺したりしてしまった事例を紹介し，安易な国際結婚には多大なリスクが伴うことを強調する。離婚相手の承諾を得ずに子どもを連れて帰国することは，国際社会では「誘拐」とみなされるため，国際離婚は，個人間のトラブルを超えた国際問題に発展しつつある（ジョーンズ　2011）。国際離婚者による子どもの「誘拐」については，日本でも2000年代半ば以降に注目が集まり，メディアによる報道や法曹関係者による検討が行われているが，この問題を「解決」するためには，ハーグ条約の批准[29]，民法の改正，育児に関する慣習・常識の見直しといった困難な課題に対処する必要があるため，その行方は不透明なままである（濱野　2013a）。

⑤　「就業状況の解明」という研究テーマの重要性増大

　以上が，1980年代後半以降に進行したノンエリート型の海外長期滞在者の多様化を概観したものである。これらの海外長期滞在者に関する本格的な調査・研究は始まったばかりであり，分かっていることより分からないことの方がはるかに多いというのが現状だろう。今後，国境を越えたカネ，ヒト，モノ，情報等の移動が活発化するなかで，海外長期滞在者の多様化も加速することが予想されるため，この分野の調査・研究をさらに推し進める必要がある。その際，多様化する海外長期滞在者の滞在実態を，就業状況に注目しつつ解明する調査・研究の重要性が増大すると筆者は考えている。就業状況の解明というテーマの重要性が増大する理由は大きく分けて2つある。

　第1に，単純な事実として，就業状況は海外長期滞在者に多大な影響を及ぼしているため，就業状況を明らかにする必要がある。この点について確認しよう。

29　ハーグ条約の正式名称は，「国際的な子の奪取の民事上の側面に関する条約」である。これは子どもが国境を越えて強制的に連れ去られた場合，その子どもを直ちに常居国に送還するために設けられた多国間条約である。ハーグ条約の詳細については，外務省のウェブサイトを参照されたい（http://www.mofa.go.jp/mofaj/gaiko/hague/index.html）。

ノンエリート型の海外長期滞在者は，高い収入を得る／出稼ぎをするといった経済的な理由や，現地法人への派遣／キャリアアップに向けた転職といった就業上の理由で海外渡航するケースがきわめて少ないために，これまでの研究では，滞在中の経済状況や就業状況といったテーマが軽視されがちだった。たとえば，バックパッカーや外こもりは，お金や仕事を得るために旅をしたり海外にとどまったりしているわけではないし，実際に海外で働く者も少ないから，彼らの海外での就業状況は主要なテーマにはなりにくい。留学生やWH渡航者も，語学力の向上，海外生活の経験，アイデンティティ探索といった非経済的動機を語るケースが多いため，滞在中の就業状況は中心的な研究テーマになりにくい。婚姻移住者も，交際，結婚，外国人男性に対する憧れなどが海外渡航や移住の理由であるため，就業状況は中心的なテーマになりにくい。また，近年は国際離婚と子どもの連れ去りが国際問題に発展しているため，それ以外のテーマが後回しにされやすい状況になっている。これに対して，現地採用者の調査・研究は海外滞在中の就業状況を扱うことが多いものの，現地採用者の労働条件があまり良くない（しばしば非常に悪い）ために，「なぜ労働条件が良くない／悪いのにわざわざ海外で働くのか？」という点に関心が集中しがちである。その結果，就業状況それ自体を詳細に検討することよりも，経済状況や就業状況の厳しさを補う非経済的要因——未婚者（女性）や非正規雇用者（男性）に対する社会的プレッシャーからの解放，豊富な余暇機会，（客観的な労働条件ではなく）仕事に対する主観的なやりがいなど——の解明に焦点が移りがちである。

　このように，これまでの研究では，海外長期滞在者の就業状況を詳細に検討するという課題が後回しにされてきた。こうした研究動向にはやむをえない部分もあるが，今後は就業状況の検討を後回しにすることが批判の対象になりうる。なぜなら，海外滞在中の就業状況は，海外長期滞在者に無視できない（ときに決定的な）影響を与えていることが，これまでの研究を通じて明らかになりつつあるからである。

　たとえば，バックパッカーのなかには特定の町に長期間滞在する者（沈潜型，移住型，生活型）が一定数おり，しかもその一部は現地で収入を得ることによって長期滞在を実現していることがすでに明らかになっている（大野　2012）。

したがって，バックパッカーの全体像を明らかにするためには，現地で収入を得ている者がどのような仕事に従事し，どの程度の収入を得ているのかといった問いに答えることが必要不可欠である。

ノンエリート型の留学生と WH 渡航者に関しては，そもそもノンエリートである彼らがなぜ（ときに 2 年以上に及ぶような）海外長期滞在を実行できるのか，という問いに正面から向き合う必要がある。この問いに対しては，自分の貯金や親の資金援助といった答えを提示することも可能だが，数カ月程度であればともかく，年単位で海外に滞在し，しかも語学学校に通ったり旅行に行ったりするだけの資金をそれだけで賄える者はあまり多くないと考えられる。だとすれば，少なからぬ若者は，現地で働くことによって滞在資金を補っている可能性が高い。事実，先行研究も海外滞在中に就業する留学生や WH 渡航者が多いことを繰り返し指摘している（海外職業訓練協会 2005；南川 2005；藤岡 2008b；藤田 2008；加藤 2009；川嶋 2010）。したがって，留学生や WH 渡航者の就業状況を明らかにすることは，彼らの海外滞在を支える経済的基盤の解明という側面を有していると言える。経済的基盤は海外滞在中の生活全般に影響を与えるから，就業状況の解明が重要であることは明らかである。

婚姻移住者に関しては，就業状況が夫婦関係のあり方，現地社会への適応形態，本人のアイデンティティに影響を及ぼすことが明らかになっている。濱野（2011, 2013b, 2014）は，シドニー近郊に住む婚姻移住者が家事や育児といった「女性的」な役割を積極的に引き受ける背景として，就職難（そもそも日本人が職を得ることは容易でない，仕事と育児の両立は難しい）という要因があることを強調した。もし彼女たちが現地で安定的な職を得ることができれば，単に経済状況が良好になるだけでなく，夫婦関係，現地社会との関係，アイデンティティもかなり変化すると予想されるから，今後は，これらの論点を検証するための実証的な研究を積み重ねる必要があるだろう。

現地採用者の就業状況についても，これまで以上に詳細な検討が求められている。特に，近年は現地採用者の職種や就業地が多様化しつつある——IT 関連職が増加し，中国や東南アジア諸国での就業機会が増加した——ため，「現地採用者」という単一のカテゴリーを想定することが困難になっている点に留意する必要がある。具体的には，国・地域，職種，業種，企業規模（大企業か

ベンチャー企業か），資本系列（日系か外資系か）といった区分に配慮しながら，職務内容や労働条件に関する詳細な検証を行う必要があるだろう。そうしないと，「日本で就職できなかった若者がアジアの現地採用に活路を見出す」「現地採用者の賃金は低いが，息苦しい日本社会からの解放と豊富な余暇機会には低賃金を跳ね返すほどの魅力がある」といった，間違いではないがあまりに漠然とした言説をひたすらなぞるだけになりかねない。

　就業状況の解明というテーマが重要になる第2の理由は，就業状況，とりわけ日系商業・サービス産業での就業に注目することによって，ノンエリート型の海外長期滞在者が，日本企業の海外進出と関連しつつ増加・多様化していることを浮き彫りにできる点にある。

　日系商業・サービス産業とは，海外に居住・滞在する日本人に商品やサービスを提供する企業（日本人向けビジネス）と，「日本」（日本式／日本発祥など）を主要なアピールポイントとする現地住民向けの商品やサービスを提供する企業（現地消費者向けビジネス）を総称したものである。日本人向けビジネスの例としては，旅行代理店，ツアー会社，免税店，土産物店，留学・WH斡旋業者，日本語情報誌，美容院，不動産業者，日本食品・雑貨店（日本食スーパーマーケット），書店，マンガ喫茶，レンタルCD・DVD店などがあげられる。現地消費者向けビジネスの例としては，日本食関連の飲食店（レストラン，居酒屋，テークアウト店，カラオケ店など），日本語学校，運送会社，日本旅館，百貨店，コンビニエンスストア，学習塾などがあげられる（後述）。

　日系商業・サービス産業には，日本人であれば／日本語が話せれば／日本で一定の実務経験があれば，特別な資格や技能がなくても従事できる仕事が多数存在する。たとえば，飲食店のフロアスタッフやキッチンハンド，各種店舗の接客係や販売員，各種企業の事務員や受付係などである。一般的に，外国での就業には言語，文化，教育・資格制度の違いが障壁となるため，日本人が海外で良質な雇用機会を得ることは難しい。その結果，十分な資金がなく，高度な資格や技能を持っているわけでもない者は，日系商業・サービス産業が発展し

30　日本食関連の飲食店は，現地に居住・滞在する日本人向けのビジネスという側面も有している。しかし，近年，世界各地で日本食ブームが発生しており，日本食を消費する非日本人が急速に増加しているため，ここでは現地消費者向けビジネスに分類した。日本食ブームについては第6章で議論する。

た国や地域を滞在地として選び，現地の日系商業・サービス産業で働くことによって滞在・生活資金を稼ぐ（補う）しかない。[31]事実，先行研究は，日系商業・サービス産業の発展した海外主要都市（ニューヨーク，ロスアンジェルス，ロンドン，デュッセルドルフ，メルボルン，バンクーバーなど）にノンエリート型の海外長期滞在者が多数滞在し，滞在・生活資金を稼ぐ（補う）ために現地の日系商業・サービス産業で働いていることを報告している（Glebe 2003；南川 2005；藤岡 2008b；藤田 2008；加藤 2009）。

ところで，次項で詳述するように，日系商業・サービス産業の発展は，日本企業の海外進出によって引き起こされる現象であると同時に，日本企業の海外進出を円滑に進めるための条件の１つでもある。したがって，日系商業・サービス産業が発展した国・地域を滞在先として選び，現地の日系商業・サービス産業で働く海外長期滞在者は，マクロな視点から見れば，日本企業の海外進出という巨大な過程に巻き込まれているというのが実態である。このことと，海外長期滞在者自身の動機や意識とはさしあたり無関係である。自分自身の「価値観」に従って滞在地を選び，誰の力も借りずに「自力」で日系商業・サービス産業の職に就いて滞在資金を稼いでいる人は，当人の意識のなかでは「自立」した海外生活をイメージしているかもしれないが，マクロな視点から見れば，日本企業の海外進出という過程に多くを依存していると言っても過言ではない。

このように，日系商業・サービス産業で働きながら滞在・生活資金を稼いで（補って）いる海外長期滞在者は，当人の意識や自覚にかかわらず，日本企業の海外進出という巨大な過程に巻き込まれている。それゆえ，日系商業・サービス産業で働く海外長期滞在者の就業状況を考察することによって，彼らが日

---

31 このような選択は，本人が意識しないまま行われるケースも多い。一般的に，語学留学やWHに関する広告やガイドブックは，信頼できる情報が得られない場所や，掲載しても自社とスポンサーに利益をもたらさないような場所を取り扱わないから，必然的に，日本人や日本企業が多く集まる国や地域の情報を頻繁に掲載しがちである。そして，日本人や日本企業が多く集まる場所は，日本人向けビジネスや日本人による現地消費者向けビジネスが発展しやすい。このような状況下では，本人が意識しないまま日系商業・サービス産業の盛んな場所を滞在地として選ぶという選択が行われがちである。本気で語学力を高めたり現地の文化を学んだりしたい人のなかには，日本人や日本企業が全くいない／ない場所に行くことを望む者もいるが，日本人向けの広告やガイドブックにそういう場所はあまり掲載されないのが実情である。

本企業の海外進出とどのように関わっているかという点を明らかにすることが可能である。

なお，これまでの議論では，日系商業・サービス産業がどのように発展するのかという点を不問に付したまま考察を進めてきた。そこで次項では，日系商業・サービス産業が発展する際の一般的なパターンを確認する。このパターンを確認することによって，日系商業・サービス産業の発展が，日本企業の海外進出によって引き起こされる現象であると同時に，日本企業の海外進出を円滑に進めるための条件の1つでもあることを明らかにしたい。

(2) 日系商業・サービス産業の発展と海外長期滞在者の多様化
① 日本企業の海外進出と企業駐在員の増加

経済のグローバル化のもとで加速する日本企業の海外進出は，海外で操業する現地法人の増加をもたらした。近年では，海外に進出している日本企業は5000社近くに達し，現地法人数は2万8000社を超えている（東洋経済新報社 2015）。海外で働く日本人も増加しており，2014年には26万人に達したと言われている（外務省 2015：32）。そのうちの少なくとも4万人は企業駐在員であり，日本企業の海外進出を支える最も重要な人材として活躍している（東洋経済新報社 2015）。

企業駐在員の海外での滞在・就業状況に関する調査や研究はそれほど多くない。企業駐在員を多少なりとも扱う数少ない先行研究としては，経営学者と経済学者による人事管理・人材開発に関する調査研究（白木 2006, 2012；小池編 2007），医療関係者による駐在員とその家族の健康に関する調査と啓発的記事（小川原 2008），人類学者や社会学者による海外日本人コミュニティに関する調査研究（町村 1999；木村 2002；Ben-Ari 2003；Glebe 2003；Machimura 2003；White 2003；Mizukami 2007）などがある。ここでは，比較的早い時期から企業駐在員を追い続けてきた調査として有名な「海外派遣勤務者の職業と生活に関する調査」（労働政策研究・研修機構）を取りあげる。この調査は企業駐在員と帯同配偶者を対象とする調査であり，1989年から不定期に実施さ

32　帯同配偶者が調査対象に加えられたのは2004年の第6回調査からである。

れている。最新の調査（第7回）は2006年に実施され，2008年に調査結果が刊行されている（労働政策研究・研修機構 2008）。この調査が扱う項目は多岐にわたるため，ここでは基本的な項目と日系商業・サービス産業の発展に関係がある項目を中心に概観したい。[33]

まず基本的な項目から見てみよう。駐在員本人の属性を見ると，回答者の98％が男性で，平均年齢は46歳，平均赴任期間は37カ月（約3年）となっている。この調査は海外赴任中の駐在員に行ったものだから，実際の平均赴任期間はもう少し長いと考えられる。

次に日系商業・サービス産業の発展に関係のある項目を見てみよう（なぜ関係があるかはすぐ後に明らかになる）。まず海外赴任の内示が行われる時期を見ると，赴任日の1カ月前（つまり内示があってから赴任まで1カ月以内）が19％，2カ月前と3カ月前がともに26％となっている。つまり駐在員の約7割は，内示があってから3カ月以内に海外赴任していることになる。駐在員の平均赴任期間が3年以上であることを考えれば，これはかなり慌ただしいスケジュールと言えるだろう。それゆえ，赴任前に十分な支援や研修が行われていないケースも多いようである。事実，会社による事前研修の受講・実施率はかなり低い。この調査では，言語，文化，健康，安全などに関する事前研修の受講状況を12項目に分けて質問しているが，「受講した」割合が最も高い「危機管理や安全対策」でさえその数値は37％にとどまっている。「受講した」割合が最も低い「現地の労使関係・労働慣行」にいたっては，回答者の11％しか受講していない。

次に帯同家族について見てみよう。家族の帯同に関する会社方針を見ると，「方針なし」46％，「帯同したほうがよいという方針がある」45％，「帯同しないほうがよいとの方針がある」1％となっている。「方針なし」の内実が分からないため推測の域を出ないが，全体的な傾向としては，家族の帯同が推奨されているようである。また，帯同配偶者に対する調査を見ると，赴任前に会社から十分な支援を受けている家族は多くないようである。というのも，帯同配偶者向けの事前講習を受けていない者が非常に多いからである。具体的には，以

33　煩雑さを避けるために，参照したページ番号を表記することは基本的にしない。調査報告書はコンパクトにまとめられているため，データの確認は容易である。

下の事前講習を受講した配偶者の割合が，英語（12％），英語以外の赴任地言語（10％），全般的な赴任国事情（24％），駐在経験者の座談会・個人別相談（24％），危機管理・安全対策（23％），健康管理・病気対策（26％），事前の現地視察（7％）と一様に低い数値を示している。そもそもこれらの事前講習を提供していない企業も多い。以上から，海外駐在員とその家族は，十分な準備期間と事前講習なしで海外赴任を言い渡され，家族帯同を推奨され，実際に赴任・帯同していることが分かる。この点を，町村（1999：215）は次のように述べている。

> ……移動の決断という点に限定すれば，そこには自分の意志が事実上存在しない。ましてその家族にとって海外移住とは，交通事故のようにまったく突然にやってくる出来事でしかない。

町村が言うように，駐在員とその家族にとっての海外赴任は，「交通事故」のように突然やってくる場合が多い[34]。したがって，彼らは海外で就労・生活する準備が整っていないケースが多いと考えられる[35]。このことは，多くの駐在員にとって，赴任先の言語と文化に精通した補佐的な日本人労働者の助けが必要であることを示している。また，帯同する家族には，赴任先の言語や文化が分からなくても無事に生活できる環境が必要であることも明らかである。

それでは，このようなニーズはどのようにして，誰の手で解決されているのだろうか[36]。個々の企業や赴任先の国・地域によっても異なると思われるが，多くの主要都市では，前者（駐在員の業務補佐）は現地採用者によって，後者

---

[34] ニューヨークに赴任した駐在員の配偶者を調査した木村（2002：354）も，「『3ヵ月後にアメリカに行くぞ』と言われて。もう，いきなりでした」というインタビュー記録を紹介している。

[35] 日系企業で働く現地労働者を調査した白木（2012）は，日本人駐在員に対する現地労働者の評価が非常に低い点を指摘している。その原因は複数考えられるが，駐在員の準備不足もその一因かもしれない。

[36] 実際には，準備不足を一因とする様々な問題は十全に解決されているとは言えず，個々の駐在員と家族にリスクが押しつけられているようである。特に，環境変化や現地生活への不適合などを原因とするメンタルヘルスの悪化は（表面化することが少ないものの）関係者の懸念事項となっているようである。この点は小川原（2008）や財団法人海外法人医療基金のウェブサイト（http://www.jomf.or.jp/）に詳しい。

（帯同家族の生活支援）は日本人会・商工会といった日本企業の互助組織と日本人向けビジネスによって，それぞれ解決されているようである。

② 日本人向けビジネスの発展と日本人ノンエリート労働者の需要増加

前述の通り，企業駐在員の家族は，十分な準備ができないまま海外赴任に帯同することが多い。このことは，赴任先の言語や文化が分からなくても無事に生活できる環境が必要であることを意味する。また，駐在員とその家族は3～5年程度で帰国するのが普通だから，子どもを帯同した場合の教育が懸念材料となりやすい。こうした不安やニーズに対応するために，海外主要都市では，日系企業とその互助組織である日本人会や商工会が中心となって，現地に日本人コミュニティあるいは日本社会の「飛び地」を作ることが多い。具体的には，日本人学校や補習校[37]を設置したり，日本語医療センターを開設したり，生け花やゴルフなどの趣味サークルを運営したり，語学講習会を開催したり，ジャパンフェスティバルを開催したりしている（町村 1999；Ben-Ari 2003；Glebe 2003；Machimura 2003；Sakai C. 2003；White 2003；Mizukami 2007）。また，駐在員とその家族は，現地で商品やサービスを購入する際に，日本語での接客・対応を必要としたり，日本で得られるものと（ほぼ）同じ商品やサービスを要求したりすることも多い。その結果，主要都市では，日本人向けの商品やサービスを提供する商店や業者が増加・成長しやすい。たとえば，不動産業者，日本食品・雑貨店（スーパーマーケット），日本語情報誌，書店，CD・DVDレンタル店，マンガ喫茶，美容院などである（南谷 1997；町村 1999；木村 2002；Ben-Ari 2003；Glebe 2003；Machimura 2003；Sakai C. 2003；White 2003）。なかでも特に重要な施設は，日本食を提供する食品・雑貨店やスーパーマーケットのようである。町村（1999：223-225）は，ロスアンジェルスのヤオハンが，単に買い物をするだけでなく，「日本」を日常的に体験して安心感を得るための象徴的な場所になっている点を指摘している。また，ニューヨークに赴任した駐在員の配偶者を調査した木村（2002：355-356）は，日本食品店を心の拠り所にしている調査対象者の話と，大半の調査対象者が現

---

37 補習校とは，現地校に通う日本人（日系人）の子どもに日本語や日本の教科を教える教育機関である。土曜校と呼ぶ地域もある。

地でまず日本食品店を探したという事実を紹介した上で，駐在員配偶者の生活圏は「日本食」を中心に形成されていると指摘している。つまり，日本食を提供する店は，生活に欠かせない食料品という重要な物資を調達する場所であるがゆえに，安心感を得たり，他の日本人と交流したり，日本人コミュニティの存在を象徴したりする場所にもなっているようである。

　企業駐在員とその家族に加えて，1980年代以降に急増した日本人の海外旅行者や留学生も，海外で商品やサービスを購入する際に，日本語での接客・対応を必要とする場合が少なくない。その結果，海外の主要観光地に，日本の旅行代理店，日系のツアー会社，土産物店，ホテルなどが増加したと言われる（山中 1992；Hajdu 2005；遠山 2007b；山口 2007；小野塚 2011）。

　これらの日本人向けビジネスは，顧客である日本人に対して接客や販売を行う労働者を大量に必要とする。そのなかには理美容師や調理師のように特別な資格が必要な職種や，各種カウンセラーや通訳のように一定の技能や実務経験が必要な職種もあるが，大半はそうしたものが不要な低技能職種——販売・接客員，添乗員・ツアーガイド，飲食店のフロアスタッフ・キッチンハンドなど——である。しかし，低技能職種の担い手を確保するために就労ビザの発給をサポートして日本から労働者を連れてくるのはコストがかかりすぎる（国・地域によってはビザが発給されない）。そこで，多くの日本人向けビジネスは，現地に滞在する留学生，WH渡航者，婚姻移住者などを低賃金で雇用することが多いと言われている（JSCM 1997；南川 2005；Prasso 2006；藤岡 2008a, 2008b；藤田 2008；加藤 2009；川嶋 2010）。彼らの労働者としての役割はこれまでほぼ完全に無視されてきたが，もし日本人向けビジネスの低賃金労働を引き受ける日本人がいなければ，駐在員とその家族は日本的な生活様式を維持することが難しくなり，ストレスの多い海外生活を余儀なくされるかもしれない。また，もし彼らがいなければ，旅行代理店，ツアー会社，ホテル，土産物店といった観光関連企業も人件費の上昇による損失を被るかもしれない。したがって，日本人向けビジネスの末端で働く日本人ノンエリート労働者は，日本企業の海外進出を陰で支える重要な存在とみなされるべきである。

③　現地消費者向けビジネスの発展と日本人ノンエリート労働者の需要増加

　近年，日本で生み出されたイメージ，デザイン，ストーリー，キャラクター等を特徴とする商品を輸出したり，日本で培われたノウハウやブランド力を武器に海外で事業展開を行ったりする第3次産業の企業が増加しつつある。これらの企業は，海外に居住・滞在する日本人に向けて商品やサービスを供給するのではなく，現地の消費者を主要な顧客とする点に特徴がある。具体的な産業分野，事業内容，企業を列挙すると，運輸業（宅配便：ヤマト運輸），コンテンツ産業（映画，アニメ，テレビ番組，ゲーム，書籍などの輸出と海外での事業展開，インド版『巨人の星』共同制作：小学館，集英社，講談社など），外食産業（飲食チェーン店：吉野家，モスバーガーなど），観光産業（ホテル・旅館の海外事業展開：JALホテルズ，加賀屋の日本式「おもてなし」），小売産業（コンビニ，スーパー，百貨店：セブンイレブン，ローソン，イトーヨーカ堂など），教育産業（学習塾：公文式，ベネッセ）などがある（経済産業省　2012b：334-353）。

　また，2010年以降は，経済産業省が提唱する「クール・ジャパン戦略」のもとで，「文化」関連産業の海外進出が進められている。クール・ジャパン戦略の基本的な狙いは，日本の「文化」に関わる商品やサービスの輸出を促進したり，「文化」関連事業の海外展開を支援したりすることにある。具体的には，ファッションや食をはじめとする6つの重点分野が提示されている（図表序-13）。

　一見して明らかなように，6つの重点分野は，先に見た第3次産業の大企業の海外進出と重なる部分が大きい。ただし，クール・ジャパン戦略は，すでに進展している大企業の海外進出を後押しするだけでなく，単独で海外進出することが困難な中小・地方企業の海外進出（輸出や事業展開）を支援するための事業にも力を入れている点に特徴がある。たとえば，ファッションと食の分野では，複数の中小アパレル・ブランドをまとめて売り出すためのアンテナショップと，東日本大震災の被災県（宮城，岩手，福島）で生産された食品を売り出すためのアンテナショップを，シンガポールのデパートに出店するプロジェクトが計画・実施されている（経済産業省　2012a：13-14）。また，インドで開催された日本の「文化」関連産業の見本市には，大企業だけでなく中小企業も参加している（*ibid.*：15）。

　これらの事業を契機に「文化」関連産業の海外進出が進めば，そうした産業

図表序 - 13　クール・ジャパン戦略における重点分野

分野	内容
ファッション	日本のファッション・ブランド（デザイナーズ・ブランド，ストリート・ブランド，子供服ブランドなど）を海外に売り込む
食	飲食店の海外進出，加工食品・農水産物・食器・調理器具などの輸出増加
メディア・コンテンツ	映画，アニメ，テレビ番組，ゲーム，書籍などの輸出と海外での事業展開
地域産品	伝統工芸品や農水産物の輸出増加
住まい	都市開発事業の受注，住宅供給，インテリア・家具・生活雑貨などの輸出増加
観光	日本への外国人観光客誘致

出所：経済産業省（2011：16-24, 2012a：12）を基に筆者作成。

に関わる人の移動が促進されることが予想される。しかしその結果として生み出される労働移動のなかには，企業駐在員，現地採用者，日本人向けビジネスの労働者のいずれとも様相を異にする者が含まれる可能性が高い。たとえば，メディア・コンテンツ産業と外食産業の融合形態である「メイド喫茶」のなかには，近年，海外進出を開始しているものがある[38]。こうした企業は，実力のある日本人メイドや，現地出身の接客係（メイド）に「本場（秋葉原方式？）」の接客術を教えるためのトレーナーを派遣する可能性が高い。こうして派遣される日本人メイドやトレーナーは，従来の日本人の国際移動の職業類型には収まらない可能性が高い。

　同様の移動は，ファッション産業（デザイナー，美容師，メークアップアーティスト，ネイルアーティストなど），メディア・コンテンツ産業（ゲーム・クリエイター，アニメーター，漫画家，編集者など），日本食産業（寿司職人，板前，ラーメン職人など）でも生起しうる。事実，寿司職人や板前に関しては，すでに80年代から移動が始まっていると言われている（石毛ほか　1985；石戸谷　1991；佐藤　1993）[39]。こうした人々は，それぞれの分野では「プロフェッショナル」や「カリスマ」と呼ばれる人々だが，社会階層という観点から見れば，ノ

---

[38]　大手メイド喫茶「めいどりーみん」の運営会社であるネオディライトインターナショナルは，2012年からタイへの進出を開始し，すでに2店舗を運営している（2016年3月時点）。詳細は同社のプレスリリース等を参照（ネオディライトインターナショナル　2012, 2016）。
[39]　ただし，板前や寿司職人の国際移動には，日本人向けビジネスの労働者と現地消費者向けビジネスの労働者という2つの側面がある。

ンエリートに属する者が多いと考えられる。

　また，宅配便，コンビニ，日本旅館などが海外進出する場合，「日本式おもてなし」や「日本式気配り」といった接客技術を現地労働者に教えるトレーナーが海外に派遣されるかもしれない。その場合，トレーナーは企業の「現場エリート」のなかから選抜される可能性が高い。こうしたケースは，製造業企業の優秀な技能職労働者（技術者ではなく）が海外の工場に赴任するケースの「第3次産業版」に該当することになるだろう。これも新しいタイプの国際移動と言えそうである。

　このように，上記の多様な産業が海外に進出することによって，新しいタイプの国際移動が引き起こされる（あるいはすでに引き起こされている）可能性が高い。その数自体はあまり多くないかもしれないが，彼らの移動が日本企業の海外進出にとって無視できない重要性を持つことは明らかである。なぜなら，それぞれの分野の「プロフェッショナル」「カリスマ」「現場エリート」による指導やパフォーマンスがなければ，「本物」の商品やサービスを現地消費者に提供することができないからである。したがって，現地消費者向けビジネスで働くノンエリート労働者もまた，日本企業の海外進出を陰で支える重要な存在とみなされるべきである。

④　「投資主導型の国際移動」としてのノンエリート型海外長期滞在

　本項では，日本企業の海外進出によって日系商業・サービス産業が発展し，その結果としてノンエリート型の海外長期滞在者が増加・多様化する過程を確認した。その概要は次の通りである。

　まず，日本企業の海外進出によって，海外に滞在する企業駐在員とその家族が増加する。また，海外旅行や海外留学の普及によって，海外に滞在する旅行者や留学生が増加する。その結果，企業駐在員とその家族，旅行者，留学生に商品とサービスを提供する企業（日本人向けビジネス）が増加・成長し，そこで働く日本人労働者の需要が増大する。バックパッカー，留学生，WH渡航者，婚姻移住者といったノンエリート型の海外長期滞在者は，意識的または無意識的に，こうした需要が潤沢にある国・地域を滞在地として選び，日系商業・サービス産業で働くことによって滞在・生活資金を補うようになる。さらに，

近年は「日本」をアピールポイントとする商品やサービスを現地消費者に提供する企業の海外進出が盛んに行われている。その結果，こうした企業で働くノンエリート労働者の国際移動が誘発されつつある。

このように，戦後の日本人の国際移動（特に海外長期滞在）は，日本企業の海外進出に牽引される形で増加・多様化の途を辿ってきた。イギリスとドイツに滞在する日本人を分析した研究グループは，このような国際移動を「投資主導型の移住（investment-led migration）」と呼び，その実態をイギリスとドイツの事例に即して整理した（Glebe et al. 1999）。それによれば，日本から英独両国への人の移動は，いずれも4つの段階（「波」）を辿りつつ増加・多様化してきた。第1の波は，総合商社の現地進出とそれに伴う駐在員の移動であり，第2の波は，メーカーの現地進出とそれに伴う駐在員の移動である。第3の波は，駐在員とその家族に商品やサービスを提供する企業で働く（企業を立ち上げる）日本人の移動であり，第4の波は，現地の非日本人に「日本」の商品やサービスを提供する企業で働く（企業を立ち上げる）日本人の移動である。この議論に従えば，ノンエリート型の海外長期滞在者は，投資主導型の国際移住における第3・4の波を構成する人々だと言うことができる。

以上の通り，日系商業・サービス産業の発展過程に注目することによって，バラバラな個人による無秩序な移動のように見えるノンエリート型の海外長期滞在が，実際には日本企業の海外進出によって引き起こされ構造化された国際移動の一部であることが浮き彫りになった。次項では，この点を踏まえながら，ノンエリート型の海外長期滞在者を考察する第2の意義をまとめたい。

(3) 海外長期滞在者を考察する第2の意義

本節では，まず多様化するノンエリート型の海外長期滞在者に関する先行研究を概観した。そのなかで，海外長期滞在者の就業状況，とりわけ日系商業・サービス産業における就業状況の解明という研究テーマの重要性が増大していることを指摘した。また，日系商業・サービス産業の発展過程を概観することによって，ノンエリート型の海外長期滞在が日本企業の海外進出によって引き起こされ構造化された国際移動の一部であることを指摘した。

以上の検討を通じて明らかになったことは，ノンエリート型の海外長期滞在

者が、日系商業・サービス産業と現地採用制度を介して、日本企業の海外進出に必要な労働者を確保するための国境横断的な雇用・労働システムに組み込まれている、という点である。前項で見たように、日本企業の海外進出を円滑に進めるためには、企業社会のエリートである企業駐在員だけを派遣しておけば良いわけではない。企業駐在員に加えて、駐在員とその家族を支援する日本人向けビジネスで働くノンエリート労働者と、現地法人で駐在員を補佐する現地採用者を確保することが、円滑な海外進出を実現するために必要となるケースが多い。また、現地消費者向けの商品とサービスを提供する第3次産業の企業が海外進出する際は、経営・管理職に就く企業駐在員に加えて、様々な分野の「プロフェッショナル」「カリスマ」「現場エリート」と呼ばれるようなノンエリート労働者を派遣・採用する必要性も高まる。しかし、これらの多様なノンエリート労働者を個々の企業がその都度日本から連れてこようとすると、派遣・採用コストの上昇は避けられない（ビザが発給されない場合もある）。そこで日系企業の現地法人と日系商業・サービス産業の企業は、現地採用者の募集・採用を人材派遣会社に委託したり、すでに現地に滞在している日本人のなかから必要な労働者を調達したりすることによって、コストの削減を図ろうとする。こうして海外長期滞在者の就業機会が増加すると、少ない資金で渡航することが可能になるから、ノンエリート型の海外長期滞在者がますます増加・多様化する。その結果、日系企業の現地法人と日系商業・サービス産業は、より大きな日本人ノンエリート労働者のプールを確保できるようになり、優秀な低賃金労働者の選別が容易になる。

　もちろんこれが1つの「理想的」な状況の描写にすぎないことは言うまでもない。実際の状況は、国・地域や時期によって異なることが予想される。しかし、海外の主要都市における全体的な傾向としては、上記と同様の現象が生起した可能性が高い。1・2項で確認したノンエリート型の海外長期滞在者と日系商業・サービス産業に関する先行研究がその傍証である。

　以上の議論より、ノンエリート型の海外長期滞在者を若年雇用・労働研究の一環として考察する第2の意義を次のようにまとめることができる。ノンエリート型の海外長期滞在者の日系商業・サービス産業における就業状況を考察することによって、海外長期滞在者の滞在実態の解明が進むだけでなく、日本

の若年ノンエリート層の一部が，日本企業の海外進出に必要な労働者を確保するための国境横断的な雇用・労働システムに組み込まれている現状を明らかにすることができる。これに対して，従来の若年雇用・労働研究は，若年ノンエリート層が日本国内の企業・労働市場で「柔軟に」活用されている現状を考察してきたが，若年ノンエリート層の一部が海外で日本企業の海外進出のために活用されている現状については関心を示さなかった。このような「内向き」な研究姿勢は，経済のグローバル化が進展し，国境横断的な雇用・労働問題が生起しつつある現代社会にはふさわしくないのではないか。海外長期滞在者の日系商業・サービス産業における就業状況を考察することによって，こうした問題を提起することが本書の狙いの 1 つであり，このような問題提起を可能にする知見を提起してくれる点が，ノンエリート型の海外長期滞在者を若年雇用・労働研究の一環として考察する第 2 の意義である。[40]

第 4 節　本書の課題・構成・調査

　本節では，第 1 ～ 3 節の議論を踏まえた上で，本書の課題をより厳密に設定し，本論の構成を概観する。また，筆者が豪州で実施した調査の概要を説明する。

---

[40] 念のため，本節で触れられなかった隣接領域の先行研究について付言しておきたい。日本の労働市場や雇用・労働システムの国際化を扱う研究領域では，日本で働く外国人労働者の問題を考察するのが普通であり，海外で働く日本人労働者は主要な考察対象に含まれていない。海外で働く日本人労働者を扱う場合でも，高度成長期以前の移民や，海外に進出した大企業の高度技能人材（企業駐在員）に若干の言及がなされる程度であって，本書の考察対象である日本人のノンエリート労働者は完全に無視されている。代表的な研究としては，井口（1997），依光（2003），佐藤忍（2006）がある。日系ブラジル人，ベトナム人，フィリピン人などの移民について個別に考察した研究も数多く存在する（石山　1989；川上　2001；戸田　2001；梶田ほか　2005；武田編　2005；丹野　2007；津崎　2010）。また，近年は外国人研修・技能実習制度を利用して日本で働く外国人（主に中国人）を扱う研究（外国人研修生問題ネットワーク編　2006；外国人研修生権利ネットワーク編　2009）や，東南アジア諸国との EPA（経済連携協定）に基づいて受け入れが始まった看護師候補者の研究（安里　2010）なども蓄積されつつある。このように，日本で働く外国人労働者（移民）の研究は盛んだが，海外で働く日本人労働者，とりわけノンエリート労働者についての研究は，一部の先駆的な業績（神谷　2016）を除き，ほとんど蓄積がないのが現状である。なお，経済学的な国際労働力移動研究においても日本人が考察対象から外れており，日本人が扱われる場合は高度成長期以前の移民に限定されるのが普通である。代表的な研究としては，森田（1987）と伊豫谷（2001）がある。

(1) 本書の課題と構成

　本書の具体的な検討課題は大きく分けて3つある。第1の課題は，豪州WH制度とその制度を利用する日本人の特徴について，包括的な検討を行うことである。これまでの議論では，そもそもWH制度とはどのような制度なのか，豪州政府や日本政府はこの制度をどのように運用しているのか，WH渡航者は本当にノンエリート型の海外長期滞在者なのか，といった点を検証しないまま考察を進めてきた。したがって現段階では，豪州WH制度の利用者が後述する2つの課題に取り組む際の考察対象として本当に適切であるかどうかは明らかでないというのが実状である。そこで第1部の2つの章では，豪州WH制度とその利用者を包括的に検討することによって，日本では（とりわけ若年雇用・労働研究の分野では）なじみのない（豪州）WH制度とその利用者に関する基礎的な知識や情報を提供すると同時に，豪州WH制度の利用者が本書の考察対象として適切であることを示す。第1章では，WH制度全般と日本人利用者について検討し，第2章では，豪州WH制度と日本人利用者について検討する。

　本書の第2の課題は，WH渡航者が，閉塞状況への打開策・対処法として海外長期滞在を選択するあり方を記述・分析することである。第2部でこの課題に取り組む。具体的には，「インタビュー調査」（後述）対象者の渡航動機と渡航までの経緯を就業状況に焦点を当てつつ考察することによって，海外長期滞在という選択に閉塞状況への打開策・対処法としての側面が含まれていることを示す。考察に際しては，「インタビュー調査」対象者を就業状況（主に職種，企業規模，雇用形態）に基づいて類型化し，それぞれの類型ごとにライフヒストリーの記述と分析を行う。これは，渡航前の就業状況によってWHという海外長期滞在の利点やリスクが異なる点を踏まえての対応である。

　ところで，「インタビュー調査」対象者の語りを適切に理解・解釈するためには，対象者がどのような歴史的・社会的状況のなかでそのように語っているかをあらかじめ明らかにしておく必要がある。というのも，ある語りの意味は，その語りが位置づけられる歴史的・社会的文脈によって変化するからである。極端な例をあげると，日本人の若者が「海外生活をしてみたい」という語りを現在する場合と100年前にした場合とでは，その意味は大きく異なると考え

のが自然である。現在と 100 年前とでは，「海外生活」の実態，その実現可能性，入手できる情報の質・量といったものが全く異なるからである。そこで第 2 部の冒頭の第 3 章では，1990 年代以降の日本の若者が身を置く歴史的・社会的状況を，「豪州 WH 制度利用者（海外長期滞在者）の増加を促進する要因」という観点から整理する。その上で，第 4 章と第 5 章において，「インタビュー調査」対象者の渡航動機と渡航までの経緯を就業状況に焦点を当てつつ考察する。

本書の第 3 の課題は，WH 渡航者が，日本企業の海外進出に必要な日本人労働者を確保するための国境横断的な雇用・労働システムに組み込まれている状況を記述・分析することである。第 3 部でこの課題に取り組む。第 6 章では，日本企業の豪州進出によって現地の日系商業・サービス産業が発展し，日本人労働者に対する需要が創出され，WH 渡航者の就業機会が増大する過程を考察する。第 7 章と第 8 章では，筆者が豪州で実施した「観光施設調査」「日本食レストラン調査」「インタビュー調査」（後述）に基づいて，日本食レストランと観光施設で働く WH 渡航者の就業状況をそれぞれ記述・分析する。この作業を通じて，WH 渡航者が日系商業・サービス産業に優秀で従順な低賃金労働力を提供するメカニズムを明らかにする。

終章では，本論の知見をまとめた上で，日本の若者を取り巻く国境横断的な雇用・労働システムの全体像を提示する。また，本書が十分に扱えなかった論点を整理し，今後の課題と展望をまとめる。

なお，本論の議論を先取りする形で，日本の若者を取り巻く国境横断的な雇用・労働システムの全体像を簡潔な図にまとめると，図表序 - 14 のようになる。この図は，経済のグローバル化という共通の背景のもとで，若年層における就業環境の悪化と海外長期滞在者の増加が相互に関連しつつ同時進行することによって，若年層を取り巻く雇用・労働システムの国際化が進展する様子をモデル化したものである。本論では，この図に示された状況が実際に生起していることを，豪州に滞在する WH 渡航者の事例に即して明らかにしたい。

(2) 調査の概要

上記の検討課題に取り組むために，筆者は豪州と日本でフィールドワークを

図表序 - 14　日本の若者を取り巻く国境横断的な雇用・労働システム

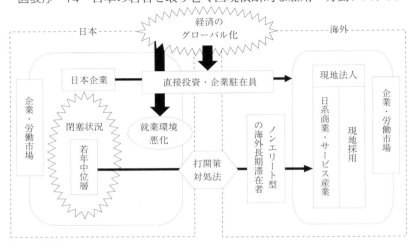

出所：筆者作成。

実施し，両国で複数の調査を実施した（図表序 - 15）[41]。本項では，これらの調査について概観する。なお，筆者の調査対象として言及する個人名と企業・店舗名は，特に断りがない限り全て仮名である。

① 「インタビュー調査」「サークル調査」「エージェント調査」

「インタビュー調査」は，2007 年度（第 1 回）と 2009 年度（第 2 回）の計 2 年間，メルボルンを中心に実施された。筆者は，WH ビザで豪州に滞在している，あるいは WH 終了後に別のビザで滞在を続けている 20 代から 30 代半ばまでの日本人を対象に，1 〜 3 時間程度のインタビュー調査を行った。インタビューに際しては，滞在の概要，滞在中のハイライト（重要・印象的な出来事），滞在中の就業・生活状況，渡航までの経緯と動機，日本での就業・生活状況，今後（帰国後）の展望などに関する情報を，半構造化インタビュー形式によって収集した。対象者は，日本語情報誌と日本語新聞への広告掲載，現地日本人

---

[41] これらのフォーマルな調査に加えて，筆者は 2008 年 5 月から 2009 年 2 月までの 10 カ月間，東京都内の留学・WH 斡旋業者でアルバイトスタッフとして就業し，斡旋業界の実務や内部事情に関する情報を得た。ただしこれはフォーマルな調査ではないので，そこで得た情報をそのまま参照・引用することはしない。

図表序-15　調査の概要

調査名	概要
インタビュー調査	■ 2007.04 ～ 2008.03（第1回） ・メルボルンにて，WH 渡航者ならびに WH 経験者（36人）にインタビューを実施。 ・キャンベラ，シドニー，アデレード，パースに短期滞在し，WH 渡航者ならびに WH 経験者（20人）にインタビューを実施。 ■ 2009.04 ～ 2010.03（第2回） ・メルボルンにて，WH 渡航者ならびに WH 経験者（13人）にインタビューを実施。 ・ケアンズ，ブリスベン，ゴールドコーストにも短期滞在し，WH 渡航者ならびに WH 経験者（15人）にインタビューを実施。
サークル調査	■ 2007.04 ～ 2008.03（メルボルン）および 2009.04 ～ 06（ケアンズ） ・メルボルンとケアンズにて，日本人が主体となって活動している趣味やスポーツのサークルで参与観察を実施。 ・13 のサークルを対象に，インタビュー調査または質問紙調査を実施。
エージェント調査	■ 2007.04 ～ 2008.03（豪州） ・メルボルン，シドニー，アデレード，パース，ケアンズ，ゴールドコーストの留学・WH 斡旋業者を訪問してサービス内容を確認。 ・斡旋業者のスタッフにインタビューを実施（4業者）。 ■ 2009.03（東京） ・東京で，留学・WH 斡旋業者のスタッフにインタビューを実施（1業者）。 ・社団法人日本ワーキング・ホリデー協会の理事長にインタビューを実施。
エリート調査	■ 2007.11（インタビュー）・2011.03 ～ 04（電子メール） ・メルボルンで日本人永住者にインタビューを実施（1人）。 ・同一人物に電子メールで質問。 ■ 2010.07（東京） ・メルボルンで知り合った日本人長期出張者にインタビューを実施（1人）。
観光施設調査	■ 2009.04 ～ 2009.06（ケアンズ周辺地域） ・ケアンズ周辺地域の観光施設で参与観察を実施。
日本食レストラン調査	■ 2009.10 ～ 2010.03（メルボルン） ・メルボルンの日本食レストランで参与観察を実施。

図表序 - 16　インタビュー対象者のプロフィール

項目		男	女	男女計
年齢	18～22	12	2	14
	23～27	16	16	32
	28～32	12	22	34
	33～37	3	1	4
学歴	大学・大学院卒	14	17	31
	大学・大学院休学中	7	1	8
	短大卒	0	12	12
	専門学校卒	7	6	13
	高校卒	12	6	18
	中学卒	2	0	2
滞在状況	WH 中	35	34	69
	WH 後	8	7	15
都市	メルボルン	25	24	49
	ケアンズ	8	4	12
	アデレード	5	5	10
	パース	2	3	5
	シドニー	2	3	5
	ゴールドコースト	1	1	2
	ブリスベン	0	1	1
合計		43	41	84

注：複数回のインタビューを実施した者は，1回目のインタビュー時の年齢・都市を記載した。

団体への紹介依頼，各種サークル・イベントへの参加，観光施設および日本食レストランでの就業，インターネット上のSNS（ソーシャルネットワーキングサービス）の利用，雪だるま式サンプリング（機縁法）[42]といった多様な方法を通じて知り合った84人の日本人である。図表序 - 16に対象者のプロフィールの概要をまとめた。また，巻末の付録1には，対象者の豪州渡航前と豪州滞在中の主な仕事をまとめた。「インタビュー調査」の具体的な進め方については補章1で説明を行ったので，そちらも参照されたい。

　上記の「インタビュー調査」と並行して，日本人が主体となって活動している趣味やスポーツのサークルで参与観察を行い，13のサークルの主要メンバー

---

[42] 雪だるま式サンプリング（機縁法）とは，インタビュー協力者に次の協力者を紹介してもらったり，インタビューに登場した人物に協力を依頼したりする方法である（桜井 2002：25）。

図表序 - 17 「サークル調査」対象団体

番号	サークルの種類	情報収集の方法
1	テニスサークル A	参与観察，インタビュー
2	テニスサークル B	参与観察，インタビュー
3	バスケットボールサークル	参与観察，インタビュー
4	軟式野球リーグ	インタビュー
5	ダンス教室	質問紙
6	各種イベント開催コミュニティ	参与観察，インタビュー
7	国際結婚者の交流会 A	質問紙，インタビュー
8	国際結婚者の交流会 B	質問紙
9	女性の交流会	質問紙，インタビュー
10	カフェ・イベントめぐりサークル	参与観察，質問紙，インタビュー
11	日本語ラジオボランティア	参与観察，電子メール
12	生け花教室	参与観察，質問紙，インタビュー
13	各種イベント開催サークル	参与観察，インタビュー

注：1～12 番はメルボルン，13 番はケアンズで活動するサークル・団体である。

に対してインタビューなどによる情報収集を行った（「サークル調査」）。この調査の目的は，豪州に滞在・居住する日本人がどのような形で交流を図っているかを明らかにすることと，それぞれのサークル内で WH 渡航者がどのような役割を果たしているかを明らかにすることの2点である。収集した情報はサークルの活動内容，歴史，メンバー構成，メンバーの集め方など多岐にわたった。調査を行ったサークルの概要は図表序 - 17 の通りである。

上述の「インタビュー調査」「サークル調査」と並行して，豪州の主要都市で営業している留学・WH 斡旋業者[43]を訪問し，サービス内容を確認するとともに，可能な場合はスタッフにインタビューを実施した（「エージェント調査」）。また日本では，東京都内のある斡旋業者の経営者と，社団法人日本ワーキング・ホリデー協会の理事長に対してもインタビューを実施し，サービス内容などについて情報収集を行った。

② 「エリート調査」

エリート層に属する日本人が WH 制度や WH 渡航者をどのように見ている

---

43 留学・WH 斡旋業者は，日常会話では「エージェント」と呼ばれるのが普通である。

かを調べるために，メルボルンで知り合ったエリートの若者2人に対してインタビューと電子メールによる調査を行った。対象者の2人は，「サークル調査」で知り合いになった日本人である（詳細は第1章第3節を参照）。そのうち1人とはメルボルンでインタビューを実施し（2007年11月），その後，いくつかの論点を確認するために電子メールで何度かやり取りを行った（2011年3～4月）。もう1人の対象者に対しては，東京でインタビューを実施した（2010年7月）。

③ 「観光施設調査」「日本食レストラン調査」

WH渡航者の豪州滞在中の就業・生活状況を理解するために，筆者はケアンズ周辺地域に位置する「トリニティ・リバーズ」という観光施設（2009年4～6月）と，メルボルンで営業する「瑞穂（みずほ）」という日本食レストラン（2010年10月～2011年3月）で就業しながら参与観察を実施した（施設とレストランの名前はともに仮名である）。筆者は当時，WHビザを取得して豪州に滞在していたため，他の日本人WH渡航者と同じ条件で採用され，他のWH渡航者と同じ職務に従事した。観光施設では住み込みスタッフとして働いたため，スタッフ用宿舎で他のWH渡航者と寝食をともにしながら参与観察を行った。

観光施設はインターネットでスタッフ募集の広告を発見し，電子メールで応募して採用された。日本食レストランは街を歩いているときに偶然見つけた店である。その店に事前の連絡もせずに入店し，スタッフを募集しているかどうかを聞き，募集中であることを確認した上で，後日改めて正式に応募した。これはWH渡航者の間で「飛び込み」と呼ばれる職探しの方法である。「飛び込み」は珍しい方法ではなく，インターネット，日本語情報誌，留学・WH斡旋業者の掲示板，知人からの紹介に並ぶ主要な職探しの方法である。筆者は「飛び込み」とインターネットによる職探しを同時並行で行っていたが，結果的に調査・就業できたのはこの店だけだった。

調査・就業に際しては，調査が目的であることを就業先の責任者（観光施設の日本部門マネージャーと，日本食レストランのオーナー）に書面で説明し，承諾を得た上で調査・就業を開始した。

第1部

ワーキングホリデー制度
——理念,運用,利用者の概要

第1部では，豪州 WH 制度とその制度を利用する日本人の特徴について包括的な検討を行う。第1章では，WH 制度全般と日本人利用者について検討し，第2章では，豪州 WH 制度と日本人利用者について検討する。この作業を通じて，日本では（とりわけ若年雇用・労働研究の分野では）なじみの薄い（豪州）WH 制度とその利用者に関する基礎的な知識や情報を提供すると同時に，豪州 WH 制度の利用者が，第2部と第3部の課題に取り組む際の考察対象として適切であることを示す。

序章の議論を踏まえると，豪州 WH 制度の利用者が本書の考察対象として適切であるための条件として，次の4点をあげることができる。第1に，新しいタイプの海外長期滞在者であること。本書は，若者における就業環境の変化と国際移動の多様化が相互に関連しながら進行していることを示そうとするものだから，事例として取りあげる対象は過去に見られなかった／最近になって出現・増加した海外長期滞在者であることが望ましい。大学の本科留学生や企業駐在員のように，比較的古くから存在するタイプの海外長期滞在者を事例とした場合，国際移動の多様化を見ることが困難になるため，本書の考察対象としては不適切である。

第2に，ノンエリート型の海外長期滞在者であること。本書は，若者が閉塞的な就業・生活状況への打開策・対処法として海外長期滞在を選択するあり方を記述・分析しようとするものだから，事例として取りあげる対象はノンエリート型の海外長期滞在者でなければならない。エリート型の海外長期滞在者のなかには，大企業の駐在員や社費で大学院に留学する者のように，着実なキャリアアップの一環として海外渡航する者が多く含まれるため，本書の考察対象としては不適切である。

第3に，若年層を取り巻く就業環境の悪化が進行した1990年代以降に利用者が増加傾向にあること。本書は，就業環境の変化と国際移動の多様化が相互に関連しながら進行していることを示そうとするものだから，就業環境が変化（悪化）した90年代以降にその利用者（実行者）が減少傾向にある海外長期滞在は，本書の考察対象として不適切である。

第4に，日系商業・サービス産業で就業する者が多いこと。本書は，ノンエリート型の海外長期滞在者が，日本企業の海外進出に必要な労働者として活用

（動員）されている状況を記述・分析しようとするものだから，日系商業・サービス産業での就業者（もしくは日系企業の現地採用者）を多く含まないタイプの海外長期滞在は，本書の考察対象として不適切である。

　第1・2章では，上記の4点を常に念頭に置きながら，豪州WH制度とその利用者について検討を行う。第2章の後に，第1部のまとめを兼ねて，この4点について再論する。

第 1 章

ワーキングホリデー制度と日本人利用者の概要

　本章では，WH制度と日本人の制度利用者について概観する。第1節で制度の概要と歴史的推移などについて確認し，第2節でWHの魅力と肯定的イメージを，第3節でその問題点と否定的評価をそれぞれ検討する。第4節では，WH渡航者のプロフィールを概観する。

第1節　ワーキングホリデー制度の理念と歴史

（1）制度の概要

　WH制度（Working Holiday Program）とは2つの国・地域間の協定に基づく相互的・互恵的な国際交流制度である。協定を結んだ2つの国・地域は，相手国・地域の若者が自国・地域内で一定期間の休暇を過ごすことを相互に認め合う。また，この制度を利用して相手の国・地域に滞在している若者は，滞在資金を補うための付随的な就労が許可される。この2点，すなわち休暇滞在（holiday）と付随的な就労（work）を相互に認め合うことが，WH制度の骨格とも言うべき規定である。

　この骨格に対して，年齢要件，ビザの発給数，滞在期間の上限，就労・就学に関する制限といった要件や規制が肉付けされる。要件や規制の細部は2つの国・地域間の協議によって決定され，必要に応じて変更される。その中身は多様かつ流動的だが，WHビザの申請資格者は18〜30歳の若者で，滞在期間の

1　WH制度の概要に関する記述は，外務省ウェブサイト（http://www.mofa.go.jp/mofaj/toko/visa/working_h.html），日本ワーキング・ホリデー協会ウェブサイト（http://www.jawhm.or.jp/system.html），DIBP（2015b）に拠っている。

上限は1年間という取り決めを基本的な枠組みとしつつ，就労・就学などに様々な制限を設けるケースが多い。たとえば就労について見ると，日本政府はWH制度を利用して日本に滞在する外国人が風俗営業等に従事することを禁止しているのに対して，豪州政府は制度利用者が同一雇用主のもとで6カ月（地域と職種によっては12カ月）より長く働くことを禁止しているといった違いがある。また就学に関しては，日本政府が特別な規制を設けていないのに対して，豪州政府は就学期間の上限を4カ月に制限しているといった違いが見られる。国・地域ごとのこうした相違点は，数え上げれば切りがないほど存在している。

このように，WH制度の具体的な内容は国・地域によって異なっており，その細部を見るときわめて多様でバラエティに富んでいる。このことは，この制度が非常に高い柔軟性を備えていることを示している。したがって，WH制度について考察する際は，全ての国・地域が「WH制度」という単一の画一的な制度を導入しているとみなすことはあまり適切ではない。むしろ，基本的な理念や枠組みを共有する多様な相互協定が存在し，それらを便宜的に「WH制度」という名称で括っていると捉えた方が正確であるように思われる。[2]

(2) 制度の理念と歴史的経緯[3]
　　　——豪州ワーキングホリデー制度を中心に

以下に見る通り，WH制度を創設し，その普及を最も強力に推し進めてきた国は豪州である。そこでここでは，豪州を中心にWH制度の理念と歴史を概観したい。

豪州WH制度の目的は，文化交流の促進を通じた友好関係の強化である。2

---

[2] 日本と9つの国・地域の間で締結されたWH協定の内容を比較検討した吉本・長尾（2008：4）は，「9種類の独自の二国間協定がある」と述べている。また，近年は "Working Holiday" という名称を使わない国も現れている。たとえばイギリスは，"Youth Mobility Scheme" に名称を変更している。イギリス政府ウェブサイト（http://www.visabureau.com/uk/youth-mobility.aspx）を参照。

[3] 制度の目的・理念と制度発足の経緯に関する記述は，JSCM（1997：Cap.2）と海外職業訓練協会（2005：第7章）に拠っている。JSCM（1997）は，豪州議会に設置された「移民に関する上下両院合同委員会」が，WH制度の運用状況について幅広く調査した結果をまとめたレポートである。海外職業訓練協会（2005）の第7章第5節は，豪州政府移民局の担当者へのインタビューに基づいて，制度の理念，歴史的背景，運用状況などをまとめている。

つの国が，相手国の若者に対して自国の文化と生活様式を体験する機会を相互に提供し合うことによって，両国間の相互理解が深まり，人的交流が促進される。このことが，政治・経済といった多様な局面における両国間の相互作用を円滑化・活性化させる。こうした好循環を生起・推進することがこの制度に託された期待であり，制度を支える中心的な理念である。

これらの目的や理念は，WH制度が発足したときに初めて定式化されたものではない。あるいは，WH制度が運用される過程でこうした理念が醸成されたわけでもない。そうではなく，これらの目的や理念を内包した伝統的な慣習を現代に引き継ぐための制度的受け皿としてWH制度が考案されたというのが実態である。

観光社会学の研究が指摘するように，17世紀以降の欧州諸国では，見聞を広めたり職を探したり職人としての腕を磨いたりするために，あるいは一人前の成人として認められるための通過儀礼の1つとして，若者（通常は男性）が国内外で長期間の旅行（移動）をするという慣習が広く普及した。こうした慣習は，時代ごとに旅行の形態，制度的な受け皿，旅行者の階級・ジェンダー・年齢などを大きく変化させながら，21世紀の現在に至るまで存続してきた（Adler 1985；Loker-Murphy and Pearce 1995；O'Reilly 2006）。

かつての大英帝国や現在のイギリス連邦といった枠組みは，帝国・連邦内でこのような慣習を維持したり普及させたりする際に重要な役割を果たした。なぜなら，帝国・連邦の内部では，移動を妨げる国境という障害が軽減されているため，人員，物資，資本，情報などの移動が容易になるからである。豪州はこの枠組みのもとで，長期旅行を行うイギリス（および他の連邦諸国）の若者を数多く受け入れてきた。

しかし1969年に1つの転機が訪れた。イギリスが連邦諸国を対象に実施していたビザなし渡航制度を廃止したためである。これによって若者の長期旅行という伝統的慣習が衰退することを憂慮した豪州政府は，イギリス政府に対して新たな国際交流制度の設置を要望した。その結果として1975年に発足したのがWH制度である。豪州政府は同年にカナダとアイルランドとの間にWH協定を締結し，1980年には日本との間にも協定を結んだ（運用開始は翌年から）。その後，豪州政府は就学・就労に関する規定を変更したり，WH制度のもとで

運用されるビザを2種類に増やしたりしながら、精力的にWH制度の普及に努めた。2015年6月の時点では、協定締結国は38の国・地域に達している（DIBP 2015b）。カナダやニュージーランドといったイギリス連邦諸国も豪州に続き、WH制度の普及を推進する主要なアクターとして大きな役割を果たしている。

　このようにWH制度は、17世紀から形を変えつつ存続してきた若者の長期旅行という伝統的慣習を現代に引き継ぐための制度的受け皿として設置され発展してきた。したがって制度の目的や理念も、こうした伝統的慣習とともに培われた規範や戦略を参照しつつ定式化されたと考えるのが自然である。たとえば豪州WH制度の理念には、若者が休暇滞在を通じて異文化を体験し、その理解を深めるという教育的側面が含まれているが、これはかつて貴族や上流階級の若者が実践したグランドツアーや、20世紀初頭から学生や若者の低予算旅行を支援しているユースホステル運動の理念をそのまま引き継いだものと考えることができる。また、休暇滞在を通じて相互理解を深め、両国間の友好関係を強化するという考え方は、グランドツアーを実践した上流階級の若者が、自国に戻って政治、経済、外交といった分野のエリートになったときに、旅行先で構築した人的ネットワークを活用するという戦略を引き継いだものと捉えることができる。さらに、長期滞在に必要な資金を滞在先での就労によって

4　2005年以降、豪州のWH制度は、"Working Holiday Visa（subclass 417）"と"Work and Holiday Visa(subclass 462)"という2つのビザカテゴリーを含む制度に発展した。"Working Holiday Visa"は以前からあったビザであり、主に先進国の若者を対象としている。"Work and Holiday Visa"は、主に新興国・途上国の若者を対象としたビザであり、ビザ取得の条件が厳しい。具体的には、英語力、高等教育の学歴、出身国政府の承認といった要件が追加され、ビザ発給数の上限が国ごとに設定されている。"Work and Holiday Visa"の導入に伴って、豪州WH制度の正式名称は、"Working Holiday Program"から"Working Holiday Maker Program"に変更された。2つのビザカテゴリーの違いについては、DIBP (2015b：3-5) ならびに豪州政府ウェブサイトを参照されたい（http://www.border.gov.au/Trav/Visi/Visi/Working-holidayorWork-and-holiday-visas）。

5　以下で言及するグランドツアー、ユースホステル運動（youth hostel movement）、遍歴（tramping）の性格に関しては、Adler (1985)、Loker-Murphy and Pearce (1995)、YHA Australia (2016) を参照した。

6　海外職業訓練協会（2005：126）は、豪州移民局の担当者による次のような発言を紹介している。「このプログラムの主な目的は、オーストラリアの若者と他国の若者の交流を深めることです。彼らが未来のリーダーとなれば、両国の間に良好な人間関係が生まれ、これらの若者が政府や議会、その他の場所で活躍すればその関係が継続するでしょう。私たちにとって、それが何より大切なことです」。この発言は、WH制度がグランドツアーの後を継ぐべきものとして位置づけられていることを明確に示している。

補充するという考え方は，かつて職人や労働者階級が実践した遍歴（tramping）と共通する部分が多い。

こうして若者の長期旅行という伝統的慣習の受け皿として出発した WH 制度は，旅行・観光産業を取り巻く急激かつ広範な社会変容のなかで，新たな役割を獲得しつつある。それは，バックパッキングと呼ばれる現代的な長期個人旅行や，ギャップイヤー（gap year）と呼ばれる新たな長期休暇の受け皿としての役割である。

バックパッキングとは，第二次世界大戦後に欧州の若者の間で始まり，その後世界中の若者に広まった長期個人旅行である。それは低予算であること，冒険的な要素を好むこと，事前に固定的な旅程を決めないことなどによって特徴づけられる（Loker-Murphy and Pearce 1995；O'Reilly 2006；新井 2001；大野 2007, 2012）[7]。ギャップイヤーとは，90年代以降にイギリスをはじめとする欧州諸国で普及した若者向けの長期休暇制度である。典型的なギャップイヤーは，後期中等教育修了後に1年間の休暇を取り，国内外で長期旅行やボランティアなどを経験してから高等教育に進学するものだが[8]，近年は高等教育修了直後や働き始めた後に長期旅行を実践するケース（「アダルトギャップイヤー」「キャリアブレーク」などと呼ばれることもある）も増加しつつあると言われている（Richards and Wilson 2003；Jones 2004；古川 2005）。

バックパッキングとギャップイヤーは，欧州諸国においてライフコースの脱標準化が進展し，青年期が長期化しつつある状況と歩調を合わせて普及してきた。高等教育進学率の上昇，ライフスタイルの多様化，働く女性の増加，労働市場の流動化，社会全体における個人化の進展といった変化は，ヨーロッパ諸国において学校から仕事への移行パターンを多様化させると同時に，自立した

---

[7] 同様の旅は1970年代以前にも見られ，「漂流」（drifting）や「ヒッピー旅行」（hippie travel）などと呼ばれていた（Cohen 1973；Loker-Murphy and Pearce 1995；O'Reilly 2006）。こうした旅は，かつてのグランドツアーや遍歴の系譜を引き継ぐ伝統的慣習と，戦後に普及したマスツーリズムに対するオルタナティブないしアンチテーゼという性格を併せ持っていた。バックパッキングは，若者の長期旅行という伝統的慣習としての性格を引き継ぐ一方で，マスツーリズムに対するオルタナティブやアンチテーゼという性格を失った旅の形態と位置づけることができる。なぜなら，バックパッキングは高度に商品化された旅行の一形態であり，観光関連産業に依存せずに（あるいは極力依存しないように）行われた70年代以前の個人旅行とは存立基盤が異なるからである。

[8] 典型的なギャップイヤーは日本の「受験浪人」とは異なる。ギャップイヤーは進学先が決まっている者に対して入学時期の遅延を認める制度である。

成人になるまでに要する期間を長期化させた（Walther 2006）。こうした状況下で，若者がライフコース上の選択に必要なスキルや時間的猶予を得るための手段として受け入れられたのがギャップイヤーである（Jones 2004：57-66）。またバックパッキングは，一人前の成人として認められるための通過儀礼の1つとして，あるいは自己意識の強化やアイデンティティ構築の一環として実践されている側面があると言われている（Desforges 2000；O'Reilly 2006）。つまりバックパッキングとギャップイヤーは，欧州諸国においてライフコースの脱標準化と青年期の長期化が進展するなかで，そうした状況に対する現実的な対応策の1つとして，あるいはそうした状況をさらに推し進める要因の1つとして，受け入れられ普及していると理解することができる。

　こうして増加したバックパッカーやギャップイヤー取得者の制度的受け皿として重要な役割を果たしているのが豪州 WH 制度である。そのことを示す証拠は複数存在する。ここでは以下の3点を紹介したい。第1に，豪州政府が定期的に発表している「短期入国者調査」（International Visitor Survey）は，豪州に訪れたバックパッカーの情報を掲載している。その 2013 年版によれば，バックパッカーの平均滞在日数は 83 日と長く，しかも複数の WH 協定国・地域（香港，台湾，韓国，フランス，イタリア）から来たバックパッカーは平均滞在日数が 90 日を超えている（TRA 2013：37, Table19）。通常のビジタービザで滞在できる期間は3カ月だから，バックパッカーの多くは WH ビザで入国している可能性が高い。第2に，豪州観光局と豪州観光専門評議会が合同で実施したバックパッカー調査では，対象者の 46％ が WH 制度を利用して豪州に滞在していた（TA 2011：11）。また，調査対象者の6割以上が 18〜24 歳の（つまりギャップイヤー適齢期の）若者であった（*ibid.*：10）。第3に，国際学生旅行連盟が 2002 年に実施した調査では，豪州を旅行した者は，1回の旅行で

9　豪州観光局（TA：Tourism Australia）は観光業の振興・広告・マーケティングなどを担当する豪州の政府機関であり，豪州観光専門評議会（ATEC：Australian Tourism Expert Council）は豪州全国の観光業者・関係者によって組織される業界団体である。2011 年4月に両組織は，豪州国内に滞在中のバックパッカー 948 人に対する合同インタビュー調査を実施した。調査結果については TA（2011）を参照。

10　国際学生旅行連盟（ISTC：International Student Travel Confederation）は学生の旅行支援を目的として組織された NPO 団体であり，世界 100 カ国以上で活動を展開している。2002 年の調査の回答者は世界 42 カ国の ISTC 会員約2万 3000 人であり，そのうち7割が学生，残りは社会人である（Richards and Wilson 2003：14-15）。

平均107日間滞在していた（Richards and Wilson 2003：29）。これらの調査結果は，WHビザを利用して豪州を訪問するバックパッカーやギャップイヤー取得者が数多くいることを如実に物語っている。

ところで，国際学生旅行連盟の調査報告書は，こうした結果を「旅行経歴」（travel career）という概念と関連づけて考察している。旅行経歴とは，若者が旅行経験と年齢を重ねる過程で，「簡単な」旅行先から「難しい」場所へとステップアップしていくことを意味する。この報告書は，欧州の若者のなかに，まず欧州内で一定の旅行経験を積み，次に豪州で長期間の欧州外旅行（intercontinental trip）を経験した後に，アジア，アフリカ，中南米の発展途上国に向かう者が一定数存在することを紹介している（ibid.：25-26）。英語圏の先進国であり，WH制度という便利な受け皿があり，キングスクロス（King's Cross＝シドニーにある世界的に有名なバックパッカー街）のような定番の滞在地もある豪州は，年若く旅慣れていない欧州のギャップイヤー取得者やバックパッカーにとって，安心して訪問できる旅行先となっていることがうかがえる。

バックパッキングやギャップイヤーをめぐる上述の状況は，豪州政府がWH制度を運用するあり方にも影響を与えている。その1つの転機となったのが，「移民に関する上下両院合同委員会」による調査報告書（JSCM 1997）である。WH制度の運用状況を幅広く検証したこの報告書は，当該制度が豪州の観光業にとってきわめて有益な存在であることを主張した。その根拠として指摘されたのが次の3点である。第1に，WH渡航者は一般の観光客より長期間滞在するため，飲食・宿泊業や観光業に多くの利益をもたらす。第2に，WH渡航者は一般の観光客があまり訪問しない地域や観光地を旅行する傾向があるため，そうした地域の産業（飲食店，宿泊施設，交通機関，ツアー会社など）に利益をもたらす。第3に，WH渡航者は豪州国内をくまなく旅行しようとする傾向があるため，将来リピーターとして豪州を再訪問する可能性が高い（ibid.：35-36）。これらの3点は，バックパッキングを実践するWH渡航者が豪州の観光業にとって好都合な存在であることを示している。こうした調査結果を受けて，豪州政府はWH協定国を積極的に増やしていった。1997年の段階では7

11　豪州がWH協定国を増やした理由は観光産業に対する経済効果だけではないが，それが有力な要因であったことは明らかである。この点については次章第1節で議論する。

カ国に過ぎなかったWH協定国は，その後着実に増加し，現在は38カ国・地域に達している。

　以上のような歴史的経緯を経て，近年では，豪州WH制度が観光業，とりわけギャップイヤー／バックパッキング関連部門の振興策の1つとして運用されていることは公然の事実である。豪州政府観光局のウェブサイトには若者向けの案内コーナーが設けてあるが，その冒頭の案内文は「ワーキング・ホリデー，ギャップ・イヤー制度の遊学先，キャリア・アップのための休養，また海外留学の夢を叶えるためにオーストラリアを選ぶ若者たちに加わってみませんか」という一文から始まっている（日本語サイト）[12]。また，WH制度を紹介する豪州政府移民・国境警備省のウェブサイトにおいても，WH制度が「観光業の重要な一部門」であるとはっきり記されている[13]。このような直截的な記述は日本の外務省や観光庁のウェブサイトでは見られない（2016年8月時点）。これらの点は，日豪両政府がWH制度を異なる理念と方法で運用していること，そしてWH制度がこのような相違を許容する柔軟な制度であることを明瞭に示している。

(3) 日本におけるワーキングホリデー制度の位置づけ

　日本は1980年の豪州を皮切りに，ニュージーランド，カナダなど計16カ国・地域との間で協定を締結済みである（2016年8月時点）。この制度を利用する日本人は近年では年間約2万人に及び，制度開始以降の利用者総数は30万人を超えている。最も多くの利用者が訪問しているのは豪州であり，全体の約半数が滞在国として選んでいる（図表1-1）。なお，WH制度および制度利用者は，日常会話では「ワーホリ」と略されるのが一般的である。

　日本人にとってのWH制度は，欧州人にとってのWH制度ほど使い勝手の良い代物ではない。その理由は少なくとも3つある。第1に，戦後の占領体制と1963年まで続いた海外旅行の規制によって，日本人の海外渡航がきわめて

12　次のウェブサイトを参照（http://www.australia.com/ja-jp/things-to-do/youthful-travellers.html）。なお，英語サイトも同様の一文から始まっている。

13　以下のウェブサイトの'Benefits of the programme'の項目を参照。"Fact Sheet - Working Holiday visa programme"（http://www.border.gov.au/about/corporate/information/fact-sheets/49whm）。

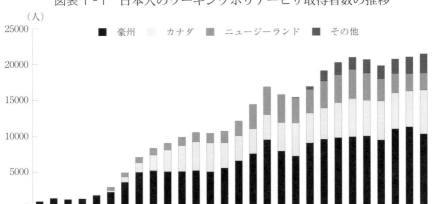

図表1-1 日本人のワーキングホリデービザ取得者数の推移

出所：日本ワーキング・ホリデー協会（2009）。

困難になった．明治期から戦時中までの日本では，エリートの留学，商工業者・労働者・農林漁業者の出稼ぎと移民，朝鮮・中国・東南アジアへの帝国主義的進出と植民といった国際移動が活発に行われていた（岡部 2002）．それらの国際移動は，その規模や歴史の長さといった点で，欧州人によるグランドツアー，遍歴，移民，植民には遠く及ばないまでも，それに近いものとして機能していた．しかし敗戦を機にそうしたものが厳しく規制されることになった．[14] このことの影響は決して小さくないと考えられる．

　第2に，海外旅行の規制が解除された後も，若者の海外長期滞在を後押しするような社会の変化はあまり見られなかった．80年代まで続いた1ドル200〜300円台という為替レートは，大多数の若者に対して，海外長期滞在を諦めさせる圧力として作用し続けたと考えられる．また，日本型雇用慣行が普及する過程で，新規学卒就職とその後の継続就業（男性）および結婚（女性）というライフコースが規範化したことは，多くの若者が（海外駐在や社費留学制度などの枠外で）海外長期滞在を行うタイミングと意欲を失うことにつながった

---

[14] 戦後も例外的に，ブラジルをはじめとするアメリカ諸国への移民送り出し事業が行われたが，その規模は戦前の国際移動とは比較にならないほど小さかった（岡部 2002：90-92）．また，50年代に世界一周旅行を実現した小田実のような例もあるが，小田は東大大学院在学中にフルブライト奨学生としてハーバード大学に留学したエリートであり，例外中の例外と言うべき存在であった（小田 1961）．

と考えられる。
　第3に，90年代以降に，上述のライフコースを規範（模範）とする政策や言説が再導入されたことが，若者の海外長期滞在を抑制する役割を果たした。次節と第3章で詳しく見るように，80年代後半以降の日本では，若者を海外に向かわせる圧力が高まり，WH制度を利用して海外に長期滞在する者も増加した。しかしその一方で，若者の海外長期滞在の増加を抑制する圧力も高まっていた。それは若者を規範的なライフコースに押し込めようとする政策的な対応と，こうした規範から逸脱した若者に対するバッシングの高まりである。その代表的な例としてあげられるのが，2003年に策定され翌年から実施された「若者自立・挑戦プラン」と呼ばれる政府の若者支援政策と，2004〜2006年頃に高まった「ニート論争（ニート・バッシング）」である。
　「若者自立・挑戦プラン」は，文部科学省や厚生労働省からなる省庁横断的な施策であり，教育・訓練機会の提供，就業支援，労働市場の整備といった複数の領域にまたがる包括的な若年支援政策とされている（小杉 2008）。しかしその実態は，男女格差（差別）や正規雇用／非正規雇用間の格差（差別）といった不均等な社会関係にメスを入れないままで，つまり規範的ライフコースがはらむ構造的問題を放置した上で，1人でも多くの若者をそうしたライフコースに誘導しようとするものでしかなかった（藤岡 2009：162-163）。「ニート論争」は，「ニート」と呼ばれる若者（＝教育・訓練を受けておらず職探しもしていない非就業者）をめぐって展開された一連の論争を指す。それは学会，政府，論壇，マスメディア，インターネットメディアを巻き込んだ大規模なものであり，こうした若者の生活実態やこうした若者がなぜ増加したのかといった問題について，様々な立場から多様な見解が示された。しかし本田ほか（2006）によれば，その論調は「ニート」と呼ばれる若者の実態解明を意図するものとは程遠く，むしろ彼らを怠惰な若者としてバッシングするものが多かった。
　このような日本の状況は，同じ時期にギャップイヤーが普及した欧州の状況とは大きく異なっている。先に見たように，欧州諸国におけるギャップイヤーは，ライフコースの脱標準化と青年期の長期化が進展するなかで，そうした状況に対する現実的な対応策の1つとして受け入れられ普及してきた。それはライフコースの脱標準化と青年期の長期化を不可逆的な変化と認めた上で，そう

した状況を乗り切るために必要なスキルや時間的猶予を若者に与えようとするものだった。これに対して日本では，ライフコースの脱標準化と青年期の長期化に歯止めをかける（あるいはそうした変化のペースを落とす）ことが若者支援政策の目標とされた。また，そうした変化に歯止めがかからない現状への苛立ちを「ニート・バッシング」（あるいは同様の若者バッシング）によって表出するといったことが行われてきた。

こうした状況下では，海外長期滞在を志す若者がある種のジレンマに陥りがちである。それは，若者の海外渡航を促進する圧力と，海外長期滞在を規範的ライフコースからの逸脱とみなす圧力との間の板ばさみ状態である。当然のことながら，WHをはじめとする海外長期滞在を実行するためには仕事を辞める必要がある。したがって海外長期滞在は，正社員として働く者にとっては規範的なライフコースからの逸脱を，非正社員として働く者にとっては逸脱的なライフコースの継続を，それぞれ意味する。90年代以降も続く（あるいは90年代以降に再強化された）このようなまなざしは，多くの若者に対して，海外長期滞在を諦めさせる圧力として作用していると考えられる。

しかしその一方で，直線的なライフコースを規範ないし模範とする見方は，ライフコースの脱標準化と青年期の長期化が急速に進行するなかで，その影響力や妥当性を喪失しつつあるようにも見える。少なくとも，フリーターをはじめとする若年ノンエリート層の間では，規範的なライフコースとは異なる就業・生活形態を単純な逸脱とはみなさないような意識が浸透しているようである（日本労働研究機構 2001；中西・高山編 2009）。また次節で見るように，海外長期滞在やWHを肯定的なものとして表象する斡旋業者やメディアの存在も，規範的なライフコースの拘束力を弱めることに寄与したと考えることができる。

以上の通り，WH制度は日本において確固たる位置を占めているわけではない。むしろそれは戦後の日本社会に浸透した慣習や規範と整合的でない側面が多いとさえ言える。したがってこの制度の利用者は，WHを実行する際に少なからぬ葛藤や緊張を強いられてきた／いる可能性が高い。そうした葛藤や緊張は，次節と第3章で見るような社会環境の変化に伴って緩和されつつあると考えられるが，その一方で，葛藤や緊張がなくなったと考えることもまた非現実

的である。この点については，本章第3節でエリート層を引き合いに出しながら再度議論したい。

第2節　ワーキングホリデーの魅力と肯定的イメージ

　前節では，WH制度の概要と歴史的推移について確認した。本節では，WH制度が日本でどのような魅力を持つものとして受け止められているか，そしてその背景にある社会的要因とは何かを検討する。

(1) ワーキングホリデーの魅力

　WH制度の最大の魅力は，それが海外生活を経験するための手頃な手段を提供している点にあると考えられる。ここで海外生活という言葉にはいくつかの含意がある。第1に，ホテルなどに宿泊する旅行・観光とは異なり，アパートなどに住みながら長期間にわたって生活すること。第2に，現地の人々と頻繁にコミュニケーションを取ることによって，語学力を飛躍的に向上させる機会が得られること。第3に，日本とは異なる環境で長期間過ごすことによって，日本では得られない知識，スキル，感性といったものが養われることなどである。WH渡航者がこうした魅力に惹かれてWH制度を利用していることは，海外職業訓練協会（OVTA：Overseas Vocational Training Association）が2004年に実施した大規模な調査（以下，OVTA調査と略記する）[15]の結果からもうかがえる。たとえば，WH制度を利用したきっかけを尋ねた設問に対しては，「海外で生活をしたいと思っていた」と回答した者が最も多く，その割合は8割を超えている（図表1-2）。同様に，「語学力を強化したいと思っていた」「日本で得られない知識・技能を得たいと思っていた」と回答した者は2番目と4番目に多く，その割合はそれぞれ53％と35％である。

　一般的に，海外生活を経験するための手段として考えられるのは海外留学と海外就労であろう。しかしこれらの手段は誰でも利用できるわけではない。留

15　OVTA調査の正式名称は，「海外就業体験が若年者の職業能力開発・キャリア形成に及ぼす影響に関する調査」である。この調査は，1121（女性895，男性226）人のWH経験者を対象としたアンケート調査であり，渡航前，海外滞在中，帰国後の就業状況に関する設問を含む。詳細は海外職業訓練協会（2005）を参照のこと。

図表1-2　ワーキングホリデーのきっかけ（%）

海外で生活をしたいと思っていた	83.6
語学力を強化したいと思っていた	53.3
海外に対する漠然とした憧れがあった	41.9
日本で得られない知識・技能を得たいと思っていた	34.7
海外で仕事をしたいと思っていた	33.5
現在の生活・仕事から抜け出したいと思っていた	30.0
将来を考える時間が欲しかった	21.7
自分に合う仕事を見つけたいと思っていた	6.3
その他	7.0
無回答	1.0

出所：海外職業訓練協会（2005：150）表B1。
注：複数回答可能。

学には学力と資金（渡航費，学費，生活費）が必要である。たとえば豪州の大学に留学する場合，1年間の学費は約135万〜297万円，生活費は167万円程度を要する。[16] 就労ビザを取得するためには，企業から駐在員として派遣されたり，渡航前に現地の雇用主を見つけたりしなければならない。これらの事実は，通常方法で海外生活を経験することが依然として難しいことを示している。

上記の方法と比べると，WHの実現はきわめて容易である。働く期間と語学学校に通う期間にもよるが，渡航費，生活費，学費を合わせて100万〜200万円程度の資金で実現が可能である。事実，OVTA調査では，出発までに用意した費用の総額が100万円未満の者が19%，100万〜200万円の者が61%を占めている（海外職業訓練協会 2005：162, 表C8）。WHビザの取得も容易であり，申請費用（無料〜2万円程度）の支払いと事務的な申請手続きだけで済むのが[17]

---

[16] 本文中の金額は豪州政府のウェブサイトに依拠している。具体的には，大学の学費は1年間で1万5000〜3万3000ドル（http://www.studyinaustralia.gov.au/japan/australian-education/education-costs），1年間の生活費は1万8610ドル（http://www.border.gov.au/Trav/Visa-1/573-/Higher-Education-Sector-visa-(subclass-573)-streamlined-visa-processing#sub-heading-2）という記述に依拠した。為替レートは1豪州ドル＝90円（2015年末のレート）で計算した。

[17] 申請手続きの内容は国・地域ごとに異なる。この点については第3章第3節（2）で言及する。

普通である。

(2) ワーキングホリデーの肯定的イメージ

　海外留学や海外就労といった一般的な方法で海外生活を経験することが依然として難しいという事実は，多くの日本人にとって，海外生活とは希少価値の高い経験であり，「夢」「憧れ」「挑戦」の対象となりうるものであることを意味する。OVTA調査でも，「海外に対する漠然とした憧れがあった」ことをWHの動機としてあげた者は3番目に多く，その割合も4割を超えている[18]（図表1-2）。

　メディアや斡旋業者もWHにこれらのイメージを付与することが多い。たとえばある有名なガイドブックは，冒頭の12頁を費やして紹介した3人のWH体験談のなかで，「海外生活の夢を実現」「大切なのは怖がらずに進むこと」「"羊の国"への漠然とした憧れ」といった表現を用いている（『成功する留学』編集室編　2009）。また，ある大手斡旋業者のパンフレット[19]は，WH制度を説明する冒頭の箇所で，「ワーホリビザ取得は，若い人だけのチャンス」「一生に一度」といった表現を用いている。これらの表現が「貴重な経験」「夢」「憧れ」「挑戦」といったイメージを喚起する（喚起させようとしている）ことは明らかであろう。

　このように，WHは，海外生活という経験の希少性や実現の困難性を基礎としながら，メディアや斡旋業者によって肯定的イメージを付与されている。これに加えて，高度な消費社会・メディア社会である現代日本では，WHの商品化と，それに伴う広告，ガイドブック，ウェブサイトの増加によって，WHの肯定的イメージがさらに強化されているように見える。

　一般的に，消費水準が上昇した社会では，衣食住の基礎的欲求を満たすための商品やサービスだけでなく，自己表現の手段として利用可能な（あるいは自

18　海外に対して「憧れ」を抱く背景には，本文で指摘した海外生活の希少性に加えて，異質なものに対する好奇心や羨望といった感情も存在すると考えられる。また，日本人が欧米文化圏に属する国や地域に憧れを抱く背景には，西洋文化に対する憧れという要素も少なからず存在すると考えられる。特に，日本社会より男女の平等度が高いとされる欧米社会に強い憧れを抱き，その結果として海外移住を試みる女性は少なからず存在すると言われている（Kelsky 2001）。

19　ラストリゾート『ワーキングホリデー』発行年不明。2008年に入手。

己表現が主要な用途であるような）商品やサービスが市場に出回るようになる。そうした状況下では，人々は特定のイメージを喚起する商品やサービスを利用することによって自分自身にそのイメージを付加したり，利用する商品やサービスの微妙な差異を通じて自己表現を試みたりするようになる（Baudrillard 1970=1995；間々田 2000）。たとえば，特定の高級ブランド製の衣服や装飾品を好んで身につける人は，自分自身をそのブランドのイメージによって表象したり，他のブランド（あるいは非ブランド）の愛用者と差異化させたりしているのである。

このように，衣服や装飾品の選好は，消費を通じた自己表現が行われる典型的な例であるが，現代社会においては，海外旅行や海外長期滞在もまた，その実行を通じて自己表現が行われる格好の領域となっている。なぜなら，メディアや各種斡旋サービス産業が発展した現代社会においては，海外旅行や海外長期滞在もまた高度に商品化されているからである（新井 2001；大野 2007；山口 2010）。WHも同様であり，メディアや斡旋業者が用意するパッケージ化された滞在プランを比較検討する様子は，「カタログショッピング」の様相すら呈している（川嶋 2010：243）[20]。こうしてWHは，語学力を高めたり新たな知識を得たりすることが可能になるだけでなく，「貴重な経験」「夢」「憧れ」「挑戦」といった肯定的イメージで自分自身を語ることも可能になるような消費行為としての性格を帯びるようになる[21]。

しかも商品化はしばしば広告，ガイドブック，ウェブサイトなどの増加を伴うから，人々は社会生活の多様な場面でWHの情報に接するようになる。たとえばある斡旋業者は，東京都内の飲食店6000～6500店舗にWHの広告を掲載していた[22]。また，これまでに出版されたWHのガイドブックや関連書は130点を超える[23]。さらに，インターネットの利用中にWHの情報を含むウェ

---

20 WHの商品化については，第3章でも検討する。
21 消費社会論の概念を用いると，「語学力の向上」や「知識・スキルの獲得」は，WHという商品の「機能」または「使用価値」であるのに対して，「貴重な経験」「夢」「憧れ」「挑戦」といった肯定的イメージはその「記号的価値」であると言える。この点については第5章で詳細に検討する。
22 次の記事を参照。『『ワーホリ』ポスターなぜ居酒屋のトイレに多い？ ネットで議論沸騰』『J-CASTニュース』(http://www.j-cast.com/2011/12/18116266.html)。
23 国立国会図書館の検索システムで「ワーキングホリデー」をタイトルに含む本を検索した際のヒット数が137であった（2016年8月時点）。

ブサイトに辿り着く可能性も非常に高い。[24]

　一般的に，販売促進を目的とする広告，ガイドブック，ウェブサイトは，お金を払う価値のある魅力的なものとして商品やサービスを表象することが多い。したがって，人々はこれらの情報源を通して，上述の肯定的イメージと結びつけられた WH の情報により多く触れるようになる。こうして，商品化に伴う販売促進活動の活発化によって，WH の肯定的なイメージがいっそう強化されていくのである。

第 3 節　ワーキングホリデーの問題点と否定的評価

　前節で見た通り，広告，ガイドブック，ウェブサイトでは，WH 制度は肯定的なイメージとともに語られることが多い。しかし実際には，WH 制度は数多くの問題を抱えながら運用されているのが現状である。その問題点には WH 制度全般に共通するものと，豪州 WH 制度に特有のものがある。本節では前者について概観し，後者については次章で議論したい。

(1) 文化交流という理念の形骸化とトラブルの多さ

　WH 制度全般に当てはまる問題点としては，文化交流という理念の形骸化，トラブルの多さ，キャリアに対する悪影響という 3 点をあげることができる。第 1 節で見た通り，WH 制度は国際的な文化交流の機会を提供するものと位置づけられているが，実際には積極的に文化交流を試みているとは言えない日本人が数多く存在するようである。事実，OVTA 調査では，WH 中の交友関係は「日本人との付き合いが中心」だったと回答した者が 31％に達している（156 頁，表 B9）[25]。このように，WH 中に日本人同士で固まってしまう者が一定数存在する背景には，日本人 WH 渡航者の語学力の低さという問題がある。OVTA 調査によれば，「コミュニケーションができるまでに至っていない」語学力で渡航した者が過半数（52％）を占めており，こうした人々の多くが日本

24　Google で「ワーキングホリデー」というキーワードを検索すると，140 万件以上の関連サイトがヒットする（2016 年 8 月時点）。
25　本章の以下の叙述において，括弧内に記された頁数と表番号は，海外職業訓練協会（2005）のものである。

人同士で固まって生活している（そうせざるをえない）状況がうかがえる（図表 1-3）。また，そもそも文化交流とは関係のない動機でこの制度を利用する者も一定数存在するようである。というのも，WH 制度を利用したきっかけを尋ねた設問に対して，「現在の生活・仕事から抜け出したいと思っていた」「将来を考える時間が欲しかった」と回答した者の比率が，それぞれ 30％と 22％に達しているからである（図表 1-2）。

　WH 渡航者は，海外滞在中に窃盗，詐欺，交通事故，麻薬の所持・吸引といったトラブルに遭遇・関与する頻度が高いという点も，（少なくとも外務省と一部の研究者・報道関係者の間では）よく知られた事実である。外務省の海外安全ホームページには「重要なお知らせ」というコーナーがあるが，ここには「ワーキング・ホリデー制度による渡航者へのご注意」というページが設けられている。このページでは，WH 渡航者が上述のトラブルに遭遇するケースが多いことを知らせた上で，各自が安全対策を怠ることのないよう注意を促している[26]。また，同ホームページには「海外邦人事件簿」という啓発記事も掲載されているが，このなかには WH 渡航者を取りあげた記事もある[27]。それによれば，WH 渡航者は「日本人渡航者の中でトラブルに最も近い存在」であり，豪州に滞在する WH 渡航者がトラブルに遭遇する確率は一般渡航者の 20 倍以上に及ぶ。その記事によれば，トラブル遭遇率の高さは，WH 渡航者が頻繁に（あるいは長期間の）個人旅行をする若者であることに起因する。個人旅行者は，団体ツアー客と比べて窃盗犯などに狙われる確率が高い。若い旅行者は，安価でセキュリティの低い宿泊施設を利用する頻度が高い。こうした事情から，WH 渡航者はどうしてもトラブルに巻き込まれるリスクが高くなりがちである。また近年では，就労上のトラブルや男女関係のトラブルも増加しつつあると言われる。たとえば，カナダに滞在する WH 渡航者（と留学生）を調査した加藤（2009）は，就業先でのハラスメントや国際カップルにありがちな文化的ギャップの事例を数多く紹介し，豪州に滞在する WH 渡航者を調査した藤岡（2008a, 2008b）は，法定最低賃金額より低い賃金で働く者が一定数存在するこ

26　外務省海外安全ホームページ「ワーキング・ホリデー制度による渡航者へのご注意」（http://www.anzen.mofa.go.jp/c_info/working.html）。
27　外務省海外安全ホームページ「海外邦人事件簿 Vol.30 ワーキングホリデー渡航者の安全意識」（http://www.anzen.mofa.go.jp/jikenbo/jikenbo30.html）。

図表 1-3　日本人ワーキングホリデー渡航者の語学力

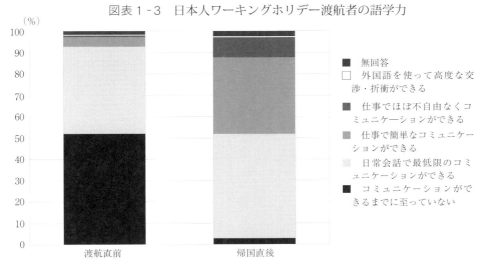

出所：海外職業訓練協会（2005）表C7-a（161頁）と表D2-a（162頁）より作成。

とを明らかにした。

　以上の通り，日本人WH渡航者はトラブルに遭遇するリスクが高い。そのため，自分の身を守るために日本人同士で固まることが多くなる。すると，文化交流という本来の目的がないがしろにされるようになる。その結果，トラブルを回避するために必要な知識やスキル（＝語学力，滞在国の文化や法律に関する知識，個人旅行中の危険回避術など）の習得が遅れるという悪循環に陥りがちである。こうした状況を背景として，日本人の駐在員，永住者，報道関係者，研究者が，WH制度とWH渡航者に対して否定的な評価を下してきた事実を無視することはできない。否定的な評価とは，WH渡航者は目的が明確でなく，それゆえ準備不足で覇気がなく責任感が欠如しており，その結果としてトラブルや問題行動に関与しやすい，といった見方である。たとえば豪州に移住した日本人を調査した佐藤（1993）は，「ワーキング・ホリデーで来る若者の八割がた，ろくなのがいない」（ibid.：153）という永住者の見解を紹介した上で，常識や責任感を欠いたWH渡航者（と駐在員）の振る舞いが，戦争花嫁[28]の努

---

[28]　戦争花嫁とは，第二次世界大戦後に日本に駐留していた連合軍の兵士と結婚し，その兵士の出身国に移住した女性のことである。戦争花嫁については，林ほか（2002），島田（2009）などを参照のこと。

力によって築かれた日本の良好なイメージを「足蹴にしている面もある」(*ibid.*：199) と論じた。大川 (1994) は,「何がしたくて来ているのか分からない」「雇っても実にいいかげん」という駐在員と永住者の意見を紹介した上で,(現在と将来の) 制度利用者に対して明確な目的意識を持つよう提言した。坂口 (2000) と大野 (2004) は,目的意識の欠如がトラブルや違法行為に関わるリスクを高めるとの認識を示し,WH 制度の現状に対する憂慮を示した。加藤 (2009, 2010) は,就労上のトラブルや男女関係のトラブルの増加を踏まえて,政府の支援や制度の改善を訴えた。

(2) キャリアに対する悪影響

　WH 渡航者は海外で1年間 (国によっては2年間) に及ぶ長期滞在を行うため,渡航前に仕事を辞めなければならない。これは少なからぬ人々にとって WH を躊躇・断念する要因となりうる。なぜなら,第1節で見た通り,日本では仕事を辞めて海外に長期滞在することが規範的なライフコースからの逸脱を意味するからである。特に,新規学卒採用制度,企業内昇進制度,年功賃金制度といった雇用慣行に包摂されている人々 (大企業総合職や正規公務員) は,仕事を辞めることによって安定雇用と昇進・昇給の機会を失いかねないため,WH に対する抵抗がきわめて強いと考えられる。また高度な専門職に従事する人々は,1～2年間も労働現場から離れることによって,知識やスキルが陳腐化することを恐れる可能性が高い。したがって,エリート層にとっての WH は,単に規範からの逸脱であるのみならず,実質的な損失も大きい選択肢にならざるをえない。

　WH を通して専門的な資格や職歴を得ることが難しいという事実もまた,多くの人にとって WH を躊躇・断念する要因になると考えられる。OVTA 調査によれば,調査対象者が WH 中に従事した仕事の過半数 (54%) はサービス職であり,専門職 (9%) を大きく引き離している (図表1-4)。

　サービス職の内訳を見ると,67% (全体の35%) が飲食店関連,11% (全体の6%) がホテル関連のサービス職であり,多くの WH 渡航者がフロアスタッフ (ウェイター・ウェイトレス),キッチンハンド,カウンタースタッフ,清掃員といった職に就いていることをうかがわせる。また,専門職の内訳を見ると,

56%(全体の5%)は教育関連の職であり、35%(全体の3%)は医療・介護・福祉関連の職である。ビジネス関連の専門職(自然科学・工学、コンピュータ、法務・会計、通訳・翻訳など)は、専門職の9%(全体の1%)を占めるに

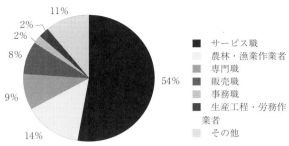

図表1-4　ワーキングホリデー中の仕事

- サービス職 54%
- 農林・漁業作業者 14%
- 専門職 9%
- 販売職 8%
- 事務職 2%
- 生産工程・労務作業者 2%
- その他 11%

出所:海外職業訓練協会(2005:152)表B3-C。

すぎない(152頁、表B3-C)。以上の結果は、WH中に従事可能な専門職が教育関連と医療・介護・福祉関連の職種にほぼ限定されており、ビジネス関連の専門職に就くことがきわめて難しい現実を如実に物語っている。

　WH中に就業可能な専門職が限定されている最大の原因は、WH渡航者が短期間しか働けない点にあると考えられる[29]。雇用主からすれば、すぐに離職することが確定しているWH渡航者を雇うことは非合理的な判断である。そのようなデメリットがあってもなおWH渡航者を雇うのは、頻繁な離転職によって生じるコストが少ない非熟練職種や、日本人が特権的なアクセスを有する特殊な職種(日本語教師や日本人の子どもを世話する保育士など)に限定されると考えるのが自然であろう。

　WH中に取得可能な資格もそれほど多くない。国・地域によって異なるが、WH中の就学期間は4～6カ月以内に制限されていることが多いため、高度な専門資格コースを受講することは不可能である。4～6カ月以内に取得可能な資格はいくつか存在するが、J-SHINE(ジェイ・シャイン)やTESOL(テソル)といった英語教師資格か[30]、スキューバダイビングやサーフィンのインストラ

---

[29] WH渡航者は1年(国によっては2年)以内に帰国しなければならない。また、滞在中に長期旅行へ出かけたり滞在地を変えたりする者が多いので、離転職もかなり頻繁である。さらに豪州のように、同一雇用主のもとで働ける期間が制限されている国もある。

[30] J-SHINEとは、日本の特定非営利活動法人である小学校英語指導者認定協議会が発行する英語教師資格(およびそのコース)である(http://www.j-shine.org)。TESOL (Teachers of English to Speakers of Other Languages)とは、アメリカに拠点を置く国際的な民間英語教育団体であり、民間資格のなかでは威信の高い英語教師資格を発行している(http://www.tesol.org)。

クターなどに限定されるのが実状である。

　以上の通り，WH は，中途退職によって安定雇用と昇進・昇給の機会が失われるというリスクがある一方で，専門的な資格や職歴を得る機会は一部の職種に限定されている。したがってエリート層は，WH を魅力よりリスクの大きい選択肢として受け止めがちである。

　この点を確かめるために，筆者がエリート層の若者に対して実施したインタビュー調査（「エリート調査」）の結果を概観したい。対象者は，筆者が 2007 年にメルボルンで知り合った 2 人の高度専門職従事者（トレーダーと経営コンサルタント）である（図表 1-5）。康弘は京都大学を卒業し，日本の大企業で数年間働いた後，28 歳で独立技術移民（高度なスキルと優れた職歴を保持する移住者）として永住権を取得し，豪州に移住した。豪州への移住は，大企業総合職から高度専門職へのキャリアシフトという側面を持つ。彼は大学時代にアメリカの大学に 1 年間留学した経験がある。陽介は東京大学を卒業後，外資系の大企業に就職し，2016 年 3 月現在も継続就業中である。彼はいわゆる帰国子女であり，中学時代にイギリスで 2 年間生活した経験がある。また 2010 年から 2012 年までの 2 年間は，MBA を取得するために社費でアメリカに留学していた。この 2 人が WH をどのように捉えているかを見ることによって，エリート層にとっての WH がどういったものであるかを浮き彫りにしたい。

　まず仕事と WH の関係について見ると，2 人が共通して語ったのは，WH にはキャリアダウンのリスクがあるという見解だった。たとえば康弘は，「一流企業に関しては（日本／海外問わず），ワーホリ（特に 20 代後半）はその後の就職に不利」との見解を示した。その理由を尋ねたところ，以下のような回答を得た。[31]

　　　一流企業においては，ワーホリは再就職に不利ということの判断理由について。それは単に事実です。ワーホリで過ごした 1 年と日本で一生懸命働いた 1 年では，仕事のスキルとしては後者に軍配があがるでしょう。また，ワーホリは，また放浪とか言って辞めてしまわんかな，という印象も持たれるでしょう。

31　康弘の言葉の引用は，全て電子メール調査からのものである。

図表1-5 「エリート調査」対象者

仮名	康弘（35歳）	陽介（28歳）
学歴	京都大学卒	東京大学卒
職歴	・日本の大企業（電力会社）で数年間勤務し，石油系の燃料輸入業務に携わる ・豪州の永住権取得後，豪州と日本の企業（商社）でトレーダー（輸出入関連の専門職）として勤務 ・大企業総合職から高度専門職へキャリアをシフト	・外資系大企業で経営コンサルタントとして勤務
海外経験	・大学時代に1年間，アメリカの大学に留学 ・20代に海外旅行で30カ国以上を訪問 ・豪州の永住権取得後は，豪州と日本の2カ国で生活（期間は豪州の方が長い）	・中学時代に2年間，父親の仕事の関係でイギリスに滞在（帰国子女） ・会社の海外研修でタイ，アメリカ，香港などに1～3週間程度の短期滞在を多数経験 ・豪州に6カ月間の長期出張（2007年） ・社費でMBA留学（2010～2012年）
調査方法	・インタビュー（2007年11月，メルボルン） ・電子メール（2011年3～4月，康弘はパース，筆者は東京） ・本人執筆のコラムを参照（2004年8月に豪州の日本語新聞に掲載されたもの）	・インタビュー（2010年7月，東京）

注：年齢は筆者と知り合った2007年当時のものである。

このように，康弘は，スキルと仕事に対する姿勢という2つの点において，WHの経験はマイナスの評価になるという見解を示した。陽介も同様の認識を次のように語った。

> あんまりオプション広がる気がしないんです。ワーホリ1年やったから転職しようと思ったときに，その先が広がるかっていうと，絶対に広がらない。日本企業に勤めてたら，そもそもワーホリに行くなんてありえない。……日本の大企業に勤めてて，「ちょっと色々考えたいんでワーホリ半年行ってきますから休職させてください」って言った瞬間にアウトですよ。

このように，陽介もまた，WHの経験は帰国後の再就職で不利に働くと考えて

いる。さらに，長期間の一時休職が日本の大企業の昇進制度や企業文化になじまないという認識も上記の語りから読み取れる。

　次に，2人がWHに対してどのようなイメージを抱いているかを見てみたい。彼らはWHを「貴重な経験」「夢」「憧れ」「挑戦」といったイメージと結びつけて語るだろうか。これまでの議論から容易に推察される通り，そうした傾向は全く見られない。康弘は，日本の大企業を辞めたときの心境を次のように簡潔に説明した。

> 仕事をやめるときに「ワーホリ」という選択肢は全くなし。オレの場合永住先を探してたわけで，学生も含めて1～2年の海外生活には興味なし。

この短い文章は，康弘の「ワーホリ観」を端的に物語っている。すでに海外留学の経験があり，永住を計画していた20代当時の彼にとって，WHとは「興味のない（眼中にない）」ものでしかなかったのである。

　陽介も，基本的にWHを自分とは関係のないものと捉えている。その上で，WHとは，「全てを投げ打つか，全てがなくなったときに」やるものではないかと想像している。

> 「会社クビになっちった」とか「会社辞めよう！　転職しよう！」って決めて，その準備をしてるけど，「急いで始めなくてもいいから1年間〔海外に〕行ってみようかな」とか。「会社クビになっちってもうやることねえし，オーストラリアでも行くか！」っていう人とか（苦笑）。そういうイメージ。

ここで陽介が語っているのは，「やけくそ」に近いイメージである。彼がWHを「貴重な経験」「夢」「憧れ」「挑戦」といった肯定的イメージと結びつける価値観や思考回路を全く持ち合わせていないことは明らかである。

　以上の通り，筆者がインタビューを実施した2人の高度専門職従事者は，きわめて冷徹なまなざしでWHを眺めていた。彼らはWHがキャリアダウンのリスクをはらむものであると認識し，それをライフコース上の選択肢から除外していた。それゆえ，メディアや斡旋業者が伝達するイメージの影響を全く受

けていなかった。

　彼らが示した冷徹なまなざしや姿勢の背景にあるのは，エリート層のライフコースには海外生活や海外滞在の機会が数多く埋め込まれているという事実である。たとえば，康弘は大学時代にアメリカ留学の経験があった。また，彼は日本で積んだ就業経験が高く評価されて豪州の永住権を取得することもできた。陽介は帰国子女であり，就職後も海外研修や出張の機会には事欠かなかった。さらに陽介の会社にはMBA取得のための社費留学制度もあった。これらの豊富な経験と機会ゆえに，彼らはそもそも海外生活を希少価値のある経験と考えていなかった。彼らにとって重要なのは，海外生活そのものではなく，「どのような海外生活か」「海外生活を通じて何が得られるか」という点であった。こうした観点からWHを見ると，中途退職のリスクの大きさや専門的な資格・職歴を得る機会の少なさといったマイナス面が否応なく目に留まってしまう。このような「ワーホリ観」は，若年ノンエリート層がWHを捉え，利用しようとするあり方とは根本的に異なっている。この点については第2・3部で詳細に論じたい。

第4節　制度利用者の概要

　第2節と第3節では，WH制度の魅力と問題点について確認した。それでは，実際にWH制度を利用しているのはどのような若者なのだろうか。本節ではこの点を確認する。OVTA調査に依拠しながら，WH渡航者の性別，学歴，渡航前と帰国後の就業状況，階層的特徴について明らかにしたい。

(1) 性別・学歴別構成

　OVTA調査では，調査対象者の80％が女性で，20％が男性である。この男女比は概ね実態を反映しているか，あるいは実態よりやや女性が多いと考えられる。なぜなら，豪州のWHビザを取得した日本人（2000～2007年）のうち66％が女性であり，カナダのWHビザを取得した日本人（2007年）のうち82％が女性だからである（DIAC 2008a；加藤 2009：26）。他の国については男女比の詳細なデータは公表されていないが，イギリスのWH渡航者（と留学

生）を調査した藤田（2008：35-36）も，女性の方が多いという見解を示している。2000年以降は豪州とカナダの2カ国が日本人WH渡航者の7割以上を受け入れている（図表1-1）点と，日本では女性の多くが安定雇用から排除されている（それゆえ中途退職によって失うものが男性より小さい）点を考慮すれば，日本人WH渡航者には男性より女性の方が多く含まれていると見て間違いない（ただし具体的な男女比は国や時期によって異なると思われる）。

次に学歴構成を見ると，大学・大学院卒が28％，短大卒が27％，専門学校卒が20％，高校卒が21％，中学校卒が1％，在学中が4％である。この数値を日本の若年層全体の学歴構成――大学・大学院卒23％，短大・専門学校卒25％，高校卒44％，中学校卒8％――と比べると，WH渡航者の学歴構成の特徴が浮き彫りになる（図表1-6）。第1に，WH渡航者は高卒以下の学歴の者が少ない。若年層では中卒と高卒の合計は52％に達するが，WH渡航者は2割程度に過ぎない。第2に，WH渡航者は短大・専門学校卒者の割合が高い。若年層ではその割合は25％に過ぎないが，WH渡航者は半数近くが短大・専門

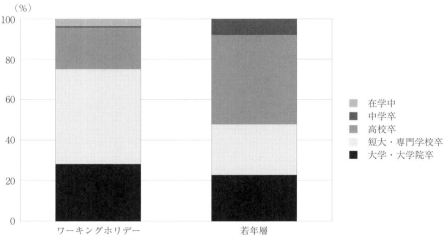

図表1-6　学歴構成

出所：(1)「ワーキングホリデー」は海外職業訓練協会（2005：158）表Cより作成。その他と無回答を除いて再集計した。
　　　(2)「若年層」は総務省統計局「平成14年就業構造基本調査」より作成。15～34歳の合計から在学者を除いた。
注：「就業構造基本調査」のデータは，海外職業訓練協会（2005）の調査年（2004年）に近い平成14年（2002年）のものを利用した。

学校卒者である。これらの点を踏まえると，WH渡航者の中核を占めるのは，「高くも低くもない」「中位」学歴の保持者だと考えるのが妥当である。

(2) 渡航前と帰国後の就業状況

ここでは，渡航前と帰国後の就業状況を，雇用形態，職種，給与水準という3点に注目しつつ検討する。なおOVTA調査は，対象者を帰国後8カ月以上経過した者に限定している（海外職業訓練協会 2005：3）。したがって，帰国した直後で何もしていないという状況の者は結果に含まれていない。

まず雇用形態を見ると，帰国後に正社員が減少し，非正社員が増加している（図表1-7）。帰国後の正社員比率は，渡航前の半分近くまで低下している（55％→28％）。非正社員の比率も大きく上昇しているため（22％→39％），WH渡航者の多くがWHをきっかけに非正規労働者化したことは明らかである。非就業者で大きな変化が見られたのは，「その他」（6％→17％）と学生（11％→5％）である。「その他」の増加は，失業者（またはそれに近い状態の者）の増加を示唆している。学生の減少は卒業の結果と考えられる。

次に職種を見ると，渡航前と帰国後で職種構成に大きな変化は見られない（図表1-8）。構成比に若干の変化が見られるものの，渡航前・帰国後のいずれも，事務職，サービス職，専門職の3職種が上位を占めている。比較的大きな

図表1-7　渡航前と帰国後の雇用形態等（％）

雇用形態等		渡航前	帰国後	変化
就業者	正社員	55.2	27.7	-27.6
	非正社員	22.1	38.7	+16.6
	自営業	0.5	1.3	
	その他就業	3.7	6.4	
非就業者	学生	10.9	4.7	-6.2
	家事・育児	0.2	2.7	
	その他	6.4	16.5	+10.1
無回答		1.1	2.0	
合計		100.0	100.0	

出所：(1)「渡航前」欄は，海外職業訓練協会（2005）の表C5と表C6-a（ともに159頁）より作成。
　　　(2)「帰国後」欄は，表D（163頁）と表D8-a（165頁）より作成。
注：(1)「その他就業」には，ボランティア，職業訓練，その他，無回答などが含まれる。
　　(2)「変化」欄は，5ポイント以上の増減があるもののみ記した。

図表 1-8　渡航前と帰国後の職種等（％）

職種等		渡航前	帰国後	変化
就業者	専門職	16.2	15.9	
	管理職	0.4	0.1	
	事務職	24.6	19.4	-5.2
	販売職	7.6	6.2	
	サービス職	20.3	17.3	
	技能職	2.2	2.4	
	その他	7.0	7.1	
	無回答	3.2	5.6	
非就業者		17.3	23.9	+6.6
無回答		1.1	2.0	
合計		100.0	100.0	

出所：(1)「渡航前」欄は，海外職業訓練協会（2005）の表C5（159頁）と表C6-c（160頁）より作成。
　　　(2)「帰国後」欄は，表D（163頁）と表D8-c（165頁）より作成。
注：「変化」欄は，5ポイント以上の増減があるもののみ記した。

図表 1-9　渡航前と帰国後の月収（％）

月収	渡航前	帰国後
① 30万円以上	7.8	7.1
② 25万円以上30万円未満	9.2	9.9
③ 20万円以上25万円未満	28.7	27.6
④ 15万円以上20万円未満	32.6	25.6
⑤ 10万円以上15万円未満	11.3	13.2
⑥ 10万円未満	5.9	6.3
⑦ 無回答	4.6	10.3
合計	100.0	100.0

出所：海外職業訓練協会（2005）の表C6-k（161頁）と表D8-k（167頁）より作成。

変化としてあげられるのは，事務職の減少である（25％→19％）。これは，いわゆるOLとして働いていた人々がこのカテゴリーから退出した可能性を示している。

　就業者の給与水準に大きな変化は見られない（図表1-9）。特に，20万円以上の月給を得る者の割合はほとんど変わっていない（①〜③の合計値：46％→45％）。ただし，月給15〜20万円の割合が減少して（33％→26％），月給

10 〜 15 万円の割合がやや増加した（11％ → 13％）こと，賞与のない非正社員が増加したこと（図表1-7），非就業者が若干増加したこと（図表1-8）などを考慮すると，帰国後の給与水準は全体としてやや低下したと考えるのが妥当である。

　以上を総合すると，WH渡航者の帰国後の就業状況は，渡航前よりやや悪化するというのが公平な評価と言えそうである。特に，渡航前に正社員だった者が帰国後に非正社員になる確率はかなり高い。非正規雇用への移動は，雇用の安定性，給与・賞与の水準，社会保険制度（年金，雇用保険など）へのアクセスに対してネガティブな影響を及ぼす可能性が高いから，WHを実行することによって被る長期的な損失は，OVTA調査に表れた数値より大きいかもしれない。しかし同時に，この調査の対象者は帰国後1〜2年程度の者が多いから，調査結果に表れた就業状況は，あくまで一時的・移行的な仕事（状態）に関するものが多い可能性もある。また，雇用形態や給与水準という観点から見れば損失であっても，やりがいやストレスといった点では状況が改善したケースもあるかもしれない。さらに，帰国後に結婚して家計補助的なパートタイム就業に移行した人（女性）は，本人の就業状況と家族の経済状況が必ずしも一致しない可能性がある。

　このように，WHの経験が就業状況に及ぼす長期的・多面的な影響を包括的に評価することは容易ではない。しかしこれまでの考察から1つだけ確実に言えることがある。それは，WHによって就業状況を直ちに，しかも劇的に改善することはきわめて困難だという点である。これは，WHが本質的にはホリデー（休暇）であることの必然的結果と言えるだろう。

（3）制度利用者の階層的特徴

　最後にWH渡航者の階層的特徴を検討したい。これまでの考察から，WH渡航者の階層について，次の2点を指摘することができる。第1に，少なくとも渡航前の状況に限って言えば，WH渡航者の多くは低所得の不安定就業層には属していない。そう判断する根拠は2つある。1つは，渡航前の主職が正

32　帰国後は非正規雇用者，「その他」，低所得者が増加しているので，低所得の不安定就業者や失業者が増加しているかもしれない。

社員だった者が55％（就業者に限定すれば68％）を占めていることであり、もう1つは、50万円未満の低予算で渡航している者がわずか3％に過ぎず、100万円以上の資金を用意して渡航した者が79％に達している（162頁、表C8）ことである。日々の生活に困窮している人が100万円以上の資金を確保することは困難だから、調査対象者の大部分は、経済的に一定の余裕がある層（正社員やフルタイムで働く非正社員など）と見るのが妥当である。[33]

　第2に、その一方で、WH渡航者の多くが安定就業層に属していなかったことも見て取れる。そう判断する根拠は3つある。1つは、WH渡航者の男女比が女性側に大きく偏っているという点である。女性の多くは安定雇用から排除されているから、彼女たちの大部分は安定就業層に属していない（とりわけ結婚・出産後も同じ条件で働き続けることは困難）と考えるのが自然であろう。2つ目の根拠は学歴構成である。先に見た通り、WH渡航者の中核を占めるのは短大・専門学校卒という「中位」学歴層である。男女を問わず、この層に大企業総合職正社員や高度専門職従事者が多数含まれるとは考えにくい。3つ目の根拠は、WH中に専門的な資格と職歴を得る機会が狭く限定されているという事実である。前節で見た通り、WH中に取得できる資格は英語教師やスキューバダイビングのインストラクターなどに限定されている。また、専門職も教育や福祉に関連する職種が大半を占めている。大企業の総合職正社員として働いている者や、医師・弁護士といった高度専門職従事者が、仕事を辞めてまでこれらの資格や職歴を得ようとする確率はかなり低いと考えざるをえない。こうした層が海外に長期滞在する場合は、前節で見た康弘や陽介のように、永住権取得、海外出張・駐在、MBA留学といったルートを辿ることが多いと考えるのが自然だろう。

　以上の考察から、WH渡航者の中核を占めるのは、低所得の不安定就業層に属しておらず、なおかつ安定就業層にも属していない層、すなわち若年中位層であることが分かる。このことは、WHを階層的な現象と見る視点が必要であ

---

[33] 親や家族の直接的・間接的支援も一定の重要性を持っているようである。費用を用意した方法を尋ねた設問に対して、6％の調査対象者が親から借りた／もらったと回答している（162頁、表C9）。また調査対象者の8割は、渡航前に家族と同居していたと回答している（162頁、表D1-b）。所得の低い就業者と学生は、家族との同居という条件が欠けた場合、WHを実現することは不可能かもしれない。

ることを示している。一般的に，WH は女性のライフコースと相性が良く，余暇を重視するライフスタイルと親和性が高いため，ジェンダーや価値観の問題として語られやすい対象である。しかし WH（渡航者）の実態を理解するためには，これらの常識的見方だけでは不十分だという点を強調する必要があると言えるだろう。

まとめ

　本章では，WH 制度と日本人利用者について概観した。そこで明らかになった事実のなかで特に重要なものをまとめて本章の結びとしたい。
　WH 制度は，2 国間の協定に基づき，両国の若者に 1〜2 年間の休暇滞在と滞在中の就労を認める国際交流制度である。制度の目的は文化交流の促進を通じた友好関係の強化にある。この制度は，欧州諸国で古くから普及していた若者の長期旅行という伝統的慣習を現代に引き継ぐための制度的受け皿であり，文化交流を通じた友好関係の強化という制度の理念もこうした慣習に多くを負っている。それに加えて近年は，豪州（および他の WH 制度推進国の）WH 制度がバックパッキングやギャップイヤーの制度的受け皿として重要な役割を果たすようになっている。こうした動向のもとで，豪州政府は WH 制度を観光産業の振興策として積極的に活用している。しかし日本では，政府が WH 制度を積極的に活用したり推進したりする気配は見受けられない。というのも，WH 制度はあくまで欧州諸国の歴史に根ざした制度であるため，日本社会の慣習や規範，特に新規学卒就職とその後の継続就業（男性）および結婚（女性）というライフコースと整合的でないからである。したがって，日本人の WH 制度利用者は少なからぬ葛藤や緊張を強いられてきた可能性が高い。
　その一方で，WH 制度に魅力があることも事実である。WH 制度の最大の魅力は，それが海外生活を経験するための手頃な手段を提供している点にある。海外留学や海外就労に比べると，WH は資金や資格・職歴の面で実現が容易である。さらに近年は，メディアや斡旋業者の広告活動によって，WH 制度の肯定的なイメージが強化されつつあるように見える。メディアや斡旋業者は，海外生活が依然として希少価値の高い経験であり，「夢」「憧れ」「挑戦」の対象

となりうるものであることを強調する。その結果，WH は，語学力を高めたり新たな知識を得たりすることが可能であるのみならず，「貴重な経験」「夢」「憧れ」「挑戦」といった肯定的イメージで自分自身を語ることが可能な実践としての性格を帯びるようになる。これらの魅力と利点――海外生活を経験するための手頃な手段，語学力強化などの実用的利点，肯定的イメージを自己に付与できること――のうち，イメージに関する利点は，消費・メディア社会が高度化し，WH の商品化が進むにつれてますます強化されつつあるようである。

　このように，WH 制度には魅力や利点が確かに存在する。しかし同時に，WH 制度は数多くの問題を内包しつつ運用されていることも事実である。日本人がこの制度を利用して海外に滞在する際に遭遇しやすい問題は，文化交流という理念の形骸化とトラブルの多さである。海外に滞在しているにもかかわらず日本人同士で固まってしまう WH 渡航者は珍しくない。旅先で犯罪に巻き込まれたり，職場でハラスメントや違法な賃金を経験したり，男女関係でトラブルを引き起こしたりする WH 渡航者も多いようである。そのため，WH 制度や WH 渡航者に対して否定的な評価を下す永住者，駐在員，政府関係者，報道関係者，研究者が一定数存在している。またエリート層は，仕事を辞めて WH 制度を利用することがキャリアダウンをもたらしやすいことから，WH 制度を自分にとって無関係なものと捉える傾向が強いようである。

　それでは，日本ではどのような若者が WH 制度を利用し，渡航前と帰国後の就業状況はどのように変わるのか。OVTA 調査によれば，WH 渡航者のジェンダー構成は女性に偏っており，学歴構成では短大卒と専門学校卒という「中位」学歴が多く，階層的には中位層に属する者が多い。また，WH 渡航者の就業状況の変化を見ると，帰国後は非正社員の比率が上昇し，賃金水準も低下していることから，帰国後の就業状況は渡航前よりやや悪化するというのが公平な評価と言えそうである。少なくとも，WH によって就業状況を直ちに，しかも劇的に改善することはきわめて困難であることは間違いない。

第 2 章

豪州ワーキングホリデー制度と日本人利用者の概要

　本章では，豪州 WH 制度と日本人利用者について概観する。前章で見た通り，豪州と WH 協定を結んでいる国・地域は 38 に達しているため，それぞれの協定国・地域の立場から見た豪州 WH 制度のあり方と，豪州から見たそれぞれの協定国・地域の位置づけは微妙に（あるいは大きく）異なっている。たとえば日本とイギリスにとって，豪州 WH 制度の役割や意義が同じであるはずはないし，豪州にとって日本とイギリスが全く同じ存在であるはずもない。

　そこで本章では，豪州 WH 制度を利用する日本人の渡航動機と滞在実態（就業状況）の解明という本書の課題に関わるいくつかの側面に考察を限定したい。具体的には，豪州 WH 制度の全般的な特徴と当該制度における日本人の位置づけ（第 1 節），豪州 WH 制度を利用する日本人の特徴（第 2 節），豪州 WH 制度の問題点（第 3 節）について概観する。

第 1 節　豪州ワーキングホリデー制度の運用状況

　第 1 章第 1 節では，豪州 WH 制度の理念と歴史的推移について概観した。本節では，そこでの議論を踏まえながら，豪州 WH 制度が豪州の外国人受け入れ体制のなかでどのような役割を果たしているかを検討する。次に，制度利用者の数と出身国構成の変化を切り口としながら，豪州 WH 制度の運用状況の推移を確認する。さらに，数多くの WH 協定国のなかで，日本が占めている独特の重要な位置について明らかにする。

(1) 外国人受け入れ体制におけるワーキングホリデー制度の位置づけ

国際社会において、豪州は数多くの肩書きを持っている。まず、イギリス連邦の一員として他の連邦諸国と密接な政治的・文化的交流を維持している。また、天然資源と農作物の輸出国として、日本をはじめとする数多くの国・地域と緊密な経済・貿易関係を結んでいる。さらに、豊富な観光資源によって世界中の観光客を引きつける観光立国としても有名である。そして重要な点として、多文化主義を掲げる移民国家という肩書きを忘れるわけにはいかない。

国際社会における豪州のこうした性格を反映して、豪州を訪れる外国人は膨大な数と種類に及ぶ。図表2-1は、2013年度に豪州政府が入国を許可した外国人の数を、主要なビザカテゴリーごとにまとめたものである。この表から明らかな通り、WH制度は、豪州の外国人受け入れ体制のなかでそれほど大きな量的比重を占めているわけではない。WHビザ取得者数（約24万人）は、ビジタービザ（主に観光客と短期出張者向けのビザ）取得者数（400万人）の16分の1程度にすぎない。

とはいえ、ビジタービザ取得者より数が少ないからといって、WH制度の重要性も低いというわけではない。ビジタービザを除いた場合、WHビザは学生

図表2-1　主要カテゴリー別ビザ発給数（2013年度）

ビザカテゴリー		実数	％
一時滞在	ビジター [1]	3,969,215	80.8
	ワーキングホリデー [2]	239,592	4.9
	学生	292,060	5.9
	一時就労 [3]	139,465	2.8
	その他の一時滞在	65,007	1.3
永住権		190,000	3.9
難民・特別人道プログラム		19,985	0.4
合計		4,915,324	100.0

出所：DIBP（2014a）のTable 2.1（23頁）, Table 3.1（39頁）, Table 4.1（61頁）より作成。

注：(1)「ビジター」は主に観光客や短期出張者を対象とする3カ月以内の短期滞在ビザである。
(2)「ワーキングホリデー」は"Working Holiday (subclass 417)"と"Work and Holiday (subclass 462)"の合計である。両者の違いについては第1章第1節の脚注4を参照。
(3)「一時就労」ビザには、各種ビジネスビザや政府職員ビザなどが含まれる。

ビザに次いで発給数が多い。つまり，3カ月以上の長期滞在者に限定すれば，WH渡航者は量的にも大きな比重を占めている。それに加えて豪州政府は，他のビザでは対応しにくい「隙間」を埋めるための便利なツールとしてWH制度を積極的に活用している。このことを3つの角度から説明したい。

第1に，豪州政府は観光業の振興策として，とりわけバックパッカーやギャップイヤー取得者の受け皿として，WH制度を効果的に利用している。第1章で見た通り，バックパッキングは事前に固定的な旅程を組まずに行われる長期旅行である。したがってバックパッカーからすれば，滞在期間が3カ月と短い通常のビジタービザ（subclass 601）は使い勝手が悪い。外国滞在中にボランティアやバックパッキングをすることの多いギャップイヤー取得者にとっても事情は同じである。滞在期間を6カ月または12カ月に延長できる長期ビジタービザ（subclass 600）もあるが，このビザは取得要件がやや厳しい[1]。こうした事情とWHビザの特徴（就労可能な点，条件を満たせば最長で2年間滞在できる点など──後述）を鑑みれば，バックパッカーやギャップイヤー取得者にとっての最適な選択肢がWHビザであることは明らかである。なぜなら，通常のビジタービザでは滞在期間が足りず，長期ビジタービザでは働けないのに対して，WHビザは，長期ビジタービザとほぼ同じ手続きで最長2年間滞在でき，働くことも可能だからである。

上述の通り，バックパッキングやギャップイヤーは，旅をしながら滞在地や滞在期間を次々と変えていく点に醍醐味があるため，旅先で追加の資金が必要になる可能性が高い。しかしビジタービザや長期ビジタービザで入国した場合，滞在中に追加の資金を得ることは（不法就労に従事しない限り）不可能である。WHビザであればこうした心配をする必要がない。これは大きな差である。この点を理解した豪州政府は，2000年頃からWH協定国を次々と増やしていった。その結果，90年代までは7カ国に過ぎなかったWH協定国が，2016年には38カ国・地域にまで増加した。こうして豪州政府は，バックパッカーやギャップイヤー取得者を，WH制度の拡充によってより多く受け入れられるように対応

---

1 働かずに6/12カ月間滞在できるだけの資力証明が必要である。ビジタービザの種類とそれぞれの特徴については豪州政府移民・国境警備省の次のウェブサイトを参照（https://www.border.gov.au/Trav/Visa-1/Visa-listing#Visitor Visas）。

してきたのである。

　第2に,豪州政府は非都市部の非熟練労働力を確保するための手段として,とりわけ農業における労働力不足を解消するための施策として,WH 制度を活用している。2005年に導入されたセカンド WH 制度は,そのことを示す最も重要な証拠である。セカンド WH 制度とは,WH 中に非都市部で「季節労働 (seasonal work)」に3カ月以上従事した者に対して2度目の WH ビザの受給資格を与えるものである。後述する通り,この制度は2002年以降に深刻化した農業労働力の不足状況に対処すべく打ち出された。つまり豪州政府は,人手不足の農場で働いた WH 渡航者に対して,1年間の滞在延長という「ご褒美」を与える施策を実施しているのである。[2]

　豪州の農業,特に果樹農業では収穫期に大量の非熟練労働力が必要になるが,そのためにビジネスビザや農業労働ビザなどの一時就労ビザを大量に発給して外国人労働者を受け入れることは望ましくない。ビジネスビザはあくまで国内で確保できない特殊な(優秀な)労働者を個人単位で受け入れるものであって,特別な資格や技能のない非熟練労働者を大量に確保するためのものではない。農業労働ビザを運用するためには不法就労や不法滞在を防止するための措置が多数必要になるためコストがかさみがちである。[3]かといって,(長期)ビジタービザで入国した一時滞在者に就労を許可するわけにはいかない。それは「ビジター」ビザという本質規定を無視する行為だからである。豪州政府は,手詰まりとも言えるこうした状況を打開するために,セカンド WH 制度の導入を決断したのである。

　第3に,豪州政府は留学産業の振興策として,とりわけ語学学校のコース受講者や,将来の高等教育留学者を増やすための手段として,WH 制度を活用している。そのことを示す証拠の1つが,近年実施された WH 渡航者の就学期間に関する規制緩和である。当初,WH 渡航者が教育機関に在籍できる期間は

2　この施策が打ち出された経緯とその後の変遷については第3章第3節 (5) で詳述する。
3　豪州政府は季節労働(主に農業労働)のための特別プログラムビザ(subclass 416)を運用している。このビザは,フィジーやサモアなどの周辺諸国と協定を結び,業種,雇用主,期間を限定した上で労働者を受け入れるものである。豪州政府はこのビザを運用するために,雇用主,ビザ申請者,ビザ取得者の審査や監督といった付加的な業務を行っている。2013年度のビザ発給数は約2000である (DIBP 2014a：57, Table 3.18)。このビザの詳細については次のウェブサイトを参照 (https://www.border.gov.au/Trav/Visa-1/416-)。

3カ月以内に制限されていたが、2006年に在籍可能期間が4カ月に延長された（DIAC 2006）。3カ月間の就学（たとえば語学学校の一般英語コースなど）はビジタービザでも可能であるため、豪州政府はビジタービザとの差別化を図ったと考えられる。事実この規制緩和によって、WH渡航者が16週間の英語教師資格コースなどを受講することが可能になった。このことは、ビジタービザで3カ月以内の短期語学留学を経験した人が、次はWH制度を利用してもう少し高度なコースに挑戦し、WH終了後に高等教育へステップアップするといった道筋を意図的に作り出そうとする試みと解釈できる。

以上の通り、豪州政府は、国際人口移動をめぐる目まぐるしい状況変化のなかで、ビジタービザ、長期ビジタービザ、一時就労ビザ、学生ビザといった主要なビザでは対応しづらい（できない）人々の一部をWH制度によって受け入れている。比喩的に言えば、豪州政府は、主要なビザの間に生じた「隙間」を埋める「パテ」（＝補修用の充填材）のようなものとしてWH制度を効果的に活用している。第1章第1節で指摘したWH制度の柔軟性は、このような形で具体的な効果を発揮しているのである。

（2）利用者の内訳と推移

第1章第1節で見た通り、豪州WH制度は1975年に開始され、その性格を変化させながら現在に至っている。その利用者数（WH制度を利用して豪州に入国した者の数）の推移を出身国・地域別にまとめたのが図表2-2である。これによれば、1983年度には1万人に満たなかった利用者が、2007年度には13万人を超えている。また、近年のビザ発給数は20万を超えている（図表2-1）。豪州WH制度が（90年代初頭の落ち込みと2000年代初頭の停滞を除けば）、これまで着実にその利用者を増加させてきたことが分かる。

もう少し詳しく見ると、図表2-2から次の4点を読み取ることができる。第1に、1980年代から90年代初頭までの時期は、（旧）イギリス連邦諸国（イ

4　この点については第3章第3節（5）で再論する。
5　豪州政府は、90年代初頭と2000年代前半に豪州への訪問者全般が減少・停滞した理由として、豪州航空産業のストライキ（1989年）、アジア金融危機（1999年）、アメリカ同時多発テロ事件（2001年）、バリ島爆破テロ事件（2002年）、SARS大流行（2002～2003年）の影響を指摘している（DRET 2009：11）。

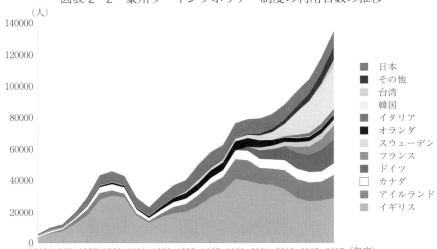

図表2-2 豪州ワーキングホリデー制度の利用者数の推移

出所：Harding and Webster（2002：48, Table C1）および Tan *et al.*（2009：4, Table 1-1）より作成。
注：WH 制度の2つのビザ（Working Holiday Visa と Work and Holiday Visa）で入国した者の合計数である。

ギリス，アイルランド，カナダ）が利用者の大半を占め，日本がそこに例外的に加わるという状況で推移していた。90年代初頭までの豪州 WH 制度は，（旧）イギリス連邦諸国の伝統的慣習を引き継ぐための制度的受け皿という性格が強かったことをうかがわせる。

　第2に，90年代半ばからオランダの利用者が増加し，2000年代初頭からドイツとスウェーデンの利用者が増加し始めた。このことは，豪州 WH 制度の主要な対象が，イギリス連邦諸国と日本から欧州諸国（非イギリス連邦諸国）へと拡大したことを意味している。すでに見た通り，欧州ではこの時期にバックパッキングとギャップイヤーが普及したから，こうした変化は，豪州 WH 制度がイギリス連邦諸国の伝統的慣習の受け皿という性格を相対的に弱めて，観光業の振興策としての性格を強めていく過程と対応している。

　第3に，90年代末から韓国の利用者が増加し始め，2000年代半ば以降に台湾，香港，タイ，チリなどの利用者が増加し始めた。このことは，豪州 WH 制度の対象が，イギリス連邦諸国，日本，欧州諸国だけでなく，アジアやアメリカ

まで拡大したことを意味している．こうした変化の背景には，先に見た豪州政府による WH 制度の戦略的活用——農業労働への誘導と留学産業の振興——があった．この点については第3章第3節で改めて論じたい．

　第4に，80年代から現在に至るまで，豪州 WH 制度の対象国のなかで独特の重要な位置を占め続けている国が1つある．それが日本である．ここで言う独特の位置とは，イギリス連邦や欧米文化圏に属さず，バックパッカーやギャップイヤー取得者が多いわけではないにもかかわらず一定の利用者を安定的に供給し続けていることを指す．それではなぜ日本はこのような独特の位置を占めるようになったのだろうか．

　日本と豪州が WH 協定を締結するに至った歴史的経緯を踏まえれば，こうした状況の背景にある最も重要な要因が日豪間の貿易・経済関係の強さであることは一目瞭然である．60年代後半から2000年代後半までの約40年間，日本は豪州の最重要貿易国として圧倒的な存在感を示し続けてきた（DFAT 2008）．近年の中国の躍進によって日本の地位は相対的に低下したが，現在でも日本が豪州にとって重要な貿易相手国であることに変わりはない．こうした強固な貿易・経済関係があったからこそ，日本は早い時期からイギリス連邦諸国と同等の扱いを受け，制度利用者を安定的に供給し続けることができたのである．もし日豪間の貿易・経済関係が弱かったら，そもそも豪州が日本と WH 協定を結ぶことすらなかったかもしれない．

(3) 日本人利用者の位置づけ

　前述の通り，豪州 WH 制度の対象国のなかで日本は独特の重要な位置——イギリス連邦や欧米文化圏に属さず，バックパッカーやギャップイヤー取得者が多いわけではないにもかかわらず一定の利用者を安定的に供給し続ける存在——を占めている．それでは豪州にとって，日本人 WH 渡航者を多数受け入

6　日本人バックパッカーは一定数存在するが，その数が多いとは考えにくい（新井 2001；大野 2007；須藤 2008；山口 2010）．ギャップイヤーに関しては，近年その存在がようやく認知されるようになった程度というのが実状であろう．
7　豪州が1980年という早い時期に，イギリス連邦に属さない日本と WH 協定を結んだのは，日本が豪州にとって最も重要な貿易相手国だったからである．この点については，日豪関係史の概要をまとめた巻末の補章2の第3節を参照されたい．

図表2-3　豪州滞在中の平均支出・収入額（豪ドル）

国名	支出	収入	支出－収入
日本	② 14,190	3,782	10,408
韓国	③ 14,112	4,338	9,774
イギリス	① 15,814	① 6,865	8,949
オランダ	11,854	2,956	8,898
ドイツ	10,931	3,244	7,687
フランス	11,359	4,186	7,173
カナダ	12,326	② 5,654	6,672
イタリア	10,767	③ 4,431	6,336
その他	14,012	5,229	8,783
平均	13,218	4,638	8,580

出所：Tan *et al.*（2009：33・34）Table 4-8・Table 4-10 より作成。

れるメリットは何か。この点を豪州政府の調査報告書に依拠して確認したい。日本人が豪州WH制度に惹きつけられる理由については第3章第3節で考察する。

　2008年に豪州政府は，豪州に滞在したことのあるWH渡航者と，WH渡航者を雇用したことのある雇用主を対象とした大規模な調査を実施した[8]。その結果を見ると，日本人WH渡航者は，豪州にもたらす1人あたりの経済的利益がきわめて大きいことが分かる。図表2-3は，WH渡航者の豪州滞在中の支出と収入を国別にまとめたものである。これによれば，まず日本人は1人あたりの平均支出額がイギリス人に次いで多い。さらに，日本人は豪州滞在中に働いて稼ぐ金額が相対的に少ない。その結果，支出と収入の差額が最も大きく，全ての国の中で唯一1万ドルを超えている。

　それでは，日本人WH渡航者はなぜ支出が多く，収入が少ないのか。この点を考えるにあたって参考になるのが，豪州滞在中の支出パターンを国別にま

---

[8] 実際に調査を実施し，データを分析して報告書をまとめたのはフリンダース大学労働研究所（アデレード）の研究グループである。WH渡航者を対象とした調査（WH渡航者調査）は，2007年1月から2008年8月の間に豪州を出国したWH渡航者に対して電子メールを送付し，アンケート調査への協力を依頼するという形式で実施され，有効回答数は1万9888人だった。この調査には，対象者が豪州滞在中に働いた企業や店の情報を尋ねる設問があり，この設問への回答として示された企業や店に対して実施されたのが雇用者調査である。雇用者調査の有効回答数は501であった（Tan *et al.* 2009：6-8）。

とめた図表 2-4 と，豪州滞在中の就労状況を国別にまとめた図表 2-5 である。図表 2-4 によれば，日本人 WH 渡航者は，全ての国のなかで住居・宿泊費の支出が最も多く，学校・講習費の支出が 2 番目に多い。[9]そして，旅行・観光費と交通・移動費の支出は平均より少ない。このような支出パターンは，日本人 WH 渡航者の滞在様式が，他の国の WH 渡航者と比べて「都市定住型」「学生型」に偏っていることを示唆している。言い換えれば，日本人 WH 渡航者は，他の国の WH 渡航者と比べて語学学校に長く通い，語学学校の多い都市部に長く滞在し，（あくまで相対的にではあるが）あまり旅行したり移動したりしない。詳細なデータがないため推測の域を出ないが，日本人 WH 渡航者の住居・宿泊費の支出が多いのは，都市部に長く滞在するため家賃が割高になりがちであること，[10]滞在の初期にホームステイをする者が多いこと，[11]英語力が低いため入手できる物件情報の絶対数が少ないこと[12]などの結果ではないかと考えられる。語学学校に長く通うのは，日本人の英語力が低いからであろう。[13]

次に図表 2-5 を見ると，日本人は，豪州滞在中にきわめて低い賃金で働いていることが分かる。また日本人は，就業期間中の 1 日当たり労働時間も短い。このような就業状況は，主として日本人の英語力の低さによってもたらされて

---

9 英語（とフランス語）を公用語とするカナダから来た WH 渡航者が，日本人や韓国人より多くの学校・講習費を支払っている点は興味深い。詳細なデータがないため推論の域を出ないが，日本人や韓国人は語学学校により長く通うのに対して，カナダ人はサマースポーツの講習や資格コースにより多く支出しているのかもしれない。
10 学校・講習費の支出が少なく，旅行・観光費と移動・交通費の支出が最も多いイギリス人が，住居・宿泊費の支出において日本人に次ぐ位置を占めている点は興味深い。これはイギリス人がきわめて頻繁に移動するため，住居・宿泊費が割高になってしまうことの結果ではないかと推察される。というのも，一般的に，住居・宿泊費は 1 つの物件や施設に長期間滞在すればするほど割安になるからである。
11 日本人 WH 渡航者は，豪州に到着してから 1～4 カ月ほど語学学校に通うことが多い。こうした人々は，通常，斡旋業者や語学学校が手配したホームステイ先に 1 カ月ほど滞在することが多い。ホームステイは食事と家事サービス（洗濯など）を提供するため，アパートを借りる場合より家賃が高い。
12 住居や宿泊施設を探す際には，インターネットや新聞・雑誌の広告がきわめて重要な情報源となる。英語力の低い日本人 WH 渡航者は日本語の媒体に頼ることが多いが，そこで得られる情報の量は，英語のウェブサイトや新聞・雑誌よりかなり少ない。
13 国際的な英語能力測定試験である TOEFL（Test of English as Foreign Language）の国別平均スコアを見ると，日本人受験者の平均スコアは，豪州と WH 協定を結んでいる国のなかで最低レベルである。たとえば，2010 年の試験（インターネット版）において，日本人受験者の平均スコアが 70 点（120 点満点中）だったのに対して，韓国は 81 点，フランスは 85 点，イタリアは 89 点，ドイツは 95 点，オランダは 100 点だった（Educational Testing Service 2011：10-11）。

いると考えるのが自然である。具体的には，日本人は他の欧州諸国の出身者より英語力が低いため，高賃金の仕事を得ることが難しい。また，日本人は語学学校に通う期間が長いため，学校に通いながらパートタイムで働くケースが多い。これらの事情ゆえに，日本人WH渡航者の収入が相対的に低く抑えられていると考えられる。

以上のような日本人WH渡航者の特徴は，豪州にとって日本人WH渡航者

図表2-4　豪州滞在中の支出パターン（豪ドル）

国名	住居・宿泊	学校・講習	旅行・観光	移動・交通
日本	① 5,538	② 3,949	2,246	2,374
イギリス	② 5,020	1,808	① 3,338	① 2,736
韓国	③ 4,942	③ 3,570	② 3,306	2,216
オランダ	3,671	1,480	③ 2,978	② 2,721
カナダ	3,999	① 5,156	2,671	2,452
ドイツ	3,544	2,107	2,297	③ 2,499
フランス	3,676	2,421	2,374	2,226
イタリア	3,556	2,198	2,312	1,932
その他	4,533	2,502	2,901	2,437
平均	4,405	3,236	2,832	2,411

出所：Tan *et al.*（2009：36）Table 4-12より作成。

図表2-5　豪州滞在中の就業状況

国名	時給（豪ドル）	労働時間（時間）
イギリス	19.4	7.7
カナダ	18.4	7.3
フランス	15.9	7.4
イタリア	15.8	7.1
ドイツ	15.7	7.5
オランダ	15.3	7.6
韓国	13.9	6.8
日本	13.6	6.6
その他	17.3	7.4
平均	16.2	7.3

出所：Tan *et al.*（2009：28・30）Table 4-2・Table 4-4より作成。

がきわめて都合の良い「上客」「お得意様」のような存在であることを示している。なぜなら，日本人 WH 渡航者は語学学校の学生として留学産業に利益をもたらし，（WH 渡航者のなかでは相対的に）豊かな消費者として都市部の経済に貢献し，低賃金労働力として労働市場の隙間を埋めてくれるからである。こうした状況が生起することを豪州政府があらかじめ予測していたかどうかは不明だが，豪州政府の立場からすれば，イギリス連邦とは何の関係もないにもかかわらず，早い時期から日本と WH 協定を結んでおいたことは正しい判断だったと言えそうである[14]。

第 2 節　日本人ワーキングホリデー渡航者の概要

　本節では，豪州に滞在する日本人 WH 渡航者について概観する。まず豪州 WH 制度の利用者数の推移を見た上で，制度利用者の性別・年齢別構成を確認する。次に日本人 WH 渡航者の典型的な滞在パターンを確認した上で，彼らが豪州の日本人コミュニティにおいて果たしているいくつかの重要な役割について考察したい。

(1) 制度の利用者数の推移

　豪州の WH ビザを取得した日本人の数は，図表 2-6 のように推移している（1981～2014 年）。制度開始からしばらくの時期は横ばい状態が続いた後，80 年代後半に急増し，90 年代前半に再び落ち着いた。その後，90 年代半ばから 2007 年頃までは，若干の上下動を示しつつも増加傾向が続いた。2008～2010 年はかつてない落ち込みを見せたが[15]，2011 年以降は再び増加している。1981 年には 884 人だったビザ取得者が 2014 年には 1 万 1481 人に達したから，この

14　ただし，日本人 WH 渡航者が豪州社会にデメリットをもたらすという批判が行われた時期もあった。1997 年に発表された調査報告書では，日本人観光客向けのツアーガイドや販売員として働く日本人 WH 渡航者が現地の豪州人の職を奪っているという指摘がなされた（JSCM　1997：Chap.6）。しかしその後，豪州政府はこの問題を継続的に取りあげているわけではない。豪州政府は，日本人観光客が豪州にもたらす経済的利益と比較すれば，WH 渡航者の雇用問題など取るに足らないものと判断したのかもしれない。
15　この時期の落ち込みは，リーマン・ショック後の混乱や新型インフルエンザの大流行によるところが大きいと思われる。

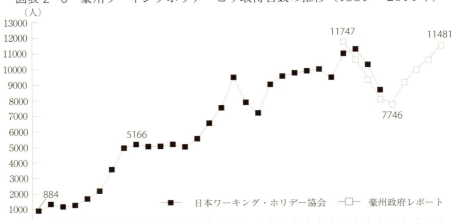

図表2-6 豪州ワーキングホリデービザ取得者数の推移（1981～2014年）

出所：日本ワーキング・ホリデー協会（2009），厚生労働省（2010c），DIAC（2011a：12），DIBP（2015b：19）より作成。

注：(1) 日本ワーキング・ホリデー協会は2010年以降のビザ発給数を調査していないので，豪州政府レポートのデータで補った。
(2) 日本ワーキング・ホリデー協会は年（1～12月）単位で，豪州政府は年度（7月～翌年6月）単位でデータを集計しているため，両者の数値に差が生じている。
(3) 2005年以降はセカンドWHビザ取得者数を含む。

間に年間のビザ取得者数が13倍の規模に膨れ上がったことになる。周知の通り，少子化の影響で日本の若年人口は減少し続けているから，この間の増加は驚異的と言っても過言ではない。

上述の通り，ビザ取得者数が顕著に増加した最初の時期は1980年代後半であった。この時期はバブル経済と急激な円高が重なり，日本人の海外渡航ブームが発生していた（山口 2010）。したがって豪州へのWH渡航者の増加も，海外渡航ブームの一環として生じたと考えられる。90年代半ば以降に増加傾向が続いた要因については第3章で詳細に検討する。

---

16 総務省「人口推計」によれば，1980年から2014年までの35年間で，若年者（18～34歳）の人口は26％減少した（3083万人→2278万人）。若年人口の推移については，巻末の付録に掲載した図表付2-6を参照されたい。
17 2000年代以降にWHビザ取得者数が増加した要因の1つは年齢要件の変更である。日豪両政府は，2000年にWHビザ申請の上限年齢を25歳から30歳に引き上げた。

図表2-7 日本人に対する豪州ワーキングホリデービザ発給数の推移（男女・年齢別）

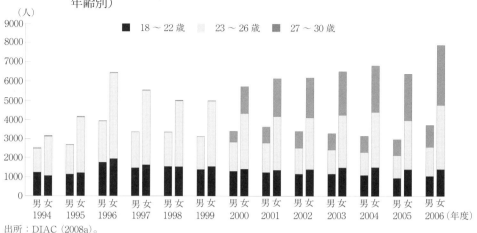

出所：DIAC（2008a）。

（2）性別・年齢別構成の推移

　豪州のWHビザを取得した日本人の数を性別・年齢別に見ると図表2-7のようになる（1994～2006年度）。ビザ取得者数は女性の方が多い。2000～2006年度に発給されたビザの男女比は34対66である。90年代半ばにはそれほど大きな男女差はなかったが，90年代後半以降は，主に女性の増加によって男女差が拡大する傾向にある。2006年度には，男女比はおよそ1対2にまで広がった。

　年齢構成は男女でやや傾向が異なる。女性は一貫して22歳以下の層が少数派であり，23歳以上の層が多数派を占めている。特に近年は23歳以上の層の増加が著しい。男性は22歳以下の割合が女性より高い。2000年代以降は23歳以上の層が増加しつつあるが，そのペースは女性より緩やかである。なお，2000年以前に27歳以上の層が存在しないのは，それ以前はビザ申請の上限年齢が25歳だったからである（2000年から上限年齢が30歳に引き上げられた）。

　以上を総合すると，近年，日本人WH渡航者の「女性化」と「高年齢化」が進行しつつあることが分かる。これらの変化の背景にある要因については，次章で詳細に検討する。

(3) 典型的な滞在パターン

　豪州政府は，制度利用者に対して4カ月以内の就学と同一雇用主につき6カ月以内の就労を認めている。また他の国にはない特徴として，2005年からセカンドWH制度が導入されている。これらの制度的特徴を踏まえて，日本人がWH制度を利用して豪州に滞在する際の典型的なパターンを要約すると以下の通りである。[19]

・主要都市（シドニーやゴールドコーストなど）から入国する
・1～4カ月間，語学学校に通う
・語学学校の修了後または在学中に，滞在地の飲食店などで働く
・農作物の収穫時期などを考慮しつつ非都市部へ移動して働く
・都市部に戻り，飲食店などで働きながら，趣味に取り組んだり，サークル活動やボランティア活動に参加したりする
・豪州各地（あるいは豪州近隣諸国・地域）を旅行する
・主要都市から帰国する

　順番や期間は人によって異なるが，語学学校，都市部での仕事と生活，非都市部での仕事と生活，旅行の4つを経験（しようと）する点は，多くの人に共通している。その際，前述のような「都市定住型」「学生型」の滞在様式を基本としつつ，一時的に非都市部に移動したり別の都市・地域に移動したり長期旅行に出かけたりする者が多いようである。言い換えれば，典型的なバックパッカーに見られる「移動型」「旅行者型」の滞在様式を採用する者，すなわち各地を移動・旅行することを基本としつつ，一時的に特定の都市や地域にとどまるという者はきわめて少ないようである。このことは，日本人WH渡航者の8割以上が「海外で生活をしたい」と考えていた事実と整合的である（図表

18　雇用主が変わればトータルで6カ月以上就労することも可能である。たとえば，2つの雇用主のもとでそれぞれ4カ月ずつ働くことは合法である。また，2015年以降，人手不足が著しい豪州北部の指定業種（保育，高齢者・障害者福祉，農業，建設業，鉱業，観光業）に限り，同一雇用主のもとで最長12カ月まで就労が可能になった（在日オーストラリア大使館　2015）。
19　本項の記述は「インタビュー調査」およびガイドブックの体験記（『成功する留学』編集室編　2009：42-47）に拠っている。

1-2参照)。

(4) 日本人コミュニティにおける役割

先に見た通り,豪州WH制度を利用する日本人は80年代後半以降に急激に増加した。その結果,豪州に滞在する日本人のなかでWH渡航者が占める量的割合も上昇し,2014年には在留邦人の10％を占めるようになった。[20]これは永住者 (57％),留学生・研究者・教師 (19％) に次ぐ割合であり,民間企業関係者 (＝海外駐在員とその家族および現地採用者) の7％を上回っている (外務省 2015：74-75)。

また,量的割合の上昇は,現地日本人コミュニティにおける役割の増加を伴っているようである。特に,「移動型」「旅行者型」ではなく「都市定住型」「学生型」の滞在様式を基本とする日本人WH渡航者は,①日系商業・サービス産業を支える低賃金労働力,②将来の移住者予備軍,③日本人のサークル活動のメンバーという3つの重要な役割を日本人コミュニティにおいて果たしている (藤岡 2008b)。

① 日系商業・サービス産業を支える低賃金労働力[21]

豪州滞在中に働く日本人WH渡航者は,割合・実数ともに大きい。豪州政府の調査によれば,日本人WH渡航者の約7割 (69％) が,豪州滞在中に何らかの賃労働に従事している (Tan et al. 2009：32, Table 4-6)。2000年代以降は毎年8000～1万1000人程度の日本人が豪州WH制度を利用しているから,少なくとも5000人以上,多い時期は7000人以上の日本人WH渡航者が現地で就業している計算になる。

豪州で働く日本人WH渡航者にとって,日系商業・サービス産業は「定番」とも言うべき就業先である。1997年に豪州政府がまとめた調査報告書においても,数多くの日本人WH渡航者が日本人観光客向けのツアーガイドや土産品販売員として働いていることが指摘されている (JSCM 1997：Chap. 3)。筆

---

20 2014年12月31日に豪州に滞在していた日本人WH渡航者数 (8093人) と同年10月1日の豪州在留邦人数 (8万5083人) から10％という数値を算出した。前者はDIBP (2014b：32) を,後者は外務省 (2015：74) をそれぞれ参照した。
21 この役割については,第3部で詳細に検討する。

者が実施したインタビュー調査でも，対象者の57％（就業経験者の72％）が日系の商業・サービス産業で働いた経験を持つ。WHのガイドブックにも，日本食レストランをはじめとする日系商業・サービス産業が，豪州WHにおける「定番」の就業先であるとする記述が頻繁に見られる（日本ワーキング・ホリデー協会編　2004：118；OKCオセアニア交流センター　2005：82；『成功する留学』編集室編　2009：176）。

　一般的に，日系商業・サービス産業で働くWH渡航者は，フロアスタッフ（ウェイター／ウェイトレス），キッチンハンド，接客・販売員，ツアーガイドといった非熟練サービス職に就くことが多い。なぜなら，英語力や特殊な資格・職歴を持たないWH渡航者がこなせる仕事はそうしたものに限定されてしまうからである。これらの職種は賃金が低く雇用も不安定だから，豪州人にとってはあまり魅力的な仕事ではない。また日本語が話せない豪州人は，日本人と一緒に働いたり日本人観光客にサービスを提供したりすることがそもそも困難である。雇用主にとっても，わざわざ給与水準を上げてまで日本語が話せる豪州人を雇うよりは，WH渡航者を雇う方が手っ取り早い。しかも90年代半ば以降は，豪州に滞在する日本人WH渡航者が著しく増加したため，労働力の供給量が安定しないことに対する懸念も弱まった。さらに「都市定住型」「学生型」のWH渡航者は，短くても3〜4カ月程度は1つの都市や地域にとどまることが多く，長い場合はセカンドWHビザを取得して1年以上同じ場所に住み続けることもあるから，雇った直後に辞めてしまう心配も少ない。こうしてWH渡航者，豪州人，雇用主の利害が一致した結果として，WH渡航者が日系商業・サービス産業を支える低賃金労働力としての役割を果たすようになったと考えられる。[22]

22　ただし，全てのWH渡航者，豪州人，雇用主がこうした状況に満足しているわけではない。日系サービス産業で働くWH渡航者のなかには，海外で日本人に囲まれながら働くことを不満（残念）に思う者が存在する。豪州人（特に観光業の関係者）のなかにも，日本人観光客のもたらす経済的利益を日系企業ではなく豪州企業に還元すべきだと考える者が一定数いるはずである。また，英語力や専門知識のない「素人」同然の日本人WH渡航者がツアーガイドをすることによって，豪州観光業のサービスの質が低下しかねないという懸念も表明されている（JSCM　1997：Chap. 6）。雇用主のなかにも，スタッフが頻繁に入れ替わることを好ましい状況と考えない者が一定数いるはずである。

② 将来の移住者予備軍

次に，移住者予備軍としてのWH渡航者について考察したい。移住者予備軍には大きく分けて3つのグループが存在する。第1に専門・技術移民，第2に婚姻移住者，第3に勉強や海外生活を継続するために滞在を延長する人々である。

第1章第4節で見た通り，WH渡航者のなかには専門職や管理職の職歴を持つ者が一定数存在する（図表1-8参照）。こうした人々のなかには（そして可能性は低いがこうした職歴を持たない人々のなかにも），専門・技術移民としてビジネスビザや永住権を取得することが可能である者が少数ながら含まれている[23]。たとえば筆者が実施した「インタビュー調査」の対象者のなかには，WH後あるいはWH中に，日本語教師，旅行代理店や斡旋業者のカウンセラー，日本食レストランの板前としてビジネスビザを取得した者や，システムエンジニアとして永住権を取得した人が含まれる。こうした人々は，日系商業・サービス産業の中核を占める専門・管理職階層として豪州に移住する可能性が高い。

婚姻移住者，すなわち結婚を理由とする移住者も一定の割合で存在している（濱野　2012, 2013b, 2014）。「インタビュー調査」対象者のなかにも，豪州人（あるいは豪州の永住権を持つ非豪州人）との結婚を意図してWH後も豪州にとどまる予定の者や，WH中（またはWH以前）に知り合ったパートナーと結婚して豪州に移住した者が見られた。こうした人々がWHから移住に至る経緯やパターンは多様であり，安易な一般化は避けなければならないが，次の点は強調されてしかるべきだろう。それは，「事実上の配偶者（de facto partner）」という法的カテゴリーの存在が，WHを経由した婚姻移住の増加を後押ししているという点である。

「事実上の配偶者」とは，法的な婚姻関係がないパートナーであっても，「1年以上の交際と同居」という要件を満たせば法的な婚姻関係を結んだパート

---

[23] 専門・技術移民としてビジネスビザや永住権を取得する方法は大きく分けて2種類ある。1つは特定の雇用主（スポンサー）の支援を受ける方法であり，もう1つはスポンサーの支援を受けずに自分自身の資格や職歴だけで優秀さを証明する方法である。筆者の知る限り，ビジネスビザや永住権を取得したWH渡航者は，その大半が前者の方法を採用しているようである。スポンサーを得るためには，一定期間特定の雇用主のもとで働いて優秀さをアピールしなければならないから，専門・技術移民としての移住を視野に入れるWH渡航者は，「（都市）定住型」の滞在様式にならざるをえない。

ナーと同様にみなすという家族法上の規定である。この規定に従って，豪州の移民局は「事実上の配偶者」に対しても（法的な婚姻関係を結んだ配偶者と同じ条件の）配偶者ビザを発給する[24]。これまで見てきた通り，豪州 WH 制度は最長で 2 年間（セカンド WH ビザを取得した場合）の滞在を可能にするから，交際・同居の開始時期によっては，WH ビザから配偶者ビザへとスムーズに切り替えることが可能である。このように，WH 制度の特徴（最長 2 年間の滞在が可能），「都市定住型」「学生型」の滞在様式，「事実上の配偶者」の要件（1 年以上の交際と同居）の 3 点が親和的であることが，WH を経由した（「事実上の配偶者」としての移住を含む）婚姻移住の増加を後押ししているように見える。

勉強や海外生活を継続するために滞在を延長する人々もまた，移住者予備軍を構成するサブグループの 1 つである。「インタビュー調査」の対象者のなかには，予想より英語力が伸びなかったこと，豪州の自然やライフスタイルが気に入ったこと，交際中のパートナーがいたこと（ただし結婚に関しては未定）などを理由に滞在を延長した者が見られた。こうした人々は，学生ビザ，ビジタービザ，配偶者ビザなどを取得して滞在を延長することが多い。彼らはビジネスビザや永住権を取得するという明確な展望を持っていないため，専門職・管理職の職歴を持つ者や婚姻移住（予定）者と比べて，豪州へ移住する可能性は低い。しかし彼らのなかには滞在期間がトータルで 3 年以上に及ぶ者もいるため，滞在中に事情や希望が変わる可能性もある。したがって，勉強や海外生活を継続するために滞在を延長する人々は，専門・技術移民や婚姻移住者へシフトするケースを増加させうるという点において，無視できない存在と言える。

③　サークル活動のメンバー

豪州の主要都市（シドニー，メルボルン，ブリスベン，ゴールドコースト，ケアンズ，アデレード，パース）では，多様な日本人サークルが活発に活動している。たとえばメルボルンでは，20 以上の文化・スポーツ・イベントサークル

---

[24] 豪州人（または豪州の永住権を持つ非豪州人）と法的な婚姻関係を結んだ配偶者，「事実上の配偶者」，婚約者に対しては，まず 2 年間の滞在を許可する「配偶者一時ビザ（Partner Temporary Visa）」が発給される。そして，2 年後に関係の継続が確認された時点で永住権が付与される。豪州政府移民・国境警備省のウェブサイトを参照（https://www.border.gov.au/Trav/Visa-1/801-）。

が定期的に活動している。しかし多くのサークルは，日本人の絶対数の少なさやメンバーの帰国（日本への出張，夏休み・クリスマス・年末年始の帰省，駐在の任期や就学期間を終えての帰国など）を理由とする人員確保の難しさという共通の悩みを抱えているため，安定的に活発な活動を続けることは必ずしも容易ではない。このような状況下で，WH 渡航者がいくつかの重要な役割を果たしているようである。たとえば，野球，テニス，バスケットボールなどのスポーツサークルでは，永住者や駐在員だけでは試合をしたり大会に出たりするための人数が集まらないため，WH 渡航者や学生の参加が必要になるという状況が生じている。またサークルの種類にかかわらず，少人数の団体ではメンバーが固定化してマンネリ状態に陥ることがある。そうしたときに WH 渡航者が加入することによって，活動が活性化されるという効果もあるようである。さらにインターネットをはじめとするメディア環境の改善によって，WH 渡航者が自ら新しいサークルを設立したり，既存のサークルのオーガナイザーに就任したりすることも可能になっている。筆者はメルボルンやケアンズでそのようなサークルを複数発見することができた。

　ところで，水上徹男によれば，豪州に移住・滞在する日本人は特定の地域に集住することがなく，日本人同士のつながりも日本人会をはじめとする組織に媒介されたネットワーク型のものが多い（Mizukami 2007）。このような分散居住型・ネットワーク型のエスニックコミュニティにおいては，定期的または不定期に開催されるイベントやサークル活動が，コミュニティの連帯や凝集性を維持するための不可欠の要素となる。WH 渡航者はこうしたイベントやサークルの活性化に様々な形で寄与しているから，たとえ彼らが永住者や駐在員と比べて目立たない存在だとしても，その役割を過小評価するわけにはいかないだろう。

第 3 節　豪州ワーキングホリデー制度の問題点

　第 1 章第 3 節で見た通り，WH 制度は多くの問題を内包しつつ運用されているのが実状である。本節ではまず，豪州 WH 制度に特有の問題点として，サービス産業と農業の就業環境について検討する。次に，就業環境やそれ以外

の問題は，WH 制度それ自体に起因しているわけではなく，むしろ WH 制度を取り巻く制度的・構造的文脈のなかで生み出され再生産されていることを確認する。

(1) サービス産業と農業の就業環境

サービス産業の就業環境については，観光業と飲食業の問題点が以前から指摘されている。たとえば豪州政府は，クィーンズランド州の観光業で働く日本人 WH 渡航者の多くが不当な（ときに違法な）低賃金で働いている／働かされていることを指摘し，強い懸念を表明したことがある（JSCM 1997：Chap. 6）。また近年は，スタッフを違法な低賃金で働かせた日本食レストランが摘発されるという事件も複数発生している（Anonymous 2007；Norrie 2011；Whyte and Lucas 2013；Fair Work Ombudsman 2016）。さらに，豪州で最も長い歴史を誇る日本語情報誌の『日豪プレス』も，日本人の留学生や WH 渡航者が不法就労（労働時間・就労期間の上限を超えた就労）で摘発され，国外退去処分となるケースが増加しつつあると報道したことがある（日豪プレス編集部 2004）。この記事は，不法就労に対する認識の甘い留学生や WH 渡航者，および現地日系社会全体に対して注意を促している。筆者自身も，メルボルンで実施したインタビュー調査に基づいて，日本食産業における低賃金就労（最低賃金額未満で働く／働かせるケース）の多さを指摘し，日本人コミュニティに対して問題を提起したことがある（藤岡 2008a）。なお，豪州政府が 2011 年にメルボルンの日本食レストランとアジア食品・雑貨店に対して実施した抜き打ちの会計検査によれば，検査を受けた雇用主の 75％ に何らかの問題があり，その多くが賃金の不適切な支払いだった[25]。

ところで，観光業と飲食業の就業環境に問題があるのは日系の企業や店舗だけではないし，違法な賃金や労働条件に直面するのは日本人 WH 渡航者だけ

---

25 この検査は，豪州政府の労働基準監督署にあたる Fair Work Ombudsman によって 2011 年 6 月に実施された。検査対象はメルボルン中心部とホルムズグレン駅周辺（アジア系のレストランと雑貨店が多いことで有名な地域）で営業する 44 の日本食レストランとアジア雑貨店である。この検査の報告書によれば，同年 8 月までに検査結果がまとまった 32 店舗のうち，24 店舗（75％）が何らかの法令違反を犯していた。最も多かったのは最低賃金未満の賃金であり，休日・夜勤手当の不払いなどが続いた（Fair Work Ombudsman 2011b）。

というわけでもない。モナシュ大学の研究グループが同大学に在籍している留学生を対象に実施した就業実態調査によれば，賃金水準について回答した調査対象者の約半数が最低賃金より低い賃金しか支払われておらず，その多くが中華レストランをはじめとする飲食店でフロアスタッフとして働いていた（Marginson et al. 2010：133-142）。また，豪州政府が豪州各地の宿泊・飲食業（パブ，バー，ホテル）に対して実施した会計検査によれば，検査結果がまとまった企業・店舗のうち33％が何らかの法令違反を犯しており，最も多いものは賃金の不適切な支払いだった（Fair Work Ombudsman 2009）。同様の結果はクィーンズランド州の飲食業（カフェ，レストラン，ケータリング業者），ヴィクトリア州モーニントン半島の宿泊・飲食業（ホテルとレストラン），北部準州の観光地（アリススプリングスとキャサリン）の宿泊・飲食業（バー，クラブ，カフェ，レストラン，ホテル）を対象とした検査でも報告されており，それぞれ26％，65％，25％の雇用主が何らかの法令違反を犯していた（Fair Work Ombudsman 2008, 2011a, 2011c）。

　農業の就業環境については，農業労働そのものの苛酷さに加えて，ワーキングホステルやコントラクター（後述）の問題点が指摘されている。たとえば豪州公共放送（ABC：Australian Broadcast Company）は，外国人の農業労働をテーマとするラジオ番組のなかで，トマトの収穫作業中に死亡したドイツ人WH渡航者を紹介したことがある。死因は脱水症または熱中症と見られている（King 2010）。この番組は，ワーキングホステルやコントラクターの悪質な経営手法を紹介している。

　ワーキングホステルとは，宿泊者に対して農業関連の仕事を斡旋する簡易宿泊施設であり，大量の季節労働者を必要とする農業地域に近い中小都市に多く見られる。コントラクターとは，農場主と労働者を仲介する業者（または個人）であり，都市部（または外国）で募集した労働者を，農場の近辺にある居住施設に住まわせ，取引先の農場で働かせるのが一般的である。農業労働に関心のあるWH渡航者（および留学生や移民）は，主要都市で大まかな求人動向を把握し，求人がありそうな地域に移動してワーキングホステルやコントラクターの提供する居住施設に宿泊し，ホステルやコントラクターに紹介された仕事に就くというのが職探しの典型的なパターンである。

上述のラジオ番組は，実際には求人が少ないにもかかわらず，潤沢な求人が存在するかのように宣伝してWH渡航者を当該地域に呼び寄せ，ホステルに泊まらせて宿泊料金を徴収する（そして仕事を斡旋しない）悪質なワーキングホステルや，労働者を劣悪な居住施設に住まわせて低賃金で働かせたり不当に解雇したりする違法なコントラクターが増加しつつある現状を報告している。

　ところで，WH渡航者がしばしば直面する上述のような違法・劣悪な就業環境は，WH制度そのものの問題というより，むしろ豪州経済に根深く浸透した外国人労働者問題の一側面としての性格が強いように見える。なぜなら，農業と一部のサービス産業は，豪州経済において外国人による不法就労問題が最も深刻な産業セクターであり，WH渡航者はこれらの産業に特有な労働需給構造や雇用慣行に巻き込まれる形で違法・劣悪な就業環境を経験しているからである。

　この点を理解するために役立つのが，最近発表された外国人不法就労問題に関する豪州政府のレポートである（Howells 2011）。これによれば，政府当局によって摘発された外国人不法就労者が多い産業は，農林漁業，建設業，宿泊・飲食業である。具体的には，2009年度に摘発された不法就労者1669人のうち，農林漁業で働いていた者が599人（36％），建設業が272人（16％），宿泊・飲食業が250人（15％）であった（*ibid.*：54-55）。

　これらの産業セクターが根深い外国人不法就労問題を抱えている理由は複数存在する。第1に，これらの産業セクターは，特定の時期や季節に大量の非熟練労働力を必要とする。たとえば，農業セクターは収穫の時期に大量の非熟練肉体労働者を必要とし，観光業と関わりの深い宿泊・飲食業セクターは観光シーズンに大量の非熟練サービス労働者を必要とする。第2に，都市部の飲食業では，過当競争と留学生・WH渡航者の増加[26]によって，労働条件の引き下げ圧力が生じている。メルボルン中心部では2004年から2008年までの4年間に飲食店の席数が14％増加し，飲食業界全体が過当競争に陥っている。その

---

[26] 90年代半ば以降，豪州で学ぶ外国人留学生が急激に増加した。学生ビザ受給者数の推移を見ると，90年代前半までは年間5万人に満たなかったが，90年代後半には年間10万人前後に急増した。2000年代以降はさらに増加し，2008年度には学生ビザ受給者数が30万人を突破した（DIAC 2011b：45）。同じ時期にWH渡航者も増加し，近年はビザ受給者数が20万人を超えている（図表2-1・2-2参照）。

結果として個々の店舗の利益率が低下し，人件費や教育訓練費を削減する店が増加しつつあると言われている（Miletic 2010）。一方，留学生とWH渡航者は豪州で就業経験がなく，英語力が劣り，就業に制限がある[27]といった理由で，自由に就業先を選べない弱い立場にある。また，豪州ドルの高騰によって学費や生活費の負担が増えたことが，留学生の生活状況を悪化させつつある。このような苦しい状況に置かれた留学生が，生活費や学費を補うためにやむなく（あるいは喜んで）飲食店の低賃金労働を引き受けるようになったと言われている（Marginson *et al.* 2010：Chap. 6）。

こうした事情のもとで，大量の短期・不安定・低賃金雇用が生み出される。しかし豪州人はこうした職を好まないから，労働市場の周縁に位置する外国人がこれらの雇用に吸引されたり，政策的に誘導されたりすることになる[28]。外国人労働者は労働法規の詳細を知らず，労働組合にも加入しないことが多いため，雇用主にとって都合の良い条件で働かされる確率が高くなる。不法滞在をしている場合はなおさらである。こうして上述の産業セクターの就業環境が悪化し，豪州人がますます敬遠するようになり，外国人労働者への依存度が高まっていく。

以上のような悪循環を背景として，豪州の宿泊・飲食業セクターが「外国人だけでなく全ての（豪州）人に影響を与えるほどの巨大な闇経済（massive black economy）」を抱え込むようになったとも言われている[29]。また農業セクターにおける外国人労働者の活用は，治安の悪化といった（労働の領域にとどまらない）深刻な社会問題を生起させつつあるようにも見える[30]。

27　留学生は，週労働時間が20時間以内に制限されている。WH渡航者は，同一雇用主あたり6カ月以内に就業期間が制限されている。
28　本章第1節で見た通り，セカンドWH制度もまた，外国人（WH渡航者）を農業労働に誘導しようとする施策の1つである。
29　この指摘は，シドニー大学のマリアン・ベアード教授（労使関係論）によるものである。詳細はNorrie（2011）を参照。
30　筆者がヴィクトリア州でワーキングホステルのフィールドワークをしていた時期（2009年10月）に，滞在中の町でインド人のコントラクターが殺害されるという事件が起きた。このコントラクターは，インド人の移民労働者を劣悪な条件で働かせていたため，労働者あるいはライバルのコントラクターから憎まれた結果として殺害されたのではないかと見られている（Houlihan 2009）。

(2) ワーキングホリデー制度を取り巻く制度的・構造的問題

　上述の通り，WH 渡航者がしばしば経験する違法・劣悪な就業環境の多くは，豪州経済に根深く浸透した外国人労働者問題に端を発している。上記の産業セクターで就業する（日本人）WH 渡航者は，労働条件の低下をもたらす悪循環に巻き込まれる存在であると同時に，そうした悪循環を支える存在でもあると言える。したがって，WH 渡航者の就業環境を改善するためには，小手先の「処方箋」をいくら出してもその効果は限定的なものとならざるをえない。そうした「処方箋」として考えられるのは，「WH 渡航者に豪州の労働法規を教え，違法な条件を提示する雇用主のもとで働かないよう指導する」「違法な条件で WH 渡航者を働かせている雇用主に対する取り締まりを強化するよう政府に訴える」などである。こうした「処方箋」が必要であることは確かであり，特に悪質な雇用主や緊急性の高い事例に関しては，抗議や告発といった個別的な取り組みも必要であろう。しかしより本質的な解決策は，当該産業セクターの業界団体，労働組合，政府関連機関，メディア，そして少なからぬ豪州国民が，外国人労働者問題の解消を政治的アジェンダとして位置づけ，抜本的な政策・施策を一致協力して打ち出すことである。こうした機運が生まれない限り，法や規制を無視する雇用主や労働者が減ることはないし，「闇経済」を前提とした経営や労働のあり方もなくならないだろう。

　似たような構図は，第1章第3節で見た文化交流という理念の形骸化やトラブル遭遇率の高さといった問題にも見出される。たとえば，日本人 WH 渡航者が日本人同士で固まりがちなのは，彼らが英語を流暢に話せないことが一番の原因だが，彼らが満足に英語を話せないのは，WH 制度それ自体に問題があるからではなく，そもそも日本の英語教育に問題があるからだと考えるのが自然であろう。もちろん，WH 渡航者が出発前に十分な英語力を身につけるよう（メディアや斡旋業者を通して）働きかけるといった啓発活動は必要である。しかしその程度の「処方箋」で WH 渡航者の英語力が劇的に向上するとは考えにくい。日本人の英語力（特に会話能力）の低さはもっと根の深い問題のはずである。

　あるいはもう少し具体的な「処方箋」として，日本政府に渡航前の支援（たとえば安価な英会話教室の開講など）を要請したり，豪州政府に英語力のテスト

を要請したりすることも必要かもしれない．しかし，日本政府はWH渡航者に対する支援には全く関心がないのが現状である．また，豪州政府が日本人WH渡航者の英語力をテストして，点数の低い者を門前払いにするといった施策を採用する可能性は皆無である．なぜなら，本章第1節で見た通り，英語力の低い日本人WH渡航者は，豪州にとって「上客」「お得意様」と呼ぶべき大事な存在だからである．英語力が低いために，語学学校の学生として留学産業に利益をもたらしてくれる日本人WH渡航者は，豪州政府にとって門前払いの対象であるどころか，むしろより多く受け入れて豪州経済の活性化に寄与してほしい存在なのである．豪州政府がこうした「お得意様」の入国を制限してまで文化交流という理念にこだわるとは考えにくい．というのも，留学産業は豪州経済においてきわめて重要な位置を占めているため，豪州政府はWH制度を含む多様な経路を通じて外国人（特に日本人のような「お得意様」）を呼び込むことに力を注いでいるからである[32]．したがって，文化交流という理念を本気で追求するためには，留学産業の振興策をはじめとする豪州の産業政策にまで踏み込まなければならない．また送り手である日本側も，英語教育を根本的に改める必要がある．こうした広い射程と抜本的な施策を伴わない「処方箋」の効果は限定的なものとならざるをえないだろう．

　トラブル遭遇率の高さに関しても，WH制度それ自体の問題とは言い切れない部分がある．というのも，第1章第3節で見た通り，WH渡航者がトラブルに遭遇する確率が高いのは，彼らが頻繁に（あるいは長期間の）個人旅行をする若者だからである．したがって，WH渡航者のトラブル遭遇率が高いという理由でWH制度やWH渡航者を安易に批判することは，「低予算の個人旅行につきまとうリスク」という国際観光業全体の問題を矮小化することにつながりかねない．

　以上の通り，豪州WH制度は数多くの問題を内包しつつ運用されている．しかし問題の多くはWH制度それ自体に起因しているわけではなく，むしろ

31　WH渡航者の支援を行うための公益法人である社団法人日本ワーキング・ホリデー協会は，政府の財政支援の廃止によって運営が困難になり，2010年に解散した．その後を継いで活動している現在の日本ワーキング・ホリデー協会は，政府の公的支援を受けない一般社団法人である．同協会のウェブサイトを参照（http://www.jawhm.or.jp/about.html）．

32　この点については本章第1節および第3章第3節を参照されたい．

WH制度を取り巻く制度的・構造的文脈のなかで生み出され，再生産されているように見える。したがって，一連の問題を「WH制度／渡航者の問題」として狭く捉える見方は妥当性を欠く。そうではなく，豪州の外国人労働者問題，日本の英語（外国語）教育の問題，国際観光業全体の課題といった問題群が，WH制度の内部でどのように立ち現れているのか，そしてWH制度に関わる多様なアクター（日豪政府，WH渡航者，雇用主，労働組合，各種業界団体など）がこれらの問題に対してどのように関与しているのかといった点を考察することが優先されるべきである。

これに対して，「ワーホリは日本人とばかりつるんでいる」「ワーホリはトラブルばかり起こしている」「ワーホリの就業環境はひどすぎる」といった表層的な批判（あるいは感情的な非難）を投げかけ，すぐさま「ワーホリ（制度／渡航者）はこのままで良いのか？」「ワーホリ（制度／渡航者）を改善するにはどうすれば良いか？」といった問いに焦点化することは，問題をWH制度／渡航者という狭い枠のなかに無理やり押し込めることにつながりかねない。それは問題の矮小化であって，問題の理解に資するというより，むしろその妨げにさえつながりかねない行為と言える。したがって，WH制度／渡航者を考察する際には，WH制度／渡航者の現状のなかに，WHという枠を超えた大きな問題群を見出そうとすること，あるいはWH制度／渡航者の考察を通じてそれらの問題群に接近しようとする視角が必要となる。そうした視角のもとで日本社会と豪州社会，そして日本と豪州の間の人口移動を多面的・重層的に明らかにする作業を積み重ねるなかで，「WH制度／渡航者はこのままで良いのか？」「改善策はあるか？」といった問いに対する本質的な（小手先の「処方箋」のレベルにとどまらない）答えが少しずつ浮かび上がってくるはずである。

まとめ

本章では，豪州WH制度と日本人利用者について概観した。そこで明らかになった事実のなかで特に重要なものをまとめて本章の結びとしたい。

豪州WH制度は，豪州の外国人受け入れ体制のなかでそれほど大きな量的比重を占めているわけではないが，主要なビザの間に生じた「隙間」を埋める

「パテ」のようなものとして重要な役割を果たしている。具体的には、ビジタービザでは対応しにくいバックパッカーやギャップイヤー取得者の受け皿として、一時就労ビザでは受け入れにくい農業の非熟練労働力の受け皿として、ビジタービザの上限より長期間のコースを受講する留学生の受け皿として、効果的に活用されている。

　豪州 WH 制度は、その性格や強調点を変化させつつ発展してきた。当初は（旧）イギリス連邦諸国の伝統的慣習を引き継ぐための制度的受け皿として発足したが、90 年代初頭から 2000 年代初頭までの時期に、観光業の振興策としての性格を強めた。2000 年代半ば以降は、観光業の振興策に加えて、農業における非熟練労働力不足の解消策と留学産業の振興策としての性格を強めつつある。

　豪州 WH 制度において、日本は独特の重要な位置を占め続けている。端的に言えば、豪州にとっての日本人 WH 渡航者は、語学学校の学生として留学産業に利益をもたらし、豊かな消費者として都市部の経済に貢献し、低賃金労働力として労働市場の隙間を埋めてくれるありがたい存在（「上客」「お得意様」）である。

　豪州 WH 制度を利用する日本人は、80 年代後半と 90 年代半ばから 2000 年代末にかけて急激に増加した。豪州 WH 制度を利用する日本人は、女性と 20 代後半の若者の比率が高く、しかも近年その傾向に拍車がかかっている。

　豪州に滞在する日本人 WH 渡航者は、語学学校、都市部での仕事と生活、非都市部での仕事と生活、旅行の 4 つを経験（しようと）することが多い。その際、「都市定住型」「学生型」の滞在様式を基本としつつ、一時的に非都市部に移動したり別の都市・地域に移動したり長期旅行に出かけたりする者が多いようである。「都市定住型」「学生型」の滞在様式を基本とする日本人 WH 渡航者は、豪州の日本人コミュニティにおいて、日系商業・サービス産業を支える低賃金労働力、将来の移住者予備軍、日本人のサークル活動のメンバーとして重要な役割を果たしている。

　豪州 WH 制度の問題点としては、サービス産業と農業の就業環境が以前から指摘されている。これは WH 制度そのものの問題というより、豪州経済に根深く浸透した外国人労働者問題の一側面と理解するのが妥当である。また、

豪州 WH 制度は就業環境以外にも数多くの問題を内包しつつ運用されているが，その大部分は WH 制度それ自体に起因しているわけではなく，むしろ WH 制度を取り巻く制度的・構造的文脈のなかで生み出され，再生産されているように見える。したがって WH 制度／渡航者を考察する際には，WH 制度／渡航者の現状のなかに，WH という枠を超えた大きな問題群を見出そうとすること，あるいは WH 制度／渡航者の考察を通じてそれらの問題群に接近しようとする視角が必要となる。

第1部のまとめ

　第1部では，豪州WH制度とその制度を利用する日本人の特徴について包括的な検討を行った。第1章では，WH制度全般と日本人利用者について検討し，第2章では，豪州WH制度と日本人利用者について検討した。ここでは，(豪州) WH制度に関する基本事項を押さえた上で，豪州WH制度の利用者が，第2部と第3部の課題に取り組む際の考察対象として適切であることを確認する。

　欧州諸国に普及していた若者の長期旅行という伝統的慣習を現代に引き継ぐための制度的受け皿として創設されたWH制度は，90年代以降にその性格を著しく変化させてきた。豪州WH制度に関して言えば，文化交流を通じた友好関係の強化という理念は，観光・留学関連産業の振興と農業労働力の確保といった産業・労働政策的な運用のもとで形骸化しつつあるのが現状である。

　一方，日本に目を向けると，そもそも欧米文化圏に属しておらず，若者の海外長期旅行（海外長期滞在）が広く普及していたわけでもない日本が豪州とWH協定を締結したのは，日豪間の強固な貿易・経済関係によるところが大きかった。豪州政府からイギリス連邦諸国と同等の地位を例外的に与えられた日本は，豪州にとって「上客」「お得意様」と言うべき（豪州経済に多くの利益をもたらす）若者を安定的に供給することによって，豪州政府の特別扱いに報いてきた。

　しかし同時に，戦後の日本社会では若者の海外長期旅行（海外長期滞在）とは相容れない制度や規範が強化されたため，エリート層がWH（あるいはノンエリート型の海外長期滞在全般）に関心を示さない状況が続いている。そのため，日本ではWH制度を利用する層はノンエリート層が中心であり，特に若年中位層（の女性）が多くなっている。

　WH制度を利用する日本人の大半は海外生活を経験したいという動機を抱いており，海外生活を実現する手頃な手段としてのWH制度に魅力を感じている。メディアや斡旋業者は海外生活の希少性を強調し，「貴重な経験」「夢」「憧れ」「挑戦」といった肯定的イメージを伝達することによって，WH制度に

関心を持ったり，WH制度を利用したりする若者を掘り起こそうとしている。その結果，WHは，これらの肯定的イメージで自分自身を語ることが可能な実践としての性格を強めつつある。

実際にWH制度を利用して豪州に滞在する若者は，「都市定住型」「学生型」の滞在様式を基本としつつ，一時的に非都市部に移動したり別の都市・地域に移動したり長期旅行に出かけたりする者が多い。このような滞在パターンゆえに，都市部で日本人サークルに参加したり，将来の移住に向けた準備をしたりするWH渡航者も少なくない。また，滞在中に日系商業・サービス産業の非熟練サービス職に従事するWH渡航者も多い。90年代以降は年間5000人以上の日本人が豪州WH制度を利用しているから，日系商業・サービス産業にとって，WH渡航者は重要な労働力供給源の1つとなっている。

WH渡航者の就業と関連して無視できない点は，豪州の農業セクターと一部のサービス産業（飲食・宿泊業）が，根深い外国人労働者問題を抱えていることである。労働需給の変動が激しい両産業は雇用が不安定になることが多いため，豪州人から忌避されがちである。その結果，外国人労働者に対する依存度が高まり，労働条件がますます低下する傾向にある。これらの産業セクターで就業する（日本人）WH渡航者は，こうした悪循環に巻き込まれると同時に，悪循環を支える存在でもある。

また，（豪州）WH制度の問題は就業分野に限定されない。日本人が（豪州）WH制度を利用する際の問題としては，日本人同士で固まりがちであることと，犯罪を含むトラブルに巻き込まれがちであることを指摘しなければならない。ただしこれらの問題を「WH制度／渡航者」だけの問題として狭く捉える見方は妥当ではなく，日本の英語教育の問題，国際観光業（特に低予算の長期旅行のリスク）の問題，WH渡航者の支援に関心のない日本政府の問題，および英語力が低い日本人を喜んで受け入れる豪州政府の商業的姿勢の問題も合わせて問われるべきである。言い換えれば，WH制度／渡航者に関わる問題の大部分はWH制度それ自体に起因しているわけではなく，むしろWH制度を取り巻く制度的・構造的文脈のなかで生み出され，再生産されていることを認識する必要がある。

次に，豪州WH制度の利用者が本書の考察対象として適切であることを確

認したい。第1部の冒頭で述べた通り，主要な条件は次の4点である。①新しいタイプの海外長期滞在者であること，②ノンエリート型の海外長期滞在者であること，③1990年代以降に増加傾向にあること，④日系商業・サービス産業で就業する者が多いこと。順に見ていこう。

　まず①について。第1章第1節で見た通り，日豪WH協定は1980年に締結され，翌年から正式な運用が始まった。したがって豪州WH制度の利用者は新しいタイプの海外長期滞在者に含まれる。しかもWH制度は，ビザの取得要件が緩いにもかかわらず1年間の滞在と滞在中の就学・就労を認めるという斬新な内容を持つ制度だから，WH制度の利用者は，新しいタイプの海外長期滞在者を代表する存在であると言っても過言ではない。

　次に②について。第1章第4節で見た通り，WH渡航者の中核を占めるのは，低所得の不安定就業層に属しておらず，なおかつ安定就業層にも属していない層，すなわち若年中位層である。OVTA調査によれば，WH渡航者の過半数は渡航前に正社員だった経歴を持ち，約8割は100万円以上の資金を用意している。したがって，WH渡航者のなかに不安定就業層はあまり含まれないと考えるのが自然である。他方で，WH渡航者は女性が多く，中位水準の学歴保持者が多い。また，WH中に専門的な職に就く機会は多くないため，エリート層はWH制度を利用して海外に長期滞在することを忌避しがちである。これらのデータを総合すると，WH渡航者の多くは中位層に属する若者と考えるのが妥当である。若年中位層は，ノンエリート層の中～上層とほぼ同じ階層だから（序章第1節の図表序-5を参照），WH渡航者は，ノンエリート型の海外長期滞在者の一類型とみなせる。

　次に③について。第2章第2節で見た通り，豪州WH制度の利用者は，長期的に見れば増加傾向を維持している（図表2-6）。これまでに何度か停滞期や減少期があったことも事実だが，その後は必ず増加に転じており，停滞・減少し続けるという状況は起きていない。具体的な数字を見ると，制度開始の1981年から2014年までの約30年間で，年間のビザ取得者数が13倍の規模に増加している（884人→1万1481人）。少子化の影響で，日本の若年人口が同じ時期に25％以上減少したことを考慮に入れれば，この間の増加は驚異的と言っても過言ではない。

最後に④について。第2章第2節で見た通り，日本人WH渡航者の約7割が，豪州滞在中に何らかの賃労働に従事している。2000年代以降は毎年8000～1万1000人程度の日本人が豪州WH制度を利用しているから，近年は5600～7700人程度の日本人WH渡航者が現地で就業している計算になる。豪州で働く日本人WH渡航者の「定番」の就業先が日系商業・サービス産業だという点は多くの調査やガイドブックによって繰り返し指摘されているが，その実数や割合を示す正確なデータは存在しない。そこで，OVTA調査の語学力に関する設問を振り返ると，「コミュニケーションができるまでに至っていない」レベルで渡航した者が約5割，「日常会話で最低限のコミュニケーションができる」レベルで渡航した者が約4割を占めていた（図表1-3）。この人たち（全体の約9割）が滞在先で働こうとする場合，現実的な就業先は日系商業・サービス産業か会話不要な単純作業（農業および生産工程）に限定されると考えられる。OVTA調査によれば，WH中に農業と生産工程で就業した者はそれぞれ14％と2％だから（図表1-4），残りの84％が日系商業・サービス産業で就業したと考えられる。これらの数値を先の就業者数（5600～7700人）と掛け合わせると，約4200～5800人の日本人WH渡航者が，豪州滞在中に日系商業・サービス産業で就業したという計算になる（5600～7700 × 0.9 × 0.84）。この人数は日本人WH渡航者全体のおよそ半数にあたり，規模も決して小さくないから，④の条件も満たしているとみなしてよさそうである。

以上の通り，豪州WH制度を利用する日本人は上記の4条件を満たしている。したがって，豪州WH制度の利用者は本書の考察対象として適切である。第2部と第3部では，第1部の議論を踏まえながら，本格的な考察を進めたい。

第 2 部

閉塞状況への打開策・対処法としての海外滞在

第2部では，日本の若者が閉塞状況への打開策・対処法として海外長期滞在を選択するあり方を考察する。具体的には，「インタビュー調査」対象者の渡航動機と渡航までの経緯を就業状況に焦点化しつつ記述・分析するなかで，海外長期滞在が閉塞状況への打開策・対処法として意識され選択されるあり方を明らかにする。その際，序章第1節（4）で論じた通り，彼らの行動を「標準的」ライフコースからの逸脱として外在的に批判するのではなく，ある個人・集団がアクセス可能な資源や機会を利用しつつ特定の問題状況に対処しようとする問題解決行動として内在的に理解することを目指す。そうすることによってはじめて，若年層内部で生じている分化や階層化の実態とその構造的背景を解明することが可能になる。

　ところで，ある個人の行動とその動機を内在的に理解するためには，その個人が身を置く歴史的・社会的な位置をあらかじめ明らかにしておく必要がある。なぜなら，ある行動と動機およびそれらについての語りの意味は，当人が身を置く歴史的・社会的文脈によって大きく変わるのが普通だからである。たとえば，「海外生活をしてみたい」という動機と語りの意味は，現在と100年前とでは大きく異なると考えるのが妥当である。現在と100年前とでは，「海外生活」の実態，その実現可能性，入手できる情報の質・量といったものが全く異なるからである。この点を踏まえて，第2部の冒頭の第3章では，1990年代以降の日本の若者が身を置く歴史的・社会的状況を，「豪州WH制度利用者（海外長期滞在者）の増加を促進する要因」という観点から包括的に検討する。この作業を経ることによって，第4・5章のライフヒストリー分析で的外れな解釈をする危険性を低くすると同時に，ある歴史的・社会的な状況下で個人や集団が特定の行動を取るようになる過程，すなわち構造による主体の規定という観点から対象の行動や動機を理解することが可能になるはずである。

　第4・5章では，「インタビュー調査」対象者のライフヒストリーを記述し，彼らの渡航動機と渡航までの経緯を，彼らの就業状況に焦点を当てつつ考察する。とはいえ調査対象者84人全員のライフヒストリーを扱うことは現実的ではないから，何らかの形で考察対象を限定する必要がある。そこで第4章の第1節では，海外渡航以前と海外滞在中の就業状況（主に職種と雇用形態）に基づいて，WH渡航者を4つの類型（キャリアトレーニング型，キャリアブレーク型，

キャリアリセット型，プレキャリア型）に分ける。第4章第2節以降は，この類型ごとにライフヒストリーを分析する。この類型化によって，就業状況によって異なる海外長期滞在の利点やリスクを考慮に入れた緻密な考察が可能になるだろう。

第 3 章

豪州ワーキングホリデー制度の利用者増加を
促進する諸要因

　第3章では，1990年代以降に豪州WH制度を利用する日本人が増加した背景にある諸要因を，先行研究，各種調査，政策文書，ガイドブックやパンフレット，そして「インタビュー調査」「エージェント調査」などを幅広く参照しながら多面的に考察する。まず第1節でこの課題に取り組む際の分析枠組みを設定し，続く3つの節で具体的な分析を行う。

第1節　分析枠組み

　上述の課題に取り組むに当たって，本章では移民研究と社会学の理論・視角を援用した学際的な分析枠組みを採用する。この枠組みの出発点となるのは，移民研究において提起されたプッシュ・プル理論である。プッシュ・プル理論とは，移民現象をマクロレベルのプッシュ要因（＝人々を出身国から離れるように仕向ける要因）とプル要因（＝人々をある国へと引きつける要因）によって説明する理論である（Castles and Miller 2009＝2011：27-29）。本章では，まず日本国内にあって若者をWHまたは海外長期滞在に向かうよう後押しするプッシュ要因を検討し（第2節），次に豪州にあって日本の若者を引きつけるプル要因を検討する（第3節）。

　ただし，本書の考察対象であるWH渡航者は単純な労働移民ではなく，英語などを学ぶ留学生や旅行・観光を楽しむ休暇中の人（holidaymaker）としての性格も備えているため，プッシュ要因とプル要因の考察は，経済的側面（労働力需給の動向）だけでなく社会的・文化的・政治的側面を加えた幅広いものとなる。具体的には，プッシュ要因としては若年層の就業環境悪化，晩婚化，

青年期の長期化，消費社会化，ライフコースの脱標準化・個人化といった社会変動の影響を検討し，プル要因としては就業機会，海外生活の機会，英語の習得機会，旅行・観光機会，豪州政府の政策的関与について検討する。

　ところで上記のプッシュ・プル理論は，国際的な人口移動の背景にあるマクロな構造的要因を明らかにする際には力を発揮するものの，一連のマクロな要因が具体的な個人や集団に作用して現実の移動を生起させるメカニズムの検討を軽視する傾向がある。たとえば新古典派経済学に基づくプッシュ・プル理論は，効用の最大化を追求する個人による移住先の選択が現実の移動を生起させると論じるが，こうしたモデルは単純すぎるため現実の移動を説明できないと批判されている（ibid.: 29）。こうした限界を克服すべく提起されたのが移民システム理論である（ibid.: 34-38）。この理論の特徴は，移民現象をマクロな要因とミクロな要因の相互作用の結果と捉える点にある。マクロな要因としては世界レベルの政治経済状況，国際関係，国家レベルの法律や制度などがあり，ミクロな要因としては地縁・血縁などに基づくインフォーマル・ネットワークがある。また，マクロとミクロの要因を媒介するメゾレベルの要因として斡旋業者や仲介業者も重要な役割を果たす。移民システム理論は，これらの要因が相互作用する過程で個人または集団の動機形成が促進され，移住先が決定され，移住が実現されると考える。

　本章はこの理論の視角を引き継ぎ，マクロなプッシュ・プル要因を具体的な個人の移動に結びつける役割を果たす媒介要因について考察する（第4節）。具体的には，斡旋業者・外国語教室の役割，格安航空券・海外旅行の普及，家族・友人の影響について検討する。また，多様なメディアが国際的な人口移動を促進しているという社会学の議論（藤田 2008；山口 2010）を踏まえて，メディアの役割についても分析を行う。

第2節　プッシュ要因

(1) 若年層の就業環境悪化——男女格差に注目して

　序章で見た通り，日本経済のグローバル化を背景に，90年代半ば以降，若年労働市場の変化とキャリアの脱標準化が進行しつつある。その結果，若年層

を取り巻く就業環境が著しく悪化しつつある。このことが，若者のライフコース上の選択に多大な影響を及ぼしている。

就業環境の悪化については序章で基本的な統計指標を概観したが，そこでは男女格差についてほとんど言及しなかった。ここでは，序章で取りあげなかった男女格差に注目しながら，失業率，非正規雇用比率，正規・非正規雇用間の賃金格差，正規雇用者の労働時間の4点を確認しておきたい。

若年失業率は90年代半ばから上昇を開始し，2000年代前半にピークを迎えた（図表3-1）。その後は低下傾向にあったが，2008年のリーマン・ショックを機に再上昇し，2010年以降は再び低下傾向にある。2015年の失業率は，図表3-1に示された全てのグループにおいて，2000年代で最も低い水準に落ち着いた。しかしそれでも依然として1990年より高い水準にとどまっている。

失業率の男女差を見ると，若年層のなかでも若いグループ（15〜24歳）では，90年代末以降に男性の失業率が大幅に上昇し，男女差が拡大した。男女格差は経済状況が悪化すると拡大し，経済状況が回復すると縮小するようである。年齢が高めのグループ（25〜34歳）では，2000年代初頭まで女性の失業率が男性を大きく上回っていたが，2000年代に男女差がほとんどなくなった。しかも2010年以降は男性の失業率が女性を上回る逆転現象が生じている。

以上のデータより，90年代末以降，若年層全体において，男性の失業リスクが女性より大きくなっていることが分かる。特に，経済状況が悪化すればす

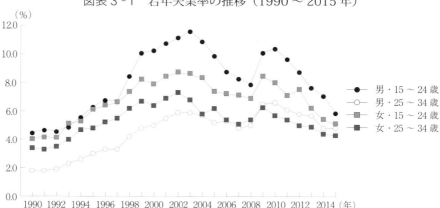

図表3-1　若年失業率の推移（1990〜2015年）

出所：総務省統計局「労働力調査」。

るほど男女差が拡大し，男性がより大きな失業リスクに見舞われるようである。

次に非正規雇用の状況を見てみよう。非正規雇用比率を男女別・年齢別に見た図表3-2によれば，90年代後半から2000年代初頭にかけて若年層全体の非正規雇用者比率が上昇し，その後横ばいあるいは微増傾向にある。90年代後半から2000年代初頭にかけての上昇ペースは若いグループ（15～24歳）で特に著しかった。

各年齢層内の男女差を見ると，若いグループでは90年代後半から2000年代初頭における女性の非正規雇用比率の上昇ペースが男性を上回り，90年代初頭までそれほど大きくなかった男女差が拡大した。年齢が高めのグループ（25～34歳）では，元々大きかった男女差が維持されたまま全体の非正規雇用比率が上昇している。年齢が高めのグループの女性において非正規雇用比率が男性よりかなり高いのは，このグループに既婚の非正規雇用者（主婦パートなど）が多く含まれるからだと考えられる。

以上のデータより，90年代後半以降，若年層全体の非正規雇用比率が高まるなかで，女性の非正規雇用比率が特に高い数値を示すようになったことが分かる。男性の非正規比率も上昇しつつあるが，若年非正規雇用者の中核を占めるのは女性であるという点は強調されてしかるべきだろう。

図表3-2　若年非正規雇用者比率の推移（1987～2012年）

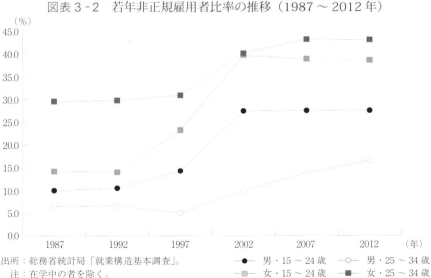

出所：総務省統計局「就業構造基本調査」。
注：在学中の者を除く。

●　男・15～24歳　　○　男・25～34歳
■　女・15～24歳　　□　女・25～34歳

次に正規・非正規雇用間の賃金格差を見ると，頻繁に指摘される通り，正規・非正規間の賃金格差が大きいことは一目瞭然である（図表3-3）。格差は年齢の上昇とともに大きくなる。たとえば男性を見ると，非正社員の月給を100としたときの正社員の月給は，20〜24歳で116であるのに対し30〜34歳では129になる（女性は117→130）。さらに図表3-3は，正社員・非正社員のいずれにおいても男女格差が存在していることを示している。たとえば25〜29歳のグループを見ると，同グループの女性正社員の月給を100としたときの男性正社員の月給は109であり，同グループの女性非正社員の月給を100としたときの男性非正社員の月給は110である。以上のデータより，所得の面でも女性が不利な状況に置かれていることは明らかである。

　以上に概観した通り，そして序章第1節で見た通り，若年層は厳しい就業環境のなかで働くことを余儀なくされている。そうしたなかで，女性を取り巻く雇用環境の厳しさ（高い非正規雇用比率と低い賃金）が際立っているように見える。しかしこれまでのデータから，若年層のなかで相対的に良好な雇用条件を享受している男性正社員の働き方に問題はないと結論づけるとしたらそれは誤りである。その点を示すのが正規就業者の週労働時間をまとめた図表3-4である。一見して明らかなように，男性正規就業者は女性正規就業者より長時間の労働に従事している。とりわけ苛酷な状況にあるのが25歳以上の男性正規就業者である。彼らの約2割が週に60時間以上働いているが，この労働時間は，半年間このペースで働いた場合は過労死する危険性があるとされる水準である[1]。したがって，男性正社員の一定数は（そしてそれよりは少ないが女性正社員の一部も），文字通り命がけで相対的に安定した職に就く「過労死予備軍」に他ならない。

　さらにこのことは，失業者や非正規雇用者の増加によって，正社員の労働条件が切り下げられつつある可能性を示唆している。失業者や非正規雇用者が職場や労働市場に多数控えているため，正社員は，そうした人々と入れ替えられるプレッシャーと隣り合わせの状態で働かなければならない。そうしたなかで，正社員の労働時間が引き延ばされ，彼らの心身に疲労やストレスが蓄積されつ

1　「週に60時間以上の労働」は，「2〜6カ月間平均で月80時間を越える時間外労働」という過労死の労災認定基準に合致する（厚生労働省 2010b：6）。

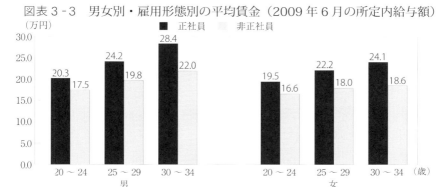

図表3-3 男女別・雇用形態別の平均賃金（2009年6月の所定内給与額）

出所：内閣府編（2010：29）第1-2-1表。
元資料：厚生労働省「賃金構造基本統計調査」。
注：事業所規模10人以上の民営事業所における6月分の所定内給与額。

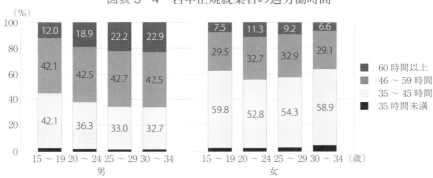

図表3-4 若年正規就業者の週労働時間

出所：総務省「平成19年就業構造基本調査」。
注：年間就業日数が200日以上の正規就業者。

つあるように見える。こうした状況は，休みたくても休めない／休ませてもらえない正社員，休む／辞めるといったことを考える余裕すらないほど多忙な状況に追い込まれる正社員，過労で倒れたり精神疾患を発症したりして初めて過酷な労働現場から「解放」される正社員を数多く生み出している可能性がある。[2]

このように，若年層の就業環境は，非正規雇用者だけでなく正社員をも巻き

---

[2] ブラック企業と周辺的正社員を主題とする今野・川村（2011），NPO法人POSSE（2010），今野（2012, 2015），および過労死・過労自殺を主題とする熊沢（2010a）は，このような状況に追い込まれた正社員の事例を数多く紹介している。

込みながら悪化しつつあるように見える。とりわけ，女性の間で低賃金労働と非正規雇用のリスクが，男性の間で失業，非正規雇用，長時間労働のリスクが，それぞれ高まっているように見える。こうしたなかで，現状から距離を取りたい，あるいは状況の改善に役立つ経験やスキルを海外で得たいと思う若者が現れたとしても不思議ではない。事実，OVTA 調査では，「現在の生活・仕事から抜け出したい」「日本で得られない知識・技能を得たい」ことを WH の動機としてあげた者がそれぞれ 30％と 35％に達していた（第 1 章の図表 1-2 を参照）。こうして若年層を取り巻く就業環境の悪化は，若者の目を海外や WH へと向けさせるプッシュ要因の 1 つとして重要な位置を占めるようになったと考えられる。

(2) 晩婚化

　晩婚化もプッシュ要因の 1 つと考えられる。若年未婚率の推移をまとめた図表 3-5 はそうした考えに根拠を与える。図表 3-5 から，20 代前半の女性と 20 代後半の男女の未婚率が上昇していることが分かる。未婚率が上昇し，20 代の独身者が増えるということは，夫・妻・親としての義務や拘束から自由な若者が増加することを意味する。しかも独身者の多くは親と同居しており[3]，海外渡航に必要な資金を貯めやすい状況にあるから，未婚率の上昇は WH 制度を利用できる若者の増加に寄与していると考えられる[4]。

　ところで，図表 3-5 において特に注目すべき点は，女性 25 ～ 29 歳層における未婚率の上昇である。1980 年の段階では，このグループの未婚率は 24％であり，同グループにおける少数派に過ぎなかった。しかし 2000 年にはこのグ

3　2010 年に実施された「第 14 回出生動向基本調査・独身者調査」によれば，18 ～ 34 歳の未婚男性の 70％，未婚女性の 78％が親と同居している（国立社会保障・人口問題研究所 2011：14）。
4　ただし 2000 年代以降は，経済的な余裕がない親同居未婚者も増加しつつあることが指摘されている。たとえば内閣府編（2003：121-122, 174）は，20 ～ 34 歳の親同居未婚者の 7 割以上が，経済的な理由などによって「やむをえず」親と同居していることを明らかにした。また福田（2004）は，本人の就業状況の悪化（非正規雇用と無職の増加）と親の所得低下を背景に，親と同居する未婚女性の自由裁量支出が 90 年代から 2000 年代にかけて減少したことを明らかにした。こうした状況が続けば，経済的な余裕がないために海外渡航を断念せざるをえない親同居未婚者が増加する（あるいはすでに増加している）ことが予想される。

図表3-5 若年未婚率の推移

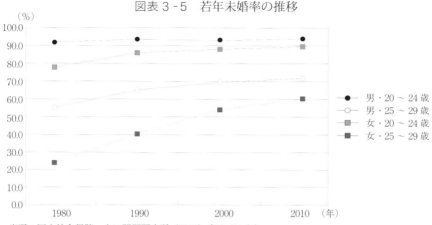

出所：国立社会保障・人口問題研究所（2012）表6-24（1）。
元資料：総務省統計局『国勢調査報告』。

ループの未婚率が50％を超え，2010年には60％に達した。これは，90年代末を境に同グループの多数派と少数派が入れ替わった（未婚者が多数派になり，既婚者が少数派になった）ことを意味している。この事実は，20代後半の女性がますます多くの「自由」を獲得しつつあることを示している。彼女たちが獲得している「自由」には2つの側面がある。1つは男女がともに享受できる独身者としての自由であり，家族形成に伴う義務や拘束を回避できる側面である。もう1つは女性がより多く享受できる「自由」，すなわち「被差別者の自由」である。

熊沢（2000）は，職場や労働市場において周縁的な地位に置かれた女性が，低賃金や低い地位を受け入れる代わりに男性と同程度の義務や拘束に縛られることを拒否する適応形態を「被差別者の自由」と呼んだ。すでに見たように，正規雇用者比率と賃金水準は，ともに女性の方が低い。こうした状況下にあっては，いつまでも1つの仕事や企業にしがみつくのではなく，独身者としての自由を享受すべく「被差別者の自由」を行使する者，つまり会社に縛られることなく頻繁に離転職する者が現れても不思議ではない。こうして未婚率の上昇は，就業環境の悪化とあいまって，若者とりわけ20代後半の女性にとっての強いプッシュ要因として作用すると考えられる。

なお，第1章第4節（1）ではWH制度を利用する日本人に女性が多いことを，第2章第2節（2）では豪州WH制度を利用する日本人に20代後半の女

性が多いことをそれぞれ指摘した。WH渡航者の属性に見られるこのような偏りは，プッシュ要因に含まれる上記の性質によってもたらされた部分が大きいと理解すべきだろう。

(3) 青年期の長期化

若年層における就業環境の悪化と晩婚化は，青年期の長期化という事態をもたらす（あるいはそうした事態をさらに推し進める）。そして青年期の長期化はプッシュ要因の1つとして作用しうる。

青年期[5]とは児童期と成人期の間にあるライフステージであり，個人が依存的な子どもから自立的な大人へと変化する移行期である。大人になることの指標は社会や時代によって異なるが，現代社会では心理的・身体的成熟に加えて，結婚による家族・世帯形成，安定雇用を得て経済的に自立すること，法的・政治的権利の獲得と義務の履行などが重要とされる。したがって，すでに見た若年層における就業環境の悪化と晩婚化は，なかなか大人にならない／なれない若者の増加をもたらす。

長期化する青年期を生きる若者は，しばしば強い社会的プレッシャーや精神的ストレスにさらされがちである。なぜなら安定雇用を得たい，結婚したい，親元を離れたいと思っているにもかかわらず実現できない人は，自信を失ったり将来に対する不安を感じたり社会に対する憤りを感じたりする可能性が高いからである[6]。また，そうした願望が希薄な人でも，青年期が長期化するにつれて，家族・友人からのプレッシャーや社会的な差別を受ける確率が高くなりがちである。たとえば，友人や家族・親戚（きょうだいや従兄弟など）が次々と結婚するなかで焦りを感じたり，周囲の人々から結婚の見通しを尋ねられたりすることはきわめて多いと考えられる。また，非正規雇用者が社会保険（とりわけ雇用保険と厚生年金保険）に加入しにくいことや，企業の求人枠が新規学

5　青年期に関する記述は柴野（1981）と藤田（1988）に依拠している。
6　全国の成人男女（20〜69歳）を対象とした大規模なパネル調査のデータを分析した山本（2011）は，正規雇用の職がないために仕方なく非正規雇用に就いている不本意型の非正規雇用者が，正規雇用者と比べて大きなストレスを抱えていることを明らかにした。また，非正規雇用者を対象としたアンケート調査のデータを分析した鶴（2011）は，未婚，短い雇用契約期間，非自発的非正規雇用などの属性を持つ労働者の主観的幸福度が低いことを明らかにした。

卒者に限定されていることなどは，雇用形態や年齢に基づく差別と見ることも可能である。そうしたプレッシャーや被差別的体験が積み重なるなかで，強いストレスを感じるようになる者は少なくないだろう[7]。事実，就業状況や経済状況の悪化とともに自尊感情が損なわれ，将来に対する不安が増幅されるという事態が若年層において進行中であることを複数の調査研究が明らかにしている（序章第２節（1）⑤を参照）。

このような状況を背景として，プレッシャーやストレスから逃れるために日本から脱出したい，あるいは海外経験を通して状況の改善に役立つもの（たとえそれが何であれ）を得たいと思う若者が現れたとしても不思議ではない。未婚男女に対する大規模なアンケート調査を行った久木元（2011：24）も，少なからぬ調査対象者が，現在の生活を続けても明るい将来展望は見えてこないという認識のもとで，「自らの状況に何らかの変化を起こすこと」「現状とは不連続な新しいステージに移行すること」を望んでいる現状を明らかにしている[8]。このような願望を持つ若者の全てが海外に関心を持つとは思えないが，その一方で，海外に関心を持つ者が全く現れないという想定も非現実的だろう。こうして青年期の長期化は，若者を海外やWHへと後押しするプッシュ要因として作用するようになると考えられる。

（4）消費社会化の進展

日本社会が消費社会としての性格を強めていく過程もプッシュ要因と関連している。本章の問題関心にとって特に重要なのは，日本の子ども・若者の成育環境と関連して提起された１つの論点と，日本の若者の海外長期滞在と関連して提起された２つの論点である。すなわち，第１に，消費が自己のあり方と深く関わるようになっていること，第２に，海外長期滞在が高度に商品化されて

---

7 独身のフリーターとして親と同居生活を送っていた31歳当時の赤木智弘は，非正規雇用からの脱出，結婚，離家（＝親元を離れること）を実現する道筋が見えないなかで，不安，不満，焦り，屈辱感，社会に対する憤りが高まっていく心境を直截的かつ挑発的な表現で語り，大きな社会的反響を呼び起こした（赤木 2007）。また，高卒女性の追跡調査を行った杉田（2009）は，長期化する青年期が不安，焦燥，絶望といった感情と不可分な生活世界を形成している現状を詳細に描き出した。
8 調査対象は，首都圏に住む25～39歳の未婚男女2471人である。この調査では，対象者の83％が将来への不安を感じることが多いと回答している。

いること，第3に，商品としての海外長期滞在は，自己のあり方と深く関わっていることである。

第1の論点は，子どもと若者に対する消費文化の影響を，家庭，学校，労働市場と関連づけつつ論じた中西（2004）によって提起されている。中西によれば，日本では70年代以降，子どもや若者をターゲットにした消費市場が著しく肥大化したため，その影響下で形成された消費文化が彼らの成育環境を構成する不可欠の要素となった。[9]そのため現代の子ども・若者は，従来の家庭，学校，労働市場に加えて，消費文化という文脈においても自分自身の位置を定位しなければならないという社会的プレッシャーにさらされている。換言すれば，現代の子ども・若者は，自分の好みの服装，音楽，趣味といったものを消費市場から調達し，そうしたものによって自分自身を文化的に表象することが，親からの自立，学業的達成，仕事の獲得といった青年期の主要課題に匹敵する重要性を持つものとして受け止められるような社会環境を生きている。そしてこのような社会環境では，消費が自己のあり方に多大な影響を及ぼすようになる。なぜならこうした環境においては，消費を通じた自己表象が，家族経歴（未婚・既婚など），学歴，職業などと同等に（ときにより重要なものとして）扱われるような状況が生起しうるからである。

第2の論点は，日本の海外旅行史をまとめた研究（山口 2010），バックパッキングに関する調査研究（新井 2001；大野 2007），学生ビザやWHビザを利用してアメリカ，イギリス，豪州などに滞在する若者を対象とした調査研究（南川 2005；藤田 2008；川嶋 2010）などで議論されてきた。これらの研究が共通して指摘するのは，格安航空券の普及，旅行代理店や斡旋業者の成長，ガイドブックやインターネットをはじめとするメディアの発展といった70年代以降の社会変容を背景に，海外旅行や海外長期滞在がパッケージ化された商品としての性格を強めてきたという点である。

9　70年代以降，子ども・青年を取り巻く消費文化が具体的にどのように発展・変遷してきたかという点については奥谷・鈴木（2011）を参照のこと。同論文では，70年代以降の消費文化の動向が，漫画，アニメ，ゲーム（テレビゲーム，カードゲーム），メディアコンテンツ（携帯電話，インターネット）を中心に要領良くまとめられている。また，高度成長期から80年代にかけて，子どもの成育環境に消費文化の影響が及んでいく過程をテレビと漫画に注目して記述したものとして小沢（1989）も参照されたい。

それでは商品としての海外長期滞在は，消費者である若者に何を提供するのか。この問いに答える際に無視できないのが，自己に関わる商品としての海外長期滞在という第3の論点である。たとえば新井（2001）は，90年代以降のバックパッキングが，非日常的な体験を通じて「新しい自己」をもたらす商品として流通している状況を描いた。また南川（2005）は，消費・大衆文化の中心都市であるロスアンジェルスに滞在する日本の若者が，エンターテインメント，アート，ファッションなどの分野で活動することによって自己の刷新を果たそうとする過程を記述・分析した。これらの研究が共通して指摘するのは，海外長期滞在によって自己を刷新できるという言説が斡旋業者や多様なメディアを介して流通しており，若者がそうした言説に後押しされる形で海外長期滞在を実践しているという点である。

以上の議論を総合すると，次のような，消費社会に特有な海外長期滞在のモデルが得られる。まず消費社会化の進展によって，現代の子ども・若者は，消費を通じた自己表象や自己構築を喫緊の課題として意識せざるをえなくなる。その一方で，高度な消費社会である日本では，多様な海外長期滞在が自己の刷新を可能にする商品としての装いを帯びながら若者の眼前に立ち現れる。その結果，多くの若者が，海外長期滞在の実践によって自己表象や自己構築という課題に対処するようになる。つまり，消費社会が生み出した問題の対処法を消費社会自体が提供するという一種の自己運動に巻き込まれる過程で，若者が海外長期滞在を選択する。

これは極端に単純化されたモデルであるが，一連の先行研究を踏まえれば，高度な消費社会に特有な上記のメカニズムが現代日本でも作動しており，若者のライフコースに影響を与えていることもまた確かであるように思われる。そしてこのメカニズムは，階層，ジェンダー，地域といった多様な媒介項によってその影響の及ぼし方を変化させながら，若者をWHや海外長期滞在へと後押しするプッシュ要因として作用しているように見える。

（5）ライフコースの脱標準化と個人化

就業環境の悪化，晩婚化，青年期の長期化，消費社会化の進展に伴って，「標準的」とされるライフコースから逸脱する若者が増加しつつある。具体的

には，学校卒業後ただちに正社員として就職し，男性は定年までその会社で働き続け，女性は結婚または出産を機に仕事を辞めて，その後は専業主婦として家事労働を引き受けたり家計補助的なパートタイムの職に就いたりするというライフコースを辿らない若者が増えつつある。序章で見たキャリアの脱標準化や本節で見た晩婚化に関するデータは，このことの傍証でもある。

ライフコースの脱標準化という現象は，社会環境の変化に対応した新しい標準的・規範的ライフコースが確立しない状況下では，ライフコースの単純な多様化としてではなく，むしろその個人化として経験される。そしてライフコースの個人化もまたプッシュ要因の1つとして作用しうる。

ライフコースの個人化とは，一定の安定性と実現可能性を備えた新しい標準的・規範的ライフコースが社会的に確立していないために，ライフコース上の選択とその選択に対する意味づけを個人の責任において遂行しなければならなくなる事態を指す。言い換えれば，現実的なライフコースのモデルが消失してしまったために，若者一人ひとりが個別バラバラに試行錯誤を繰り返しながらライフコース上の課題に対処しなければならなくなることをライフコースの個人化と呼ぶ。それは進学，就職，結婚といった重要な転機や，消費をはじめ

10 ただし，90年代半ば以前はほぼ全ての若者が本文で述べたような「標準的」ライフコースを辿っていたと理解するとしたらそれは誤りである。「賃金構造基本統計調査（1992年調査）」のデータを利用して「標準労働者」の割合を算出した野村（1994：38-40）がそのことを明らかにしている。野村によれば，1000人以上の大企業で働く25～29歳の男性常用労働者に占める標準労働者の割合は高卒者の50％であり，大卒者でも60％にすぎない。標準労働者の割合は企業規模に比例するから，中小企業ではこの割合はもっと低くなる。したがって，「標準的」ライフコースとは，大多数の日本人が実際に辿ったライフコースではなく，日本社会に広く浸透した「規範」ないし「願望」としてのライフコース類型だったと理解すべきである。

11 個人化という概念はウルリッヒ・ベック（Beck 1986=1998）の議論を踏まえたものだが，本書の個人化概念はベックの概念と全く同じわけではない。ベックは先進諸国において階級や家族が個人の選択に及ぼす影響が減少ないし消失したと主張するが，筆者はそうした見方に懐疑的である。むしろ，広範な社会変容によってこれらの影響が及ぶパターンが多様化・複雑化したために，実際にはこれらの要因が依然として重要であるにもかかわらず，その重要性が低下ないし消失したかのように見える状況が生起したと理解したい。これは「認識論的誤謬」という議論（Furlong and Cartmel 1997）を支持する立場である。

12 一方で，従来の「標準的」ライフコースは多くの若者にとって実現不可能なものになりつつある。他方で，非正規雇用（あるいは失業中）の男女が結婚し，夫婦がともに非正規雇用者として働きながら（あるいは失業者のまま）子どもを生み育てるというライフコースは，所得や社会保障といった点で問題があるため安定性や持続性に乏しく，広範な社会的支持を得られそうにないのが現状であろう。

とする社会生活の多様な側面において進行しつつある。

　たとえば90年代半ば以降の高校生は，高校卒業時の進路選択において個人化の圧力を強く受けるようになった。なぜなら大学進学率の上昇，正規雇用の減少，非正規雇用の増加，専門学校という進路が認知されるようになったことなどによって，卒業後の進路がそれ以前より格段に多様化したからである。80年代であれば迷うことなく新卒就職していたような高校生（＝いわゆる非進学校の生徒）は，近年では新卒就職，大学，専門学校，非正規雇用といった選択肢から自分の進路を選び取り，その選択を自分で意味づけなければならない。「非進学校だから新卒就職する」ことは，もはや当然でもなければ，しばしば可能なことですらない。そうした状況下では，進路選択の責任が個々の高校生にのしかからざるをえない。

　同様に，結婚というライフイベントも個人化しつつある。50年代までは見合い結婚が過半数を占めていたが，その後は恋愛結婚が増加し，90年代以降は恋愛結婚が8割を超えるようになった（岩澤・三田　2005）。こうした状況下では，結婚とは個人の選択（責任）であるという認識が一般化せざるをえない。さらに近年の晩婚化はこうした見方を強化しつつある。なぜなら平均初婚年齢の上昇は結婚のタイミングの多様化を意味するため，多様な選択肢から1つを選ぶことに対する説明責任が発生するからである。たとえば90年代以前は，20代半ばの女性が結婚するときに「なぜこの年齢で結婚するか」という問いに答える必要はなかった。それはごく普通のことだったからである。しかし2000年代以降は状況が異なる。20代後半の女性の未婚率が50％を超えた状況下（図表3-5参照）では，「後でもっと良い相手に出会えるのでは？」「独身者の自由を放棄してもよいのか？」といった問いの圧力が個々の女性にのしかからざるをえない。

　消費生活も著しい個人化の様相を呈している。先に見た通り，現代日本では子ども・若者を対象とした消費市場が肥大化しているため，消費を通じた自己表象が青年期の重要課題の1つとみなされている。しかし服装，音楽，趣味などの選択には無数のパターンがあるため，その決定を他者（家族や友人など）に委ねることは困難である。たとえば親が与えた服や友人と同じ服しか着ない若者は，「変わり者」と見られざるをえないだろう。こうした状況下では，消

費に関わる多様な選択肢から自分にふさわしいものを選び取る自分なりの判断基準を強く意識せざるをえなくなる。こうして消費社会の高度化とともに，個人の価値観が強調され煽られるような事態が進行していく。しかも個人の価値観は，結婚相手の選択に典型的に見られるように，ライフコース上の選択において重要な役割を果たす可能性があるため，消費をめぐる選択と自己責任の圧力が個々人にますます重くのしかからざるをえない。

　以上に見たようなライフコースの個人化は，明白な意味がある（ように見える）選択肢を選ぶよう動機づける社会的圧力を若者に対して加える可能性がある。なぜなら，多様な選択肢のなかから相互に関連のある選択肢を順次選び取り，筋の通った人生軌道を描き続けるという作業は，実際には個人が独力で完遂できるほど簡単なものではないからである。そもそも青年期の段階にある若者は，自立した個人としてライフコース上の選択を遂行するための指針や資源を備えていない可能性が高い（試行錯誤しながらそうしたものを獲得していくのが青年期の本質的特徴である）。それゆえ若者は，実際の選択に際しては，あらかじめ何らかの意味が付与され，一定の社会的承認を得た選択肢に頼らざるをえないことが多い。こうして「人の役に立つために」医療関連のキャリアを志したり，「かっこいい」働き方や生き方を求めて自転車メッセンジャーになったり，「自分を変えるために」海外長期滞在を実践したりするような若者が現れてくる。

　このような状況下では，先に見たような「自分を変える」というような強いメッセージや，「貴重な体験」「憧れ」「夢」「挑戦」といった肯定的なイメージとともに語られがちな海外長期滞在（第1章第2節（2）を参照）が，ライフ

13　2010年に実施された「第14回出生動向調査・独身者調査」によれば，「共通の趣味」は結婚相手の重要な条件である。この項目を「重視する」および「考慮する」と回答した者の割合の合計は，男性の75％，女性の79％に及ぶ（国立社会保障・人口問題研究所 2011：12）。
14　神野（2006b）は，不安定なキャリアを辿る若年ノンエリート女性が，「将来性があり，人の役に立てる」といった肯定的なイメージや「意味」とともに語られがちな医療事務の仕事を選択する過程を描いた。実際には，医療事務は長期的な発展性に乏しい不安定職種だが，それでもなお「意味」ある仕事を求めて医療事務の職を目指す女性が絶えないのが現状なのである。
15　自転車メッセンジャーについては，序章第2節（2）③④で言及したのでそちらを参照されたい。

コースの個人化のもとで常態化する迷いや混乱を（一時的に）乗り切るための選択肢として浮上しうる[16]。こうして，ライフコースの個人化が進展し，それに付随する選択の迷いと混乱が深まれば深まるほど，若者を「明白な意味」のある海外長期滞在へと後押しする圧力もまた高まるものと考えられる。

第3節　プル要因

(1) 豊富な就業機会

　日本人のWH渡航者にとって，豪州は就業機会を得やすい国である。このことは，低予算で渡航して現地でお金を稼ぎながら生活したい，あるいは海外で働いてみたいと考える者にとって，きわめて重要なプル要因になる。豪州が就業機会を得やすい国である理由は，少なくとも2つある。1つは日系商業・サービス産業が発展していることであり，もう1つは豪州における農業労働力の不足状況である。豪州における日系商業・サービス産業の発展過程については第6章で包括的な検討を行うので，ここでは農業労働力の不足状況について概観する。

　豪州で農業労働力が不足している背景には短期的な要因と長期的な要因があるが[17]，ここでは短期的要因に焦点を当てる。2002年からの数年間，豪州は深刻な干ばつに見舞われ，農業地帯が甚大な被害を受けた。その結果，大量の離農者が発生し，労働力が不足するという事態が生じた。豪州の農業関係者を組織する団体である全国農民連盟（National Farmers' Federation）は，2002年以降に発生した離農者は全国で10万人以上に達し，ほぼ同数の労働力不足が生じていると推計した（National Farmers' Federation 2008：1-2）。こうしたなかで，WH渡航者は作物の収穫期に必要な単純労働力の供給源として注目されるようになった。豪州政府もWH渡航者を農業労働に動員するために，いくつかの施策を講じた（この点は本節（5）で詳述する）。

16　OVTA調査では，「将来を考える時間が欲しかった」ことをWHの動機としてあげた者が2割ほど存在した（第1章第2節の図表1-2）。こうした人々は，ライフコースの個人化状況のなかで，自らの進むべき道を決めかねていたのかもしれない。
17　長期的要因とは，多くの国が経験している都市化・工業化であり，農村部から都市部・工業地帯への人の移動である。

このように，日系商業・サービス産業の発展と農業労働力の不足によって，豪州では就業機会を得ることが（サービス職と農業労働に関しては）比較的容易な状況が続いている。そしてこのことが，低予算で渡航して現地で滞在費を稼ぎながら生活するという渡航・滞在のスタイルを可能にしている。

OVTA調査によれば，WH渡航者の8割が200万円以下の資金で渡航している（海外職業訓練協会　2005：162，表C8）。200万円という金額は，普通に生活する分には問題ないものの，語学学校に通ったり旅行や観光に行ったりするためには現地で働かなければならない水準である。というのも，豪州の留学生の標準的な年間生活費は約167万円であり，語学学校の学費は1カ月あたり11万円ほどかかるからである[18]。また渡航に際しては，生活費の他に航空券（往復で約5万～20万円）が必須であり，海外旅行保険に加入すれば5万～10万円程度，斡旋業者のサービスを利用すれば約0～30万円程度[19]，スーツケース・衣料品・化粧品などを購入する場合は5万～10万円程度が必要となる。資金が100万円の場合は，語学学校や旅行に行くためにはかなり長期間・長時間の就業が必要になるだろうし，50万円の場合は，状況次第では語学学校や旅行は諦めなければならないかもしれない。

以上を踏まえれば，WH渡航者がいかに滞在中の就業に依存しているかが容易に理解されるはずである[20]。しかもWH渡航者の約半数は，コミュニケーションできるに至っていない語学力で渡航しているから（図表1-3），日本人であるというだけで就業が可能な日系商業・サービス産業は，WH渡航者にとって「命綱」と言えるほどの重要性を持っている。この「命綱」がなければ，豪州滞在中に深刻な生活難に陥ったり，予定より早く帰国せざるをえなかったり，

18　生活費と学費は豪州政府のウェブサイトに依拠している。具体的には，留学生の1年間の生活費は1万8610ドル（http://www.border.gov.au/Trav/Visa-1/573-/Higher-Education-Sector-visa-(subclass-573)-streamlined-visa-processing#sub-heading-2），語学学校の平均的な学費は1週間あたり300ドル（http://www.studyinaustralia.gov.au/japan/australian-education/education-costs）という記述に依拠した。為替レートは1豪州ドル＝90円（2015年末のレート）で計算した。

19　斡旋業者のなかには無料でサービスを提供する業者もある。ただし無料の場合は，語学学校や海外旅行保険の選択肢が限られており，提供されるサービスも限定的になるのが普通である。

20　豪州政府の調査によれば，日本人WH渡航者の69%が豪州滞在中に就業している（Tan et al. 2009：32, Table 4-6）。おそらく，200万円以上の資金を準備した約2割の人々と，100万円台後半の資金を準備した約1割の人々が，現地で働かずに済んだと考えられる。

そもそも出発すらできなかったりする者が数多く生み出されることは間違いないだろう。

　ちなみに，農業労働も英語力をほとんど必要としないが，農業労働に従事することは日系商業・サービス産業での就業よりはるかに難易度が高い。そのため，農業労働は日系商業・サービス産業ほど確実な「命綱」にはなりえない。特に，海外長期滞在やバックパッキングの経験が乏しい人や，都市部出身で農業労働の経験がない人は，農業労働が「命綱」どころか「命取り」になりかねない。

　農業労働が容易でない理由は複数ある。第1に，農閑期は求人が少ない。滞在地の近くで職を得られない場合は移動（通常は広域移動）する必要がある。第2に，身体的負担が大きい。人によっては長期間働けない場合があるだけでなく，ケガや病気のリスクもある。第3に，農業地帯で求職・就業する場合はそれなりの「装備」と「スキル」が必要になる。たとえば，荷物の持ち運びはスーツケースではなくバックパックが望ましい。衣服も農作業に向いたものを揃える必要がある。悪質なワーキングホステルやコントラクターに引っかからない情報収集能力も必須である（第2章第3節（1）を参照）。これらの事情を勘案すると，当初から農業労働を当てにして低予算で渡航することは，誰にでも可能なことではないと考えるのが妥当である。

(2) 手軽で「質の高い」海外生活

　第1章第2節（1）で見たように，日本の若者にとってWH制度の最大の魅力は，それが海外生活を経験するための手頃な手段を提供している点にある。しかも日本人にとって豪州のWH制度は，他国・地域のWH制度と比べて格段に利用しやすい点に特徴がある。たとえば豪州WH制度は日本人に対してビザ発給数の上限を設けておらず，学歴や英語力の要件も課していない。また，ビザ申請時に健康診断書，申請動機の作文，活動計画書，資金証明書，往復航空券，海外旅行保険加入証明書といった書類を提出する必要がない。日本とWH協定を結んでいる16の国・地域のなかで，ビザ申請がこれほど容易な国は豪州だけである（図表3-6）。ビザ申請の過程で健康診断書の提出を求められたり，入国時に資金証明書や往復航空券の提示を求められたりする場合もあ

図表 3-6　ワーキングホリデービザの申請手続き

項目	国・地域
健康診断書	ニュージーランド，フランス
申請動機の作文	フランス，デンマーク，ポーランド
活動・滞在計画書	韓国，台湾，ポーランド
資金証明書または往復航空券	フランス，ドイツ，イギリス，韓国，アイルランド，デンマーク，台湾，香港，ノルウェー，ポーランド，ポルトガル，オーストリア
海外旅行保険加入証明書	フランス，ドイツ，台湾，ノルウェー，ポーランド，ポルトガル，オーストリア
ビザ発給数の上限あり	カナダ，イギリス，フランス，アイルランド，韓国，香港，ポーランド，スロバキア，オーストリア

出所：日本ワーキング・ホリデー協会ウェブサイト（http://www.jawhm.or.jp/visa/visa_top.html）および外務省ウェブサイト（http://www.mofa.go.jp/mofaj/toko/visa/working_h.html）を参照して筆者が作成。

注：スロバキアについては，ビザ発給数の上限以外の情報が発表されていない（2016年8月時点）。

るが，それはあくまで必要に応じてなされる措置であって，ビザ発給は「大盤振る舞い」，入国審査は「フリーパス」に近いのが（筆者が調査を実施した2007〜2010年頃の）実態であった。[21]

　豪州政府のこうした「気前の良い」態度は，日本人WH渡航者が豪州にとって「お得意様」であることと関係があるように思われる（第2章第1節を参照）。また第2章第1節と本節（5）で見る通り，豪州政府がWH制度を単なる「文化交流」制度と捉えておらず，それを産業振興策や労働力政策と関連づけつつ運用している点も重要な要因である。

　いずれにせよ，豪州のWH制度は海外生活を経験するための手段をきわめて緩やかな条件で提供している。このことが，海外生活に関心のある多くの日本人を惹きつけていると考えられる。

　また，ビザの取得が容易であることに加え，豪州の生活環境が高く評価されている点も，海外生活に関心がある者にとって強力なプル要因となりうる。生活環境の質を示す指標やデータはいくつか存在するが，特に有名なものとして，

21　筆者が2008年にインターネット上で豪州WHビザの申請をした際，書類等の提出は一切要求されることなく，文字通り一瞬でビザが発給された。2009年にそのビザで入国した際も，書類等の提示は一切求められなかった。なお，「インタビュー調査」の対象者のなかには入国時に特別な審査を受けた者も複数いたが，彼らは日本と豪州を頻繁に行き来していたために，「念のため」入念な審査を受けたにすぎなかった。

経済協力開発機構（OECD）の「より良い暮らし指標（Your Better Life Index）」とエコノミスト・インテリジェンス・ユニット（EIU）の「住みやすい都市ランキング（Liveability Ranking）」をあげることができる。

OECDの「より良い暮らし指標」は，生活の質に影響を与える11の分野（住宅，収入，雇用，共同体，教育，環境，ガバナンス，医療，生活の満足度，安全，ワークライフバランス）を数値化することによって，加盟国（34ヵ国）と非加盟国（2～4ヵ国程度，年により異なる）の特徴を把握しようとするものである。OECDは，「生活の質」に関する画一的な定義に基づいて加盟国を序列化することに消極的であるため，固定的なランキングを作成していないが，もし11分野のスコアを均等に配分した場合，豪州は最も生活の質が高いと判定される国の1つである。[22]

イギリスの週刊新聞『Economist』のグループ組織の1つ（調査機関）であるEIUは，持続性，ヘルスケアサービスの充実度，文化・環境指数，教育レベル，社会基盤の充実度という5つの指標に基づいて，世界の主要都市の住みやすさを数値化している。最新のランキング（2015年8月）によれば，豪州の2つの都市——メルボルン（1位），アデレード（5位）——が上位5位以内にランクされている（Economist Intelligence Unit 2015：6）。

以上から明らかなように，豪州WH制度は，「質の高い」海外生活を経験するための手段をきわめて緩やかな条件で提供している。しかもセカンドWHビザを取得すれば，滞在を最長2年間まで延長できる。これらの事実が，海外生活に関心のある多くの日本人を惹きつけていると考えられる。

（3）英語習得の機会

第1章第2節で見た通り，OVTA調査では対象者の53％が「語学力の強化」をWHの動機としてあげている（図表1-2）。したがって，英語を習得する機会が豊富にあることは有力なプル要因となりうる。

豪州は英語を公用語としているため，日常生活を通じて英語力を向上させることが可能である。また，語学学校などに通って英語力を向上させる機会も豊

---

[22] 2015年5月に発表されたデータでは豪州が36ヵ国のなかで1位だった（Kottasova 2015）。2016年5月発表の最新データでは，豪州はノルウェーに次ぐ2位に位置している。

富にある。豪州政府によれば，受講要件に英語力を含まず，お金さえ払えば受講できる一般英語（General English）コースを設置している政府認定の教育機関（語学学校，職業専門学校，大学など）は166校に達する[23]。さらに，WH渡航者が取得可能な英語教師資格（TESOL）[24]のコースを提供する政府認定の教育機関は，主要都市（シドニー，メルボルン，ブリスベンなど）を中心に28校存在するため，資格取得のための通学も可能である[25]。

　以上のように，豪州は英語習得のための豊富な機会を提供している。このような環境は，英語力の向上や英語に関する資格の取得に関心を抱く者にとって，魅力的なプル要因になるものと考えられる。

(4) 低予算の旅行・観光機会

　豪州には世界的に有名な観光地や観光資源が数多く存在する。豪州社会に関する知識を持たない人はいても，ウルル（エアーズロック），グレートバリアリーフ，コアラを知らない人はおそらくほとんどいないだろう。また，これらの観光地や動物ほど有名ではないものの，特定の趣味や関心を持つ人にとっては重要な場所やもの――ゴールドコースト（サーフィン），メルボルンパーク（テニス），カカドゥ（世界遺産），アボリジナルアート（美術）など――も多数存在する。さらに，豪州の国土は熱帯，温帯，乾燥帯を含むため，多彩な自然や動物に触れることができる。このように，広い国土に豊富な観光資源が存在することも重要なプル要因となりうる。

　旅行・観光の機会に注目したとき，WH渡航者にとって特に重要な要素は，低予算で楽しめる旅行や観光の機会が豊富にあることである。豪州はこの点に関しても魅力的な国である。というのも，豪州は90年代以降，バックパッカーやギャップイヤー取得者の受け入れに力を入れてきたからである（第1章第1節(2)および第2章第1節(1)を参照）。たとえば，民営・公営の長距離バ

23　豪州政府の留学案内ウェブサイトのコース検索機能で"General English"を検索した際のヒット数（http://www.studyinaustralia.gov.au）。2016年2月28日に検索実施。
24　TESOL（Teachers of English to Speakers of Other Languages）については，第1章第3節の脚注30を参照されたい。
25　豪州政府の留学案内ウェブサイトのコース検索機能で"TESOL"のコースを検索し，ヒットしたものから16週間以内に修了するものを選んだときの数（http://www.studyinaustralia.gov.au）。2016年2月28日に検索実施。

スサービスは主要な都市・観光地を網羅しており値段も手頃である[26]。豪州政府の観光案内サイトで紹介されている（したがって一定の質が保証されている）ホステルだけでも349軒に達する[27]。大陸横断・縦断鉄道のように，安価な移動手段を提供しながら移動の行程そのものを楽しめるようなサービスも存在する[28]。これらのサービスや施設を活用すれば，低予算で数多くの観光地を訪問したり，豪州一周旅行に挑戦したりこととも可能である。

また，近隣諸国への旅行が容易であることも豪州の魅力の1つである。ニュージーランドや太平洋諸島のように，日本から直接訪問すると高額の出費が予想されるような場所も，豪州からであれば安価な予算で訪問することが可能である。さらに，豪州から日本へ帰国する際にアジア諸国を訪問（歴訪）すれば，交通費を安く抑えながら通常とは異なる旅の行程を楽しむことができる。

このように，豪州には低予算で楽しめる旅行・観光の機会が豊富に存在する。このことが，旅行・観光に関心のある者にとってはもちろんのこと，必ずしもそうでない者にとっても利点の1つとして認識され，有力なプル要因になっていると考えられる。

（5）豪州政府の政策的関与

次に，豪州政府による政策的関与の重要性を指摘してプル要因の検討を締めくくりたい。

すでに示唆した通り，豪州国内の労働需給状況は，WH渡航者の就業機会に大きな影響を与えている。しかし就業機会は労働市場の状態だけに左右されるわけではない。それは政府の労働力政策によっても少なからぬ影響を受ける。その典型的な例が2005年から導入されたセカンドWH制度である。この制度

26　民営の長距離バスサービスとしては，グレイハウンドオーストラリア（http://www.greyhound.com.au/）が，公営では，ニューサウスウェールズ州営の鉄道会社であるトレインリンク（http://www.nswtrainlink.info）の提供する長距離バスサービスが，それぞれ有名である。
27　豪州政府の観光案内サイトで"Backpackers and Hostels"を検索した際のヒット数（http://www.australia.com/en/planning/find-accommodation.html）。2016年2月28日に検索実施。
28　大陸横断鉄道はインディアン・パシフィック（Indian Pacific），縦断鉄道はザ・ガン（The Ghan）という愛称で知られている。

は，2002年以降に深刻化した農業労働力の不足状況のもとで，全国農民連盟の要請に応える形で導入された（DIAC 2005）。したがって，この制度が政府の労働力政策の一環として，WH渡航者を農業労働に誘導すべく導入されたことは明白である。

　WH制度が労働力政策の枠組みのなかで管理されていることを示す傍証は他にもある。2008年にはセカンドWHビザの取得要件が変更され，就業要件が従来の「季節労働（seasonal work）」から「指定労働（specified work）」に拡大された。指定労働の職種には鉱業と建設業の非熟練労働が新たに加えられた（DIAC 2008b）。また，2010年に発生した大洪水の後，豪州政府は瓦礫の撤去作業が指定労働に含まれうることをアナウンスし，WH渡航者に対して復興支援への参加を呼びかけた。[29] さらに，2015年に一部の職種，業種，地域で就業期間の上限が変更され，同一雇用主のもとで6カ月以上働くことが可能になった。具体的には，人手不足が著しいオーペア[30]と北部地域の特定業界（高齢者・障害者福祉，農業，建設業，鉱業，観光業）に限り，1つの雇用主のもとで最長12カ月まで働くことが認められるようになった（在日オーストラリア大使館 2015；DIBP 2016）。これらの事実は，豪州政府がWH渡航者を非熟練労働力のプールとみなしていることを如実に示している。

　しかし豪州政府はWH渡航者を非熟練労働力のプールとしてのみ捉えているわけではない。WH渡航者は政府の観光・留学政策の重要なターゲットとしても位置づけられている。

　豪州経済，特にその輸出産業において，観光・留学産業が重要な役割を果たしていることは周知の事実である。政府の統計によれば，商品・サービスの輸出額上位品目のなかに「留学関連サービス」（3位）と「観光関連サービス」（5位）が含まれている（DFAT 2015：25, Table 4）。[31] 上位10品目に含まれる他

---

[29] 2011年1月18日に，豪州政府はWHビザに関する告知欄で洪水関連のアナウンスを行った（http://www.immi.gov.au/visitors/working-holiday/whats-new.htm）。後日その文章は削除されたが，その内容の一部が「指定労働」の説明文のなかに追加された。以下のURLの"Specified work in disaster affected areas"の項を参照（https://www.border.gov.au/Trav/Visa-1/417-#sub-heading-2）。

[30] オーペアとは，子どもがいる一般家庭にホームステイをしながら育児の手助けをする人（およびそのような人を斡旋するプログラム）を指す。

[31] 輸出統計では，外国からの旅行者・留学生を対象とするサービスは輸出品目として分類され，旅行者・留学生の消費額は輸出額として計上される。

の商品は，鉄鉱石（1位）などの天然資源と牛肉（6位），小麦（10位）などの農畜産物であるから，豪州の輸出産業の上位を占める商品・サービスは天然資源，農畜産物，留学，観光であると言っても過言ではない。

　観光・留学産業をめぐるこうした状況は，当然のことながら政府の産業政策や貿易政策に影響を与え，同時に政府の政策的関与が観光・留学産業の動向に影響を及ぼす。このような相互作用のなかで近年特に目を引くのは，観光と留学をリンクさせることによって，豪州への訪問者からより多くの消費を引き出そうとする豪州政府，教育機関，観光業界の戦略的姿勢である。2006年にWH渡航者が教育機関に在籍できる期間を3カ月から4カ月に延長したことは，こうした姿勢の具体的な表れとみなせる（第2章第1節（1）を参照）。政府と教育機関は，WH渡航者により多くの教育機会を与えることによって，「留学関連サービス」の輸出額を増加させようと企図しているのである。2010年に政府の留学案内サービスが教育関連の省庁から貿易関連の省庁の管轄に変更されたこともまた，こうした姿勢を示す傍証とみなせるだろう[32]。

　さらにこうした姿勢は，政府や業界団体がこれまでに発表した調査・統計資料にも反映されている。たとえば教育・トレーニング省は，留学生が複数の教育機関に在籍した場合の「教育・学習経路」（education/study pathways）に関する分析データを定期的に発表している[33]。また豪州私立教育訓練機関協議会が民間の調査会社に委託した調査の報告書（Access Economics 2009）は，留学生本人が在学中に利用した商品・サービスの種類と消費額に加えて，留学生の家族や友人が豪州を訪問した際に利用した商品・サービスの種類と消費額についても分析を行っている。

　以上の施策と調査・統計資料から浮かび上がるのは，政府，教育機関，観光業界が，豪州への訪問者とその家族・友人に対して，観光・教育関連のサービスを次々と，いわば「芋づる式」に利用させようとする戦略的姿勢である。換

32　政府が運営する留学情報提供用のポータルサイト（http://www.studyinaustralia.gov.au）は，2010年7月から豪州貿易委員会（Australia Trade Commission）の管轄事業になった。この委員会は外交・貿易省の下部組織で，貿易振興を主要な業務としている。AEI（2010）の "Study in Australia portal" の項を参照。

33　教育・トレーニング省ウェブサイトの "Data and Research"（https://internationaleducation.gov.au/research/pages/data-and-research.aspx）内で入手できる。一例として，DET（2015）をあげておく。

言すれば，政府，教育機関，観光業界は，1人の訪問者が複数のサービスを次々と利用し，しかもその家族・友人が次々と訪れることによって「輸出額」が効率的に引き上げられることを望んでいるのである。

以上に概観した通り，豪州における就業，教育，観光の機会は，政府と関連産業の協働によって戦略的にコントロールされている。WH渡航者がこうした政策的・戦略的な「仕掛け」に引き寄せられていく側面を見落とすことはできない。

第4節　媒介要因

(1) 斡旋業者と外国語教室

プッシュ・プル要因を具体的な個人の移動に結びつける役割を果たす媒介要因のなかで最も重要なものとして，留学・WH斡旋業者と外国語教室をあげることができる。近年，斡旋業者と外国語教室は大規模な市場を形成しており，その影響力を無視することはできない[34]。

斡旋業者・外国語教室の役割は，動機形成，渡航先の決定，渡航に必要な準備・手続きの簡易化，渡航後の生活支援など多岐にわたる[35]。まず動機形成に大きな影響を与えるのが，頻繁に実施される無料セミナー（説明会）と無料カウンセリングである。軽い気持ちでセミナーやカウンセリングに参加した人が，WHの魅力（＝プル要因）を知って渡航を決意するケースや，元々プル要因に惹かれていた人が，「将来性のない仕事を続けて何も得られなかったら，後になって後悔するかもしれませんよ」などと言われてプッシュ要因を意識するようになり，渡航を決意するといったケースが一定数存在すると考えられる。

セミナーやカウンセリングは，渡航先の決定にも影響を与える可能性が高い。というのも，セミナーやイベントでは写真・動画の上映，写真付きパンフレッ

34　経済産業省（2015：42, 47）によれば，2014年に操業していた外国語会話教室は約1万事業所であり，年間受講者数は約151万人，年間売上高は約2000億円に達した。また民間の市場調査会社の推計によれば，2014年度における留学斡旋市場の規模は200億円に達した（矢野経済研究所　2015）。

35　斡旋業者と外国語教室に関する記述は，「エージェント調査」と「インタビュー調査」に拠っている。また，2008年度に筆者自身がある大手斡旋業者でアルバイトスタッフとして約10ヵ月間働いた経験もここでの記述に反映されている。

トの配布，体験談の紹介などが行われるため，参加者はこれらの情報をきっかけに特定の国や地域に対する関心や憧れを抱くようになる可能性があるからである。

　また，斡旋業者・外国語教室の多くは包括的な支援サービスを提供し，語学力や海外経験のない人でも安心して渡航できるような支援体制を整えている。具体的なサービスとしては，渡航前のセミナーとカウンセリング，各種代行サービス（ビザ取得，航空券購入，語学学校入学手続き，ホームステイ手配，保険加入など），空港での送迎，渡航先で使える携帯電話の販売，海外滞在中の生活相談，仕事・ボランティアの斡旋，インターネットにアクセスできるPC端末の利用，日本語の書籍・雑誌の閲覧，帰国後の就職支援などがある。斡旋業者・外国語教室の多くはこれらのサービスを組み合わせてパッケージ化し，滞在国，テーマ，予算などに応じて内容が異なる複数の滞在プランをあらかじめ用意している。たとえばある斡旋業者は，15種類のサービスをパッケージ化したプランを8つのWH協定国と組み合わせて提供する[36]のに対して，別の斡旋業者は，サービス内容と料金を段階的に設定した4〜5種類のプランを3つのWH協定国と組み合わせて提供する[37]といった具合である。WH渡航者はこれらの滞在プランのなかから1つを選ぶだけでよい。それはまるで「カタログショッピング」（川嶋 2010：243）のように手軽である。そのため，斡旋業者や外国語教室が用意する滞在プランに申し込めば，事務的な手続きに煩わされることなく，訪問国の知識も語学力も何もない状態で渡航することすら可能である。

（2）格安航空券と海外旅行の普及

　格安航空券と海外旅行の普及も重要な媒介要因である。これらはWHに対する心理的抵抗の緩和，動機形成の促進，渡航先の決定などに関わっていると考えられる。

　70年代に登場した格安航空券は，海外渡航にかかる費用を劇的に引き下げた（山口 2010）。80年代後半に生じた急激な円高の影響と，バブル経済期に

---

[36] 以下のウェブサイトを参照（https://www.lastresort.co.jp/package_wh/）。
[37] 以下のウェブサイトを参照（http://joinetjapan.com/country_au/aus_support.html）。

日本の企業や投資家によって行われたハワイ，グアム，ケアンズ，ゴールドコーストなどの観光開発（Hajdu 2005；小野塚 2011；山口 2007）の結果として，かつては一部の富裕層のみが可能だった海外旅行は，80年代以降，より大衆的な余暇へとその性格を変容させた。このことを背景として，日本人の多くが海外渡航全般をより身近なものとして捉えるようになったと考えられる。とりわけ，WH渡航者自身がWH以前に海外旅行をした経験がある場合は，海外渡航に対する心理的抵抗はかなり緩和されると考えるのが自然である。また，短期の海外旅行を経験した人が「次はもっと長期間の旅行をしたい」と思ったり，海外旅行を何度か経験した人が「次は海外生活をしたい」と考えたり，海外旅行で訪問した国・地域に魅力を感じた人が「ここで生活してみたい」と思ったりするケースも存在するはずである。

　このように，旅行経験を重ねるにつれてより「難易度」や「希少価値」の高い旅行・滞在形態に移行していく過程を，観光社会学では旅行経歴（travel career）と呼ぶ（Richards and Wilson 2003：25-26）。もちろん，全ての人が旅行経歴の「キャリアアップ」を追求するわけではないし，旅行経歴の積み重ねが必ず海外生活への関心に行き着くというわけでもないが，旅行経歴における重要なハイライトや到達点として，海外生活やWHを選ぶ者は少なからず存在すると考えられる。

　格安航空券の普及は，渡航先や滞在計画に対して少なからぬ影響を及ぼしている可能性がある。なぜなら，安価な航空券を利用すれば，差額の資金を語学学校や旅行に使えるからである。たとえば，ある人が2つの渡航先で迷っているとする。もしこの人が2つの候補地に決定的な差を見出せず，なおかつ航空料金の差額が10万円に達するとしたら，この人はおそらく航空料金が安い方を渡航先として選ぶだろう。こうした傾向は，安価な航空サービスの提供を専門とする格安航空会社が登場した2000年代以降にいっそう進行したと考えられる。[38]というのも，格安航空会社はしばしば従来の常識を覆すほど安価な航空券を販売するため，WH渡航者はその動向を無視できないからである。[39]

38　格安航空会社の動向については，戸崎（2003），森島（2007）を参照。
39　参考までに，筆者が購入した航空券の料金を紹介する。2007年度はカンタス航空の往復チケット（成田⇔メルボルン）を17万6820円で購入した。これに対して，2009年度はジェットスターの片道チケット2枚（成田⇒ケアンズ，ゴールドコースト⇒成田）を合計6

(3) メディア

　海外生活や WH に関連する情報とイメージを提供することによって，動機形成を促したり渡航を容易にしたりする役割を果たすものとして重要なのが多様なメディアである。その役割は次の 2 点に要約できる。

　第 1 に，ガイドブックに代表される活字メディアと，インターネットに代表される電子メディアは，ともに情報収集ツールとして重要な役割を担っている。持ち運びが容易なガイドブックは，渡航前から滞在中までのあらゆる局面で役に立つ。インターネット上には海外生活や WH に関する情報があふれており，一般的な知識から特殊なデータまで幅広く入手することが可能である。情報収集に役立つウェブサイトとしては，斡旋業者をはじめとする商用サイト，個人的な体験や感想を綴ったブログや SNS，各国の文化やイベントなどを伝えるニュース・報道サイト，法律や制度の情報を提供する各国政府の案内サイトなどがあげられる。

　留学と観光が輸出産業の中核に位置している豪州では，留学・観光に関する政府の情報提供サービスも充実している。豪州政府の留学案内サイト（"Study in Australia"）では，留学可能な教育機関，留学要件，取得できる学位，授業料，ビザの申請方法といった詳細な情報が簡単に入手できる。観光案内サイト（"Australia.com"）では，地域，季節，観光の種類，関心やテーマといった項目から最適な観光プランを選ぶことができる。これらの情報提供サービスは，前節で見た豪州政府と関連産業による政策的・戦略的な「仕掛け」の一部を構成している。

　第 2 に，テレビ，映画，音楽，インターネット，活字メディアなどを通じて伝達される多様なイメージは，海外生活や WH に対する動機の形成に関わっていると考えられる。この点に関しては，本章第 2 節 (4) で見たロスアンジェルスに長期滞在する若者の事例が参考になる。彼らの滞在動機は，ハリウッド映画やアメリカの大衆音楽を通じて伝達される「ロスアンジェルス＝消費文化産業の中心都市」というイメージを抜きに語ることができない。なぜなら，彼らはまさしくそうしたイメージに憧れて渡航したからである（南川　2005）。

万 6000 円で購入した（ともに燃料費や空港税を含む）。この間に為替相場も変動しているが，航空会社と渡航先の選択次第で 10 万円以上の差額を捻出しうることが理解されるだろう。

先に検討した通り，こうした事例の背景には，消費を通じた自己表象や自己構築を喫緊の課題として認識させるような消費社会状況や，「明白な意味」を持った選択肢の魅力が増幅されるようなライフコースの個人化状況が存在する。多様なメディアは，このような状況下にある若者に対して強くアピールするようなイメージを大量に生産し，伝達しているのである。

メディアが生産・伝達するイメージのなかには，豪州やWHに関するものも数多く含まれる。日本のメディアによって伝達される豪州のイメージに関して言えば，人気の海外旅行先としてのイメージに加え，良好な自然・社会環境，社会的プレッシャーの少なさ，物価の安さ，安全性，余暇志向の国民性といったイメージや情報が，移住と関連して語られることが多い（Mizukami 2006）。また，「世界一住みやすい都市」に関するニュース報道なども，豪州の良好なイメージを伝達することに一役買っていると考えられる。[40]

豪州のWHも基本的にはこうした（良好な）イメージに依拠して語られることが多いようである。たとえば，ある大手斡旋業者のパンフレット[41]は，豪州がWHや留学の滞在先として選ばれる主要な理由として，「年間を通じて過ごしやすい気候」「親日家が多く，オープンマインドな国民性」「自然の宝庫でアクティビティが充実」という3点をあげている。国民性と自然を強調するこのような記述はガイドブックでも共通しており，サーフィンをはじめとする自然型アクティビティ，ワイナリーめぐりなどの旅行・観光，自然と調和した街並み，住みやすさといった点が強調されることが多い。これらの特徴を，「挑戦」「夢の実現」「語学力向上」「ステップアップ」といったWHを説明する際の常套句とともに提示することが，ガイドブックやパンフレットの一般的な構成となっている（日本ワーキング・ホリデー協会編 2004；OKCオセアニア交流センター編 2005；『成功する留学』編集室編 2009）。

以上に概観した通り，多様なメディアは，若者を強く惹きつけるイメージを伝達することによって海外生活やWHに対する動機形成を促したり，実用的な情報を提供することによって渡航を容易にしたりしていると考えられる。

---

40 その一例として，「世界で一番住みやすい都市はメルボルン，東京は18位」『AFPBB News』2011年8月11日（http://www.afpbb.com/article/life-culture/life/2823254/7697076）をあげておく。

41 ラストリゾート『海外生活の国別データファイル』発行年不明。2008年に入手。

(4) 家族・友人

　家族や友人の存在も，豪州への WH という選択を導く際に重要な役割を担っていると考えられる。「インタビュー調査」では，家族や友人が動機形成の何らかの局面（海外生活に関心を抱く，WH 制度を知る，WH を決意する，滞在先を決める等々）で関与する事例が大多数だった。また WH の決断や滞在先の選択に際して，豪州に家族や友人がいる（あるいは一緒に行く）ことが決定的な重要性を持つような事例も一定数存在した。筆者の調査は規模が小さいため統計的な有意性を主張することはできないが，インフォーマルな人間関係が動機形成や渡航の円滑化に寄与している可能性を示すデータは他にも複数存在する。

　第 1 に，WH を経験した日本人の総数はすでに 30 万人，豪州 WH だけでも 17 万人を超えている（日本ワーキング・ホリデー協会編 2009）。「インタビュー調査」では，身近な他者が WH を経験したため WH を決意したという事例が見られた。こうしたことが一定の頻度で生じているとすれば，WH 経験者が与える影響は無視できない規模に達すると考えられる。

　第 2 に，海外生活の経験者が膨大な数に達していることを示すデータもインフォーマルな人間関係が動機形成に及ぼす影響を示唆する。2014 年に海外で生活していた日本人の総数は約 130 万人であり，豪州の滞在者だけでも 8 万 5000 人に達している（外務省 2015）。これまでに海外生活を経験した日本人の総数はこれよりはるかに多いと見て間違いない。「インタビュー調査」では，身近な他者が海外生活を経験することによって，海外生活に関心を抱くようになる事例が見られた。また豪州に知り合いがいる場合，そうした人の支援を得て（あるいは支援を見込んで）豪州 WH 制度を利用する事例も存在した。こうしたことが一定の頻度で生じているとすれば，海外生活経験者が与える影響はかなり大きなものになることが予想される。

　第 3 に，インフォーマルな人間関係が動機形成に与える影響は，日本に滞在する外国人が膨大な数に達しているという事実からも読み取れる。法務省によれば，2015 年の在留外国人は 250 万人に達しており，豪州人の登録者も 1 万 8000 人を超えている。[42] 訪日外国人旅行者数も急増しており，2015 年には 1974

---

[42] 法務省「在留外国人統計」を参照（http://www.moj.go.jp/housei/toukei/toukei_ichiran_touroku.html）。

万人の外国人が日本を訪れたと報告されている[43]。「インタビュー調査」では，(豪州人に限らず) 外国人との交流がきっかけとなって海外生活に関心を抱くようになる事例が見られた。また豪州人と交流のある人が，その豪州人と一緒に (あるいはその豪州人を頼って) 豪州に渡航する事例も存在した。こうしたことが一定の頻度で生じているとすれば，日本に滞在する外国人および豪州人が与える影響はかなりの規模に達すると考えられる。

以上の通り，WH や海外生活の経験者，および日本に滞在している外国人の数は，無視できない水準まで達している。そうした人々から様々な影響や支援を受けて豪州の WH 制度を利用する人が多数存在する可能性がある。したがって，インフォーマルなネットワークの役割に注目することは，依然として重要な課題であり続けるだろう。

まとめ

本章では，多様な研究や資料に依拠しながら，90 年代以降に豪州 WH 制度を利用する日本人が増加した背景にある諸要因を多面的に検討した。その際，日本の若者を豪州 WH へと導く要因を，プッシュ要因，プル要因，媒介要因という 3 つの角度から考察した。その結果，WH 渡航者が増加した背景には，多様な要因の絡み合いと複雑で広範な社会変容が存在することが明らかとなった。一連の社会変容はプッシュ要因，プル要因，媒介要因の全ての側面で生起しており，日本の若者はそうした変化に取り囲まれながら生活している。したがって，若者を取り巻くこれらの変化が複合的に作用した結果として WH 渡航者が増加したと理解するのが妥当である。単一またはごく少数の要因によって WH 渡航者の増加を説明することは，若者を取り巻く状況の変化を矮小化することにつながりかねないため不適切と言わざるをえない。

その一方で，本章の議論は，日本経済のグローバル化が WH 渡航者の増加をもたらす基底的な要因であることを再認識させるものでもあった。特に，日本経済のグローバル化のもとで進行した就業環境の悪化が他のプッシュ要因に

---

43 日本政府観光局の 2016 年 1 月 19 日の報道発表を参照 (http://www.jnto.go.jp/jpn/news/press_releases/pdf/20160119_1.pdf)。

及ぼす影響は甚大である。たとえば，若年雇用の不安定化が晩婚化の原因の1つであることはすでに実証されている（酒井・樋口 2005；加藤 2011）。青年期の長期化は主に若年雇用の不安定化と晩婚化によって引き起こされている。雇用が不安定であるために結婚しない／できない未婚者が親と同居することによってかえって購買力を高め，購買力を高めた未婚者が旺盛に消費することによって消費社会化を推し進めるという命題はよく知られている（山田 1999）。ライフコースの脱標準化と個人化は，若年雇用の不安定化，晩婚化，青年期の長期化，消費社会化の進展が絡み合うことによって生じている。以上を踏まえれば，日本経済のグローバル化のもとで進行した就業環境の悪化をプッシュ要因の中心あるいは土台に据えることは妥当な判断と言える。

　日本経済のグローバル化（日豪貿易と豪州への直接投資の活発化）とともに発展した日系商業・サービス産業が日本人WH渡航者に豊富な就業機会を提供している点も見逃せない。なぜなら，日本人を優先的に雇う日系商業・サービス産業が存在しなければ，英語力が低く特殊な技能を持たず特別なコネクションもない日本の若年ノンエリート層が低予算で豪州に長期滞在できる可能性は限りなく低くならざるをえないからである。

　媒介要因のなかにも，日本経済のグローバル化と切り離せないものがいくつか存在する。たとえば，80年代後半以降に日本人が海外旅行を頻繁に行うようになったのは，バブル経済期に日本の企業と投資家が海外（豪州ではケアンズとゴールドコーストが特に有名）で活発な観光開発を行ったことが1つの理由だが，観光開発は言うまでもなく資本の国際移動の1つのあり方である。また，海外経験のある／豪州に在住する家族・友人のなかには，海外駐在員として海外（豪州）に派遣されたり，現地日系企業で働いたりする永住者も数多くいるはずである。さらに，日本に滞在する外国人のなかには，日本に進出してきた外資系企業の関係者とその家族が数多く含まれることが予想される。

　以上の通り，日本経済のグローバル化は，プッシュ要因，プル要因，媒介要因の全てを強化することによって，豪州に長期滞在する日本人WH渡航者の増加を根底で支えている。この点を曖昧にする議論は，WH渡航者の増加を日本経済のグローバル化だけで理解・説明する議論と同様に，非現実的との批判を免れないだろう。

第 4 章

ライフヒストリー分析 (1)
——キャリアトレーニング型・キャリアブレーク型

　本章では,「インタビュー調査」対象者のライフヒストリーを記述し, WH 渡航者の渡航動機, 渡航までの経緯, そして滞在の概要を, 彼らの就業状況に焦点を当てつつ明らかにする。また, 複数の WH 渡航者に見られる共通点に注目することによって, 若年層において生起しつつある新たな現象を, 国際移動の多様化と関連づけながら考察する。この作業を通じて, 就業環境の変化と国際移動の多様化が連動しつつ進行している現状を具体的に示すと同時に, こうした現状の背景にある構造的変化の一端を浮き彫りにすることが, 本章の課題である。

　第 1 節では,「インタビュー調査」対象者のうち, 本章と次章で扱う考察対象を選定する。第 2・3 節では, キャリアトレーニング型とキャリアブレーク型（後述）の WH 渡航者をそれぞれ考察する。

第 1 節　考察対象者の選定

　本章と次章では,「インタビュー調査」対象者がどのような就業・生活状況のもとで, どのような動機を抱いて WH 制度を利用するに至ったかを記述・分析する。とはいえ調査対象者 84 人全員のライフヒストリーを扱うことは現実的ではないから, 何らかの形で考察対象を限定する必要がある。そこで本節では, 以下の手順に従って考察対象の絞り込みを行う。

　まず, 海外渡航以前と海外滞在中の就業状況（主に職種, 企業規模, 雇用形態）に基づいて WH 渡航者を 4 つの類型（キャリアトレーニング型, キャリアブレーク型, キャリアリセット型, プレキャリア型）に分ける[1]。次に, それぞれの

第 4 章　ライフヒストリー分析（1）　189

類型に属する人々がどのような動機で WH 制度を利用しているかを概観する。その後，OVTA 調査（海外職業訓練協会 2005）を参照しながら，4 類型の比率を確認する。最後に，「インタビュー調査」対象者を 4 つの類型に振り分け，それぞれの類型に属する調査対象者のなかから，本章と次章で取りあげる考察対象を選び出す。

(1) キャリアに基づく 4 類型

　WH 渡航者の多くは 1〜2 年間という決して短くない期間を海外で過ごすため，どのような形で仕事を辞め，海外滞在中にどのような仕事に従事し，WH 後にどのような職に就くかという問題を避けて通れない。そして，この問題への対処の仕方から，WH 渡航者を以下の 4 類型に分けることができる（図表 4-1 参照）。

　第 1 に，専門的な技能，公的な資格，海外経験が肯定的に評価されやすい職（海外関連職）の職歴，経営・管理者としての高度な職歴，個人的な伝手(つて)のいずれかまたは複数があるために，帰国後の再就職に際して職位や労働条件の大幅な低下を回避しやすい者が，WH 中に自分の専門分野に関わる就業経験を積んだり職業訓練を受けたりするケースをキャリアトレーニング型と呼ぶ。

　第 2 に，専門的な技能，公的な資格，海外関連職の職歴，経営・管理者としての高度な職歴，個人的な伝手のいずれかまたは複数があるために，帰国後の再就職に際して職位や労働条件の大幅な低下を回避しやすい者が，WH 中に自

1　本書における 4 類型は，藤岡（2012b）で提示した 4 類型にいくつかの変更を行ったものである。主要な変更点は次の 3 点である。第 1 に，「キャリアアップ型」を「キャリアトレーニング型」に名称変更した。「キャリアアップ型」という名称は，「WH によってキャリアアップ（職位や賃金の上昇）を実現した人々」というイメージを喚起するが，実際に全員が「キャリアアップ」を実現しているわけではない。そこで，「WH 中に就業経験を積んだり職業訓練を受けたりした人々」を意味する「キャリアトレーニング型」に変更した。第 2 に，藤岡（2012b）では「キャリアリセット型」に含まれていた「海外経験が肯定的に評価されやすいサービス職従事者」を「キャリアトレーニング型」に移動した。これは，「海外経験が肯定的に評価されやすいサービス職従事者」の動機と就業状況が，キャリアリセット型の人々よりキャリアトレーニング型の人々に類似している点を考慮して行った変更である。第 3 に，各類型の定義を部分的に変更した。藤岡（2012b）では，「キャリアラダー」という概念を用いて各類型を定義したが，本書ではこの概念を用いずに職種と就業形態だけで定義した。実際のキャリアラダーは業種，職種，企業などによって大きく異なるため，本書のような業種・職種・企業横断的な類型化を行う際にキャリアラダー概念を用いると混乱が生じかねないと考えたためである。

分の専門分野に関わる就業経験を積んだり職業訓練を受けたりしないケースをキャリアブレーク型と呼ぶ。

　第3に，専門的な技能，公的な資格，海外関連職の職歴，経営・管理者としての高度な職歴，個人的な伝手のいずれも持たない状態で海外渡航したために，帰国後の再就職に際して非正規雇用や正規雇用の（最）下層に位置する職種・職位から再出発する可能性が高いケースをキャリアリセット型と呼ぶ。

　第4に，本格的なキャリアを開始していない者がWH制度を利用するケースをプレキャリア型と呼ぶ。

　各類型の特徴をもう少し詳しく見てみよう。キャリアトレーニング型とキャリアブレーク型の2類型を構成するのは，専門職従事者（看護師，教師，スポーツコーチ，ITプログラマーなど），公的資格を必要とするサービス職従事者（調理師，理美容師など），海外経験が肯定的に評価されやすいサービス職従事者（ホテルの正規従業員，ツアーコンダクター，旅行代理店・語学学校・斡旋業者のカウンセラー[2]など），経営・管理者（中小企業の経営・管理者，飲食店の店長経験者など），中小企業・自営業後継者（親が企業を経営する者など）である。こうした人々のうち，海外滞在中に自分の専門分野に関わる就業経験を積んだり職業訓練を受けたりした者はキャリアトレーニング型に，それ以外の者はキャリアブレーク型に分類される。具体的には，海外（豪州）での就業機会が比較的潤沢にある日本語教師，調理師，理美容師，ツアーコンダクター，旅行代理店・語学学校・斡旋業者のカウンセラー，飲食店マネージャー[3]は，キャリアトレーニング型に含まれることが多いと考えられる。語学学校で英語教師向けのコースを受講する英語教師もキャリアトレーニング型に含まれる。これに対して，看護師，スポーツコーチ，ITプログラマーなどは，就業機会が相対的に乏しかったり高い語学力が要請されたりするため，キャリアブレーク型に含ま

2　一般的に，旅行代理店・語学学校・斡旋業者は，海外旅行・海外留学・海外生活の注意点について顧客に助言したり顧客から相談を受けたりすることが可能な接客・販売スタッフを配置している。そうしたスタッフは，当然のことながら，海外旅行・海外留学・海外生活の経験を持つ人が望ましい（企業によっては必須要件である）。こうしたスタッフを本書では「カウンセラー」と呼ぶことにする。

3　豪州の日本人向け求人サイトでは，日本食レストランのマネージャー候補者を募集する求人広告が時おり見られる。ただしその数はフロアスタッフ，キッチンハンド，調理師より少ない。

図表4-1 キャリアに基づく4類型

類型	職種・企業規模・雇用形態等	具体例
キャリアトレーニング	専門職，資格職，経営・管理者，中小企業・自営業後継者，海外経験が評価される職種	語学教師，調理師，旅行代理店・語学学校・斡旋業者のカウンセラー，介護支援専門員，理美容師，ツアーコンダクター，飲食店マネージャー，ホテルスタッフ
キャリアブレーク	専門職，資格職，経営・管理者，中小企業・自営業後継者，海外経験が評価される職種	看護師，保育士，幼稚園教諭，IT技術者，中小企業・自営業後継者，スポーツコーチ
キャリアリセット	上記以外の職種全般，非正規雇用者	事務職・販売職・営業職・サービス職・技能職労働者（正社員・非正社員）
プレキャリア	学生，学卒直後の者	大学（院）休学者，学卒直後の者，学卒直後に海外留学・海外ボランティアをした者

注：「具体例」欄は，筆者がフィールドワーク中に知り合った人々の経歴を踏まえて作成した。

れるケースが多いと予想される。中小企業・自営業後継者については，海外で自分の専門分野に関わる仕事に就けるかどうかは業種・職種次第である。たとえば，実家の飲食店を継ごうとする者が豪州のレストランで修行することはそれほど難しくないが，実家の町工場を継ごうとする者が豪州で修行することは難しいかもしれない。

次に，キャリアリセット型に含まれる職種・雇用形態は，キャリアトレーニング型とキャリアブレーク型に含まれないもの全てである。具体的には，事務職，販売職，営業職，技能職，サービス職（ただし資格職と海外関連職を除く）の正社員・非正社員全般である。こうした人々は，帰国後の再就職において，非正規雇用，渡航前とは異なる職種，渡航前より職位や労働条件の低い職から再出発する可能性が高い。

最後に，プレキャリア型を構成するのは，休学中の学生と，学校卒業・中退直後に海外渡航した者である。卒業・中退後にアルバイトなどをしてから渡航した者はプレキャリア型ではなくキャリアリセット型に分類される。

以上がキャリアに基づく4類型と各類型に含まれる職種・雇用形態の概要である。この類型の特徴をより明確にするために，2点ほど注釈を加えたい。第1に，WH中に就業経験を積んだり職業訓練を受けたりすれば無条件でキャリ

アトレーニング型に分類されるというわけではない。キャリアトレーニング型に含まれるのは，渡航前に上述の職種・雇用形態での就業経験があり（あるいは少なくとも資格を取得しており），なおかつ海外滞在中にその仕事と関連する就業・訓練を経験した者だけである。渡航前に上述の職種・雇用形態での就業経験がない者が，WH中に新たな資格や技能を身につけようとする場合は，キャリアリセット型に分類される。両者を区別するのは，「専門的または特殊な資格・技能・職歴・伝手などをすでに持っている人が，それを生かしたり発展させたりする」ことと，「専門的または特殊な資格・技能・職歴・伝手などを持たない人が，そうしたものを得ようとする」ことは，動機とキャリアプランという観点からすれば全く異質なものだからである。前者は職業社会や労働市場に特定の居場所（足場）を確保した者がそこからさらに（上昇）移動しようとする行為であるのに対して，後者は居場所を持たない人が居場所を求めて試行錯誤する行為である。前者は中長期的な展望を伴う計画的行為と言えるが，後者はリスクや不確実性を伴う「ギャンブル的」行為としての側面を少なからず含んでいる。したがって両者を同一視することは妥当でない。[4]

　第2に，「一時的に仕事を休む」ことが海外渡航の目的であれば無条件でキャリアブレーク型に分類されるというわけではない。キャリアブレーク型に含まれるのは，専門的または特殊な資格・技能・職歴・伝手などを持つために，帰国後の再就職に際して職位や労働条件の大幅な低下を回避できる者だけである。渡航前に専門性の低い職に就いていた人が仕事を辞めて海外生活を送り，帰国後に同様の職に就く場合は，キャリアブレーク型ではなくキャリアリセット型に分類される。

(2) 動機の概要

　それでは，各類型に属する人々はどのような動機でWH制度を利用してい

---

[4] 不親切（悪質）なメディアや斡旋業者は，キャリアトレーニング型とキャリアリセット型を（意図的に）同一視することによって，海外経験の利点を誇張しがちである（「海外で経験を積めばグローバル人材になれる！」等々）。しかし，一見すると同じ「海外での就業・訓練経験」であっても，渡航前の蓄積や準備がある者とない者とではその意味，効果，リスクは大きく異なる。この現実を認識し，両者をはっきり区別するか否かが，商業的な言説（広告）と社会科学的な分析とを分ける基準の1つとなるだろう。

るのだろうか。その詳細については本章の次節以降と次章で考察するので，ここでは各類型の大まかな傾向を指摘しておきたい。

　まず，キャリアトレーニング型とキャリアブレーク型について。この2類型に属する人々は，自分の持つ資格・技能・職歴・伝手を生かしたり発展させたりしようとする意識が強く，WH中に自分の専門分野で就業しようとする意欲も強い。ただし，実際にどの程度の時間とエネルギーを自分の専門分野で就業することに投じるかは人によって異なる。特に，過去に海外留学や他国でのWHを経験したことがあるかどうかによって，動機と滞在状況に差が生じやすいようである。具体的には，過去に何らかの海外生活を経験したことがある者は，自分の専門分野での就業に集中し，それ以外の活動への関与が少なくなる傾向があるのに対して，海外生活の経験がない者は，自分の専門分野で就業することだけでなく，それ以外の活動にも時間とエネルギーを多く注ぐ傾向がある。やや図式的に言い換えると，海外生活経験がある者の動機は「自分の専門分野で就業・訓練経験を積むこと」に収斂する傾向があるのに対して，海外生活経験がない者の動機は「自分の専門分野で就業・訓練経験を積むこと」と「海外生活を経験（満喫）すること」の両者を含む傾向がある。さらに付言すると，前者には海外（豪州）への移住計画を持つ者が比較的多く，後者には自分の専門とは関係のない分野で就学・就業することに強い関心を抱く者が多いように見える（「日本人がいない環境で勉強したい／働きたい」「カフェで働いてみたい」等々）。

　次に，キャリアリセット型について。この類型に含まれるWH渡航者は，海外生活を経験してみたいという動機が強く，滞在中に可能な活動（語学学校，仕事，ボランティア，旅行など）に幅広く興味を示す傾向がある。また，この類型に属する人々は，WH終了後の具体的なキャリア（ライフ）プランがないまま，とりあえず／とにかく海外生活をしてみたい，日本から離れたい，環境を変えたい，自分を変えたいといった動機を語る傾向があり，渡航前の仕事を辞めても失うものはなかったと開き直ることも多い。そのため，メディアや研究者から，「無計画」「無目的」「無責任」「非常識」といった批判を受けることも少なくない（第1章第3節を参照）。こうした批判は表層的な観察に基づく印象論の域を出ないが，キャリアリセット型に属する人々の動機が他の3類型と比

べて「分かりづらい」という点は否定できない事実のように思われる。

最後に，プレキャリア型について。この類型に属する人々にとってのWHとは，本格的な就業・社会生活を開始する前の準備・猶予期間（の一部）と総括できる。具体的には，就職に備えて語学力を磨いたり就業・ボランティアを経験したりすること，国際人としての素養を身につけるべく海外生活を経験したり異文化に触れたり外国人と交流したりすること，学生時代（あるいは若い時期）にしかできない貧乏旅行や冒険的旅行に挑戦したりすることが，この類型に属する人々の主要な目的である。また，日本の学校（高校・大学）を卒業してすぐに海外留学や海外ボランティアをした者が，就職や移住の準備・手続きをするためにWHビザを利用して滞在期間を延長することもある。このように，個々人の目的はそれぞれのキャリア（ライフ）プランに応じて異なるが，いずれのケースであっても，WHが準備・猶予期間として位置づけられている点は共通している。

(3) 各類型の比率

WH渡航者のなかで上記の4類型はそれぞれどの程度の割合を占めているのか。この点をOVTA調査の結果から確認したい。

先述の通り，キャリアトレーニング型とキャリアブレーク型に含まれるのは，専門職従事者，公的資格を必要とするサービス職従事者，海外経験が肯定的に評価されやすいサービス職従事者，経営・管理者，中小企業・自営業後継者である。OVTA調査によれば，渡航以前の職種・就業形態が専門職，管理職，自営業者である者の割合はそれぞれ16％，0.4％，0.5％である（第1章第4節（2）の図表1-7と1-8を参照）。公的資格を必要とするサービス職従事者と海外経験が肯定的に評価されやすいサービス職従事者の割合を知ることはできないので，渡航前にサービス職に従事していた者（全体の20％）の半数がこれらの職種の就業者だと仮定すると，その割合は全体の約1割となる（図表1-8）。以上の仮定に従えば，キャリアトレーニング型とキャリアブレーク型の合計は27％程度ということになる。このうち，キャリアトレーニング型とキャリアブレーク型がそれぞれどの程度の割合を占めるかは残念ながら分からない。

次にプレキャリア型とキャリアリセット型の割合を見てみよう。OVTA調

査によれば，渡航以前の状態が学生だった者の割合は11％である（図表1-7）。したがって，プレキャリア型は全体の1割程度と考えられる。キャリアリセット型の割合は，全体から他の3類型の割合の合計を引いたものである。その計算式は，100 − 27（キャリアトレーニング型とキャリアブレーク型の合計）− 11（プレキャリア型）＝ 62（％）となる。したがって，キャリアリセット型は，全体の6割程度を占めると考えられる。

最後に，筆者が実施した「インタビュー調査」対象者の内訳を確認しておきたい。「インタビュー調査」の対象者84人を上記の4類型に分類すると，キャリアトレーニング型16人（19％），キャリアブレーク型10人（12％），キャリアリセット型38人（45％），プレキャリア型20人（24％）となる[5]。OVTA調査と比べてキャリアリセット型の比率が低く，他の3類型の比率が高くなっているが，最も比率が高いのはキャリアリセット型であるという点は共通している。84人の職歴については巻末の付録1にまとめたので，そちらも参照されたい。

(4) 本書の考察対象

本書では，これまでの考察を踏まえた上で，キャリアトレーニング型，キャリアブレーク型，キャリアリセット型の3類型に属する人々のキャリアを詳細に検討する。本章の第2・3節でキャリアトレーニング型とキャリアブレーク型を，次章でキャリアリセット型を，それぞれ考察する。プレキャリア型は考察対象から除外する。

本書がプレキャリア型の考察を行わないのは，この類型に属する人々の多くが大学生と学卒直後の者だからである。本書（本章と次章）の主要な問題関心は，海外渡航の動機を渡航前の就業・生活状況と関連づけつつ記述・分析することだが，大学生と学卒直後の者は短時間・短期間のアルバイト経験しかない

5　藤岡（2012b）ではキャリアアップ型（本書のキャリアトレーニング型）13人，キャリアブレーク型10人，キャリアリセット型41人，プレキャリア型20人と集計した。本書では，藤岡（2012b）よりキャリアトレーニング型が3人多く（13→16人），キャリアリセット型が3人減っている（41→38人）。これは，本書の分類において，「海外経験が肯定的に評価されやすいサービス職従事者」をキャリアリセット型からキャリアトレーニング型に移動したために起きた変化である。具体的には，WH以前に旅行代理店，語学学校，ホテルでの就業経験があり，WH中にほぼ同じ業種・職種で就業した3人（巻末の付録1における9番，47番，78番）をキャリアリセット型からキャリアトレーニング型に移動させた結果である。

のが普通である。なかにはアルバイト経験すらない者もいる。このような人々を他の3類型と同列に扱うことは明らかに不適切である。そこで本書では，渡航前に一定期間の就業経験がある3類型に考察対象を限定したい。プレキャリア型については，いずれ稿を改めて考察を行いたい[6]。

考察に際しては，「インタビュー調査」対象者のなかから各類型に属する対象者を4人ずつ選び，それぞれのライフヒストリーを記述する。その記述を踏まえて，渡航以前の就業・生活状況と渡航動機に見られる特徴をそれぞれの類型ごとに考察する。ライフヒストリーを記述する12人（4人×3類型）の概要と彼らを選定した理由については，次節以降でそれぞれの類型ごとに説明する[7]。なお，名前は全て仮名であり，敬称も省略する。

第2節　キャリアトレーニング型

(1) 考察対象者の概要と選定理由

「インタビュー調査」対象者84人のうち，キャリアトレーニング型に分類される者は16人である。この16人を職業別に分類すると，調理師4人（巻末付録1の33番，75番，77番，81番），語学教師2人（同6番，26番），IT技術者2人（同45番，79番），旅行代理店等カウンセラー2人（同9番，47番），スポーツコーチ1人（同28番），飲食店店長1人（同38番），助産師1人（同46番），介護支援専門員1人（同56番），幼稚園教師1人（同69番），ホテル従業員1人（同78番）となる。

本節では，この16人のうち，拓哉（同9番，トラベルカウンセラー，インタビュー時27歳），邦彦（同81番，調理師，29歳），静香（同26番，日本語教師，31歳），美穂（同56番，介護支援専門員，32歳）のライフヒストリーを記述・分析する[8]。

---

[6] 近年，「グローバル人材の育成」という名目で，学生に対する海外留学と海外ボランティア（インターンシップ）の奨励が盛んに行われている。プレキャリア型の考察はこうした文脈において考察するのが適切かもしれない。

[7] 12人の考察対象者のうち，邦彦（キャリアトレーニング型）と龍也（キャリアブレーク型）の2人は，筆者が調査を実施した日本食レストランの同僚である。また，遼と瑠依（キャリアブレーク型）の2人は，筆者が調査を実施した観光施設の同僚である。日本食レストランと観光施設の調査結果については第7・8章を参照されたい。

[8] 拓哉，静香，邦彦の3人にはライフヒストリーの草稿をチェックしてもらった。この場

この4人を選んだのは，彼らがキャリアトレーニング型の中核的職種である海外関連職（トラベルカウンセラー），公的資格が必要なサービス職（調理師），教育関連の専門職（日本語教師），医療・福祉関連の専門職（介護支援専門員）の資格・職歴を持ち，豪州で自分の専門分野に関わる仕事に就いていたからである。この4人のライフヒストリーを考察することによって，キャリアトレーニング型WH渡航者の渡航以前の就業・生活状況と渡航動機を，共通性と多様性という2つの角度から明らかにすることが可能になるはずである。

なお，トラベルカウンセラー，調理師，日本語教師，介護支援専門員は，豪州で就業機会を得ることが比較的容易であり，実際にこれらの職（または関連職）に就くWH渡航者も少なくない。このことを，いくつかのデータで確認しておこう。

第1に，豪州を訪問する日本人観光客・留学生・WH渡航者が多いため，豪州には日本人向けの旅行代理店と留学・WH斡旋業者が数多く存在する[9]。こうした業者は日本人の顧客に対応するスタッフ（各種カウンセラー）を必要とするため，旅行代理店や斡旋業者で働いた経験のある日本人は就業機会を得やすい。第2に，豪州には日本食レストランがきわめて多いため，調理師免許を持つ者は就業先を見つけやすい[10]。第3に，豪州は日本語学習者が多く，特に初中等教育段階における日本語教育が盛んである[11]。そのため，日本語教師の資格を持つ者は，語学学校の教師や初中等教育機関の日本語教育アシスタント

を借りてお礼を申し上げたい。美穂とは帰国後も不定期に電子メールのやり取りがあり，2011年3月の震災直後もお互いの安否を確認し合った。しかしその後は音信不通の状態が続いている。本書の執筆にあたって，草稿のチェックを電子メールで依頼したが，返信を得られなかった。最後の安否確認メールでトラブルがあったわけではないので，美穂はメールアドレスを変更し，筆者に伝え忘れている可能性が高い。

9　たとえば，2012年8月の時点で，ケアンズだけでも日本人向けの（日本語対応を掲げる）旅行代理店が14店舗，留学・WH斡旋業者が5店舗あった（第6章第4節を参照）。豪州全体では，これよりはるかに多い業者が操業している。

10　豪州には少なくとも500を超える日本食レストランが存在する。この点は第6章第2節で詳細に議論する。

11　2012年に国際交流基金が行った調査では，豪州の日本語学習者は約30万人に達していた。豪州の人口は約2400万人だから，全人口の1％強が日本語を学習している計算になる。日本語学習者が多い理由は，初中等教育の選択科目に日本語が含まれていること，日豪の経済関係が強固であること，日本の大衆文化（アニメやマンガなど）の人気が高いことなどがあげられる。詳細は国際交流基金の国・地域別情報ページを参照（http://www.jpf.go.jp/j/project/japanese/survey/area/country/2014/australia.html）。

として就業する機会が豊富に存在する。第4に，日本ほど深刻ではないものの，豪州も人口の高齢化に直面しているため，高齢者福祉施設で働く医療・介護労働者の不足が社会問題化しつつある。人材不足が深刻な職種は福祉施設のタイプや地域によって異なるが，多くの施設が介護労働者の不足状況に陥っている点は共通している。介護労働者には複数の職種・職位があるが，（最）下位職種である介護助手（Assistant in Nursing）は採用要件がそれほど厳しくないため，日本人であっても，医療・介護労働の経験者であれば就業は十分に可能である。第5に，OVTA調査は，WH中に専門職に就いた者の大半が教育分野と医療・福祉分野で就業したことを示している。具体的な数値を見ると，WH中に専門職に就いた者（のべ165人）のうち，教育分野と医療・福祉分野で就業した者の割合はそれぞれ56％と35％に達している（海外職業訓練協会2005：152，表B3-C）。ITや通訳・翻訳といった分野で働く者もいるが，ごく少数にとどまっている。教育分野で働く者の全てが日本語教師というわけではなく，医療・福祉分野で働く者の全てが介護助手というわけでもないが，職の得やすさを考慮すれば，この2つの職種が少なからぬ割合を占めると考えることは妥当な判断と言えるだろう。最後に，WH中にトラベルカウンセラーおよび調理師として働くWH渡航者の割合を知る方法は残念ながら存在しないが，OVTA調査は，飲食・宿泊業と観光業で働く者が多いことを示しているから，

12　2009年の国連推計によれば，豪州の総人口に対する60歳以上人口の比率は19％であり，世界平均の11％を大きく上回っている（United Nations 2009：1）。ちなみに，日本の同比率は30％であり，世界で最も高齢化が進んだ国となっている。

13　豪州政府が2012年に実施した調査によれば，豪州の高齢者入所施設（老人ホーム）の76％，コミュニティサービス施設（自宅に住む高齢者に支援を行う施設）の49％が，何らかの形で人材不足に陥っている（DHA 2013：76, 123）。2015年11月以降，北部地域の高齢者・障害者福祉施設で就業するWH渡航者が同一雇用主のもとで最長12カ月まで働けるようになった背景には，このような深刻な人材不足が存在する。

14　豪州政府の調査によれば，高齢者入所施設とコミュニティサービス施設の両者において，そして都市部，郊外，地方，遠隔地の全ての施設において，介護労働者（Personal Care AttendantおよびCommunity Care Worker）の不足を訴える施設が多い。詳細はDHA (2013)の表4.8 (p.76)および表6.12 (p.123)を参照。

15　WH中に就業した者（のべ1772人）のうち，飲食店でサービス職（調理・接客・給仕）に就いた者の割合は35％に達する（海外職業訓練協会 2005：152, 表B3-C）。その多くは資格や職歴の要らないキッチンハンドとフロアスタッフと思われるが，調理師も一定数はいると考えられる。OVTA調査は観光業というカテゴリーを設けていないため観光業で働いた者の割合を知ることは困難だが，仮に「その他のサービス職」の多くが観光業のサービス職とみなすと，その割合は12％に達するから，旅行代理店などのカウンセラーとして働く者も一定数にいると考えてよさそうである。

この2職種に焦点を当てることは的外れではないと考えられる。

　以上より，上述の4人は，キャリアトレーニング型のWH渡航者を考察する際の対象としてふさわしい（少なくとも不適切な事例ではない）と言えるだろう。

(2) 拓哉：トラベルカウンセラー

　拓哉が海外志向を抱くようになったきっかけは，高校2年時の短期海外留学（6週間）である。彼の通っていた高校は短期イギリス留学プログラムを提供しており，全生徒の半分程度がこれを利用する。この経験を通じて海外への関心が高まった拓哉は，より長期間の海外滞在をしたいと考えるようになった。

　高校卒業後，東京都内の中堅私立大学法学部に進学した拓哉は，アルバイトで海外渡航の資金を100万円ほど貯めた。そして，大学4年の冬学期に，この資金で3カ月間の短期語学留学に2回行った。留学先は為替相場が有利なニュージーランドであり，滞在地は南島最大の都市クライストチャーチだった。この半年間の短期留学で，拓哉はクライストチャーチにすっかり心を奪われてしまった。クライストチャーチはネオゴシック調の建築物と市内各所にある庭園を特徴とする美しい街として有名であり，拓哉にとって「歩いているだけでワクワクするような街」である。この街に魅了された拓哉は，半年の滞在では物足りないと感じ，再びこの街に戻りたいと考えるようになった。その結果，拓哉は帰国後に就職活動をせず，大学卒業後すぐにWHビザでクライストチャーチに戻ることに決めた。

　帰国後は予定通り就職活動をせず，大学に在籍（留年）しながら半年間アルバイトをして渡航資金を貯めた。そして大学5年の秋に卒業し，すぐにWHビザでニュージーランドに渡航した。クライストチャーチに戻った拓哉は，8カ月ほど仕事中心の生活を送った後，学生ビザに切り替えて現地の専門学校（カレッジ）に1年半近く通った（授業日数そのものは約1年だが，途中に休暇期間があるので修了までに1年以上かかった）。専門学校では観光関連の職業訓練コースを受講した。日本の大学では法学部を卒業しており，それまでに観光業の勉強をしてきたわけではなかったが，興味のある分野を選んだ結果そうなった。生活費は自分で賄ったが，授業料（約70万円）は親に頼んで出して（貸し

て）もらった。

専門学校のコースを修了した後，拓哉は観光ビザに切り替えて，さらに半年間のニュージーランド滞在を続けた。観光ビザで滞在中は，クライストチャーチ以外の都市に3カ月ほど滞在したり，各地を旅行したりしてニュージーランド滞在を満喫した。こうして2年半にわたるニュージーランド滞在を終えた拓哉は，ニュージーランドに再び戻ること，それも観光ビザや学生ビザではなく，ビジネスビザや永住権を取得して移住することを決意した。そしてニュージーランド移住後は，クライストチャーチを拠点に，仕事，旅行，趣味，友人との交流などを楽しみながら充実した生活を送りたいと考えるようになった。

このように，ニュージーランドへの移住を決意した拓哉だったが，実際に移住を実現することは容易ではなかった。WHビザは1度しか使えないため，WHビザで渡航して現地で仕事を見つけ，ビジネスビザや永住権に切り替える（雇用主にビザ申請をサポートしてもらう）という方法は使えない。また，資金不足のため，現地の大学や専門学校に通って資格を取り，ビジネスビザや永住権を申請するという方法も使えない。そこで拓哉は，豪州経由でニュージーランドに移住する迂回策を採用することにした。

豪州経由の迂回策とは，まずWHビザで豪州に渡航し，豪州で仕事を見つけてビジネスビザまたは永住権を取り，豪州滞在中にニュージーランドの仕事を見つけて再移住するという計画である。豪州とニュージーランドは地理的に近く，経済的・政治的・文化的な交流もきわめて活発であるため，この計画は必ずしも無謀なものではない。事実，両国は包括的な自由貿易協定を締結しており，どちらか一方の国に移住すれば，他方の国への移住は容易である。[16]

この計画を実行に移すために，拓哉は帰国と同時に就職活動を開始した。就

---

16 豪州とニュージーランドは1983年に豪州・ニュージーランド経済緊密化協定（ANZCERTA：Australia-New Zealand Closer Economic Relations Trade Agreement）と呼ばれる自由貿易協定を締結し，経済関係を強化してきた。その結果，豪州の永住権を持つ者は無条件でニュージーランドに移住して就労できるといった措置が取られるようになった。また，両国政府は共通の標準職業分類（ANZSCO：Australian and New Zealand Standard Classification of Occupations）を採用しており，労働力の相互移動と移民政策の相互調整が容易な環境を整備している。豪州・ニュージーランド経済緊密化協定と豪州・ニュージーランド標準職業分類については豪州政府のウェブサイト（http://www.dfat.gov.au/fta/anzcerta/; https://www.border.gov.au/Trav/Work/Empl/ANZSCO）を，ニュージーランドへの移住についてはニュージーランド政府のウェブサイト（http://www.immigration.govt.nz/migrant/stream/live/otheropportunities.htm）をそれぞれ参照。

職活動は予想以上に順調に進み，大手旅行会社の職を得ることができた。職種はトラベルカウンセラー[17]，採用区分は中途採用（つまり即戦力扱い），雇用形態は正社員だった。日本で正社員として働いた経験のない者としては異例の待遇だから，この会社が拓哉のニュージーランドでの経験（と人柄，意欲など）をきわめて高く評価していたことがうかがえる。

こうして日本での就業を開始した拓哉だったが，長期間この会社で働き続けるつもりは全くなかった。優先すべきはあくまでニュージーランド移住計画であり，その実現のために日本で1～2年ほど働いて資金と職歴を得たらすぐに豪州に渡航するという考えだった。旅行会社の仕事は「かなりハード」で「残業ばかり」であり，休日出勤も珍しくなかったが，目的がはっきりしていたこともあり，辞めるつもりはなかった。日本では東京の実家に住みながら職場に通い，1年間で100万円ほど貯めることができたため，予定通り約1年で仕事を辞め，WHビザで豪州のブリスベンに渡航した。

ブリスベン到着後は3週間だけ語学学校に通い，英語力の回復を図った。その後は主要な都市を回り，観光業の仕事を探しつつ観光名所を訪問するという生活を2カ月ほど続けた。その旅の途中で農場労働に関する情報を得ため、クィーンズランド州の農場で3カ月間働いた。これによって滞在資金を貯めると同時に，セカンドWHビザを取得して滞在可能な期間を2年に延長した。

農場労働を終えた後，拓哉は観光地のケアンズに移動し，そこで旅行代理店Aの求人を見つけた。旅行代理店Aは日本人が現地で開業した日本人向けの旅行代理店であり，従業員は基本的に日本人である。この求人に応募した拓哉は無事に採用され，トラベルカウンセラーとして働くことになった。職務内容は接客，販売，ツアー催行会社との連絡・交渉，ツアーの下見など多岐にわたり，フルタイムで6カ月間就業した。

旅行代理店Aでの就業期間を満了した拓哉は，ケアンズで旅行代理店Bの求人を見つけ，これに応募した[18]。旅行代理店Bも日本人が現地で開業した日本人向けの旅行代理店であり，従業員は日本人である。拓哉は旅行代理店B

17　この企業では「トラベルコンサルタント」と呼ばれているが，職務内容は前述のトラベルカウンセラーとほぼ同じであるため，ここではトラベルカウンセラーと記述する。
18　WHビザ保持者が同一雇用主のもとで就業できる期間は最長6カ月である（一部の職種，業種，地域を除く）。

の採用面接で，ケアンズではなくメルボルンでの勤務に関心がある旨を伝えた。ケアンズは小さな町であり，6カ月間の滞在で主要な名所は訪問し尽したため，できれば別の場所に移りたいと考えたためである。幸運にもこの要望は聞き入れられ，拓哉はメルボルン支店で勤務することになった。職種は旅行代理店Aと同じトラベルカウンセラーであり，旅行代理店Aと同様，フルタイムで就業した。拓哉は旅行代理店Bからビジネスビザ取得のサポートを受けられるよう，実力とやる気をアピールしている様子だった。

以上が拓哉の渡航動機と渡航までの経緯および豪州での（インタビュー時点までの）就業状況をまとめたものである。ここから，拓哉のキャリアに見られる3つの特徴が浮かび上がる。

第1に，海外に移住したいという強い願望を持ち，しかもそれを実現するための具体的なキャリアプランを立てた上で渡航している。拓哉は2年半にわたるニュージーランド滞在を通して，ニュージーランドに移住したいという強い願望を抱くようになった。そしてその願望を実現するために，まず観光業の職歴を積んで豪州のビジネスビザや永住権を取得し，次にニュージーランドに移住するというキャリアプランを立て，実行に移した。このように，海外移住に対する強い願望とそのための具体的な計画をともに備えているWH渡航者はあまり多くないと考えられる。なぜなら，海外移住に対する憧れはあっても，ビザや仕事の制約があるため，移住を実現するための具体的な計画を立てられないのが普通だからである。これに対して，拓哉は移住に憧れるだけでなく，その実現のための具体的計画を立てた上で渡航した。この点が，拓哉のキャリアに見られる――他の（キャリアブレーク型やキャリアリセット型）WH渡航者のキャリアにはあまり見られない――特徴の1つである。

第2に，WH渡航者のなかでは相対的に豊富な「資源」を保有していることが，海外就業の機会を得たり海外移住に挑戦したりすることを可能にしている。具体的には，ニュージーランド滞在を通じて習得した高い英語力，観光業の専門知識，海外生活スキル[19]，そして日本で得た資金と観光業の職歴・技能が，

---

19 拓哉の豪州滞在中の行動（短期間の語学学校→主要都市を回りながらの職探しと観光→農場労働で資金調達とセカンドWHビザ取得→ケアンズで仕事→メルボルンで仕事→ビジ

海外就業と移住への挑戦を可能にする原資となっている。また，経済的に豊かな家庭に生まれ育ち[20]，高校時代の短期留学費用やニュージーランド留学中の学費を支援してもらえたことも，海外就業と移住への挑戦の基礎とみなすべきである。特に，ニュージーランドの専門学校に通う学費がなければその後の展開は全く異なっていた可能性が高いから，親の支援は決定的な重要性を持っていたと考えてよさそうである。

第3に，現地の産業動向と労働需給状況が，現地での就業に大きな影響を及ぼしている。拓哉の事例では，豪州国内で操業する日本人向けの旅行代理店や留学・WH斡旋業者の存在が，現地で就業機会を得たり海外移住に挑戦したりするための必須条件の1つだった。もし豪州にそうした企業がなければ，拓哉が現地で就業したりビジネスビザを取得したりすることは困難だったはずである。また，もし豪州にこうした業者がなければ，拓哉は日本で旅行会社に就職しなかっただろうし，そもそもニュージーランド移住計画を実行に移すこともなかったかもしれない。したがって，拓哉のこれまでのキャリアは，彼自身の個人的願望や「資源」だけでなく，観光関連業者の豪州（海外）進出という経済・社会的要因によって支えられているとみなすべきであろう。

(3) 邦彦：調理師

邦彦は，高校卒業後に東京都内の調理師専門学校に進学し，料理人への道を歩み始めた。専門学校に1年間通って調理師免許を取得すると，専門学校に求人情報が来ていた東京の日本料理店Xに就職した。この料理店は，日本料理に詳しい人であれば知らない人はいない老舗である。ここに3年間勤務し，料理人としての基礎を身につけた。

ネスビザ取得）は無駄がなく効率的である。しかも単に職探しと仕事に追われるだけでなく，その過程で複数の都市や地域で観光したり生活したりしており，豪州滞在を楽しむことにも成功している。このような充実した滞在を可能にするためには，語学力と職業的技能に加えて，情報収集力，コミュニケーション能力，危機回避能力，判断力，決断力，体力などが必要と考えられる。本文では，これらの多様な能力や技能を総称して「海外生活スキル」と呼んでいる。

20　拓哉の父親は一流大学を卒業して一流企業に就職し，技術者として働く典型的なエリートである。母親も四年制大学を卒業している。拓哉自身は出身家庭の生活レベルを「普通」と表現していたが，客観的に見れば経済的・社会的・文化的な階層が高いことは明らかである。

その後，料理店Xで一緒に働いていた先輩（A氏）の誘いを受け，東京の寿司店Yに転職した。A氏は邦彦より先に料理店Xを辞め，寿司店Yで働いていた。その寿司店Yで板前が必要になったため，邦彦に白羽の矢が立ったのである。邦彦はこの申し出を受け入れて寿司店Yで働くようになった。

　寿司店Yは新しい店であり，知名度や社会的評価といった点では料理店Xに遠く及ばなかったが，給料は少しだけ高かった。料理店Xでは手取りの月給が18万円以下だったが，寿司店Yでは手取りで20万円程度もらえた。労働（拘束）時間[21]と労働日はX・Yともにほぼ同じで，拘束時間が1日15〜16時間，勤務日は週に5〜6日という労働条件だった。

　このように労働条件が厳しいため，料理人の世界では転職が比較的頻繁に行われているようである。邦彦によれば，料理店Xの場合，毎年3〜4人の新人調理師が入って1人残ればよい方という状況だった。そもそも料理人の世界は，「続けてる方がおかしいんじゃねえか」と思うほど厳しい世界であるため[22]，人の移動は日常茶飯事である。したがって，邦彦が老舗の料理店Xから無名に近い寿司店Yに移ることは，料理人の世界ではよくある出来事の1つに過ぎなかった。

　寿司店Yで働き始めた邦彦は，順調に4年間働き続けた。しかし5年目に転機となる出来事がいくつか起きた。まず，寿司店Yが豪州（メルボルン）に支店を出した。この支店は一般的な寿司店や日本料理店ではなく，健康的な食材の使用を売りにする健康食レストランだった。この支店の料理長にはA氏が就任した。

　次に，寿司店Yの同僚（先輩のB氏）とケンカをしたことが原因で，邦彦は寿司店Yを辞めたいと考えるようになった。このことは，豪州支店に異動したA氏にも伝えていた。すると，A氏から「辞めるなら（豪州支店に）来ない

21　小規模経営の飲食店は，昼食と夕食の間（14〜17時頃）に店を閉めることが多い。フルタイム就業の従業員は，この時間に食事をしたり休憩を取ったりするのが普通である。本文中の「労働（拘束）時間」にはこうした時間も含まれている。

22　「続けてる方がおかしいんじゃねえか」という一文は邦彦がインタビュー中に発したものである。この一文にある「おかしい」は，肯定と否定という2つのニュアンスがともに含まれている点を指摘しておきたい。つまり，厳しい労働環境――労働条件だけでなく厳しい上下関係なども含まれる――にもかかわらず料理人を続けることは，異常（否定的）であると同時に賞賛に値することでもある（肯定的），という意味である。

か？」と誘われるようになった。豪州支店では、料理長（＝A氏）のもとでキッチン業務全般を担当する料理人が必要だったからである。

　こうして豪州勤務の誘いを受けた邦彦は、当初、豪州支店で働くことに対して全く興味が湧かなかった。なぜなら、日本料理の料理人が豪州（あるいは海外全般）で働いても修業にはならず、その経験が帰国後に高く評価される見込みは少ない上に、お金目当てで海外に行ったという否定的なイメージを持たれかねないと考えたからである。こうした考えは、日本料理の本場が日本であることを踏まえればごく自然なものと言えるだろう。

　このように、誘いを受けた当初は興味なしというのが本音だったが、邦彦はすぐに断ることはせず、しばらく検討してみることにした。自分のイメージだけで即断するのではなく、周りの意見も参考にしたかったからである。そして、実際に友人の話を聞いたり自分で再検討したりするなかで、少しずつこの申し出を受け入れる方向に考えが変わっていった。心境の変化をもたらした主な要因は次の2点である。第1に、友人から肯定的な反応があった。邦彦の周囲には実際に海外生活の経験を持つ友人は全くいなかったが、「海外は面白いらしい」という話をする者はいたため気持ちが動いた。第2に、海外と無縁な環境にいたことが好奇心や期待を強化する方向に作用した。邦彦の友人には海外経験を持つ者がおらず、邦彦自身も海外生活はおろか海外旅行すらしたことがなかった。そのため、一旦興味が湧くと、未知の経験である海外生活に対する好奇心や期待がかえって強まるという状況が生じた。たとえば、「オーストラリアの空気を吸えば英語がペラペラになる」といった「根拠のないイメージ」が膨らむといった具合である。

　時間の経過とともに少しずつ海外生活に対する関心を強めていった邦彦は、誘いを受けてから約5カ月後に、豪州支店への転勤を決断した。「料理をしに行くというよりも、海外生活を経験する」ために転勤の申し出を引き受けたというのが本音だった。行く前から仕事と住居（A氏のアパートでハウスシェアをすること）が決まっており、家賃と食費（レストランでの賄い料理）は会社持ちという約束であったため、現地で路頭に迷う心配が全くなかったことも、海外で働くという決断を容易なものにした。また、すでに8年間の就業経験があることと、そもそも料理人の世界は転職が珍しくないといった事情も、日本を離

れるという決断を容易なものにした。

転勤を決断した後は，これまで通り働きながら，空き時間にビザの申請や荷物の取りまとめといった準備を進めた。ビザについては，まずWHビザで渡航し，現地でビジネスビザに切り替えるという見通しに沿って手続きを進めた。決断から渡航までの期間は約1カ月半と短かったため，ギリギリ間に合ったという状況だった。しかも，渡航日の前後に休みをもらえたわけではなく，渡航前日まで普通に働き，渡航日は到着したその日から働き始めるという慌ただしさだった。

こうして慌ただしく豪州生活を開始した邦彦は，良くも悪くも仕事中心の生活を送った。労働（拘束）時間は1日12～13時間で，労働日は週に6日だった。仕事内容はキッチン業務全般であり，調理から皿洗いまで，必要なことは全てやった。ビザについては，当初の予定通り，滞在中にビジネスビザに切り替えた。結局，WH渡航者らしいこと——語学学校に通ったり長期旅行に行ったり別の都市に移動したり非都市部で働いたりすること——は何1つ経験しないまま，邦彦のWHは終了した。

ビジネスビザに切り替えた後も，それ以前と変わらない生活がしばらく続いた。しかし豪州生活を開始してから1年半後に，この生活が予期せぬ形で終わりを迎えることになった。豪州支店の経営状況が思わしくないため，社長が健康食レストランの閉店と新事業の立ち上げを決断したからである。具体的には，健康食品のレストランを止めて，健康食品の製造・販売事業を開始することになった。邦彦は，この会社にとどまって新事業に従事すればビジネスビザで豪州に滞在し続けることができる。しかしこの会社を辞めればビザが失効してしまう。

予期せぬ形で新たな決断を迫られた邦彦は，新事業への従事でも帰国でもない第3の選択肢を選んだ。それは，会社を辞めて学生ビザを取得し，語学学校に通いながら別の日本食レストランで働き続けるというものである。この選択肢を選んだのは，仕事中心の生活とは違った海外生活を経験してみたいと考えたからである。会社にとどまればビジネスビザは失効しないため豪州生活を続けることは可能だが，見通しが不透明な新事業に従事しなければならない。しかも，レストランの閉店と新事業の本格的な始動に少し時間がかかるため，そ

の間は一時帰国して東京の寿司店Yで働くよう指示されていた。しかし，邦彦はそもそも寿司店Yを辞めるつもりでいたから，この指示を受け入れることはできなかった。その一方で，会社を辞めて帰国してしまえば，海外生活らしいことをほとんど経験しないまま日本の生活に戻ることになってしまう。それも受け入れがたい。こうして上述の選択肢を選ぶに至ったのである。

学生ビザに切り替えた邦彦は，パートタイムで語学学校の一般英語コースに通いつつ，夕方以降は日本食レストラン瑞穂（仮名）で料理人として働くという生活を約5カ月間続けた。邦彦は，帰国前に3週間ほどタスマニアに滞在して，約2年間にわたる豪州生活を締めくくる予定である。

以上が邦彦の渡航動機と渡航までの経緯および豪州での（インタビュー時点までの）就業状況をまとめたものである。ここから，邦彦のキャリアに見られる3つの特徴が浮かび上がる。

第1の特徴は，海外生活を経験したいという強い願望を持ち，しかも海外生活の基盤となる仕事を事前に決めた上で渡航しているという点である。邦彦は元々，海外生活に特別な関心を抱いていなかったが，先輩から誘われたことをきっかけに海外生活に対する好奇心が湧き，最終的には，料理人の修業にはならないかもしれないというリスクを負ってでも海外生活を経験したいという強い願望を抱くに至った。そしてその願望を実現するために，邦彦はメルボルン支店への転勤を承諾し，滞在中の仕事と住居を確保し，ビジネスビザ取得の約束を得た上で渡航した。次節以下で見るように，キャリアブレーク型とキャリアリセット型のWH渡航者は（あるいはキャリアトレーニング型であっても），現地で仕事を見つけるつもりで渡航するのが普通だから，事前に仕事を決めた

---

23 「料理人としての修業」より「海外生活の経験」を重視する邦彦の事例をキャリアトレーニング型に含めることは不適切だという批判が投げかけられるかもしれない。しかしこの批判は的外れである。なぜなら，本書の4類型は主観的な動機より客観的な滞在状況を重視しているからである。邦彦の場合，豪州滞在中にほとんど休むことなく料理人として働いているから，料理人としての職業経験を積んだことは疑う余地のない事実である。したがって，邦彦をキャリアトレーニング型に含めることは適切と言える。ただし，邦彦の豪州滞在中の職業経験がどの程度トレーニング（修業）として有効だったか，という点を検証することは重要である。しかしこの点は本書が扱える範囲を超えていると言わざるをえない。キャリアトレーニング型のWH渡航者（あるいはWH渡航者全般）の就業経験（あるいは海外経験全般）がその後のキャリアにどの程度／どのように役立っているのかという問題は，稿を改めて議論したい。

上で渡航した邦彦は珍しい事例と言える。

　第2に，WH渡航者のなかでは相対的に豊富な「資源」を保有しており，その「資源」を動員することによって海外就業の機会を得たりビジネスビザを取得したり海外生活に必要なコストを軽減したりしているという特徴が見られる。邦彦は，居住費と食費とビジネスビザを会社に手配してもらう約束をした上で渡航した。このような便宜を図ってくれる会社は，邦彦にとって海外生活を安価に済ませるための貴重な「資源」である。また邦彦は，調理師免許を持つ料理人として8年間の就業経験があり，しかもそのうちの3年間は有名店で働いていたという経歴を持つ。これだけの経歴があれば，現地の日本食レストランで職を得ることは容易だから，事前に準備する資金も少なくて済む。このような恵まれた立場での渡航は，徒手空拳に近いキャリアリセット型の渡航（次章参照）と好対照をなしている。

　第3の特徴は，現地の産業動向と労働需給状況が，現地での就業に大きな影響を及ぼしているという点である。第6章で詳細に見る通り，豪州では日本食が広く普及しており，日本食の輸入・卸売・小売業者や飲食店も多い。寿司店Yのメルボルン進出はそのような良好な環境——産業基盤が整い，大量の消費者が存在する環境——において行われた。だからこそ寿司店Yの社長は邦彦やA氏に居住費やビザ申請のサポートを提供することができたのである（結果的にレストラン経営には失敗したが）。また，邦彦がメルボルン支店の閉店後も豪州にとどまるという決断を下せたのは，現地に数多くの日本食レストランがあるため，職を得て滞在資金を稼ぐことが容易だったからである。したがって，邦彦の豪州における就業生活は，邦彦自身が持つ個人的願望や「資源」だけでなく，豪州日本食産業の発展とそれに伴う日本人調理師の需要増加という経済・社会的要因によって支えられていたとみなすべきであろう。

(4) 静香：日本語教師

　静香が海外に関心を抱いた最初のきっかけは，小学6年生のときに通った塾である。中学校から始まる英語の授業に備えるために通ったこの塾は，教師（日本人）が魅力的な人だった。その影響で英語が好きになった静香は，中学校進学後も英語に対する関心が衰えず，高校卒業後の進路も短大の英語英文科を

選択した。そして短大在学中に海外への関心はさらに強まった。在学中に1カ月間の短期アメリカ語学留学を経験したからである。これをきっかけに海外生活への思いを強めた静香は，短大卒業後に再度アメリカへ行くことを決意した。

海外渡航を決意した静香は，短大卒業後に1年間，日本企業で派遣事務スタッフとして働きながら資金を貯めた。資金が貯まるとWH制度を利用してカナダに渡航し，ビジタービザと合わせて15カ月間カナダに滞在した[24]。静香がカナダのWHを選んだのは，まず最初にビザの取得が容易なカナダに行って英語力を上げてからアメリカへ渡航しようと考えたためである。静香はアメリカ国内の観光施設（後述）で働くことに関心があったため，その施設の採用選考に合格できる英語力をカナダで身につけようと考えた。カナダでは，語学学校に通ったり仕事をしたりしながら英語力の向上に努めた。

カナダから帰国した静香は，短期留学以来の念願であったアメリカ渡航を実現するための準備に着手した。まず，日本企業で派遣の事務スタッフとして1年間働き，資金を貯めた。またこの間に，アメリカ国内の観光施設における国際文化交流プログラムに申請した。このプログラムの参加者は，観光施設内にある飲食店と販売店で観光客に接客を行いながら日本文化を紹介するという業務に従事する。静香はこのプログラムの採用選考に無事合格し，国際文化交流訪問者ビザ（Qビザ）[25]を取得してアメリカに渡航した。アメリカでは約1年間，上記の観光施設で働きながら現地生活を満喫した。

こうして初めてのアメリカ生活を経験した静香だったが，1年間という期間は彼女にとって十分なものではなかった。そこで静香は，日本で1年間，外資系企業の派遣事務スタッフとして働き，再びアメリカに渡航するための資金を貯めた。ビザに関しては，Qビザを2回取得することは困難であるため，今度は交流訪問者ビザ（Jビザ）を取得することにした。Jビザとは国際交流ビザの一種であり，交換留学生，客員研究者，オーペアなどに発給されるものである。静香はオーペアとしてJビザを取得して渡米し，約1年間アメリカに滞在

---

[24] カナダでは，WHビザで滞在中にビジタービザを取得すれば，WH終了後に最長で6カ月間の滞在が可能である（12カ月＋6カ月＝18カ月の連続滞在が可能）。ただしビザ申請時に銀行口座の残高証明書や帰国便の航空チケットなどを提示する必要がある。
[25] Qビザとは短期就労ビザの一種であり，アメリカ政府が認めた国際文化交流事業に参加する人が取得できるビザである。Qビザと後述するJビザについては，アメリカ政府市民権・移民業務局のウェブサイトを参照されたい（http://www.uscis.gov）。

した。滞在中はオーペアとして働きながらアメリカ生活を楽しむと同時に，英語力や海外生活スキルなどを向上させた。

こうして2度目のアメリカ生活を終えて帰国した静香だったが，これで海外生活への思いが満たされたわけではなかった。むしろ，もっと海外（できればアメリカ）で生活したい，働きたいという気持ちが強まったというのが実状だった。そこで静香は，再び海外に戻るための準備を開始した。

まず，外資系企業で働くことによって，英語を使う機会の多い環境に身を置きつつ渡航資金を貯めた（ただし後述する日本語教員養成講座の出費などがあったため資金はあまり貯まらなかった）。静香はフルタイムの派遣スタッフとして3つの外資系金融会社に勤務し，秘書やプロジェクトマネジメントアシスタントとして2年半働いた。[26]

またこの間に，日本語教師として働くための資格を取得した。日本には日本語教師の公的資格は存在しないが，①大学（院）の日本語教育課程を主専攻または副専攻として修了する，②財団法人日本国際教育支援協会が実施する日本語教育能力検定試験に合格する，③文化庁（2000）の規定に依拠した日本語教員養成講座[27]を受講・修了する，という3つの条件のうち1つを満たせば，日本語教師の資格を取得したとみなされるのが一般的である。[28] 静香は社会人向けの日本語教員養成講座を受講・修了し，上述の③の要件を満たした。

26　プロジェクトマネジメントとは，期間や目的を限定して行われる単発の事業（プロジェクト）を遂行するための一連の管理業務であり，コスト，スケジュール，スコープ（プロジェクトの対象範囲），コミュニケーション，リスク，チームビルディング（プロジェクト・チームの編成），品質などの管理を含む（伊藤 2001：138）。プロジェクトマネジメントアシスタントとは，プロジェクトマネージャーのもとで多様な補佐的業務を遂行する職種である。

27　文化庁（2000）は，日本語教師が習得すべき知識・技能とその習得に必要な教育・訓練時間を詳細に規定している。専門学校や語学学校はこの規定に基づいて日本語教員養成講座を開講するのが一般的である。日本語教員養成講座を開講する学校の多くはパートタイム（平日夕方と土日に開講）のコースを用意しており，社会人が受講しやすい体制を整えている。修了までにかかる期間は9カ月から15カ月のコースが多いが，6カ月の短期コースや2年間の長期コースを提供する学校もある。費用は入学金と受講料を合わせて50万〜60万円程度のコースが多い。専門学校と語学学校の情報については，大原学園（「資格の大原」），ヒューマンアカデミー等のウェブサイトを参照した。

28　日本語教師の求人を紹介するウェブサイトを見ると，掲載されている求人の大半がこの3点のうちの1つを応募要件として明示している。たとえば，ハローワークインターネットサービス（https://www.hellowork.go.jp で「日本語教師」を検索），社団法人日本語教育学会（http://www.nkg.or.jp/menu-job.htm）などを参照。注27であげた主要な専門学校・語学学校も，この3点を日本語教師の資格としてあげている。

静香が日本語教師を選んだ理由は4つある。第1に，20歳の頃，日本語教師になることを考えた時期があった。そのとき，静香は日本語教員養成講座の学校見学までしていたが，自分の日本語能力や一般的・常識的な知識に不安があり，外国人に日本語を教える自信が持てなかったため，日本語教師になることを断念していた。その後，日本語教師という選択肢は後景に退いていたが，2度目のアメリカ滞在を終えて新しいことに挑戦しようとしたとき，静香は忘れかけていた日本語教師という選択肢を思い出した。再びアメリカ（海外）に戻ろうとする際に，日本語教師であれば日本人としての強みを生かせると考えたからである。この間に社会人経験や人生経験を積んだことによって，以前抱いていた不安は払拭されていたため，静香は今なら自信を持って外国人に日本語を教えることができると考えた。そればかりか，外国人に日本を知ってもらいたい，日本に興味がある外国人の役に立ちたいとさえ思うようになっていた。

　第2に，日本語教師は海外で職を得やすい職種の1つである。国際交流基金が実施している「海外日本語教育機関調査」によれば，海外の日本語学習者数は1998年から2012年までの14年間で210万人から400万人へと倍増し，日本語教師数も2万8000人から6万4000人に急増した（国際交流基金 2013：3）。このように，日本語教師の需要は近年増加しているため，職探しも比較的容易である。インターネット上でも，日本語教師資格は「海外就職に役立つ資格」の代表的な例として紹介されることが多い（須子 2004）。

　第3に，資格を取得するための要件があまり厳しくない。上述の通り，日本語教師の資格を得る方法は3つあるが，そのうちの2つ（②日本語教育能力検定試験に合格する，③日本語教員養成講座を受講する）は学歴要件がなく，フルタイム就労との両立も可能である。言い換えれば，日本語教師の資格を得るためには，仕事を辞めたり大学・専門学校のフルタイム課程に入り直したりする必要がなく，フルタイムで働きながら平日の夕方や土日の空いた時間を利用して資格を取得することが可能である。また，資格取得にかかる費用もそれほど高くない。日本語教員養成講座の費用は50万〜60万円程度であり決して安いわけではないが（注27を参照），大学・専門学校のフルタイム課程に入り直したり，海外の大学（院）に留学したりするために必要な費用と比べればはるかに安上がりである。

第4に，これまでの海外経験を仕事に活かすことが可能である。実際の教育現場を見学（または想像）すればすぐに分かることだが，日本語教師は，日本語に関する知識があれば上手に教えられるわけではない。生徒の日本語能力が低い場合は，生徒の母語や共通言語としての英語を使って日本語について説明する必要がある。しかし，日本語教師資格を取るための要件に，英語力や外国語能力は含まれていない。したがって，英語圏で約3年間の滞在経験を持つ静香は，英語圏で日本語教師として働く上で有利な位置に立つことができる。

　以上の理由から日本語教師の資格を取得した静香は，インターネットを使って本格的な職探しを行った。ネット上には日本語教師の求人情報を提供するウェブサイトが複数あり，それらのサービスを利用すれば国内外で職を見つけることが可能である。静香はアメリカで日本語教師の職を得たいと考えていたが，残念ながら希望は叶わなかった。その代わり，豪州，中国，シンガポールの求人先から内定を得ることができたため，そのなかから豪州を選んだ。豪州を選んだ決め手は英語圏（欧米文化圏）であることだった。

　静香が内定を得た就業先は，メルボルンの語学学校である。静香は日本にいる間にこの学校とインターンシップ契約を結び，WHビザを取得して豪州に渡航した。渡航時に静香が立てた計画は，まずインターン生（研修生）として一定期間働き，能力を認めてもらって正式な雇用契約を結び，雇用主にビジネスビザ申請のスポンサーになってもらうというものだった。

　メルボルンに到着した静香は，到着翌日から語学学校での勤務を開始した。仕事に問題はなく，新任の日本語教師として順調に授業をこなしていった。その結果，当初の計画通り正式な雇用契約を結び，雇用主のサポートを得てビジネスビザを申請することができた。静香はこの学校で日本語教師としての経験を積むと同時に，語学学校の経営・運営に関する知識やノウハウを学び，将来のキャリアアップ――日本語教師および語学学校の管理者・経営者として――につなげたいと考えている。

　以上が静香の渡航動機と渡航までの経緯および豪州での（インタビュー時点までの）就業状況をまとめたものである。ここから，静香のキャリアに見られる3つの特徴が浮かび上がる。

第 1 に，海外で働きたい／生活したいという強い願望を持ち，しかも海外生活の基盤となる仕事を事前に決めた上で渡航している。静香はカナダとアメリカでの滞在を経て，海外就業と海外生活に対する強い意欲を抱くようになった。そしてその意欲を，日本語教師の資格取得という具体的な行動に結びつけ，さらに渡航前に日本語教師の仕事を得た上で渡航していた。WH 渡航者の多くは現地で仕事を見つけるつもりで渡航しているから，事前に仕事を見つけた上で渡航した静香は（邦彦と同様に）珍しい事例と言える。

　第 2 に，WH 渡航者のなかでは相対的に豊富な「資源」を保有しており，その「資源」を動員することによって海外就業の機会を得たりビジネスビザを取得したりしている。静香は日本語教師の資格を保有しているから，職探しにおいて，他の WH 渡航者より有利な位置に立っている。また，静香は 3 年以上の海外生活経験があり，アメリカで 2 年間の就業経験（観光施設とオーペア）もある。これらの経験を通じて得た職業的技能や海外生活スキル（英語力，情報収集力，状況判断力，行動力など）は，日本語教師の職を得たり，職場（語学学校）で上司・同僚・生徒の信頼を獲得したりするために役立ったと考えられる。

　第 3 に，グローバルな労働需給状況がキャリアの方向性に大きな影響を及ぼしている。具体的には，日本語教師の求人が国内外に多数存在することが静香のキャリアに与えた影響はきわめて大きい。もし日本語教師の求人がなければ，静香は豪州で職を得たり，ビジネスビザの申請をすることができなかったと考えられる。それでは，なぜ日本語教師の求人が海外に多数存在するのか。その答えは国・地域によって異なるが，全般的傾向として，日本の大衆文化（マンガ・アニメ等）の海外普及と日本企業の海外進出が日本語学習者の増加に寄与していることは間違いない。[29] これらの経済的・社会的・文化的要因という前提があって初めて個人の——とりわけノンエリート層の——意欲，努力，能力が海外就業や海外移住に結実しうることを，静香の事例は物語っている。

---

[29] 国際交流基金の「海外日本語教育機関調査」では，海外の日本語学習者に対して日本語学習の目的（理由）を問うている。2012 年度調査における本設問において回答割合が高い選択肢を列挙すると次の通りである（国際交流基金　2013：4）。①日本語そのものへの興味（62％），②日本語でのコミュニケーション（56％），③マンガ・アニメ・J-POP 等が好きだから（54％），④歴史・文学等への関心（50％），⑤将来の就職（42％）。①②④の回答割合が高い理由を特定することは難しいが，③⑤は容易である。すなわち，③の背景には日本の大衆文化の海外普及が，⑤の背景には日本企業の海外進出があると考えられる。

(5) 美穂：介護支援専門員

　人と接することが好きで、（児童）福祉の仕事に関心があった美穂は、高校卒業後に福祉の専門学校に進学した。専門学校卒業後は市立の高齢者福祉施設に就職し、公務員として高齢者介護の仕事に従事した。

　介護施設では、ケアワーカー（介護福祉士）として約4年間、ケアマネージャー（介護支援専門員）として約2年間、相談員として約1年間、計7年間働いた。ケアワーカーは介護労働に直接従事する職種であるのに対して、ケアマネージャーと相談員は介護労働に従事しない職種である点に大きな違いがある。ケアマネージャーは、高齢者とその家族に対して介護に関する情報提供をしたり、介護サービスの利用計画を提案したりする職種である。相談員は、施設で提供する新しいサービスを企画したり、新サービスの立ち上げを指揮したり、新サービスの宣伝・営業をしたりする職種である。3つの職種の概要から分かるように、ケアワーカー、ケアマネージャー、相談員というキャリアルート（昇進経路）は、介護労働の現場からスタートして現場から少しずつ離れていく方向に向かっていた。言い換えれば、美穂が辿ったキャリアルートは、高齢者と直接触れ合う機会が減少する方向に向かっていた。

　このようなキャリアルートを辿ることは、一般的な見方からすれば望ましいことのように見えるかもしれない。というのも、ケアワーカーの職務には身体的負荷を伴う重労働が数多く含まれているのに対して、ケアマネージャーと相談員はそうした肉体労働に従事する必要がないからである。しかし美穂はこのような一般的な見方とは異なる考えを持っていた。美穂はあくまで介護労働の現場で、高齢者と直接触れ合いながら働くことに楽しさとやりがいを見出していたのである。そのため、先に見たような「昇進」は、美穂にとって必ずしも喜ばしいことではなかった。特に、相談員の仕事にはあまり乗り気になれず、「やらされている」という感覚を引きずりながら働いていた。

　こうして自分の希望とは異なる仕事に従事しなければならない日々を過ごすなかで、美穂は以前から関心のあった海外生活に気持ちが傾いていった。福祉の仕事自体には魅力を感じていたため離職することに対する心理的抵抗は大きかったが、最終的に仕事を辞めて海外に行くことを決断した。行き先はカナダ、ビザはWHビザだった。

カナダに渡航した美穂は、これといった目的もないまま最初の2〜3カ月間を過ごした。英語もほとんど話せなかった。そもそも、海外（カナダ）でやりたいことがあったわけではなく、単純に海外生活をしてみたいという好奇心があっただけなのでそうなるのも仕方なかった。美穂は半年ほどカナダに滞在したら日本に帰るつもりでいた。しかし、カナダ滞在中に予期せぬ事態が生じた。美穂はカナダでどうしても達成したい目標を見つけてしまったのである。その目標とは、現地のコミュニティラジオ局で音楽番組のDJを担当することだった。

事の発端は、音楽を通じて外国人の友人ができたことである。美穂は現地で知り合ったメキシコ人とカナダ人に自分のお気に入りの音楽CDを紹介し、彼らのお気に入りの音楽CDを教えてもらった。すると、このやり取りをきっかけに彼らと仲良くなれたため、美穂は、英語が未熟でも音楽を通じて心を通わせることができると考えるようになった。そしてこの経験を別の友人（日本人）に話したところ、ラジオでその経験について語ってみてはどうかと提案された。こうして、ラジオDJになるというカナダ滞在中の目標が生まれたのである。美穂は、好きな楽曲を紹介しつつ「音楽を通じて人と人が結びつく」ことの素晴らしさを自分なりの言葉で伝えられるようなラジオ番組を作りたいと考えた。

ラジオDJになるという目標が定まった美穂は、地元のコミュニティラジオ局に自分の番組を売り込むという営業活動を始めた。しかし、特別なコネクションがあるわけでもなく、英語も満足に話せない美穂が簡単に番組枠をもらえるはずはなかった。事実、初めのうちは門前払いに近い形で断られることが多かった。それでも諦めずに売り込みを続けているうちに、ラジオ局関係者のなかに美穂を応援してくれる人が現れ始めた。そうした人たちの紹介や支援を得ながら複数のラジオ局に売り込みを続けた結果、あるコミュニティラジオ局が、1時間の番組枠を6回分（週1回×6週間）、美穂に提供してくれることになった。美穂はボランティアのDJとしてその枠を引き受けた。

毎回の放送では、上述のメキシコ人やカナダ人の友人をゲストとして招き、自分とゲストの好きな音楽を紹介しつつ、テーマを設定してトークした。英語力が低いため思ったように話せず、失敗も数多くしたが、何とか無事に全ての放送をやり遂げた。番組を聴いたアメリカ人リスナーからラジオ局に電話があ

り，励ましの言葉——「君の英語はものすごく下手だけど，君の声にはhappyがある！」——をもらったことも励みになった。

これといった目的もないまま始まった美穂のカナダ滞在は，紆余曲折を経ながら，ラジオDJという貴重な経験を彼女にもたらして幕を閉じた。ラジオDJという目標を叶えた達成感，リスナーからの好意的な反応，この仕事を通じて得た人間関係などが，美穂にとってかけがえのない「財産」になったことは言うまでもない。

このように，カナダで当初の予想よりはるかに充実した生活を送った美穂は，帰国後に福祉の仕事に復帰せず，外資系運送会社の契約社員として働くことにした。なぜなら，福祉の仕事に戻る前にもう一度だけ海外生活を経験したいと思ったからである。そこで，仕事を辞めやすい非正社員として働きながら，次の海外渡航の資金を貯めることにした。また，福祉の仕事に復帰する前に，福祉以外の仕事を経験して自分を成長させたいという思いもあった。

2回目の海外生活の目的として美穂が考えたのは，前回と同様，地元のコミュニティラジオ局でDJになることである。カナダでの経験を生かして，別の国でも同様の番組を放送したいと考えた。しかし2回目の渡航目的はこれだけではなかった。ラジオDJに加えて，海外で福祉（高齢者介護）の就業経験を積むことも美穂にとって重要な位置を占めていた。

美穂が海外で福祉の就業経験を積みたいと考えるようになった背景には，日本の福祉の現場で進行しつつある多民族化という現実があった。1990年代末以降，日本政府は東南アジア諸国と経済連携協定（EPA）の締結に向けた交渉を開始し，2000年代以降に協定を次々と締結した[30]。そうしたなかで，福祉の現場に東南アジア出身の労働者が入ってくるかもしれないという見通しが語られるようになった。そして実際に，2000年代の後半から，東南アジア出身の看護師・介護福祉士候補者[31]の受け入れが始まった。このように福祉の現場が

---
30 これまでに日本と経済連携協定を締結した東南アジア諸国は，シンガポール（2002年発効），マレーシア（2006年発効），タイ（2007年発効），インドネシア（2008年発効），ブルネイ（2008年発効），フィリピン（2008年発効），ベトナム（2009年）の7カ国に及ぶ。また，2008年には日本・ASEAN包括的経済連携協定が締結された。この協定には，上記7カ国の他に，ラオス，カンボジア，ミャンマーが含まれている。日本と東南アジア諸国の経済連携協定については外務省ウェブサイトを参照（http://www.mofa.go.jp/mofaj/gaiko/fta/）。
31 経済連携協定では，医療・介護労働者ではなく，日本の看護師・介護福祉士資格を取得

多民族化しつつあるなかで，美穂は，東南アジア出身者と円滑にコミュニケーションを取り，彼らの気持ちを理解することが福祉分野の重要な課題になると考えるようになった。というのも，介護施設では，介護労働者の職務満足度が低すぎると仕事がうまく回らないことを，美穂は過去の経験を通じて学んでいたからである。以上の変化を背景として，外国人労働者の気持ちを理解するために，自分自身が海外で介護労働を実際に経験するというもう1つの目的が生まれたのである。

　2回目の海外渡航の目的を決めた美穂は，外資系運送会社で働きながら資金の確保と渡航の準備を進めた。次の滞在先の候補には，英語圏でWH制度を持つ豪州とニュージーランドがあがった[32]。美穂はこの2カ国について調べ，より先進的な福祉制度を持つ豪州に行くことを決めた。こうして目的と滞在先を決めた美穂は，日本で1年半働いた後に，WH制度を利用して豪州（メルボルン）に渡航した。

　豪州に到着した美穂は，1カ月ほど語学学校に通いながら，放課後と空き時間を利用して現地のコミュニティラジオ局を訪問し，自分の番組を売り込んだ。しかし，コネクションがないため交渉は難航し，10カ所以上から断られた。多民族・多言語ラジオ局の日本語放送グループには加入することができたが，日本語の番組ではなくあくまで英語の番組を持つことが目標だったため，満足することはできなかった。そこで，日本語ラジオ放送の運営に関わりながら，空き時間を利用して他のラジオ局への訪問も続けた。その結果，あるコミュニティラジオ局から，英語力のある人と2人で番組を担当するという条件付きで番組枠を獲得することができた。その後，この条件を満たすための協力者も見つかり，念願のラジオ番組を持つことができた[33]。

　しようとする研修生（＝看護師・介護福祉士候補者）を受け入れることになっている。研修生（候補者）は，日本の病院や介護施設で一定期間の就労・研修に従事した後，看護師・介護福祉士の国家試験を受ける。国家試験の合格者は，看護師・介護福祉士として日本での継続滞在・就労が可能になる。不合格者は帰国しなければならない。詳細は安里（2010）を参照。
32　イギリスもWH制度を持つが，ビザ発給数に上限があり，ビザ申請の受付期間も短いため，制度を利用しにくいという難点がある。
33　インタビュー時点では，美穂はラジオDJの番組枠を獲得できていなかった。しかしその後，本人からラジオDJの番組枠を得たという報告を受けたため，このライフヒストリーには番組枠を得たことまで記述した。

ラジオ局訪問の開始から少し遅れて，介護の仕事探しも始めた。病院や介護施設にアポなしで訪問し，働かせてもらえるよう直接依頼するという（美穂らしい）体当たりの職探しを敢行した。こちらの交渉も難航したが，10カ所ほど訪問した結果，ある高齢者介護施設で介護助手（Assistant in Nursing）として働けることになった。まず7回ほどボランティアで働き，能力を確認した上で有給（時給15ドル[34]）の雇用契約に移行した。勤務形態はシフト制のパートタイムで，平日の日中を中心に，1回4〜5時間の勤務を週に2〜3回の頻度でこなした。職務は高齢入所者の介護全般を担当した。

苦労しつつも無事に介護の職を得た美穂は，豪州滞在中に豪州の福祉の長所と問題点を学び，帰国後は国際的な視野と経験を備えた福祉専門家として日本の福祉の現場に復帰することを考えている。

以上が美穂の渡航動機と渡航までの経緯および豪州での（インタビュー時点までの）就業状況をまとめたものである。ここから，美穂のキャリアに見られる3つの特徴が浮かび上がる。

第1に，海外で達成したい強固な目標があり，それを達成するための計画や帰国後の展望を持った上で渡航している。美穂は介護労働（とラジオDJ）という目標があり，それを達成するために現地の病院や福祉施設（とラジオ局）を体当たりで訪問するという具体的な計画（覚悟）を持った上で渡航していた。また，単に海外で介護労働を経験したいだけでなく，海外就業を通じて学んだことを日本の福祉の現場に生かすという長期的な展望を持っていた。このような強い意志と明確な計画・展望を持って渡航するWH渡航者は（とりわけキャリアブレーク型やキャリアリセット型には）あまり多くないため，美穂は珍しい事例と言える。

第2に，WH渡航者のなかでは相対的に豊富な「資源」を保有しており，その「資源」を動員することによって海外就業の機会を得ている。具体的には，介護の就業経験を通じて得た職業的な知識・技能，およびカナダで身につけた

---

34 時給15ドルは，連邦政府が定める最低賃金よりわずかに高い水準である。したがって，労働市場全体で見れば，介護助手は低賃金職種に分類される。ただし，日本食レストランのフロアスタッフとキッチンハンドの平均的な賃金（時給8〜13ドル程度）よりは高いので，日本人WH渡航者のなかでは恵まれた仕事に就いたと言える。

海外生活スキル（積極性，行動力，粘り強さ，タフさなど）といった「資源」が，豪州滞在中に2つの目的を達成する上で決定的な役割を果たした。特に，介護施設で有給の職を得るためには，介護に関わる職業的知識・技能と，カナダで身につけた海外生活スキルの両者が必要だったと考えられる。そのどちらかが欠けていれば，美穂は豪州で介護の仕事に従事できなかった可能性が高い。

　第3に，現地の労働需給状況が職探しの成否に大きな影響を及ぼしている。先に指摘した通り，豪州は人口の高齢化に直面しているため，高齢者福祉に携わる医療・介護労働者の不足が社会問題化しつつある。このような切迫した状況がなければ，英語力が低く6カ月間しか働けないWH渡航者を，健康・安全面の要件が厳しい福祉の現場に導入するとは考えにくい。言い換えれば，美穂が豪州で介護労働に従事できたのは，彼女自身の意欲や能力といった個人的要因に加えて，医療・介護労働者の不足という豪州社会（豪州労働市場）の構造的要因が存在したからである。この両者を見ない議論は，バランスを欠いたものと言わざるをえない。

　ところで，豪州では今後，日本人の医療・介護労働者に対する需要が増大する可能性がある。なぜなら，比較的早い時期（1960〜70年代）に豪州へ移住した日本人定住者が高齢化しつつあるからである。こうした人々のなかには，老後の医療や介護に不安を感じる人がいることも先行研究によって明らかにされている（Shiobara 2005）。したがって，豪州社会の高齢化という全般的状況に加えて，日本人定住者の高齢化という特殊要因が，日本人の医療・介護労働者に対する需要を増大させ，その需要に引き寄せられる形で医療・介護労働者の移動が誘発される可能性も否定できない。現段階では，このような移動が大規模に行われていることを示す証拠は見当たらないが，80年代以降に移住した大量の日本人が高齢化に直面したときに，上記の現象が発生する可能性は否定できない。また，日本の医療・介護分野の労働環境が改善されない（あるいは悪化した）場合，日本で経験を積んだ医療・介護労働者が日本を見限って豪州に移住するという事態も生じるかもしれない。このような現象が発生した際は，就労可能でビザ取得が容易なWH制度を利用する人が真っ先に増加する可能性が高いから，豪州で医療・介護労働に従事する日本人WH渡航者に注目することは，医療・介護分野における労働移動の最新動向を把握するために

も有益である。

(6) 小括

　本節では，キャリアトレーニング型に属する4人のライフヒストリーを記述し，それぞれのキャリアの特徴を海外渡航と関連づけつつ考察した。これまでの記述と考察から，4人のキャリアに見られる3つの共通点を指摘することができる。

　第1に，この4人は海外渡航（海外移住，海外就業，海外生活）に対する強い願望を持ち，しかも海外就業に関する具体的な計画や展望を持っている。拓哉はニュージーランドへの移住という強固な目標があり，それを達成するために豪州の旅行代理店で働いてビジネスビザや永住権を取得するという計画を立てた上で渡航していた。邦彦は，料理人の修業にはならないかもしれないというリスクを負ってでも海外生活を経験したいという強い願望（好奇心）があった。また，渡航前に就業先のレストランを決めてビジネスビザ取得の約束まで得た上で渡航していた。静香は海外就業と海外生活に対する強い意欲があり，渡航前に日本語教師の仕事を得た上で渡航していた。美穂は介護労働（とラジオDJ）という強固な目標があり，それを達成するために現地の病院や福祉施設（とラジオ局）を訪問するという具体的な計画（覚悟）を持った上で渡航していた。また，単に海外で介護労働を経験するだけでなく，その経験を帰国後の就業に生かそうとする長期的な展望を持っていた。このように，本節で取りあげた4人は，強い願望と具体的な計画・展望をともに備えているという点で，他の類型に属するWH渡航者と異なっている。次節以下で見る通り，キャリアブレーク型とキャリアリセット型に属するWH渡航者は，海外就業に関する希望はあっても，具体的な計画や展望を欠いている場合がほとんどである。

　第2に，この4人はWH渡航者のなかでは相対的に豊富な「資源」を保有しており，その「資源」を動員することによって海外就業の機会を得たりビジネスビザを取得したりしている。拓哉はニュージーランドで得た英語力，観光業の専門知識，海外生活スキルと，日本で得た観光業の職歴といった「資源」を，職探しやビジネスビザ取得のために活用していた。邦彦は会社の支援と調理師としての就業経験という「資源」を，海外生活にかかるコストの削減や職

探しに活用していた。静香はカナダ・アメリカ滞在で得た海外生活スキルと日本で得た日本語教師資格といった「資源」を，職探しやビジネスビザ取得のために活用していた。美穂はカナダ滞在で得た海外生活スキルと日本で得た介護の職歴といった「資源」を職探しに生かしていた。このように，本節で取りあげた4人は，海外就業に役立つ一定の「資源」を保有しているという点で，他の類型（特にキャリアリセット型）のWH渡航者と異なっている。

　第3に，現地の産業動向と労働需給状況が，4人の海外就業機会に大きな影響を及ぼしている。拓哉が豪州で職を得たりビジネスビザを取得したりできたのは，豪州国内で操業する日本人向けの観光業者や留学・WH斡旋業者が多数存在するからである。邦彦が豪州で職を得たりビジネスビザを取得したりできたのは，豪州の日本食産業が発展しており，日本食と日本人調理師に対する需要が大きいからである。静香が職を得たりビジネスビザ申請のサポートを受けたりできたのは，豪州で日本語教育が盛んであり，日本語教師に対する需要も大きいからである。美穂が職を得ることができたのは，豪州が人口の高齢化に直面しており，高齢者福祉に携わる医療・介護労働者の不足状況に陥っているからである。このように，本節で取りあげた4人は，偶然（邦彦と美穂）または意図的（拓哉と静香）に，豪州（海外）における労働需要が大きい職種の資格や職歴を得ていた。いかに高度な技能や資格を有していても，現地に労働需要がなければ就業機会を得ることはできないから，本節の4人（および他のキャリアトレーニング型WH渡航者）の最も重要な特徴は，豪州に労働需要がある職種の資格や職歴を得ていたという点にあると考えてよさそうである。

　以上が，キャリアトレーニング型に属する4人のキャリアに見られる3つの共通点である。これらの共通点から，若年中位層のキャリアにおいて生起しつつある1つの現象を捉えることができる。その現象とは，一部の若年中位層において，「キャリアの国際化」が進行しつつあることである。ここで言うキャリアの国際化とは，特定の職種のキャリアパスが国境をまたいで伸長したり分岐したりする状況を指す。労働力移動の規模に関する正確な統計データが存在しないため仮説の域を出ないが，少なくとも，旅行代理店・語学学校・斡旋業者のカウンセラー，調理師，日本語教師の3職種においては，キャリアの国際

化が一定の規模で進行している可能性が高い[35]。なぜなら，日本人の海外旅行者・留学者・WH渡航者が膨大な数に達し，海外の日本食レストランが増加し，海外で日本語教育が急速に普及しているため，上記の職種に就く日本人労働者に対する需要も増加していることが予想されるからである。しかも，序章と前章で見た通り，日本国内では若年層の就業環境が悪化しつつあるから，日本で働き続けたくない／海外で働きたいと考える若者が増加しつつあるとしても決しておかしくない。本節で取りあげた4人も，厳しい就業環境で働くなかで海外就業を考えたり決意したりしていた。たとえば拓哉と邦彦は，旅行代理店と飲食店の仕事が過酷であることを語っていた。静香は非正社員として働いていたため，そのまま働き続けていても給与や職位は上がらなかった可能性が高い。美穂は介護労働の厳しさについて多くを語らなかったが，介護労働に関する調査や記事（介護労働安定センター 2013；松田ほか 2014；中村ほか 2016）は，介護労働の現状が厳しいものであることを示している。このような国内状況がプッシュ要因として作用し，労働力の供給側からもキャリアの国際化が推し進められつつあるのが現状ではなかろうか。

　ところで，本書におけるキャリアの国際化とは，あくまで「特定の職種において国境をまたいだキャリアパスがある程度まで制度化・構造化されていること」を意味しているだけであって，「そのキャリアパスを通って海外に移動した者は賃金や評価が上昇する」ことまで含意しているわけではない。職種によっては，あるいは移動先の国・地域によっては，賃金や評価が低下することも十分にありうる。たとえば就業先が発展途上国の場合，多くの職種で賃金の低下は避けられないだろう。また，邦彦が指摘したように，日本料理の料理人は，海外で働くこと自体が否定的に評価される結果をもたらしかねない。若年ノンエリート層におけるキャリアの国際化とは，このような下降移動のリスクをはらんだものである点に注意する必要がある。

35　本節で取りあげた介護支援専門員（ケアマネージャー）については，この3職種に見られるようなキャリアの国際化は生じていないようである。しかし，先に見た通り，戦後の高度成長期以降に豪州（あるいは他の国・地域）に移住した日本人が高齢化しつつあることは事実だから，今後，医療・福祉関連の職種においてキャリアの国際化が生じる可能性はないとは言い切れない。

第4章　ライフヒストリー分析（1）　223

第3節　キャリアブレーク型

（1）考察対象の概要と選定理由

「インタビュー調査」対象者84人のうち，キャリアブレーク型に分類される者は10人である。この10人を職業別に分類すると，IT技術者2人（巻末付録1の3番，67番），幼稚園教諭2人（同12番，36番），スポーツコーチ1人（同15番），語学教師1人（同35番），ホテル従業員1人（同42番），看護師1人（同58番），中小企業後継者1人（同68番），中小企業管理職1人（同80番）となる。

第3節では，この10人のうち，遼（同67番，ITプログラマー，インタビュー時29歳），龍也（同80番，中小企業管理職・ウェブコンサルタント，26歳），瑠依（同68番，中小企業後継者，29歳），優子（同58番，看護師，27歳）のライフヒストリーを記述・分析する。[36]

この4人は，豪州渡航前に，キャリアトレーニング型とキャリアブレーク型を構成する職種——専門職従事者，公的資格を必要とするサービス職従事者，海外関連職，経営・管理者，中小企業・自営業後継者——のうち，海外（豪州）で職を得ることが難しい職種に就いていた。それが彼らを考察対象として選んだ理由である。たとえば，遼（ITプログラマー）と龍也（中小企業管理職・ウェブコンサルタント）は，ともに日本でIT関連の職種に就いていたが，OVTA調査によれば，WH中にIT（コンピューター）関連の専門職に就いた者は，就業経験者全体の0.3％にすぎない（海外職業訓練協会　2005：152，表B3-C）。瑠依は不動産会社の後継者候補だが，OVTA調査によれば，WH中に金融・保険・不動産業で就業した者は，就業経験者全体の0.4％にすぎない（海外職業訓練協会　2005：151，表B3-B）。豪州で正式な看護師として働くためには大学院留学者より高い英語力が必要であるため，WH中に看護師としての就業経験を積むことができる者はきわめて少ないと予想される。[37]したがって，遼，

36　本節で取りあげた4人には，ライフヒストリーの草稿をチェックしていただいた。この場を借りてお礼を申し上げたい。

37　豪州の看護師認定機関（NMBA：Nursing and Midwifery Board of Australia）によれば，非英語圏の看護師が豪州で正式な看護師として働くためには，IELTS（International English Language Testing System：アイエルツ）で7.0以上のスコアを得る必要がある。7.0というスコアは豪州の大学院に留学するために必要なスコア（6.5）よりも高い。詳細はNMBAのウェブサイトを参照（http://www.ahpra.gov.au/Registration/Registration-Standards/English-language-skills.aspx）。

龍也, 瑠依, 優子の4人は, キャリアブレーク型のWH渡航者を考察する際の対象としてふさわしい（少なくとも不適切な事例ではない）と言えるだろう。

(2) 遼：ITプログラマー

　群馬県で生まれ育った遼は, 地元の友人一家を通じてWH制度の存在を知った。その家族は海外志向が強く, 娘のA子は豪州人と国際結婚してケアンズに移住したほどである。高校生のとき, 遼はA子から海外生活の話を聞き, WH制度に関する知識を得た。A子がWHの魅力を力説し, 遼にWH（海外生活）を経験するよう強く勧めてきたからである。とはいえ遼は（中学生のとき英検5級に落ちたほど）英語が苦手であるため, 海外生活に対する興味も全く湧かなかった。その結果, 20代後半になるまで, 海外生活に向けた具体的行動を取ることはなかった。では, なぜ遼は20代後半にWH制度を利用して豪州に渡航したのか。この点を理解するためには, 遼のプログラマーとしての就業経験を見る必要がある。

　小学生の頃からパソコンに興味を抱き始めた遼は, 自分が将来プログラマーになることを漠然と考えるようになった。高校時代はパソコンに触れる機会がなかったためこの考えは後景に退いていたが, 大学進学後にプログラマーになるという考えが再びよみがえった。パソコンを自分で購入し, 頻繁に利用するようになったからである。遼は首都圏の中堅私立大学の理学部に進学しており, 大学で情報処理やプログラミングを専攻していたわけではなかったため, 独学でパソコンの基礎知識を身につけていった。周囲にパソコン好きな友人が多かったことも遼の意識や行動に影響を与えていた。

　就職活動が始まると, 遼は次の2条件を満たす求人に応募した。1つは, 職種がプログラマーまたはシステムエンジニア（の候補者）であること。これは大学在学中に決めたことだった。もう1つは, 群馬県の実家から通勤できる会社であること。遼は長男だから, 卒業したら実家に戻る（大学在学中は一人暮らしをしていた）のが当然という雰囲気が家族内にあった。正社員であれば, この2条件以外は特にこだわらなかった。そして, 応募したなかで最初に内定が出た会社に就職した。

　遼が就職した会社は, 東京都, 群馬県, 長野県に事業所を持つ従業員130人

程度の小規模製造業者である．遼は，社内外のシステム設計・開発・管理を担当する設計開発事業部のプログラマー（兼 IT 管理者）候補者として採用され，群馬事業所に配属された．入社当時，設計開発事業部には約 30 人が所属しており，長野事業所に約 20 人，東京事業所と群馬事業所にそれぞれ約 5 人が配属されていた．この会社（事業所）は小規模であるため，新卒のプログラマー候補者に対する特別な研修は存在しなかった．新人は現場で先輩に教わったり自分で勉強したりしながらプログラミング言語を身につけていくしかなかった．大学でプログラミング言語を本格的に学んだわけではない遼にとって，このような職場環境が苛酷なものであったことは言うまでもない．事実，当初は職場で交わされる会話が理解できない（日本語に聞こえない）状況がしばらく続いた．最初の 1 年間は，毎日「もう無理」「辞めたい」と思いながら働いていた．しかし，遼は中途半端な状態で仕事を辞めることが嫌いな性格であるため，この仕事が好きだという自己暗示をかけながら何とか乗り切っていた．また，事業所の所長が「辞めます」と言い出せないほど厳しい人だったことも，辞めない（辞められない）理由の 1 つだった．

このように，基本的なプログラミング言語を学びながら業務を遂行するという状況が 2 年半ほど続いた．この時期は全く余裕がなかったため，与えられた仕事をこなすので精一杯だった．しかし，3 年目の後半から少しずつ余裕を持って働けるようになってきた．最初の 2 年半で基本的なプログラミング言語をマスターし，実務経験を積んでスキルが向上したためである．その結果，未修得のプログラミング言語でも大体の予想をつけられるようになった．また，自分の仕事をこなすだけでなく，同僚の仕事を手伝ったり尻拭いをしたりする機会も増えてきた．その後も順調に知識とスキルを習得し，5 年目にはこの会社で学ぶことは何もないと思えるほどになった．当時，遼はチームリーダー的な役割を担ったり，事業所の IT 関連業務（サーバー管理やパソコン管理など）全体の管理を任されたりしていた．しかも，その頃は群馬事業所が拡大傾向にあ

38　この会社の設計開発事業部は，自社工場のシステムを扱うだけでなく，他社からシステム開発（の一部）を受注していた．この会社が群馬に事業所を設置したのは，同県内にある大手電機メーカーのシステム開発を受注していたからである．
39　基本はプログラマーだが，会社（事業所）が小さいためプログラミング以外の IT 関連業務全般もこなすという職種である．

り，自社の正社員・非正社員と他社からの出向者を合わせて約30人規模になっていたため，この事業所全体を管理できる実力があれば，他の企業に移っても問題なく仕事ができるという自信がついていた。と同時に，IT技術者としてのスキルをさらに向上させるためには，英語力を身につける必要があることを痛感するようになった。というのも，IT産業（とりわけソフトウェア開発分野）の最新情報は英語で発信されるのが普通だからである。たとえば，マイクロソフト社の技術情報は全て英語で発信される。そして，日本のIT関係者（またはマイクロソフト社の日本法人）がその一部を日本語に翻訳して日本のIT業界に伝達する。しかし，全ての情報が日本語に翻訳されるわけではないし，翻訳される場合でも時間がかかってしまうのが普通である。同様のことは，マイクロソフト社以外にも当てはまる。したがって，英語力が低いことはIT技術者にとって大きな欠点となりうる。プログラマーとしての実務経験を積むなかで，遼はこのことを実感するようになったのである。

　前述の通り，素人同然の状態でプログラマーの世界に飛び込んだ遼は，実務経験を積むなかでスキルを高め，英語力の必要性を実感するまでに成長した。このような成長は遼にとって自信と充実感の源泉となっていたが，その一方で会社に対する不満がないわけではなかった。不満の種は大きく分けて2つあった。

　1つは，過酷な長時間労働である。通常期の残業は1日3時間（1カ月60時間）程度であり，日本の労働者にとっては異常な長時間労働と言うほどでもないが，納期前や問題発生時は状況が一変した。忙しい時期には徹夜で働くことを余儀なくされ，「連徹」（連続で徹夜すること）しなければならないこともあった。最も忙しい時期には，3連徹後に帰宅して睡眠を取り，再び3連徹後に帰宅して睡眠を取るという生活を1カ月間続けたこともあった。その結果，この月の残業時間は400時間に達した。これは過労死基準を大幅に上回っており[40]，遼もこのときは死を意識せずにはいられなかった。「本当に死ぬかも」「むしろ早く倒れたい」「倒れて病院に運ばれれば仕事から解放される」「なぜ

---

[40] 厚生労働省（2010b：7）によれば，過労死認定の基準は，死亡直前の1カ月間で100時間を超える時間外労働をした場合と，死亡前の6カ月間に月平均80時間の時間外労働をした場合と定められている。

こんなに疲れてるのに倒れないんだ」「なぜ人はここまでして生きるんだろう」「ここまでして生きる意味が分からない」といった考えが何度も脳裏をよぎった。また，この時期は風呂に入れない日が多かったため，同僚から「お風呂入らないと相当臭いよ」「生ゴミの臭いがする」などと言われたこともあった。生ゴミ扱いされたのはさすがにショックだった。

　もう1つは，給料の安さである。遼の1年目の月給（額面）は，基本給17万円＋技術料1万円＋残業代（時給約1000円）であり，残業なしだと手取りで12万〜13万円程度，残業代を入れてやっと20万円前後という水準だった（残業代はタイムカード通り支給された）。ボーナスは年2回支給されたが，1回あたりの支給額は20万〜30万円程度（査定による）と必ずしも高額ではなかった。2年目以降は基本給が上がったが，1年ごとの昇給額は2000〜3000円程度という微々たるものだった。遼は次第に，こんな安月給では割に合わないと考えるようになった。特に，スキルが向上して自分の実力に自信がついてからは，そうした考えも強まっていった。

　長時間労働と安月給に対する不満を抱えるようになった遼は，入社5年目に一度だけ転職活動をした。これ以上学べることが何もないのであれば，この会社にいても意味がないと考えたためである。また，スキルのある同僚（先輩）4人が立て続けに転職し，大企業の関連会社で大きな事業に関わるようになったことも転職を考えるきっかけとなった。彼らが転職してキャリアアップできるのであれば，自分にも同じことが可能だろうという思いが脳裏をよぎったからである。こうして転職に気持ちが傾いた遼は，人材派遣会社を利用して転職活動を行い，1つの会社から内定を得た。しかし転職活動中にその人材派遣会社に対する不信感が芽生えたため，結局この話は断った。上司にしつこいほど引き止められたことも転職を断念した理由の1つだった。

　転職を踏み止まった遼は，もう少しだけこの会社で働いてみようと考えた。先述の通り，ちょうどその時期は群馬事業所が拡大傾向にあったため，その影響で仕事が面白くなるかもしれないと淡い期待を寄せたからである。しかしこの期待は裏切られ，それまでと同じような張り合いのない生活を送る羽目になった。また，この時期に就任した新社長（それまでの社長の息子）が頼りない人物だったことも，遼の就業意欲を低下させていた。

そんなある日，遼はインターネットで留学・WH斡旋業者の広告を偶然目にした。その広告には「30歳までワーキングホリデー」と書かれていた。これを見た遼は，自分にもWHに行くチャンスがあると知って驚いた。というのも，初めてWHを知った当時は，ビザ申請の上限が25歳だったからである。遼は24〜25歳の頃，WHについて考えた時期があったが，当時は仕事が忙しかったため具体的なことは何もしなかった（できなかった）。そしてその後はWHを諦めていた。ところが，この斡旋業者のウェブサイトでビザ申請の上限年齢が30歳になったことを知り，俄然興味が湧いてきた。言わば，その斡旋業者に「心を鷲掴みにされた」のである。さっそくその斡旋業者に資料を請求し，パンフレットを見たりカウンセリングを受けたりして情報を収集した。また，同僚（後輩）の友人のなかにWHや海外生活の経験者がいたため，その人たちの話も聞いた。こうして情報収集に努めるうちに，遼の心はますますWHへと傾いていった。ちょうどその時期に会社の辞め時（転職のきっかけ）を探っていたこと，英語力の必要性を痛感していたこと，そして30歳に迫りつつあったことが重なったためである。そして，この「絶妙な」タイミングを逃すまいと考え，28歳の春にWHを決断し，その年の秋にケアンズへ渡航した。

遼がケアンズを滞在地に決めた理由は複数あるが，一番の決め手となったのはA子の存在である。海外生活の経験がなく英語力に自信がない遼は，ケアンズに行けば困ったときにA子を頼れると考えた。また，ケアンズには斡旋業者の現地オフィスがあったことも，遼の不安を和らげた。

ケアンズ渡航時に遼が設定した目標は次の4点である。第1に，英語力を高めること。これはプログラマー（IT技術者）としてもう一段ステップアップするための必須要件である。この目標を達成するために，遼はセカンドWHビザを取得して滞在を2年間に延長するつもりでいた。遼は英語力に全く自信がなかったため，英語力の向上には2年間の滞在が必要だと考えたからである。第2に，長期旅行（豪州周遊旅行）に挑戦すること。遼は元々，長期旅行の経験があるわけではなく，長期旅行に関心があったわけでもないが，せっかく広大な国土と多種多様な観光資源を持つ豪州に行くからには，長期旅行をしなければもったいないと考えた。第3に，可能であればIT関連の仕事をすること。海外で，しかも英語環境でIT関連の実務経験を積むことができれば，スキル

向上や自信につながると考えた。そして第4に，これら全てをひっくるめた海外生活（WH）を無事に完遂すること。遼は海外生活の経験がなく，英語力に全く自信がなかったため，「とにかく2年間，向こう（豪州）で暮らすこと」「挫折して帰らないこと」が大事だと考えていた。また，わざわざ会社を辞めてまで海外に行った以上，中途半端な形で帰ってくることだけは避けたいという思いもあった。

　このような目標を掲げた遼は，まずケアンズで語学学校に4カ月間通い，英語力の向上に努めた。と同時に，休日を使ってスキューバダイビングのライセンスを取得し，グレートバリアリーフでダイビングを楽しんだ。語学学校を修了すると，トリニティ・リバーズという観光施設で4カ月間働き，セカンドWHビザを取得した。その後，ケアンズに5カ月ほど滞在し，英語の勉強やダイビングをしながら悠々自適な生活を送った。この間に日系の旅行代理店でアルバイトをした時期もあったが，店側の都合で早期退職した。その後，遼はメルボルンに移動し，IT関連の職探しを始めた。しかし，2カ月後に1週間のタスマニア旅行を予定していたためなかなか身が入らず，結局最後までIT関連の職に就くことはできなかった。タスマニア旅行を終えた遼は，メルボルンで悠々自適な生活を満喫しながら，帰国前の長期旅行（約1カ月かけて豪州国内を周遊する旅行）の準備をしていた。

　以上が遼の渡航動機と渡航までの経緯および豪州での（第2回インタビュー時点までの）滞在状況をまとめたものである。ここから，遼のキャリアに見られる3つの特徴が浮かび上がる。

　第1に，帰国後の再就職に困らないレベルの技能と職歴を得た上で渡航している。遼はプログラマーとして6年間の実務経験があり，基本的なプログラミング言語を一通りマスターしている。また，プログラミングだけでなく事業所のサーバーとパソコンの管理を担当した実績があり，ITに関わる幅広い業務を遂行することが可能である。過去に転職活動をした際も問題なく内定を得ることができた。遼は，これだけの実績があるからこそ，英語が大の苦手であるにもかかわらず海外生活に挑戦したのであり，豪州滞在中も悠々自適な生活を送ることができたのである。もし遼が帰国後の再就職に困るレベルの技能や職

歴しかなかったら，豪州でもっと真剣にIT関連の職探しをしたかもしれないし，そもそも仕事を辞めてWHに行くこともなかったかもしれない。

　第2に，仕事における閉塞状況がきっかけとなってWHを決意している。遼は渡航前に，この会社にいてもこれ以上のスキル（キャリア）アップは望めないという認識に至っていた。また，社長の交代を機に，会社の将来性にも不安を感じるようになっていた。つまり遼は，このまま今の会社にいても先がないと感じ，いつまでこの会社にとどまるべきか，いつこの会社を去るべきかと悩んでいた。そして，このような閉塞状況に置かれていたからこそ，状況の変化をもたらすWH（海外生活）に強い魅力を感じたのである。もし遼が仕事にやりがいと充実感を感じ，会社の将来に希望を抱いていたら，斡旋会社の広告に「心を鷲掴み」にされることはなかったかもしれないし，会社にとどまって（たとえば英会話学校に通うなどして）英語力の向上に努めるという選択肢を選んでいたかもしれない。

　第3に，海外滞在中に自分の専門分野で就業経験を積むという動機はあったが，その優先順位はあまり高くなかった。遼はIT関連の就業経験の他に，英語力の向上，長期旅行への挑戦，海外生活の完遂（中途半端に帰らないこと）といった目標を立てており，IT関連の就業経験は必ずしも最優先の目標ではなかった。事実，遼はタスマニア旅行と豪州周遊旅行を優先したため，IT関連の職探しが難しい状況に自らを追いやっていた。このような渡航動機と滞在中の行動は，前節で見たキャリアトレーニング型のWH渡航者（特に海外移住の意思を持つ拓哉と静香）と大きく異なっている。こうした動機・行動の違いが，キャリアトレーニング型とキャリアブレーク型を分ける1つの要因となることは間違いない。

　ただし，ある人がキャリアトレーニング型になるかキャリアブレーク型になるかを決定づける要因は，当人の動機や行動の特徴だけでなく，現地の雇用機会に大きく依存することも忘れてはならない。日本のITプログラマーが海外（豪州）で就業するためには，日系のIT関連企業に就職するか，現地企業のIT関連職を得るしかないから，その難易度が高いことは容易に想像がつく。というのも，前者（日系IT企業）では日本から派遣される駐在員と競合関係にあり，後者（現地企業のIT関連職）では高い英語力を要求されるからである。

遼が豪州でIT関連の職探しにあまり時間とエネルギーを投じなかったのは，こうした事情を理解していたからでもある。遼は，職探しを最優先したにもかかわらず希望の職を得られない上に，旅行やスキューバダイビングといった余暇の機会を失うという最悪の状況を回避しようとしたのである。これは遼が現地で下した状況判断であり，必ずしも当初の動機や目標だけで説明できるものではない。

(3) 龍也：中小企業管理職・ウェブコンサルタント

　地方の国立大学を卒業した龍也は，新卒で東京都内の人材コンサルティング会社に就職した。この会社は歴史が浅く，社員の多くが20代という「若い」中小企業である。龍也が入社した当時，この会社の従業員数は100人程度だったが，そのうち30人弱が龍也と同じ年に入社した同期だった。この会社の基幹事業は，優秀な大卒人材を獲得するための戦略やノウハウを中小企業の人事部（人事担当者）に伝授することであり，社員の主要な職務は，企業への営業活動，人材獲得策の企画・立案，顧客企業へのコンサルティングなどである。入社後，ウェブサイト，パンフレット，広告などを扱う部署（メディアオンライン事業部）に配属された龍也は，これらのコンテンツやツールを制作しつつ，新規顧客を開拓するための営業業務に従事した。

　1年目の龍也は営業業務がうまくいかず，同期のなかで下から2番目という成績だった。ボーナスの支給額は営業成績と連動するため，1年目はボーナスが支給されなかった。また，普通の社員は2年目に昇給や昇格を経験するが，龍也はそうした処遇を一切受けなかった。

　入社1～2年目にいきなりこのような苦境に立たされた龍也は，悔しさをバネに努力を重ねた結果，2年目の1期[41]に全社で2番目の営業成績をあげることができた。しかしなぜかこの成績は評価されず，龍也の昇給・昇格は見送られた。この悔しさをバネに再度奮起した龍也は，その後2期連続で全社トップの営業成績をあげ，実力を証明することに成功した。その結果，龍也は同期を

41　この会社では，4カ月単位で営業成績を集計し，その成績に基づいてボーナスが支給され，昇給・昇格が行われる。したがって，1期とはある年度の最初の4カ月間のことである。

一気に飛び越えてチームリーダー（主任）[42]に昇進し，月給（固定給，額面）が25万円から35万円にアップし，ボーナス支給額も100万円を超えた。

こうして2年目に鮮やかな逆転劇を演じた龍也は，3年目からチームリーダーとして，自分の営業成績だけでなく部下の営業成績を引き上げるという新たな課題に直面することになった。しかし，龍也はこの課題に対して満足のいく成果をあげられなかった。なぜなら，2年目の奮闘で「パワーを使い果たし」てしまい，すでに「燃え尽き」始めていたからである。

チームリーダーの龍也は，自分自身の案件だけでなく部下の案件を管理しなければならない。具体的には，まず龍也が企画の「核」となるアイディアを提示し，それを部下が肉付けして1つの企画（ある企業向けの人材獲得プラン）としてまとめる。そして部下がその企画を企業の人事担当者の前で説明（プレゼンテーション）し，成功すれば契約成立に至る。このプロセスにおいて，龍也は「核」となるアイディアをまとめるまでに時間がかかったり，過去に失敗したアイディア（企画）の再利用を考えたりするような状況に陥っていた。また，龍也のアイディアを基にした企画で営業を行った部下の成績が振るわず，自分自身の営業成績も伸び悩むという状況が続いた。こうして龍也は，入社3年目にして早くも自分自身の企画力や発想力に「限界」を感じるようになった。

この会社で常態化している長時間労働も，龍也から心身の余裕を奪い，「燃え尽き」を助長する方向に作用した。長時間労働が最も過酷だったのは入社1年目であり，龍也は「終電で帰れたらよい方」という状況だった。龍也は終電後に（自腹で）タクシーを利用して帰宅していたが，同僚のなかには会社に泊まる者も少なくなかった。とにかく仕事が終わらないため，龍也は（本来は休みである）土日のどちらか一方は必ず出勤していた。また，夏休みに友人と海へ遊びに行ったときに，仕事が終わらないため砂浜でノートパソコンを開いて作業をしたこともあった。2年目以降は少しだけ楽になったが，それでも22時頃に退社するのが普通という状況だった。この会社は若い社員が多いため，残業続きでも「アホみたいな話をしながら」楽しい雰囲気で働くことができたが，それでも疲労の蓄積を免れることはできなかった。事実，体調を崩して働

---

42 当時，この会社の職位は，平社員→サブリーダー→リーダー→チームリーダー（主任）→部長となっていた。したがってチームリーダー（主任）は中間管理職にあたる。

けなくなる同僚もいた。時間的な余裕もないため，社員のなかには結婚している人がほとんどいなかった。お金はあっても「家庭なんて持てない」という状況が常態化していた。

　このように，自分自身の企画力や発想力に限界を感じ，身体的な疲労も蓄積しつつあった龍也に対して，リーマン・ショックが追い討ちをかけた。リーマン・ショックを機に多くの企業が雇い止めや解雇に踏み切るなかで，（リストラのノウハウではなく）新規採用の戦略を提案する龍也の会社が苦境に陥ることは当然の結果だった。龍也の会社はそれ以前から業績悪化の兆候を示していたが，リーマン・ショックによって容易に立ち直れないほどの大打撃を受けた[43]。一気に業績が低迷した龍也の会社は大規模なリストラを敢行せざるをえなくなり，短期間で社員を20人ほどまで絞り込んだ（20人をリストラしたのではなく，リストラして20人になった）。龍也自身もこのリストラに関わり，自分の部下に退社を勧めるという苦い経験をした。自分自身の成績が振るわないなかで，高い給料をもらいながら，やる気のある部下を辞めさせるのは龍也にとってもつらいことだった。

　こうして，自分自身の仕事だけでなく会社自体の先行きも不透明になっていた時期に，龍也はある転職のオファーを受けた。そのオファーは，かつて自分の部署（メディアオンライン事業部）のトップにいた上司からのものだった。その人は当時，龍也より一足先に会社を辞めて新会社の立ち上げに従事していた。この新会社はウェブコンサルタントを基幹事業とするベンチャー企業であり，ウェブサイトを活用して企業収益を増加させるための戦略やノウハウを伝授したり，実際にウェブサイト制作を請け負ったりするというサービスを提供する企業である。龍也は幹部（役員候補者）として，その会社の立ち上げに参加するよう誘われた。自分と会社の将来に不安を感じていた龍也はこのオファーを受諾して，人材コンサルティング会社を去ることにした。新卒で入社してから約2年半後，チームリーダーに昇進してからおよそ半年後のことだった。

　人材コンサルティング会社を去った龍也は，すぐに新会社に合流し，1カ月

43　龍也は，リーマン・ショック以前に業績が悪化しつつあった理由として，①若い管理職が多いため，営業ノウハウ等の教育が思うようにいかなかったこと，②「売上を上げてのしあがりたい社員」よりも「若い社員が働くオシャレなオフィスで自由に働きたい社員」が増えたことによって，会社の営業力が低下したことの2点を指摘した。

ほど会社の立ち上げ作業に参加した。しかし龍也はそのまま新会社で働き続けるつもりはなかった。このとき龍也は，一時休職して海外に出る決意をすでに固めていたからである。龍也が海外渡航を決意した理由は，転職前から感じていた企画力や発想力の限界と関係があった。

　龍也が専門とするウェブサイト，パンフレット，広告の制作には，画像処理ソフトの操作法やウェブサイト制作用のプログラミング言語などに関するやや高度な知識とスキルが必要とされる。しかしこの仕事で成功するためには，これらの知識・スキルそのものより，そうした知識・スキルを動員して魅力的なコンテンツや画期的なシステムを制作・構築することの方がより重要である。言い換えれば，ウェブコンサルタントとして成功するために必要な能力とは，サイト訪問者を釘付けにするような魅力的なコンテンツや，他のウェブサイトでは見たことがないような画期的なシステム[44]を考案する企画力，発想力，仮説構築力などであって，細かい知識やスキルそのものではない。仮に細かい知識やスキルがあっても，制作したウェブサイトのコンテンツやシステムが魅力的・画期的でなければ，サイト訪問者は「（画面の）右上の×印」にマウスポインタを移動させてしまう。龍也は人材コンサルティング会社での経験を通じてこのことを痛感していた。と同時に，すでに「パワーを使い果たし」て「限界」を感じ始めていた自分がこのまま新しい会社で働き続けても，遅かれ早かれ行き詰まるに違いないと考えた。そこで龍也は，自分自身をこれまでとは異なる環境に置いて，多様な刺激を受けたり新しい発想を身につけたりしたいと考えた。そうして導かれた答えが海外生活だったのである。龍也は転職のオファーを受けたときに上記の考えを新会社の社長に伝えていた。龍也の考えを聞いた社長は，海外渡航前に短期間でもよいから立ち上げを手伝うこと，海外滞在中も可能な範囲で仕事を手伝うこと，帰国後に復職することを条件に，龍也のこの申し出を受け入れた。

　ところで，それまで海外生活の準備も何もしてこなかった龍也が比較的短期間のうちに海外生活を決意・実行できたことの背景には，龍也の恋人の存在があった。実は，龍也の恋人が一足先に豪州でWHを開始していたのである。

44　たとえば，オンライン通販サイトの「アマゾン」が導入した「ワンクリック注文システム」は，ここでいう画期的なシステムの具体例である。

龍也はあくまで仕事上の壁を乗り越えるために海外渡航を決意したのであって，遠距離恋愛中の彼女を追いかけて海外渡航したわけではなかったが，せっかく彼女が豪州にいるのなら自分も豪州に行くのが手っ取り早いと考え，WHビザを取得して豪州に渡航した。人材コンサルティング会社を去ってから約2カ月後のことだった。

　こうして慌ただしく豪州に渡航した龍也は，ゴールドコーストで彼女と合流し，2人で同棲しながら海外生活を送った。龍也の目的はあくまで多様な刺激を受けたり新しい発想を身につけたりすることだったため，ウェブコンサルタントという職業には全くこだわらずに複数の仕事に従事した。たとえば，カーウォッシュ（自動車の洗浄）のアルバイト，寿司テークアウト店の調理工場での調理・配送アルバイト[45]，日本人観光客向けのツアーガイドなどである。また，龍也はゴールドコースト滞在中に2カ月ほど一時帰国して，新会社の立ち上げを手伝ったりもした。

　その後，ゴールドコースト生活に飽きた龍也は，新たな刺激を求めて彼女とともにメルボルンへ移動した。メルボルンでは日本食レストラン瑞穂でキッチンハンドとして働きながら，ゴールドコーストでは得られなかった刺激を求めつつ，帰国後の復職に備えていた。

　以上が龍也の渡航動機と渡航までの経緯および豪州での（インタビュー時点までの）滞在状況をまとめたものである。ここから，龍也のキャリアに見られる3つの特徴が浮かび上がる。

　第1に，帰国後の再就職先を決めた上で海外に渡航している。龍也はかつての上司が立ち上げたベンチャー企業に幹部として復職する約束をした上で豪州に渡航した。したがって，（海外滞在中に会社がつぶれない限り）龍也は帰国後に失業するリスクが全くなかった。龍也にとってこの約束は，心強いセーフティネットであると同時に，有意義な海外生活を送らなければならない，帰国後にしっかり働かなければならないといったプレッシャーの源泉でもあった。

45　龍也が働いた寿司テークアウト店では，各店舗で寿司を調理するのではなく，調理工場で一括生産し，それを各店舗に配送するというシステムを採用していた。龍也は調理工場での生産と店舗への配送に従事した。

第2に，仕事を通じて激しく疲弊・消耗したことがWHを決意したきっかけである。龍也は人材コンサルティング会社における2年半の就業で「パワーを使い果たし」てしまい，斬新なアイディアがなかなか思い浮かばない状況に陥っていた。龍也はこうした危機的状況——企画力や発想力で勝負するウェブコンサルタントにとって致命的な状況——に対する打開策として海外生活を選んだのであって，海外生活そのものに特別な関心があるわけではなかった。したがって，もし龍也がアイディアの枯渇に悩むという状況に陥っていなければ，そもそも海外生活に関心を抱かなかった可能性が高い。

　第3に，海外滞在中に自分の専門分野で就業経験を積みたいという希望は特になかった。むしろ，龍也はこれまでとは異なる環境に身を置き，日本では経験できないことを経験し，多様な刺激を受けたいと考えていた。そうすることによって，疲弊・消耗した企画力や発想力を回復させ，さらに磨きをかけようと考えたからである。このような目的のためにWH制度を利用する者はそれほど多くないと思われるが，ウェブサイト設計，各種デザイン，芸術・文学，マンガ・アニメなどに関わる者のなかには，同様の用途でWH制度（あるいは海外滞在全般）を利用する者もいるかもしれない。

(4) 瑠依：中小企業後継者

　瑠依の両親は従業員約20人（非正社員含む）の不動産会社を経営する経営者である。この会社は大手不動産フランチャイズ・ネットワークに加盟し，埼玉県内の自宅近くに店舗を構え，不動産の売買仲介，賃貸仲介，賃貸管理といった事業を幅広く手掛けている。瑠依は2人姉妹の長女として，比較的裕福な家庭環境で育った。家族で海外旅行に行く機会も多かったため，海外旅行経験は豊富にある。そうしたなかで，短期間の旅行ではなく，長期間滞在して現地住民と同じように暮らす海外生活を経験したいと考えるようになった。特に，海外の都市で仕事（シティジョブ）に就いたり習い事に通ったりしながら悠々自適に暮らすシティライフに憧れるようになった。

　この目標に少しだけ近づいたのが大学時代である。都内の中堅女子大学に進学した瑠依は，語学留学でイギリスに1カ月間滞在し，旅行より長期間にわたる海外滞在を初めて経験した。しかし1カ月では物足りなかったため，もっと

長期間の海外滞在を実現したいという思いが強くなった。

　大学を卒業した瑠依は，新卒で大手英会話学校に就職した。勤務先は千葉県内の校舎であり，実家から電車で通勤した。勤務先では受付業務を担当したが，受付といっても単純な接客と事務だけではなく，新規受講者の獲得，受講継続に向けた勧誘，教材販売といった営業業務の割合が高く，店の売り上げ目標もかなり高い水準に設定してあった。当然のことながら，このような営業目標は働く上でストレスやプレッシャーになった。また，労働時間が長く，午前10時から終電ギリギリまで勤務しなければならない日も多かった。その結果，瑠依は過労気味になり，親も瑠依の健康を心配するようになった。そのため，瑠依は英会話学校の仕事を半年で辞めた。

　実家で親と同居しつつ無職の状態になった瑠依は，「なんとなく」「流れで」家業の不動産会社の仕事を手伝うようになった。会社が人手不足だった上に，瑠依自身も次にやりたい仕事があるわけではなかったからである。瑠依は当初，アルバイトとして少し仕事を手伝うだけのつもりで働き始めたが，次第に仕事量や責任が増え，いつの間にか正社員として本格的に働くようになっていた。しかも，営業で好成績を上げ，他の従業員から認められるにつれて，社長（父親），他の従業員，取引先の大家，フランチャイズの本部担当者などから，単なる一社員ではなく後継ぎ候補のような扱いを受ける機会も増えてきた。瑠依は長女で男兄弟がいなかったこともこうした扱いの背景にあった。

　このように，無職の居候から出発した瑠依は，「なんとなく」「流れで」始めた手伝いのアルバイトから正社員を経て，会社の後継ぎ候補と目される存在になった。仕事を通じた成長は瑠依自身にとっても喜ばしいことであり，仕事（会社）に対するやりがいや責任感も当初とは比較にならないほど強くなっていた。しかしその一方で，このままこの会社で働き続けるべきなのかという悩みも抱くようになっていた。瑠依の悩みの原因は大きく分けて2つあった。

　1つは，このまま「流れで」家業を継ぐことに対する不安である。瑠依は会社を経営することの大変さを理解しており，自分にその力量があるという自信を持てずにいた。もし自分の力量不足で会社経営が行き詰まった場合，自分だけでなく，従業員とその家族が路頭に迷うことになる。その責任の重さに耐えられる自信がなかった。そもそも瑠依は，当初から家業を継ぐつもりでいたわ

けではなく，ある程度まで偶然や成り行きでこの仕事を始めたにすぎない。したがって，もしこのまま「流れで」家業を継ぐことになった場合，瑠依のキャリア（あるいは人生）は，自分自身で覚悟を決めて選択したものではなく，単なる偶然や成り行きで決まったものになってしまう。また，もしこのまま「流れで」家業を継いだ場合，家業を「なんとなく」引き継いだという受け身の姿勢から脱却できず，何か問題が生じるたびに他人（親）のせいにするような無責任な経営者になってしまうかもしれない。さらに，もし自分が女社長になった場合，結婚や出産ができなくなるかもしれない。こうした不安が，瑠依にとって無視できないほどに大きくなっていったのである。

　もう1つは，このまま仕事を続けると海外生活を経験する機会がなくなってしまうという焦りである。瑠依は海外で仕事（シティジョブ）を経験したいと考えていたから，海外に行くときはWH制度を利用するつもりでいた。しかしWHビザを取得できるのは30歳までだから，このまま働き続けると制度を利用する機会を逃してしまいかねない。しかも，渡航時期を先送りすればするほど（会社に長く勤めれば勤めるほど）責任が重くなったり管理職に就いたりする可能性が高くなるから，仕事を辞めて（長期休職して）海外に行くことがますます難しくなる。さらに，妹が一足先に海外生活を経験していたことも瑠依の焦りに拍車をかけた。妹はアメリカの大学に正規留学して6年間の海外生活を経験していたため，自分も早く海外に行きたいという思いが募っていった。こうした焦りもまた，瑠依にとって無視できないほどに大きくなっていったのである。

　このように，一方では仕事に対するやりがいを感じつつ，他方では仕事を続けるべきか悩むという葛藤が時の経過とともに深まっていった。そして，27歳頃（家業を手伝い始めてから約5年後）からWHに行くことを本気で考え始め，28歳のときに豪州WHを決断し，実行に移した。滞在地を選ぶ際の主要な基準は，英語圏，気候，都会度の3つだった。イギリスとカナダは気候が温暖でない点に不満があり，ニュージーランドは田舎すぎることに物足りなさを感じ

46　ここで「ある程度まで」という限定をつけたのは，両親（あるいは父親・母親のどちらか）が当初から（あるいは途中から）瑠依に家業を継いでもらうつもりで誘導していた可能性を否定できないからである。

ため，消去法で豪州に決まった。豪州国内の滞在地としては，ヨーロッパ的な街並みを特徴とする洗練された都市のメルボルンが第一希望だったが，利用した斡旋業者のオフィスがメルボルンになかったため，第二希望のシドニーに決めた。28歳で渡航したのは，1年間豪州に滞在して帰国したときの年齢が29歳だからである。後述する通り，瑠依は後継ぎ候補としての覚悟を決めた上で家業に復帰するか，それとも別の仕事に移るかをWH中に考えるつもりでいた。したがって，もし後者（転職）を選んだ場合，帰国後に就職活動をすることになる。その際，30代だと不利になる——30代では応募できない求人があったり，採用側が20代の女性を優先的に採用したりする——可能性があると瑠依は考えたのである。

　以上の展望のもと，28歳で豪州に渡航した瑠依は，滞在中の目標（やりたいこと）として，仕事と趣味に関わる次の5つを設定した。第1に，都市部でシティライフを楽しむこと。具体的には，シティジョブ（英語環境のカフェやレストランのフロアスタッフなど）に就き，習い事などをしながらのんびりした生活を送ることである。第2に，スキューバダイビングのライセンスを取り，本格的なダイビングを楽しむこと。[47] 瑠依は沖縄やプーケット（タイ）などでダイビングに参加した経験を持つが，ライセンスを所有していないため体験ダイビングにとどまっていた。そこで瑠依は，豪州滞在中にライセンスを取得して，ダイビングの選択肢や行動範囲を広げたいと考えた。第3に，動物愛護関係のボランティア活動に参加すること。瑠依の家族は愛犬一家であり，飼い犬を家族の一員のように大事にしている。そのため，瑠依は犬に関わるボランティア活動に参加したいと考えていた。瑠依の妹がアメリカ留学中に動物愛護団体のボランティアに参加していたことも刺激になった。第4に，英語力を高めること。英語力は豪州（海外）生活を楽しむための最も重要な基礎であり，上述の

47　スキューバダイビングには複数のライセンス（資格）があり，所有するライセンスのランクによって海中で可能な行動の範囲が異なる。ライセンスなしでのダイビングは「体験ダイビング」「お試しダイビング」などと呼ばれ，プロ資格を持つダイバーの引率のもとで，水深12メートル以内の潜水が認められている。一般的に，ライセンスのランクが上がると水深40メートルを限度に潜れる水深が深くなり，救助（レスキュー），引率（ガイド），講習（インストラクション）が可能になる。詳細はスキューバダイビングのインストラクター教育機関であるPADI（Professional Association of Diving Instructors）のウェブサイトを参照（http://www.padi.co.jp）。

シティジョブやボランティアといった目標を達成するために欠かせないものでもある。瑠依は語学学校に通ったり英語環境で仕事をしたり英語話者の友人を作ったりすることによって英語力を高めようと考えた。第5に，後継ぎ候補としての覚悟を決めた上で家業の不動産会社に復職するか，それとも別の仕事に移るかを考えること。前述の通り，瑠依は「なんとなく」「流れで」両親が経営する不動産会社に就職したため，自分が後継ぎになるという考えや覚悟を持っていなかった。しかし，社長の長女として働き続けるからには，後を継ぐつもりがあるのか否かという問題を避けて通ることはできない。とはいえ，忙しい日常生活のなかでは，この問題についてじっくり考える時間や余裕などないというのが実状だった。そこで，豪州滞在中にこの問題についてじっくり冷静に検討してみようと思った。日本の日常生活から離れた環境であれば，正しい答えが出せる――逆に言えば，忙しい日常生活のなかで正しい答えを出すことは難しい――と考えたからである。そして，もし後を継ぐ覚悟が決まった場合は，以前のように「なんとなく」「流れで」復職するのではなく，「自分から頼んで働かせてもらおう」と考えた。

このように，仕事と趣味に関わる5つの目標を設定した瑠依は，まずシドニーの語学学校に通い，外国人の友人を作りつつ英語力の向上に努めた。次に，グレートバリアリーフで有名なケアンズに移動し，スキューバダイビングのライセンスを取って本格的なダイビングを楽しんだ。その後，都市部に移動してシティジョブを探すつもりでいたが，ケアンズでトリニティ・リバーズ（以下，「トリニティ」と略記する）という観光施設の情報を入手したため，計画を変更した。トリニティのウェブサイトには，豪州の美しい大自然に囲まれながら英語を使った仕事ができ，しかもセカンドWHビザの取得も可能と書かれていたからである。こうしてトリニティ（と別の農場）で働いた瑠依はセカンドWHビザを取得し，メルボルンに移動して残りの目標を達成すべく試行錯誤していた。

以上が瑠依の渡航動機と渡航までの経緯および豪州での（第2回インタビュー時点までの）滞在状況をまとめたものである。ここから，瑠依のキャリアに見られる3つの特徴が浮かび上がる。

第1に，帰国後に失業するリスクがきわめて低い状況で渡航している。瑠依は家業の不動産会社で後継ぎ候補と目されており，その気になれば帰国直後に復職が可能である。帰国後に転職する可能性もあるが，転職活動に失敗した場合は家業に復職すればよいというセーフティネットがあることも事実である。この状況は，キャリアリセット型のWH渡航者が置かれた状況と根本的に異なっている。

　第2に，キャリアをめぐる葛藤がWHを決意したきっかけの1つである。渡航前の瑠依は，親の不動産会社を継ぐべきか否か，自分に後継者としての力量があるのか，経営者としての責任を引き受ける覚悟があるのか，といった問いに対する答えを出せずにいた。瑠依は，これらの重い——その後の人生を左右する——問いに対して正面から向き合うために，日本を離れて海外生活を送ることを選んだのである。もちろん，瑠依はそれ以前から海外生活を経験したいという願望を抱いていたが，キャリアをめぐる葛藤がこの願望を増幅させたこともまた否定できない事実である。

　第3に，海外滞在中に自分の専門分野で就業経験を積むという考えは全くなかった。瑠依は海外で仕事をしたいと考えていたが，それは不動産業界の仕事ではなく，あくまでシティジョブだった。また，瑠依の渡航動機の1つは日本の日常生活から離れてキャリアについて考えることだったから，海外に来てまで不動産の仕事をするという選択肢はありえなかった。このような割り切った海外就業観はキャリアブレーク型（とキャリアリセット型・プレキャリア型）のWH渡航者にしばしば見られるものであり，キャリアトレーニング型WH渡航者の就業観とは大きく異なっている。

(5) 優子：看護師

　奈良県出身の優子が初めて海外に出たのは高校生のときである。高校の国際交流プログラムを利用して，優子はシドニーで1週間のホームステイを経験した。これは優子にとって忘れられない楽しい思い出となった。と同時に，この経験をきっかけに，優子はもっと英語が話せるようになりたい，もっと長期間の海外滞在を経験したいと強く感じるようになった。

　高校を卒業した優子は，看護師専門学校に進学し，3年間の通学を経て看護

師の国家資格を取得した。優子は専門学校在学中に，ある病院（医療法人）から奨学金を受けていたため，卒業後はその病院で働くことになった。その病院に３年間勤務すれば，奨学金の返済が免除されるからである。このように，奨学金の返済を免除してもらうために特定の医療機関で働くことを，医療関係者は「お礼奉公」と呼んでいる。[48] 優子はお礼奉公先の病院に約６年間勤務した後にこの病院を去り，WH制度を利用して豪州に渡航した。

　優子が看護師の仕事を（一時的に）辞めて豪州に渡航した理由は大きく分けて２つあった。その１つは，高校時代のホームステイ経験と関係がある。前述の通り，優子はホームステイを機に英語に対する関心が高まり，いずれ海外に長期滞在して英語力を高めたいと考えるようになった。しかし優子は高校卒業後に看護師専門学校に進学し，専門学校を卒業してすぐに看護師として働き始めたため，海外長期滞在を実行する時間的余裕がなかった。その結果，優子は看護師として働いている間も，早く海外に行きたいという願望を抱き続けることになった。しかし看護師として働き続ける限り，海外長期滞在を実行することは困難である。そこで優子は，高校時代から抱き続けてきたこの願望（夢）を叶えるために，病院を辞めて豪州に渡航したのである。

　もう１つの理由は，看護師として働いた６年間で優子の心身が激しく疲弊・消耗したことと関係がある。優子は看護師になってから６年近くにわたって，強いストレスと苛酷な長時間・不規則労働にさらされ続けてきた。そのため優子は，一度環境を変えたい，仕事を辞めてリフレッシュしたいと強く望むようになった。そして，このような切実な思いを抱えていた優子にとって，WHは一時離職するための格好の手段（優子自身の表現を使えば，「言い訳」）に見えたのである。それでは，優子が経験した看護師の過酷な労働とは一体どのようなものだったのか。詳細に見てみよう。

　優子が勤務した病院には，一般外来，救急外来，病棟（入院患者の治療）という３つの部門がある。看護師はシフトを組み，３つの部門に分かれて勤務する。場合によっては，１回の勤務中に２つの部門で同時に働くこともある。たとえば，

48　奨学金貸与契約と労働契約は別個の契約だから，「お礼奉公」は法律的な問題をはらんでいるとの指摘もなされている。この点については，「医療法人.net」に掲載された弁護士による解説が分かりやすい（http://www.iryou-houjin.net/kaiketusaku/syougakukin.html）。

「病棟＋救急外来」というシフトの場合，基本的に病棟で勤務しつつ，救急患者が入ったときはその対応を手伝うといった具合である。

　勤務体制は2交代制であり，日勤（8：45～17：00）と夜勤（17：00～翌朝9：00）がある。日勤には上記の通常勤務の他に，早出（7：30～15：30）と遅出（13：00～21：00）もある。夜勤と早出日勤が連続（17：00～翌日15：30）したり，遅出日勤と夜勤が連続（13：00～翌朝9：00）したりする場合もある。規則上の勤務時間はこの通りだが，時間通りに出勤・退勤できることはほとんどなく，時間前出勤や残業が常態化している。残業時間は自己申告制であり，タイムカード（超勤表）に記入した分は支払われるが，残業時間が長いと婦長などから文句を言われたり早く帰れと言われたりする。

　休日は，「4週8休」すなわち「4週間のうち8日が休日」という原則に従って割り振られる。この場合，4週間ごとの休日数は一般的な「週休2日」と同じだが，看護師は夜勤で生活パターンが乱れがちであるため，身体的な疲労は「週休2日」で働く一般的な労働者より大きくならざるをえない。しかも人手が足りないときは勤務日数が増えることもある。

　給料は夜勤の数によって変わるが，優子の6年目の平均的な月給は手取りで27万～28万円程度だった。夜勤手当は1回あたり1万2000円であり，優子は月に6回ほど夜勤に入っていた。ボーナスは年に2回支給され，1回当たりの支給額は月給の1.8倍だった。このような給与水準は，同年齢・同学歴（専門学校卒）の女性のなかでは高い方かもしれないが，夜勤の多さを考えると，果たして労働時間に見合うほど高給と言えるかどうかは疑問である。

　以上が優子の病院の労働条件である。これは看護師のなかでは特別に過酷というほどではないのかもしれないが，少なくとも日勤だけのフルタイム労働者と比べれば，身体的な負担が大きいことは明らかであろう。しかも看護師は，わずかなミスも許されない医療行為に従事しているから，精神的な疲労やストレスも平均的なフルタイム労働者より大きいことが予想される。

　このような看護師の一般的な労働条件に加えて，優子の病院の特殊事情が，優子の心身をさらに疲弊・消耗させた。第1に，この病院の病棟（入院治療施設）は難病患者を多数受け入れているため，看護師にかかる身体的・精神的な負荷が大きくなりがちである。自力で全く動けない患者の入浴や排泄を介助す

る作業は身体への負担が大きい。患者の家族のなかには，現実（患者の変わり果てた姿や回復の見込みがないことなど）を受け入れられず，看護師にきつく当たる人もいる。これは看護師にとって大変な精神的苦痛である。しかし看護師は，（少なくとも表向きは）文句を言わずに働き続けなければならない。また，難病の入院患者が多いということは，患者の死に立ち会う機会が多いということでもある。これも看護師にとって大きな精神的負担となる。

　第2に，この病院は勤務シフトの作成・変更において，子持ちの看護師を優遇している。具体的には，子どもがいる看護師は土日の勤務を減らしてもらえたり，子どもが病気になったときに休みを取りやすかったりするといった優遇措置である。このような方針は，一見すると看護師に優しい病院という印象を与える。事実，育児中の看護師にとって働きやすい病院であることは間違いない。しかし，看護師の人員に余裕がないなかで子持ちの看護師を優遇すれば，子どもがいない看護師にそのしわ寄せが来ることは避けられない。こうして，土日勤務や急なシフト変更といった負担が全て若い看護師に押しつけられるようになる。すると，若い看護師の不満が高まり，早期離職する若手看護師が増える。その結果，看護師の年齢構成が偏り，若手と中高年が多く20代後半から30代前半までの中堅看護師が少ない（いない）「中抜け」状態が生じる。このことが若手看護師の負担をさらに増加させ，「中抜け」状態の固定化が進む。若手看護師はこうした職場環境のなかで疲弊し，不満を募らせているが，あまりに早く辞めると再就職に支障が出かねない（「辛抱が足りない」と思われてしまう）ため，ある程度は我慢するしかない。また，「お礼奉公」中の新人看護師は，奨学金の返還を免除されるまで辞められないから，不満があっても耐えるしかない。

　このように，（特に若手看護師にとって）厳しい環境で働き続けた優子は，その当然の帰結として心身を激しく疲弊・消耗させていった。それに加えて，優子は看護師として働けば働くほど自己嫌悪に陥るようになった。なぜなら，疲労のせいで自分の心が荒み，患者に優しく接することができなくなりつつあったからである。これは看護師にとって耐えがたい状況と言える。というのも，看護師として長く働けば働くほど，看護師にとって重要な資質であるホスピタリティ（思いやりや奉仕の精神）が失われていくという矛盾に陥っているから

である。そして，自分がこの矛盾に陥っていることを自覚していた優子は，とにかく一度仕事を辞めたい，リフレッシュしたいと強く望むようになった。

こうして一時休職したいという気持ちと（高校生の頃から抱き続けていた）海外長期滞在への思いが結びついた結果，優子は看護師として働き始めてから6年目の初夏にWHに行くことを決意し，その半年後に病院を辞めて豪州のケアンズに旅立った。渡航先として豪州のケアンズを選んだのは，ケアンズがグレートバリアリーフを擁するスキューバダイビングの名所だからである。優子は看護師になってから一度だけ海外旅行（サイパン旅行）に行ったが，そのときにスキューバダイビングの初級ライセンスを取っていた。このライセンスを生かしてダイビングを楽しむと同時に，よりランクの高いライセンスを取得するためにケアンズを渡航先に選んだ。

ところで，優子がWHを決意するにあたって，無視できない役割を果たした人々がいることも指摘しておかなければならない。第1に，留学・WH斡旋業者のカウンセラーである。優子は長い間，一時休職したい，海外に行きたいという気持ちを抱いていたが，自分1人ではなかなか決心できずにいた。そんな優子の背中を強く後押ししたのが斡旋業者のカウンセラーだった。もし優子がこの斡旋業者を利用していなかったら，休職・渡航のタイミングはもっと後にずれ込んでいた可能性が高い。

第2に，両親が果たした役割も重要である。休職・渡航を検討していた頃，優子は交際中の恋人と結婚すべきかどうか悩んでいた。つまり優子は当時，海外と結婚のどちらを選ぶかという問題にも直面していたのである。この問題に答えを出すにあたって，優子は母親の意見を重視した。優子の母親は若い頃看護師になりたいと思っていたが，結婚のためにこの希望を断念したという過去を持つ。その経験を踏まえて母親は，やりたいことをやってから結婚するよう優子に助言していた。そうしないと，一生後悔することになりかねないからである。この助言を重く受け止めた優子は，高校時代からの念願である海外長期滞在を選んだ（恋人とは別れた）。父親の存在も重要である。優子の父親は仕事で海外（カナダ）に出張することが多かったため，海外長期滞在に対する抵抗がなかった。そのため，優子が海外に行きたいと言い出したときも反対せずに，海外渡航を後押ししてくれた（資金援助もしてくれた）。このような両親の理解

と支援があったからこそ，優子は一時休職と海外渡航を決断できたと言っても過言ではない。

ケアンズに到着した優子は，語学学校に通って英語の勉強をしたり，休日を利用してスキューバダイビングを楽しんだりしながら豪州生活を満喫した。残りの滞在期間は，引き続き英語の勉強に励むと同時に，ランクの高いダイビングライセンスを取得したり，豪州国内を旅行したりしながら，心身ともにリフレッシュするつもりでいる。

帰国後に関しては，すでに6年間の看護師経験があり，看護師の求人もあるため，再就職の心配はしていない。ただし，医療現場は変化が早いため，あまり長く看護師の仕事から離れると復職後に苦労するかもしれないという不安はある。看護師の仕事に復帰したら，外国人の患者が来院したときに，豪州で身につけた英語力を生かして通訳の手伝いをしたいと考えている（場所や病院にもよるが，奈良県は国際的にも有名な観光名所が多いため外国人の来院はそれほど珍しくない）。

以上が優子の渡航動機と渡航までの経緯および豪州での（インタビュー時点までの）滞在状況をまとめたものである。ここから，優子のキャリアに見られる3つの特徴が浮かび上がる。

第1に，帰国後の再就職に困らない資格・技能・職歴を得た上で渡航している。優子は6年間の看護師経験があり，医療現場では看護師の人手不足が指摘されている[49]。したがって，優子は（医療機関がない僻地などに住まない限り）再就職できないという状況に陥る可能性がほとんどない。労働市場における優子（看護師）のこうした安定的な地位は（と言ってもあくまで相対的なものだが），キャリアリセット型のWH渡航者が置かれた不安定な状況と大きく異なっている。

第2に，仕事を通じて激しく疲弊・消耗したことがWHを決意したきっか

49　日本医療労働組合連合会（2010）は，全国の看護師を対象とする大規模調査に基づき，医療現場で深刻な看護師不足が生じていることを繰り返し強調している。労働ジャーナリストの小林美希も，各種統計データと独自の取材に基づき，医療現場における看護師不足が「医療崩壊」を引き起こすほどの深刻な水準に達していると警鐘を鳴らしている（小林2011）。

けの1つである。優子は看護師として働いた6年の間，強いストレスと苛酷な長時間・不規則労働にさらされ続けていた。その結果，働けば働くほどホスピタリティが失われるという矛盾に陥るほど心身が疲弊・消耗してしまった。優子はこの悪循環から離れてリフレッシュするために海外生活を選んだのである。もちろん，優子は高校時代から海外長期滞在を経験したいという願望を抱いていたが，仕事による疲弊・消耗がこの願望を増幅させたこともまた否定できない事実である。

第3に，海外滞在中に自分の専門分野で就業経験を積むという考えは全くなかった。優子にとって重要なのは，海外（豪州）でリフレッシュすることと英語力を高めることであって，看護師として働くことではなかった。こうした渡航動機は，日本で過労や燃え尽き症候群に陥りかけた人（キャリアブレーク型とキャリアリセット型）にしばしば見られるものであり，キャリアトレーニング型WH渡航者の渡航動機とは大きく異なっている。

(6) 小括

本節では，キャリアブレーク型に属する4人のライフヒストリーを記述し，それぞれのキャリアの特徴を海外渡航と関連づけつつ考察した。これまでの記述と考察から，4人のキャリアに見られる3つの共通点を指摘することができる。

第1に，この4人は，帰国後の再就職時に職位や労働条件が低下するリスクを可能な限り小さくした上で海外に渡航している。プログラマーの遼はプログラミング言語をマスターして十分な実務経験を積んだ上で，ウェブコンサルタントの龍也は再就職先を決めた上で，親が会社を経営している瑠依はその会社で十分な実績をあげた上で，看護師の優子は十分な実務経験を積んだ上で，それぞれ海外渡航を実行している。このようなリスク管理は，帰国後の状況がほとんど見通せないまま，あるいは非正規雇用や不安定雇用から再出発する見込みが高いことを知りながら海外に渡航するキャリアリセット型WH渡航者にはほとんど見られない（したくてもできない）ものである。

第2に，キャリアをめぐる葛藤や仕事による心身の疲弊・消耗が海外渡航のきっかけとなっている。このまま会社にとどまっても先がないという閉塞状況（遼），アイディアの枯渇という危機的状況（龍也），会社の後を継ぐか否かと

いう葛藤（瑠依），ホスピタリティが失われるほどの疲弊・消耗（優子）は，海外に行きたいという願望を増幅させたり，海外に対する関心を喚起したりしている。前章で見た通り，また4人のライフヒストリーのなかで示されたように，こうした現象の背後には，旅行代理店・語学学校・斡旋業者の増加，広告・メディアの影響力の増大，海外渡航者（旅行者，留学者，移住者など）の増加といった複数の社会的要因が存在するため，4人の意識や行動を彼らの個人的な趣味や関心だけの問題とみなすことは誤りである。[50]

第3に，海外滞在中に自分の専門分野で就業経験を積んだり職業訓練を受けたりすることにあまり関心がない。遼はIT関連の就業経験を積むことに関心があったがその優先順位は高くなかった。龍也はウェブコンサルタントとして就業することより多様な刺激を受けることを重視した。瑠依は不動産の仕事よりシティジョブに関心があった。優子は仕事より英語の勉強とリフレッシュを重視していた。このような動機と目標設定のあり方が，キャリアトレーニング型とキャリアブレーク型を分ける要因の1つとなっていることは間違いない。ただし，そもそも雇用機会がない／採用要件が厳しすぎる場合は，個々人がいくら望んでも就業することは困難だから，キャリアブレーク型WH渡航者の動機や目標を当人の個人的な趣味や関心だけの問題とみなすことは不適切である。

以上が，キャリアブレーク型に属する4人のキャリアに見られる3つの共通点である。これらの共通点から，若年中位層のキャリアにおいて生起しつつある1つの現象を捉えることができる。その現象とは，一部の若年中位層において，海外が相対的に「安全」な「キャリアの休憩所」として利用されていることである。ここで「安全」とは，キャリアに対する悪影響が少ないという意味であり，「キャリアの休憩所」とは，仕事から離れて心身の疲労を癒したり将来のキャリアについてゆっくり考えたりすることが可能な場所という意味である。このように定義すると，本節で取りあげた4人が，多かれ少なかれ豪州を「キャリアの休憩所」として利用していることは明らかであろう。

---

50 就業上の問題や閉塞状況が海外渡航に対する関心を喚起・増幅するメカニズムについては，次章でも詳細に検討する。

「安全」な「キャリアの休憩所」としての海外は，高速道路のサービスエリアと同様の社会的機能を持つものとして理解することが可能かもしれない。高速道路を走行するドライバーが疲労回復や走行計画の見直しのためにサービスエリアを利用するように，若年労働者の一部は，疲労回復やキャリアプラン見直しのために海外を利用する。そして，海外に渡航する前よりリフレッシュした状態で，あるいはより良いキャリアプランを立てて，元のキャリアルートに復帰する。こうしたことを可能にする場所（制度）として，海外（WH 制度）が利用されていることを，本節で取りあげた 4 人のライフヒストリーは物語っている。

ところで，キャリアリセット型 WH 渡航者が疲労回復やキャリアプラン見直しのために海外長期滞在を行うことと，キャリアブレーク型 WH 渡航者が同様の目的のために海外長期滞在を行うことは似て非なるものであることを強調しておかなければならない。確かにキャリアリセット型 WH 渡航者も，疲労回復やキャリアプランの見直しのために海外を利用することは可能である。しかしキャリアリセット型は，帰国後の仕事がどうなるか分からない，あるいは非正規雇用や不安定雇用から再出発する見込みが高いという点で，キャリアブレーク型と異なっている。「キャリアの休憩所」という比喩を使えば，キャリアリセット型にとっての海外長期滞在とは，入ることは可能だがどこから出られるか分からない，あるいは振り出しに戻されてしまう可能性が高い「危険」な「キャリアの休憩所」と言える。この違いを曖昧にすることは，職種ごとに異なる海外長期滞在の効果・影響を曖昧にすることにつながるため問題があると言わざるをえない。

まとめ

本章では，まず第 1 節において，「インタビュー調査」対象者のなかから詳細な考察を行う対象者を選定した。次に，第 2・3 節において，キャリアトレーニング型とキャリアブレーク型に属するインタビュー対象者のライフヒストリーを記述し，彼らの渡航動機，渡航までの経緯，そして滞在の概要を，渡航前と豪州滞在中の就業状況に焦点を当てつつ明らかにした。また，第 2・3

節では，考察対象のキャリアに見られる共通点に注目することによって，若年中位層において生起しつつある（と考えられる）新たな現象を明らかにした。

第2・3節の考察を通じて明らかになった新たな現象とは，若年中位層において進行しつつある「キャリアの国際化」と，同じく若年中位層において普及しつつある「海外を『安全』な『キャリアの休憩所』として利用すること」という2つの事態である。「キャリアの国際化」とは，特定の職種において，国境をまたいだキャリアパスが制度化・構造化される現象を指す。WH渡航者のなかでは，キャリアトレーニング型に属する者がこれを経験している。「安全」な「キャリアの休憩所」とは，疲労回復やキャリアプラン見直しのために利用する場所または制度であり，これを利用した者は，以前よりリフレッシュした状態で，あるいは新たなキャリアプランを持って，元のキャリアルートに復帰することができる。WH渡航者のなかでは，キャリアブレーク型に属する者が，海外をこのようなものとして利用している。

本章の記述から明らかなように，この2つの現象は，自らの意思で海外に渡航する若者一人ひとりの自発的な行動によって引き起こされている。しかしこれらの現象は，海外渡航をした若者だけの力で引き起こされているわけではない。むしろ，この点に関して本章が浮き彫りにしたのは，個々の若者の背後にあって，彼らを国際移動に駆り立てたり誘導したりする制度的・構造的な要因が存在することであった。たとえば，キャリアの国際化が進行するためには，ある国・地域において，特定の職種の労働需要が継続的に発生していなければならない。そしてそのような労働需要は，多くの場合，日本企業の海外進出によって支えられている。本章の事例で言えば，トラベルカウンセラーの拓哉，調理師の邦彦，日本語教師の静香が現地で職を得られたのは，旅行代理店，留学・WH斡旋業者，語学学校，日本食輸入・卸売業者，日本食レストラン，（アニメやマンガを輸出する）出版社，そして戦後の日豪関係強化に多大な貢献を果たしてきた商社やメーカーなど[51]が，豪州で事業を展開しているからに他ならない。また，豪州（海外）が「キャリアの休憩所」として機能しうるのは，旅行代理店や留学・WH斡旋業者が国際移動のための経路（キャリアパスの脇

---

[51] 商社やメーカーをはじめとする日本の大企業が戦後の日豪関係強化に果たした役割については，補章2の第3節を参照されたい。

道）を整備し，若者の移動をサポートしているからである．さらに，少なからぬ若者が「キャリアの休憩所」を求めたり国際化したキャリアパスに活路を見出したりするのは，日本経済のグローバル化——日本企業と日本政府がグローバル競争に勝ち抜くために労働市場の流動化を進めたことや，日本経済がグローバルな景気動向の影響をより強く受けるようになったことなど——のもとで若年層の就業環境が悪化しつつあることと無縁ではなかろう．本章の事例で言えば，過酷な労働によって疲弊していたことと，リーマン・ショックによって追い討ちをかけられたことが決め手となって実行された龍也のWHは，就業環境の悪化によって引き起こされた国際移動の典型的な事例とみなせる．また，IT産業で過酷な長時間労働に従事していた遼，病院で過酷な長時間・不安定労働に従事していた優子，厳しい経済情勢のもとで後継者候補としてのプレッシャーにさらされ続けていた瑠依，旅行代理店で長時間労働に従事していた拓哉，飲食店で長時間・低賃金労働に従事していた邦彦，非正規雇用者として働いていた静香，人手不足と低賃金労働が常態化した介護産業で働いていた美穂の事例も，龍也ほど直接的ではないものの，就業環境の悪化によって国際移動が促進されていることを示す傍証とみなせるだろう．

第 5 章

ライフヒストリー分析（2）——キャリアリセット型

　本章では,「インタビュー調査」対象者のうち,キャリアリセット型に分類される者のライフヒストリーを記述し,その渡航動機と渡航までの経緯を,彼らの就業状況に焦点を当てつつ明らかにする。また,キャリアリセット型 WH 渡航者の渡航動機を彼らの将来展望と関連づけながら考察することによって,現代の日本社会が若者を WH に誘導する階層的なメカニズムと,若者が WH を選択する際に採用している階層的な行動様式を明らかにする。この作業を通じて,「分かりづらい」と言われることの多いキャリアリセット型 WH 渡航者の動機を階層という観点から解明することが本章の課題である。

　第1節では,「インタビュー調査」対象者のなかから本章で考察を行う4人を選定し,その4人のライフヒストリーを記述・分析する。第2・3節では,第1節の記述・分析に基づいて,4人の渡航動機と渡航までの経緯を彼らの短期的・長期的な将来展望と関連づけつつ考察する。

　なお,キャリアリセット型の考察に1章を費やすのは,この類型に属する WH 渡航者が最も多く,しかもその動機が他類型の WH 渡航者と比べて「分かりづらい」からである。本章では,キャリアリセット型 WH 渡航者の動機を丹念に考察することによって,彼らの動機を社会学的に解明（理解・説明）すると同時に,彼らを批判する人々が見落としがちな論点を浮き彫りにしたい。

第1節　ライフヒストリー

（1）考察対象者の概要と選定理由

　「インタビュー調査」対象者84人のうち,キャリアリセット型に分類される

者は38人である．本章では，この38人のうち，真央（巻末付録1の82番，派遣／販売職等，インタビュー時31歳），多恵（同59番，正社員／営業・サービス職，31歳），進（同62番，正社員／建設従事者，24歳），剛（同27番，正社員／サービス職等，31歳）のライフヒストリーを考察する[1]。この4人を選んだ理由は以下の2点である．第1に，彼らのライフヒストリーは，キャリアリセット型に分類される人々の就業状況と動機に見られるいくつかの典型的なパターンを代表するものと考えられる．それゆえ第2に，彼らのライフヒストリーを考察することによって，若年中位層を取り巻く状況と，そうした状況のもとでWHが選択されるあり方をモデル化することが可能である．

この4人が代表する典型的なパターンは以下のように要約できる．①仕事に対する強いやりがいを感じていない状況下で海外渡航に対する動機が形成されるパターン（真央）．②仕事に対する強い不満がきっかけとなって動機が形成されるパターン（多恵）．③突然の解雇のような仕事上の問題がきっかけとなって動機が形成されるパターン（進）．④学校生活や就業生活を通じて抱えた心身の問題がきっかけとなって動機が形成されるパターン（剛）[2]。

キャリアリセット型の38人をこの4類型に分類すると，①32人，②2人，③2人，④2人となる．①が圧倒的に多い理由は2つある．第1に，「仕事に対する不満」「仕事に関する客観的な問題点」「心身の問題」といった要因を複数抱えており，「決め手」となる唯一の要因を特定できない場合は全て①に分類したため，①の人数が多くなっている．つまり，②③④は動機形成の背景にある要因が明確で分かりやすいという点で典型的である（しかしそうした事例はあまり多くない）のに対して，①は複数の要因を背景として動機が形成される（そうした事例が実際には圧倒的に多い）という点で典型的と言える．第2に，そもそも仕事に多くを期待していない人やお金を稼ぐためだけに働いている人は，全て①に分類したため，①の人数が多くなっている．このような人は，客観的に見れば問題のある就業環境であっても，それが自分自身の許容範囲内で

---

[1] 本節で取りあげた4人にはライフヒストリーの草稿をチェックしていただいた．この場を借りてお礼を申し上げたい．
[2] 理論上は，この4類型の他に，「仕事に関する客観的な問題点が存在せず，心身ともに健康であり，仕事に対して強いやりがいを抱いているにもかかわらず，仕事を辞めて海外に行く」という類型が考えられる．しかしキャリアリセット型にこのような人はいなかった．

あればあまり不満を言わない（少なくともインタビューの場で取り立てて語るようなことはしない）ことが多い。特に，「被差別者の自由」（熊沢 2000）を行使する女性はこうした傾向が強い。第1～3章で見た通り，WH渡航者のなかには「被差別者の自由」を行使して仕事を辞めた女性が多数含まれているため，そうした人の多さが，①に分類される人の多さに反映している。

なお，32人いる①の代表として真央を選んだのは，彼女のライフヒストリーに多様な経験・要因——職場でのトラブル，雇用主への不満，頻繁な離転職，非正規雇用といった仕事に関するものと，趣味，人間関係，居住形態といった仕事以外のもの——が幅広く含まれているからである。真央のライフヒストリーを見ることによって，多様な経験や要因がWHという選択肢に結実する際の複雑でダイナミックな過程を浮き彫りにすることができるだろう。

(2) 真央：やりがいの少ない生活から海外へ

真央は商業高校卒業後に新卒で旅行会社に就職し，正規雇用のバスガイドとして3年ほど働いた。バスガイドを選んだ理由は，実家を出たかったことと高校の教育体制への反発だった。高校卒業後は実家を出たいと考えていたため，全寮制のバスガイドに魅力を感じた。また真央の通っていた高校は就職実績を重視していたため，常に就職・資格のための勉強が最優先された。これが原因で勉強に対する意欲が減退し，学校に対する不満が大きくなった。こうした不満が積み重なって，就職先を決めるときは，あえて商業高校らしい仕事（＝事務職）を避けた。またこのような不本意な高校生活を送ったことが，純粋に興味のあることを学びたいという思いを真央の心に植えつけた。この思いは，後に手相占いと英会話という2つの趣味への探究心として，そして最終的にはWHという選択として，実を結ぶことになる。

バスガイドを辞めた後は，カフェ，花屋，歯科医院でアルバイトをして生計を立てた。しかしこれらの仕事は給料未払い，雇用主に対する不満，ストレスなどの問題があり，いずれも長続きしなかった。そのため真央は人材派遣会社の契約社員となり，派遣労働者として働くことにした。職種は販売員で，派遣先は洋菓子店（約2年），パン屋（約1年），和菓子店（約2年）だった。派遣労働に移った後は仕事自体に大きな問題はなかった。時給は1400円程度で，

フルタイムで働けば生活はできたが，一人暮らしをするとギリギリという水準だった。バスガイドを辞めた後，真央は一人暮らし，妹と二人暮らし，交際相手と同棲などをしていた。

真央は，20代前半には頻繁な転職と不安定な生活を経験し，20代半ばには交際相手との同棲解消に伴うトラブルやストレスを経験したものの，それ以降は比較的平穏な生活を送っていた。そうした生活に彩りを与えていたのが手相占いや英会話といった趣味だった。そしてこれらの趣味がWHのきっかけをもたらすことになった。真央は手相占いの勉強を始めた20代初めの頃，ある占い師から「あなたは海外に住む」と言われた。この言葉が海外生活を意識する最初のきっかけとなった。しかし当時は海外生活のイメージが湧かず，具体的な行動には結びつかなかった。これに対して，英会話はより直接的なきっかけをもたらした。というのも，通っていた英会話学校の豪州人講師と交際したため，具体的な情報やイメージを持てるようになったからである。

このように手相占いと英会話が海外生活を考えるきっかけとなったが，決断したときの決め手となったのは年齢だった。31歳になったらWH制度を利用できない。WH制度を利用するタイミングを逃せば，海外生活という貴重な経験を得る機会はもう二度と訪れないかもしれない。この事実が真央の背中を強く後押しした。かつての占い師の言葉もよみがえっていた。「今しかない」。豪州人の彼氏もいるから，現地生活の不安もそれほど大きくはない。今の仕事に不満はないが，派遣だから辞めることに大きな障害はない。だとすれば，「行かないで後になって，あー行けばよかったなーってモヤモヤしながら後悔するより，行っちゃえ！」と思った。「それでもしうまくいかなかったら，帰ればいいだけ」の話だ。真央は渡航を決意した当時の心境を次のように語る。

> その当時，今の彼とも付き合ってたし，結構，「海外生活やっちゃおう！」みたいなノリで来たかな（苦笑）。年齢もビザ取るのにギリギリだったし。私18〔歳〕で高校卒業してからバスガイドとかやって，ずっと20代は仕事をやってたのね。バイトでも契約社員とかでも。で，20代最後の締めじゃないんだけど，海外で暮らしてみたかったからかな。

こうしてWHを決意した後は，1年かけて準備を進めた。出発前の半年間は派遣労働の他にファーストフード店のアルバイトも掛け持ちして，70万円程度の資金を貯めた。渡航に際しては，WHの経験がある友人の助言を得つつ最初の滞在地（ブリスベン）を決め，ある斡旋業者のサービスを利用して29歳の秋に出発した。

　こうして無事にWHを実現したが，実際には明確な目的があったわけではなかった。心に抱くテーマはかなり漠然としていた。その1つは「30歳を海外で迎え」て，今後の人生を「全然違う環境」で考えてみたい，というものだった。高校を卒業してから今まで休むことなく働いてきた。だから30歳という「節目」の年に，少し立ち止まって今後のことを考えるのも悪くないと思った。もう1つのテーマは「学ぶ」というものだった。高校時代は「就職第一」の教育方針のもとで「学ぶ」意欲は抑圧されたままだった。高校卒業後は日常生活に追われてそうした意欲と正面から向き合う余裕はなかった。とはいえ「日本で今さら大学に行くのはちょっと」難しい。しかし海外なら，大学生活と同じことは無理だとしても，その代わりになるような学びの機会を得られるのではないか。だとすれば，これまで隅に追いやられていた好奇心を豪州でとことん追求してみたい。このような漠然とした思いが，真央をWHへと導く糸となったのである。

　以上の通り，真央が制度を利用した動機や目的は漠然としている。何か決定的な出来事や要因があるわけでなく，一見すると直接の関係がなさそうな過去の出来事（高校の教育方針や手相占い）さえもが布石となって最終的な選択が導かれている。したがって周囲の人は彼女がなぜ豪州にいるかを理解することが難しい。事実，永住権や就労ビザを取得して現地に滞在する人々は，真央のようなWH渡航者を不審に思ったり，より明確な目的を持つよう助言したりすることも少なくない（第1章第3節参照）。しかし若年中位層を取り巻く労働と生活の現状を鑑みれば，真央のような事例を「理解不能」といって簡単に片づけるわけにはいかないことが明らかとなる。

　たとえば真央のように，一見すると平穏な生活を送っていても，実際にはその経済的基盤が脆弱である人は少なくない。そうした脆弱性を家族や恋人との

同居によって補って初めて「平穏」が得られることも多い。また，仕事やキャリアにアイデンティティの源泉を求め（られ）ない中位層にとって，限られた手持ちの資源で確固たるアイデンティティを構築することはそう簡単ではない。高度な消費社会を生きる現代人には消費を通じてアイデンティティを構築するという方法もあるが，そうした実践にはしばしば金銭的な出費が伴う。また，結婚はアイデンティティの源泉となりうるが，誰でも望めばすぐに結婚できるわけではないし，結婚したからといって直ちに生活状況が改善するわけでもない。経済的基盤が脆弱な若年中位層にとって，結婚はますます困難かつリスクをはらんだ選択肢になりつつあるのではなかろうか。

　若年中位層を取り巻くこうした状況を踏まえれば，一見すると平穏そうな彼らの生活のなかに，経済的・心理的な問題の種が数多く埋め込まれていることは容易に理解できる。真央のライフヒストリーにもそうした問題の種（経済的基盤の脆弱さ）とその顕在化の実例（頻繁な転職，同棲解消に伴うストレス）が見られた。したがって，真央が「海外生活やっちゃおう！」「行っちゃえ！」という「ノリ」を強調したからといって，そのことがそのまま彼女の軽薄さを示しているわけではないことは明らかである。むしろそうした語り口は，不安定な状況を生き抜くために必要な開き直りを傍証するもの，あるいは不安定な状況のなかで（ときに無意識のうちに）自分自身を励ます1つのあり方のようにさえ見える[3]。

　軽快な語り口の背後に不安定な労働と生活が控える真央の事例は，キャリアリセット型のWH渡航者（特に女性）に多く見られるパターンを代表するものとみなせる。このパターンの特徴は以下の4点にある。第1に，雇用と収入は比較的安定しているが，長期的に見た場合の安定性や発展性という点で問題がある。第2に，仕事に対する強い不満がない（あるいは不満と付き合う術を心得ている）代わりに，仕事で大きな達成感や満足感を得ることもない。第3に，そうしたいわば「平穏」な就業生活が続くなかで，漠然とした焦りや物足りなさが蓄積されていく。第4に，そのような焦燥感や欠乏感を解消する手段は仕

---

[3] 自分の人生を語るという行為は，困難な状況を前向きに（ときに自己を擁護する形で）捉え直し，人生に推進力を与えようとする実践性を伴うことがある（やまだ編 2000）。真央をはじめとするWH渡航者の語りにもこうした実践性が認められる。

事やキャリアではありえない。

　このような状況は，一般職の女性正社員，男性正社員の一部，フルタイムの男女非正規雇用者を中核とする幅広い層に広がっているように見える。そしてこうした状況に置かれた若年中位層の一部が，心身の奥底に澱のように溜まった欠乏感や焦燥感を解消するための1つの手段として，あるいは少なくとも主観的なレベルでは仕事より重要な位置を占める趣味や関心事に専念するための1つの手段として，WH制度を利用している。

(3) 多恵：仕事に対する不満から海外へ

　大阪府出身の多恵は，大阪の4年制大学（非有名大学）の人文学部を卒業し，新卒で就職した企業に7年間勤務した後，WH制度を利用して豪州へ渡航した。

　大学在学中の就職活動は就職氷河期のため困難をきわめた。内定を得られたのは中堅の（大企業だが業界最大手ではない）教育関連サービス業A社（とそのグループ企業）だけだった。A社は離職率が高く，「（大学の）就職課の先生が一番におすすめしない会社」であり，インターネットの匿名掲示板上では典型的なブラック企業として有名だが，他に選択肢がなかったためここに入社した。

　A社は教育関連の図書・教材の出版・販売と通信教育を行っており，業務には法人営業，個人向けの教材販売，通信教育などがあった。多恵は福井で教材販売（約10ヵ月），名古屋で法人営業（1年半），広島で通信教育（2年半），岡山で通信教育（2年）を担当した。

　教材販売をしていた時期は，上司から「半分やくざ」な社員教育を受けた。ノルマを達成できないと「怒り方とか半端じゃない」。ホワイトボードを叩き，机や椅子を蹴りながらの説教もしばしばだった。その場で教材販売を実演するよう指示され，いざやってみると「だからお前それじゃ（そんなやり方だから）売れないんだよ！」と怒鳴られる。この社員教育のため，帰宅が2時や3時になることもしばしばだった。入社後に福井に配属された同期6人は1年以内に全員が離職した。通信教育の部署ではノルマやこうした「教育」はなくなったが，その代わりに給料が安くなり，7年目でも手取りの月給は18万円程度だった。成果主義賃金を導入しているため，ノルマのない部署では役職が上がらない限り給料も上がらなかった。また，通信教育の部署では上司と反りが合わ

ずストレスが溜まり，2年間で10キロ体重が増えたこともあった。

多恵は入社以来，何度もA社を辞めたいと思ったが，不景気で再就職先が見つかりそうになかったため仕方なく続けていた。また，A社は不景気でもボーナスは出すという方針だったことも，離職に対する歯止めになっていた。同僚との人間関係が良かったことも辞めない理由の1つだった。上司から怒られる者同士の連帯意識は強かった。そんな同僚のなかに海外留学やWHに詳しい人がいた。多恵はその同僚から留学雑誌を借りたり，海外生活について話し合ったりしていた。そうしたやり取りのなかで，語学学校，仕事，旅行といった多様な経験の機会があるWHに惹かれていった。そして会社を辞めたいという気持ちとWHに行きたいという気持ちが高まり，両親に相談したが，一度目は反対されてしまった。母親からは，「周りは結婚して子どももいるのに，あんたは何で海外とか夢みたいなこと言ってるの！」と呆れられた。そのためこのときは断念せざるをえなかった。

その後も1年ほど仕事を続けたが，状況は何も変わらなかった。この会社で働き続けたいという積極的な目的意識を持てず，かといって辞めたら転職先が見つからないかもしれない，あるいは見つかったとしても労働条件が悪くなる可能性が高い状況下で身動きが取れなくなっていた。そんな生活を送るなかで，一度は断念し，忘れかけていたWHが再び多恵の心によみがえった。海外に長期滞在して仕事も勉強も旅行もできるこの制度は，身動きの取れない現状から抜け出すための格好の手段のように思えた。多恵はWHを思い出したときの心境を次のように語る。

> やっぱりどこかで辞めたいってのもあって。でも辞めるきっかけがなくて。どこかで辞めたいなと思ってて辞めるきっかけもなく，かといって嘘を言ってまで辞めたくはなかったんです。……「辞める理由〔ないか〕なー」と思ってたときに，「あ！ そういえばワーホリ！」みたいな（笑）。「そういえばワーホリがあった！ やっぱり行きたいよなー」と思って。

こうしてWHへの思いがよみがえった多恵は，再度両親の説得を試みた。今回はビザ申請の上限年齢に近づいていたため，「今行かないと，もう本当に一

生行けない」と思い,諦めずに説得したという。多恵は,両親を説得したときの様子を次のように語った。

> ワーホリは年齢制限があるから,たとえば後であのとき行っておけばよかったと思うよりは,今行って,後悔しても何しても自分の責任だから,みたいなことを言いましたね。……あのときに行っておけばよかったって言いたくないし,そんなの聞きたくないでしょ? とか言って(笑)。半分脅して〔説得した〕。

両親に対するこのような説得の言葉は,一方で,WH に対する自分自身の偽らざる思いでもあった。

> 自分的にも嫌じゃないですか。あのとき行っておけばよかった〜とか。せっかく行けるチャンスだったのに〜みたいな〔ことを後で思うのは〕。

このような必死の説得は実を結び,両親も仕方なしに承諾したという。上司からも強く慰留されたが,当然のことながら会社に残るつもりはなかった。
　こうして多恵は豪州に行く意志を固め,親の承諾を得て,会社に辞意を伝え,渡航に向けた本格的な準備を始めた。渡航までに約 150 万円の資金を貯めて,大手斡旋業者のサービスを利用して豪州に渡航した。
　このように紆余曲折を経て念願の WH を実現した多恵だったが,WH を決意した当時の内心は複雑だった。というのも,多恵は WH の魅力に惹かれていたが,WH によって自分の人生が劇的に変わるといった甘い幻想を抱いていたわけではなかったからである。多恵はそうした心境を,「一言でいうと現実逃避です」と苦笑い交じりに説明する。

> 何かもう疲れてて。会社に勤めることに。で,本当にもう逃避をしたくなって。そうこうしてるうちに,私のなかで現実逃避イコール海外みたいな(苦笑)。ドラマみたいな,本当にそんな感じ。

つまり多恵は，何よりもまず会社を辞める理由がほしいという切実な願いがあり，それが可能な手段としてのWHに惹かれたのであって，その逆ではなかった。「現実逃避イコール海外」というやや自嘲的な説明は，このような打算的な思惑とWHそのものに対する思いが交錯する複雑な心境を端的に表している。

以上の通り，多恵はWH制度を利用した動機が明確である。彼女は仕事を辞めたくてもなかなか辞められないという状況から抜け出すためにこの制度を利用したのである。彼女の事例もまた，WHに至るパターンの1つを代表するものとみなせる。このパターンの特徴は以下の3点にある。

第1に，就業生活に強い不満があり，心身に多大なストレスを抱えている。第2に，それにもかかわらず，労働市場や生活上の制約ゆえに離転職が困難である。それゆえ第3に，勤務先の上司や同僚，家族，友人，自分自身などを納得させることが可能な離職理由を（意識的または無意識のうちに）探している。

こうした状況は，給与水準や雇用の安定性という点で相対的に恵まれた男女正社員や，フルタイムの男女非正規雇用者を中心とした幅広い層に浸透しているように見える。そしてこのような状況のなかで，ドロップアウトというネガティブなレッテル（意味付与）をある程度まで回避しつつ仕事を辞めるための手段として，WH制度が利用されている。

(4) 進：仕事上のトラブルから海外へ

山梨県出身の進は，高校卒業後に上京し，ピアノ調律士の専門学校に入学した。調律士は第一志望の仕事ではなかったが，音楽業界に興味があったためこの専門学校を選んだ。第一志望はロックバンドで成功することだった。高校時代からバンドを組み，音楽活動をしていた。バンドでうまくいかなかったときに音楽業界で働く道を残すため，この専門学校を選んだ。しかし専門学校に入学してすぐに，調律士として生きていくことは困難だと知った。調律士として働く卒業生のなかには月給が10万円にも満たない人がいた。朝から晩まで働いても15万円程度しか稼げないことが分かった。このことを知った何人かの同級生は学校を辞めていった。進も調律士の仕事で食べていくことは難しいと

思ったが，親から学費を出してもらったことと調律自体は楽しかったことから，辞めずに2年間通い続けた。

　専門学校卒業前に少し就職活動をしたが，就職氷河期のため状況は厳しかった。音楽活動以外にやりたい仕事もなかった。その頃に結成した新しいバンドで好感触を得ていたこともあり，すぐに就職活動を止めた。2年間バンドをやって，それでダメなら就職しようと思い，そのまま卒業した。卒業後は専門学校時代から続けていたファーストフード店のアルバイトで食いつなぎながらバンド活動中心の生活を送った。時給は安かったが，シフトを柔軟に組めるため，練習やライブの日程に合わせて働ける点が，このアルバイトを続けた最大の理由だった。しかしバンド活動は出費がかさむため，金銭的にはかなり厳しい状況だった。卒業後にこうした生活を1年近く続けた後，ファーストフード店を辞めて，知人の紹介で空調設備会社（B社）のアルバイトを始めた。これはマンションの天井裏に換気用のエアダクトを設置する仕事だった。いわゆる3K職場だが，エアダクトは比較的軽いため，建設労働としては楽な方だった。給料も日給1万円程度稼げるため，生活はかなり楽になった。しかしバンド活動は順調とはいかず，結成から2年近く経った頃に解散してしまった。すぐに新しいバンドを結成して音楽活動を再開しようと計画を立てたが，メンバー集めはなかなか進まなかった。そうこうしているうちにB社の仕事が楽しくなり，フルタイムで週6日間勤務するようになった。お金も順調に貯まるため，音楽活動は休止して仕事中心の生活になってしまった。

　しかし転機は突然訪れた。バンドが解散してから半年ほど経ったある日，社長からいきなり解雇を言い渡されたのだ。「うちの会社はもう仕事ないから，明日からバイト探して」。あまりに唐突だったため，進は途方に暮れた。その後しばらくは家でインターネットなどをして過ごす日々が続いた。そのときにある1つの考えが浮かんだ。それが海外生活への挑戦だった。

　実は進は，以前から海外生活をしてみたいと考えていた。なぜなら家族や親戚に海外生活の経験者が比較的多くいたからである。父親は若い頃，欧州に半年間滞在したことがあった。3人いる同い年のいとこのうち，1人は豪州で，もう1人はイギリスで長期滞在の経験があった。またB社をクビになる2カ月ほど前には，弟が中国に留学していた。ちょうど先を越されたという「ジェ

ラシー」のようなものを感じていたところだった。そこで，進はインターネットで海外生活について調べて，ある斡旋業者のウェブサイトに辿りついた。そこでWHの存在を知り，「これで行こう」と決断した。弟が海外に行き，自分の仕事がなくなり，WHの存在を知った今こそ，「タイミングが揃った」瞬間と感じたからである。進はすぐに斡旋業者のオフィスに行き，豪州のWH支援サービスを申し込んだ。

しかし進はすぐに日本を出発することはできなかった。なぜなら，斡旋業者の支援サービスを申し込んだものの，滞在費用，語学学校の学費，航空券の費用のための資金を持っていなかったからである。ここから，WHに行く費用を稼ぐための新たな生活が始まった。目標は1年後に出発することだった。

目標達成のために進が頼ったのは空調設備会社のC社だった。以前B社で働いていたときに，同じマンションの工事を分担していたC社の社長と知り合いになり，若い従業員を探しているという話を聞いた記憶があった。そこでC社に連絡したところ，すぐに働けることになった。C社では正社員として雇われ，日給1万2000円（後に1万3000円）で週6日働いた。これだけでも十分な収入（月給約30万円）だったが，進はさらに収入を増やすために，独立して一人親方になることを決意した。C社で9カ月間働いた後，社長の了解を得て一人親方として働き始めた。別のマンションの仕事をその社長から請け負い，半年ほど働いた。請負料金は1週間に3部屋分の空調設備を設置して7万8000円（1部屋あたり2万6000円）だった。これは独立前の1週間分の給料と同額（1万3000円×6日＝7万8000円）だったが，進はこの仕事を2〜3日で終わらせて，残りの日はC社の別の現場でアルバイトをした。こちらの日給は1万6000円だった。2つの現場のかけもちで，好調な時期は60万円稼ぐ月もあった。

そうこうしているうちに，目標金額を上回る150万円以上の貯金が貯まった。仕事が好調だったため，当初予定していた出発日はすでに過ぎていた。一人親方ならではのストレスやプレッシャーもあったが，仕事自体は楽しかったし，自分のペースで働きながら大金を稼げることに充実感も感じていた。このまま仕事を続けた方がよいと言う友人もいた。しかし進はそろそろ潮時だと感じていた。「今海外に行くのが，自分にとってベストかなって直感で思った」。なぜ

なら，WHを決意してから1年以上ハードに働いたため，さすがに少し疲れてきたし，マンション業界の雲行きも怪しくなってきたからである。進は，空調設備の仕事を始めてから複数の現場で働きながら，これほどハイペースでマンションを建てて本当に人が住むのかと疑問に思うことがしばしばあった。「ガンガンガンガンマンション建てて，そんなに人が入るはずもない」。だからこの業界は「ずっと続かない」気がしていた。実際に，突然仕事がなくなってクビになるという経験もした。

リーマン・ショックの影響で激しい円高になったことも進の豪州への気持ちを後押しした。1豪州ドル59円という破格のレートで貯金を換金し，十分すぎる資金を得て日本を出発した（リーマン・ショック以前は1ドル100円前後だった）。クビになった日から1年半後のことだった。進はその1年半を振り返って次のように語る。

> 仕事がない状態から〔ワーホリに〕行くって決めてから，こんなにうまく来てるっていうのは，間違いなく，〔この決断は〕間違ってないと思うんですよ。というのが僕の直感ですけどね（苦笑）。正しいから，ここまでやってこれてるって僕は思ってます。間違ってたら何か異常が出るはずです。自分にぴったしだから思い通りに進んでるし，嫌なことがあっても，そんなにきつく感じないとか。多分それは，全部においてタイミングが合ってて，波に乗ってるって感じですかね（笑）。

「うまく来てる」「間違ってない」「波に乗ってる」といった言葉が，この間に彼が得た自信や達成感を如実に物語っている。こうして彼は，WH制度を利用することによって，バンドの解散や突然の解雇というアクシデントを乗り越え，劇的な復活を果たしたのである。

以上の通り，進の事例は，多恵とは違った意味で，制度を利用する動機が明確である。彼は長期的な経済的自立に向けて短期的なステップを1つずつ積み上げるのではなく，短期的な目標（音楽活動の成功，1年後の渡航）をその都度設定し，さしあたりその達成のために働いている。ある目標の達成が困難にな

っても，それを「転機」として前向きに捉え，新たな目標を設定し直し，その達成に向けて再度邁進する。そうした目標の1つとしてWH制度を利用している。このような進の事例もまた，先の2人とは別種の典型的なパターンを代表するものとみなせる。このパターンの特徴は以下の2点にある。

　第1に，雇用と収入が不安定であり，長期的な見通しが全く立たない。第2に，客観的状況の変化に合わせて，主観的な認識や意味づけを絶えず修正し続けなければならない。

　こうした状況は，非正規雇用者全般と，建設業や飲食業のような不安定業種を中心とした幅広い層に浸透しているように見える。そして，不安と不安定が常態化した混沌とした日々のなかで，客観的生活状況と主観的認識に（一時的な）秩序を与えるために，WH制度が利用されている。

(5) 剛：心身の問題から海外へ

　愛知県出身の剛は，県内の私立大学（非有名大学）の文学部を卒業した。学生時代は就職氷河期で周囲の学生が全く就職できない状況を見て，早々に就職を諦めていた。就職活動らしいことは何もしなかったが，一度だけ友人の付き合いで就職フェアに行った。当時，パチンコ店でアルバイトをしていたため，たまたま目に留まったパチンコ会社のブースに行くと，瞬く間に内定が決まり，正社員として就職することになった。

　初めの頃は仕事も順調で，3年目には副店長になり，4年目には店長になった。会社から期待され，自分自身もやりがいと充実感を感じていた。しかし長時間労働とストレスで，剛の体は確実に蝕まれていった。一般的に，パチンコ店は各店舗の毎日の売り上げがコンピューターで集計・表示され，どの店がどの程度業績を上げているか，一目で分かる仕組みを導入している。そのため副店長や店長になると，一瞬たりとも気が抜けず，業績競争のプレッシャーにさらされ続けるようになる。また，人員が慢性的に不足しているため，副店長・店長の仕事量は常軌を逸したものになりがちである。剛の会社も例外ではなかった。当時の働きぶりを，剛は「1日36時間働いていた」と説明する。接客，販売促進活動，従業員教育，店舗運営・管理など，次々と仕事が舞い込んでくるため，とにかく終わらない。休みの日もトイレに入っているときも携帯を手放せ

ず，絶えず現場と連絡を取り合う毎日だった。そしてそんな生活を続けていくうちに自律神経失調症を患ってしまった。

本来は休養すべき状況だったが，剛は薬を飲みながら働き続けたため，酷い悪循環に陥っていった。体調や精神状態に波があるため仕事がはかどらず，ストレスが溜まり，病状が悪化する。すると薬の量を増やしてまた同じことを繰り返す。このような悪循環を繰り返した結果，軽いうつやパニック症候群も発症するようになった。こうして体調を崩し，最後は全く働けない状態になった。店長になってから約1年後，この会社に就職してから5年目の夏に，剛はパチンコ会社を去った。

パチンコ会社を辞めた後，剛は半年ほど大阪で療養生活を送った。当時交際していた恋人のアパートに居候する形だった。体調が回復してきたため，少しだけパチンコ店のアルバイトをするなどして気分転換を図ったが，薬は手放せなかった。

その後，愛知の実家に戻って新たな生活を開始した。彼女も同時期に愛知へ引越してきた。愛知では，派遣で8カ月ほど工場に勤務した後，不動産会社で営業職の正社員として働き始めた。週6日勤務，1日12時間ほど働いたが，給料はパチンコ会社の初任給より低かった。不動産会社の仕事はそれほどきついとは思わなかったが，この仕事を一生続けようと思うほどの魅力は感じなかった。

愛知に戻った後も，剛は薬を手放すことができなかった。量は減ったが，完全になくすことはできなかった。何度か薬を止めてみたこともあったが，全く動けなくなって会社を休むのが関の山だった。そんな剛を苦しめたのが，親や友人の「気の持ちようだ」という言葉や態度だった。体がボロボロになって，辞めたくないパチンコ会社も辞めざるをえなくなった。いまだに薬を止められない。そんな状況を知りながら，なぜ「気の持ちよう」などと言えるのか？剛はやり場のない悔しさと悲しさを抱えながら生きるしかなかった。

そんな剛をさらに意気消沈させたのが，親や周囲の結婚プレッシャーと彼女との別れだった。30歳近くにもなれば，周囲は結婚や出産の話題でにぎやかになる。親も彼女と結婚するつもりなのかと探りを入れてくる。しかし剛にとっては，薬を手放せない状況での結婚など考えられるはずもなかった。そうこ

うしているうちに，彼女から別れを切り出され，3年近くに及んだ交際に終止符が打たれた。剛は密かに彼女と結婚したいと願っていたが，もはや彼女を引き止める手立ては残されていなかった。

　彼女と別れて半月と経たないある日，剛に転機が訪れた。剛はその日，高校時代の友人と一緒に飲んでいた。その友人がもうすぐWHで豪州に行ってしまうため，その前に会っておこうという趣旨だった。その席で，友人から「一緒に行く？」と誘われ，剛は一緒に豪州へ行くことを決意してしまったのだ。

　剛はそれまで豪州はおろか海外にも全く興味がなく，海外旅行をしたこともなかった。渡航先であるメルボルンがどこにあるか分からず，豪州育ちのハリウッド女優であるニコール・キッドマンが女性だと知らない（キッドマンだから男だと思っていた）ほど，豪州や海外の情報に疎かった。そんな彼があっさり決断した背景にはいくつかの理由があった。1つは周囲の雑音から逃れて本当の意味での「休憩」をしたいと考えたこと。今の生活を続けている限り，「気の持ちようだ」とか「結婚しないの？」などといった情け容赦のない言葉から逃れることはできない。豪州に行けば，英語が分からないから，街を歩いていても「みんなの言っていることが分からない」。2つ目は，人生に明確な時間的区切りを入れたいと考えたこと。剛は，坑うつ剤や精神安定剤を飲むようになってから記憶や時間感覚が曖昧になり，薬を飲み始めた後に起きた出来事を正確に思い出したり話したりすることが困難になっていた。しかし「30歳」で「ワーホリ」をすれば，「ワーホリ前」と「ワーホリ後」で明確な「仕切り」ができ，時間感覚が戻るかもしれない。3つ目は，「このままでは終われない」という密かな思いがあったこと。剛は志半ばでパチンコ会社を辞めたことを心底残念に思っていた。実は，自分が店長として全てを準備してきたリニューアル・オープンの2日前に倒れて，オープン当日に立ち会えなかった。これが本当に悔しかった。だから，別にパチンコ会社でなくてもいいから，「もう1回吐くまで働きたい」。そのために，一度全てをリセットして，豪州で体勢を立て直してから，「一生の仕事」に再挑戦したいと考えた。

　不動産の仕事を辞めることに抵抗はなかった。仕事自体はつまらないわけではなかったが，「一生の仕事」とは思えなかった。だからどうしても本気になれない。「やっぱり手を抜いてしまう」。また，そもそも薬を止められない状況

では，いつまで続けられるのかも分からなかった。事実，休日の翌日は体が動かなくて仕事を休むということもあった。剛は心のどこかで，普通の生活は「一生できない」かもしれないと感じていた。「テレビとかで特集されちゃう人みたいになるのかな」とも思っていた。

だとすれば「今辞めても後で辞めても一緒じゃないか」と考えた。「だったら，行かないで，後になって，40・50（歳）になって，あのとき行っとけばよかったかなって思うぐらいだったら，行ってしまって，1年失敗だったなって，みんなでネタにするぐらいでいいのかな」と思った。彼女と別れて身軽になっていたことも剛の背中を後押しした。20代最後の年に彼女と別れ，彼女と別れた直後にWHに誘われたことは，「運命的」なタイミングだとも感じた。こうして渡航を決意した剛は，その日から1カ月半後に仕事を辞め，数十万円の貯金を資金に，豪州へ向けて旅立った。

以上の通り，剛の事例は，多恵や進とは違った意味で，制度を利用する動機が明確である。剛にとって，WHとは何よりもまず仕事で負った心身の傷を癒すためのものだった。日本にいる限り完全な回復は望めそうにない。だとすれば日本を離れるしかない。その機会を与えてくれたのがこの制度だった。しかし彼はただ「休憩」することだけを目的として豪州に来たわけではない。彼には「一生の仕事」を見つけて「吐くまで」働くという願いがある。その願いを実現するために，30歳で海外に行き，体調を戻して31歳から再び本気で働き出す。WH制度はこの計画を実行に移すための格好の手段だった。

このように，心身の傷を癒して再起を図る可能性を海外生活に賭けるという剛の事例もまた，先の3人とは別種の典型的なパターンを代表するものとみなせる。このパターンの特徴は以下の2点にある。

第1に，学校生活や就業生活を通じて心身に深刻な問題（自律神経失調症，パニック症候群，うつ，ひきこもりなど）を抱え込んだ経験がある。第2に，それゆえに長期的もしくは短期的なキャリアと生活の見通しが立てられない。

こうした状況は，長時間・過重労働が常態化した周辺的正社員（の経験者）や過労死予備軍のような働き方をする正社員を中心に，幅広く浸透しているように見える。そしてこのような状況下で破壊された心身と生活を立て直して再

出発するための手段として，WH制度が利用されている。

第2節　考察（1）
「価値ある移動」としてのワーキングホリデー

　前節では，4人のライフヒストリーを，キャリアリセット型のWH渡航者がWH制度の利用に至る典型的なパターンを代表するものとして提示した。本節では，4人の共通点に注目しながら制度の利用に至る経緯や動機を分析する。その際，渡航動機と渡航までの経緯を彼らの短期的な展望と関連づけて考察する。言い換えれば，WH制度を利用して豪州に渡航することそれ自体から何を得ようとしているのかという点に焦点を当てる。

（1）ワーキングホリデー渡航者が閉じ込められていた階層的空間

　仕事を辞めて海外に長期滞在して，語学学校に通ったり，レストランで働いたり，農村で働いたり，旅行をしたりする。このようなWHの一般的な説明を目にしたとき，多くの人は，それが個人的な趣味や関心に基づく選択だと理解するだろう。確かにそうした理解は部分的には妥当である。しかし制度の利用に至る経緯や動機の全てを個人の特殊な趣味や関心によって理解するとしたらそれは誤りである。先の4人のライフヒストリーがそのことを物語っている。
　4人のライフコースは，その細部には相違が見られるものの，次の2点において共通の軌跡を辿っている。第1に，学校から仕事への移行に際して，選びうる選択肢が限定されていた。第2に，キャリアの行き詰まりに直面していた。
　多恵は唯一内定を得ることができた企業に就職し，剛は偶然と成り行きで就職先が決まった。学校から仕事への移行に際して，この2人に主体的な選択の余地はほとんどなかったと言ってよいだろう。これに対して，進は音楽活動に専念するためにアルバイトで生計を立てる道を選んだ。真央は事務職ではなくバスガイドという仕事を自ら選んだ。したがって，この2人の学校から仕事への移行には選択という側面が多少なりとも含まれている。しかしこの点をもって彼らが十分な選択肢を持っていたとみなすことはできない。彼らは就職氷河期に，高卒者・専門学校卒業者として労働市場に参入した。この事実を考慮す

れば，彼らの「選択」がきわめて限定された選択肢のなかで行われたものであることは明らかである。

キャリアの行き詰まりに関しても，4人の経歴には共通点が見られる。真央が従事していた派遣労働は長期的な安定性や発展性という点で問題があった。多恵の勤務先は大企業だったが，昇進や昇給の機会が限定されている上に，昇進・昇給競争は長時間労働と多大なストレスを伴うものであったため，誰もが長期間にわたって働き続けられるような環境ではなかった。進が従事した空調設備の仕事は，時期によっては高収入が得られる一方で，ある日突然職を失うリスクもあった。剛が働いたパチンコ会社は，昇進・昇給の機会と心身が破壊されるリスクの両者がセットになっているような職場だった。不動産会社の営業職は，週6日，1日12時間働いてもパチンコ会社の初任給より低い収入という労働条件だった。剛にとって，いずれの仕事も長期間にわたって働き続けることが難しいものだった。

このように，4人のライフコースにおいて，学校から仕事への移行における選択肢の少なさとその後のキャリアの行き詰まりという共通の経験が見られることは，彼らが共通の階層的空間の内部にいたことを示している。彼らがその内部に閉じ込められていた階層的な空間とは，中位以上の職へと続く階梯が欠如ないし不足したキャリアラダーの集合からなる労働市場のセグメントである。その空間にとどまり続ける限り，いくら仕事を変えても雇用の安定性，収入，スキルなどにおいてある一定の「高さ」より上に登ることが難しい。先の4人は，いずれもこうした空間に特有の問題への対処法としてWH制度を利用していた。

以上の考察は，上述のような階層的空間に身を置くことと，WH制度を利用する動機との間に，内的な連関があることを示している。つまりWH渡航者に若年中位層が多いことは単なる偶然ではない。また，WHに個人的な関心を持つ人々のうち，若年中位層が制度を利用しているだけでもない。それに加えて，若年中位層だからこそWHに惹きつけられ，制度を利用するに至るという社会的回路が存在する。

そこで次に，この回路がどういったものであるかを明らかにしたい。

(2) 若年中位層をワーキングホリデーに導く社会的回路

　前節で見た通り，先の 4 人は，若年中位層の置かれた階層的位置に特有の問題と格闘する過程で WH を選択していた。それでは，彼らは一体何を求めてWH を選択したのだろうか。この点を明らかにするために，4 人が追求したものを消費社会論の視角を援用しながら検証する。具体的には，消費財の持つ価値や消費を通じて得られる効用を，機能と記号という 2 つの観点から理解する消費社会論の分析枠組み（間々田 2000）を採用したい。すでに第 1 章と第 3 章で見た通り，現代社会においては，海外旅行や海外長期滞在は高度に商品化されている。WH も同様であり，斡旋業者やメディアが用意するパッケージ化された滞在プランを比較検討する様子は「カタログショッピング」の様相すら呈している（川嶋 2010：243）。WH 渡航者の分析において消費社会論を援用する根拠はこの点にある[4]。

　消費社会論では，ある消費財が持つ性能や実用的な働きを機能と呼ぶ。また，ある消費財や消費行為が何らかの意味やイメージを付与されたり，そうした意味・イメージを他者に伝達したりするとき，その消費財・消費行為は記号としての役割を担っているとみなせる。したがって WH 制度の機能とは，それが制度利用者にもたらす実用的な利点のことであり，この制度の記号としての有用性は，WH に何らかの意味を付与したり，WH のイメージを利用したりすることによって，制度利用者の表象を操作する際の容易さやバリエーションの多さにある。以下の叙述では，以上の定義に従って WH 制度の機能と記号としての有用性を考察する。

　まず機能に注目して 4 人の語りを検討すると，彼らが最も強く求めたものは，仕事やキャリアに直接役立つ何かではなかったことが明らかである。真央が求めたものは「全然違う環境」で今後の人生を考える機会と広い意味での「学び」の機会であり，その両者を提供する「海外生活」だった。多恵が求めたものは，仕事を辞めて現実逃避するための具体的手段と，海外旅行では得られない多様な経験だった。進が求めたものは，音楽活動が頓挫し，仕事をクビにな

4　ただし，本書は WH を単なる消費行為と捉えているわけではない。そうではなく，就業・生活上の問題に直面した若者が，その解決を消費的な行為に託しがちである状況を明らかにするのが本書の狙いの 1 つである。この点は後述する。

った状態から再び動き出すための新たな目標だった。剛が求めたものは、「休憩」が可能な環境、時間的な「仕切り」、そして「もう1回吐くまで働く」ための準備期間であった。

このように、彼らがWHを決意する段階での主要な関心は、仕事やキャリアに直接役立つ特定の資格や職歴ではなかった。むしろ、彼らは上述の階層的空間の内部で生じた仕事や生活の停滞・閉塞状況から新たな目標や環境に向けて動き出すことそれ自体を願っていた。つまり彼らは何らかの形で現状から「移動」することを望んでいた。

これに対して、WH制度は、意識を新たな目標に差し向けること、海外への渡航、仕事をはじめとする社会的地位の変化を可能にする。換言すれば、この制度は心理的・空間的・社会的移動の機会を提供する。

このような特徴を持つWH制度が4人にとって実用的なものであったことは明らかである。なぜならこの制度は、彼らが切望する現状からの「移動」を可能にする具体的な手段を提供するからである。したがって、若年中位層がこの制度に惹きつけられる理由の1つは、この制度が移動機会の提供という機能を持つ点にあると考えられる。

次に、WHの記号としての有用性に注目して4人の語りを検討すると、彼らが上述の移動に多様な意味を付与していることが分かる。真央は「全然違う環境」や「学び」の場として「海外」を定義した。このことは、彼女がWHを気分転換や探究のための移動として意味づけていることを示している。仕事をクビになったとき、資金が足りないにもかかわらずWHを決意した進にとって、海外への移動は当面の目標であり、困難な挑戦そのものだった。彼が得た自信や達成感は、そうした意味付与を前提としてはじめて獲得しうるものだった。「仕事を辞める理由」「現実逃避」という現実的で自嘲的ですらある説明と、

---

5 彼らが求めたものを「変化」や「変身」と言い換えることも可能である。しかし重要なのは、変化にせよ変身にせよ、それを「移動」によって実現しようとするところにWHの主眼があるという点である。

6 WH渡航者は、日本で離職し、渡航先で「外国人」として扱われ、語学学校では「留学生」扱いされ、就業先では「外国人労働者」とみなされる。これらは全て、何らかの意味での社会的地位の変化を含んでいる。

7 意識をある目標（あるいは目標喪失状態）から別の目標に向かって「移動」させることを心理的移動と表現した。

多様な経験への強い関心をともに語った多恵は，状況に応じて移動の意味を操作する術を心得ているように見える。彼女はWHを，仕事やキャリアという文脈では逃避の手段として，余暇や人生経験といった文脈では希少価値のあるものとして表象する。こうした柔軟な意味付与の実践は，WH制度の柔軟性のみならず，彼女自身の柔軟性をも印象づけることに成功しているように見える。
　剛の姿勢にも多恵と共通する部分がある。彼が自律神経失調症との関連でWHを語るとき，豪州への移動には逃避や撤退といったネガティブな響きが色濃くつきまとっていた。その一方で，彼が「もう一度吐くまで働きたい」という決意を語るとき，豪州への移動に，将来の復活に向けた第一歩という積極的な意味が付与されていたこともまた明らかだった。
　このように，4人の語りには移動に多様な意味を付与する実践が含まれていた。しかもそうした実践は彼らの都合や状況に応じて柔軟に，そしてしばしば恣意的に行われていた。こうした恣意性を一貫性の欠如とみなして批判することは可能であり，当人がそのことを自覚している場合も少なくない。しかしより重要なのはそうした批判を行うことではなく，なぜ恣意的な意味付与が可能なのか，そして恣意的な意味付与が可能であることはWH渡航者にどのような恩恵をもたらすのかを考えることであろう。
　WHに対して恣意的な意味付与が可能である要因は少なくとも2つある。第1に，WH制度は自由度が高いため，その利用者は語学学校，仕事，旅行といった多様な活動を柔軟に組み合わせることができる。したがって，どの活動を強調するかによって，その表象もまた柔軟に変化させることが可能である。第2に，斡旋業者やメディアによって，WHや海外生活に関する大量の情報やイメージ（「貴重な経験」「夢」「憧れ」「挑戦」など）が流通させられている。それらの記号的な素材を組み合わせることによって，WHの表象を操作することが可能である。
　恣意的な意味付与を可能にする上記の事情，すなわち制度の特徴と制度を取り巻く市場・メディアの状況は，WH渡航者が自己表象を主体的に操作する余地をもたらす。多恵の事例は，そうした主体的な操作を行った典型例とみなせる。なぜなら，仕事を辞めて現実逃避をするための方法を探していた多恵は，そうした用途に利用できるWHを希少価値のある経験，それも今しかできな

い経験として表象することによって，両親と上司（と自分自身）の説得に成功したからである。文脈に応じてWHの意味や表象のニュアンスを変化させる剛も，多恵ほど確信犯的ではないものの，同様の操作を行っているとみなせる。これに対して進の事例は，この2人とは違った形で表象の主体的な操作を行った典型例とみなせる。なぜなら，彼はWH制度を利用することによって自己物語の書き換えに成功したからである。WHを決意するまでの進は，失敗と挫折の連続でどん底に落ちかけていた。そのような状況下で，進は単に食いつなぐための仕事ではなく，失われかけた自信を取り戻すためのきっかけを探し求めた。だからこそ，次の仕事が決まる前にWHを決断し，資金も仕事もないにもかかわらず斡旋業者のサービスを申し込んだのである。そして一見すると非合理的なこうした行動を取ることによって，バンドの解散や突然の解雇という挫折を乗り越えて劇的な復活を果たすという自己物語のシナリオを書き，このシナリオを実現することによって自信を取り戻すことが可能になった。「夢」や「挑戦」というイメージとともに語られることの多いWHは，こうしたシナリオにうってつけの記号的素材だったのである。占い師の言葉と「貴重な（＝特別な）経験」としての海外生活のイメージを重ね合わせることによって，WHを自分が進むべき特別な道（＝運命）のように説明した真央の語りもまた，WH制度を利用して自己物語を書き換える実践とみなせるだろう。

　このようにWH制度は，WHそのもの，あるいはWH渡航者の表象を主体的に操作することが可能な記号的素材である。換言すれば，WH渡航者は，WHを，あるいはWHを実践する自分自身を，（ある程度まで）自分の好きなように意味づけたり語ったりすることができる。このような制度的特徴は，自分のキャリアやライフコースを「輝かしい」ものとして表象することが難しい階層的位置にいる若年中位層にとって魅力的なものとなりうる。なぜなら，先の4人のように，「貴重な経験」「夢」「憧れ」「挑戦」といったイメージを喚起するこの制度を利用することによって，自己物語や今自分がやっていることを，より価値のあるものに書き換えることが可能になるからである。したがって，若年中位層がこの制度に惹きつけられる理由の1つは，この制度が自己表象の主体的操作に役立つ記号的素材を提供する点にあると考えられる。

　以上の通り，WH制度は，その利用者に移動の機会と自己表象の主体的操作

に役立つ記号的素材を提供する。こうした特徴を持つこの制度は，仕事と生活の停滞・閉塞状況に陥りがちな若年中位層に対して，彼らが身を置く階層的空間から移動し，なおかつその移動を価値あるものとして表象するための具体的手段を提供する。そして若年中位層がとどまり続ける階層的空間から見たこれらの利点が，若年中位層だからこそWHに惹きつけられ，制度を利用するに至るという社会的回路の核を形成している。

第3節　考察（2）
階層的戦術としてのワーキングホリデー

　前節では，キャリアリセット型に属するWH渡航者の渡航動機と渡航までの経緯を，消費社会論の分析枠組みを援用しつつ考察した。その結果，若年中位層に属する若者がWH制度を利用する動機の1つは，WH制度を利用することによって閉塞的な階層的空間から「移動」し，その「移動」を価値あるものとして表象することである点を明らかにした。これに対して本節では，やや視点を変えて，渡航動機と渡航までの経緯を彼らの長期的な展望と関連づけて考察する。言い換えれば，彼らはWH終了後の就業生活をどのように考えながらWH制度を利用していたのかという点に焦点を当てる。

（1）不明確な長期展望とその背景

　まず，上記の4人がどのような長期展望を持っていたかを第1節のライフヒストリーと彼らのインタビュー記録から確認したい。

　真央はWHを決意した当時，30歳という節目の年齢を海外で迎えて，海外でその後の人生をどう生きるか考えるという展望を持っていた。言い換えれば，海外生活が終わった後のことは海外滞在中に考えるつもりだった。また，もし海外滞在中に何か問題があれば（つまり海外滞在中に帰国後の生活を考えることができなければ），帰国して元の生活に戻ればよいと考えていた。多恵は日本で働いていた頃，ストレスに満ちた日々の仕事を乗り切ることと，嘘をつかずに前向きな気持ちで退職する方法を見つけることで精一杯だった。WHを終えた後の生活に関して具体的な展望はなかったが，日本で7年間教育関連の企業に

勤めた経歴があるため，帰国後も教育関連の職に就くことを漠然と考えていた。進は，バンドの解散と突然の解雇で先行きが全く見えなくなったときにWHを決意し，斡旋業者のサービスを申し込んだ後は，滞在資金を貯めるための生活を1年半続けた。したがって，渡航前の進にとっては，豪州に行くこと自体が中長期的な展望の中心を占めていた。WH後の具体的な展望はなく，その時々に「自信があること」を続けていけば道は拓けるはずだという信念を抱いていた。剛は，豪州で休養を取って心身の健康を取り戻して，帰国後に「一生の仕事」を見つけるという中長期的な展望（あるいは願望）を抱いていた。もしそれがうまくいかなければ，帰国して「みんなでネタにする」つもりだった。

以上が渡航前の段階における4人の中長期的な展望の要約である。この要約から分かる通り，4人は渡航前の段階で帰国後の明確な展望や計画を持っていなかった。4人のなかでは相対的に明確な展望を持っていた多恵も，教育関連の職に就くといった漠然とした考えにとどまっていた。残りの3人は，帰国後のことは豪州滞在中に考える，あるいは豪州滞在中の状況や経験を踏まえて帰国後に考えるというのが基本的なスタンスだった。そしてこうしたスタンスは，キャリアリセット型のWH渡航者に広く見られる一般的なものだった。

キャリアリセット型WH渡航者に見られるこのような不明確な長期展望は，しばしば永住者，報道関係者，研究者などから「目的意識の欠如」と批判され，改善すべき問題として捉えられてきた（第1章第3節参照）。確かに，海外でトラブルに遭うWH渡航者が多いという現実を踏まえれば，そのような批判や「小言」を言いたくなる心境は分からなくもない。しかし現実に生起している現象の構造的背景や因果関係の理解という観点から見れば，これらの批判や「小言」があまり的を射たものではないことも明らかである。なぜなら，WH渡航者の多くは，長期展望が不明確であるにもかかわらずWH制度を利用しているというよりも，長期展望を持てないからこそ，あるいは長期展望に変化を与えるために，WH制度を利用しているのが現状だからである。上記の4人のライフヒストリーがこの点を如実に物語っている。

たとえば進にとってのWHは，長期展望はおろか短期的な展望すら立たないからこそ選択されたものだった。彼はバンド活動に失敗してアルバイト先からも解雇されて，文字通り何もすることがなくなってしまった。だからこそ，

達成は可能だが容易ではない WH を次の目標として選んだのである。剛にとっての WH も，長期的な展望が立たないからこそ選択されたものだった。彼はパチンコ会社で思った自律神経失調症の後遺症に悩まされており，パチンコ会社を去ってから 2 年以上経った段階でも，いつ完全に回復するのか，あるいはそもそも完全に回復する日が来るのかさえ分からずにいた。だからこそ，失敗を覚悟の上で，海外での療養という荒療治に賭けたのである。

　これに対して，真央と多恵にとっての WH は，長期展望に変化を与えるためのものという側面を持っていた。より正確に言えば，それまでとは異なる新たな将来展望や選択肢を獲得するための賭けという側面を持っていた。人材派遣会社で時給制の契約社員として雇用されていた真央は，渡航前の生活をそのまま続けていたら，就業・生活状況が劇的に改善する見込みはほとんどなかった（金持ちの男性と結婚するか宝くじを当てるかすれば話は別だが）。その一方で，一人暮らしをするとギリギリという所得水準の真央には，お金のかかる打開策（大学に入り直す，公的な資格を取る，留学するなど）を選択する道はなかった。したがって，真央が将来について考えたとき，その脳裏には，不幸というわけではないが輝かしいわけでもない未来が何年も先まで続く様子が浮かび上がっていたと考えられる。だからこそ，ある程度まで失敗の可能性（＝何も変わらない可能性）を織り込んだ上で，新たな将来展望や選択肢が生まれるかもしれない海外生活に賭けてみたのである。これに対して，多恵の将来展望はもっと悲観的なものだったかもしれない。将来について考える彼女の脳裏には，ブラック企業に詳しい人であれば誰でも知っている「有名企業」で，長時間・過重労働やストレスに満ちた労働に耐えながら生活する自分の姿がはっきりと映っていたはずである。だからこそ，そのような将来像とは異なる未来を与えてくれるかもしれない WH に賭けたのである。こうした賭けは，真央や多恵にとって，大学（院）に入り直したり公的資格を取ったりすることよりも，あるいは金持ちの結婚相手を探したり宝くじを買ったりすることよりも，現実的で魅力的な選択肢に映ったと考えられる。

　以上の通り，上記の 4 人は，明確な長期展望を持たずに WH 制度を利用していた。そのため，彼らの行動はしばしば計画性や目的意識の欠如といった批判を喚起しがちである。しかしそうした批判は必ずしも的を射たものとは言え

ない。なぜなら，上述の通り，彼らはそもそも長期的な展望を持てない状況下で何らかの中長期的な展望を獲得するために，あるいは明るい長期展望を持てない状況下で新たな将来展望を獲得するために，WH 制度を利用していたからである。次項では，WH 渡航者のこのような行動を社会学的に捉え直すことによって，それが階層的な基盤を持った行動パターンの一種であることを確認する。

(2) 階層的戦術としてのワーキングホリデー

　一見すると個々人の無計画性や無目的性の発露のように映るキャリアリセット型 WH 渡航者の行動は，実際には階層的な基盤を持った判断や行為の一類型である。このことを示すために，本項ではミシェル・ド＝セルトー (Certeau 1980=1987) の戦略・戦術概念を援用する。セルトーによれば，戦略とは，資源や権力を持つ社会的強者が，自律性や独立性を確保した上で，予期される結果を考慮しつつ遂行する行為と判断の総称である。これに対して戦術とは，資源や権力を持たない社会的弱者が，他律的または従属的な状況下で，先を見通せないまま試行錯誤的に遂行する行為と判断の総称である。戦略の基礎となるものが場所であるのに対して，戦術の基礎となるものは時間（タイミング）である。

　この定義と先の 4 人のライフヒストリーを照らし合わせると，WH 渡航者の判断と行為は，戦略ではなく戦術に属するものであることが分かる。この点を確認してみよう。

　まず，先の 4 人は企業や労働市場において自律性や独立性を確保するための社会的資源を欠いていた。自律性を確保するための資源とは，資本，高学歴，高度な資格，専門的技能，強い労働組合などであり，企業や労働市場で地位を安定させたり，発言権を確保したり，労働力商品としての価格を引き上げたりするために役立つものを指す。先の 4 人はこれらの資源を持たないため，企業や労働市場で弱い立場に立たされがちであった。言い換えれば，先の 4 人は企業や労働市場に安定的な「場所」を確保できなかった。

　それでは安定的な「場所」を確保できない人は，どのようにして不安定な状況に対処するのか。歴史家であるセルトーは，世界各地の，そして古代から現

代に至る多様な時代の社会的弱者を考察することによって，この問いに対する答えを導き出した。その答えとは，「機をとらえるセンス」（ibid.：103）であり，「一瞬さしだされた可能性をのがさずつかむ」（ibid.：102）ための注意深さ，迅速さ，機転といったものである。そして，これらのセンスや能力に依拠した判断や行為を戦術と呼ぶ。つまり戦術とは，「所有者の権力の監視のもとにおかれながら，何かの状況が隙をあたえてくれたら，ここぞとばかり，すかさず利用する」ような行為であり身振りとも言い換えられる（ibid.：102）。

　セルトーのこうした議論は，先の４人の判断と行為を理解するための格好の概念的道具を提供してくれる。なぜなら，先の４人もまた，自らの「機をとらえるセンス」に賭けたことを強調しているからである。たとえば真央は，WHを決意した頃の心境を次のように説明した。

> あっ今しかないって思ったから頑張った。これ（＝ワーキングホリデー）を逃すと絶対30歳で海外に住むことはできないから，そういういろんなこと（＝占い師に「あなたは海外に住む」と言われたこと）があって，やってみようと〔思った〕。

多恵も，親を説得するときに，「今行かないと，もう本当に一生行けない」と思い，諦めずに説得したことを強調していた。進も，決断のタイミングが重要だったことを繰り返し力説した。以下は，アルバイトを突然クビになった直後の状況について語ったものである。

> 海外には行きたかったんですけど，行く手段とか分かんなくて。たまたまインターネットで○○（＝斡旋業者の名前）見つけたんですよ〔そこでWH制度を知った〕。前から〔海外に〕行きたかったんだけど，いつ行こうかみたいな漠然とした感じでいたんで。それで，そのときの自分の気持ち（＝弟がちょうど中国に留学してジェラシーを感じていたこと）とか，仕事がなかったりとか，そういういろいろな状況があったんですけど，全部タイミングが揃って，行こうって気持ちになったみたいな感じですかね。

また進は，仕事を辞めて豪州に渡航することを決意したときも，「今海外に行くのが，自分にとってベストかなって直感で思った」ことが決め手だったと説明した。ちょうどその頃は，リーマン・ショックが起きて建設業界（あるいは世界経済全体）の雲行きが怪しくなっており，しかも急激な円高によって為替レートが有利になった時期だった。進は，WHを決意してから豪州に渡航するまでの状況を振り返った際も，「全部においてタイミングが合ってて，波に乗ってるって感じですかね（笑）」という言葉で総括していた。

剛も，WHを決意した際のタイミングが重要だったと説明している。剛は，3年近く付き合った彼女と別れた直後に高校時代の友人と会い，その席で一緒に豪州へ行こうと誘われた。以下は，剛が友人との会話を再現して語ったものである。

> お前にはいないんだ，ガールフレンドが。いいんじゃない，ちょうどいいじゃん〔と友人から言われた〕。それで俺も，じゃあいいかなと思って。ある意味タイミング良かったよね。だってこれ以上遅かったら今度は〔WHに〕行けないからね。年齢が超えたらワーホリ〔ビザ〕なんて取れないから。良くも悪くも，運命的だったんだと思う。

この語りは，彼女と別れて身軽になったばかりだったことと，WHビザの年齢制限を超える直前だったことが重なるという「運命的」なタイミングで誘われたことが，渡航を決意する重要な要因だったことを示すものである。

このように，企業や労働市場で自律性を得るための資源を持たず，安定的な「場所」を確保できない状況に置かれていた4人は，現状の打開に役立つ（と彼らの目に映った）WH制度が目の前に差し出されたとき，それをつかむために短期間のうちに決断し，直ちに行動に移した。「今しかない」（真央），「今行かないと，もう本当に一生行けない」（多恵），「タイミングが揃った」（進），「運命的」（剛）といった言葉は，彼らが「一瞬の好機」を逃さないように行動していたこと，つまり彼らの判断と行為が戦術に属するものだったことを明白に示している。しかも，比較的短期間のうちにWH制度の利用を決断して実行に移すという彼らの行動は，企業や労働市場で相対的に安定した「場所」を

確保できるエリート層にはほとんど見られないものという点でノンエリート的であり，なおかつ一定の資金を必要とするという点で若年中位層に特有な階層的戦術だったと言える。

　以上より，一見すると個々人の無計画性や無目的性の発露のように思われがちな WH 渡航者の行動様式は，実際には，保有する資源の欠如または不足に由来する階層的な行動パターンの一種であることが分かる。それは限られた資源を効果的に動員して効用や見返りを最大化しようとする（あくまで限定的な条件下での）合理的行為の一類型とも言い換えられる。しかしながら，戦略的な判断や行為を人間行動の標準型と信じて疑わず，それとは異なる原理に基づく行動を逸脱や非合理的行為とみなすような人々にとって，WH 渡航者の戦術的な振る舞いは理解しがたいものなのだろう。日本人の駐在員，永住者，報道関係者が，WH 渡航者に対して「何がしたくて来ているのか分からない」（大川 1994），「増える『なんとなく』派」（坂口 2000）といった否定的な評価を下しがち（あるいは「理解不能」というレッテルを貼りがち）な理由の１つは，WH 渡航者の行動が戦略ではなく階層的戦術に属するものであることを理解できないからだと考えられる。

　しかし同時に，駐在員，永住者，報道関係者といった人々が WH 渡航者に対して否定的な評価を下しがちな理由がもう１つある。それは WH 渡航者が階層的戦術を遂行する際に利用する資源や手段と関わっている。次項でこの点について論じたい。

(3) 利用した資源・手段とその問題点

　前項では，仕事を辞めて WH 制度を利用するという４人の行動が，若年中位層に特有な階層的戦術であることを確認した。言い換えれば，彼らの行動は，企業や労働市場で安定的な「場所」を確保できない中位層の若者が，WH 制度という「一瞬の好機」を捉えて現状の打開を図ろうとしたものだったことを明らかにした。ところで，先の４人は，「一瞬の好機」（＝ WH 制度）を捉えて豪州での長期滞在を実現しようとする際に，身近にあるものを資源や手段として利用していた。そして，彼らが豪州への渡航と現地生活のために利用した資源や手段が新たな問題を引き起こしがちであるために，駐在員，永住者，報道関

係者といった人々からますます批判されたり否定的に評価されたりする結果をもたらしていた。そこで本項では，彼らが利用した資源や手段の性質とその利用によって引き起こされがちな問題を検討したい。

先の4人が利用した資源や手段は少なくとも4種類ある。第1に，渡航前と滞在中に，家族・友人・恋人という資源を利用していた。真央は渡航前にWHの経験がある友人と豪州人の彼氏から情報や支援を得ており，渡航後はその彼氏の支援を受けていた（真央の後に帰国して現地で再会した）。多恵は留学やWHに詳しい同僚から情報を得ていた。進は海外長期滞在の経験がある家族・親戚（父親，弟，2人のいとこ）に触発され，心理的な推進力を得ていた。また，滞在中に知り合った日本人女性と交際し，同棲することによって滞在費を節約していた[8]。剛は高校時代の友人に誘われて渡航し，渡航後も同じ家に住んで滞在費を節約していた。

第2に，剛を除く3人は，斡旋業者のサービスを，海外生活に関わる様々なリスクを回避し，充実した海外生活を送るための手段として利用していた。真央は斡旋業者のオーペア・プログラム[9]を利用して渡航直後の住居・就業先を決めていた。資金の少ない真央にとって，最初の住居と就業先が決まっていることは大きな安心につながったはずである。多恵と進は同じ斡旋業者を利用しており，渡航前に最初の住居（ホームステイ）を手配した上で渡航していた。また，2人が利用した斡旋業者は豪州に現地オフィスを設置しているため，渡航後に現地オフィスで語学学校の入学手続き代行サービスを受けたり，仕事（多恵はバナナ農場，進はポテト農場のボランティア）の斡旋サービスを受けたり，オフィスのPC端末を使ったり，同じ斡旋業者の利用者同士で情報交換したりしながら海外生活を充実させようとしていた。

第3に，本節で見た通り，4人は斡旋業者やメディアが伝達するイメージを自己表象のための手段として利用していた。真央は，占い師の言葉と「貴重な（＝特別な）経験」としての海外生活のイメージを重ね合わせることによって，

---

8 実際には「節約」というレベルではなく，滞在資金が底を尽きかけて彼女にお金を借りることも何度かあったという。進によれば，「彼女がいなかったら死んでた（笑）」とのことである。

9 斡旋業者のオーペア・プログラムは，住み込み先の斡旋，航空券の手配，海外旅行保険の加入代行といったサービスを提供するのが一般的である。

WH を自分が進むべき特別な道（＝運命）として表象した．仕事を辞めるための方法を探していた多恵は，WH を希少価値のある経験として表象することによって，両親と上司（と自分自身）の説得に成功した．進は，「夢」「挑戦」といったイメージとともに語られがちな海外生活を実現することによって，バンドの解散や突然の解雇という挫折を乗り越えて劇的な復活を果たすという自己物語を成立させた．剛は，海外生活が持つ逃避的なイメージと積極的なイメージを使い分けることによって，療養と再出発という自身の計画を効果的に語っていた．

第4に，滞在資金を補うための手段として，日系商業・サービス産業を利用した．4人は全員200万円未満の資金で渡航していたが，この資金での渡航は，現地で働くことをある程度まで前提したものだった．特に100万円未満の資金で渡航した真央と剛にとっては必須だった．事実，真央は観光施設と日本食レストランで就業し，剛は日本食レストランと日本食輸入・卸売業者で就業した．他方，約150万円の資金で渡航した進と多恵は，なるべく日系商業・サービス産業で就業しないという目標を立てていた．しかし進は滞在の途中で資金が底を尽きかけたため，仕方なく日系の清掃サービス業者で1カ月半ほど働いた[10]．多恵は目標を達成することができた（日系商業・サービス産業で就業せずに済んだ）が，これは滞在の初期にバナナ農場で4カ月間働いて十分な資金を貯めることができたからである[11]．

このように，4人は身近にある資源や手段を利用することによって，豪州への渡航と現地での長期滞在を実現しようとしていた．もしこれらの資源や手段のうちのいくつか（あるいは重要な1つ）が欠けていたら，彼らは豪州に渡航することができなかったかもしれないし，仮に渡航することはできても，現地で深刻なトラブルに巻き込まれたり，すぐに帰国しなければならない状況に陥ったりしていたかもしれない．したがってこれらの資源や手段は，4人が「一

10　進は日本でのバンド経験を生かして，豪州滞在中の生活費はストリートパフォーマンス（ギターの弾き語り）のチップだけで稼ぐという目標を立てていた．この目標はほぼ達成できたが，全ての生活費を稼ぐまでには至らなかった．
11　多恵はバナナ農場の次の職探しをする際に，日系商業・サービス産業を避けたが，その結果，新しい仕事（イラン人が経営するレストラン）を得るまでに1カ月半かかってしまった．もしバナナ農場で働いて十分な資金を貯めていなければ，資金が尽きて，あるいは心が折れて日系商業・サービス産業で就業していた可能性が高い．

瞬の好機（＝WH制度）」を捉えることを可能にする条件だったと言える。

　しかし同時に，これらの資源や手段を利用することによって，新たな問題が引き起こされる可能性も高い。少なくとも3つの問題状況が生起しうる。

　第1に，渡航前および豪州滞在中に，日本人の家族・友人・恋人と斡旋業者のサービスに依存しすぎると，文化交流という制度の理念に反するような渡航・滞在様式に陥る可能性がある。日本ワーキング・ホリデー協会（2004）は，「自分で考え，自分で行動する」ことの重要性を強調し，ビザ申請や語学学校の入学手続きといった事務的な作業をなるべく自分でやるよう推奨している。というのも，こうした作業は滞在予定国の制度や文化を詳しく知ることにつながると同時に，事前に語学力を高めようとする動機づけにもなるからである。ところが，人から情報を集めたり，手続きを斡旋業者に任せたりしてしまうと，語学力が低く，滞在国の制度や文化について無知なまま渡航するといったことが起こりかねない。また，渡航後に日本人と一緒に過ごしたり，斡旋業者のオフィスを利用したりすることは，一定以下の頻度であれば，あるいは滞在の初期だけであれば，海外生活の安全性を高めることに寄与するものの，それがあまりに頻繁だったり長期間にわたったりすると，海外で日本人同士が固まって生活するといった状況をもたらしかねない。

　第2に，斡旋業者のサービスを利用したり，斡旋業者とメディアが伝達するイメージを利用したりすることによって，「WHの商品化」という過程に巻き込まれてしまう可能性がある。言い換えれば，斡旋業者のサービスや斡旋業者・メディアが伝達するイメージを主体的に利用しているつもりの人が，いつの間にか，サービスを提供する業者にとって都合の良い消費者に変質させられてしまう可能性がある。というのも，斡旋業者のサービスや，斡旋業者・メディアが伝達するイメージを利用する者は，基本的にそれらのサービスやイメージを肯定的に捉えているために，斡旋業者が用意する多様な「イメージ商品」に魅力を感じてしまいがちだからである。たとえば，「貴重な経験」というイメージに惹かれる者は，「ホームステイでかけがえのない経験をしてみませんか」という斡旋業者の「提案」に抗えない可能性が高い。また，「挑戦」に価値を見出す者は，「語学学校に通って一番上のクラスを目指しましょう！」という斡旋業者の「激励」に乗せられてしまう可能性が高い。こうして，本人が

気づかないうちに，ホームステイや語学学校を紹介する斡旋業者に利益をもたらす都合の良い消費者になってしまいがちである[12]。こうした変質が起こると，あまり必要性の高くないサービスに高い料金を支払うWH渡航者が増加する可能性がある。

ところで，こうしたケースのなかで最も極端な状況は，メディアや斡旋業者の伝達する肯定的なイメージ（「貴重な経験」「夢」「憧れ」「挑戦」など）によって，WH（あるいは海外生活）を経験することそれ自体は日本の企業や労働市場で高く評価されるわけではないという現実が曖昧にされてしまうことであろう。これは比較的簡単に取得できる民間資格と共通する問題と言える。WHや民間資格は，公的な資格や学位とは異なり，企業社会や労働市場で幅広く認知されたり評価されたりするようなものではない。したがって，一部の業種，職種，企業を除けば，WH（海外）経験や民間資格それ自体は，就業状況の改善をもたらす資源にはならない可能性が高い。しかし，WHや資格の商品化過程に巻き込まれると，そのことが見えづらくなってしまう。

第3に，日系商業・サービス産業の就業機会を利用することは，当該産業にとって都合の良い低賃金労働力として利用されることとセットである場合が多い。言い換えれば，日系商業・サービス産業での低賃金労働は，若年中位層がWH制度を利用して豪州（海外）に長期滞在するために支払わなければならない「コスト（代償）」としての意味合いが強い。第3章第3節で論じた通り，そして真央，進，剛の事例で見た通り，200万円以上の資金を用意できない若年ノンエリート層が豪州に長期滞在できるのは，現地の日系商業・サービス産業が豊富な就業機会を提供しているからである[13]。しかしこうした就業機会を

---

12 斡旋業者の利益の源泉は，サービス利用者から受け取るサービス料金と，ホームステイ先，語学学校，旅行会社，保険会社などから受け取るコミッション（顧客の紹介に対して支払われる報奨金）が大きな割合を占める（「エージェント調査」より）。したがって，顧客が斡旋業者を通してホームステイを利用したり，語学学校に通ったり，旅行をしたり，保険に申し込んだりすればするほど，斡旋業者が受け取るコミッションが増え，利益も増加する。

13 第2章第1節（1）と第3章第3節（5）で見た通り，近年，豪州政府は労働力不足が目立つ農業・鉱業・建設業・福祉産業の非熟練労働部門にWH渡航者を誘導しようとしている。したがって近年は，日系商業・サービス産業ではなくこれらの産業に低賃金労働力を提供することによって豪州での滞在を可能にする者も増えていると考えられる。多恵はその典型例と言える。

利用するWH渡航者は，英語力が低く専門的な技能があるわけでもない人たちである可能性が高いから，日系商業・サービス産業の労働条件はどうしても低く抑えられがちである[14]。その結果として，就業上のトラブルや不法就労といった問題が生じがちである。

　このように，WH渡航者が利用する資源や手段のなかには，それを利用することによって新たな問題が生じる可能性の高いものも含まれている。そのため，駐在員，永住者，報道関係者，政府関係者，研究者のWH制度／渡航者に対するまなざしがますます批判的なものになりがちである。あるいは批判的とまではいかなくとも，WH渡航者を「理解不能」な存在とみなし，潜在的な「トラブルメーカー」と考えている人は多いようである。しかし同時に，こうした人々（その大半がエリート層に属している）の認識や批判が，本節で強調してきた階層的視点を欠いていることもまた事実のように思われる。

　たとえば，WH渡航者が日本人同士で固まったり斡旋業者を利用したりするのは，彼らがそれ以外に頼れる資源を持たないからである。彼らは，企業，領事館，日本人会，商工会などによって何重にも守られている海外駐在員，政府関係者，報道関係者とは異なり，基本的に孤立無援である。またWH渡航者は，上記の人々と比べて経済力が弱く，語学力が低く，海外経験も乏しい場合が多い。そうした点を考慮せずに，「十分な経済力，英語力，海外経験がなく，全てを独力で遂行できない人はWH制度を利用すべきでない（あるいは海外生活に挑むべきではない）」と主張するとすれば，それは実質的に，「ノンエリート層はWH制度を利用するな（海外生活に挑戦するな）」と主張することと同じである。しかしWH制度／渡航者を批判する人々がこのことを自覚しているかどうかは疑問である。

　同様に，WH渡航者が日系商業・サービス産業で就業せざるをえないのは，彼らの語学力が低く，専門的な資格や技能を持たず，特別なコネもないからである。この点を考慮せずに，「日系商業・サービス産業でしか働けないような

14　第2章第3節（1）で見た通り，そもそも豪州の飲食・宿泊産業は，違法な労働条件が常態化した「闇経済」に近い状態になっている。日系商業・サービス産業もそうした環境に適応する形で労働条件を低下させているのが現状である。WH渡航者は，豪州人（あるいは豪州に居住する日本人永住者）が忌避するこうした仕事を引き受ける重要な労働力供給源なのである。この論点は第3部でも議論する。

人はWH制度を利用すべきではない」と主張するとすれば，それもまた「ノンエリート層はWH制度を利用するな」と主張することと同じである。しかも日系商業・サービス産業に関しては，当該産業における労働市場の階層性にも注意が必要である。日系商業・サービス産業は，日本語が話せる非熟練サービス労働者（日本食レストランのフロアスタッフやキッチンハンド，日本食品・雑貨店の店員，土産品店の接客係など）を大量に必要とするが，そうした労働力を現地の地域労働市場で確保することは容易ではない。なぜなら，日本語が話せる現地人（たとえば豪州人）は，日本語能力という特殊技能を持つ労働者であるため，賃金が低く雇用が不安定な非熟練サービス職に魅力を感じないからである。したがって，もしWH渡航者がいなければ，日系商業・サービス産業は高い賃金を支払って日本語能力の高い現地労働者を雇うか，日本語が話せない現地労働者を低賃金で雇うかしなければならない。これは人件費の高騰やサービスの低下を招くだろう。そうなれば，永住者，海外駐在員，政府関係者，報道関係者，研究者が普段何気なく購入している日本食材や日本雑貨の価格が跳ね上がり，一部の商品は入手しづらくなり，買い物や生活のストレスが高まるといったことになりかねない。しかしWH制度／渡航者を批判する人々がこうした現実を理解しているかどうかは甚だ疑問である[15]。

　また，WH渡航者が「WHの商品化」という過程に巻き込まれ，「イメージ商品」としてのWH関連サービスに多額の費用を投じ，ときにWH経験が公的な資格や学位の代わりになる，あるいはWH経験を通じて就業状況の改善が可能であると誤認してしまう（ように見える）背景にも，階層的な要因が控えている。第1・2節で見た通り，若年中位層は，キャリアの行き詰まりを原因とする（あるいはそのことと関連のある）仕事と生活の停滞・閉塞状況に陥りがちである。そして本節で見てきたように，そのような状況に置かれた者は，

---

[15] エリート層によるWH渡航者に対する批判は，エリート層による（日本国内の）フリーター批判と共通する部分が多い。フリーターを批判するエリートは，自分が享受している便利な消費生活――たとえばコンビニエンスストアで好きな時間に好きなものを安く買えること――がフリーターによって支えられているという現実を理解していない。WH渡航者を批判するエリートは，自分が海外で享受している便利な消費生活――たとえば海外で日本食材や日本雑貨を安く買えること――がWH渡航者によって支えられているという現実を理解していない。このようなエリート層は，自分たちにWH渡航者やフリーターを批判する資格などないことを理解していない可能性が高い。

明るい長期展望を持てなかったり，そもそも長期展望そのものを持てなかったりすることが多い。その一方で，彼らはさしあたり貧困状態を免れているから，現状の打開を試みるための一定の「資源」（＝ある程度の貯金や「意欲」など）を備えている。しかし同時に，彼らの持つ「資源」は，就業・生活状況の大幅な改善を期待できるような選択（たとえば高度な公的資格を取得するための進学や留学など）を可能にするほどの量的・質的水準に達していないことが多い。そのため，彼らが打開策として選択しうるものは，消費市場で比較的容易に購入できるような教育・訓練機会（たとえば短期間で取得できる民間資格の講座，語学留学，WHなど）に限定されがちである。しかしこうした教育・訓練は，その効果が必ずしも明確ではないから，その選択には賭けとしての側面が伴わざるをえない。そしてこのような賭けに出るWH渡航者の姿は，外部観察者（特にエリート層）の目には，しばしば公的資格とWH経験を混同した人のように映りがちである。つまり，実際には，若年中位層は，動員できる資源の制約ゆえに消費市場で購入できる教育・訓練機会を選択する以外の方法が見当たらないだけなのだが，外部観察者は，若年中位層がWH制度の性格を見誤ってそのような選択をしたと誤解してしまうのである[16]。とはいえもちろん，WH渡航者がメディアや斡旋業者の伝達するイメージに感化されて，WHの効果に過大な期待を寄せているケースも少なくないと考えられる。しかしそのようなケースであっても，WH渡航者が選べる現実的な選択肢はごく限られているという現状が変わるわけではない。「WHの商品化」を憂慮したり，「WHの商品化」に巻き込まれたWH渡航者を批判したりする人々が，こうした現実を理解しているかどうかは疑わしいと言わざるをえない。

　以上の通り，WH渡航者は，「一瞬の好機」（＝WH制度）を捉えて豪州での長期滞在を行おうとする際に，家族・友人・恋人，斡旋業者のサービス，斡旋業者・メディアが伝達するイメージ，日系商業・サービス産業の就業機会とい

16　実際には，それほど費用のかからない公的な職業訓練や就業支援サービスは存在する。特に2004年以降は，政府の若者支援策（「若者自立・挑戦プラン」）を利用する機会は増加したと考えられる。また，個人的な解決ではなく，労働組合運動（特に企業横断的な地域ユニオンなど）に参加するという方法も存在する。しかし，一方で労働組合運動の衰退が著しく，他方で高度なメディア・消費社会である現代日本では，消費市場で購入可能な教育・訓練機会の存在感が圧倒的に大きくなっているのが現状であろう。

ったものを資源や手段として利用することによって，豪州での長期滞在を実現している。しかし同時に，これらの資源や手段を利用することによって，文化交流という理念に反する渡航・滞在様式に陥ったり，「WHの商品化」という過程に巻き込まれたり，不法就労や就業上のトラブルに遭遇したりする可能性が高くなるために，WH渡航者は，駐在員，永住者，報道関係者，政府関係者，研究者といった人々からますます厳しく批判されがちである。こうした批判それ自体には妥当なものも多いが，もしこれらの問題を本気で根絶しようとすれば，若年ノンエリート層の大部分をWH制度から排除しなければならなくなる。しかし，これらの問題を根絶するために若年ノンエリート層をWH制度から排除すると，日系商業・サービス産業が労働力不足に陥る可能性が高くなる。とはいえ実際には，日本の若年ノンエリート層を豪州WH制度から排除するという対応策が取られる可能性は皆無に等しい。少なくとも豪州政府の立場からすれば，「上客」「お得意様」である日本人を排除するという選択肢はありえないはずである。したがって，日本人WH渡航者が引き起こしがちな問題の根絶策を議論することはあまり現実的とは言えない。しかしその一方で，日本人WH渡航者が利用しがちな資源や手段とそれらに付随する問題を議論することは，日本人WH渡航者の階層性（ノンエリート性）という論点を不可避的に再認識させるという点で有意義と言えるだろう。

まとめ

本章では，キャリアリセット型に属するWH渡航者のライフヒストリーを記述し，彼らの渡航動機と渡航までの経緯を就業状況に焦点を当てつつ明らかにした。

第1節では，考察対象として選んだ4人がなぜ，どのようにして豪州のWH制度を利用するに至ったかを，彼ら自身の語りに即して再構成した。また，彼らのライフヒストリーに基づいて，キャリアリセット型に属するWH渡航者の4つのモデルを抽出し，その特徴を検討した。

第2節では，第1節の記述と分析を踏まえて，4人の渡航動機と渡航までの経緯を彼らの短期的な展望と関連づけて考察した。具体的には，彼らがWH

制度を利用して豪州に渡航することそれ自体から何を得ようとしていたのかという点を，消費社会論の分析枠組みを援用しつつ考察した。その結果，若年中位層に属する若者がWH制度を利用する動機の1つは，WH制度を利用することによって閉塞的な階層的空間から「移動」し，その「移動」を価値あるものとして表象することである点を明らかにした。

また第2節では，若年中位層をWHに導く社会的回路を検討した。その概要は以下の通りである。まず近年の若年労働市場において，中位以上の職へ続く階梯が欠如ないし不足したキャリアラダーの集合からなるセグメントが拡大しつつある。このような階層的空間に身を置く人々，すなわち若年中位層は，遅かれ早かれキャリアの行き詰まりに直面せざるをえない。それゆえキャリアの行き詰まりを原因とする（あるいはそのことと関連のある）仕事と生活の閉塞状況に陥った若年中位層の多くは，新たな環境や目標に向けて動き出したいと望むようになる。WH制度は，彼らに移動の機会を提供し，なおかつその移動を価値あるものとして表象するための記号的素材を提供しうる。そしてこれらの利点に魅力を感じた若者が，制度を利用するに至るのである。

第3節では，第1・2節の記述と分析を踏まえて，4人の渡航動機と渡航までの経緯を彼らの長期的な展望と関連づけて考察した。具体的には，彼らはWH終了後の就業生活をどのように考えながらWH制度を利用していたのかという点を，ミシェル・ド＝セルトーの戦略・戦術概念を援用しつつ考察した。その結果，中位層に属する若者がWH制度を利用する動機の1つは，WH制度を利用することによって何らかの／より良い中長期的な展望を獲得することである点を明らかにした。

また第3節では，比較的短期間のうちにWH制度の利用を決断して実行に移すというWH渡航者の行動が，若年中位層に特有な階層的戦術に属するものであることを明らかにした。一見すると無計画性や無目的性の発露のように見えるWH渡航者の行動は，実際には，保有する資源の不足に由来する階層的な行動パターンの一種とみなすべきものである。彼らは，企業や労働市場で自律性を得るための資源を持たず，安定的な「場所」を確保できないために，現状の打開に役立ちそうなものが出現したとき，それをつかむために即座に決断し，直ちに行動に移さなければならない。言い換えれば，資源が乏しく自律

的に行動できない彼らは，「一瞬の好機」を捉えるセンス，注意深さ，迅速さ，機転といったものに頼らざるをえない。このような行動は，企業や労働市場で相対的に安定した「場所」を確保できるエリート層にはあまり見られないものという点でノンエリート的であり，なおかつ一定の資金を必要とするという点で若年中位層に特有な階層的戦術と言える。

　最後に，第3節の結びの項では，WH渡航者がWHを実現するために利用した資源や手段が，新たな問題を引き起こしがちである点を指摘した。WH渡航者は，豪州での長期滞在を実現するために，家族・友人・恋人，斡旋業者のサービス，斡旋業者・メディアが伝達するイメージ，日系商業・サービス産業の就業機会といったものを資源や手段として利用している。しかしこれらの資源や手段を利用すると，文化交流という理念に反する渡航・滞在様式に陥ったり，「WHの商品化」という過程に巻き込まれたり，不法就労や就業上のトラブルに遭遇したりする可能性が高くなる。その結果，WH渡航者は，駐在員，永住者，報道関係者，政府関係者，研究者といった人々からますます厳しく批判されることになりやすい。

第2部のまとめ

　第2部では，日本の若者が閉塞状況への打開策・対処法として海外長期滞在を選択するあり方を考察した。第3章では，「インタビュー調査」対象者のライフヒストリー分析に先立って，1990年代以降の日本の若者が身を置く歴史的・社会的状況を，「豪州WH制度利用者（海外長期滞在者）の増加を促進する要因」という観点から包括的に検討した。第4・5章では，「インタビュー調査」対象者のライフヒストリーを記述し，彼らの渡航動機と渡航までの経緯を，彼らの就業状況に焦点を当てつつ考察した。

　第3章の包括的な検討を通じて明らかになったのは，WH渡航者が増加した背景には，多様な要因の絡み合いと複雑で広範な社会変容が存在したということである。一連の社会変容はプッシュ要因，プル要因，媒介要因の全ての側面で生起しており，若者を取り巻くこれらの変化が複合的に作用した結果としてWH渡航者が増加したと理解するのが妥当である。単一またはごく少数の要因によってWH渡航者の増加を説明することは，若者を取り巻く状況の変化を矮小化することにつながりかねない。

　しかし同時に，第3章の議論は，日本経済のグローバル化がWH渡航者の増加をもたらす基底的な要因であることを再認識させるものでもあった。日本経済のグローバル化，とりわけ日本企業の海外進出とグローバル競争への対応策として進められている労働市場の流動化は，プッシュ要因，プル要因，媒介要因の全てに幅広く影響を及ぼしている。日本の若者における国際移動の多様化が，このような環境下で進展していることを忘れてはならないだろう。

　第4・5章では，WH渡航者を渡航前の就業状況に基づいて類型化し，それぞれの類型ごとに渡航動機と渡航までの経緯を考察した。第4章ではキャリアトレーニング型とキャリアブレーク型について，第5章ではキャリアリセット型について，それぞれ検討した。

　3つの類型に対する考察を通して明らかになった主要な知見は3つある。第1に，一見すると個々人の自由意志によるバラバラで無秩序な移動のような印象を与えがちなWH渡航者の行動が，実際には一定のパターンを有する構造

化された移動である点が明らかになった。彼らの国際移動は第3章で見たプッシュ要因，プル要因，媒介要因によって強力に方向づけられており，とりわけ日本企業の豪州進出によって生み出された日本人に対する労働需要，旅行・観光業界と留学・WH斡旋業者による移動経路の整備，就業環境の悪化による押し出し効果の影響が大きい。おそらく，WH制度を利用している若者の主観的認識においては，豪州WHが「自分だけのオリジナルな海外経験」や「道なき道を手探りで進む先の見えない行程」のようなものとしてイメージされていると思われるが，外部観察者による俯瞰的な視点からすれば，WH渡航者の国際移動は，プッシュ要因，プル要因，媒介要因によって構造化された経路（比喩的に言えば「案内標識つきの安全な舗装道路」）を整然と進む人々の行列のようにすら見える。もちろんそうした経路は単純な一本道ではないため，個々人の意思や願望が移動のあり方に影響を及ぼすことは間違いない。しかし同時に，個々人の意思や願望が重要であることと国際移動がパターン化されていることは両立可能である点も忘れてはならないだろう。

　第2に，WH渡航者の移動と滞在のパターンを分化させる主要な要因の1つは階層であることが明らかになった。このことは，キャリアトレーニング型とキャリアブレーク型を見れば一目瞭然である。キャリアトレーニング型は，キャリアの国際化が一定の規模で進行した職種，すなわち旅行代理店・語学学校・斡旋業者のカウンセラー，調理師，日本語教師などが実行できる移動・滞在の類型であり，キャリアブレーク型は，海外を「安全」な「キャリアの休憩所」として利用できる職種，すなわちIT技術者，看護師，経営・管理者，中小企業・自営業後継者などが実行できる移動・滞在の類型である。これらの職種の職歴や資格がない者は，いくら強く望んでも，キャリアトレーニング型やキャリアブレーク型の移動・滞在パターンを踏襲することができない。そこには階層（主に職業）の壁が確かに存在する。

　これに対して，キャリアリセット型は，一見すると階層より個々人の意思，願望，趣味，価値観といった要因の方が決定的な役割を果たしているという印象を与えるかもしれない。というのも，キャリアリセット型には雑多な職種と雇用形態の職歴を持つ者が混在しており，その動機や目的もキャリアトレーニング型やキャリアブレーク型と比べて「分かりづらい」（何をしたい／得たいの

かよく分からない）ことが多いからである。しかしキャリアリセット型のWH渡航者を内在的に理解すれば、彼らの行動が階層的な基盤を持つものであることが明白になる。第5章では、キャリアリセット型のWH渡航者が「価値ある移動」を求めたり、より良い将来展望が生まれるかもしれない海外生活に賭けたり、「一瞬の好機」を逃さないよう行動したりしていることを見たが、これらの行動は、キャリアの行き詰まりに直面しがちであり、なおかつ直ちに困窮状態に陥る可能性が低い階層的位置にいる若者、すなわち若年中位層に特有のパターンを明瞭に示している。したがって、キャリアリセット型WH渡航者の移動・滞在パターンもまた、キャリアトレーニング型やキャリアブレーク型とは違った意味で、階層的に規定されているとみなすのが妥当である。

第3に、WH渡航者の動機や行動を階層という観点から捉え直した結果、豪州WHとは就業環境の悪化を原因（一因）とする閉塞状況への打開策・対処法のうち、若年中位層に特有なものの1つであることが明らかになった。このことが最も明瞭なのはキャリアリセット型である。キャリアリセット型を構成する若者、すなわち事務職・販売職・営業職・サービス職（ただし海外関連職や資格職を除く）・技能職に就く中小企業正社員や非正規雇用者は、若年層の就業環境が悪化するなかで、キャリアの行き詰まりに直面して閉塞的な就業・生活状況に陥るリスクが高まりつつある。その結果、一定数の若者がそうした状況に耐えられなくなり、さらにその一部が閉塞状況を打開するために／閉塞状況に対処するために、WHをはじめとする海外長期滞在を実行するようになる。

キャリアブレーク型も、キャリアリセット型とは異なる形でWHや海外長期滞在を閉塞状況への打開策・対処法として利用している。（準）専門職のなかには、IT技術者や看護師のように、長時間労働や夜勤労働を含む過酷な就業環境が常態化した職種が含まれている。また、中小企業や自営業の管理者・経営者・後継者は、経済情勢が悪化・停滞するなかで、企業の存続をかけた競争に巻き込まれて疲弊したりストレスにさらされたりすることが少なくない。その結果、一定数の若者がそうした状況に耐えられなくなり、さらにその一部が閉塞状況を打開するために／閉塞状況に対処するために、WHをはじめとする海外長期滞在を実行するようになる。

キャリアトレーニング型は、キャリアブレーク型とキャリアリセット型とは

事情が異なる。というのも，第4章で見た拓哉（旅行代理店のカウンセラー）や静香（日本語教師）のように，本格的に働き始める前から海外就業や海外移住を決意しているケースが一定数存在するからである。言い換えれば，日本で閉塞状況に陥り，その状況を打開するために海外渡航を実行するというキャリアやライフコースを辿るのではなく，キャリアの出発点からすでに海外就業や海外移住を志向している人がキャリアトレーニング型には一定数含まれている可能性が高い。こうした人々を，閉塞状況への打開策・対処法として海外長期滞在を実行する人々というカテゴリーに入れることは不適切かもしれない。しかし同時に，第4章で見た邦彦（料理人）と美穂（介護支援専門員）のように，職場のトラブルや仕事に対する不満がきっかけとなって海外就業や海外渡航を実行する人もいるから，キャリアトレーニング型に属するWH渡航者のなかには，閉塞状況への打開策・対処法として海外長期滞在を利用する人が一部含まれるとみなすことは妥当な判断と言えるだろう。

　以上の通り，キャリアトレーニング型，キャリアブレーク型，キャリアリセット型のWH渡航者のなかには，就業環境の悪化を原因（一因）とする閉塞状況に陥った結果として，WH（海外長期滞在）を打開策または対処法として利用するに至った人が一定数含まれている。彼らと同様の社会的・歴史的状況に置かれ，彼らと同様の行為を意識的または無意識のうちに選択する若者が出現したり増加したりすることによって，就業環境の悪化を原因（一因）とする海外長期滞在者の多様化・増加が，階層的な社会的回路を経由しながら進行していると考えられる。

第 3 部

日系商業・サービス産業と国境横断的な雇用・労働システム

第3部の課題は，WH渡航者が，日本企業の海外進出に必要な日本人労働者を確保するための国境横断的な雇用・労働システムに組み込まれている状況を記述・分析することである。第6章では，日本企業の豪州進出によって現地の日系商業・サービス産業が発展し，日本人労働者に対する需要が創出され，WH渡航者の就業機会が増大するに至った過程を記述・分析する。第7・8章では，筆者が実施した「インタビュー調査」「日本食レストラン調査」「観光施設調査」に依拠しながら，日系商業・サービス産業で働くWH渡航者の就業動機，職務内容，就業経験に対する自己評価などを詳細に検討する。この作業を通じて，WH渡航者が豪州の日系商業・サービス産業で果たしている役割と，WH渡航者が日系商業・サービス産業で働くことによって得ているものを明らかにする。

　その際，序章第1節（4）で論じた通り，WH渡航者の就業行動に含まれる問題を外在的に批判するのではなく，ある個人・集団がアクセス可能な資源や機会を利用しつつ特定の問題状況に対処しようとする問題解決行動として内在的に理解することを目指す。そうすることによって初めて，労働条件が劣悪であるにもかかわらず多くのWH渡航者が日系商業・サービス産業で働く理由を重層的に理解することが可能になる。

第 6 章

日本企業の豪州進出と就業機会の増大

　本章では，日本企業の豪州進出によって現地の日系商業・サービス産業が発展し，日本人労働者に対する労働需要が創出され，WH 渡航者の就業機会が増大するに至った過程を記述・分析する。第 1 節では，1970〜80 年代に増加した対豪直接投資を契機に日本から豪州への人の移動が活発化し，現地に多様かつ大量の日本人向けビジネスが創出された過程を概観する。第 2 節では，70 年代以降に行われた食品・飲料メーカーの豪州進出を 1 つの背景に，豪州の日本食産業が現地消費者向けビジネスとしての性格を強めつつ発展する過程を検討する。第 3 節では，現地消費者向けビジネスの発展によって日本人労働者に対する労働需要が創出され，WH 渡航者の就業機会が増大する過程を，メルボルン日本食産業の事例に即して記述・分析する。第 4 節では，日本人向けビジネスの発展によって日本人労働者に対する労働需要が創出され，WH 渡航者の重要性が高まる過程を，ケアンズ観光業の事例に即して考察する。

第 1 節　日本企業の豪州進出と日本人向けビジネスの成長

(1) 日本企業による対豪直接投資の活発化と日本人在住者の増加

　1970 年代以降，豪州に在住する日本人の数は着実に増加しつつある。在留邦人数の推移を示した図表 6-1 を見ると，1975 年に 3393 人だった在留邦人は 1995 年に 2 万人を突破し，2010 年には 7 万 856 人に達している。これは 25 年間で約 20 倍という驚異的な増加ペースである。このような急速な増加の結果として，2008 年以降，豪州はアメリカと中国に次いで 3 番目に在留邦人が多い国になっている（外務省『海外在留邦人数調査統計』各年版参照，以下同様）。

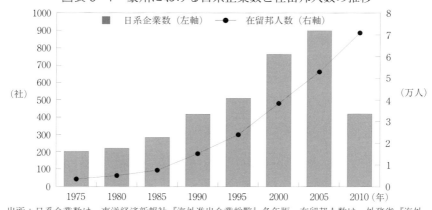

図表6-1　豪州における日系企業数と在留邦人数の推移

出所：日系企業数は，東洋経済新報社『海外進出企業総覧』各年版．在留邦人数は，外務省『海外在留邦人数調査統計』各年版を参照した。
注：「在留邦人数」は，永住者と長期滞在者（3カ月以上滞在する者）の合計。

　在留邦人数の増加をもたらした要因は複数存在するが，1980年代以前に最も重要な位置を占めていた要因は日本企業の豪州進出である。周知の通り，豪州は70年代まで白豪政策を採用していたため，1980年頃までは日本人の永住者がきわめて少なかった。具体的な数字をあげると，日本人永住者の数は1970年の時点で125人，1980年の時点でも589人しかいなかった。これに対して，企業駐在員とその家族の数は，1970年の時点で1448人，1980年の時点で3320人に達していた。つまり，1980年頃までの豪州在留邦人は，その大半が企業駐在員とその家族だったのである（図表6-2参照）。

　80年代以降はやや状況が変わり，企業駐在員とその家族の比率が低下し，永住者，留学生・研究者・教師，その他の比率が上昇した。こうした変化は，一見すると，80年代以降に日本企業の豪州進出が停滞したかのような印象を与えるかも知れないが，実際はそうではない。図表6-1が示す通り，少なくとも2005年までは，日本企業の豪州進出は着実に増加している。それではなぜ，80年代以降に企業駐在員とその家族の比率が低下し，それ以外の日本人在住者が（実数・比率ともに）増加したのか。その答えは，バブル経済期に日本企業が行った大規模な観光投資を考察することによって見えてくる。

　周知の通り，バブル経済期に日本企業は活発な海外投資を行った。豪州もそ

図表 6 - 2　タイプ別に見た豪州在留邦人数の推移

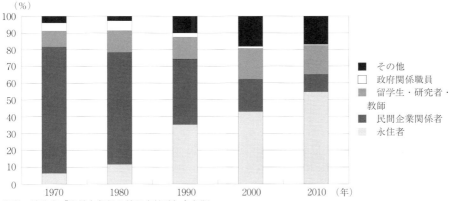

出所：外務省『海外在留邦人数調査統計』各年版。
注：「民間企業関係者」は「報道関係者」を，「その他」は「自由業関係者」を，それぞれ含む。

の対象であり，1980年代後半から90年代初頭にかけて，日本企業による大規模な投資が行われた．対豪直接投資の推移をまとめた図表6-3を見ると，バブル経済期に投資額と投資件数の両者が異常な伸びを示していることが分かる．特に，不動産業をはじめとする非製造業分野の伸びが著しい．その大半は，日本企業によるホテルの建設・買収と観光・リゾート開発に関連するものと言われている（日本貿易振興会　1988：172-173, 1989：170, 1990：175, 1991：208-210）．

図表6-3　日本の対豪直接投資の推移（1980〜2004年）

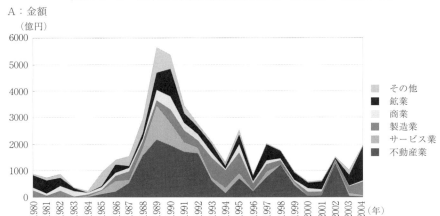

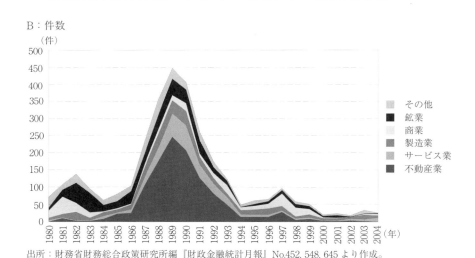

出所：財務省財務総合政策研究所編『財政金融統計月報』No.452, 548, 645 より作成。

とりわけ活発な開発が行われたのはクィーンズランド州であり，1990年には，ゴールドコーストとケアンズにある全ての5つ星ホテルが日本企業の傘下に入っていたと言われる（日本貿易振興会　1990：175）。

「集中豪雨」とも呼ばれたこのような観光投資の結果として，80年代後半以降，豪州を訪問する日本人観光客が劇的に増加した。図表6-4は日本人ビジ

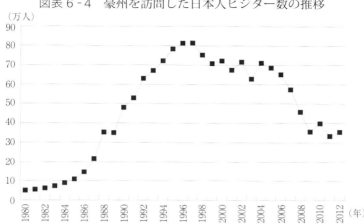

図表 6-4　豪州を訪問した日本人ビジター数の推移

出所：豪州統計局「出入国者数データ」（カタログ番号 3401.0 表 5）。
注：ビジターは旅行者（3 カ月以内の短期留学者含む）と短期ビジネス出張者からなる。

ター数の推移を示したグラフである。これによれば，1980 年には 5 万人に満たなかった日本人ビジターが，1996 年には 80 万人を突破するまでに増加した。これは 16 年間で約 17 倍という驚異的な増加である。

　正確な統計データが存在しないため推測の域を出ないが，日本人観光客の急激な増加は，日本人向けの観光ビジネスに関わる日本人の増加を引き起こしたと考えられる。なぜなら，日本人観光客が増加し始めた時期（80 年代半ば）の豪州には日本語話者（日本人永住者，日系人，日本語を使いこなす豪州人）がきわめて少なかったため，日本語で接客したり，日系の観光関連業者（ホテル，航空会社，旅行代理店，ツアー会社，保険会社，土産品店など）と意思疎通したりすることが可能な人材が不足していたと思われるからである。図表 6-2A を見ると，1980～2000 年の時期に永住者と「その他（その大半は WH 渡航者）」が著しく増加しているが，これは，日本人向け観光ビジネスで働く日本人が数多く豪州に移動した結果である可能性が高い。JSCM（1997）も，クィーンズランド州の免税店やツアー会社で販売員やツアーガイドとして働く日本人 WH 渡航者が増加したことを報告している。

1　ビジターは旅行者（3 カ月以内の短期留学者を含む）と短期ビジネス出張者からなる。豪州に訪問する日本人ビジターの約 9 割が旅行者である（TRA 2008：2）。

以上を総合すると次のように言える。バブル経済期以前は，日系企業が豪州に現地法人を設置し，企業駐在員とその家族を派遣することによって，在留邦人の増加が引き起こされた。これに加えて，バブル経済期以降は日本企業の観光投資（と円高）によって日本人観光客が急増したため，日本人向け観光ビジネスに関わる日本人（永住者，駐在員，WH渡航者など）の増加が引き起こされた。バブル以前と以後では増加した日本人の種類と増加のメカニズムが異なるものの，どちらも日本企業の海外進出（対豪直接投資）によって引き起こされた現象という点では共通している。

(2) 旅行・観光・英会話関連業者の豪州進出と留学生の増加

80年代後半以降に豪州を訪問する日本人の観光客が増加したことは前述の通りだが，同じ時期に日本人の留学生が増加したこともよく知られている。図表6-5は，80年代以降に留学生・研究者・教師の人数がどのように変化したかを示したものである。一見して分かる通り，1985年以降にその数が増加している。1980年には同居家族を含めて667人だった日本人留学生・研究者・教師は，2010年には本人だけで1万1547人に達している。これは30年間で17倍以上という急激な増加である。外務省は留学生・研究者・教師の内訳を公表していないため推測するしかないが，この間の増加の多くは，専門的な資格や知識が必要な研究者・教師よりも，そうしたものをほとんどあるいは全く

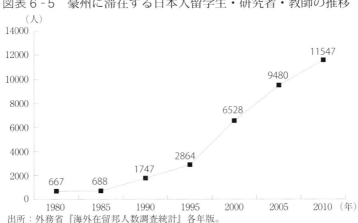

図表6-5　豪州に滞在する日本人留学生・研究者・教師の推移

出所：外務省『海外在留邦人数調査統計』各年版。

注：1980・85年の数値は同居家族を含む。1990年以降の数値は本人のみ。

図表 6-6　豪州の日本人留学生（1995・2005 年）

	1995		2005		増加分	
	実数（人）	割合（%）	実数（人）	割合（%）	実数（人）	
高等教育	899	7.6	3,817	20.1	2,918	高等教育
非高等教育	69	0.6	983	5.2	4,163	予備教育
	10,904	91.8	4,522	23.9		職業教育
			8,039	42.4		英語教育
			1,592	8.4		中等教育以下
合計	11,872	100.0	18,953	100.0	7,081	合計

出所：(1) 1995 年の高等教育・予備教育は Andressen and Kumagai（1996：19）。
　　　(2) 1995 年の合計は AEI（2000）。
　　　(3) 2005 年の数値は全て AEI（2013）。
注：(1) 「予備教育」とは，特定の高等・職業教育コースに進学するための必要条件として受講を義務づけられるコースのことである。
　　(2) 豪州政府は 2002 年にデータの集計方法を大幅に変更したため，厳密に言えば，1995 年と 2005 年の数値は連続していない。この表では，1995 年の数値は在籍者数を，2005 年は履修者数を示している。在籍者数とはある教育機関に在籍している者の数であり，履修者数とはあるコースを履修している者の数である。たとえば，ある教育機関に 1 年間在籍し，半年のコースを 2 つ（例：一般英語コースとビジネス英語コース）履修した者がいた場合，在籍者数は 1 人，履修者数は 2 人とカウントされる。
　　(3) この表の数値が図表 6-5 の数値と大きく異なる理由は 2 点ある。第 1 に，外務省『海外在留邦人数調査統計』は当該年の 10 月 1 日に当該国に滞在している人の数を示しているのに対して，この表の数値は，当該年の在籍者・履修者総数を示しているため，後者が大幅に大きくなる。たとえば，ある年の 1 月から 9 月まで留学した後に帰国した者は，外務省調査ではカウントされないが，豪州政府の統計ではカウントされる。第 2 に，外務省調査は大使館や領事館に在留届を提出した者の数を示しているのに対して，豪州政府の統計は入国管理データと教育機関の在籍・履修者データから数値を算出している。大使館・領事館に在留届を提出していない者は外務省調査ではカウントされないが，豪州政府の統計ではカウントされるため，後者の数値が大きくなる。

必要としない留学生の増加によって引き起こされた可能性が高い。

　豪州政府の統計データもこうした見方を支持しているように見える。図表 6-6 は，1995 年と 2005 年に豪州の教育機関に在籍していた日本人留学生の内訳をまとめたものである。これによれば，日本人留学生の大半は非高等教育コースを受講している。具体的には，1995 年には 9 割以上，2005 年も約 8 割の留学生が，職業教育や英語教育といった非高等教育コースを受講している。また，1995～2005 年の増加数が多かったのも非高等教育コースの受講者である。具体的には，10 年間で高等教育受講者が約 3000 人増加したのに対して，非高等教育受講者は 4000 人以上増加している。これらのデータは，日本人が入学

要件の緩い教育機関・コースに集中しがちであること，そして近年の留学生数の増加も入学要件の緩い教育機関・コースの在籍者によって牽引されてきたことを示している。

観光客やWH渡航者と同じように，留学生の増加は旅行・観光・英会話関連企業の豪州（海外）進出と深い関係がある。なぜなら，多様な企業が留学生向けの商品やサービスを提供することによって，留学とりわけお金さえ払えば入学できる英語コースの留学がきわめて容易になっているからである。たとえば，JTBやHISといった大手旅行代理店はパッケージ化された留学関連商品を数多く提供している。大手旅行代理店は豪州を含む世界各地に現地オフィスを設置しているから，留学中の顧客に対するサービス提供も容易である[2]。留学・WH斡旋業者も国内外にオフィスを設置し，留学生に対して多様なサービスを提供している[3]。JALやANAといった日本の航空会社も留学生（とWH渡航者）向けの往復航空券を用意している[4]。日本の英会話学校のなかには，豪州を含む世界各地で自社傘下の語学学校を運営し，受講者に自社傘下の学校への留学サービスを提供するものもある[5]。これらの留学関連業者に後押しされて豪州留学を決断・実行した日本人は少なくないと考えられる。

2　JTBとHISの留学生向けサービスについては，JTB海外留学（http://ryugaku.jtb.co.jp/），HIS留学・ホームステイ（http://www.his-j.com/tyo/tour/study/study_index.htm）を参照した。
3　代表的な斡旋業者として，NOVAホールディングスのグループ企業であるラストリゾート社がある（http://www.lastresort.co.jp）。同社は国内に6つの営業所と海外に7つ（うち3つは豪州）の直営オフィスを持つ（NOVAと兼用の営業所・オフィスを含めると，国内39営業所，海外13拠点を持つ）。
4　留学生・WH渡航者向けの往復航空券として，JALは「学生ロングステイ」「学生ロングステイ＆ワーホリ」を，ANAは「Flex」「Flex Plus」「Full Flex Plus」を，それぞれ用意している（http://www.jal.co.jp/longstay/; https://www.ana.co.jp/be1/int/jpn/deperture/index.html）。
5　英会話学校のベルリッツ（Berlitz）は，アメリカに本拠を置く英語学校として19世紀後半に事業を開始し，欧州，豪州，アジアを含む世界各地に自社の英語学校を開設してきた。その後，1993年に日本のベネッセコーポレーションがベルリッツ社を買収したため，ベルリッツ傘下の英語学校もベネッセの傘下に入った。現ベルリッツ（ベネッセ）は旧ベルリッツから引き継いだ英語学校を経営資源として活用し，日本の受講生に留学サービスを提供している。ベルリッツの沿革についてはベルリッツ社ウェブサイト（http://www.berlitz.com/About-Berlitz/28/）とベネッセホールディングスのウェブサイト（http://www.benesse-hd.co.jp/ja/about/history.html）を参照。なお，2010年に倒産した英会話学校のジオス（GEOS）も，豪州で8つの英語学校を運営していた。ジオスの倒産については東京商工サーチのウェブサイトを参照（http://www.tsr-net.co.jp/news/flash/1201577_1588.html）。

図表6-7　日本人定住入国者の内訳（2005年度）

	家族移住		技術移住	合計
	配偶者・婚約者	その他		
男	104　(5.5)		342　(18.1)	446　(23.6)
女	844　(44.8)		538　(28.5)	1,382　(73.3)
不明		51　(2.7)	7　(0.4)	58　(3.1)
合計	948　(50.3)	51　(2.7)	887　(47.0)	1,886 (100.0)

出所：Hamano（2011：83, 85）Table.6 と Figure.6 より作成。
元資料：DIAC 未刊行データ
注：(1)「定住入国者」とは，一時滞在ではなく定住を目的とする者向けのビザで入国した者を指す。
　　(2) 括弧内の数値は，日本人定住入国者全体に占める割合を示す（％）。

（3）婚姻移住者の増加

　1980年代以降に豪州を訪問する旅行者，観光客，留学生，WH渡航者などが急増した結果として，豪州人（または豪州の永住権を持つ非豪州人）と結婚し，豪州に移住する日本人が増加している（Hamano 2011；濱野 2011, 2012, 2013b, 2014；Itoh 2012）。先に見た図表6-2Aは，1990年代以降に永住者が急激に増加したことを示しているが，この時期に増加した永住者のなかには，日本人向けの観光・留学関連ビジネスなどに従事する技術移民に加えて，結婚を理由に移住する婚姻移住者が多数含まれている。豪州政府の入国管理統計もこのことをはっきりと示している。

　図表6-7は，2005年度に豪州に入国した日本人定住者[6]の内訳を性別・ビザ別にまとめたものである。これによれば，配偶者・婚約者ビザでの入国者が50％を占めているから，2005年度に豪州に入国した日本人定住者のうち半数が婚姻移住者であることが分かる。特に，女性定住者の約6割が婚姻移住者であり，技術移民の方が多い男性定住者と対照的である。女性の婚姻移住者の多さは定住者全体のなかでも際立っており，2005年度に入国した日本人定住者の45％を女性の婚姻移住者が占めている。このことは，豪州の日本人コミュニティが急速に多民族化・トランスナショナル化していることを意味している。

---

[6]「定住者（settler）」は「永住者（永住権保持者）」とほぼ同じだが，一部のビザは入国後に一定の条件を満たしたときに永住権を付与する制度を採用しているため，「永住者」ではなく「定住者」という表現が用いられている。

また，婚姻移住者は移住後しばらくして子どもをもうける可能性が高いから，婚姻移住者の増加は日本人向けの出産・育児・教育関連の商品・サービス需要を生み出す原動力にもなっていると予想される。

(4) 日本人の増加・多様化と日本人向けビジネスの成長

これまでの項では，日本企業の対豪直接投資を契機として，豪州に居住・滞在する日本人の増加と多様化が急速に進展してきたことを確認した。具体的には，企業駐在員とその家族，旅行者・観光客，留学生，WH渡航者，永住者（技術移民と婚姻移住者）が増加したこと，その結果として，豪州はアメリカと中国に次いで3番目に在留邦人が多い国になったことを見てきた。

このような変化を背景として，豪州における日本人向けビジネスが急速な発展を遂げたことはよく知られている。この点を厳密な統計によって確かめることは困難だが，現地の日本語情報誌を見れば，豪州各地で日本人向けビジネスが発展していることは一目瞭然である。その一例として，ここではメルボルンとケアンズの日本語情報誌を見てみよう[7]。図表6-8は，両都市で配布されている日本語情報誌に掲載された日本人向けビジネスの数を集計したものである。一見して明らかなように，両都市では数多くの日本人向けビジネスが商品やサービスを提供している。その業種や領域も多岐にわたり，医療機関，ビザコンサルタントをはじめとする専門的サービス業者，マンガ喫茶などの娯楽サービス業者，ヘアサロンをはじめとする美容・健康サービス業者，語学学校に代表される教育機関，旅行代理店をはじめとする観光・留学・WH関連サービス業者，日本食の輸入・卸売業者，日本食レストランに代表される各種飲食店，そして余暇活動を支援する各種レッスンなどが紹介されている。しかも両誌は両都市に存在する日本人向けビジネスのごく一部しか取りあげていないため，実際にはこれよりはるかに多い日本人向けビジネスが活動している。

これらの多種多様な日本人向けビジネスが，複数の職種の日本人労働者を，しばしば大量に必要とすることは明らかである。たとえば医療機関や不動産業

---

[7] メルボルンは人口100万人以上の大都市（他にシドニー，ブリスベン，パースがある）の代表として，ケアンズは人口100万人未満の主要都市（他にゴールドコースト，キャンベラ，ダーウィンがある）の代表として，それぞれ選択した。豪州の主要都市の位置と人口については本書の冒頭に掲載した「オーストラリア概要」を参照されたい。

図表 6-8　日本語情報誌に掲載された日本人向けビジネス

分野	業種	メルボルン		ケアンズ	
医療	病院	4	7	2	3
	歯科医	3		1	
専門・技術	不動産	1	12	4	16
	ビザ	3		2	
	会計士，投資			3	
	人材派遣，通訳・翻訳	3		2	
	IT，デザイン・印刷，写真	4		3	
	自動車修理・整備	1		2	
生活・娯楽	携帯電話	2	14	1	7
	運送・配送業	4		1	
	掃除代行業	2			
	カラオケボックス	1			
	書店，マンガ喫茶	2		1	
	日本食品・雑貨店	3		1	
	その他食品・雑貨店			3	
美容・健康	エステ・マッサージ	6	16	7	17
	指圧・鍼灸	3		1	
	ヘアサロン	4		6	
	その他			3	
教育	英語・職業教育	12	15	1	2
	日本語学校	1		1	
	日本人学校，補習校	2			
観光・留学・WH	旅行代理店	6	11	4	18
	ツアー催行会社	1		4	
	ホテル・ホステルなど	1		7	
	留学・WH 斡旋業者	2			
	その他	1		3	
食品輸入・卸売	日本食	3	4		
	その他	1			
飲食店	日本食レストラン・テイクアウト	29	35	5	26
	その他レストラン・テイクアウト	3		16	
	カフェ	1		4	
	クラブ・バー	2		1	
レッスン・コーチ	スポーツ・ダンス・バレエ	3	12	2	5
	生け花・フラワーアレンジメント	3			
	絵画・書道	3		3	
	その他	3			
合計		126		94	

出所：『Dengon Net』2007 年 10 月号，『リビング・イン・ケアンズ』2009 年 5・6 月号より作成。
　注：上記 2 誌で記事または広告として紹介・掲載されたものを集計した。

者，ビザコンサルタント業者，会計士事務所といった専門サービス業では，公的資格を持つ専門職従事者が必須である。ヘアサロン，日本食レストラン，マッサージ店では，理美容師，料理人・調理師，整体師といった準専門職労働者が必要となる。それ以外の業種・領域では，日本人の顧客に対応したり日系の業者と取引したり日本語で書類を作成したりする日本人労働者——事務員，受付係，接客係，販売員，相談員・カウンセラー，電話オペレーター，キッチンハンド，フロアスタッフ，ツアーガイドなど——が必要になる。その正確な数を統計的に把握することは困難だが，豪州に居住したり訪問したりする日本人が増えれば増えるほど，その需要が増加することはほぼ確実である。なぜなら，海外渡航する日本人のなかには日本人（日本語）による支援を必要とする人が多数含まれているからである。たとえば，企業駐在員とその家族は十分な準備をせずに海外赴任することが多いため，赴任先で日本人（日本語）による支援を必要とする可能性が高い（序章第3節（2）参照）。WH渡航者の多くは非常に低い語学力で海外渡航するため，日本人（日本語）による支援が必要である（第1章第3節（1）参照）。豪州に滞在する留学生の約4割を占める語学留学者も同様であろう。[8] 観光客のなかには英語を全く／ほとんど話せない日本人が多数含まれると予想される。近年増加中の婚姻移住者は，子どもに日本語を覚えさせるために日本語教育や日本語環境へのアクセスを確保しなければならない。

　以上の通り，豪州に居住・滞在する日本人が増加・多様化したことによって多種多様な日本人向けビジネスが発展し，そうした企業・業者で働く日本人労働者の労働需要も増加している。その結果，豪州に渡航する日本人が増加し，日本人労働者の労働需要が再創出されるという現象が生起しているようである。図表6-1のグラフは，2005年以降に豪州の日系企業が減少したにもかかわらず在留邦人数は増加し続けたことを示しているが，このグラフの背景には，上記のような現象が存在すると考えるのが自然だろう。

　ところで，豪州において日本人労働者の労働需要が創出される契機は日本人の増加に伴う日本人向けビジネスの発展だけに限定されない。日本人による

---

[8] 2005年に豪州の教育機関に在籍していた日本人留学生のうち42％は英語コースを履修していた（図表6-6参照）。このグループに属する日本人の英語力が低いことはほぼ間違いない。というのも，十分な英語力を持つ者は多額の資金と長い時間を費やして語学留学をする可能性が低いからである。

（あるいは日本人労働者を必要とする）現地消費者向けビジネスが成長することによって，日本人労働者に対する労働需要が拡大するというシナリオも無視できない。このシナリオを検討する上で参考になるのが図表6-8のメルボルンのデータである。これを見ると，日本語情報誌に日本食レストラン・テークアウト店の記事・広告が大量に（29件）掲載されたことが分かる。29件という記事・広告数は他の業種を大きく引き離しているから，メルボルンにおける日本食需要はかなり大きいことが予想される。このことと豪州における日本食ブーム（後述）を考慮すると，メルボルンで営業する日本食関連の飲食店は，現地の日本人だけでなく現地消費者も重要な顧客としている可能性が高い。節を改めてこの点について検討しよう。

第2節　現地消費者向けビジネスとしての日本食産業

(1) 豪州における日本食ブームと日本食の普及

　近年，世界各地で日本食に対する関心が高まりつつある。日本貿易振興機構が2012年12月に7つの国・地域（中国，香港，台湾，韓国，アメリカ，フランス，イタリア）で行った調査では，アメリカを除く6つの国・地域において，日本食が最も人気の高い外国料理に選ばれた（日本貿易振興機構　2013：14）。他の国でも日本食の人気が高まっており，世界中で「日本食ブーム」と呼びうる状況が生起しているようである。[9]

　日本食（寿司）ブームが最も早い時期（1980年頃）に始まったのはアメリカと言われているが，[10]豪州も比較的早い時期から日本食に対する関心が高まった国の1つである。現地の新聞記事によれば，豪州では80年代半ば頃に寿司

---

[9]　農林水産省が外務省と共同で行った調査によれば，海外の日本食レストランの数は，2006年の約2万6000店から2015年の約8万9000店へと急増した（農林水産省　2015）。
[10]　日本食ブームの起源に関する実証的な研究は管見の限り見当たらなかったが，渡辺（2005）は，ロスアンジェルスに回転寿司店が登場した1980年にアメリカで寿司ブームが起き，それがフランス，オランダ，イギリスなどに波及したと指摘している。松本（2007a, 2007b）も，①日本食（寿司）ブームはまずアメリカで起き，10年ほど遅れて欧州に波及したこと，②（70年代後半から）アメリカで健康問題に対する懸念が強まっていたことが寿司ブームのきっかけになったこと，③アメリカで寿司が普及した理由（条件）の1つとして，安くて高品質なカリフォルニア米が入手可能だったことなどを指摘している。

ブームが起き，日本食が一気に普及したようである。その証拠として，1986年12月30日の『シドニー・モーニング・ヘラルド』は，「燃え上がる生の食品への情熱（Firing the Passion for Raw Food）」と題する記事のなかで次のように記述している。「アメリカ人はスシバーに熱狂し，豪州人はメガトン級と目される刺身爆弾の発射ボタンに指をかけている」（Ingram 1986）。同紙は翌1987年5月にも「生ものの魅力（Raw Appeal）」と題する記事を掲載し，シドニーの寿司ブームについて次のように記述している。「シドニー住民は，冷たい酢飯の上に乗せられた生魚のご馳走という一昔前の世代には想像もつかなかった創作物を味わうために，地元の寿司屋で行列を作っている」（Ingram 1987）。

以上はシドニーの日本食（寿司）ブームについて述べたものだが，ブームはシドニー以外の都市でも起きていたようである。たとえばメルボルンの『ヘラルド・サン』は，1987年7月に，大繁盛する日本食レストランのレビュー記事を掲載している（Dupleix and Durack 1987）。ブリスベンの『テレグラフ』，アデレードの『アドバタイザー』，タスマニアの『サンデー・タスマニアン』も，寿司と寿司レストランを紹介する記事をそれぞれ1987年1月，1987年9月，1989年1月に掲載している（Reynolds 1987；Hopkins 1987；Rozentals 1989）。

80年代以降に豪州で寿司ブームが起き，日本食が現地消費者に浸透したことは，日本の輸出統計からもうかがえる。図表6-9は，醤油，みそ，緑茶の対豪輸出の推移をまとめたものである。これを見ると，品目によって輸出が増加し始めた時期や増加幅に差があるものの，2010年の輸出量・金額は1970年代より圧倒的に大きいことが分かる。2010年と1975年の輸出量を比べると，醤油は約8倍，緑茶は約25倍，みそは約60倍の水準に達している。本章の第1節では，1975年から2010年までの間に日本人居住者の人口が約20倍の規模に膨れ上がったこと（図表6-1）と，1980年から1996年までの16年間で日本人ビジター数が約17倍に増加したこと（図表6-4）を指摘したが，緑茶とみその輸出量はその増加ペースを上回るから，この間に日本食が現地消費者に浸透したことは明らかである。

なお，醤油の輸出量がみそや緑茶ほど増加していないのは，大手醤油メーカー（キッコーマン）が1985年からシンガポール工場で豪州向けの醤油生産を

図表 6-9　日本食関連商品の対豪輸出の推移

A：醤油

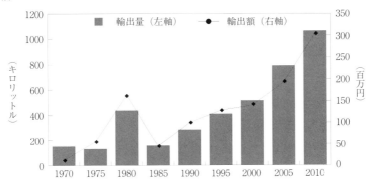

B：みそ

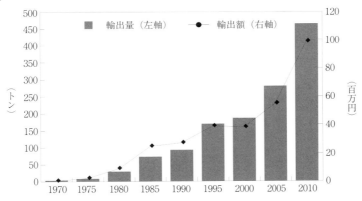

C：緑茶

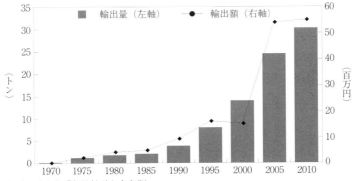

出所：財務省「貿易統計」各年版。

図表 6-10　エスニシティ別に見た飲食店数

	飲食店数	順位	エスニック人口	1000人あたり飲食店数	順位
中華（Chinese）	2,352	1	820,613	2.9	7
タイ（Thai）	2,145	2	34,638	61.9	2
インド（Indian）	1,404	3	350,865	4.0	6
イタリア（Italian）	1,043	4	748,373	1.4	8
豪州（Australian）	1,042	5	5,022,792	0.2	10
日本（Japanese）	541	6	35,711	15.1	3
メキシコ（Mexican）	373	7	3,217	115.9	1
フランス（French）	297	8	44,404	6.7	4
ギリシャ（Greek）	283	9	300,180	0.9	9
スペイン（Spanish）	279	10	52,912	5.3	5

出所：飲食店数は「イエローページ」，エスニック人口は「2011年国勢調査」のウェブサイトより入手（データ取得日：2013年3月25日）。
注：（1）「1000人あたり飲食店数」とは，各エスニックグループの人口千人あたりのエスニック関連飲食店数。たとえば日本（Japanese）の場合，日本食関連の飲食店が，日本人1000人あたり15.1店舗存在していることを意味する。
（2）エスニック人口は，「主要な祖先・系譜（1st ancestry）」を問う設問に対する回答者数。

開始したためである。図表6-9Aで，醤油の消費量が増加したはずの1980〜1985年に醤油の輸出量が激減しているのも同じ理由による。シンガポールからの輸出を含めれば，醤油の対豪輸出も緑茶やみそと同じように増加しているはずである。

　日本食が現地消費者に浸透していることは，日本食関連の飲食店の数からもうかがえる。図表6-10は，豪州の職業別電話帳である「イエローページ（Yellow Pages）」のウェブサイトで飲食店（レストラン，テイクアウト店，カフェ）を検索したときの店舗数を，エスニシティごとにまとめたものである。これを見ると，日本食関連の飲食店は豪州に541店舗存在し，中華料理，タイ料理，インド料理，イタリア料理，豪州料理に次いで6番目に多いことが分かる。多民族社会の豪州において日本食関連の飲食店が6番目に多いということは，日本食が豪州でかなり高い人気を誇っていることの証拠とみなせるだろう。

　なお，エスニックレストランの数は，エスニック人口にある程度まで規定さ

11　キッコーマン国際食文化研究センターのウェブサイトを参照（http://kiifc.kikkoman.co.jp/tenji/tenji14/america08.html）。

れると考えられる。言い換えれば，特定のエスニックグループの人口が多ければ多いほどそのエスニックレストランの数が増え，エスニック人口が少なければ少ないほどそのエスニックレストランの数は少なくなると予想される。なぜなら，特定のエスニックグループの人口は，そのエスニックレストランの潜在的な顧客数を意味するからである。この関係を所与とすると，あるエスニックグループの人口が少ないにもかかわらずそのエスニックレストランが多い場合，そのエスニックレストランは，他のエスニックグループから相対的に多くの顧客を獲得しているということになる。この「他のエスニックグループから顧客を獲得している程度」を見るために，人口1000人あたりの飲食店数をエスニシティごとに計算した。図表6-10の「1000人あたり飲食店数」という欄に書かれた数値がその結果である。これを見ると，単純に飲食店数を比較した場合とは異なる状況が浮かび上がる。

　まず，飲食店数が最も多い中華系を見ると，豪州は中華系の住民が非常に多いため，1000人あたりの飲食店数は2.9という低い数値になり，順位も7位に落ちてしまう。これと対照的なのがメキシコ系の飲食店である。豪州にはメキシコ系住民が3000人あまりしかいないにもかかわらずメキシコ系の飲食店が373店舗も存在するから，その顧客の多くは非メキシコ系住民ということになる。1000人あたりの飲食店数も115.9ときわめて高い数値を示している。日本食関連の飲食店も，メキシコ系ほどではないものの，1000人あたりの飲食店数が高いグループに入る。その数値は15.1であり，メキシコ系，タイ系に次ぐ3位に位置している。このデータは，日本食関連の飲食店が単純に多いだけでなく，日本人以外の顧客の割合も高いことを示している。

(2) 日本食ブームと日本食の普及を可能にした要因

　それでは，なぜ1980年頃からアメリカや豪州で日本食（寿司）の人気が高まり，その人気が持続したのだろうか。アメリカの日本料理店を対象とする実証研究（石毛ほか 1985）と豪州の日本食産業に関する記事，報告書，先行研究などを参考にしながら，考えうる理由を6点ほど提示してみよう。

　第1に，70年代後半以降，油やバターの使用量を抑えた料理に対する関心が先進諸国で高まった。その直接のきっかけを作ったのは，1977年にアメリ

カ上院特別委員会が発表した「アメリカの食事目標」(Dietary Goals for the United States）というレポートと，そのレポートを踏まえて公刊された『アメリカ人のための食生活指針』(USDA and HHS 1980）というパンフレットである。このレポートとパンフレットは，アメリカ人が肥満を原因とする心臓病のリスクに直面していることを指摘し，脂肪分，コレステロール，糖分，アルコールなどの過剰摂取を控えるよう訴えた。また，『アメリカ人のための食生活指針』は，健康的な食材として魚と豆類を，減らすべき食材として肉類，バター，マーガリン，ココナッツオイルなどを，それぞれ列挙した。アメリカ政府が作成したこの食材リストは，日本食，とりわけ寿司の評価を高める結果をもたらした。というのも，寿司や刺身の調理には油やバターが全く使われないからである。また，日本食に欠かせない醤油，みそ，豆腐などの主原料が大豆であることも，日本食＝健康食品という評価を高めることに寄与したようである。

　第2に，寿司が欧米人（豪州人を含む，以下同じ）にとって未知の料理だったため，彼らの好奇心を刺激したことが寿司ブームの追い風となった。先に引用した新聞記事には，「冷たい酢飯の上に乗せられた生魚のご馳走という一昔前の世代には想像もつかなかった創作物」(Ingram 1987）という記述が見られるが，1970年代以前の欧米人にとって，寿司は確かに「想像もつかない」料理だったと予想される。当時の欧米人は，その大半が「スライスした生魚の肉」も「一口サイズの酢飯」も見たことがなかったのではなかろうか。そのため，欧米人のなかには寿司を「食べたい」というより「見てみたい」という思いに駆られる者もいたようである。事実，メルボルンでは，ガラス越しに寿司バーの様子を見ようとして人だかりができる店もあったと言われている（佐藤　1993：150）。

　第3に，盛りつけや味つけを現地消費者の好みに合わせた飲食店の工夫も無視できない要因である。豪州の寿司テークアウト店のなかには，普通の細巻きよりやや太くて短い巻き寿司1〜2本を（タッパーではなく）紙袋に包んで客に渡す店がある。これは巻き寿司をハンバーガーやサンドウィッチのように歩きながら食べられるよう工夫したものであり，メルボルンの寿司テークアウト店が考案したと言われている（松本 2006b：19）。また，寿司屋では豪州で人気の高い照り焼きチキンやアボカドを使った巻き寿司（テリヤキチキン・ロー

ル，サーモン・アボカド・ロール，ツナ・アボカド・ロール）がメニューに加えられることもある（日本貿易振興機構　2010c：2）。こうした工夫も，寿司ブームと日本食の普及を支えた重要な要因と考えられる。

　第4に，新聞をはじめとするメディアの影響力が非常に大きい。先に引用した『シドニー・モーニング・ヘラルド』の2つの記事（「燃え上がる生の食品への情熱」「生ものの魅力」）は，新鮮な食材を生で食べる健康的な料理として寿司を紹介しているが，こうした記事は，生魚を食べる習慣のない豪州人の抵抗を和らげ，寿司＝健康食品というイメージを浸透させる上で大きな役割を果たしたと考えられる。また，日本食や日本食レストランに関する記事が頻繁に書かれるという単純な事実も，豪州人の関心を高めることに一役買ったと思われる。たとえば，『シドニー・モーニング・ヘラルド』とその日曜版である『サン・ヘラルド』は，日本食または日本食レストランに関する記事を1987年に5本，1988年に9本掲載しているから，その宣伝効果は大きかったはずである。[12]

　第5に，最も重要な要因として，日本食の宣伝・製造・輸入・卸売・小売に関わる大小様々な日系企業（飲食店を含む）の豪州展開を指摘しなければならない（図表6-11参照）。豪州人は生魚をはじめとする日本食材になじみがなく，白豪主義ゆえに在豪日本人・日系人も少なかったから，豪州人に日本食を普及させるためには日本食を認知させたり食材流通網を構築したりする必要があった。特に，健康食品に関心があるわけではなく新聞もあまり読まないような消費者に日本食をアピールしたり，豪州国内では調達できない食材を大量かつ安定的に供給したりするためには，誰かが資本を投じて宣伝を行い，食材を大量に輸入しなければならない。これらのやっかいな課題を引き受け，豪州市場の開拓者として大きな役割を果たしたのが大手醤油メーカーのキッコーマンである。[13]

　キッコーマンは戦前から醤油の海外輸出を行っており，第二次世界大戦と終

---

[12] LexisNexis Academic の記事検索で「sushi」を含む記事を抽出し，そのなかから日本食を主題とする記事および日本食レストランのレビュー記事を集計した。文中で日本食（レストラン）に言及しているだけの記事は除外した（検索・集計日：2013年3月23日）。
[13] 以下の記述は，キッコーマン国際食文化研究センターのウェブサイトに掲載された特集記事「KIKKOMAN のおいしい挑戦――アメリカ進出50周年」に依拠している（http://kiifc.kikkoman.co.jp/tenji/tenji14/index.html）。

図表6-11 豪州に進出した主な日本食関連企業

分野	企業名 [1]	進出年	事業内容 [2]
食品	キッコーマン	1977	醤油・調味料の販売
	ニチレイ	1984	冷凍食品の販売
	雪印	1992	乳製品の製造・販売・輸出
	明治	1994	乳製品の販売，乳製品の原料調達・輸出
	酒田米菓	1994	スナック菓子の製造・販売 [3]
	カゴメ	1996	野菜の栽培，調味料・飲料の製造・販売
	はくばく	1998	麺製品の製造・販売・輸出
	サイゼリヤ	2000	調味料等の製造・販売・輸出
飲料	サントリー	1980	日本食レストランの経営 [4]，飲料の販売
	小西酒造	1988	日本酒の製造・販売
	伊藤園	1993	茶栽培，緑茶の製造・販売，飲料の販売
	ヤクルト	1994	飲料の製造・販売
	キリン	2003	飲料の製造・販売，現地食品メーカーの買収
	アサヒ	2009	飲料の製造・販売
流通	ジャパン・フード・コープ	1986	食品・飲料等の輸入・卸売
	大創産業	2010	食品・飲料等の輸入・卸売・小売

出所：各社のウェブサイト等を基に筆者作成。
注：(1) 煩雑さを避けるために，現地法人名ではなく日本国内の親企業の通称を記載した。
(2) 大多数の企業が何らかの形で自社および自社製品の宣伝や販売促進に関わる事業を行っているため，「宣伝」の表記を省略した。
(3) 豪州事業を他社に譲渡済み。
(4) 撤退済み。

戦直後の中断を経て，1949年にはアメリカへの輸出を再開していた。1968年以降はアメリカでの現地生産も開始した。1970年代以降は西ドイツを中心に欧州への進出も行った。

　欧州進出の開始よりやや遅れて，1977年からキッコーマンの豪州進出が始まった。同年に現地の輸入販売店と代理店契約を結び，本格的な輸出を開始した。翌1978年にはアデレードでテレビ広告を放映し，1979年にはシドニー，メルボルン，ブリスベンへ，1980年にはパースへとテレビ広告の放映地域を拡大していった。その際のキャッチコピーは「オーストラリアに新しい味をもたらすキッコーマン」というものだった。1980年には現地法人を開設し，婦人向け雑誌にも広告を掲載するようになった。

このような旺盛な宣伝活動と前述の諸要因が結びついた結果，70年代末から現地消費者の間に日本食が普及するようになり，80年代半ばに爆発的なブームが訪れた。こうした豪州の動向（と欧州での需要増大）に対応するために，キッコーマンは1984年にシンガポールに生産拠点を建設し，翌年から生産を開始した。また，1986年には日本の貿易会社（太平洋貿易）と共同出資して食品輸入・卸売会社（ジャパン・フード・コープ：Japan Food Corp）をシドニーに設立した。2016年現在，ジャパン・フード・コープは豪州国内に6つの拠点（シドニー本社，ブリスベン支社，ゴールドコースト支社，パース支社，メルボルン支社，アデレード支社）を持ち，豪州国内における日本食材の流通を支えている。[14]

以上，豪州市場の開拓者とも言えるキッコーマンの豪州進出を概観した。次に，後続の大手・中堅企業による豪州進出を見てみよう。飲料メーカーのサントリーは，自社のアルコール飲料を豪州に普及させるために，1980年にサントリー・レストランを開店した。また，1984年以降は現地法人を通じて自社製品の宣伝・販売活動を行っている。[15] 食品加工メーカーのニチレイは，1984年にニチレイ・オーストラリアを設立し，1988年からタイの合弁会社（スラポン・ニチレイ・フーズ：Surapon Nichirei Foods）で生産されたエビフライなどの冷凍食品を豪州国内に供給している。[16] 老舗酒造メーカーの小西酒造は，1988年に豪州で日本酒の試験製造を開始し，1996年から本格的な現地生産と販売を行っている。[17] 乳製品メーカーの雪印は，1992年から豪州でチーズや粉ミルクの生産を行い，豪州国内と世界各地に供給している（雪印メグミルク 2015：1）。飲料メーカーのヤクルトは，1994年から豪州で飲料やヨーグルトの現地生産と販売を行っている。[18] 中堅菓子メーカーの酒田米菓も，1994年から豪州

---

14 同社のウェブサイトを参照（http://www.jfcaustralia.com.au）。
15 サントリー・オーストラリア（Suntory Australia）のウェブサイトを参照（http://www.suntory.com.au/about-suntory/history）。
16 日豪プレス編集部（2008b）およびスラポン・ニチレイ・フーズのウェブサイト（http://www.surapon.com/jp/about.html）を参照。
17 小西酒造の豪州現地法人であるサン・マサムネ社（Sun Masamune）のウェブサイトを参照（http://www.sun-masamune.com.au/Company.html）。
18 ヤクルト・オーストラリアのウェブサイトを参照（http://www.yakult.com.au /company-profile.html）。

でスナック菓子の現地生産と販売を行っている[19]。穀物関連の中堅食品メーカーであるはくばくは，1998年から豪州産の小麦を原料とする日本麺（そば，うどん，そうめん，ラーメン）を豪州の工場で生産し，豪州国内および世界各地に供給している（日豪プレス編集部 2008b）。90年代から豪州国内での茶園事業に着手した飲料メーカーの伊藤園は，2001年から本格的な茶栽培を始め，2004年から現地工場での日本茶製造を開始し，豪州国内に商品を供給している（日豪プレス編集部 2008b）。飲食店をチェーン展開する食品会社のサイゼリヤは，2000年に豪州現地法人を設立し，2003年からソース，スープ，肉製品の生産と国内外への供給を行っている[20]。1998年に豪州の大手飲料メーカー（ライオン・ネイサン：Lion Nathan）に資本参加したキリンは，2003年から豪州向けビールの現地生産と販売を行っている。また，キリンは2007年に豪州の大手食品メーカー（ナショナル・フーズ：National Foods）を，2009年にはライオン・ネイサンを完全子会社化し，豪州における食品・飲料業界を主導する地位に就いている[21]。100円ショップチェーンを展開する大創産業は，2010年に2.8ドルショップを豪州に出店し，日本製の菓子類を含む多様な商品を現地消費者に提供している[22]。キッコーマンおよび後続の大手・中堅企業は，投下する資本の規模が大きい上に，当初から豪州の現地消費者を主要なターゲットとみなしているため，多様な日本食や日本製品を豪州に広く普及させる上で決定的な役割を果たしたと考えられる[23]。

19　山形県酒田市ウェブサイトの市内企業情報ページ（http://www.city.sakata.lg.jp/Files/1/160580/html/info/285.html）と，酒田米菓の豪州現地法人ウェブサイト（http://www.sakata.com.au/history.htm）を参照。なお，2005年にペプシコが酒田米菓の豪州現地法人（サカタ・オーストラリア：Sakata Australia）を買収したため，現在のサカタ・オーストラリアと酒田米菓との間に資本関係は存在しない。

20　サイゼリヤおよびサイゼリヤ・オーストラリア（Saizeriya Australia）のウェブサイトを参照（http://www.saizeriya.co.jp/corporate/information/history/, http://www.saizeriya.com.au/about_us.html）。

21　日豪プレス編集部（2008a, 2008b），GO豪メルボルン編集部（2008），およびキリン・ホールディングスのウェブサイトを参照（http://www.kirinholdings.co.jp/company/outline/index.html）。

22　大創産業および同社の豪州現地法人ウェブサイトを参照（http://www.daiso-sangyo.co.jp/company/profile/history.html; http://www.daisostore.com.au/products.html）。

23　詳細は不明だが，三菱商事も日本食の輸入業務を行っているようである。同社豪州法人のウェブサイトには，食料品部門がインスタントラーメンやそれ以外の商品を豪州に輸入しているとの記載がある（http://www.mitsubishicorp.com/au/en/bg/food.html）。

これらの大手・中堅企業に加えて，日本人が現地で設立した中小の輸入・卸売・小売業者も重要な役割を担っている。たとえば，1976年に日本人がシドニーで創業した輸入・卸売・小売業者（ジュン・パシフィック：Jun Pacific），1979年に日本人がメルボルンで創業した輸入・卸売・小売業者（ジャパン・フーズ・トレーディング：Japan Foods Trading），1983年に日本人がメルボルンで創業した魚介類専門の卸売業者（オセアニア・シーフーズ：Oceania Seafoods），2004年に日本人がメルボルンで創業した輸入・卸売業者（ダイワ・フード：Daiwa Food）は，多くの日系飲食店および日本食消費者にとって，なくてはならない存在である[24]。

　ジュン・パシフィックとジャパン・フーズ・トレーディングは日本の食品と雑貨を専門に扱う小売店を経営しており，前者は中型の食品・雑貨店をシドニー，メルボルン，ゴールドコーストに，後者は小型の食品・雑貨店をメルボルンに構えている。ダイワ・フードはインターネット上で日本食品を販売するネット通販事業と小売店経営を行っている。これらの現地設立企業は，大企業が参入しづらい市場の隙間を埋めることによって，豪州における日本食流通網の強化に多大な貢献を果たしている。

　以上にあげた日本の大手・中堅企業および現地設立の中小企業は，日本食ブームと日本食の普及を消費者から見えにくい領域で支える土台として機能してきた。そして，これらの企業（＝土台）の上に多種多様な日本食関連の飲食店が展開することによって，現地消費者に対する日本食の普及が大規模かつ広範囲に行われてきた。特に，自分で日本料理を作るわけではない大多数の非日本人にとって，日本食関連の飲食店は，日本食を消費するためのほとんど唯一の経路となる。この経路が拡充されたことによって，現地消費者の間で日本食ブームが起こり，日本食の普及が進んだと考えられる。残念ながら，豪州において日本食関連の飲食店がどのように増加してきたかを詳細に跡づけることは困難だが，先に図表6-10で見た通り，豪州で日本食関連の飲食店が増加し，現在では豪州の外食産業にとって不可欠の存在になっていることは紛れもない事実だから，これらの飲食店が日本食を広める上で重要な役割を果たした（果

24　4社のウェブサイトを参照（https://www.junpacific.com; http://www.suzuran.com.au; http://oceaniaseafoods.com.au; http://www.ichibajunction.com.au/abouts/）。

たしている）ことは間違いないだろう。

　最後に，豪州で日本食ブームが起きた（そして現在まで持続している）6つ目の要因として，アジア系移民の増加によるアジア食品市場の拡大を指摘しておきたい。豪州政府の統計によれば，1996年度から2007年度までの12年間で，豪州におけるアジア系永住者がおよそ67万人増加した（DIBP 2015a）。その結果，1993年から2008年の間に，アジア食品の市場規模が10億ドルから24億ドルに拡大したと言われている（Lee 2009）。こうした変化を背景に，（非日系）アジア食品店が増加したことによって，日本食の消費量が増大している可能性が高い。というのも，アジア食品店は日本食を取り扱うことが多いため，アジア食品店を利用する非日本人が日本食を購入する確率も高まると考えられるからである。この点について若干の補足をしておこう。

　日本貿易振興機構（2010a：7-8）によれば，豪州のアジア食品店の大半は個人経営による小規模店舗だが，例外的に大規模な店舗を展開している企業もある。それが中華系のミラクル・スーパーマーケット（Miracle Supermarket）である。同社はシドニーで複数の大型店を経営しており，中国，日本，韓国をはじめとするアジア各地の食品と雑貨を扱っている。同社はシドニー中心部の大型ショッピングセンターなどに店舗を構えているため，アジア系住民だけでなく，非アジア系住民にアジア食品を浸透させる役割も担っていると考えられる。

　また，非日系のアジア系輸入・卸売業者も日本食の普及と流通に貢献している。特に，中華系のオリエンタル・マーチャント（Oriental Merchant）の役割が大きい。日本貿易振興機構（2010a：8）によれば，同社は豪州国内の1600以上のスーパーマーケットと取引があり，9割以上のアジア食品店に商品を供給している。同社は中国製の商品だけでなく日本企業の製品も数多く取り扱っているため，豪州全土のスーパーマーケットや非日系アジア食品店に日本食を供給する上で重要な役割を果たしていると考えられる。[25]

　このように，アジア食品の市場が拡大し，日系・非日系の輸入・卸売業者が成長したことによって，通常のスーパーマーケットにもアジア食品コーナーが

25　同社ウェブサイトの商品リストには，日本企業の製品が多数掲載されている（http://www.oriental.com.au/product）。ただし取扱商品全体のなかで日本製品が占める割合はそれほど高くない。

設けられ，数・種類は少ないながらも日本企業の製品が置かれるようになりつつある。豪州政府の委託によって行われたアジア食品市場の調査によれば，近年，豪州のスーパーマーケット業界は，アジア食品を需要の増加が見込める有望な分野と位置づけている。特に，インスタントラーメン，各種ソース・調味料，大豆食品，日本式の海苔・みそ汁，スナック菓子などの需要増加が見込まれている（Lee 2009：68-71）。これらの商品のなかには中国や韓国などの非日系企業が生産・販売するものも多く含まれるため，アジア食品に対する需要の増大がただちに日本製品の普及を意味するわけではないが，アジア食品の市場全体が急激に拡大するなかで，日本人や日系企業が活躍する余地は十分に存在すると考えられる。

　アジア系の輸入・卸売・小売業者の成長と通常のスーパーマーケットにおけるアジア食品コーナーの設置・拡大に加えて，アジア系移民の経営する日本食レストランやテークアウト店が増加したことも，日本食の普及を推進する強力な要因になったと考えられる。農林水産省（2007）は，シドニーで営業する日本食関連の飲食店のうち，日本人が経営する店は半数以下であり，日本人以外の経営者の多くはアジア系移民であると推測している。また同省は，シドニーの日本食レストランのうち，日本人が調理場にいる店は3分の1程度であり，日本で調理経験のある料理人はきわめて少ないと見積もっている。これはあくまで推測にすぎず，実際に日本人の経営者・料理人がどの程度いるかは不明だが，もしこの推計が正しく，しかも他の都市・地域でも同じような状況だとすれば，本物の日本料理（authentic Japanese cuisine）を普及させたい日本食関係者にとって喜ばしくない事態が進行中だということになる。しかし，日本食（に準じた料理）の普及という観点から見れば，アジア系移民が経営する日本食（日本式）レストランやテークアウト店の増加は，日本人が経営する店の増加よりも重要な意味があると言えるかもしれない。なぜなら，（もし農林水産省の推計が正しいとすれば）アジア系経営者の参入によって，日本食関連の飲食店は2倍以上に増えたことになるからである。このような急激な増加は，現地消費者が日本食（に準じた料理）に接する機会を劇的に増大させた可能性が高い。したがって，豪州における日本食産業の発展を考える際には，日本人が経営する飲食店だけでなく，アジア系（および非アジア系）飲食店の動向も視野

に収める必要があると言えるだろう。

(3) 日本食産業の成長と日本人労働者の需要増大

　前項の後半では，大小様々な日系・非日系の日本食関連企業と飲食店が数多く豪州に進出したことによって，日本食ブームと日本食の普及が促進されてきたことを確認した。日本食産業で生起したこのような変化は，その不可避的な帰結として，当該産業で働く日本人労働者に対する労働需要を創出した。特に，現地設立の日系輸入・卸売・小売業者と日系・非日系の飲食店では，大量の日本人労働者が必要になったようである。この点を業種ごとに確認しよう。なお，以下の分析・記述は，インタビュー調査，日本食レストランでの参与観察，現地の輸入・卸売・小売業者での就労経験がある複数の日本人に対するインフォーマルな聞き取りに基づいている。

　まず輸入・卸売・小売業者を見ると，輸入部門は日本国内のメーカーや卸売業者と頻繁にやり取りするため，日本人労働者が不可欠である。卸売部門も，豪州国内の日系飲食店と日常的に連絡を取り合うための日本人労働者を雇わなくてはならない。小売部門では，日本人の顧客に対応する接客・販売員が必要である。卸売・小売部門では，商品の仕分・配送・陳列などを担当するスタッフが日本語を読めないと商品を取り違えたり確認に時間がかかったりする可能性があるため，日本人の方が好都合という事情もある。こうして輸入・卸売・小売部門で日本人労働者を雇うようになると，管理・人事・事務などを担当するバックオフィス要員も日本人を雇った方が効率的ということになる。日本語による書類作成を行う部署であればなおさらである。

　次に飲食店を見ると，日系の店では，特別な事情がない限り，日本人労働者の比率を高めることが店にとって好都合である。なぜなら，経営者，料理人，フロアスタッフが日本人であれば，その店は「本物の」日本食を提供するという信頼性を高めることができるからである。また，経営者や料理人が日本人の場合，店内の標準言語が日本語になるため，キッチンハンドやフロアスタッフも日本人で統一した方がコミュニケーションを取りやすい。日系の店でも非日本人が必要になるのは，特定のエスニックグループが頻繁に来店する場合である。たとえば，韓国系の住民が頻繁に来店するレストランでは，（日本語を話

せる）韓国人スタッフを配置することによって，顧客満足度と接客効率が飛躍的に向上する可能性が高い。

　非日本人が経営する日本式飲食店では，日本人労働者の比率は経営者の経営戦略によって大きく異なる。「本物の」日本食や日本式サービスの提供を売りにする店では，日系の飲食店と同様に，日本人労働者の比率を高めようとする傾向が見られる[26]。これに対して，「本物の」日本食であることをアピールする必要性が低い店，たとえば「質より量・安さ・早さ」を売りにする寿司テークアウト店では，日本人にこだわる必要性はそれほど高くないと考えられる。

　このように，非日系の日本式飲食店がどこまで「本物らしさ」を追求し，どの程度日本人労働者を雇うかという問題には唯一の解答といったものが存在しない。しかし料理人に関して言えば，（プライドの高い）日本人の料理人は雇わないという非日系の店は一定数存在すると予想される。なぜなら，日本人の料理人と非日系の料理人・経営者が，味つけや食材選びなどをめぐって対立する可能性があるからである。こうした事態が起こる可能性は，海外の日本食業界をめぐる議論のなかでしばしば指摘されている。たとえば，農林水産省が主催する「海外日本食レストランに関する有識者会議」では，「日本食」とは呼べない料理を提供する「自称日本食レストラン」が海外で数多く見られる現状を踏まえて，「海外日本食レストラン認証制度」を創設すべきとの提案がなされている（農林水産省 2006）[27]。また，同会議の参考資料は，シドニーの日本食レストランでは「レストランのオーナーが韓国系であれば韓国風の味付け，中国系であれば中華風の味付けの場合もある」と報告し，「日本料理」の名を冠しつつ実質的には韓国料理や中華料理に近いものを出す店があることを示唆している（農林水産省 2007）。腕に自信のある日本料理人がこのような店で働くことは困難であろう。

　これに対して，接客要員（レストランのフロアスタッフとテークアウト店の販売員）に関して言えば，店側が日本人労働者を忌避する理由はほとんどないと

26　日本貿易振興機構（2010c：3）は，アジア系の経営者が日本人労働者を多数雇うことによって，「クール・ジャパン」を演出する事例を紹介している。
27　日本政府が日本食レストラン認証制度の創設を検討しているというニュースは世界中の日本食レストランに知れわたり，「寿司ポリス」が来るという噂で大騒ぎになったと言われている（松本 2007b：2）。

考えてよさそうである。というのも，目立つ場所に日本人がいることは店の「本物らしさ」を高め，店にとって利益をもたらす可能性が高いからである。日本人労働者が忌避されるのは，雇った日本人の語学力や接客スキルがあまりに低すぎたり，客や他のスタッフと頻繁にトラブルを起こしたり，労働条件に対して頻繁に注文をつけたりする場合に限定されるのではなかろうか。

以上の通り，豪州の日本食産業では，現地設立の日系輸入・卸売・小売業者と日系・非日系の飲食店を中心に，日本人労働者に対する労働需要が高まっている。その規模を厳密な統計によって確認することは困難だが，その総数が豪州全体で1000人を優に超す規模であることは確実である。なぜなら，豪州には日本食関連の飲食店が540店舗以上存在するからである（図表6-10）。これらの飲食店の3分の1（180店舗）が日本人の料理人を雇おうとする（雇っている）場合，日本人の料理人の需要は最低でも180人に達する。また，1店舗につき日本人のキッチンハンドと接客要員が1人ずついる場合，日本人のキッチンハンドと接客要員の需要は1080人に達する。しかしこれはかなり控え目な試算である。一定規模の飲食店であれば，より多くのスタッフが必要になることは明らかである。

たとえば筆者が参与観察を行った日本食レストランの平均的な人員構成は，料理人が2人，キッチンハンドが1人，フロアスタッフがランチ2人，ディナー2〜5人程度だった（詳細は次章を参照）。したがってこの店では，1日あたり最低でも5人の日本人が必要になる（ランチとディナーのフロアがともに2人体制の場合）。実際には，これでも控え目な試算である。というのも，フロアスタッフはパートタイムで働く者が多く，ディナーのフロアは3〜5人体制になることも珍しくないからである。フロアスタッフが最も多いケースでは（ランチとディナーでフロアスタッフが入れ替わり，なおかつディナーのフロアが5人体制の場合），1日に必要な日本人は，フロアスタッフだけで7人，全体で10人となる。

これは日系の中規模店の事例だから，取り立てて日本人が多いというわけではない。日本人の料理人がいる180店舗が同様の人員を確保していると仮定した場合，それだけで日本人労働者の需要は1800人になる。残りの360店舗は接客要員（レストランのフロアスタッフまたはテイクアウト店の販売員）として日

本人を 1 人ずつ雇用していると仮定した場合（これもかなり控え目な仮定である），日本食関連の飲食店における日本人労働者の需要は 2160（1800 + 360）人になる。その大半（7 × 180 + 360 = 1620 人）は接客要員であり，全体の 4 分の 3 を占める。

　以上は限られた情報に基づいて行われた試算であり，推測の域を出ない。しかし，日本食産業が大量の日本人労働者を必要としていることは明らかになったはずである。また，日本人労働者のなかで最も大きな割合を占めるのが接客要員であることも明らかになった。それでは，このような労働需要は，一体どのような日本人によってどのような形で満たされているのか。メルボルンの日本食産業を題材にしながら，次節と次章でこれらの問題を考察したい。[28]

第 3 節　メルボルン日本食産業の発展と就業機会の増大

(1) 日本食産業の発展

　メルボルンに住む日本人永住者を考察した佐藤真知子によれば，1970 年代初頭にはメルボルンに日本食レストランは数軒しかなかった。当時は本職の板前がほとんどおらず，[29] 家庭料理に近いものを出す店が大半だったが，それでも十分繁盛していた（佐藤 1993：149-153）。その後，70 年代末から 80 年代初頭にかけて，現地在住の日本人が日本食専門の輸入・卸売・小売業者と魚介類専門の卸売業者を立ち上げ，メルボルンの日本食流通網を整備した。ちょうど同じ頃，キッコーマンも日本食を豪州に普及させるべく活発な宣伝活動を行っていた（前節参照）。

　80 年代に入り，豪州で日本食（寿司）ブームが始まると，メルボルンでも日本食を扱う飲食店が急激に増加した。その詳細な経過を知ることは困難だが，

28　豪州で特に日本食産業が発展しているのは人口が 400 万人を超えるシドニーとメルボルンである。メルボルンは複数の先行研究（佐藤 1993；朝水 2003）が現地の日本食事情に言及しているため，シドニーより経年比較が容易である。それがメルボルンを考察対象とした主要な理由である。
29　佐藤（1993：194）は，70 年代初頭には「どこにも本職の板前と言えるような人はおらず」と断言しているが，筆者は「70 年代初頭にはすでに日本人の板前がメルボルンで活躍していた」という話を現地滞在中に耳にした。ただし，70 年代に日本人の板前がほとんどいなかったことは確かなようである。

『イエローページ』（職業別電話帳）と複数のレストランガイドを調べた朝水（2003：146）は，1994年の時点で少なくとも34軒の日本食レストランがメルボルンに存在したことを確認している。これに対して佐藤（1993：148-149）は，90年代初頭の時点でメルボルンには100軒を超える日本食レストランがあったと述べている。34軒と100軒のどちらが実態に近いかを確認する術はないが，1980年代の日本食ブームの勢いを考えれば，『イエローページ』やレストランガイドが新しい店を捕捉しきれなかった（つまり100軒の方が実態に近い）という見方が妥当かもしれない。

　また朝水（2003：143-159）は，1994年時点のエスニックレストランの数と立地に関する分析から，メルボルンの日本食レストランが「コマーシャル型」に分類されることを示した。コマーシャル型とは，特定のエスニックコミュニティとのつながりが弱いエスニックレストランのことを指し，特定のエスニックコミュニティとのつながりが高い「コミュニティ型」と対比される。朝水は，メルボルンには日本人居住者と日本人のコミュニティ事務所が少ないにもかかわらず数多くの日本食レストランが存在するから，メルボルンの日本食レストランはコマーシャル型に分類されると論じた。この分析は，80年代に増加した日本食レストランの多くが，日本人より非日本人を主要な顧客としていたことを意味している。

　以上から，日本食ブームが起きた80年代を通じて，メルボルンの日本食レストランは単にその数を増加させただけでなく，日本人向けビジネスから現地消費者向けビジネスへとその重心を移行させたことが分かる。

　次に90年代以降を見ると，80年代の爆発的な勢いは失われたものの，その後もメルボルンの日本食産業は成長を続けながら現在に至っているようである。その証拠に，『イエローページ』で日本食関連の飲食店を検索すると，129軒の店が表示される（2016年3月時点）。仮に90年代初頭は100軒だったとすると，この間に約30軒増えたことになる。

　90年代以降に日本食の流通・販売網が強化されたことも明白である。1999年にはシドニーの日本食輸入・卸売・小売業者がメルボルンに進出し[30]，2004

30　ジュン・パシフィックのウェブサイトを参照（http://www.junpacific.com/services.html）。

年には新たな日本食輸入・卸売・小売業者がメルボルンで創業された[31]。2010年には大創産業がメルボルンに進出し、2016年3月までに5つの2.8ドルショップを出店している[32]。非日系のアジア食品店でも日本食を入手することは可能であり、大型の店であれば当然のこと、小型店でも日本食関連の商品を提供するのが一般的となっている[33]。

　1990年代以降に複数の食品・飲料メーカーが豪州に進出したことは前節で見たが（図表6-11）、そのうちのいくつかは、メルボルンとその周辺地域に工場やオフィスを構えている。たとえば、ヤクルト（工場・オフィス）、伊藤園（工場・オフィス）、サイゼリヤ（工場・オフィス）、はくばく（工場・オフィス）、キリン（オフィス）、雪印（オフィス）などである。80年代から進出しているサントリーもメルボルンにオフィスがある。飲料メーカーのアサヒ、食品メーカーのカゴメ、乳製品メーカーの明治も、メルボルンとその周辺地域にオフィスや工場を設置して、自社製品の販売促進などを行っている[34]。これらの大企業は、日本から自社製品を輸入して豪州国内で販売したり、現地の工場で自社製品を生産して豪州国内外に供給したりすることによって、広い意味での日本食（日本製または現地日系企業製の食品と飲料）を豪州に浸透させている。

（2）日本食産業で就業する日本人の増加

　メルボルンで操業する日本食関連の飲食店、輸入・卸売・小売業者、食品・飲料メーカーが増加したことによって、これらの店舗、オフィス、工場で働く日本人労働者も増加したようである。それでは、実際にどの程度の日本人がメルボルンの日本食産業で就業しているのか。この点を2011年に実施された国勢調査のデータによって確認しよう。

　図表6-12は、メルボルンに居住する日本出身者のうち、日本食産業と関連

31　ダイワ・フードのウェブサイトを参照（http://www.ichibajunction.com.au/abouts/）。
32　大創産業の現地法人ウェブサイトを参照（http://www.daisostore.com.au）。
33　筆者は1年半のメルボルン滞在で複数の非日系アジア食品店を訪問（利用）したが、日本食関連の商品が全くない店はなかった。普通のスーパーマーケットにもキッコーマンの醤油が置いてある時代だから、当然と言えば当然である。
34　各社のウェブサイトを参照。カゴメ（http://www.kagome.co.jp/company/about/group.html#oversea）、明治（http://www.meiji.co.jp/corporate/about_meiji/group/sub/410_australasia.html）、アサヒ（http://www.asahigroup-holdings.com/en/company/oversea/）。

図表 6-12　メルボルンの日本食産業で就業する日本人

業種	詳細	実数	%
製造業	飲料・食品加工	62	2.0
卸売業	食品・飲料・その他（雑貨・タバコ製品）	62	2.0
小売業	食品	40	1.3
	その他店舗型	98	3.1
飲食業	パブ・クラブ・バー	26	0.8
	レストラン・カフェ	329	10.4
	テークアウト店	102	3.2
	ケータリング	17	0.5
合計		736	23.2
上記以外		2,432	76.8
日本人就業者計		3,168	100.0

出所：豪州統計局「2011年国勢調査」。

注：（1）豪州統計局ウェブサイトの「テーブルビルダー」サービスを用いてデータを取得した（データ取得日：2013年3月29日）。
　　（2）同サービスにおいて，「日本出身者」「メルボルン居住者」「就業先の産業」の項目を指定し，詳細なデータを取得した。
　　（3）同サービスについては，豪州統計局ウェブサイトを参照（http://www.abs.gov.au/websitedbs/censushome.nsf/home/tablebuilder）。

の深い製造業，卸売業，小売業，飲食業で就業する者の数を業種別にまとめたものである。これによれば，メルボルンの日本食産業で就業する日本人の総数は736人に達し，日本人就業者の2割以上を占める。[35]内訳を見ると，飲料・食品加工メーカーと食品・飲料関連等の卸売業者で就業する日本人がそれぞれ60人ほどいる。小売業では，食品店で就業する日本人が40人，その他の小売店で就業する日本人が100人程度いる。その他の小売店を含めたのは，日本製の食品と飲料を扱う2.8ドルショップがこのカテゴリーに入ると考えたためである。飲食業で就業する日本人は474人（日本人就業者全体の15%，日本食産業就業者の64%）に達しており，特にレストラン・カフェが多い（329人）。日本食レストランの就業者は，少なくとも人数に関して言えば，当該産業内で圧倒

---

[35] この数値は，図表6-12で計上した日本人全員が日系企業または日本食関連の業者で就業していると仮定した場合のものである。実際には，現地の一般的なスーパーマーケットのように，日本食と深い関係があるわけではない職場で働く者も一定数含まれるはずだから，日本食産業における就業者数・比率は図表6-12の数値より若干低くなると予想される。

図表 6-13　日本人就業者が多い業種・就業先

順位	業種	就業先	実数	%
1	飲食業	レストラン・カフェ	329	10.4
2	教育産業	初等・中等教育機関	236	7.4
3	教育産業	高等教育機関	126	4.0
4	医療・福祉産業	医療機関	110	3.5
5	飲食業	テークアウト店	102	3.2
合計			903	28.5
上記以外			2,265	71.5
日本人就業者計			3,168	100.0

出所：豪州統計局「2011年国勢調査」。
注：データの取得日・取得方法は図表6-12と同じ。

的な存在感を示している。

　日本食産業で就業する日本人がメルボルンの日本人就業者全体のなかで高い割合を占めていること，特にレストランとテークアウト店で働く日本人の存在感が際立っていることは，日本食とは関係のない業種・就業先で働く日本人の状況と比較することによってよりクリアに浮かび上がる。図表6-13は，日本人就業者が多い業種・就業先の上位5カテゴリーをまとめたものである。これを見ると，レストランの就業者がメルボルンで就業する日本人のなかで最大のグループであることは一目瞭然である。2位以下との差も大きく，2位の初等・中等教育機関の就業者（その大半は日本語教師および日本語教師アシスタントと考えられる[36]）より100人近くも多い。テークアウト店で就業する日本人も5位にランクインしており，レストラン就業者ほどではないものの，大きなグループを形成していることが分かる。

　以上の考察より，日本食産業で就業する日本人が，メルボルンの日本人就業者全体のなかで高い割合を占めていることは明らかである。それでは，日本食産業で就業する日本人のなかで，本書の考察対象であるWH渡航者はどのような位置を占めているのか。次項で検討したい。

---

[36] 豪州では初中等教育の選択科目に日本語が含まれているといった理由により，日本語学習者が多い。豪州における日本語教育の現状については，第4章第2節（1）（4）を参照されたい。

図表6-14　メルボルン日本食産業の日本人労働市場

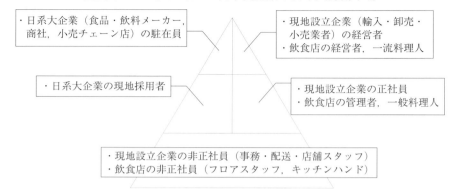

出所:「日本食レストラン調査」「インタビュー調査」を基に筆者作成。

(3) 日本食産業におけるワーキングホリデー渡航者の位置づけ

　これまで見てきた通り，メルボルンの日本食産業は，日本の食品・飲料を輸入・製造・販売する日系大企業（食品・飲料メーカー，商社，小売チェーン店），現地設立の日本食輸入・卸売・小売業者，日本食関連の飲食店という3つのグループによって構成されている。それぞれのグループでは雇用形態と職種を異にする多様な日本人が就業しているため，日本食産業は，その内部に分断と格差を内包した日本人労働市場を形成している。具体的には，日系大企業の駐在員と現地採用者，現地設立企業の経営者，正社員，非正社員（事務・配送・接客要員など）[37]，飲食店の経営者，料理人，管理者，非正社員（キッチンハンド，フロアスタッフ）からなる労働市場である（図表6-14）。

　この労働市場を量的比重という観点から見たとき，最も大きな割合を占めるのは非正社員，とりわけ飲食店の非正社員（フロアスタッフ，キッチンハンドなど）である。この点を豪州の国勢調査によって確認しよう。第1に，前項で見た通り，日本人就業者のなかで最も人数が多いのは飲食店の従業員であり，日本食産業就業者の6割以上（64%）を占める（図表6-12参照）。第2に，飲食

37　筆者の参与観察とインタビュー調査によれば，メルボルンの輸入・卸売・小売業者は，卸売（配送）部門と小売部門で非正社員を雇っている。卸売部門では，飲食店から電話・FAXで発注を受けたり発注内容の確認をしたりする事務スタッフと，飲食店に商品を配送する配送スタッフの一部が非正社員である。小売部門では，小売店で商品の陳列をしたりレジ打ちをしたりする店舗スタッフの一部が非正社員である。

図表6-15　飲食店で就業する日本人の内訳

	カフェ・レストラン		テークアウト店		合計	
	実数	%	実数	%	実数	%
マネージャー	47	14.3	9	8.8	56	13.0
シェフ	101	30.7	12	11.8	113	26.2
コック	25	7.6	22	21.6	47	10.9
キッチンハンド	10	3.0	29	28.4	39	9.0
接客スタッフ	135	41.0	16	15.7	151	35.0
その他	11	3.3	14	13.7	25	5.8
合計	329	100.0	102	100.0	431	100.0

出所：豪州統計局「2011年国勢調査」。
注：(1) 豪州統計局ウェブサイトの「テーブルビルダー」サービスにおいて，「日本出身者」「メルボルン居住者」「就業先の産業」「職業」の項目を指定し，詳細なデータを取得した（データ取得日：2013年3月29日）。
(2) シェフとコックはともに料理人・調理士（food trades workers）であり，専門・技術者のカテゴリーに入るが，シェフは中位レベル（skill level 2），コックは下位レベル（skill level 3）に分類される。シェフは店舗またはキッチンの統括者であるのに対して，コックはシェフのもとで働く料理人という位置づけになる。詳細はABS（2006：423-427）を参照。

店従業員のなかで最も大きな割合を占めるのはフロアスタッフとキッチンハンドに代表される低技能労働者である。飲食店（カフェ・レストランおよびテークアウト店）で就業する日本人の内訳をまとめた図表6-15によれば，接客スタッフが全体の3分の1以上（35％）を占めており，これにキッチンハンド（9％）を加えると，全体の4割以上が低技能労働者ということになる。経営者が低技能労働者を正社員として雇う積極的な理由は（将来的に管理者や料理人などになる予定の者を除けば）存在しないから，接客スタッフやキッチンハンドは非正社員として雇われていると考えるのが自然である。

以上の通り，メルボルン日本食産業の労働市場では，飲食店の非正社員が最も大きな量的比重を占めている。それでは，どのような日本人が飲食店の非正社員として働いているのか。この点を調べるための厳密なデータは存在しないが，その大半は永住者（婚姻移住者），留学生，WH渡航者によって占められている可能性が高い。なぜなら，豪州政府は低技能労働者や非正社員にビジネスビザや永住権（技術移住者向け）を付与しないため，経営者は，永住権（婚姻移住者向け），学生ビザ，WHビザといった就労可能なビザで豪州に居住・滞在している日本人を雇うしか方法がないからである。ただし，3種類の日本

人のうち，どのタイプをどのような割合で雇うかは，店によって，あるいは時期によって異なる。経営者は，それぞれのタイプを雇うメリットとデメリットを比較しながら求人・採用活動を行っているようである。たとえば，永住者であれば長期勤続を期待できる一方で，家事・育児責任がある人は夕方以降や休日の勤務が難しく，正月などの帰省期間に長期欠勤する可能性が高い。留学生はWH渡航者より長期間の勤務が可能であり，夕方以降や休日も勤務可能だが，日中の勤務が難しく，試験期間と帰省期間に長期欠勤する可能性が高い。語学学校に通っていないWH渡航者は全ての時間帯と時期に就業可能だが，長期勤続は期待できない。

　一連のメリットとデメリットをどのように評価するかは経営者によって異なるが，多くの店にとって，WH渡航者が特に魅力的な存在であることは明らかである。というのも，キッチンハンドやフロアスタッフは短期間で人が入れ替わっても問題が生じにくい職種であるため，スタッフの入れ替えを円滑に行うことができれば，デメリットを最小限に抑えつつ最大限のメリットを享受することが可能だからである。また豪州には，英語力が低いために日本食産業や日本人向けビジネスで働くという選択肢しかない日本人WH渡航者が多数おり，しかも資金不足ゆえに働かざるをえない者も多いから，潜在的・顕在的な求職者はかなりの数に達することが予想される。さらに，大都市のメルボルンにはWH渡航者が多数滞在しており，求人情報を伝達するためのインフラ（日本語情報誌，旅行代理店や留学・WH斡旋業者のオフィス内にある掲示板，インターネットなど）も整っているため，募集・採用コストの削減も容易である。

　以上の考察から，WH渡航者は，メルボルン日本食産業の日本人労働市場において最大の量的比重を占める飲食店の非正規雇用部門に労働力を供給する主要な労働力供給源であることが明らかである。それでは，WH渡航者は，飲食店の非正規雇用部門にどのように参入し，どのような労働を経験しているのか。次章でこれらの問いについて詳細に検討したい。

第4節　ケアンズ観光業の発展と就業機会の増大

　本節では，日本人向けビジネスの発展によって日本人労働者に対する労働需

要が創出され，WH渡航者の重要性が高まる過程を，ケアンズ観光業の事例に即して記述・分析する。ケアンズ観光業を事例として取りあげるのは，ケアンズが日本の投資によって劇的な変化を遂げた都市として有名だからである。ケアンズの事例を見ることによって，投資主導型の国際人口移動がどのように生じるかという点を詳細に検討することが可能である。

（1）ケアンズ観光業の発展[38]

ケアンズ経済は1970年代まで製糖業（サトウキビ農業と砂糖製造業）に依存していたが，高まりつつある国際競争の圧力のもとで同産業の成長の余地が縮小すると同時に，機械化の進展によって砂糖製造業の雇用吸収力も低下しつつあった。こうした状況を打開するために代替産業の育成が試みられるなかで，最も大きな成果をあげたのが日本企業の出資による観光開発であった。

ケアンズの近隣にはグレートバリアリーフや熱帯雨林といった観光資源があるため，観光推進派の人々は観光開発の成功を確信していた。しかしケアンズおよび豪州国内には潤沢な資金を持つ開発業者が存在しなかったため，海外からの投資を誘致する必要があった。そこでケアンズの観光推進派は，クィーンズランド州政府の強力な支援を得ながら積極的な誘致活動を行った。この動きに応えたのが，バブル経済を謳歌していた日本企業（大京，北野建設，東高ハウス，日本信販など）だった。

ケアンズの観光開発において主導的な役割を果たした大京の投資活動は，ホテルの建設・買収，ゴルフ場建設，高級住宅地の建設，港湾整備，無人島の永代借地権取得という5点に要約される。港湾整備という公共的性格の強い事業を日本の民間企業が行ったという事実は，ケアンズの観光開発がいかに日本企業に依存していたかを示すものと言える。また大京は，ゴルフトーナメント，インディカーレース，ミスコンテストなどのイベントを開催し，そこに日本の報道陣を招待することによって，観光地ケアンズの魅力を盛んに宣伝した。さらに大京は，開発に対する地元住民の不満や反発を鎮静化するために，政治家をはじめとする有力者と人脈を構築したり，自社施設を地元住民に開放したり

---

38 本項の記述は，特に断りがない限り小野塚（2011）に依拠している。ケアンズ観光業の生成と発展に関する詳細な経緯についてはそちらを参照されたい。

するといった懐柔策も怠らなかった。こうしてケアンズでは，（いくつかの反対運動が起こったものの）全体としては円滑に観光開発が進められ，80〜90年代のきわめて短い期間に国際的な観光地が創り出された。

　ケアンズの観光開発がいかに急速で大規模なものだったかは，各種統計にも表れている。ケアンズ周辺地域を訪問した外国人の数は，1981年には5万人に過ぎなかったが，1992年には50万人に達し，2004年には80万人を突破した（Cummings Economics 2005：106, Table3.69）。また，ケアンズ観光業の経済生産高を見ると，1957年には算出不能（ほぼゼロ）だったにもかかわらず，2002年度には20億ドルに達し，ケアンズ経済の47％を占める規模にまで増加した（ibid.：41, Table2.13）[39]。

(2) 日本人観光客の増加と観光業で就業する日本人の増加

　上述の通り，ケアンズの観光開発は主として日本企業によって行われたため，日本人向けの宣伝活動も活発に行われた。その結果，ケアンズを訪問する日本人観光客が急激に増加した。1981年にケアンズを訪問した日本人は1500人程度に過ぎなかったが，1992年には17万人を超え，2004年には24万人を突破した（図表6-16）。また，日本人訪問者の急増に伴って，ケアンズを訪問する外国人全体に占める日本人の割合も上昇した。日本人訪問者の割合は1981年には3％に過ぎなかったが，1992年には34％に達し，2004年にはやや低下したが30％を超えていた[40]。

　このように日本人観光客が急激に増加したことによって，日本の観光関連企業がケアンズに支店を開設したり，日本人がケアンズでツアー会社や土産物店や飲食店を設立したり，豪州の観光関連業者が日本人向けのサービスを開始したりする動きが加速した。その全容を明らかにすることは容易ではないため，

39　ただし近年は観光業の比重が低下しつつある。2010年度の経済生産高は，ケアンズ周辺地域全体が73億ドル，観光業が23億ドルだから，観光業の占める割合は32％である（CRC 2012）。

40　ただし近年は日本人訪問者の数と割合が大幅に低下しつつある。2011年における日本人訪問者の数と割合は，それぞれ8万7000人と15％にすぎなかった（図表6-16）。こうした落ち込みの原因としては，大京をはじめとする日本企業の撤退，アジアなど競合する海外旅行先の増加，日本からの直行便の減少，中国人・欧州人訪問者の増加などが考えられる。

図表 6-16　ケアンズ周辺地域を訪問した日本人ビジターの数と割合の推移

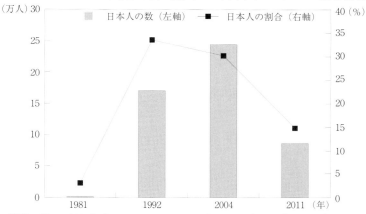

出所：1981～2004年はCummings Economics（2005：106），2011年はCRC（2012：7）より作成。
元資料：TRA, *International Visitor Survey*.

筆者は簡単なインターネット調査を実施した。その結果が図表6-17である。この表は，各種情報サイトや自社のウェブサイトにおいて日本語対応を掲げている観光関連業者を業種ごとにまとめたものである。これによれば，ケアンズとその周辺地域にある100以上の業者が，日本人観光客に対して日本語で接客・対応できることを謳っている。このことは，これらの業者で日本人が就業していることを意味する[41]。

ケアンズにおいて，数多くの日本人が（日本人向け）観光業で就業していることは，豪州の国勢調査からもうかがえる。図表6-18は，ケアンズ観光業で就業する日本人の数と割合を業種ごとにまとめたものである。これによれば，ケアンズ観光業で就業する日本人は500人を超えており，日本人就業者の6割以上を占めている。その内訳を見ると，宿泊・飲食産業で働く者が最も多く，観光業就業者の4分の1近く（23％）を占めている。このカテゴリーに属する

---

[41] 一部の業者は日本語が話せる豪州人を雇用している可能性もある。しかし日本人と同等の日本語能力を持つ豪州人は少ないため，サービスの質を考慮すると日本人を雇わざるをえないのが普通である。経済産業省の調査においても，大手旅行会社の社員がこの点を指摘している（経済産業省　2001：47-48）。なお，グアムなど日本がかつて植民地支配した地域では，日本語教育を受けた現地人がガイドや接客を行うケースもある（山口　2007）。しかし，豪州はそのような歴史的背景がなく，白豪政策によって日系移民も排除されていたから，日本語を話せるサービス労働者の確保は特に困難だったと考えられる。

図表 6-17 日本語対応を掲げるケアンズ周辺地域の観光関連業者

業種		数
① ホテル		24
② ツアー催行会社	ダイビング，クルーズ	15
	テーマパークや観光名所の訪問ツアー	6
	乗馬，川下り，釣り	4
	熱気球，スカイダイビング，飛行機ツアー	3
	新婚旅行写真撮影ツアー	2
③ 観光施設（テーマパーク，国立公園，自然保養所など）		5
④ 土産品店・免税店		15
⑤ 飲食店（日本食レストラン，居酒屋，弁当屋など）		11
⑥ 旅行代理店		14
⑦ マッサージ，スパ		8
⑧ WH・留学斡旋業者		5
⑨ 医療機関		2
⑩ 両替店		1
合計		115

注：(1) インターネットによる調査（2012 年 8 月時点）。
(2) ケアンズの日本語情報誌『リビング・イン・ケアンズ』(http://www.livingincairns.com.au)，HIS (http://his-vacation.com)，ナビツアー (http://www.navitour.com.au) のウェブサイトを主に参照した。
(3)「日本語を話せる非日本人が対応する」と明記された業者は除外した。
(4) 飲食店に関しては日本語対応に関する記載がないため，日本食関連の飲食店を全て計上した。
(5) ⑥〜⑩は，店舗を持つ業者のみ掲載し，個人が自宅で／出張してサービスを提供するものと，店舗を持たずにインターネット上でサービスを提供する業者は除外した。

　日本人の多くは，日本人観光客が利用するホテルやレストラン（日本食とは限らない）の従業員と考えられる。次に日本人が多いのは交通・運輸・倉庫産業であり，観光業就業者の 1 割以上（13%）を占める。客室乗務員，空港職員，ツアー会社のガイド・ドライバーなどがこのカテゴリーに含まれると考えられる。旅行代理店と小売業者（その大半は土産物店）の従業員も多く，両者ともに観光業就業者のおよそ 1 割を占めている。数はそれほど多くないものの，芸術・レクリエーションサービス業と教育・訓練産業で就業する日本人の存在も無視できない。前者は観光・娯楽施設（アボリジニのテーマパーク，カジノ，自然保養施設など）の従業員として，後者はスキューバダイビングのインストラクターとして就業する者が大半だと考えられる。

図表6-18 ケアンズ観光業で就業する日本人の内訳

業種とその内訳	実数	%
宿泊・飲食産業	206	23.6
宿泊（68）		
飲食（138）		
交通・運輸・倉庫産業	109	12.5
道路交通		
道路顧客交通（16）		
航空・宇宙交通		
航空・宇宙交通（33）		
その他の交通		
観光交通（60）		
管理・支援サービス業	95	10.9
管理サービス		
旅行代理店（95）		
小売業	90	10.3
店舗型		
衣服，履物，装飾品（42）		
薬その他（48）		
芸術・レクリエーションサービス業	30	3.4
スポーツ・その他レクリエーション（16）		
ギャンブル（7）		
伝統・文化遺産（7）		
教育・訓練産業	14	1.6
成人・コミュニティ教育		
スポーツ・身体的レクリエーション教育（14）		
観光業就業者計	544	62.4
日本人就業者計	872	100.0

出所：豪州統計局「2011年国勢調査」。
注：豪州統計局ウェブサイトの「テーブルビルダー」サービスにおいて，「日本出身者」「ケアンズ居住者」「就業先の産業」の項目を指定し，詳細なデータを取得した（データ取得日：2013年3月29日）。

　以上の考察より，（日本人向け）観光業で就業する日本人が，ケアンズの日本人就業者全体のなかできわめて高い割合を占めていることは明らかである。それでは，（日本人向け）観光業で就業する日本人のなかで，本書の考察対象であるWH渡航者はどのような位置を占めているのか。次項で検討したい。

(3) ケアンズ観光業におけるワーキングホリデー渡航者の位置づけ

　前項では，業種に注目しながらケアンズ観光業で就業する日本人の数と割合を見たが，当該産業における WH 渡航者の位置づけを考える際は，業種に加えて職種と就業先の地理的位置を考慮に入れる必要がある。なぜなら，ケアンズ観光業は低技能の職や市街地から離れた場所で勤務する職を数多く含むため，WH 渡航者のようなフレキシブルな労働力を大量に必要としているからである。

　まず職種から見てみよう。図表6-19は，ケアンズ観光業の低技能職種に従事する日本人の数を業種ごとに集計したものである。これによれば，ケアンズ観光業の日本人就業者のうち，およそ6割（59％）が低技能職種に就いている。ここで低技能職種とは，豪州政府が定めた標準職業分類において，高度な技能を必要としない職種（技能レベル4および5）に分類されたものを指す。豪州政府は標準職業分類上の全ての職種に1～5の技能レベルを割り当てており，技能レベル4は基礎的な職業教育修了レベルに，技能レベル5はごく初歩的な職業教育修了レベルにそれぞれ相当する（ABS and SNZ　2006：7-8）。日豪両国は教育制度が異なるため単純な比較はできないが，豪州の技能レベル5は日本の職業科高校1～2年修了レベルに，技能レベル4は日本の職業科高校修了レベルまたは専門学校の1年コース修了レベルに相当すると考えれば分かりやすいかもしれない。[42]

42　豪州の教育制度は複線型を採用しており，義務教育（初等教育6年と前期中等教育4年の計10年）修了後にアカデミックトラックと職業トラックに分かれる。アカデミックトラックに進んだ者は，2年間の後期中等教育修了後に大学へ進学する。職業トラックに進んだ者は，義務教育修了後に職業教育機関に進学し，職業教育を受ける。職業教育修了者が

技能レベル	豪州の学歴・職業資格	日本の学歴
1	Postgraduate Degree	大学院卒
1	Bachelor Degree	大学卒
2	Associate Degree	短大卒
2	Advanced Diploma	難易度が非常に高い専門学校2年以上のコース修了
2	Diploma	難易度が高い専門学校2年以上のコース修了
3	Certificate IV	専門学校2年コース修了
3	2年以上の OJT を含む Certificate III	専門学校2年コース修了
4	Certificate III	専門学校1年コース修了
4	Certificate II	職業科高校卒
5	Certificate I	職業科高校2年修了
5	Compulsory Secondary Education	職業科高校1年修了

改めて図表6-19を見ると，教育・訓練産業を除く全ての業種に低技能職種の就業者がいることが分かる。表中の「事務」はホテルや旅行代理店の一般事務職，「販売」は土産物店・旅行代理店・ツアー会社の販売員，「接客」はホテルの受付，ツアー会社のガイド，飲食店のフロアスタッフ，「肉体労働」はホテルの清掃員や飲食店のキッチンハンドといった職種からなる。ケアンズの観光関連業者はこれらの低技能職種で就業する日本人労働者を大量に必要としており，その供給が滞ると業務に支障が出かねない。しかし豪州政府は自国民の雇用機会保護のために低技能職種をビジネスビザや永住権（技術移住）の発給対象から除外しているため，これらの職種に就く日本人を必要とする業者は，永住権（婚姻移住者向け），学生ビザ，WHビザのような就労可能なビザで居住・滞在している日本人を雇うしかない。

　それでは，低技能職種の主要な担い手である婚姻移住者，留学生，WH渡航者は，ケアンズ観光業において，どのように競合したり棲み分けたりしているのだろうか。この問いに答えるための厳密な実証データは存在しないので，ここでは筆者の調査で得られた断片的なデータに依拠しながら仮説的に論じたい。

　まず，前節で見たメルボルンの日本食産業と同様に，勤務時間，就業時期，就業期間の違いが三者の働き方／雇われ方を分ける主要な指標になると考えられる。すなわち，永住者は長期勤続が可能である一方で，夕方以降や帰省シーズンに働くことが難しい。留学生はWH渡航者と比べれば長期の勤続が可能である一方で，日中と試験・帰省シーズンの就業が困難である。WH渡航者はどの時間帯・時期でも働ける一方で，長期勤続は不可能である。観光業の経営者は，三者が持つ上記の特性を考慮しながら必要な労働者を確保しようとしている可能性が高い。

　勤務時間，就業時期，就業期間は，ケアンズ観光業とメルボルン日本食産業

取得できる資格には大きく分けてサーティフィケート（Certificate），ディプロマ（Diploma），アドバンスト・ディプロマ（Advanced Diploma）の3種類がある。技能レベルが最も高いのはアドバンスト・ディプロマであり，最も低いのがサーティフィケートである。サーティフィケートは技能レベルが高いサーティフィケートⅣから技能レベルが低いサーティフィケートⅠまで4段階に分かれている。公的な職業資格とみなされるのはサーティフィケートⅢより上位の資格であり，サーティフィケートⅠ・Ⅱはごく初歩的・基礎的なレベルにとどまる。標準職業分類の技能レベル，豪州の職業資格，日本の学歴の大まかな対応関係は左の表の通り。豪州の技能レベルの概要はABS and SNZ（2006：7-8）を，豪州の職業資格の概要についてはAQFC（2013：14-15）を，それぞれ参照した。

図表 6-19 ケアンズ観光業の低技能職種で就業する日本人

業種とその内訳	低技能職種就業者数（人）				
	事務	販売	接客	肉体労働	計
宿泊・飲食産業					
宿泊（68）	21	5	28	15	54
飲食（138）		6	44	23	73
交通・運輸・倉庫産業					
道路交通					
道路顧客交通（16）			7	6	13
航空・宇宙交通					
航空・宇宙交通（33）		6			6
その他の交通					
観光交通（60）		9	13	3	25
管理・支援サービス業					
管理サービス					
旅行代理店（95）	3	12	54		69
小売業					
店舗型					
衣服，履物，装飾品（42）		28			28
薬その他（48）	3	42			45
芸術・レクリエーションサービス業					
スポーツ・その他レクリエーション（16）			4		4
ギャンブル（7）			3		3
伝統・文化遺産（7）			3		3
教育・訓練産業					
成人・コミュニティ教育					
スポーツ・身体的レクリエーション教育（14）					0
合計	33	108	135	47	323
観光業就業者計					544
低技能職種就業者比率（％）					59.4

出所：豪州統計局「2011年国勢調査」。
　注：豪州統計局ウェブサイトの「テーブルビルダー」サービスにおいて，「日本出身者」「ケアンズ居住者」「就業先の産業」「職業」の項目を指定し，詳細なデータを取得した（データ取得日：2013年3月29日）。

に共通する指標だが，ケアンズ観光業には低技能職種の担い手を決める上で無視できないもう1つの指標がある。それは就業先の地理的位置である。ケアンズ観光業の主要な観光施設とアトラクションを地理的観点から整理すると，小規模な市街地に宿泊施設（ホテルとホステル），娯楽施設（カジノ，クラブ，バーなど），商業施設（デパート，スーパーマーケット，飲食店，土産物店，旅行代理店，両替店など），公共施設（無料プール，公園，遊歩道，図書館など）が集中し，そこから船，車，バス，列車などを利用してグレートバリアリーフや熱帯雨林をはじめとする多様な観光スポットに移動するという地理的配置になっている。ケアンズ住民の主要な居住地域は市街地の周辺に分布しているため，市街地内の施設や業者が労働者を雇う際には，地理的な制約はほとんど受けない。

　これに対して，市街地の外にある観光地は，労働者を雇う際に地理的な制約を受けることが多い。この点を理解するために，ケアンズ市街地の外にある主要な観光地を種類別にまとめたのが図表6-20である。それぞれの観光地には，交通手段とケアンズ市街地から移動する際にかかるおおよその所要時間が記載されている。これを見ると，多くの観光地が市街地の外にあるため，観光客は車，バス，船などで移動しなければならないことが分かる。たとえば，ケアンズの2大アトラクションであるグレートバリアリーフと熱帯雨林を訪問する場合，最も近いグリーン島へのクルーズでも片道45分程度，キュランダへのドライブでも片道30分程度かかる。それ以外の場所は片道1時間以上かかるのが普通である。一方，ビーチ，動物園，テーマパーク，ゴルフ場といった観光地はグレートバリアリーフや熱帯雨林より近場にあるものが多く，1時間以内に行ける場所がほとんどである。しかし，それでも徒歩で気軽に行けるような場所はほとんど存在しない。徒歩で行ける場所は，市街地内にある娯楽施設や商業施設に限られている。

　このような地理的特徴ゆえに，ケアンズ観光業は，長時間勤務（または長時間拘束），泊りがけ勤務，住み込み勤務といった変則的な勤務形態が可能な労働者を一定数必要としている。長時間勤務者が必要な理由は2つある。1つは，ガイドやドライバーとして働く場合，観光地が市街地から遠いため，ガイドやドライバーを途中で交代させられないという理由である。たとえば，朝の9時

に市街地を出発してグレートバリアリーフまたは熱帯雨林を訪問し，夕方の5時に戻る日帰りツアーの場合，ガイドやドライバーは朝8時頃から夕方6時頃まで働き通しというのが普通である。何らかのトラブルが起これば拘束時間はさらに長くなる。もう1つは，市街地から遠い観光地の施設や店舗で働く場合，

図表6-20 ケアンズ市街地の外にある主要な観光地

観光地	交通手段	片道の所要時間
グレートバリアリーフ・無人島		
・グリーン島	船	45分～1時間
・フィッツロイ島	船	45分～1時間
・ムーアリーフ	船	1.5時間
・フランクランド諸島	バス＋船	1.5時間
・ミコマスケイ	船	2時間
熱帯雨林・高原地帯		
・キュランダ	車・バス	30分
	観光列車	1時間45分
・モスマン	車・バス	1時間
・マリーバ	車・バス	1時間
・アサートン	車・バス	1～1.5時間
・マランダ	車・バス	1～1.5時間
ビーチ		
・トリニティビーチ	車・バス	20分
・パームコーブ	車・バス	30分
・フォーマイルビーチ	車・バス	1時間
動物園・テーマパーク		
・ジャプカイ・アボリジナルパーク	車・バス	15～20分
・トロピカルズー	車・バス	30分
・パロネラパーク	車・バス	1.5時間
ゴルフ場		
・ケアンズ・ゴルフクラブ	車・バス	10分
・ハーフムーンベイ・ゴルフクラブ	車・バス	20分
・パラダイスパームス・ゴルフコース	車・バス	20分
・ミラージュ・カントリークラブ	車・バス	1時間
・シーテンプル・ゴルフクラブ	車・バス	1時間

出所：各施設とツアー会社のウェブサイトおよび筆者自身の訪問経験を基に作成。

通勤に時間がかかるため，通勤時間を含めた拘束時間が長くならざるをえないという理由である。市街地から片道30分の場所で働けば，通勤時間は往復で1時間になる。労働者にとって，この1時間は（給料の出ない）拘束時間以外の何物でもない。泊りがけ勤務者が必要なのは，宿泊付きのスキューバダイビングツアーを提供するツアー会社が複数存在するためである。宿泊付きツアーは宿泊施設を備えたクルーズ船で遠方のダイビングスポットに行くため，ツアー中はツアー客・スタッフともに帰宅できない。住み込み勤務者が必要なのは，市街地から離れた観光施設や宿泊施設が複数存在するからである。そのような施設のうち，居住地域からの通勤が困難な場所にあるものや，早朝や夜間の業務があるものは，住み込みスタッフを雇って業務を遂行している。

　このように，ケアンズ観光業には，長時間勤務，泊りがけ勤務，住み込み勤務といった変則的な勤務形態を要求する仕事が一定数存在している。こうした仕事のうち，要求される技能や責任の水準が高いものは，永住権やビジネスビザを持つ正社員が引き受けることになる。これに対して，技能・責任水準が低い仕事の大半はWH渡航者が引き受けることになると考えられる。なぜなら，家事・育児責任のある婚姻移住者や授業のある留学生はこうした職に就くことが困難だからである。したがって，WH渡航者は，一部の観光関連業者にとって代替不可能な存在である可能性が高い。

　なお，こうした仕事（雇用）の総数は市街地とその近隣の観光関連雇用と比べれば少ないと思われるが，数が少ないからといってその重要性も低いということにはならない。というのも，市街地から離れた場所にある観光地やそうした場所を訪問するツアーには，ケアンズ観光業のアイデンティティを支える存在としての象徴的価値があるからである。事実，ケアンズの市街地にある娯楽・商業施設の大半は，豪州の（あるいは世界中の）他の観光地にあるものと本質的な差があるわけではない。また，グレートバリアリーフにせよ熱帯雨林にせよ，市街地から近く交通の便が良い場所には多くの観光客が訪問するため，自然が破壊されたり環境に人の手が加えられたりする頻度も高くなりがちである。これに対して，市街地から遠く，観光客が相対的に少ない場所は，商業化や自然破壊の程度が低く抑えられがちである。したがって，市街地から離れた場所にある観光地やそうした場所を訪問するツアーは，「本物の」グレートバ

リアリーフや熱帯雨林を体験したいという観光客の要求に応えるために不可欠のものとなる。もしこのような観光地やツアーがなくなれば，ケアンズのグレートバリアリーフと熱帯雨林に「ニセモノ」「人工物」といった烙印が押され，観光地としての魅力や競争力が大幅に低下してしまうかもしれない。

　以上，ケアンズ観光業におけるWH渡航者の位置づけを，職種と就業先の地理的位置に注目しつつ考察した。その結果，次の3点が明らかになった。第1に，ケアンズ観光業は低技能職種に就く日本人労働者を大量に必要としている。第2に，豪州政府は低技能労働者に永住権やビジネスビザを発給しないため，ケアンズの観光関連業者は，婚姻移住者，留学生，WH渡航者といった就労可能な居住・滞在者を雇って低技能職種に就かせるしか方法がない。第3に，ケアンズ観光業には変則的な勤務形態を要求する仕事が一定数存在しているが，そのなかで技能・責任水準が低い仕事はWH渡航者しか担い手がいない。以上の3点は，WH渡航者が，ケアンズの日本人向け観光業において最大の量的比重を占める低賃金職種に労働力を供給する不可欠の労働力供給源であることを示している。それでは，WH渡航者は，ケアンズ観光業の低賃金職種にどのように参入し，どのような労働を経験しているのか。第8章でこれらの問いについて詳細に検討したい。

まとめ

　本章では，日本企業の豪州進出によって現地の日系商業・サービス産業が発展し，日本人労働者に対する労働需要が創出され，WH渡航者の就業機会が増大するに至った過程を，メルボルン日本食産業とケアンズ観光業に焦点を当てながら分析・記述した。第1節では，1970〜80年代に増加した対豪直接投資を契機に日本から豪州への人の移動が活発化し，現地に多様かつ大量の日本人向けビジネスが創出された過程を概観し，第2節では，70年代以降に行われた食品・飲料メーカーの豪州進出を1つの背景に，豪州の日本食産業が現地消費者向けビジネスとしての性格を強めつつ発展する過程を検討した。第3・4節では，現地消費者向けビジネスと日本人向けビジネスの発展によって日本人労働者に対する労働需要が創出され，WH渡航者の重要性が高まる過程を，メ

ルボルン日本食産業とケアンズ観光業の事例に即してそれぞれ記述・分析した。

　以上の考察を通じて明らかになったことは，豪州の日本人向けビジネスと現地消費者向けビジネスにとって，日本人 WH 渡航者は低技能職種の担い手として不可欠の存在だという点である。もし WH 渡航者がいなければ，多くの業者が業務に支障をきたしたり，人件費の増大という問題に直面したりすることはほぼ確実である。したがって，豪州の日本人向けビジネスと現地消費者向けビジネスは，WH 渡航者に低技能労働者の供給を依存することによってその発展が可能になったと言っても過言ではない。

　このように，豪州の日本人向けビジネスと現地消費者向けビジネスが低技能労働者の供給を WH 渡航者に依存していることは，WH 渡航者が豪州に渡航することを強力に後押ししていると考えられる。なぜなら，豪州には英語力が低くても従事できる仕事が大量に存在するため，WH 渡航者は低予算・低英語力でも安心して渡航できるからである。この「安心」がなければ，渡航を断念したり周囲から反対されたりするケースが増加したのではなかろうか。特別な技能や資格があるわけではないノンエリートの若者であればなおさらである。したがって，日本人 WH 渡航者は，豪州の日本人向けビジネスと現地消費者向けビジネスに就業機会を依存することによってその増加が可能になったと言える。

　つまりマクロな視点から見れば，両者が相互依存の関係にあることは明白であり，その相互依存関係が持続したことによって，日本人向け・現地消費者向けビジネスの発展と WH 渡航者の増加がともに可能になったと捉えるのが妥当である。それでは，日本人向け・現地消費者向けビジネスのミクロな労働現場において，WH 渡航者はどのような仕事に従事し，どのような役割を果たし，何を得ているのだろうか。次の2つの章でこれらの問題に取り組みたい。

第 7 章

日本食産業における就業状況

　本章では，豪州の日本食産業で働く日本人WH渡航者の就業状況を考察する。第1節では，「インタビュー調査」に依拠しながら，日本食産業で働くWH渡航者の就業状況を概観した上で，WH渡航者が日本食産業で働くことをどう捉えているか，そして実際に日本食産業で働いた経験をどう自己評価しているかを確認する。第2節では，筆者が調査を行った日本食レストラン「瑞穂」について概観し，第3節では，「瑞穂」で働くWH渡航者の就業実態を詳細に検討する。これらの作業を通じて，WH渡航者が豪州の日本食産業で果たしている役割を明らかにすると同時に，日本食産業で働くことを通じて，WH渡航者自身は何を得ているのかという点を明らかにすることが本章の目的である。

第1節　ワーキングホリデー渡航者から見た日本食産業

　本節では，「インタビュー調査」に依拠して，WH渡航者が日本食産業での就業をどう捉えているかを考察する。「インタビュー調査」対象者のなかには，日本食産業で働いた経験を持つ人が41人含まれているので，そのインタビュー記録を適宜参照しながら考察を進めたい。まず，41人の就業経験に基づいて，日本食産業で働くWH渡航者の就業状況の特徴を確認する。次に，WH渡航者が職探しの局面で日本食産業をどう捉えているかを検証する。最後に，実際に働いた上で日本食産業での就業経験をどう評価しているかを検討する。

(1) 日本食産業で働くワーキングホリデー渡航者の就業状況

　はじめに，豪州の日本食産業で働く WH 渡航者の就業状況を大まかに把握しておこう。日本食産業で働く WH 渡航者の就業状況は，日本語環境，低技能サービス職，低賃金，流動的な労働時間の 4 点に要約できる。日本食産業では日本人が数多く働いているため，スタッフ間のコミュニケーションは日本語で行われるのが普通である。接客時や非日本人スタッフとのやり取りは英語で行われるが，求められる英語力は日常会話程度の水準であることが多い。WH 渡航者が就く職種は，レストランのキッチンハンド（調理補助員）とフロアスタッフ（ウェイター／ウェイトレス），テークアウト店のキッチンハンドと接客・販売員，日本食卸売業者の倉庫スタッフ（受注内容の確認や商品の梱包を担当する職種）と配送スタッフ（商品を飲食店などに配送する職種），日本食小売業者の接客・販売員などが大半を占める。これらの職種は基本的に，特別な資格や職歴を必要としない低技能サービス職である。ただし例外として，調理師の資格・職歴を持つ者が料理人として働いたり，飲食店の経営・管理職の経験者が店長（補佐）やマネージャーに就任したりする場合もある。賃金は時給 8 〜 12 ドルの者が大半であり，豪州の法定最低賃金額（税引き後）が約 10 ドルである点を踏まえれば，低賃金であると言わざるをえない[1]。勤務形態はパートタイム就労の者が多く，店の繁忙状況や本人の都合によってシフトが変わることも多いため，労働時間はかなり流動的である。

(2) 日本食産業で働くことをどのように捉えているか

　次に，WH 渡航者が日本食産業で働くことをどのように捉えているかを確認する。この点を考える際の前提となるのは，そもそも WH 渡航者の大半は海外生活を経験するために WH 制度を利用しているという事実である（第 1 章第 2 節参照）。このことは，日本でも経験できることの価値を相対的に低下させる結果をもたらす。言い換えれば，日本にいるときと同じような環境で，日本にいるときと同じようなことをするのは望ましくないという考え方が，WH 渡航者の間で広く受け入れられるようになる。また，このような状況が「語学力の

---

[1] 時給の相場と法定最低賃金額は調査を実施した 2007 〜 2010 年当時のものである。

向上」という動機と結びつくことによって，日本人の多い場所で生活すること，および日本人の多い職場で働くことの価値を相対的に低下させる結果をもたらす。言い換えれば，いつも日本人同士で固まっていたり，日本食産業で働いたりすることはあまり望ましくないという考え方が，WH 渡航者の間で広く受け入れられるようになる。こうした状況は，WH 渡航者が多額の資金と貴重な時間を使って海外に来ていることを踏まえれば，ごく当然の帰結と言える。

　下記のインタビュー記録は，筆者が参与観察した日本食レストラン「瑞穂」で共に働いた和雄の語りである。この語りは，WH 渡航者が日本食産業（日本食レストラン）で働くことをどのように捉える傾向があるかを分かりやすく示している。

　　　筆者：〔和雄君にとって〕何なの，瑞穂って。働いた経験〔をどう考える〕？
　　　和雄：正直，俺のなかではすごくプラスに捉えようとしてるだけかもしれないですね（苦笑）。〔プラスになるものは〕何もなかったですよ。何もなかったのかな～。これがローカルのレストラン（＝豪州人が経営するレストラン）とかだったら，こっちのローカルのレストランで体験したことっていうものになりますけど，ジャパレス[2]だしね（苦笑）。
　　　筆者：たとえば帰国した後にメルボルンで何してたのって言われて，ジャパレスで働いてたって言うでしょ。それどうだったって言われたら何て答える？
　　　和雄：あ～金稼いだだけだねって〔答える〕（苦笑）。
　　　筆者：金稼いだだけ（苦笑）？ それ以上の思い出は？
　　　和雄：思い出はありますよ。いろんな意味で。でも何か価値があったのかと言われれば，難しいですね（苦笑）。

　　　　　　　　　　　　　　（和雄，22 歳，瑞穂ほかで就業，巻末付録 1 の 71 番）

このインタビューで和雄が発した「何もなかった」「ジャパレスだしね」「何か価値があったのかと言われれば，難しい」といった表現は，日本食レストラン

2　「ジャパレス」とは日本食レストラン（Japanese restaurant）の略称である。これは豪州（海外）に滞在する日本人の間で広く用いられている。

での就業そのものに積極的な価値を見出すのは難しいという WH 渡航者の基本的な見方を端的に示している。

　このように，日本でも経験できることと日本人の多い場所で働いたり生活したりすることが望ましくないという考え方は，少なくとも建前としては，WH 渡航者の間で広く受け入れられている。したがって，WH 渡航者の多くは，日本食産業で働くことをあまり望ましいことと捉えていない。たとえば，第5章で取りあげた多恵と進の2人も，その強調点はやや異なるものの，日本食産業で働くことを忌避していた。多恵は日本語を使わない職場で働くことを希望し，実際に日本食とは関係のないレストランで働いていた。進は日本ではできない生活をすることを考えた結果，ストリートパフォーマンス（ギターの弾き語り）で観衆から受け取るチップだけで生活するという目標を立て，その目標を達成するために奮闘していた。

　しかし，英語力が低く，特殊な技能があるわけでもない多くの WH 渡航者は，建前や理想にこだわっていられない状況に陥りがちである。以下は，「インタビュー調査」で聞かれたある WH 渡航者の実状である。

> 何軒か，現地のオーストラリア人のところに飛び込みで行ったんですけど，完璧に断られました。まあ，英語がしゃべれないからっていう〔理由で〕。初めはやっぱり，できればそういうとこ（＝日本食レストランではない飲食店）に入りたかったんですけど，時間とお金の面も考えると，そろそろほんとに〔日本食産業で〕やらないとまずいなと思って。
> 　（男性，22歳，日本食レストランと日本食輸入・卸売業者で就業，付録1の50番）

　この男性は，日本食レストラン以外の飲食店で働くことを望んでいたが，英語力不足を理由に断られ続け，最終的に日本食産業で働かざるをえなくなってしまった。豪州では，同様の経験をした WH 渡航者に出会うことは珍しくない。

　ところで，上述の通り，多恵は日本語を使わないレストランで働くことができたが，その仕事を得るまでの道のりは決して平坦ではなかった。多恵は，日本人スタッフのいない，あるいは日本人客が少ない飲食店や土産物店を探して10軒以上に応募したが，どこにも採用されなかった。最終的に，友人が紹介

してくれたレストランで働けることになったが，仕事探しを開始してから就業開始までに1カ月半もかかってしまった。多恵は滞在の初期に農場（バナナファーム）で4カ月間働いて十分な滞在資金を確保していたため，長い無職期間を乗り切ることができたが，もし農場で働いていなければ，英語環境にこだわり続けることは困難だったかもしれない。

　上述の男性のように英語環境の仕事を断念したり，多恵のように英語環境の仕事を得るまでに長い無職期間を経験したりする人のエピソードは，WH渡航者の間で広く流通している。そのため，最初は日本食産業で働き，英語力や技能に自信がついたら別の仕事に挑戦するという希望や展望を持つ者も多い。以下はそうした考えを持つWH渡航者の語りである。

　　【初めからジャパレスって決めてたんですか？】最初ジャパレスじゃないと多分やっていけないと思ったので。こっちで仕事を探すんだったら，1回どこかで〔仕事を〕経験しないと難しいって聞いてたんですね。どこのレストランにアプライするにしても，レストランじゃないところでも。なので，1回，ジャパレスで働いてみて。そこからまた〔別の仕事に〕動こうかな〔と思った〕。

　　　　　　　　　　　　　　（女性，26歳，日本食レストランで就業，付録1の53番）

　この女性や前述の男性のように，英語環境での就業を希望しつつ日本食産業で働く人は少なくない。こうした人々は，日本食産業の仕事は手っ取り早く職を得られるという点では魅力的な（ありがたい）ものと捉える一方で，日本語環境という点では望ましくないものとして受け止めている。そのため，程度は人それぞれだが，一定の葛藤を抱えつつ働くことになりがちである。厳密な統計がないため推測の域を出ないが，このような葛藤を抱えながら日本食産業（あるいは日系商業・サービス産業）で就業する人が，WH渡航者のなかで最も大きなグループを形成しているのではないかと考えられる。

　しかし同時に，WH渡航者のなかには，英語環境での就業を当初から全く考えておらず，上述の葛藤を抱くことなく日本食産業で就業する人も存在する。このグループには少なくとも2つの類型がある。1つは英語力の向上という動

機を持たない，あるいは英語力の向上より重要な目的がある人々であり，もう1つは日本食産業での就業に積極的な意義を見出す人々である。

　第1の類型の典型例は，第5章で取りあげた剛である。彼はそもそも外国に関心があったわけでなく，英語環境で就業・生活する準備をしていたわけでもなかった。また，最も重要な目的は療養であるため，心身に過度な負担がかかるようなことをするわけにもいかなかった。そのため，剛は何の躊躇も葛藤もなく，日本食レストランと日本食輸入・卸売業者での就業を選んでいた。むしろ，輸入・卸売業者で働いている友人から「英語が話せない中国人と一緒に働いている」という話を聞いて，「それめちゃくちゃ面白いんじゃない」「俺も彼（その中国人）も一緒じゃん」「一緒に仕事してみたいな」と強い関心を抱いたとのことだった。剛は，日本で経験したことのない「中国人と一緒に働く」という希少な経験に魅力を感じたのである。

　第2の類型の代表的な事例は，調理師免許を持つ人々，あるいは免許を持たずとも豊富な調理経験を持つ人々である。こうした人々は日本食レストランで優遇されやすいため，当初から日本食レストランで働くつもりで豪州に来るケースが多いようである。「優遇」の具体的な内容は店と人によって多様だが，時給が他のWH渡航者より高い，フルタイムで働きやすい，キッチンハンドではなく料理人として働ける，実力が認められればビジネスビザの申請をサポートしてもらえるといったものが一般的である。他のWH渡航者より高い時給でフルタイム就業すれば，短期間で多額の資金を稼ぐことが可能になる。また，店にもよるが，料理人として働けば料理の腕を磨くことも可能である。さらに，ビジネスビザ申請のサポートを受ければ，WHビザが切れた後も豪州に滞在することが可能になる。

　この類型の典型例は，ケアンズ周辺地域の観光施設で筆者と同時期に働いていた健である（第8章参照）。彼は調理師免許を持っていたわけではないが，実家がラーメン店を経営しており調理経験が豊富だったため，迷うことなく日本食レストランで働き，短期間で多額の資金を稼いでいた。

　以上，WH渡航者が日本食産業で働くことをどのように捉えているかを概観した。その内容は以下の3点に要約できる。第1に，基本的に，日本食産業での就業は望ましくないと考える者が多い。第2に，WH渡航者のなかには，英

語力の向上という動機を持たない，あるいは英語力の向上より重要な目的があるために，迷いや葛藤を抱くことなく日本食産業で就業する人も存在する。第3に，調理師の資格や経験がある人は日本食レストランで優遇されることが多いため，日本食レストランでの就業を積極的に選び，他のWH渡航者より多くの見返りを得ている。

(3) 日本食産業で働いた経験に対する自己評価

それでは，WH渡航者は，日本食産業で実際に働いた上で，その就業経験をどのように受け止め，どのように評価しているのだろうか。「インタビュー調査」から浮き彫りになるのは次の3点である。

第1に，彼らの多くは何らかの不満や物足りなさを感じている。低賃金，労働時間が希望通りにならないこと，英語を使う機会が少ないこと，海外で日本人と一緒に日本語を使って働いていることなどは，多かれ少なかれ不満や物足りなさの原因となっているようである。

> 俺，それまで（＝給料を受け取るときまで），時給いくらだか知らなかったんですよ。面接で聞いてなくて。で，給料もらったときに，時給8ドル，タックスなし[3]ってことにちょっとカッチーンと来て。「どういうことなのこれは？」と。で，こんなんだったら辞めるよって言って，辞めたの。
>
> （男性，31歳，日本食レストランで就業，付録1の24番）

> 悪く言えば良いように使われてるかなっていう感は，ちょっとありましたよね。向こうの都合で，最初の条件が変わってきたわけですよね。……〔シフトが〕週4あったのが，週1とかになって，その週1回が2時間とかだから。やってる意味がないですよね。
>
> （女性，26歳，日本食レストランで就業，付録1の54番）

---

[3] 「タックスなし」とは，厳密に言えば，「店が労働者の代わりに税務署へ支払う所得税を納めていない」ことを意味する。ただし，ここではそのような厳密な意味ではなく，「この店は法令違法を犯している」ことを示す表現として用いられている。

トータルすると，キッチンハンド，キッチンのなかにいる方が，圧倒的に多いですね。本当は私，もっと表（＝フロア／カウンター）がメインの方が良かった。……お客さんとしゃべる機会とか，多いのは表じゃないですか。まあオーダーとかも取りに行ったりするけど，もう1人のバイトの子に比べたらやっぱ回数少ないから。ホントは楽しいのは表だと思う。私としては。

（瑠依，29歳，日本食レストランで就業，付録1の68番）

〔日本食レストランで働いている日本人たちと〕もしそれで仲良くなったりして，たとえば土曜日，日曜日，その人たちとず～っと会うようになっていくと，せっかくのワーホリというか，海外の経験が，その人たちで（＝その日本人たちとの付き合いばかり），になったらつまんないな～と思って。こっちに来た目的が，日本にいて，ありふれた日常生活が嫌だから，刺激がほしいからこっちに来たんであって。またそれに戻っちゃうのもな～と思って。

（男性，22歳，日本食レストランと日本食輸入・卸売業者で就業，付録1の50番）

ここにあげた4人のうち，1人目の男性は，低賃金とレストランの違法行為が原因で経営者と口論になり，短期間で辞めてしまった。2人目の女性は，店の都合でシフトが減らされていくことに不満と不安を感じていた。3人目の女性は，ケアンズ周辺地域の観光施設で筆者とともに働いていた瑠依である（第8章参照）。彼女はその後メルボルンに移動して日本食レストランで働いていたが，英語を使う機会の多いフロア／カウンタースタッフではなく，キッチンハンドとして働くことが多いことに物足りなさを感じていた。4人目の男性は，日本人と休日に遊ぶような事態を避けるため，日本人スタッフと必要以上に仲良くなろうとしなかった。

このように，日本食産業での就業には，不満や物足りなさが付きものである。事実，WH渡航者からすれば，細かい不満を取りあげればキリがないのが実情である（ただしそれは日本食産業だけでなく，どの業種や職場にも言えることだが）。

しかし第2に，たとえ不満や物足りなさがあったとしても，日本食産業で働くことを受け入れるしかないと諦めたり割り切ったりする者がほとんどである。

まあお金は良いです別に，私は。お金はそこまで不満じゃあないです。そんなに語学力もないから。雇ってもらえる場所があるだけでも，ありがたいっていう気持ちはあるんです。

（女性，23歳，寿司テークアウト店で就業，付録1の7番）

【ここで働いたのは本当に金を稼ぐため？】はい。完全に。【目的イコール完全に金を稼ぐため？】はい。それ以外にないです。別に料理人志望でもないですし。

（和雄，22歳，瑞穂ほかで就業，付録1の71番）

1人目の女性のように，英語力が低いために，低賃金を受け入れるしかないと考える者は多い。2人目は瑞穂の同僚だった和雄である。彼はメルボルン到着時に500〜600ドル程度しか所持金がなく，しかもメルボルンに3カ月程度しか滞在しない予定だったため，手っ取り早く働ける日本食レストランの仕事だけを探していた。

この2人のように，英語力が低く，短期間しか働けない外国人が自由に職を選べるはずなどないということをWH渡航者はよく理解している。そのため，多少の不満があっても諦めて受け入れるか，そういうものと割り切って働く者が大多数である。雇月主に対して労働条件の改善を訴える者はほとんどいない。耐え切れないほどの不満がある場合は，黙って（または口論の末に）辞めるだけである。

このように，日本食産業での就業には，不満や物足りなさがあっても甘受するしかないという諦念や割り切りが常に付きまとっている。しかし第3に，WH渡航者の多くが日本食産業での就業経験を否定的に評価しているかと言えば必ずしもそうではない。通常は，良いこともあれば悪いこともある「イーブン」な（差し引きゼロの）経験として総括されるのが普通である[4]。先に見た和雄がその典型例である。彼は日本食レストランで働いたことに特別な価値を見

---

[4] ごく少数ではあるが，日本食産業（あるいは特定の店）での就業経験をきわめて否定的に評価する者も存在する。「インタビュー調査」対象者のなかでは，本項の冒頭で紹介した男性（口論の末に店を辞めた31歳の男性）がそうした事例に該当する。彼は2つの日本食レストランで働き，その両者を辛辣に批判していた。

出せなかったが，その一方で，滞在資金を稼いだことは事実であり，「思い出」もできた。また，心情的には，瑞穂での就業経験を「プラスに捉えようと」する気持ちもないわけではない。「何もなかったのかな～」という自問自答がそうした心境をよく表している。和雄の語りに繰り返し現れるこうした揺らぎは，不満や物足りなさはありつつも，瑞穂で働いた経験を全く無価値なものとして切り捨てられない（切り捨てたくない）という彼の気持ちを端的に示している。

以上の通り，日本食産業で働いた経験は，多くのWH渡航者にとって，一言で説明したり明快に評価したりすることが難しいものになりがちである。そうしたなかで，日本食産業での就業経験を肯定的に総括するWH渡航者も決して珍しくない。ここでは，日本食産業での就業経験を控えめに肯定した事例と，積極的に肯定した事例を紹介したい。

まず，控えめに肯定した事例として，瑞穂で筆者とともに働いた龍也のインタビュー記録を見てみよう。

> 龍也：生活費とかいろいろ考えると，1カ月でどう考えても1500〔ドル〕以上は必要。で，そのとき募集（＝求人情報）を見ると，週に2～3日とか，夜だけとか，時給10ドルとかが良いようなところだったから。そうすると，1日頑張っても，なかなか厳しい（＝パートタイムでは1カ月で1500ドル以上は稼げない）かなと。
> 筆者：何で瑞穂にしたんですか？
> 龍也：瑞穂も普通に『伝言ネット』（＝メルボルンの日本語情報誌）見てたら載ってて。それで電話して，面接に行ったら，フルタイムで働かしてくれるって言って。それが一番大きかったね。時給は最初低かったけど（笑）。
> 筆者：8ドルでしょ？
> 龍也：8ドル。でもフルタイムってのがすごく大きくて。
> 筆者：フルタイムで働けないと〔1カ月で1500ドル稼ぐのは〕無理だよね？
> 龍也：無理。しかも後から聞いた話だけど，日本人のワーホリとかで，フルタイムで仕事を見つけるのは結構メルボルンでも厳しいっていうことだったから，まあラッキーっちゃあラッキーかなと。ゴールドコース

ト〔に滞在してたとき〕からずっと考えてて，職って言ったらあれだけど，アルバイトには恵まれてたかなと思うね。

(龍也，26歳，瑞穂とゴールドコーストの寿司テークアウト店で就業，付録1の80番)

龍也の事例では，時給の低さに不満があるものの，フルタイムで働けたことがその不満を打ち消して，総合的な評価としては「やや肯定的」という水準に持ち直している。「まあラッキーっちゃあラッキー」「恵まれてたかな」といった表現から，彼の微妙な心境が垣間見える。

次に，日本食産業での就業経験を積極的に肯定した事例として，ケアンズ周辺地域の観光施設で筆者とともに働いた奈美のインタビュー記録を見てみよう。奈美はメルボルンに移動して日本食品・雑貨店と寿司テークアウト店で就業していた。

筆者：X（＝日本食品・雑貨店）は良い思い出？良い場所？感謝してる？
奈美：感謝してますよ（笑）。
筆者：感謝してるんですか？
奈美：はい。
筆者：働く場所ゲットできて？
奈美：はい。お金稼げました。……
筆者：今回のタスマニア旅行もそれで稼いだってこと？ 前から持ってた貯金で行ったんじゃなくて？
奈美：へへ。30ドルしかなかった（笑）。
筆者：30ドル？
奈美：はい（笑）。私メルボルンに来たとき30ドルだった（笑）。で，Y（＝寿司テークアウト店）でちょっと稼いで，その後に引越したんで，そのときにまた30ドルになって。
筆者：旅に行って，600，700〔ドル〕とかかかったわけでしょ？ そういうの全部Xで稼いだの？
奈美：はい。貯金一切ないです。
筆者：それはもう，かなり，Xサマサマですか？

奈美：サマサマですよ（笑）。
筆者：Xで働けなかったら，旅にも行けなかった？
奈美：旅行できなかったね。

（奈美，29歳，日本食品・雑貨店と寿司テークアウト店で就業，付録1の73番）

奈美は，寿司テークアウト店と日本食品・雑貨店で働き始めた頃は，文字通り滞在資金が底を尽きかけていた。しかし半年後には，1週間のタスマニア旅行と3週間の豪州周遊旅行に行き，帰国便のチケットを買えるほどの資金を貯めることができた。これだけ稼げれば，店に感謝するのも当然と言えるかもしれない。

　以上の事例に見られる通り，日本食産業で就業した経験を持つWH渡航者は，滞在資金や旅行資金を稼げたことを主な理由として，就業経験を「イーブン」なものと評価することが多く，場合によっては肯定的に評価したり就業先に感謝したりすることもある。こうした評価や感謝は，WH渡航者の多くが低予算で渡航しているという事実によって強化されがちである。というのも，低予算で渡航した者は，奈美の事例が示すように，豪州滞在中に資金が尽きかけて生活苦に陥ることが少なくないからである。容易に想像されるように，海外滞在中に生活資金や帰国資金が尽きかけることは，きわめて強い不安やストレスを引き起こす。したがって，そのような経済的・心理的な危機から脱出する機会を提供してくれた就業先に感謝したり，危機からの脱出を可能にした就業経験を肯定的に評価したりすることは，WH渡航者にとってごく自然なことと言えるだろう。しかも，ただ危機を脱出するだけでなく，奈美のように1カ月間の旅行ができるほど稼げればなおさらである。こうして，海外長期滞在を支える最も基本的な要素である「資金」の確保によって，仕事に対する不満や諦念といった否定的な感情が相殺され，場合によっては就業経験を積極的に肯定したり，就業先に感謝したりするような状況が生起するのである。

　以上の通り，日本食産業で働くWH渡航者は，滞在資金の確保という「結果」によって，仕事に対する不満や諦念といった否定的な感情を相殺しがちである。しかし同時に，「インタビュー調査」では，こうしたメカニズムに還元できない理由で就業経験に対する肯定的な評価を与えるような語りが多数見ら

れた。そうした語りは，金銭という形を取らない報酬，接客やスタッフ同士のやり取りの楽しさ，知識や技能を得ることがもたらす充足感といった内容を含むことが多かった。しかしインタビューでは，職場内で生起するそれらの報酬，楽しさ，充足感といったものを把握することは困難である。そこで次節以降では，筆者が日本食レストランで実施した参与観察に基づいて，WH 渡航者が仕事そのものを通じて就業経験に対する評価を高めるメカニズムを考察したい。

第 2 節　日本食レストラン「瑞穂」の概要

　前節では，日本食産業で働く WH 渡航者が，資金の確保を可能にした就業経験に肯定的な（少なくとも否定的ではない）評価を与えたり，資金を確保する機会を提供してくれた就業先に感謝したりする傾向があることを確認した。この知見を補うために，次節では，資金の確保という「結果」に基づく評価や感謝ではなく，仕事そのものを通じて就業経験に対する評価が高められるメカニズムについて検討する。これら 2 つの節を結ぶ本節では，筆者が参与観察を実施したメルボルンの日本食レストラン「瑞穂」について概観する。まず，瑞穂の業態とスタッフ構成を確認し，次に瑞穂で働く WH 渡航者の職務内容，賃金，労働時間を見ていく。WH 渡航者の大半が従事する職種はキッチンハンドとフロアスタッフであるから，本節と次節の記述はこの 2 つの職種を中心に行う。瑞穂は本店と支店の 2 店舗を営業しているが，両者の間で職務内容と労働条件に大きな違いはない。[5]

　事例の考察に先立って，瑞穂を事例として取りあげる意義を指摘しておきたい。瑞穂を取りあげる意義は，瑞穂が日本人の経営する「本物の」日本食レストランだという点にある。第 6 章第 2 節（2）で指摘した通り，豪州にはオーナー・経営者・料理人が日本人ではない日本食レストランが多い。そのようなレストランのなかには，日本食レストランという看板を掲げた中華／韓国／その他のアジア系レストランに近い店も存在するようである。もしそのようなレストランを事例として取りあげると，実質的に，中華／韓国／その他のアジ

5　瑞穂に関する本書の記述は，全て調査当時（2009 ～ 2010 年）のものである。

系レストランの事例研究になりかねない。これに対して，瑞穂のオーナーは日本人であり，キッチン（厨房）の責任者も経験豊富な日本人調理師であり，職場の主要言語も日本語である。そのため，瑞穂の事例研究は，名実ともに日本食レストランの事例研究と呼びうるものになっている。これが瑞穂を事例とする積極的な意義である[6]。

(1) 業態とスタッフ構成

日本食レストラン瑞穂には，本店と支店の2店舗がある。2店舗ともランチ（12：00～14：30）とディナー（18：00～22：30）の時間帯に分けて営業している。営業日は月～土曜の週6日間である。筆者は本店と支店の2店舗でシフトを組んでいたが，他のスタッフは基本的に1つの店舗でシフトを組んでいた（ただし繁忙時にシフトと異なる店の「ヘルプ」に入ることは多い）。

瑞穂では寿司，刺身，天ぷらを中心としながら，牛肉と鶏肉の照り焼き，うどん・そば，丼物，酒のつまみといった多様な日本食を提供する。飲料は一般的なソフトドリンクに加えて，現地で入手困難な日本のビール，焼酎，日本酒を提供する。価格帯は，ディナーのコースが40～80ドル，ランチのセットが15～32ドルである。これは決して手頃とは言えない価格である[7]。したがって，瑞穂は高級レストランに分類される。顧客の多くは豪州人であり，日本人はどちらかと言えば少数派である。ただし，現地の企業駐在員が定期的に来店するため，日本人客の存在感は比較的大きい[8]。豪州人の客層は，身なりや物腰から判断した限りでは，中～高所得者が多いと考えられる。少なくとも，職業や勤務先が明らかな常連客のなかには，専門職従事者，国家公務員，経営者が数

6　ただし，日本食レストランの多くが非日本人によって所有・経営されているという現実を踏まえれば，あえて非日系の日本食レストランを調査・研究することも必要かもしれない。これは今後の課題としたい。
7　有名なハンバーガーチェーン店の主要なセットメニューは4～9ドル程度である。したがって，瑞穂のランチセットの価格はファーストフードの3～4倍程度ということになる。
8　豪州人の来客は，フロアスタッフが日本人であることを知っているため，接客時の言葉遣いなどをあまり気にしない傾向がある。また，一般的なイメージとして，他のアジア系レストラン（特に中華レストラン）の接客レベルが非常に低い（と信じられている）ため，礼儀正しい（すぐに"Sorry"や"Thank you"と言う）日本人の接客は好意的に受け止められることが多い。しかし日本人の来客に対してはこのような「寛容で好意的な態度」を期待できないため，接客時のプレッシャーが大きくなりがちである。多額の売り上げを期待できる駐在員であればなおさらである。

多く含まれていた。ただし，ディナーは客層がやや広がり，若者や日本人永住者の来客も見られる。

　瑞穂で用いられる食材は幅広い業者から調達される。魚介類は日系および非日系の卸売業者から仕入れる。野菜，肉類，ソフトドリンク，ワインなど，日本製である必要がない食材や飲料は，地元の卸売業者から仕入れる。米，味噌，豆腐，海苔，醤油，みりん，酢，料理酒，わさびといった日本食材・調味料と，日本のビール，焼酎，日本酒といった飲料品は，日本食専門の輸入・卸売業者から仕入れる。各業者は商品のリストを飲食店や小売店に配布しているため，そのリストを比較検討しながら仕入れ品目を決定する。FAXまたは電話で注文すると，定期的または不定期に業者が注文した商品を配送してくる。配送スタッフの一部はWH渡航者である。配送時に業者のスタッフが新商品や割引品の営業を行うこともある。メルボルン生活が長い料理人は卸売業者との付き合いも長いため，情報のやり取りは緊密に行われている。

　瑞穂のスタッフは日本出身者が過半数を占めるが，それ以外の国の出身者も働いている。筆者が勤務していた時期の主要なスタッフは図表7-1の通りである。本店に韓国人スタッフが就業しているのは，韓国人マネージャーが韓国人の友人を頻繁に招待するため，韓国語で接客できるスタッフを揃えたためである。なお，韓国人がマネージャーを務めているのは，出店に際して彼が部分的に出資したためである。

　瑞穂の職種・職位にはシェフ，コック，マネージャー，キッチンハンド，フロアスタッフの5つがある。[9] シェフはキッチンの責任者であると同時に店舗全体の責任者でもある。シェフは，ディナーのコースで前菜として出す煮物や和え物のように，繊細な味と盛りつけが要求される料理を主に担当する。寿司と刺身を調理するのも基本的にはシェフだが，来客が多い場合はコックが担当することもある。コックはシェフに次ぐ職位であり，天ぷら，照り焼き，うどん・そば，丼物，味噌汁などを幅広く担当する。キッチンハンドは調理の補助を担当する職位であり，皿洗いから簡単な盛りつけまで，多様な仕事を臨機応

9　シェフ，マネージャー，キッチンハンド，フロアスタッフの4つは，店で実際に用いられていた呼称である。コックという職種（職位）は存在しないが，キッチンの責任者と一般の調理担当者は担当する料理が異なり，権限にも明らかな差があるため，前者（責任者）をシェフ，後者（調理担当者）をコックと呼ぶことにする。

図表 7-1 瑞穂の主要なスタッフ

店	名前	性	職種	出身地・母語	ビザ等	備考
本店	欽一 キンイチ	男	シェフ	日本・日本語	永住権	オーナー
	邦彦 クニヒコ	男	コック	日本・日本語	(WH→) 学生	インタビュー実施
	ヨンファ	男	マネージャー	韓国・韓国語	永住権	日本語不可
	龍也 タツヤ	男	キッチンハンド	日本・日本語	WH	インタビュー実施
	ユナ	女	フロアスタッフ	韓国・韓国語	学生	日本語少し可
	ソヒョン	女	フロアスタッフ	韓国・韓国語	学生	日本語不可
支店	郁男 イクオ	男	シェフ→退職	日本・日本語	永住権	
	環 タマキ	男	コック→シェフ	日本・日本語	(WH→) 永住権	インタビュー実施
	マヘラ	男	コック	豪州・英語	市民権	日本語堪能
	レイ	男	マネージャー	豪州・英語	市民権	日本語不可
	和雄 カズオ	男	キッチンハンド	日本・日本語	WH	インタビュー実施
	聡 サトシ	男	キッチンハンド	日本・日本語	WH	インタビュー実施
	香奈 カナ	女	フロアスタッフ	日本・日本語	永住権	
	美代 ミヨ	女	フロアスタッフ	日本・日本語	学生	
	良美 ヨシミ	女	フロアスタッフ	日本・日本語	WH	インタビュー実施

注:(1) 筆者の就業期間中に郁男が病気で退職したため,環がコックからシェフに昇格した。
(2) 短期間で辞めた者(2カ月未満)と就業頻度が低い者(週1〜2日程度)は原則として除外した。筆者が辞める直前に勤務を開始した者(3人)も含まれていない。
(3) プライバシー保護の観点から,分析に支障がない範囲内で情報の一部を変更した。
(4) 名前は全て仮名である。

変にこなすことが求められる。食材の仕入れと管理はシェフとコックが共同ないし分担して行うが,シェフの意向が最も重要であることは言うまでもない。

　マネージャーの仕事は会計,経理,事務,飲料品の仕入れと管理,パートタイムスタッフ(キッチンハンドとフロアスタッフ)のシフト管理などである。営業時間中はフロアスタッフの手伝いをすることも多い。フロアスタッフは接客,給仕,清掃,皿洗い,その他の雑用を幅広く担当する。

　スタッフの雇用形態は,フルタイム／パートタイム,正規／非正規という2つの基準によって区分される。正規雇用は週給制,非正規雇用は時給制である。シェフ,コック,マネージャーは基本的にフルタイムの正規雇用である(一部例外もある)。キッチンハンドはフルタイムの非正規雇用,フロアスタッフはパートタイムの非正規雇用が基本である。

　シェフ,コック,マネージャーになれるのは基本的に永住者だけである(一

部例外もある)。キッチンハンドとして雇われるのは基本的にWH渡航者だけである。これは，週に6日，ランチとディナーの両方を全て勤務できるのがWH渡航者だけだからである。留学生や永住者（婚姻移住者）は勤務できない曜日や時間帯が必ず発生するのに対して，フルタイム希望のWH渡航者であればそうしたことは起こらない。フロアスタッフとして雇われるのは，永住者（婚姻移住者），留学生，WH渡航者である。フロアスタッフはシフトを組んで人員を配置することが前提となっているため，働けない曜日や時間帯がある永住者や留学生を雇っても問題はない。

　スタッフの募集・採用は縁故による方法（紹介・引き抜きなど）と，日本語情報誌（ウェブ版）の掲示板に掲載する方法がある。シェフとコックは前者で，キッチンハンドとフロアスタッフは後者で補充されるのが普通である。キッチンハンドとフロアスタッフは経験不問だが，応募者が多いときは経験者が優先される。

(2) 職務内容

　開店前に，キッチンハンドは仕込みを，フロアスタッフは店内の掃除，テーブルセッティング，その他の準備を行う。仕込みは野菜・果物・肉・魚介の下処理と炊飯が主な内容である。その他の準備には，飲料を冷蔵庫に補充する，グラス類を拭く，醬油差しに醬油を補充するといった作業が含まれる。

　開店後，フロアスタッフは予約客担当，非予約客担当，入り口付近担当といった大まかな役割分担を決めて接客する。来客があると，入り口付近のスタッフがテーブルへ誘導し，メニューを渡す。注文を受けたらキッチンに伝票を渡す。

　伝票を受け取ると，キッチンで調理が始まる。キッチンハンドは所定の食器を用意し，冷蔵庫から必要な食材を取り出してシェフに渡し，余った食材を冷蔵庫に保管する。また，調理の進み具合を見ながら天ぷらの敷き紙を敷き，サラダと漬物を盛りつけ，天つゆと味噌汁をよそう。デザート（果物の盛り合わせ）は基本的にキッチンハンドが全ての調理を行うため，タイミングを見ながら果物を切ったり盛りつけたりする。

　料理が完成するとフロアスタッフが配膳を開始する。その際に重要な点は，

調理と配膳のタイミングを適切に調節することである。そのため，全てのスタッフが緊密にコミュニケーションを取りながら協働する必要がある。ここでは，Aコース（5品）を例にあげて説明したい。

Aコースで提供される料理は茶碗蒸し，刺身，寿司，天ぷら，デザートであり，配膳の順番もこの通りである。前の料理の大半が食され，箸が止まった頃に次の料理を出すのが基本的なパターンである。キッチンから客の様子は見えないから，フロアスタッフがキッチンに食事の進行状況を逐一伝えなければならない。

以上の基本パターンに加えて，利益を増やすために複数の微調整が行われる。第1に，飲料の消費量に応じて料理を出すペースを変える。たくさん飲むテーブルは料理のペースを落とし，より多くの飲料を消費するよう働きかける。第2に，料理の消費速度を見てサイドメニューを薦める。消費速度が速いテーブルは，サイドメニューを薦めれば追加で注文する可能性が高い。これらの状況を見極めて適切に対応する必要がある。

客が食事を終えたら，フロアスタッフはテーブルに伝票を持って行き，会計処理を行う。客が帰ったら食器を片づけ，テーブルクロスを交換して次の来客に備える。キッチンハンドはタイミングを見ながら食器と調理器具を洗う。以上の職務・サービスを来客ごとに繰り返すのが基本である。

全ての料理を出し終えたら，シェフ，コック，キッチンハンドが賄い料理（スタッフ用の食事）を作り始める。全ての客が帰ったら全員で食事を取る。食べ終わったらフロアスタッフとキッチンハンドが片づけと食器洗いをする。それが終われば業務終了である。

（3）賃金

キッチンハンドとフロアスタッフは時給8ドルからスタートする。2〜4週間のトレーニング期間は時給8ドルが続く。いつ時給が上がるか，何ドルに上がるかという点に関する明確な規則はない。評価が高い者ほど早い時期に高い時給を与えられる。インタビューを実施したWH渡航者4人（龍也，和雄，聡，良美）は，全員が4週間後に昇給した。ただし昇給後の時給は異なっており，龍也が11ドル，和雄が10ドル，聡が8.5ドル，良美が10ドルだった。その

後再び昇給する場合もあり，良美は就業開始から約3カ月後に10.5ドルに昇給した。筆者自身は就業開始から3週間後に10ドルに，約3カ月後に11ドルに昇給した。

(4) 労働時間

　労働時間はキッチンハンドとフロアスタッフで異なる。キッチンハンドは基本的にフルタイム勤務であり，11～15時と17～23時の計10時間が1日の平均的な労働時間となる。平均的な週労働時間は60時間に達する。

　これに対して，フロアスタッフはパートタイムが基本であり，労働時間も人によって，あるいは週によって異なる。フロアスタッフの人数と出勤時間は予約状況によって変動する。たとえば，19時からの予約と20時からの予約が入っている場合，1～2人が18時（＝予約の1時間前），もう1人が19時から出勤するといった具合である。また，予約が多い日に非予約客が多数来店した場合は，フロアスタッフを追加で呼び出すこともある。さらに，比較的早い時間（21時頃）に客の大半が帰ったときは，1～2人のフロアスタッフを早退させることもある。

　筆者の場合，ランチ（11～15時の4時間）が週に5日，ディナー（18～23時の5時間）が週に1～3回程度，週労働時間が25～35時間程度という週が多かった。しかし，予約状況によってディナーのシフトは大幅に変わるから，週労働時間が20時間の週もあれば，50時間を超える週もあった。他のフロアスタッフの労働時間は人それぞれであり，週労働時間が10時間以下の者もいれば，筆者と同様の者もいた。

第3節　仕事そのものを通じて就業経験に対する評価が向上するメカニズム

　第1節では，日本食産業で働くWH渡航者が，仕事に対する不満や諦念といった否定的な感情を，資金の確保という「結果」によって相殺しがちであることを明らかにした。本節では，仕事そのものを通じて就業経験に対する評価が高められるメカニズムを，具体的な労働場面に即して考察する。ここではそ

のメカニズムを，補完的な報酬，ゲーム的実践，接客の魅力，スタッフ同士の協働と信頼，知識・スキルの習得という5つの側面から分析する。

（1）補完的な報酬

　補完的な報酬には，店から与えられるものと，自分（たち）の実践を通じて得るものがある。前者には無料の食事・飲み物とチップがあり，後者には多様な形態の「盗み食い」がある。

　前節で見た通り，日々の業務は賄い料理を食べた後に終了する。賄い料理は無料であり，ディナーの食事ではビールを飲むこともできる。フルタイム勤務しているキッチンハンドは1日2食分の食費を必ず節約できるから，その恩恵は非常に大きい。パートタイムのフロアスタッフも，キッチンハンドほどではないが，食費を節約できることに変わりはない。しかも単に食費の節約になるだけでなく，豪州では入手しにくい魚料理をはじめとする日本食が支給される点も，日本食レストランならではの利点と言える[10]。

　毎日の賄い料理に加えて，イレギュラーなイベントで無料の食事が支給されることもある。店が主催する忘年会や誕生日会では，料理と飲み物が無料で提供される。また，龍也と筆者は，帰国前に環から無料のコース料理を振る舞われた（1人40ドル相当）。これは龍也と筆者がマネージャー業務の一部（チラシとメニューの作成）を手伝ったことに対する補償である。

　チップの額は日によって異なる（0〜10ドル程度）が，額の多寡にかかわらず，賃金を補うありがたい存在であることに変わりはない。

　シェフ，コック，マネージャーの隙を突いて盗み食いを行う者も多い。片づけた食器に手つかずの料理が残っているとき，洗い場でフロアスタッフとキッチンハンドがそれを食べることは日常的に行われていた。貴重な料理（トロや生ガキなど）を残す客もいるため，そうしたものを虎視眈々と狙うスタッフもいた。

　本店で働く龍也は，より大胆な盗み食いを実践していた。第1に，オーナーが邦彦と龍也の2人に調理を任せて外出すると，龍也は仕事中に豪華な賄い料

10　日本食の輸入・卸売・小売業者のなかには，スタッフであれば商品を安値で購入できる店もある。こうした点を日本食産業で働く利点としてあげる者は多い。

理を作ったりビールを飲んだりした。象徴的なエピソードとして，オーナーが出張で終日不在になった日の出来事をあげることができる。その日，龍也は勤務時間中にビールを飲みながら鶏がらスープを4時間かけてじっくり煮込み本格的なラーメンを作った。後日この一件を筆者に話したとき，龍也は冗談半分で，「ラーメン作るのに忙しいから店のオーダーは適当にやった」と笑っていた。第2に，龍也は店の食材を家に持ち帰ることがあった。普段はレモン1個というようなささやかな分量だったが，一度だけ大胆な行動に出たことがあった。彼は店のマグロと鮭を2〜3食分持ち帰ったのである。翌日，龍也は邦彦と筆者を家に招き，持ち帰ったネタを肴に盛大な飲み会を開催した。[11]

瑞穂で働くWH渡航者は，これらの補完的な報酬で賃金を埋め合わせすることによって，仕事に対する満足度を高めようとしていた。

(2) ゲーム的実践[12]

アーヴィング・ゴフマンは「ゲーム」を社会学的に考察し，その本質を「焦点の定まった集まり」，すなわち一般社会から相対的に切り離された自律的ルールが支配する相互行為の過程と定義した。そして，そのような過程に自発的に参加し，その相互行為に没頭することが参加者に楽しみをもたらすと論じた（Goffman 1961b=1985：第1部）。職務に含まれるこのようなゲーム的要素を発見し，その要素に意識と身体を集中させることによって楽しみや満足感を得るという実践も行われていた。その例をいくつか紹介しよう。

第1に，上述の盗み食いにはゲーム的要素が含まれる。シェフ，コック，マネージャーの隙を突いて盗み食いをするときは，独特の緊張感を味わうことができる。また邦彦と龍也は，オーナーが休んだり外出したりする雰囲気を察知すると，期待感を抱いて上機嫌になることが多かった。彼らはいつオーナーが不在になるかを予想し合ったり，オーナーが不在になったときに何をするか話

---

11 オーナーと龍也には草稿をチェックしていただき，盗み食いに関する記述の掲載許可をいただいた。寛大な対応に深く感謝したい。
12 「実践」の一般的な意味は，理論や教義を実行に移すことである。しかし本書における「実践」は，理論や教義ではなく「生活知」や「庶民の知恵」を実行に移すこと，あるいはそうした知を生産しつつ行為することを意味する。これはセルトー（Certeau 1980=1987）の「日常的実践」概念に依拠した用法である。

し合ったり，実際にオーナーが不在になると自由に行動したりするというゲームに興じていたのである。龍也はこのゲームを「僕たちの野望」という独特の言葉で表現した。たとえば，「明日は僕たちの野望がかなうそうだ」「今日は僕たちの野望が実現されそうにないよ」といった具合である。

　第2に，通常の職務やサービスにもゲーム的な要素が含まれる。最も単純なゲームは客に料理や飲み物を勧めるというものである。複数のスタッフで標的となるテーブルを決め，そこで料理や飲み物を勧める。もし注文を獲得したら「勝ち」，獲得できなければ「負け」である。そして「勝ち」の数をスタッフ同士で競い合う。また，より高度なゲーム的実践として，協働の質を高めるというものがある。これは来客が多く，全てのスタッフが互いに協力し合いながら臨機応変に対応しなければならないときに生起する状況である。来客が多いときは，スムーズな接客，スタッフ間の連携，コース料理のペースの調節といった作業が複雑に入り組み，一種のパズルのような状況になることが多い。換言すれば，次から次へと課題が突きつけられ，しかもそれぞれの課題の優先度や難易度が時間の経過とともにめまぐるしく変わるような状況が生起する。こうしたパズル的状況を，他のスタッフと協力し合いながらスムーズに，いわば流れるように処理することができたとき，独特の昂揚感を味わうことができる。これは心理学の用語で「フロー (flow)」と呼ばれる状態である。ミハイ・チクセントミハイは，特定の行為に没頭している状態を「フロー」と呼び，理想的なフロー状態では個々人の意識と身体が完全に統制され，その心理的エネルギーがスムーズに行為の過程と目標へ投射されているため，身体的・精神的な昂揚感が得られると論じた（Csikszentmihalyi 1990=1996）。上記のパズル的状況を流れるように処理できたとき，その場にいるスタッフの意識と身体は完全に統制され，その心理的エネルギーがここの作業と職務に対してスムーズに投射されているため，彼らはチクセントミハイの言う理想的なフロー状態に近づくことができる（逆に言えば，そのような状況に近づかないと困難な状況を流れるように処理することはできない）。そしてフロー状態になった後に，ビールを飲みながら食べる賄い料理は格別である。

　これらのゲーム的実践とそこから得られる楽しさや昂揚感は，仕事に対する不満を後景に退かせ，満足度を高める役割を果たしている。

(3) 接客の魅力

接客には，非日本人客の接客ならではのやりがいや楽しさと，日本人・非日本人客の接客に共通するやりがいがある。まず非日本人客との交流について見てみよう。

当然のことながら，非日本人客は日本語を話せない人が大多数である。そうした客に対して英語でスムーズな接客ができたとき，スタッフはやりがいを感じ，充実感を得られることが多い。機械的な接客ではなく，雑談をしたり料理を勧めたりしながら接客できたときはなおさらである。また，日本に関する知識があったり日本語を話せたりする非日本人客とのやり取りも，マンネリ化しがちな日常業務に新鮮な風を送り込む。たとえば筆者は，接客した豪州人夫婦と次のような会話をしたことがある。

妻：Where are you from?
筆者：Near Tokyo.
夫：Chiba? Saitama?
筆者：Saitama.（苦笑）
妻：We've lived in Wakayama for a year.
筆者：Oh, that's great! Do you still speak Japanese?
夫：まだ話せるよ（日本語で）。

この会話では，豪州人は埼玉を知らないだろうと思っていたら実は知っており，しかも夫は流暢な日本語を話せた，という形で2度も意表を突かれ，驚くと同時に楽しいひと時を過ごした。チップももらった。比較的頻繁に起こるこうしたやり取りが，フロアスタッフの就業意欲を高めていることは確実である。

日本人・非日本人客に共通する接客の魅力としては，常連客との交流が重要である。良美と筆者はランチのフロアスタッフとして毎日勤務していたため，数多くの常連客と交流する機会があった。定期的に来店し，スタッフの顔（と名前）を覚えている常連客は，全てのスタッフにとって励みとなる存在である。なぜなら，彼らが瑞穂の料理とサービスに満足していることは明らかだからである。また，頻繁に顔を合わせていれば情のようなものも生まれやすい。たと

えばある常連客（日本語が話せない豪州人）は、良美が近日中に帰国するという話を別の常連客から聞き、仕事中に会社を抜け出して店まで別れの挨拶に来てくれた。良美がこれに感激したことは言うまでもない。こうした出来事が、良美だけでなく他のスタッフに対しても好影響を与え、前向きな気持ちで仕事に臨むよう後押しするのである。

(4) スタッフ同士の協働と信頼

　これまでの記述で示唆された通り、盗み食いやその他のゲーム的実践は、他のスタッフとの協働なしではそもそも遂行できないものが多い。たとえば「共犯者」なしで盗み食いを行うことは困難であるし、難易度の高いパズル的状況を解決するためには複数のスタッフの協働が不可欠である。常に盗み食いの機会をうかがいながら働く龍也が、「僕の野望」ではなく「僕たちの野望」という言葉を使う点も、協働（他のスタッフがオーナーに密告しないこと）の重要性を示す傍証の1つである。このように、共通の目的意識を持つ仲間の存在が、多様な共同実践を通じて補完的な報酬や心理的な充足感を得るための重要な要件となる。

　自分の働きぶりを認めてくれる同僚の存在も、就業意欲を高める要因の1つである。特に、オーナー、シェフ、コック、マネージャーの信頼を得られるかどうかは、組織の末端で働くWH渡航者にとって決定的とも言える重要性を持つ。和雄の事例がこの点を理解する上で有益である。和雄はマヘラの仕事ぶりに不満を抱いており、しばしばキッチンに緊張を生じさせていた。また和雄は、上司である郁男の調理ミスを不用意に茶化したことが原因で、郁男の逆鱗に触れたことがあった。それ以降は、郁男から説教されたり無視されたりする機会も増えた。その結果、和雄はいつ辞めさせられてもおかしくない状況に陥った。しかし環が和雄を擁護したために、和雄は働き続けることができた。環は和雄の相談を受けたり助言を与えたりすることによって、和雄が職場で孤立しないよう配慮していたのである。

　このように、スタッフ同士の協働と信頼は、瑞穂で働くWH渡航者が補完的な報酬や心理的な充足感を得るための、あるいはそもそも働き続けるための重要な基礎である。この基礎を強固なものにすることによって、仕事に対する

満足度を高めることが可能になる。

(5) 知識・技能の習得

　仕事に関わる知識を身につけ，技能を向上させることは，仕事の質を高め，客との交流機会を増やし，やりがいや充実感を得ることにつながる。また知識と技能を習得することによって，他のスタッフの信頼を得ることも可能になる。信頼を得ることができれば多様な共同実践への参加も容易になるため，補完的な報酬を得たりゲーム的実践を楽しんだりする機会も増加する。したがって，仕事に役立つ知識と技能を習得することは，瑞穂での就業経験を有益なものにするための最も重要な要件となる。ここでは，瑞穂で重視される知識とスキルを，定型的職務の正確さと素早さ，コミュニケーション能力，高度な接客・調理技術という３つの角度から検討したい。

　キッチンハンドとフロアスタッフがトレーニング期間に習得しなければならない技能は，定型的職務の正確さと素早さである。先述の通り，キッチンハンドの職務は，食材の下処理，炊飯，食器の用意，食材の運搬・保管，サラダ・デザートの盛りつけ，食器・調理器の洗浄が主なものである。フロアスタッフの職務は，店内の掃除，テーブルセッティング，接客，様々な雑用（飲料の補充など）である。また，コース料理の順番とメニューを覚えることも必須である。

　これらの１つひとつは単純な定型的作業であるが，業務の流れを読み，迅速かつ正確に職務を遂行することは必ずしも容易ではない。一連の職務とその流れを覚え，指示がなくとも働けるようになるまでには２〜４週間程度かかる。特別な状況以外は指示なしでもスムーズに働けるようになった時点でトレーニング期間が終了し，時給が上昇する。しかし全てのスタッフがこの段階を超えられるわけではない。適性がないと判断され，店から辞めるよう促される場合も少数ではあるが存在する。自分から辞めていく場合もある。そのため，無事にトレーニング期間を終了することは，時給上昇とあいまって，一定の達成感を得る契機となっている。

　定型的職務を素早く正確にこなすことは継続就業の最低条件であるが，それだけでは客との交流を楽しんだりゲーム的実践に参加したりすることは難しい。コミュニケーション能力を発揮することが，「ただ働く」場合より多くの報酬

や満足感を得るために必要である。この点を考える際に参考になるのが和雄の事例である。和雄は快活な性格であり，自分から他のスタッフに対して積極的に話しかけることが多かった。こうした姿勢は，職場の雰囲気を明るくする上に，スタッフ間のコミュニケーションを促進して仕事をスムーズに進めることにも寄与していた。だからこそ環は，和雄が失態を犯した後も，和雄を擁護し続けたと考えられる。

　フロアスタッフの場合は，スタッフだけでなく客との意思疎通も円滑に行う必要がある。これは，日本語と英語の料理用語と接客表現を使いこなさなければならないことを意味する。日本語での接客は，料理と敬語に関する常識的な知識と習慣が身についていればそれほど難しくないが，多くのWH渡航者にとって，英語の料理・接客表現を使いこなすことは至難の業である。ただ機械的に接客するだけであれば，基本的な会話パターンを10通りほど覚えれば済むが，雑談を交わしたり，料理や飲み物を勧めたり，高度な接客（後述）を行ったりするためには，料理と飲み物について流暢に，しかも失礼なく話せるレベルの英語力を習得しなければならない。しかしそのレベルに到達するためには，長期間の経験と訓練を積む必要がある。そのためWH渡航者の大半は，店が理想とするレベルに到達できない。とはいえ3〜4カ月ほど働き続ければ，拙い英語ながらも客と雑談を交わしたり，料理や飲み物を勧めたりできるようになる者が多いことも事実である。たとえば良美は海外で働いた経験は全くなかったが，その良美でさえ，別れの挨拶に来てくれる豪州人の常連客ができるまでに成長した。このような成長の機会が，WH渡航者に達成感をもたらす源泉となっている。

　定型的職務を素早く正確にこなし，他のスタッフと円滑に意思疎通を図り，一定レベルの料理・接客表現（日本語・英語）を駆使しながら接客できるようになると，キッチンハンドとフロアスタッフは，コックとマネージャーの職務の一部を手伝うよう求められる。キッチンハンドは照り焼きなどの比較的簡単な調理を分担するよう要請される。状況によっては，刺身を切ったり天ぷらを

13　客とのやり取りを最小限に抑えれば，挨拶，人数確認，予約の確認，テーブルへの誘導，メニューの提示，注文取り，配膳，下膳，会計についての典型的な会話パターンを1つずつ覚えるだけで接客は可能である。

揚げたりするといった高度な調理を手伝うよう指示される場合もある。フロアスタッフの場合はベジタリアンに対応したり，軽いクレームを処理したり，経験の浅いフロアスタッフに指示を与えたりするような責任のある業務の分担を求められる。また，飲料の在庫・発注管理，予約客への確認電話，チラシ・メニューの作成といったマネージャー業務を部分的に任される場合もある。

　筆者の勤務期間にこれらの仕事を任されたWH渡航者は，キッチンハンドの龍也とフロアスタッフの筆者だけだった。龍也と筆者を他のWH渡航者と比較したとき，その労働条件と働き方にいくつかの違いがあることが分かる。第1に時給が高い。WH渡航者で時給11ドルになったのはこの2人だけである。第2に特別な報酬がある。先述の通り，龍也と筆者はマネージャー業務を手伝ったことに対する補償としてコース料理を振る舞われた。また，環やマヘラが気を利かせて特別な賄い料理を作ったり持ち帰り用の弁当を作ったりしてくれることもあった。第3に仕事量が多い。これは上位職の仕事を部分的に任されることの必然的な結果である。龍也は時給11ドルに上がったことによって「仕事量が2倍に増えた」と嘆いていた。筆者もサービス残業をかなり行った。第4に自律性が高い。これは上位スタッフから信頼を得たことの必然的な結果である。龍也はランチでキッチンハンド兼コックとして働くことがまれにあったが，これは他のキッチンハンドでは決して起りえなかった。また先述の通り，龍也と邦彦はオーナーから店を任されることがあったが，これはオーナーが2人を信頼していたからに他ならない。そして信頼を得ているからこそ，オーナーの監視がない時間が増加する。つまり，技能を高めることによって信頼を獲得し，信頼を得ることによって自律性が高まり，自律性が高まることによって盗み食いを含む多様な共同実践が可能になり，結果としてより多くの楽しみや報酬を得ることが可能になるという好循環が見られた。

　以上の通り，瑞穂で働くWH渡航者は，知識と技能を習得することによって，より多くの達成感，成長実感，楽しさ，補完的な報酬を得ることが可能である。これらを積み重ねることによって，仕事に対する満足度を高めることもまた可能なのである。

(6) ワーキングホリデー渡航者の実践とその帰結

　本節では，仕事そのものを通じて就業経験に対する評価が高められるメカニズムを，瑞穂の具体的な労働場面に即して考察した。その結果として得られた知見をまとめると次の通りである。

　瑞穂で働く WH 渡航者の多くは，仕事に対する満足度を高めるために，個人的および共同的な実践に取り組んでいる。彼らは，ときに謙虚に，ときに上位スタッフの隙を突くことによって，補完的な報酬を獲得しようとする。彼らは仕事のなかにゲーム的実践を取り入れることによって，楽しさや昂揚感を得ようとすることもある。接客はしばしばやりがいや楽しさをもたらし，スタッフ同士の協働と信頼は補完的な報酬や心理的な充足感を得るための基礎となっている。さらに知識とスキルを習得することによって，より多くの達成感，成長実感，楽しさ，補完的な報酬を得ることも可能になっている。瑞穂で働く WH 渡航者は，こうした実践を積み重ねることによって，仕事に対する満足度を向上させている。そして，ささやかとはいえ自分（たち）の力で仕事に対する満足度を向上させたという事実が，瑞穂で働いた経験に対する評価を高めることにつながっている。以下のインタビュー記録は，こうしたメカニズムを和雄と龍也が彼ら自身の言葉で語ったものである。

　　筆者：ここで働いたのは本当に金を稼ぐため？
　　和雄：はい。完全に。
　　筆者：目的イコール完全に金を稼ぐため？
　　和雄：はい。それ以外にないです。別に料理人志望でもないですし。ただ，環さんにデザートとか教えてもらって，ちょっとそれは面白いな〜と思いましたけどね。そういう意味では，あそこでやってたのは完全に金のためではなくなりましたけどね，今となっては。デザート面白いなと思ったし。なぜか環さんが推してくれるんですよね。「お前料理やんないの？」みたいな。……
　　筆者：環さんとのやり取りは結構大事なわけ？
　　和雄：はい。俺のなかであの人はだいぶ支えになりましたね。……マヘラさんとああいう関係だったし，郁男さんとも関係崩れたし。そんななか

で環さんは，唯一，砦でしたね。俺のなかでは。〔良い〕関係を築けたんじゃないかな～と思いますね。……教わることも多かったし，〔料理に〕興味あるんだったら教えてやるからって，最後も言ってくれたし。

筆者：仕事自体はどうなの？ 龍也君としては面白い仕事なのあれ（＝キッチンハンド）？
龍也：いや別に（苦笑）。ただ勉強になることはあってね。料理に興味があるわけじゃないけど。今まで普通に食べる側だったから。今まで見てキレイだな～とか，美味しいなって思ってたものがどうやって作られるのかとか。そういうことは知れたから。……
筆者：食材を勝手に持って帰ったりとかさ，ラーメン作ったりとかさ，あれはちょっとした憂さ晴らし（笑）？
龍也：ははは。それもあるかな（笑）。
筆者：あれは何なの？ネタ作り？
龍也：いや～どっちかって言うと，憂さ晴らしに近いかな。憂さ晴らしっていうか，俺のなかで，これぐらいしたとしても，罵声を浴びせられないぐらいの仕事をしている自信はあるから。
筆者：これぐらいならいいだろうと（笑）。時給11ドルでさ，自分がやってる仕事は時給よりも超えてるわけでしょ。その部分を。
龍也：埋め合わせしてるだけ（笑）。

　和雄は元々お金のためだけに働き始めたが，環からデザートの切り方や盛りつけ方を教わったことによって，瑞穂での仕事が「金のため」以上のものになった。また彼は，環の支えがあったからこそ仕事を続けられたという感謝の念を「唯一の砦」という言葉で表現した。龍也は，決して面白くはないキッチンハンドの仕事を料理の「勉強」と捉えることによって，自分の仕事を少しでも有益なものと考えようとした。また，食材を持ち帰ったりラーメンを作ったりすることによって，憂さ晴らしや低賃金の埋め合わせをしていた。これらの逸話を語る彼らの口ぶりが，不満や諦念といった否定的なものとは無縁であり，むしろ自信や感謝さえ漂わせるものであることは，上記のインタビュー記録か

以上の通り，瑞穂で働くWH渡航者は，個人的および共同的な実践によって仕事に対する満足度を高め，そのことを通じて就業経験に対する評価を高めている。こうした働きぶりのなかで彼らが示したたかさや抜け目のなさは，「戦術的」な就業態度と呼ぶにふさわしい。高い能力を示してオーナーの信頼を得つつ盗み食いの機会をうかがう龍也，環のサポートという好機を捉えて踏みとどまった和雄，常連客との交流機会を生かして英語力と接客技術を向上させた良美の働きぶりは，まさしく戦術的と呼ぶべきものである。そしてこうした戦術的な就業態度を通じてより多くの報酬や充足感を得たという事実が，就業経験に対する肯定的な評価の基礎となっている。

　とはいえ，WH渡航者の戦術的な就業態度は，結果的に彼らの低位な労働条件を固定化する作用を伴っていることも事実である。なぜなら，戦術的な就業態度は，与えられた条件や環境そのものを変えようとするのではなく，むしろそれらを所与として受け入れた上で，隙を突いたり都合良く利用したりしようとするものだからである。第2節で見たように，瑞穂の労働条件は豪州の労働市場では低位に位置するものだが，そのことを正面から取りあげてオーナーやマネージャーに交渉したり抗議したりする者は皆無であった。したがって，WH渡航者の戦術的な就業態度は，WH渡航者自身にとってのみならず，WH渡航者を雇う経営者にとっても「役に立つ」ものだったと言えるだろう。

まとめと考察

(1) まとめ

　本章では，豪州の日本食産業で働く日本人WH渡航者の就業状況を考察した。第1節では，「インタビュー調査」に依拠しながら，日本食産業で働くWH渡航者の就業状況を概観した上で，WH渡航者が日本食産業で働くことを

14　「戦術」とは，資源や権力を持たない社会的弱者が，他律的または従属的な状況下で，先を見通せないまま試行錯誤的に遂行する行為と判断の総称である。この概念については第5章第3節(2)を参照されたい。

15　ただし，日本食産業全体では中位以上の水準にあると考えられる。筆者が調査を実施していた2007～2010年の時期には，時給8ドルで昇給なしという職場が無数に存在していた。

どう捉えているか，そして実際に日本食産業で働いた経験をどう自己評価しているかを検討した。第2節では，筆者が調査を行った日本食レストラン「瑞穂」について概観し，第3節では，「瑞穂」で働くWH渡航者の職務内容，労働条件，仕事を通じて就業経験に対する評価を向上させるメカニズムを検討した。以上の考察によって得られた知見を要約すると次の通りである。

WH渡航者は，日本食産業において，日本語環境，低技能サービス職，低賃金，流動的な労働時間の4点を特徴とする職を引き受けている。英語力の向上に関心がない人や調理師といった例外を除けば，WH渡航者の多くはこのような職，特に日本語環境の職に就くことを望ましくないと考えている。しかし，英語力が低く，特殊な技能があるわけでもない多くのWH渡航者は，こうした職に就かざるをえないのが実状である。そのため，日本食産業で働くWH渡航者の多くは，何らかの不満や物足りなさを感じながら働きがちである。しかし彼らは英語環境の職を得ることの難しさを理解しているため，不満や物足りなさがあったとしても，日本食産業での就業を受け入れるしかないと諦めたり割り切ったりする者がほとんどである。

こうした現状を見ると，WH渡航者は日本食産業で働いた経験を否定的に評価しているのではないかという見方に立ってしまいがちだが，実際にはこうした見方は妥当でない。WH渡航者は，日本食産業での就業経験を，良いこともあれば悪いこともある「イーブン」な経験として総括することが多い。しかも場合によっては，日本食産業での就業経験を肯定的に評価したり，就業先に感謝したりすることも珍しくない。こうした状況が生起する理由は2つある。

第1に，日本食産業で働くWH渡航者は，資金の確保という「結果」によって，仕事に対する不満や諦念といった否定的な感情を相殺している。このメカニズムは，低予算で渡航した者や，滞在中に資金が底を尽きかけた者において，より強く発現しがちである。なぜなら，資金が少ない者にとっての日本食産業は，資金不足がもたらす経済的・心理的な危機から脱出する機会を提供してくれる存在に他ならないからである。

第2に，日本食産業で働くWH渡航者は，個人的・共同的な実践によって仕事に対する満足度を高め，そのことを通じて就業経験に対する評価を高めている。このメカニズムは，戦術的な就業態度を取る者において，より強く発現

しがちである。なぜなら，一瞬の好機を逃さずにつかもうとする敏感さや迅速さを備えている者は，日々の労働場面において，より多くの楽しさ，達成感，補完的な報酬といったものを獲得できるからである。

しかし同時に，WH 渡航者の戦術的な就業態度は，経営者にとって都合の良いものでもある。なぜなら，戦術的な就業態度を採用する者は，労働条件について交渉したり抗議したりせず，むしろそれを受け入れる傾向があるからである。

(2) 考察

最後に，以上の知見を踏まえながら，本章の２つの検討課題，すなわち日本人 WH 渡航者が豪州の日本食産業で果たしている役割と，日本食産業で働くことを通じて WH 渡航者が得ているものを考察して本章の結びとしたい。

まず日本人 WH 渡航者が豪州の日本食産業で果たしている役割を考えてみよう。本章の知見は，豪州の日本食産業において，日本人 WH 渡航者が次の２つの役割を果たしている可能性を示すものである。第１に，日本人 WH 渡航者は，日本食産業の低賃金・低技能サービス労働部門において，繁忙時と閑散時の需要変動に対応するための人員の調整弁を兼ねた主力労働者としての役割を部分的に担っている。第２に，同部門に対して，多様な職務を引き受ける従順な労働力を提供している。

第１の役割について確認しておこう。第１節（1）で見た通り，WH 渡航者は，飲食店と輸入・卸売・小売業者の低賃金・低技能サービス職に労働力を供給している。また，第２節と第３節で見た通り，日本食レストランでは，WH 渡航者がキッチンハンドとフロアスタッフの主力労働者として働いている。しかもフロアスタッフとして働く WH 渡航者は，単に主力労働者であるだけでなく，予約状況や来客状況に応じて人員配置を変化させるための調整弁としての役割も担っている。ただし，これらの役割は永住者（婚姻移住者）や留学生が担うことも可能であるため，WH 渡航者は，人員の調整弁を兼ねた主力労働者としての役割を部分的に担うにとどまっている。

次に，第２の役割についても再確認しておこう。第１節と第３節で見た通り，日本食産業で働く WH 渡航者は，一方で資金の確保という「結果」によって

仕事に対する不満や諦念といった否定的な感情を相殺し，他方で個人的・共同的な実践によって仕事に対する満足度を高めている。WH渡航者のこうした就業態度は，経営者からすればきわめて都合の良いものに他ならない。なぜなら，経営者は，WH渡航者が多少の不満や物足りなさを感じていたとしても，特別な施策を講じることなく，あるいは若干の措置を講じるだけで，WH渡航者の就業意欲を高めることが可能だからである。

そもそもWH渡航者の多くは英語力や職業的技能を欠いており，しかも少ない資金で渡航してくるため，低賃金労働であろうと単純労働であろうと，文句を言わずに引き受ける以外に選択肢がない。毎年8000人を超える日本人WH渡航者が豪州に渡航するようになり，日本語話者の希少価値が低下している現状ではなおさらである。しかも経営者は，補完的報酬，技能向上の機会，教育的（恩情的）働きかけ，自律性といったものをWH渡航者に対してわずかばかり与えることによって，彼らの就業意欲をさらに高めることも可能である。このように考えると，少ない「資源」（英語力，職業的技能，滞在資金，海外生活経験，人脈など）で海外生活に挑むWH渡航者を従順な低賃金労働力として有効活用することは，経営者からすれば造作もない作業のように見える。

次に，2つ目の検討課題について考えよう。WH渡航者は，日本食産業で働くことによって何を得ているのだろうか。その答えはもちろん賃金であり，その賃金によって充当される滞在資金，旅行資金，帰国資金などである。様々な資金の源泉となる賃金という報酬なくして日本食産業での就業はありえないというのが大多数の日本人WH渡航者の本音であろう。この点はいくら強調してもしすぎることはない。そして，賃金という物質的報酬が基礎となって，非物質的な報酬の獲得が可能になる。では，WH渡航者は日本食産業で働くことによってどのような非物質的報酬を得ているのだろうか。

この問題を考える際の出発点となるのは，WH渡航者自身が日本食産業での就業経験を否定的に評価しないことが多いという事実である。この事実は，日本食産業で働くことが，WH渡航者にとって少なくとも「失敗」ではなかったことを意味している。しかし調理師を除けば，日本食産業での就業経験は，それ自体はあまり価値がないとみなされがちであることも事実である。したがって，日本食産業で働いたことによって，「輝かしい成功体験」を得たと感じる

者はあまりいないと考えられる。

　しかし同時に，日本食産業で働くWH渡航者が，個人的・共同的な実践によって仕事に対する満足度を向上させていることも事実である。第3節で見たように，WH渡航者の実践は，ささやかとはいえ彼らに充足感や達成感をもたらしていた。しかも彼らは，そのささやかな充足感や達成感を得るために，少なからぬ不満を飲み込み，多大なエネルギーを投じていた。11ドルの時給を得るために，言い換えれば他のスタッフよりたった1ドル高い時給を得るために，「2倍の仕事量」を黙々とこなした龍也の努力がその典型例である。彼らの努力とその成果を軽視すべきではない。

　以上を総合すると，WH渡航者が日本食産業での就業を通じて獲得した報酬は，「ささやかな成功体験」や「ささやかな成功談」とでも言うべきものだろう。ここで「ささやかな成功体験」とは，賃金という物質的報酬と，ささやかな充足感，達成感，成長実感といった非物質的な報酬を獲得することに成功した経験のことである。瑞穂の事例では，補完的な報酬を得ること，ゲーム的実践によって楽しさを得ること，接客を通じてやりがいや楽しさを感じること，他のスタッフと協働したり信頼を得たりして充足感を得ること，知識や技能の習得を通じて成長実感を得ることに成功した経験と，これらの個別的経験の総体としての瑞穂での就業経験が，ここで言う「ささやかな成功体験」に当たる。

　これに対して「ささやかな成功談」とは，上述の個別的経験に関するエピソードである。瑞穂の事例では，仕事中に本格的なラーメンを作った龍也のエピソード，デザートの切り方を教わるなどして環に目をかけてもらった和雄のエピソード，帰国前に常連客がわざわざ挨拶に来てくれた良美のエピソードなどが，ここで言う「ささやかな成功談」に当たる。

　このように，日本食産業で働いた経験を通じて「ささやかな成功体験」と「ささやかな成功談」を手にしたWH渡航者は，自己効力感（self-efficacy）が強化される可能性が高い。自己効力感とは心理学の重要概念であり，目標を達成したり状況を統制したりする能力を自身が持っているという感覚や信念である。それは過去の達成経験や成功体験を通じて最も効果的に強化されると考えられている（Bandura 1977）。瑞穂の事例では，仕事に対する強い自信がにじみ出た龍也の語りや，仕事を単なる金稼ぎ以上のものにしたり，環との（信

頼）関係構築に成功したりしたエピソードを語る和雄の滑らかな口調が，自己効力感の強化を示す傍証とみなせるだろう。

　以上の通り，WH渡航者は，日本食産業での就業を通して，賃金という物質的な報酬に加えて，「ささやかな成功体験」と「ささやかな成功談」の獲得による自己効力感の強化という心理的報酬を得ている可能性が高い。このような心理的報酬は，閉塞状況への打開策・対処法として海外長期滞在を選択した若者にとって，きわめて重要な意味を持っている。この点については，次章の結びと第3部のまとめで議論したい。

第 8 章

日本人向け観光業における就業状況

　本章では，豪州の日本人向け観光業で働く日本人 WH 渡航者の就業状況を考察する。第1節では，筆者が調査を実施した観光施設について概観した上で，その施設で働くスタッフの構成，職務内容，労働条件，就業動機，就業上の困難などについて確認する。第2・3節では，筆者が行った参与観察に依拠しながら，観光施設内での就業・生活状況を詳細に考察する。これらの作業を通じて，WH 渡航者が日本人向け観光業で果たしている役割を明らかにすると同時に，観光業で働くことを通じて，彼ら自身は何を得ているのかという点を明らかにすることが本章の目的である。

第1節　トリニティ・リバーズにおける就業生活

　本節では，ケアンズ周辺地域に位置する観光施設「トリニティ・リバーズ」（以下，トリニティと略記する）で働く日本人非正規スタッフの就業生活を記述する[1]。まず，施設とスタッフの概要を確認した上で，職務内容，労働条件，生活環境を検討する。次に日本人非正規スタッフの就業動機を確認した後，彼らが就業開始時に経験しがちなイメージと実態の乖離について説明する。

　事例の考察に先立って，トリニティを事例として取りあげる理由と意義を確認しておきたい。第1に，トリニティは日本部門（Japanese Division）を持ち，売り上げの少なからぬ部分を日本人観光客に依存している。トリニティは豪州人が所有・経営する企業だが，日本人観光客を対象とする日帰りツアーを催行

1　トリニティに関する本書の記述は，全て調査当時（2009 年）のものである。

し，日本の学校団体にサマーキャンプ（日本式に言えば林間学校）の場を提供し，多数の日系旅行代理店と提携している。したがってトリニティは日系商業・サービス産業を構成する企業とみなせる[2]。第2に，トリニティはケアンズ周辺地域に位置する観光施設である。第6章第4節で見た通り，ケアンズ周辺地域は，日本企業による直接投資がなければ，現在のような国際的な観光地になることはほぼ不可能だった。したがって，トリニティを見ることによって，日本企業の海外進出（投資）がもたらした帰結を検討することが可能になる。第3に，本節で見る通り，トリニティで働くWH渡航者は，市街地から遠く離れた熱帯雨林地帯にある観光施設で寝泊りしながら就業生活を送る。このことは，トリニティで働くWH渡航者が，便利で慣れ親しんだ都会的環境から切り離され，不便で不慣れな田舎に閉じ込められることを意味する。したがって，トリニティにおける就業生活を検討することによって，非日常的な環境で仕事をしたり生活したりすることがWH渡航者に与える影響を把握することが可能になる。言い換えれば，海外という非日常的環境のなかでも，とりわけ非日常性の強い環境で行われる就業生活を見ることによって，非日常的な経験がWH渡航者に何をもたらすのかという点を考察することが可能になる。

（1）施設の概要

トリニティは，ケアンズ周辺地域の熱帯雨林地帯の外縁部に建設された保養型の観光施設である。広大な敷地に森林，低木帯，草原，小川，滝といった多様な自然が広がり，水生と陸生の野生動植物を鑑賞することができる。敷地内でのオリエンテーリングと複数の運動場でのアクティビティ（アーチェリーや障害物競走など）もこの施設が提供する重要なアトラクションである。

施設の中心に位置するのは小川沿いに建てられた大きな建物であり，そのな

---

[2] 本書では非日本人が所有・経営する企業も日系商業・サービス産業を構成する企業に含めている。これは，個々の企業レベル（日本企業，日系企業，アジア系企業，豪州企業など）と，多種多様な企業の集合体である産業レベル（日系商業・サービス産業）を分けて捉える立場である。豪州（海外）では，日本人向けの商品やサービスを提供したり，「日本」を売りにする商品やサービスを提供したりする企業は，日本企業や日系企業とは限らない。日本人向けの商品・サービスと日本式の商品・サービスは，複雑な取引の網の目を経由して市場や消費者に届いているため，その網の目（＝本書の言う日系商業・サービス産業）から日本企業と日系企業だけを無理矢理引き剥すことはかえって不自然である。

かに事務所，売店，レストランが入っている。この建物の周囲に観光客用の宿泊施設，スタッフ用宿舎，第2レストラン，運動場などが配置されている。

　この施設を利用する観光客は宿泊客と一時訪問客の2種類である。宿泊客の大半は，サマーキャンプを目的として滞在する学校団体である。その多くは豪州の小中学校だが，日本を含む外国の中学・高校団体もしばしば滞在する。ケアンズは熱帯に属しているため，1年を通してサマーキャンプを実施できる点がこの施設の大きな強みとなっている。学校団体以外の宿泊客には，パーティプラン（レストランで結婚式などのパーティを開き，夜は宿泊施設に泊まるプラン）の利用者と，家族や友人のグループが保養目的で宿泊するケースなどがある。

　一時訪問客の大半は日帰り観光ツアーの団体客である。ツアーにはトリニティが自社催行するものと別のツアー会社が催行するものがある。ツアー客はレストランで食事（昼食・夕食はツアーごとに異なる）を取り，施設内の自然と動植物を鑑賞してから別の観光地へ移動して行く。ツアー客ではなく，家族や友人のグループが食事や自然鑑賞のために立ち寄ることもある。

（2）スタッフの概要

　トリニティはケアンズに本社があり，そこで豪州人正規スタッフ数人（経営者，経理担当者，事務職員など），日本人正規スタッフ2人（日本部門マネージャーとツアーガイド），日本人非正規スタッフ1人（パートタイムのツアーガイド）が勤務している。ただし，ツアーガイドは通常，ガイド兼運転手として観光ツアーを引率している。

　トリニティの観光施設内では6～8人の正規スタッフが就業している。彼らは全て英語母語話者（豪州人，イギリス人，アメリカ人）であり，経理・事務職員（1～2人），レストランスタッフ（3～4人），学校団体のインストラクター（2人）として働いている。

　以上の正規スタッフに加えて，4～10人程度の非正規スタッフが就業している。そのうち4～8人が日本人WH渡航者であり，残りが欧州人WH渡航者（イギリス人，ドイツ人，スウェーデン人など）である。欧州人スタッフがいない時期はあるが，日本人スタッフがいないことは基本的にない。これは，日帰り観光ツアーの日本人観光客が毎日トリニティを訪問するためである。

日本人非正規スタッフの募集・採用は，インターネットと旅行代理店・斡旋業者を通じて常時行われている。トリニティのウェブサイトとSNS上のアカウントにはスタッフの募集案内が掲載されており，就業希望者はそれに従って応募すればよい。また，ケアンズの複数の旅行代理店と斡旋業者にはトリニティの広告が掲載されているので，それを見て応募することも可能である。

非正規スタッフの入れ替えは頻繁かつ不定期である。WH渡航者は，各自が自分の都合に合わせて1～4カ月程度働き，それぞれのタイミングで去って行くのが普通である。日本部門のマネージャーは，繁忙期には応募者を数多く採用してスタッフを増やし，閑散期には辞めるスタッフの補充をせずにスタッフを減らすといった調整を行っている。

(3) 職務内容

日本人非正規スタッフの仕事には環境整備と観光業務の2種類がある。環境整備は観光地としての質を維持するための一連の作業である。具体的には，草刈り，枝落とし，水草の除去などである。サイクロンの通過後や大規模な整備・改修の際は，森林の伐採や植樹といった本格的な林業関連業務も行う。

観光業務には日本の学校団体の引率補助，キッチン業務，ハウスキーピング，受付，ライトアップがある。引率補助は，敷地内の移動を誘導したりアクティビティについて説明したりする仕事である。キッチンでは，正規スタッフの指示のもとで，食材の下ごしらえと調理，盛りつけ，テーブルセッティング，配膳，食器の片づけ，皿洗い，掃除といった多様な職務をこなす。ハウスキーピングは，宿泊施設の清掃と寝具・タオル類の取り替えを行う仕事である。受付係は，売店での接客，旅行代理店との電話・FAXのやり取り，日本部門マネージャーとガイドとの電話・メールでのやり取りが主な仕事である。トリニティは数多くの日系旅行代理店と契約を結び，日帰り観光ツアーの宣伝と申し込み受付業務を委託している。ツアーへの申し込みがあると，旅行代理店は電話とFAXで申し込み人数を連絡してくる。受付係はその情報を集約し，日本部門マネージャー，ガイド，キッチンスタッフに伝達する。ライトアップとは，夜間に熱帯雨林の散策を行う観光ツアーを盛り上げるための演出である。具体的には，スタッフがツアー客の到着前に熱帯雨林に入り，最も大きい木の周囲

にライトとスピーカーを設置して待機し，ツアー客の到着と同時に音楽をかけてライトを点灯させるという作業である。

　以上の通り，日本人非正規スタッフは多様な観光サービス労働に従事している。とはいえどの職務も特別な資格や職歴は不要であり，英語力もそれほど必要ないという点では共通している。日本人スタッフの職務遂行において重要なことは，日本人の観光・宿泊客に適切な観光サービスを提供すること，日系の旅行代理店に失礼なく対応すること，日本人正規スタッフと円滑にコミュニケーションを取ることである。したがって，採用に際して特別な技能が要求されるわけではない。

（4）労働条件と生活環境

　就業形態は無給または有給のボランティア（週あたり約 100 ドル）である。労働時間は担当する職務によって異なる。宿泊客がいない日のキッチンとハウスキーピングは 9 〜 15 時，宿泊客がいる日のキッチンは 9 〜 15 時または早朝と夕方の 2 時間ずつ，受付係は 9 〜 17 時，環境整備は 9 〜 15 時，ライトアップは 19 〜 22 時，引率補助は必要に応じて柔軟にといった具合である。週当たりの労働日数は 5 日であり，シフトを組んで労働日，時間，職務内容を調整する[3]。

　就業期間中，インストラクターと非正規スタッフは，観光施設内にあるスタッフ用宿舎で共同生活を送る。宿舎内にはトイレ，シャワー，キッチン，リビング・ダイニング，寝室がある。これらは全て共用で，個人用のスペースはない。

　トリニティの近くには商店がないため，正規スタッフが週に 1 回，25km 離れた最寄りのスーパーマーケットへ食料の買い出しに行き，それを住み込みのスタッフ全員で共有する。団体客が宿泊した際は，団体客が残した食事も宿舎に持ち込まれる。食費や光熱費などの居住費用は全て会社の負担である。

　仕事の終了後や休日は各自が自由に時間を過ごす。とはいえトリニティは地

---

[3] 報酬額と労働時間は，農業ボランティアを斡旋する非営利団体（WWOOF：Willing Workers On Organic Farms）のルールに準拠している。WWOOF では，「1 日 4 〜 6 時間（1 週間で 42 時間以内）のボランティア労働」と「無料の食事（3 食）・宿泊施設」の交換を適正な取引と定め，それより長時間の労働が行われる場合は追加の報酬を支払うよう指導している。WWOOF ウェブサイトを参照（http://www.wwoof.com.au/wwoofers/guidelines）。

理的に孤立しているため，できることは限られている。カードゲームや雑談で時間をつぶしたり，以前のメンバーが残していった小説やマンガを読んだりするのが典型的なオフの過ごし方である。テレビとインターネットの利用は可能だが，電波や回線は不安定である。携帯電話は通じない。

(5) 就業動機

筆者と同時期（2009年4～6月）に就業した日本人スタッフの概要は図表8-1の通りである。渡航動機を見ると，健を除く全員が海外生活を経験するためにWH制度を利用していた。ただし海外生活のテーマは人によって異なる。

図表8-1 日本人非正規スタッフの概要

名前	性	ビザ	滞在時期	トリニティでの就業動機	渡航動機	インタビュー
愛 アイ	女	WH	2008/12～2009/4	無料の住居と食事	海外生活	実施，70番
真央 マオ	女	WH	2009/1～5	セカンドWHビザ取得	海外生活	実施，82番
遼 リョウ	男	WH	2009/1～6	セカンドWHビザ取得	海外生活	実施，67番
瑠依 ルイ	女	WH	2009/3～6	セカンドWHビザ取得	海外生活	実施，68番
奈美 ナミ	女	WH	2009/3～7	無料の住居と食事	海外生活	実施，73番
塔子 トウコ	女	WH	2009/3～7	セカンドWHビザ取得	海外生活	
理恵 リエ	女	WH	2009/3～7	セカンドWHビザ取得	海外生活	実施，74番
健 ケン	男	V→WH	2009/5～7	無料の住居と食事，再訪問	マラソン大会，旅行	
裕貴 ヒロタカ	男	WH	2009/5～7	セカンドWHビザ取得	海外生活	実施，69番

注：(1) WHはワーキングホリデービザ，Vはビジタービザ。
(2) フォーマルな聞き取りが実施できなかった塔子と健に関しては，インフォーマルな会話の内容を基に記述した。
(3) インタビュー実施者の後に記した番号は，巻末付録1の番号である。
(4) 同時期に就業していた者のうち，筆者とともに就業した期間が短く，就業動機などを聞くことができなかった者は除外した。
(5) 名前は全て仮名である。

たとえば，幼稚園講師の裕貴は「幼稚園見学」，旅行好きな愛は「旅行」が主要なテーマであるのに対して，他のメンバーは「英語力向上」「海外就業体験」の重要性が高かった。健はゴールドコーストマラソンに出場するために豪州へ来たが，その後滞在を延長して豪州各地を旅行してから帰国した。

　前述の通り，WH渡航者の職務（環境整備）には林業の仕事が含まれるため，トリニティはセカンドWHビザの申請をサポートしている。そのため，多くのスタッフがセカンドWHビザを取得するためにトリニティで就業していた。これに対して，愛，奈美，健の3人は，滞在中の居住費が無料である点に魅力を感じてトリニティに来た。また，健は2004年にトリニティで働いた経験があるため，再び滞在したいという思いもあった。

　ところで，図表8-1にあげたスタッフの就業動機には，全員に共通する特徴が1つある。それは，観光業で働きたいという動機よりも，手段的な動機の方が強いことである。言うまでもなく，セカンドWHビザの取得と滞在費の節約は，観光業とは直接の関係がない。彼ら（健を除く）は，セカンドWHビザの取得方法や滞在費の節約方法を考えていたときに，インターネット，斡旋業者，人づてでトリニティの情報を入手し，トリニティでの就業を選択したにすぎない。健を除けば，豪州の観光業で働いた経験がある者もいない。したがって，トリニティで働くWH渡航者の就業・生活状況を考察する際には，不慣れで非日常的な環境，特に熱帯雨林地帯での就業生活にいかに適応するかが最も重要な論点となる。

（6）イメージと実態の乖離

　上述の通り，トリニティの日本人非正規スタッフの大半は手段的な動機で就業しており，豪州観光業での就業経験もない。そのため，ほぼ全員がイメージと実態の乖離を経験する。彼らは美しい自然のなかで楽しく充実した生活を送るといったイメージを抱くことが多いが，実際には，観光地の仕事は楽しいことばかりではなく，生活環境も良好であるとは限らない。外界から遮断された熱帯雨林地帯ではなおさらである。そうした例を具体的に見てみよう。

　トリニティのスタッフが最初に直面する現実は宿舎の悪臭である。熱帯雨林特有の湿気は壁と天井に大量のカビを発生させるため，室内は常にカビ臭い。

宿舎にはネズミも多数棲みついており，部屋中ネズミの糞だらけである。ネズミの糞だけでも十分に臭いが，それがカビの臭いと混ざって耐えがたい悪臭を放つ。仕事で不快感を味わう機会も多い。ライトアップは熱帯雨林で行われるため，虫との接触は避けられない。特にスタッフを苦しめるのがヒルである。雨が降るとヒルが大量発生し，顔，首筋，手などに付着し，目や口に入ってくることもある。環境整備や引率補助で虫に刺されたり植物に皮膚を傷つけられたりすることもある。

　食生活もスタッフが不快感を抱く原因となりうる。前述の通り，トリニティの食料は週に１度の買い出しによって調達される。しかし，食材の種類と総量が足りない事態もしばしば生じる。その一方で，団体客が宿泊した週は，団体客が残した食事（ラザニア，蒸し芋，ハンバーグ，サラダなど）をひたすら食べ続けることもある。

　最後に，オフの過ごし方に関わるストレスも無視できない。トリニティでは買い物や外食は不可能である。宿舎にはマンガや小説もあるが，数は少ない。個人用のスペースがないためプライバシーも全くと言っていいほど存在しない。その結果，退屈や欲求不満がもたらす心身のストレスは，しばしば大きなものになりがちである。

（7）まとめと考察

　トリニティはケアンズ周辺地域の熱帯雨林という観光資源を利用した観光施設であり，国内外から宿泊客と一時訪問客を多数受け入れている。宿泊客と一時訪問客には数多くの日本人が含まれており，日系の旅行代理店とやり取りすることも多いため，日本部門を設置して，日本語でサービスを提供できる日本人スタッフを常に複数名雇用している。そのうち，観光施設内で接客などを行うスタッフの主力はWH渡航者である。WH渡航者は移動性が高いため，スタッフが短期間で頻繁に入れ替わる。これは安定的な人員確保という点に関してはリスクだが，繁忙期と閑散期への対応という点ではメリットとなる。日本部門のマネージャーは，スタッフの募集・採用に際してインターネットを積極的に活用し，旅行代理店や斡旋業者と提携することによって，リスクを最小限にしながらメリットを最大化しようとしている。その結果，WH渡航者は，ト

リニティの日本部門において，雇用の調整弁を兼ねた主力労働者という重要な役割を与えられている。

　日本人非正規スタッフは，観光施設内で生活しながら雑多な職務に従事している。とはいえ，彼らの職務は広い意味における観光サービスの提供という点では共通しており，なおかつ特別な資格，職歴，英語力を必要としないという点でも共通している。したがって，彼らの職務は低技能サービス労働として理解することが可能である。また，彼らは無給あるいは有給のボランティアとして働いており，有給の場合の報酬も決して多くはないから，彼らの労働条件はその低賃金によって特徴づけられると言ってよい。

　トリニティで働くWH渡航者の多くは，観光業での就業経験がなく，観光業に特別な関心があるわけでもない。彼らは手段的な動機でトリニティに来ただけである。そのため，滞在当初はトリニティの就業・生活環境に戸惑いや不満を感じる者が多い[4]。

　それでは，WH渡航者はこのような就業・生活環境にどう適応するのか。この点を検証することが次節以降の課題である。まず次節において，就業・生活環境を改善するための実践を検討する。次に，トリニティでの経験に肯定的な意味を付与するための実践を検討する。

第2節　就業・生活環境を改善するための実践

　前節では，イメージとは異なる現実に直面した日本人WH渡航者が，戸惑いや不満を感じがちであることを指摘した。しかし彼らはそうした状況のなかでただ不満を述べたり嘆いたりしているわけではない。むしろ，彼らはトリニティの就業・生活環境を改善すべく前向きな試行錯誤を繰り返していた。本節ではそうした試行錯誤について検討する。

4　本章ではトリニティの就業・生活環境のネガティブな側面を強調しているが，実際にはそうした側面だけではないことは言うまでもない。多くの日本人スタッフにとって，観光客やスタッフ（特に英語話者）との交流が楽しく有意義な経験であることは疑いない。美しい自然に囲まれた生活には，不便さを補って余りある魅力があることも間違いない。しかしそうした側面は，広告，ガイドブック，体験記などで頻繁に取りあげられている。本書の狙いは，それらの媒体が扱わない側面にあえて注目することによって，これまで見落とされがちだった問題を考察する点にある。

（1）正規スタッフからの便宜

　環境を改善するための実践として最もオーソドックスなものは，正規スタッフから何らかの便宜を得ることである。たとえば，キッチンの食材を分けてもらったり，町でビールを買ってきてもらったり，シフトを調整して連休を作ってもらったり，ツアーバスに便乗してケアンズに遊びに行ったり，「お使い」を引き受けたりするといったものである。2日以上の連休が取れれば，ケアンズで一泊して気分転換することも可能である。「お使い」とは，正規スタッフの代わりに町へ行き，食材や物資を調達する仕事である（後述）。

　これらの便宜を得るためには，正規スタッフとの間に信頼関係が構築されている必要がある。そのための集団的な取り組みとして，リーダー[5]の遼を中心に「マニュアル」の作成と更新が行われていた。マニュアルとは仕事内容について解説する文書であり，作業の概要，注意点，トラブルへの対処法などをまとめたものである。これをプリントアウトして専用のファイルに綴じ，宿舎で参照できるようにしておくと同時に，重要なものに関してはラミネート加工をして現場に持ち込めるようにしてあった。また，仕事内容に重大な変更があればマニュアルも更新し，ミーティングを開いてメンバーに周知するといったことも日常的に行われていた。マニュアルの作成と更新という作業そのものはマネージャーの発案によるものだが，筆者の滞在中は，完全にスタッフ側（特にリーダーである遼）の自発的な取り組みによって行われていた。遼がこうした作業を自ら引き受けたのは，非正規スタッフ側の成果や努力を示さない限り，正規スタッフから便宜を得ることは難しいと感じていたからである。トリニティでの滞在を終えた後に実施したインタビューで，遼は次のように語っていた。

　　　仕事ができないとさ，お願い事とかできないじゃん。ろくに仕事もできないのにお願いばっかしてくんなって感じでしょ。○○（正規スタッフの名前）さんから言わせればさ。

---

[5] トリニティでは，日本人非正規スタッフの代表者をリーダーと呼ぶ。リーダーは，日本人非正規スタッフと正規スタッフ・日本部門マネージャーとの間の連絡係という役割を担う。ただしリーダーの労働条件は他のスタッフと全く同じである。

このように，マニュアルの作成・更新という作業は，単にミスを減らしたり仕事の質を上げたりするためだけではなく，正規スタッフからより多くの便宜を得るための手段として自発的・自覚的に行われていたのである。

マネージャーや正規スタッフの信頼を得てより多くの便宜を得るために，個人レベルでもいくつかの実践が行われていた。たとえば遼と瑠依は，受付の仕事が暇なときにはキッチンの仕事を積極的に手伝っていた。また健は，便宜を図ってもらおうと意識していたわけではないが，常にキッチンの仕事を素早く正確にこなしていた。彼は実家のラーメン店の調理を手伝う機会が多かったため料理の経験と技術があり，他のスタッフより高いパフォーマンスを示していた。

これらの実践や働きぶりは信頼関係の構築につながり，マネージャーや正規スタッフから便宜を受ける機会を確実に増やしていた。たとえば遼と瑠依は，受付業務中にしばしばキッチンのスタッフから昼食やデザートをもらっていた。また健は，携帯用の音楽プレーヤーとスピーカーをキッチンに持ち込んで音楽を聴きながら仕事をしたり，休日にキッチンを使って料理をしたりする自由を得ていた。さらに遼は何度か「お使い」を頼まれ，食材や物資を調達するためにトリニティから70kmほど離れた町へ車で行くことがあった。これは地理的に孤立した場所で生活する者にとって貴重な報酬だった。筆者も一度同行したが，その日，我々は町でファーストフード（贅沢品！）を堪能し，帰りがけに遠回りをして観光地を訪問し，ドライブを楽しんでから宿舎に戻った。ガソリン代は会社が出すため，「寄り道」したことは秘密にしていた。

このように，仕事の質を高めたりやる気を見せたりすることによって正規スタッフの信頼を獲得し，その結果としてより多くの便宜を受ける機会はトリニティ生活の至るところに存在した。そして，こうした好機を抜け目なく捉えようとすること，言い換えれば戦術的に振る舞うことが，就業・生活環境の改善につながっていた。

(2) 仕事のゲーム化

正規スタッフに頼るのではなく，自分たちの工夫によって仕事そのものを楽しいものに変えようとする実践も見られた。たとえば，ライトアップの「レース」化（ライトアップの所要時間をどれだけ短縮できるか競う），清掃作業の「パ

ズル」化（宿泊施設の清掃を効率的に行う方法を考える），環境整備の「ロールプレイングゲーム（以下，RPG）」[6]化などである。ここではレース化とRPG化を紹介しよう。

一時期，遼と筆者はライトアップから戻る時間を競っていた。ライトアップを無事に終えて早く戻るためには，2つの問題をクリアしなければならない。第1に，片づけを手際よく迅速に行う必要がある。ライト，バッテリー，スピーカーといった機材とそれらを結ぶ電源コードを無駄のない動きで回収し，車まで素早く運び，直ちに出発する。一連の作業を迅速に行った場合とそうでない場合とでは10分以上の差が出る。第2に，車の運転技術が必要である。スタッフ用の移動車両は非常に古く，馬力が弱いため，ギアを上げるタイミングが早すぎたり，4速以上で坂道を登ったりすると失速するという難点があった。それゆえ，無駄な減速をせずスムーズに走り続けるためには，道の特徴とギアを上げるタイミングを把握する必要があった。カーブと坂の場所を覚え，減速と加速のタイミングを調整し，上り坂に入る前に十分な速度を出しておくといった技術を身につけて初めて，運転時間の短縮が可能になったのである。これら2つの問題をクリアして好タイムで戻れたときは満足感を味わうことができた。

環境整備は肉体労働であり，傷やケガを負う危険もある。敷地が広いため，いくら草刈りや枝落としをしてもキリがないことも多い。そこで遼と筆者は，RPGの主人公になりきることによって，楽しみながら仕事の効率を上げる方法に辿り着いた。具体的には，「武器収集」「抜け道探し」「宝探し」などである。武器収集とは，川縁で水草の除去をするときに，上流から流れてきた木切れや流木を拾って作業に使うことを指す。水草は複雑に絡み合いながら生長するため，ある程度大きな束をまとめて引き抜く必要がある。その際，根元に木切れや流木を刺すと，土が軟らかくなって引き抜きやすくなる。この事実に気づいた遼と筆者は，細長い木切れを「ひのきの棒」，太い流木を「こん棒」と呼び，「攻撃力が上がった」[7]などとふざけ合いながら作業することによって，

---

6 RPGとはプレーヤーが物語の主人公の役割を演じ，冒険をするというコンピューターゲームのジャンルである（八尋 2005）。
7 「ひのきの棒」「こんぼう」は，ともにRPG内で主人公が使う武器である。こんぼうはひのきの棒より戦闘で敵に与えるダメージが大きい（＝攻撃力が高い）。水草の除去作業では，太い棒を使った方が一度に大量の水草を引き抜くことが可能である。それを「攻撃力が高い」と表現していた。

楽しく効率的に作業を進めることができた。抜け道探しと宝探しは，ただ道なりに草刈りや枝落としをするのではなく，「何かありそうな場所」で作業することを指す。たいていは何もないが，まれに使われていない通路，階段，置石などが見つかることもある。そうしたものを発見し，整備し，観光客が利用できるようにすることによって，高揚感や達成感を得ることができた。

　以上のような仕事のゲーム化は，局外者の目には単なる気晴らしや悪ふざけとしか映らないかもしれない。しかし当事者にとっては気晴らしや悪ふざけ以上のものであり，しばしばきわめて真剣な努力ですらある。なぜなら，こうでもしない限り「やっていられない」仕事が少なくないからである。したがって，一見すると「ふざけている」ように見える彼らの行動（の一部）は，実際には，仕事を楽しくするために役立つあらゆる「好機」を抜け目なく捉えようとする戦術的な振る舞いとみなされるべきであろう。

(3) 創作料理

　食生活の充実を図ることも，快適な生活を送るために不可欠である。そこで，料理が得意な健と瑠依を中心に多様な創作料理が試みられた。たとえば，団体客の残り物を再調理してスイートポテト，ポテトスープ，肉じゃが，野菜スープ，ロールキャベツなどを作った。また，ルーを使わずに香辛料とペーストでカレーを作ったり，小麦粉と牛乳からホットケーキを作ったりする日もあった。さらに理恵の誕生日には，健がレストランのキッチンと食材を借りて本格的なチョコレートケーキを作った。これらの創作料理は，常に何らかの食材や調味料が足りない状態で実験的に作られるため，奇妙な味になることも多かった。しかし，仲間とあれこれ言い合いながら（「肉じゃがの肉はどうする？」「ハンバーグ切って入れちゃえ！」等々）手探りで調理したり，出来上がった料理を恐る恐る食べてみたりすることは，それ自体が一種のゲームのような高揚感をもたらすことが多かった。

(4) 余暇活動

　自由時間の退屈を紛らわすために，多様な余暇活動も行われていた。たとえば，敷地内を散策・探検したり，星空を観賞・撮影したり，アーチェリー場な

どのアクティビティ施設で遊んだり，スライドショーを作成したりする（後述）ことによって，楽しさと「得をした」という感覚を得ていた者は多い。というのも，彼らは無料で施設を利用できるからである。ここでは敷地内の探検，星空の観賞，スライドショーの作成について紹介しよう。

　遼，理恵，奈美，健は一時期，ナタ，無線，水，カメラなどを持参して，宿舎から遠い場所にある池を目指す探検に没頭していた。目的の池まで続く整備された道はないため，彼らは地図を頼りにナタで雑草をなぎ払いながら進んだ。途中で方向感覚を失ったり空が暗くなり始めたりすることもあるため，遊びとはいえ油断できない。そのスリルと目的地に着いたときの興奮，仲間との一体感，そして自然——新鮮な空気，水，ワラビーをはじめとする豪州特有の野生動物——との触れ合いが，彼らの心身に大きな満足感をもたらしていた。

　星空もまた，トリニティ生活を語る上で欠かせない要素である。都市から遠く離れたトリニティでは，晴天の夜，特に月明かりの弱い夜は，美しい天の川と南十字星を心ゆくまで観賞することができる。そのため，星空がきれいな夜は外に出て天の川を眺めたり，ライトアップの帰り道に車を止めてしばし星を眺めたりするといったことが頻繁に行われていた。都市部で育った日本人スタッフにとって，天の川や南十字星をじっくり眺める時間は，それ自体が貴重で楽しい経験となりえた。

　また，一連の余暇活動の集大成として，トリニティで撮影した写真を持ち寄ってBGM付きのスライドショーを作るという共同作業も行われていた。BGMとして選ばれたのは，理恵と塔子が当時熱心に視聴していた『ルーキーズ』というテレビドラマ（DVD）の主題歌である『キセキ』という曲だった。制作期間中は，ドラマのストーリーと主題歌の歌詞・旋律に合う写真を選ぶための話し合いが頻繁に行われた。制作の中心メンバーは健と遼であり，彼らのノートPCを使って作業が行われた。作業はしばしば深夜まで及び，複数のスタッフが夜中までPCを囲んで作業する光景も見られた。作業中は彼らの笑いが絶えることはなかった。

(5) まとめと考察

　以上の通り，日本人非正規スタッフは，トリニティの就業・生活環境を改善

するために多様な実践に取り組んでいた。彼らは不快な仕事や退屈な生活を可能な限り快適で楽しいものに変えるべく試行錯誤を繰り返していた。

　それでは，彼らのこうした実践は，トリニティの経営に対してどのような影響を及ぼすだろうか。この問題を考える際の出発点となるのは，本節で見た一連の実践が，トリニティの就業・生活環境に何らかの根本的な変更を加えようとするものではないという事実である。

　たとえば，日本人非正規スタッフが正規スタッフからより多くの便宜を得ようとするとき，彼らは職務内容に変更を加えようとしているわけではない。むしろ彼らは，割り当てられた職務を忠実にこなす見返りとして，何らかの便宜を得ようとしていた。仕事のゲーム化も同様であり，彼らは与えられた職務をより楽しく効率的に遂行するために知恵を絞っていただけである。創作料理と多様な余暇の実践も，生活環境に根本的な変更を加えようとするものではない。彼らは食材の量や種類を大幅に増やすよう経営者やマネージャーに要求しているわけではないし，余暇の充実のためにゲーム機や書籍などを購入するよう要求しているわけでもなかった。そうではなく，身の周りにあるものを使ってより多くの充足感を得るために，工夫を凝らしているだけだった。

　以上を踏まえれば，日本人非正規スタッフが一連の実践を通じて行っていることは，環境に適応するために必要な知識や技能を身につけることであり，そのことを通じて自分自身を変えることだと分かる。言い換えれば，彼らは一連の実践を通じて自己変革を行っていたのである。したがってそれは，問題状況を解決する方法としては私的解決や個人的解決に分類されるものであって，トリニティの制度や取り決め（職務内容や労働条件など）を変えることによって解決を図るという制度的解決ではないし，ましてや訴訟や労働組合運動を通じて解決を図るという公的解決でもない。

　以上の性格を持つ一連の実践は，トリニティの経営に対して2種類の影響を及ぼす可能性がある。第1に，一連の実践は，日本人非正規スタッフの就業意欲を高める効果を持ちうる。しかもこれらの実践は，スタッフ自身の自己変革として，あるいは問題状況の個人的解決として行われるから，経営者は特別な施策を講じる必要がない。言い換えれば，経営者は，日本人非正規スタッフが就業開始直後に不満を漏らしたとしても，しばらく経てば自然と環境に適応し，

それなりにやりがいを持って仕事に臨むようになることを期待できる。

経営者にとって好都合なこうした状況は，トリニティの観光地としての魅力に負う部分が大きい。たとえば仕事のゲーム化（ライトアップのレース化，環境整備のRPG化），余暇活動（散策・探検，星空観賞，アクティビティ施設の利用），正規スタッフからの便宜の一部（「お使い」ついでのドライブや観光地訪問）は，トリニティとケアンズ周辺地域の観光資源・施設がなければそもそも成立しない。また，日本人非正規スタッフの大半が観光業での就業経験がないことも，こうした状況が生起することを後押ししていると考えられる。なぜなら，彼らにとって観光地での就業生活は未知の体験であるため，トリニティの環境に多少なりとも適応できた後は，一連の実践を通じて得られる充足感が，新鮮さや鮮烈さによって増幅される可能性があるからである。

このように，本節で見た実践は，トリニティの観光地としての魅力と日本人非正規スタッフの特徴ともあいまって，経営者にとって好都合な状況を生起させることに役立っているようである。しかし第2に，一連の実践が経営者（あるいはトリニティ全体）にとって好ましくない結果をもたらしうることも事実である。

たとえば仕事のゲーム化は就業意欲の向上や作業の効率化につながる場合もあるが，状況次第では仕事の質の低下にもつながりうる。具体的には，環境整備で「抜け道探し」に熱中しすぎて重要な通路の整備が疎かになるといったケースや，清掃作業で効率化を追求しすぎて目立たない場所を掃除しなくなるといったケースが起こりうる。あるいはより極端なケースでは，「バレないようにサボる技術」をゲーム感覚で鍛えるような者も現れるかもしれない。

このような好ましくない状況を完全に防ぐことは困難である。日本人非正規スタッフの大半は観光地での就業経験がないため，職業的知識や技能を欠いている。したがって彼らの実践は全て「我流」にならざるをえない。また，彼らは低賃金（あるいは無給）の短期労働者であるため，トリニティの発展のために献身するという動機を持ちにくい。したがって彼らの働きぶりは常に彼らの「気分次第」にならざるをえない。

幸か不幸か，筆者の滞在中は，日本人非正規スタッフの仕事の質やモラルの低下が大きな問題になることはなかった。しかしそのような状況が常に続くと

第3節　経験に意味を付与する実践

　前節で検討した実践は，トリニティにおける就業・生活環境の改善——自己変革によってより多くの楽しさ，高揚感，達成感などを得ること——に役立っていた。しかし，個々の実践から得られる充足感は一時的なものでしかないため，それだけで1〜4カ月にわたる就業生活を乗り切ることは難しい。そこで，断片的な経験を統合して包括的な意味を与えるための理念やイメージが必要となる。そうしたものによって自分たちの経験全体を肯定的に意味づけることが，一時的な充足感の限界を補うために必要なのである。

　本節では，具体的な理念やイメージがどのように（再）生産されるかを見てみたい。

(1)「学校」における「学び」

　トリニティの宿舎には「日記」と「卒業ノート」と呼ばれる共有のノートがある。日記はスタッフが日々の出来事について自由に綴るためのものである。卒業ノートは就業を終えた者が宿舎を去る前に思い出を書き残すためのものである。卒業ノートという呼び名が示す通り，トリニティの日本人スタッフは就業終了を「卒業」と呼び，就業開始を「入学」と呼ぶ。この2つのノートのうち，卒業ノートはトリニティを1つの学校にたとえる隠喩の再生産に寄与していた[8]。

　日本人非正規スタッフが卒業ノートに記した文章を見ると，彼らが「学ぶ」という表現を頻繁に用いていることに気づく。たとえば，「幸せの見つけ方を学びました」（遼②），「たくさんの事が学べました」（瑠依①），「たくさんの事を学びました」（真央①）といった記述がある（図表8-2）。また，「入学」「卒業」「学ぶ」といった表現は，卒業ノートだけでなく日記にもしばしば記され，

8　このような隠喩がいつ，どのように定着したかを確認できなかったため，「生産」ではなく「再生産」と表現した。確かなのは，筆者が滞在した2009年4月にはすでにそれが用いられていたという点だけである。

図表 8-2　卒業ノートからの抜粋

遼	①ついに卒業を迎えた。トリニティに来て最初の一週間で，よくこの人たちこんなところで4カ月近くもせいかつしてるなぁ，既にもうやめたいと心から思っていた。 ②本当に大変な仕事だったし，生活自体も楽ではなかったけど，だからこそ，幸せの見つけ方を学びました。 ③最後言葉には出来なかったけど，こちらこそ「ありがとう」と思った。 ④みんなと悩みながら仕事をしたこと，みんなと衝突したこと，みんなと笑いながら生活したこと，トリニティでのすべてが幸せな時間でした。
瑠依	①私も皆さんと同じ様に，ここに来てたくさんの経験をしてたくさんの事が学べました。そしてやっぱり，最後には「ありがとう」って思います。 ②私も最初はありえない事だらけの生活に戸惑いと不満をたくさんかかえました。でも自分でも気づかないうちに，トリニティがとっても好きになっていた。 ③日常に見れるユリシス，ワラビー，星空，ミルキーウェイ，土ぼたる，ブッシュターキー，カモノハシや180度緑に囲まれた隔離された世界。こんな体験，熱帯雨林にいないとできないなと毎日幸せを感じた。 ④24時間一緒の大切な仲間ができた。
愛	①アリエナイ日々はいつしか私の宝物となりました。それらを乗り越えた今，確かに私の自信となりました。 ②肌を焦がす強烈な日差し，……宇宙の中に放り出されたのかと錯覚してしまう程の星空，……頭が痛くなる程の匂いを放つネズミの糞。 ③Light Upの時ヒルが目に入って近くの民家に助けを求めたり，……シャワールームの中にケーントード〔毒ガエル〕が居て……泣きそうになりながら退治したり，……土砂降りの中Light Upに行くと車内でも雨が降ってたり。 ④アリエナイ日々は私たちを強くしました。それらを乗り越え，私は掛け替えのない仲間を手に入れました。彼等が居る，それだけで私は無敵。 ⑤Thanks a million! Have Fun ♡
真央	①トリニティに来て私はたくさんの事を学びました。最初はここの環境になれるのがいっぱい×2で大変だったけど。 ②ここでいろいろなスキル（10年ぶりにマニュアル車が運転できるようになったコト，どんな台所でも料理ができるコトetc）を身につけられてよかったです。ありがとうトリニティ。 ③みんながいなかったら，とっくに心がくじけていたよ。いつもみんなといたから頑張れたと思います。

日常会話でも頻繁に用いられていた。これらの事実は，トリニティとは1つの「学校」であり，そこで経験されることの本質は「学び」だという意味づけが，これらの共有物を介して再生産されていたことを示している。

　この再生産過程は次のように展開されていた。日本人スタッフは「入学」するとまずマニュアルに目を通すよう指示され，あわせて卒業ノートと日記を読

むよう勧められる。これらを読めば仕事と生活の概要がつかめるからである。たいていのスタッフはこれらに目を通し，上述のような表現や意味づけに接する。しかしそれらを即座に受け入れる者はほとんどいない。初めはトリニティの現実にショックを受けて混乱に陥るのが普通だからである。「既にもうやめたい」（遼①），「最初はありえない事だらけの生活に戸惑いと不満」（瑠衣②），「アリエナイ日々」（愛①④），「最初はここの環境になれるのがいっぱい×２で大変だった」（真央①）といった記述がこのことを示している（図表8-2）。しかし，その混乱を乗り越え，共同生活を送るうちに，自分もいつしかそれらの表現を用いて会話し，その意味づけに即して経験を理解していることに気づく（あるいは気づかずにそうしている）。

　トリニティにおいてこうした表現や意味づけが受容される要因として，以下の２点を指摘することができる。１つは，相互行為そのものが持つ社会化ないし同化作用である。地理的に孤立した場所で少数のスタッフが同じ仕事に従事し，同じ食事を取り，同じ宿舎に寝泊りし，相互行為を繰り返す。このような状況下では，用いる語彙がある程度まで似通ってくることは自然な帰結である。しかし第２に，より重要な要因として，これらの表現や意味づけにもっともらしさが感じられる点を指摘することができる。言い換えれば，上述の表現や意味づけには，滞在中の経験に包括的な意味を与える理念としての信憑性があるということである。

　「学び」という意味づけの信憑性は，次の２つの事実によって支えられている。第１に，日本人非正規スタッフの大半は観光業（あるいは熱帯雨林）で働いた経験がない。トリニティの就業生活には，ヒルとの格闘に象徴されるように，日本人非正規スタッフが以前に経験したことのない出来事や，日常生活では想像できない経験が数多く含まれる。だからこそ最初は戸惑いや不快感を覚え，それを克服した後は個々の経験を「これまで知らなかったこと」を「学ぶ」過程として認識できるようになる。

　第２に，日本人非正規スタッフは，多様な実践を通じて自己変革を達成した経験を持つ。言い換えれば，彼らはトリニティでの就業生活を通じて，不快な仕事や退屈な環境のなかで充足感を得る方法を「学んだ」。こうした経験の蓄積が，「学び」という意味づけを受け入れる素地となっているのである。

このように，「学び」という意味づけが，未知の経験や自己変革の経験を説明するのに適していると当事者が感じるからこそ，「トリニティとは学校であり，そこでの経験の本質は学びである」という意味づけが再生産されてきたと考えられる。

(2)「出会いの場」としてのトリニティ

トリニティは宣伝月のキャッチフレーズとして「出会いの場」を採用している。そしてトリニティを出会いの場として肯定的に意味づけるという見方は，スタッフの間でも強く支持されている。それは卒業ノートの記述からもうかがえる。たとえば，「みんなと悩みながら……すべてが幸せな時間でした」（遼④），「大切な仲間ができた」（瑠依④），「掛け替えのない仲間を手に入れました」（愛④），「みんなといたから頑張れた」（真央③）などである（図表8-2）。また，非常に忙しい時期に一緒に働いていたスタッフ（遼，愛，真央）は，当時のスタッフを「家族」と呼んでいた。

本来は宣伝文句である「出会いの場」という意味づけを彼らが受け入れるのはなぜか。それは，トリニティでは相互行為を通じて親密な人間関係が形成されやすいため，「出会いの場」という意味づけが当事者の目に妥当なものと映るからである。ゴフマン（Goffman 1961a=1984：59-62）は，一般社会から隔離された空間で共通の運命を享受する「全制的施設（total institution）」の被収容者たちがしばしば親密な人間関係を構築する傾向があることを指摘し，そのような過程を「身内化（fraternization）」と呼んだ。この議論を踏まえれば，トリニティのスタッフが経験した「出会い」とは，ゴフマンのいう身内化を意味するものと考えられる。

トリニティで展開された身内化の様相は，前節の記述のなかで示唆されたように思われる。たとえば，仕事のゲーム化，創作料理，余暇活動は，その大多数が複数のスタッフの共同作業として行われていた。むしろ一連の実践は，共同実践という形でしか遂行しえないものがほとんどだった。それらの共同実践を通じて身内化が進行したと考えられる。そしてそうした身内化の過程が，本来は宣伝文句でしかない「出会いの場」という意味づけを信憑性のあるものとして受容させ，再生産させる基盤となっているのである。

（3）大衆文化の利用による補強

　これまでに，トリニティにおける経験の本質とは「学び」であり，トリニティとは大切な仲間との「出会いの場」であるという意味づけが，卒業ノートや多様な共同実践を通じて受容され再生産されていることを明らかにした。次に，これらの意味づけが大衆文化の利用によって補強されている点を指摘したい。

　前節で見た通り，日本人非正規スタッフの実践にはRPGやテレビドラマの要素を借用するもの（環境整備とスライドショー制作）が存在した。これらは仕事をゲーム化したり，自由時間を有効利用したりすることによって充足感を得ようとするものであった。しかしこれらの実践には一時的な充足感の追求にとどまらないより重要な意味合いがあった。インタビュー調査で愛が語った言葉がそのことを示している。

> 愛：〔不快な仕事を〕毎回ふざけんなよとか思いながらやってたけど，……でもそれを乗り越えたら，チャラララッチャッチャーって（笑）。
> 筆者：レベルが上がったの？
> 愛：レベルが上がった。「愛はレベルが上がった！」みたいな（笑）。

　ここで愛が発した擬音は，『ドラゴンクエスト（以下，DQ）』というRPGで主人公のレベルが上がった（成長した）ときの効果音をまねたものであり，「レベルが上がった！」という表現は，そのときに画面に表示される一文である。愛はトリニティ生活をDQの世界と重ね合わせ，「トリニティ＝DQ的世界」で自分の「レベルを上げる」こと，つまり成長することをイメージしていたのである。遼，真央，瑠依，筆者も同様のイメージを共有しており，日常会話や日記において，このイメージに即したやり取りを行っていた。以下は日記からの抜粋である。

9　筆者もDQに興じた経験があるため，彼らのやり取りに積極的に参加していた。ただし，筆者がトリニティで働き始めた時期は愛，遼，真央，瑠依より後であり，筆者が到着したときにはすでにこうした比喩を用いた会話は行われていた。

20/4/09（= 2009 年 4 月 20 日）Ryo
ライトを修理した。Ryo はレベルが 1 上がった。
21/4/09 Rui
早くレベルが 999 になるといいね。
21/4/09 Mao
ところで Ryo 君，今レベルいくつ？

　以上のやり取りの背後にある DQ 的世界観について解説しておこう。DQ の世界は，若干の人工施設（町や城など）と広大な自然（草原，林，山，川など）から構成される。町や城の外にはモンスターが生息しており，主人公に襲い掛かってくる。主人公は広大な自然を旅しながら，各地で起こる問題を解決していく。主人公はモンスターを撃退したり，問題を解決したりするたびにレベルが上がって（成長して）いく。

　こうした世界は，トリニティの環境と似ている部分が多い。たとえば，トリニティは広大な自然に囲まれており，林や山のなかには虫やヒルが生息し，しばしば人間に危害を加える（図表 8-2 の愛③参照）。また，トリニティでは様々な問題が生じる。上記の日記では，ライトアップ用のライトの故障が話題になっている。このような環境と DQ の世界を重ね合わせることによって，熱帯雨林のヒルを撃退したりライトを修理したりすることがレベルアップ（成長）につながる，という捉え方が可能になる。

　このように，一部のスタッフはトリニティ生活を 1 つの RPG とみなし，そのなかで「レベルを上げる」といった RPG 用語を日常的に用いていた。それは卒業ノートの記述からもうかがえる。たとえば，「私の宝物」（愛①），「掛け替えのない仲間を手に入れました」（愛④），「いろいろなスキル……を身につけられてよかった」（真央②）という記述に含まれる「宝物」「〜を手に入れる」「スキル」といった表現も，RPG 用語を借用したもの（あるいは RPG 用語と親和性が高い語彙）である。このように，一部のメンバーはトリニティ生活を 1 つの RPG と見立て，そのなかで「レベル」を上げ，「スキル」を身につけ，「宝物」を「手に入れる」といった比喩表現を日常的に用いていた。そしてこうしたやり取りを通じて，トリニティでの経験の本質は「困難を乗り越えて成

長すること」であるという意味づけを，ときに冗談交じりに，ときに真剣に確かめ合っていたのである。

　テレビドラマも RPG と同様の役割を果たしていた。スライドショーの制作時に参照した『ルーキーズ』のテーマは，「仲間とともに成長すること」だった。それは，甲子園を目指す高校の野球部員たちが衝突したり励まし合ったりしながら選手としても人間としても成長していく姿を描いていた。トリニティの日本人非正規スタッフは，このドラマのテーマを意識しつつ，スライドショーの写真を選んだり写真の順番を決めたりしていた。また，このドラマに欠かせない「メンバー同士のケンカと仲直り」の写真がないことから，わざわざ「トリニティにおけるケンカと仲直り」をテーマとするショートストーリーを作り，そのストーリーを実際に演じながら，必要な写真を 1 コマ 1 コマ撮影するという作業まで行っていた。

　スライドショーの BGM に用いた『キセキ』という曲も同様の役割を果たした。この曲は，「愛する人と巡り合えた『奇跡』」と「2 人手をつなぎ歩み続ける愛の『軌跡』」という 2 つの「キセキ（奇跡／軌跡）」をテーマとするラブソングである。[10] 彼らは 2 つの「キセキ」というアイディアを借用し，トリニティへの「入学」から「卒業」までの「軌跡」と，トリニティで大切な仲間とめぐり逢えた「奇跡」をスライドショーのテーマとして設定した。その結果，ツアーバスがケアンズを出発するシーンから始まり，トリニティの入り口にある立て看板，宿舎の全景，宿舎の入り口のドアを開けるシーンを経て，宿舎内の様子，トリニティの自然，印象的な出来事，「ケンカと仲直り」，スタッフの紹介が続き，最後に全員の集合写真で終わるという感動的なスライドショーが完成した。[11] 制作期間は 1 週間程度だったが，日本人非正規スタッフはその間，各自のアイディアについて話し合ったり，過去の思い出を語り合ったりするなかで，トリニティでの経験の本質は「大切な仲間と出会い，ともに成長すること」だという意味づけを，ときに冗談交じりに，ときに真剣に確かめ合ってい

10　ユニバーサルミュージックジャパンの楽曲紹介サイトを参照（http://www.universal-music.co.jp/greeeen/products/upch-80081/）。
11　非正規スタッフは，観光ツアーのバスに便乗してトリニティに移動する。トリニティからケアンズに移動する際も同様である。

たのである[12]。

（4）日本人非正規スタッフの実践が観光施設の経営に及ぼす影響

以上の通り，トリニティで働く日本人非正規スタッフは，一時的な充足感を追求するだけでなく，自分たちの経験に包括的な意味を与えるための実践にも取り組んでいた。とはいえ，彼らの実践はあくまで即興的なものであり，偶発性の高いものだったから，彼らが作り上げた意味づけ（学び，出会い，成長に関するイメージの寄せ集め）もまた体系的に構成されたものではなかった。したがってそうしたイメージの寄せ集めは，ブリコラージュ[13]の結果として生まれた理念的構築物とみなせる。

トリニティの日本人非正規スタッフがブリコラージュによって作り上げたこの理念的構築物を，筆者は「友情と成長の物語」と呼びたい。この物語は，学びや出会いや成長に関するイメージが雑然とまとまりなく綴られた文集のようなものであり，日本人スタッフが自分たちの経験を解釈し意味を付与する際の準拠枠として利用されるものである。彼らはこうした物語を共同執筆したり相互承認したりすることによって，自分たちの経験に肯定的な意味を付与していた。そしてそうすることによって，トリニティでの就業生活を前向きに乗り切ろうとしていたのである。

それでは，彼らのこうした実践は，トリニティの経営に対してどのような影響を及ぼすだろうか。この問題を考えるために，彼らが作った「友情と成長の物語」の特徴を整理すると次のように要約できる。すなわち，この物語は，①学校またはRPG的世界において繰り広げられる，②彼ら自身を主人公とした，③学び，出会い，成長をテーマとする人間ドラマであり，④即興や偶然の産物である。この4点から，物語の共同制作という実践がトリニティに及ぼしうる2つの影響を読み取ることができる。

---

12 スライドショー制作には筆者も参加したが，それほど積極的に参加することはせず，作業（「ケンカと仲直り」用の写真撮影など）を頼まれたら手伝う，という程度にとどめた。その理由は2つある。第1に，当時，筆者は『ルーキーズ』と『キセキ』についてよく知らなかったため，制作に際して「戦力」になれなかった。第2に，積極的に参加することによってスライドショーの内容に多大な影響を与えるという事態を回避しようとした。

13 ブリコラージュとは，あり合わせの道具や材料を用いてものを作ったり考えを表現したりすることである（Lévi-Strauss 1962=1976：22-28）。

第1に，この物語は，日本人非正規スタッフがトリニティの就業・生活環境に適応することを促進する機能を持ちうる。この機能が発現するパターンは複数存在する。1つは，日本人非正規スタッフが，トリニティでの経験を，学び，出会い，成長の契機として前向きに捉えようとする過程で発現するパターンである。この場合は，就業意欲の向上と愛着の強化を通じて，環境への適応が促進されることになる。卒業ノートに頻出する「学ぶ」「仲間」「身につけた」といった表現や，トリニティに対する愛着や感謝を伝える言葉（図表8-2の遼③，瑠依②③，愛①など）は，こうしたパターンの存在を示す傍証と言える。2つ目は，彼らがトリニティの就業・生活環境を学校やRPG的世界と重ね合わせて捉えようとする過程で発現するパターンである。この場合は，彼らの意識のなかで職場の労使関係や権力関係が後景に追いやられ，経営者に対する異議申し立ての可能性が閉ざされることを通じて，環境への適応が促進されることになる。卒業ノートや日記に頻出するRPG用語（あるいはRPG用語と親和性の高い表現）は，こうしたパターンの存在を示す傍証と言える。3つ目は，彼らが自分たち自身を物語の主人公に位置づけようとする過程で発現するパターンである。この場合は，彼らが主人公としての地位と引き替えに，身の周りで起こる出来事の責任（発生責任や解決責任）を主体的に引き受けるようになることを通じて，環境への適応が促進されることになる。自発的に作成・更新されるマニュアルと彼ら自身を主人公とするスライドショーは，こうしたパターンの存在を示す傍証と言える。

　このように，「友情と成長の物語」には，日本人非正規スタッフがトリニティの就業・生活環境に適応することを促進する機能があるため，経営者にとって好都合なものであることは間違いない。しかし第2に，日本人非正規スタッフが作る物語は，経営者にとって都合の良いものばかりとは限らない。なぜなら，日本人非正規スタッフは即興的に物語を制作しているため，その内容がどのようなものになるかを正確に予測することは困難だからである。したがって，たとえば「リラックス」を重視したり，「反抗」を美化したりするような物語が制作された場合は，経営者にとって好ましくない雰囲気が醸成される可能性もある。

　事実，スタッフの入れ替わりを機にトリニティの様子が変化したという指摘

は「インタビュー調査」でも確認された。たとえば裕貴は,「学び」「成長」というテーマを重視していたスタッフ（愛, 真央, 瑠依, 遼）が全て去った後のトリニティを「腐ったみかん状態」と表現した。これは, 仕事に対する積極的な姿勢や責任感が弱まり, ミスが頻発するようになった状況を彼なりに表現したものである。また理恵は, 上記スタッフが去った後は「友情」というテーマも後退したことを指摘した。「友情」というテーマが後退したのは, 残りのスタッフ内に誕生したカップル（奈美と健, 塔子と豪州人スタッフ）が別行動を取るようになったため, スタッフ全体の一体感が失われたからである。筆者はその場にいなかったため推測するしかないが, 調査後のトリニティでは「友情と成長の物語」が意味を喪失し, それに代わる意味付与の実践が当時のスタッフによって行われていた可能性が高い。しかしその実践を通して制作された物語（ロマンスと腐った果実の物語？）が, トリニティの経営者にとって好ましいものでないことは確かなようである。

まとめと考察

(1) まとめ

　本章では, 豪州の日本人向け観光業で働く日本人WH渡航者の就業・生活状況を考察した。具体的には, ケアンズ周辺地域の観光施設（トリニティ・リバーズ）で働く日本人WH渡航者の職務内容, 労働条件, 就業動機, 就業・生活環境への適応過程を検討した。そこで得られた知見を要約すると次の通りである。

　トリニティは数多くの日本人観光客を受け入れており, 日系の旅行代理店とやり取りする機会も多いため, 日本語で職務を遂行できる日本人スタッフを常時雇用している。そのうち, 観光施設内で住み込みのサービス労働に従事する非正規スタッフの主力はWH渡航者である。彼らの就業期間は1～4カ月程度と短いため, スタッフの入れ替わりは頻繁である。この特性を利用して, トリニティは日本人WH渡航者を, 雇用の調整弁を兼ねた主力労働者として活用している。

　日本人WH渡航者が担当する職務の大半は低技能サービス職であり, 特別

な資格，職歴，英語力が要求されない点を特徴とする。彼らは無給または有給のボランティアスタッフであり，その報酬は少ない。労働日・時間は職務内容や繁忙状況によって柔軟に調整され，シフトによって管理される。彼らの居住費用はトリニティが全て負担する。

トリニティで働く日本人WH渡航者の大半は，観光業での就業経験がなく，観光業での就業に特別な関心があるわけでもない。彼らはセカンドWHビザの取得や滞在費の節約といった手段的な動機で就業している。そのため彼らは就業開始当初に，観光業および熱帯雨林地帯での就業生活に戸惑いや不満を感じることが多い。しかし彼らはただ不満を述べるだけではなく，就業・生活環境を改善したり，トリニティでの経験に肯定的な意味を付与したりするための実践にも取り組んでいる。その結果，経営者が特別な施策を講じなくとも，自分たちで就業意欲を高めながらトリニティの環境に適応していく者が多い。なぜなら，トリニティの観光地としての魅力がWH渡航者の実践を成功に導きやすいからであり，しかもトリニティの就業生活は観光業の素人である彼らにとって非日常的経験であるために，多様な実践を通じて得られる充足感が増幅されやすいからである。ただしこうした適応が常に円滑に進む保証はないため，状況によってはWH渡航者の就業意欲や仕事の質が低位にとどまる可能性も否定できない。

(2) 考察

最後に，本章の2つの検討課題，すなわち日本人WH渡航者が豪州の日本人向け観光業で果たしている役割と，観光業で働くことを通じてWH渡航者が得ているものを考察して本章の結びとしたい。

まず日本人WH渡航者が豪州の日本人向け観光業で果たしている役割を考えてみよう。本章の知見は，豪州の日本人向け観光業において，日本人WH渡航者が次の2つの役割を果たしている可能性を示すものである。第1に，日本人WH渡航者は，日本人向け観光業の低賃金・低技能サービス労働部門において，繁忙期と閑散期の需要変動に対応するための雇用の調整弁を兼ねた主力労働者としての役割を担っている。第2に，同部門に対して，多様な就業・生活環境に円滑に適応する柔軟で従順な労働力を提供している。この2つの役

割はWH渡航者と親和性が高いため，他のタイプの労働者が引き受けることは困難である。なぜなら，低賃金，短期雇用，日本人という3つの条件を全て受け入れる（満たす）労働者はなかなかいないからである。しかもこの3つに遠隔地勤務，適応性，従順さといった追加の条件が加われば，もはやWH渡航者以外に引き受けられる人などいないというのが現実である。

この点を具体的に確かめてみよう。まず，WH渡航者に最も近いタイプである日本人留学生であれば，低賃金，短期雇用，日本人，適応性，従順さという条件の全てを受け入れる／満たすことは可能かもしれない。しかし，大学生であれ語学留学生であれ，学生は平日の日中に働くことが難しい。また，日本人観光客が増加する繁忙期（ゴールデンウィーク，夏・春・冬休みなど）は，あくまで日本の暦によって決まるため，豪州の授業スケジュールと噛み合わない可能性が高い。さらに，教育機関の多くは都市部にあるため，遠隔地での勤務は困難である。少なくとも，トリニティのような住み込みの仕事はまず不可能である。

次に，家計補助的な部分就労を望む既婚女性（婚姻移住者）を見てみよう。既婚女性の多くは，学生とは異なり，平日の日中に働くことが可能である（乳幼児がいる場合などを除く）。しかし同時に，家計を補助するために継続的な就業や一定の所得水準を望む人は，極端な低賃金と短期雇用を忌避する可能性が高い。また，家事責任がある人は，遠隔地に通ったり住み込みで働いたりすることも困難である。さらに，豪州に定住する人に対して，WH渡航者と同様の適応性や従順さを期待することは現実的でない。というのも，WH渡航者が多様な仕事や環境を従順に受け入れるのは，観光業での就業が彼らにとって非日常的な経験だからである。言い換えれば，WH渡航者は，観光業（観光地）での就業生活が彼らにとって未知の経験であり，なおかつ短期間で終わるものだからこそ，そこに「学び」や自己変革の可能性を見出すにすぎない。これに対して，豪州に長く住んでいる（あるいは住む予定の）定住者は，観光業であれそれ以外の産業であれ，日常生活の一部として就業を捉えるはずだから，WH渡航者と同様の反応を示す可能性は低い。

家計を支える立場にある永住者やビジネスビザ保持者に関しては，詳細に検討するまでもないだろう。こうした立場にある人々は，高賃金で安定した職を

得ようとするはずであり，低賃金で短期雇用の職には関心を示さない可能性が高いからである。そもそもビジネスビザ保持者は，正規雇用の職を失ったらビザを更新できない。永住者が低賃金で短期雇用の職に就く可能性があるとすれば，それは長期失業などでよほど経済的に困窮した場合だけだろう。

　以上の通り，日本人WH渡航者は，豪州の日本人向け観光業の低賃金・低技能サービス労働部門において，雇用の調整弁を兼ねた主力労働者としての役割を担い，なおかつ多様な就業・生活環境に円滑に適応する柔軟で従順な労働力を提供できるほぼ唯一の存在である。特に，都市部から離れた観光地の仕事に関しては，WH渡航者に依存するしかない業者が多いと考えられる。都市部の仕事に関しては，留学生や既婚女性によって代替できる余地もあるが，WH渡航者より制約が多いという難点がある。したがって日本人WH渡航者は，豪州の日本人向け観光業に対して，代替が困難な労働力を供給していると結論づけることができる。

　次に，2つ目の検討課題について考えてみよう。観光業での就業生活を通じて，WH渡航者は何を得ているのだろうか。WH渡航者が就業を通じて得るもの，それはもちろん賃金である。あるいはトリニティの場合は，賃金の代わりに提供される食事と住居であり，セカンドWHビザのサポートである。これらの報酬は，日本人WH渡航者が豪州で滞在し続けるために，あるいは滞在期間を長くするために必要不可欠なものである。

　しかしWH渡航者が観光業で働くことによって得るものは賃金や食事やビザだけではない。本章の知見は，WH渡航者が観光業で働くことによって，広い意味での「成功体験」と「成功談」を得ている可能性を示している。ここで言う「成功体験」とは，賃金をはじめとする物質的な報酬や，充足感，達成感，成長実感といった非物質的な報酬を獲得することに成功した経験のことである。トリニティの事例では，正規スタッフから様々な便宜を得ること，仕事のゲーム化によって楽しさを得ること，創作料理で食生活を充実させること，余暇活動で自由時間を充実させることに成功した経験と，これらの個別的成功体験の総体としてのトリニティ生活が，ここで言う「成功体験」に当たる。これに対して「成功談」とは，上述の個別的成功体験を何らかの肯定的な意味に関連づけて編集したエピソードと，そうした個別的エピソードの総体としての物語の

ことである。トリニティの事例では,「学び」「成長」「出会い」などに関する個別的エピソードと,それらの総体としての「友情と成長の物語」が,ここで言う「成功談」に当たる。トリニティの事例では,観光地に特有の不便さや不快感でさえも結果的に達成感や成長実感の源泉となっていることや,そもそも観光地での就業生活には観光資源や施設を無料で利用できるというメリットがあることが示されたから,WH渡航者が観光業での就業生活を通じて「成功体験」や「成功談」を得る機会はかなり多いと考えられる。

このような「成功体験」と「成功談」を手にしたWH渡航者は,自己効力感(self-efficacy)が強化される可能性が高い。[14] トリニティの事例では,卒業ノートに書かれた「確かに私の自信となりました」「私たちを強くしました」(図表8-2の愛①④)といった表現が,自己効力感の強化を示す傍証とみなせるだろう。

以上の通り,WH渡航者は,観光業での就業を通じて,賃金をはじめとする物質的な報酬に加えて,「成功体験」と「成功談」の獲得による自己効力感の強化という心理的報酬を得ている可能性が高い。そしてこのような心理的報酬は,閉塞状況への打開策・対処法としてWH制度を利用した渡航者にとって,大きな重要性を持つものとなりうる。なぜなら,序章第2節(1)で見た通り,閉塞状況に身を置く者は,自己効力感(自尊感情)が相対的に低下していることが多いからである。したがって,観光業での就業生活は,渡航前に閉塞状況に陥っていたWH渡航者に対して,低下していた(低下しつつあった)自己効力感(自尊感情)を(再)強化する機会を提供しうる。トリニティの卒業ノートに頻出する「感謝」の言葉(「こちらこそ『ありがとう』と思った」遼③,「最後には『ありがとう』って思います」瑠依①,「Thanks a million!」愛⑤,「ありがとうトリニティ」真央②)には,もちろん社交辞令という側面も含まれるはずだが,それだけではなく,自己効力感を(再)強化する機会を提供してくれたトリニティ・リバーズに対して,そしてその機会を捉えるべく協働した仲間に対して,率直な思いを伝えようとしたものとみなせるのではなかろうか。

---

14 「自己効力感」については第7章の「まとめと考察」を参照されたい。

第3部のまとめ

第3部の要約

　第3部では，WH渡航者が，日本企業の海外進出に必要な日本人労働者を確保するための国境横断的な雇用・労働システムに組み込まれている状況を記述・分析した。第6章では，日本企業の豪州進出によって現地の日系商業・サービス産業が発展し，日本人労働者に対する労働需要が創出され，WH渡航者の就業機会が増大するに至った過程を記述・分析した。第7・8章では，筆者が実施した調査に依拠しながら，日系商業・サービス産業で働くWH渡航者の就業動機，職務内容，就業経験に対する自己評価などを詳細に検討した。この作業を通じて，WH渡航者が豪州の日系商業・サービス産業で果たしている役割と，WH渡航者が日系商業・サービス産業で働くことによって得ているものを明らかにした。

　第6章の考察を通じて明らかになったことは，日系商業・サービス産業とWH渡航者が，マクロなレベルで相互依存の関係にあるという点である。一方で，第1部で見たように，日本人WH渡航者のなかには，英語力が低く特別な職歴や資格も持たないため，資金を補うためには日系商業・サービス産業（または会話不要な農業分野など）で働くしか選択肢のない日本人が大量に含まれている。他方で，豪州の日系商業・サービス産業は，業務遂行またはコスト削減のために，低技能職種を担う日本人労働者を大量に必要としている。しかし，豪州政府は低技能労働者に対してビジネスビザや永住権を付与しないから，経営者は，永住者（婚姻移住者），留学生，WH渡航者のように，働けるビザを持って滞在している日本人のなかから必要な労働者を調達するしかない。永住者，留学生，WH渡航者は働ける時間帯，時期，期間，地域などが異なるため，経営者はこれらの日本人を組み合わせながら必要な労働力の充足を図る。その際，WH渡航者でなければ担えない，あるいはWH渡航者を雇う利点が大きい仕事も多数存在するから，少なからぬ経営者にとって，WH渡航者は不可欠な存在になっている。こうして両者の利害が一致することによって，日系

商業・サービス産業の経営者と日本人WH渡航者のマッチングが円滑に行われるようになった。ただし，第1部で見た通り，90年代以降は日本人WH渡航者が急激に増加し，WH渡航者の希少価値が下落したため，経営者とWH渡航者の力関係という点では前者に有利な状況が続いているように見える。WH渡航者の賃金水準が低いことはその傍証と言える。

このようなマクロレベルの相互依存関係——ただし力関係としては経営者が有利な状況——を前提とした上で，第7・8章では，ミクロな労働現場を記述・分析した。第7章ではメルボルンの日本食レストランを，第8章ではケアンズの観光施設を，それぞれ事例として取りあげた。2つの章で明らかにされた主な知見は以下の通りである。

日系商業・サービス産業で働くWH渡航者は，手段的な動機で就業する者が多い。具体的には，資金の確保，食費・居住費の節約，ビザ取得などを目的に働く者が多く，仕事そのものに関心を抱く者は少ない。ただし，調理師のように就業経験を積んだり相対的に良好な労働条件を期待したりできる人（キャリアトレーニング型WH渡航者）は，やや異なる就業動機を持つこともある。そのような例外的なケースを除いた多くのWH渡航者は，英語力，職業的技能・資格，滞在資金が不十分であるために，日系商業・サービス産業（および会話不要の農業分野など）で働く以外に選択肢がないというのが実情である。

日系商業・サービス産業で働くWH渡航者は，低技能のサービス職に就く者が多い（ただし調理師のような例外を除く）。本書の事例では，WH渡航者が，日本食レストランのキッチンハンドとフロアスタッフ，および観光施設の住み込みスタッフとして働いていた。これらの職種は，日本語能力と最低限の常識・マナーがあれば就業可能なものであり，高度な英語力や特別な職業的技能・資格は不要である。

彼らの賃金水準は低い。日本食レストランにせよ観光施設にせよ，法令に違反しないギリギリの水準（またはグレーな水準）で働くのがWH渡航者にとって普通の状態になっている。また，彼らの労働時間や勤務日は流動的である。良く言えば「柔軟」であり，悪く言えば「不安定」であると言い換えることもできる。日本食レストランでは，フルタイムとシフト制のパートタイムが職種（キッチンハンドとフロアスタッフ）によって分けられていた。観光施設では住

み込みの利点を生かして，労働時間・勤務日がかなり柔軟に調整されていた。両者に共通するのは，永住者（婚姻移住者）や留学生が働けない時期や時間帯をWH渡航者が埋めているという点である。したがって，ミクロな企業・店舗レベルでも，WH渡航者は不可欠な労働者として位置づけられていた。

日系商業・サービス産業で働くWH渡航者は，就業環境，職務内容，労働条件などに対して戸惑い，不満，物足りなさといった感情を抱くことが多い。しかし彼らは，WH渡航者が日系商業・サービス産業以外の職を得ることは難しいという現実を理解しているため，諦めたり割り切ったりして働き続けることが多い。意外なことに，日系商業・サービス産業で働いた経験を否定的に自己評価するWH渡航者は少ない。彼らの多くは日系商業・サービス産業での就業経験を，良いことも悪いこともある差し引きゼロの経験と捉えており，場合によっては就業経験を肯定的に評価したり雇用主に感謝したりすることも珍しくない。こうした状況が生起する理由は2つある。

第1に，日系商業・サービス産業で働くWH渡航者は，資金，無料の食事・住居，ビザの確保といった「結果」によって，仕事に対する不満や諦念といった否定的な感情を相殺している。第2に，彼らは，個人的・共同的な実践を通じて仕事に対する満足度を高めたり，就業経験に対して肯定的な「意味」を付与したりしている。特に，資金不足によって経済的・精神的な危機に陥った者ほど，あるいは一瞬の好機を逃さずにつかもうとする戦術的な就業態度を取る者ほど，否定的な評価は後景に退き，肯定的な評価が優勢になりやすい。

以上の知見から，日本人WH渡航者が豪州の日系商業・サービス産業で担っている役割と，日系商業・サービス産業での就業を通じてWH渡航者が得ているものが浮かび上がる。

まず日本人WH渡航者が豪州の日系商業・サービス産業で担っている役割を見てみよう。上記の知見は，豪州の日系商業・サービス産業において，日本人WH渡航者が次の2つの役割を果たしている可能性を示すものである。第1に，日本人WH渡航者は，日系商業・サービス産業の低賃金・低技能サービス労働部門において，人員・雇用の調整弁を兼ねた主力労働者としての役割を部分的に担っている。同様の役割は永住者（婚姻移住者）や留学生によっても担われているが，WH渡航者でなければ働けない時間帯，時期，地域などがあ

るため，WH 渡航者は経営者にとって不可欠な存在になっている。

　第2に，彼らは日系商業・サービス産業の低賃金・低技能サービス部門に対して，適応性の高い従順な労働力を提供している。より正確に言えば，労働需要に対応するための単なる数合わせの労働力ではなく，多様な職務や就業環境にスムーズに適応し，しかも雇用主に異議申し立てなどをしない労働力を提供している。彼らがこのような労働力を提供するようになる背景には，少ない滞在資金，低い英語力，職業的技能・資格の欠如，短い滞在期間を原因とする立場の弱さがある。しかしそれだけでなく，個人的・共同的な実践を通じて仕事に対する満足度を高めたり，就業経験に対して肯定的な「意味」を付与したりしようとする彼ら自身の就業態度が，結果的に経営者にとって都合の良い状況をもたらしがちであることも否定できない[1]。

　次に，日系商業・サービス産業での就業を通じて WH 渡航者が得ているものを見てみよう。第7・8章の知見は，WH 渡航者が次の2種類の「報酬」を得ている可能性を示している。第1に，賃金をはじめとする物質的な報酬である。これは WH 渡航者にとって最も重要な報酬であり，これがなければ日系商業・サービス産業での就業はありえないというのが大多数の日本人 WH 渡航者の本音であろう。しかし WH 渡航者が得ているものは物質的な報酬だけではない。第2に，彼らは「(ささやかな) 成功体験」と「(ささやかな) 成功談」の獲得による自己効力感の強化という心理的報酬を得ている可能性が高い。ここで「(ささやかな) 成功体験」とは，資金をはじめとする物質的報酬に加えて，(ささやかな) 充足感，達成感，成長実感などを獲得することに成功した経験のことである。これに対して「(ささやかな) 成功談」とは，「(ささやかな) 成功体験」に関する個別的・具体的なエピソードと，個別的エピソードの総体としての物語である。日系商業・サービス産業で働く WH 渡航者は，資金を確保したり，多様な実践を通じて (ささやかな) 充足感，達成感，成長実感を得たりした経験を「(ささやかな) 成功体験」として積極的に捉え直すことによって，自分には状況を改善する能力があるという感覚を強化しているの

---

[1] 工場現場では，仕事のゲーム化をはじめとする労働者の実践が経営側に好都合な状況をもたらすという現象がしばしば生じる (Buraway 1979; 伊原 2003)。第7・8章の知見は，同様の現象が日系商業・サービス産業でも起こりうることを示している。

である。

　このような心理的報酬は，閉塞状況への打開策・対処法としてWH制度を利用した渡航者にとって，大きな重要性を持つものとなりうる。なぜなら，序章第2節（1）で見た通り，閉塞状況に身を置く者は，自己効力感（自尊感情）が相対的に低下していることが多いからである。事実，第2部のライフヒストリー分析でも，閉塞状況に置かれて心身ともに疲弊し，自分に対する自信を失い，明るい将来展望を抱けず，将来に対して不安を抱くなかでWHという打開策・対処法を選択するWH渡航者が複数見られた。特に，キャリアブレーク型とキャリアリセット型のWH渡航者は，程度や語り方に個人差があるとはいえ，閉塞状況に置かれて自己効力感が低下するような状況に陥ったからこそWHを決意したという事例が大半だった。具体的には，会社と自分の将来に不安を感じていた遼，燃え尽きかけてアイディアの枯渇に悩んでいた龍也，後継者としてやっていく自信を持てずにいた瑠依，長時間・不規則労働で疲弊しきっていた優子，非正規雇用で将来が見通せなかった真央，ブラック企業として有名な会社で行き場を失っていた多恵，バンドで失敗して仕事もクビになった進，過労で患った自律神経失調症が治らない剛の事例は，多かれ少なかれ，閉塞状況に置かれて自己効力感が低下するなかでWHを選択したものと解釈することが可能である。彼らにとって，海外で「（ささやかな）成功体験」や「（ささやかな）成功談」を得ることは，単なる「気休め」や「思い出話の種」を得ることとは質的に異なる経験である可能性が高い。だからこそ，日本食レストランで働いていた龍也は自信を持って自分の仕事ぶりを振り返り（第7章），観光施設で働いていた遼，瑠依，真央は「卒業ノート」に感謝の言葉を記した（第8章）と考えられる。

国境横断的な雇用・労働システム

　最後に，第6章と第7・8章の知見を総合したときに浮かび上がる国境横断的な雇用・労働システムについてまとめて第3部を締めくくりたい。
　第6章で見た通り，日系商業・サービス産業は，日系大企業の駐在員と現地採用者，現地設立企業の経営者，正社員，非正社員などからなる階層的な労働

図表6-14　メルボルン日本食産業の日本人労働市場（再掲）

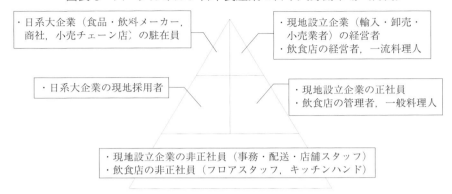

出所：「日本食レストラン調査」「インタビュー調査」を基に筆者作成。

市場を形成している。その具体的なあり方は業種や地域によって異なるが，たとえばメルボルンの日本食産業の場合は第6章第3節の図表6-14のようになる。この労働市場には，日系大企業と現地設立企業の間に強固な分断線がある。また，日系大企業セクターは駐在員と現地採用者の間に，現地企業セクターは経営者および一流料理人と管理者，正社員，一般料理人の間に，それぞれ分断線がある。そしてそのさらに下の最下層に，現地設立企業の非正規スタッフによって構成されるセグメントが存在する。ここには多種多様な低賃金・低技能職種が含まれており，このセグメントの労働者が不足したり労働者の質が低かったり人件費が高騰したりすると，現地設立企業の業務遂行に支障が生じ，それが多くの企業で生じると，その業種全体の活力が低下する。これはあくまで理念型的な把握であるため現実はもっと複雑だが，労働市場が細かく分断されていることと，労働市場の最下層に大規模な非正規雇用セグメントがあることは，日系商業・サービス産業に属する多くの業種に共通しているように見える。

　このような労働市場において，個々のセグメントは独自のルートで人員を補充しているが，そのなかでWH渡航者と深く関わっているのが最下層の非正規雇用セグメントである。豪州政府は低技能職種の担い手にビジネスビザや永住権（技術移民）を付与しないから，非正規雇用セグメントで働く日本人労働者を雇うときは，働けるビザで現地に滞在している日本人，すなわち永住者

(婚姻移住者)，留学生，WH渡航者などから調達するしかない。ただし，婚姻移住者，留学生，WH渡航者は働ける時間帯，時期，期間，地域などが異なるため，経営者はこれらの日本人を組み合わせて最適な人員配置を試みる。その際，日本食産業にせよ日本人向け観光業にせよそれ以外の業種にせよ，WH渡航者でなければ引き受けられない，あるいはWH渡航者を雇う利点が大きい仕事が一定数（業種や地域によっては多数）存在する。それゆえ，経営者にとって，あるいは当該業種全体にとって，WH渡航者は不可欠な存在となっている。

一方，WH渡航者の側を見ると，90年代以降は毎年5000人以上，2000年代以降は毎年8000～1万1000人程度の日本人が豪州WH制度を利用している（第2章の図表2-6参照）。しかもそのうち約半数は英語でコミュニケーションが取れず，約4割は日常会話程度の英語力しかない状態で渡航してくる（第1章の図表1-3参照）。彼らは情報収集のために日本語情報誌（紙面版とウェブ版）を利用し，日系の旅行代理店や留学・WH斡旋業者のオフィスで支援サービスを受けることが多い。

以上の状況は，日系商業・サービス産業の側から見れば，上記の非正規雇用セグメントで働く日本人の巨大なプールが確保されていることを意味する。他方，WH渡航者の側から見れば，英語力が低く特別な職業的技能がなくても資金を稼げる就業先が一定数（業種と地域によっては多数）存在していることを意味する。こうして，マクロレベルでは，日系商業・サービス産業と日本人WH渡航者は，相互依存の関係を形成している。

それでは，日系商業・サービス産業と日本人WH渡航者は，ミクロな企業レベルではどのように出会い，職場でどのような関係を築いているか。第7・8章の事例研究から明らかになったことは，両者が企業レベルでも円滑に出会い（マッチング）を果たし，職場においても相対的に良好な関係を築いているという点である。

まず，WH渡航者は日本語情報誌，日系の旅行代理店，日系の留学・WH斡旋業者の掲示板やウェブサイトに掲載された広告を通じて求人情報を収集し，気に入った職場に応募する。企業側は，必要に応じて広告を掲載したり変更したり削除したりすればよい（ウェブ版であれば文字通り瞬時に対応が可能である）。

豪州の主要都市には日本語情報誌，日系の旅行代理店，日系の留学・WH斡旋業者が多数存在するから，求人側と求職側の出会いはきわめて容易である。

次に職場内の状況を見ると，日本食レストランと観光施設において，WH渡航者は低賃金・低技能職種における人員・雇用の調整弁を兼ねた主力労働者としての役割を担っていた。しかも，彼らの多くは単なる数合わせではなく，多様な職務や就業環境にスムーズに適応し，雇用主に異議申し立てなどをしない従順な労働力を提供していた。こうした状況がWH渡航者の立場の弱さによって担保されている点は否定できないが，彼らが劣悪な労働条件や就業環境をただひたすら一方的に「我慢」しているだけと思ったらそれは誤解である。WH渡航者は日系商業・サービス産業で働くことによって，「（ささやかな）成功体験」と「（ささやかな）成功談」の獲得を通じた自己効力感の強化という心理的報酬を得ている可能性が高い。そして，このような心理的報酬が低賃金を補うことによって，就業意欲やモラルの低下がある程度まで回避されている。こうして，マクロレベルだけでなくミクロレベルでも日系商業・サービス産業とWH渡航者との間に良好な関係が形成され，非正規雇用セグメントおよび各企業の低賃金・低技能職種における労働者の調達が円滑に行われるようになる。その結果，各企業のパフォーマンスが向上し，日系商業・サービス産業全体の発展が促進される。

以上はあくまで現実を単純化したモデルにすぎない。実際の企業業績や産業の発展は，商品・サービスに対する需要の大きさをはじめとする多様な要因に規定されるから，一部の職種や市場セグメントにおける労働者の調達が円滑化されただけで企業の業績向上や産業の発展が実現するなどと考えることはできない。しかし同時に，海外で従順な低賃金労働力を大量かつ円滑に調達できることが個々の企業や産業全体に与える影響を無視することもまた非現実的であろう。少なくとも，筆者が調査を行った日本食レストランと観光施設は，日本人WH渡航者を円滑に調達する上記の雇用・労働システムが存在しなければ業務遂行が困難あるいは不可能だったと考えられる。したがって，WH渡航者を取り巻く上記の雇用・労働システムを理解することは，日系商業・サービス産業が発展するための社会的基盤を考える上で，あるいは日本企業の海外進出が円滑に行われる条件を考える上で，一定の意義があると言えるだろう。

終 章

まとめと展望

　本書の結びとなる本章では，これまでの議論を要約し，豪州WH制度利用者を取り巻く国境横断的な雇用・労働システムの全体像を提示する。また，本書が十分に扱えなかった論点を整理し，今後の課題と展望を示す。まずはこれまでの議論を要約しよう。

第1節　本論のまとめ

　序章では，統計データと先行研究を概観しながら，若年層において就業環境の悪化と国際移動の多様化が進行しつつあることを確認した。その上で，「閉塞状況への打開策・対処法としての海外長期滞在」と，「日本企業の海外進出に必要な日本人労働者を確保するための国境横断的な雇用・労働システム」という2つの具体的な検討課題を設定した。そして，この2つの課題に取り組むことによって，日本の若者を取り巻く国境横断的な雇用・労働システムの全体像を浮き彫りにするという本書の最終的な目的を明らかにした。

　これらの検討課題と目的は，既存の研究が軽視してきた現象と論点の存在を指摘すると同時に，その現象・論点について本格的な検討を行うために設定されたものである。既存の研究が軽視してきた現象とは，日本の若者が閉塞状況への打開策・対処法として海外長期滞在を実行していることと，そのような若者が海外主要都市の日系商業・サービス産業で就業していることであり，その結果として見落とされてきた論点とは，日本人の国際移動によって引き起こされる（日本人の国際移動を伴う）雇用・労働システムの国際化である。周知の通り，日本企業の海外進出は企業駐在員をはじめとする日本人の国際移動を引

き起こしているが，その結果として，あるいはそれに付随して進行する雇用・労働システムの国際化を包括的に考察しようとする研究は少ない。こうした研究状況は，一方で，日本の若者が直面する国境横断的な雇用・労働問題について検討することを困難にし，他方で，日本人の国際移動を日本企業の海外進出と関連づけつつ検討することを困難にしている。本研究は，このような研究状況を刷新し，新たな研究枠組みを構築するための準備作業の一環として行われたものである。

　上記の2つの検討課題に取り組み，最終的な目的を達成するために，本書が立脚点としたのは社会学的な若年雇用・労働研究である。つまり，本書は若年雇用・労働研究の一環として，社会学的な概念と方法を用いながら，若年雇用・労働研究の考察範囲と視野を拡大する形で，上記の課題に取り組んだ。具体的な考察対象は，WH制度を利用して豪州に滞在する日本の若者である。筆者は豪州と日本でフィールドワークを行い，日豪両国で複数の調査を実施した。豪州では，現地に滞在するWH渡航者へのインタビュー調査，日本食レストランと観光施設における参与観察，留学・WH斡旋業者の調査（資料収集とインタビュー），日本人が主体となって活動しているサークルの調査（参与観察とインタビュー）を実施した。日本国内では，留学・WH斡旋業者へのインタビュー調査と，エリート層に属する日本の若者へのインタビュー調査を実施した。本書の記述と分析の多くは，これらの調査に依拠している。

　本論の冒頭の第1部では，上記の2つの課題に先立って，豪州WH制度とその利用者について包括的な検討を行った。日本では（とりわけ雇用・労働研究の分野では）なじみの薄いWH制度に関する基礎的な情報や知識を提供すると同時に，豪州WH制度の利用者が，上記の2つの課題に取り組む際の事例として適切であることを確認することが第1部の課題である。

　第1章では，WH制度全般と日本人利用者について検討した。その概要は以下の通りである。WH制度は，2国間の協定に基づき，両国の若者に1～2年間の休暇滞在と滞在中の就労を認める国際交流制度である。制度の目的は文化交流の促進を通じた友好関係の強化とされる。日本人から見たWH制度の魅力は，それが海外生活を経験するための手頃な手段を提供している点にある。さらに近年は，メディアや斡旋業者によってWH制度の肯定的なイメージが

強化されつつあるため，WH 制度は，語学力を高めたり新たな知識を得たりすることが可能であるのみならず，「貴重な経験」「夢」「憧れ」「挑戦」といった肯定的イメージで自分自身を語ることが可能な制度になりつつある。このように WH 制度は魅力的な制度だが，問題点も多数存在する。たとえば，日本人同士で固まりがちであること，旅先で犯罪に巻き込まれる頻度が高いこと，職場でハラスメントや違法な賃金を経験する者が多いこと，男女関係のトラブルが多いことなどが指摘されている。また，エリート層は，会社を辞めて WH に行くことがキャリアダウンにつながりやすいために，WH 制度を自分とは無関係なものと捉える傾向が強い。事実，海外職業訓練協会の調査によれば，WH 制度を利用する日本人の中核を占めるのはノンエリート層であり，特に若年中位層（の女性）が多い。

　第 2 章では，豪州 WH 制度と日本人利用者について検討した。その概要は以下の通りである。豪州 WH 制度は，その性格や強調点を変化させつつ発展してきた。当初はイギリス連邦諸国の伝統的慣習を引き継ぐための制度的受け皿として発足したが，90 年代以降は，観光業と留学産業の振興策や農業における低技能労働者の調達手段としての性格を強めつつある。その結果，近年は，バックパッカー，ギャップイヤー取得者，農業の低技能労働者，語学留学生などの受け皿として効果的に活用されている。このような豪州 WH 制度において，日本人は独特の重要な位置を占め続けている。端的に言えば，豪州にとっての日本人 WH 渡航者は，留学産業に利益をもたらし，豊かな消費者として豪州経済に貢献し，低賃金労働力として労働市場の隙間を埋めてくれる「上客」である。

　豪州 WH 制度を利用する日本人は，80 年代後半以降に急激な増加を見せた（1981 年 884 人→ 2014 年 1 万 1481 人）。豪州に滞在する日本人 WH 渡航者は「都市定住型」「学生型」の滞在様式を基本とする者が多いため，豪州の日本人コミュニティにおいて，日系商業・サービス産業を支える低賃金労働力，将来の移住者予備軍，日本人のサークル活動のメンバーとして重要な役割を果たしている。豪州 WH 制度の問題点としては，サービス産業と農業の就業環境の劣悪さが指摘されている。しかしこれは WH 制度そのものの問題というより，豪州経済に根深く浸透した外国人労働者問題の一側面と理解するのが妥当であ

る。

　以上の検討を通じて，豪州 WH 制度の利用者が，①新しいタイプの海外長期滞在者であること，②ノンエリート型の海外長期滞在者であること，③1990 年代以降に増加傾向にあること，④日系商業・サービス産業で就業する者を多く含むことの 4 点が明らかになった。この 4 点は，第 2・3 部の検討課題に取り組む際の事例として適切であることを担保する条件だから，豪州 WH 制度の利用者を考察することは理に適っていると言える。

　第 2 部では，日本の若者が閉塞状況への打開策・対処法として海外長期滞在（WH）を選択するあり方を考察した。

　第 3 章では，インタビュー調査対象者のライフヒストリー分析に先立って，90 年代以降の日本の若者が身を置く歴史的・社会的状況を，「豪州 WH 制度利用者（海外長期滞在者）の増加を促進する要因」という観点から包括的に検討した。その際，多様な要因をプッシュ要因，プル要因，媒介要因という 3 種類に分類して考察を行った。その結果として明らかになったことは，WH 渡航者が増加した背景には，多様な要因の絡み合いと複雑で広範な社会変容が存在したという事実である。一連の社会変容はプッシュ要因，プル要因，媒介要因の全ての側面で生起しており，若者を取り巻くこれらの変化が複合的に作用した結果として WH 渡航者が増加したと理解するのが妥当である。しかし同時に，第 3 章の議論は，日本経済のグローバル化が WH 渡航者の増加をもたらす基底的な要因であることを再認識させるものでもあった。日本経済のグローバル化，とりわけ日本企業の海外進出とグローバル競争への対応策として進められている労働市場の流動化は，プッシュ要因，プル要因，媒介要因の全てに幅広く影響を及ぼしている。日本の若者における国際移動の多様化がこのような環境下で進展していることを忘れてはならない。

　第 4・5 章では，インタビュー調査対象者のライフヒストリーを記述し，彼らの渡航動機と渡航までの経緯を，彼らの就業状況に焦点を当てつつ考察した。

　第 4 章の第 1 節では，海外渡航以前と海外滞在中の就業状況（主に職種，企業規模，雇用形態）に基づいて，WH 渡航者を 4 つの類型（キャリアトレーニング型，キャリアブレーク型，キャリアリセット型，プレキャリア型）に分類した。

キャリアトレーニング型とキャリアブレーク型を構成するのは，渡航前に専門職，資格職，経営・管理者，中小企業・自営業後継者，海外経験が評価される職種に就いていた者である．そのうちWH中に自分の専門分野に関わる就業経験を積んだり職業訓練を受けたりした者がキャリアトレーニング型に，していない者がキャリアブレーク型に分類される．この2つの類型に属する者は，専門的技能，公的資格，卓越した職歴，個人的な伝手などを保有した状態で渡航しているため，帰国後の再就職に際して職位や労働条件の大幅な低下を回避しやすいという特徴がある．キャリアリセット型を構成するのは，上記以外の職種に就いていた正規雇用者と，非正規雇用者全般である．この類型に属する者は，帰国後の再就職に際して非正規雇用や正規雇用の（最）下層に位置する職種・職位から再出発する可能性が高い．プレキャリア型を構成するのは本格的なキャリアを開始していない者であり，休学中の学生が大半を占める．本書の考察対象は既卒で就業経験がある者（いわゆる社会人）だから，学生を中核とするプレキャリア型は考察対象から除外した．

　上記の類型を踏まえて，第4章の第2・3節では，キャリアトレーニング型とキャリアブレーク型に属するインタビュー調査対象者を4人ずつ選び，それぞれのライフヒストリーを記述・分析した．その結果，若年中位層において生起しつつある新たな現象が浮き彫りになった．その現象とは，若年中位層において進行しつつある「キャリアの国際化」と，同じく若年中位層において普及しつつある「海外を『安全』な『キャリアの休憩所』として利用すること」という2つの事態である．「キャリアの国際化」とは，特定の職種において，国境をまたいだキャリアパスが制度化・構造化される現象を指す．WH渡航者のなかでは，キャリアトレーニング型に属する者がこれを経験している．「安全」な「キャリアの休憩所」とは，疲労回復やキャリアプラン見直しのために利用する場所または制度であり，これを利用した者は，以前よりリフレッシュした状態で，あるいは新たなキャリアプランを持って，元のキャリアルートに復帰することができる．WH渡航者のなかでは，キャリアブレーク型に属する者が，海外をこのようなものとして利用している．

　第5章では，キャリアリセット型に属するインタビュー調査対象者を考察した．WH渡航者のなかではこの類型に属する者が最も多く，しかもその動機が

他類型のWH渡航者と比べて「分かりづらい」ため，1つの章を費やして考察を行った。第1節では，4人のライフヒストリーを記述・分析し，第2節では，4人の渡航動機と渡航までの経緯を彼ら自身の短期的な展望と関連づけて考察した。その結果，彼らはWH制度を利用することによって閉塞的な階層的空間から「移動」し，その「移動」を価値あるものとして表象しようとしていた点を明らかにした。第3節では，4人の渡航動機と渡航までの経緯を彼ら自身の長期的な展望と関連づけて考察した。その結果，彼らがWH制度を利用する動機の1つは，WH制度を利用することによって何らかの／より良い中長期的な展望を獲得することである点を明らかにした。また，第3節では，一見すると無計画性や無目的性の発露のように見える彼らの行動が，実際には，保有する資源の不足に由来する階層的な行動パターンの一種であることを明らかにした。さらに第3節では，彼らが利用した資源や手段（家族・友人・恋人，斡旋業者のサービス，斡旋業者・メディアが伝達するイメージ，日系商業・サービス産業の就業機会など）が，新たな問題（文化交流という理念に反する渡航・滞在様式，「WHの商品化」の弊害，不法就労や就業上のトラブル）を引き起こしがちである点を指摘した。

　以上が第2部の3つの章の要約である。ここから明らかになった主要な知見は3つある。第1に，一見すると個々人の自由意思によるバラバラで無秩序な移動のような印象を与えがちなWH渡航者の行動は，実際には一定のパターンを有する構造化された移動である。第2に，WH渡航者の移動と滞在のパターンを分化させる主要な要因の1つは階層である。第3に，豪州WHとは，就業環境の悪化を一因とする閉塞状況への打開策・対処法のうち，若年中位層に特有なものの1つである。以上から，就業環境の悪化を一因とする海外長期滞在者の多様化・増加は，階層的な社会的回路を経由しながら進行していることが明らかになった。

　第3部では，WH渡航者が日本企業の海外進出に必要な日本人労働者を確保するための国境横断的な雇用・労働システムに組み込まれている状況を記述・分析した。
　第6章では，日本企業の豪州進出によって現地の日系商業・サービス産業が

発展し，日本人労働者に対する需要が創出され，WH 渡航者の就業機会が増大するに至った過程を考察した．特に，現地消費者向けビジネスの代表としてメルボルンの日本食産業を，日本人向けビジネスの代表としてケアンズの観光業を，それぞれ包括的に検討した．その結果として明らかになったことは，豪州の日本人向けビジネスと現地消費者向けビジネスにとって，WH 渡航者は低技能職種の担い手として不可欠の存在だという点である．このことは，WH 渡航者が豪州に渡航することを強力に後押ししていると考えられる．なぜなら，豪州には英語力が低くても従事できる仕事が大量に存在するため，WH 渡航者は低予算・低英語力でも安心して渡航できるからである．つまりマクロな視点から見れば，日系商業・サービス産業と WH 渡航者が相互依存の関係にあることは明白であり，その相互依存関係が持続したことによって，日系商業・サービス産業の発展と WH 渡航者の増加がともに可能になったと捉えるのが妥当である．

　第7・8章では，筆者が実施した調査に依拠しながら，日系商業・サービス産業で働く WH 渡航者の就業動機，職務内容，就業経験に対する自己評価などを詳細に検討した．この作業を通じて，WH 渡航者が豪州の日系商業・サービス産業で果たしている役割と，WH 渡航者が日系商業・サービス産業で働くことによって得ているものを明らかにした．第7章ではメルボルンの日本食レストランを，第8章ではケアンズの観光施設を，それぞれ事例として取りあげた．2つの章で明らかにされた主な知見は以下の通りである．

　日本食レストランと観光施設で働く WH 渡航者は，資金，住居，ビザを得るといった手段的な動機で働くことが多い．彼らの就業環境は，日本語環境，低技能サービス職，低賃金，流動的な労働時間を特徴とする．彼らは就業環境に対して戸惑い，不満，物足りなさといった感情を抱くことが多いが，自身の英語力の低さと技能・資格の欠如ゆえに他の仕事を得ることは難しいことを理解しているため，諦めたり割り切ったりして働き続けることが多い．ただし，日系商業・サービス産業で働いた経験を否定的に自己評価する WH 渡航者は少ない．なぜなら，第1に，資金，住居，ビザなどを確保できたからであり，第2に，個人的・共同的な実践を通じて仕事に対する満足度を高めたり就業経験に対して肯定的な「意味」を付与したりしているからである．このことから，

WH 渡航者が豪州の日系商業・サービス産業で担っている役割と，日系商業・サービス産業での就業を通じて WH 渡航者が得ているものが浮かび上がる。彼らの役割とは，低賃金・低技能サービス労働部門において人員・雇用の調整弁を兼ねた主力労働者として働くことと，同部門に対して適応性の高い従順な労働力を提供することである。また，WH 渡航者が得ているものとは，賃金に代表される物質的な報酬と，「（ささやかな）成功体験」と「（ささやかな）成功談」の獲得による自己効力感の強化という心理的報酬である。このような心理的報酬は，閉塞状況に置かれて自己効力感が低下するなかで WH を選択した者にとって大きな重要性を持つものとなりうる。

以上の考察を通じて，日本企業の海外進出に必要な日本人労働者を確保するための国境横断的な雇用・労働システムのうち，豪州国内の状況が明らかになった。それは①日系企業の駐在員と現地採用者，現地設立企業の経営者，正社員，非正規雇用者などから構成される日系商業・サービス産業の階層的な日本人労働市場，②英語力の低さと技能・資格の欠如ゆえに仕事を選べない WH 渡航者，③求人広告の掲載によって両者を結びつける日本語情報誌，日系旅行代理店，日系留学・WH 渡航者，④各企業内における経営者と WH 渡航者の間の比較的良好な関係という要素によって成り立っている。

第 2 節　豪州ワーキングホリデー制度利用者を取り巻く国境横断的な雇用・労働システム

次に，これまでの議論を踏まえて，豪州 WH 制度の利用者を取り巻く国境横断的な雇用・労働システムの全体像をまとめる。これが本書の「結論」にあたる。

1970〜80 年代に活発化した日本企業の海外進出を契機に日本から豪州への人の移動が促進され，現地に多様かつ大量の日本人向けビジネスが創出された。また，そうした変化と平行して，日本食産業をはじめとする現地消費者向けビジネスも成長を遂げた。その結果，豪州国内に，日系企業の駐在員と現地採用者，現地設立企業の経営者，正社員，非正規雇用者などから構成される階層的な日本人労働市場が形成された。

この労働市場において，個々のセグメントは独自のルートで人員を補充しているが，そのなかでWH渡航者と深く関わっているのが日系商業・サービス産業の最下層に位置する非正規雇用セグメントである。豪州政府は低技能職種の担い手にビジネスビザや永住権（技術移民）を付与しないから，非正規雇用セグメントで働く日本人労働者を雇うとき，日系商業・サービス産業では働けるビザで現地に滞在している日本人，すなわち婚姻移住者，留学生，WH渡航者などから調達するしかない。ただし，婚姻移住者，留学生，WH渡航者は働ける時間帯，時期，期間，地域などが異なるため，経営者はこれらの日本人を組み合わせて最適な人員配置を試みる。その際，WH渡航者でなければ引き受けられない，あるいはWH渡航者を雇う利点が大きい仕事が一定数（業種や地域によっては多数）存在するから，経営者にとって，あるいは当該業種全体にとって，WH渡航者が不可欠な存在となる。

　それでは，WH渡航者はどのようにして豪州に渡航し，日系商業・サービス産業の職に就くのか。日本国内の企業と労働市場に目を向けると，90年代以降，激化するグローバル競争を勝ち抜くために，正規雇用の縮小と非正規雇用の拡大が急激なペースで進められてきた。その結果，若年層を取り巻く就業環境が悪化し，いわゆる標準的なキャリアを辿れない若者が急速に増加し，就業・生活上の閉塞状況に陥る若者も増加した。

　こうしたなかで，閉塞状況を打開するために，あるいは閉塞状況に対処するために，様々な行動に出る若者が現れた。たとえば，労働・社会運動や各種支援活動に参加する者，政府機関や公的制度を利用する者，「やりがい」による補完を試みる者，「社会空間」を形成して乗り切ろうとする者などである。さらに近年は，格安航空券の普及，留学・WH斡旋業者や外国語教室の増加，ガイドブックやインターネットの発展，海外在留邦人の増加などによって海外渡航に必要なコストや労力が減少し，情報収集も容易になったため，海外長期滞在を実行することによって閉塞状況からの脱出を図る若者も出現している。具体的には，キャリアの国際化が進んだ職種に就いている者が海外で就業経験を積む，専門的な技能，公的資格，卓越した職歴，個人的な伝手などを持つ者が海外を「安全なキャリアの休憩所」として利用する，専門的な技能などを一切持たない者が「価値ある移動」のために，あるいはより良い中長期的な展望を

獲得するために海外長期滞在に賭ける，といったことが行われている。

　このような海外長期滞在者が渡航先を決める際に，無視できない影響力を持つのが日系商業・サービス産業の発展度である。なぜなら，日系商業・サービス産業が発展している国・地域であれば，語学力が低く特別な職業的技能・資格がない人でも現地で職を得て資金を稼ぐことが容易だからである。上述の通り，豪州は日系商業・サービス産業が十分に発展しているから，海外長期滞在に関心のある日本人にとって，豪州は魅力的な渡航先になりうる。しかも，豪州にはWH制度という寛大な外国人受け入れ制度があるから，渡航・滞在にかかるコストを抑えることが容易である。さらに，豪州が英語圏に属する国であること，質の高い生活を提供できること，低予算の旅行・観光機会に恵まれていること，豪州政府がWH制度の間口を広げていることなども，海外長期滞在に関心のある若者を引きつける要因になりうる。

　これらの要因（あるいはここで述べていない何らかの要因）が決め手となって，豪州WH制度を利用するに至った日本人は80年代後半から増加傾向にある。豪州WHビザの取得者数は，1981年から2014年までの間に13倍の規模に膨れ上がった。2000年代以降は，毎年8000〜1万1000人の日本人が，豪州WH制度を利用している。その多くは若年中位層に属しており，高度な職業的技能や卓越した職歴などを持っていない。また，WH渡航者の語学力は総じて低い。したがって，彼らは日系商業・サービス産業以外の職を得られない可能性が高いから，豪州WH制度を利用する日本人が増えることは，豪州の日系商業・サービス産業の経営者にとって，低賃金・低技能労働者のプールが増大することを意味する。

　こうして増大した低賃金・低技能労働者のプールと日系商業・サービス産業を結びつけているのが日本語情報誌（紙面版とウェブ版），留学・WH斡旋業者，旅行代理店の情報掲示板に掲載された求人広告である。豪州の主要都市であれば，あるいはインターネットにアクセスできる環境であれば，これらを利用して求人情報を掲載・取得することは容易である。求職者は広告を見て気に入った企業に応募し，求人企業は必要に応じて広告を掲載すればよいだけである。

　求人広告を通じて（あるいは縁故や飛び込みといった他の方法で）日系商業・サービス産業の職を得たWH渡航者は，調理師などの例外を除けば，低賃

金・低技能職種における人員・雇用の調整弁を兼ねた主力労働者としての役割を担っている。しかも，彼らの多くは単なる数合わせではなく，多様な職務や就業環境にスムーズに適応し，雇用主に異議申し立てなどをしない従順な労働力を提供しているようである。こうした状況がWH渡航者の立場の弱さによって担保されている点は否定できないが，彼らが劣悪な労働条件や就業環境をただひたすら一方的に「我慢」しているだけと思ったらそれは誤解である。WH渡航者は日系商業・サービス産業で働くことによって，「（ささやかな）成功体験」と「（ささやかな）成功談」の獲得を通じた自己効力感の強化という心理的報酬を得ている可能性が高い。そして，このような心理的報酬が低賃金を補うことによって，就業意欲やモラルの低下がある程度まで回避されている。こうして，ミクロレベルでも日系商業・サービス産業とWH渡航者との間に良好な関係が形成され，非正規雇用セグメントにおける労働者の調達が円滑に行われるようになる。その結果，各企業のパフォーマンスが向上し，日系商業・サービス産業全体の発展が促進される。

　以上が豪州WH制度の利用者を取り巻く国境横断的な雇用・労働システムの全体像をまとめたものである。しかしこれではあまりに記述的で冗長なので，やや抽象度を上げて，このシステムを構成する重要な要素を列挙すると，次の通りである。
　①日系企業の駐在員と現地採用者，現地設立企業の経営者，正社員，非正規雇用者などから構成される豪州日系商業・サービス産業の階層的な日本人労働市場，②日本国内の就業環境の悪化によって強化される，若者を海外に向かわせる押し出し効果，③若者の国際移動に関わる様々な関連産業（航空産業，旅行・観光産業，留学・WH斡旋産業，語学教育産業，ガイドブック出版産業など），④外国人受け入れ体制をコントロールする豪州政府，⑤英語力が低く特別な職業的技能・資格を持たない大量の日本人WH渡航者，⑥求人広告を掲載するメディアと各種日本人向けビジネス（日本語情報誌，日系旅行代理店，日系留学・WH斡旋業者など），⑦各企業内における経営者とWH渡航者の間の比較的良好な関係。
　これらの要素を簡潔な図にまとめたのが図表終-1である。これは序章で示

図表終-1　豪州WH制度利用者を取り巻く国境横断的な雇用・労働システム

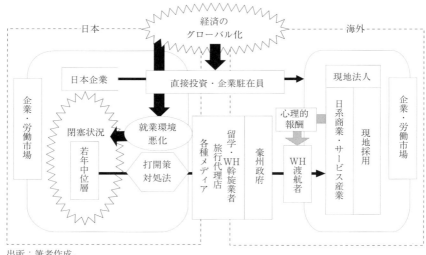

出所：筆者作成。

した図表序-14に若干の手直しを行ったものである。具体的には，国際移動や職探しを促進・支援するものとして豪州政府，留学・WH斡旋業者，旅行代理店，各種メディアを，WH渡航者が得ているものとして心理的報酬を，それぞれ書き加えた。これらの要素からなるシステムが良好に機能したことが一因となって，日系商業・サービス産業の発展が可能になり，ひいては日本企業の海外進出が円滑化されたと考えることができる。

最後に，このシステムが担っている社会的機能を概観して本節を締めくくりたい。このシステムが担っていると思われる社会的機能は次の3つである。

第1に，豪州の日系商業・サービス産業に低賃金・低技能労働者を安定的に供給することによって，日系商業・サービス産業の発展を促進し，ひいては日本企業の海外進出を支えるという機能がある。これは日系企業の現地法人や日系商業・サービス産業の経営者にとって最も重要な機能と言える。

これに加えて，社会学的な若年雇用・労働研究の立場からこのシステムを捉え直したときに，このシステムが担う（担いうる）2つの機能が浮かび上がる。1つは，日本の若年層の不満が「爆発」することを未然に防ぐ安全弁あるいはガス抜き装置としての機能である。ここで不満の「爆発」とは，労働組合運動

や社会運動といった公式かつ組織的な異議申し立て行動の高まり，テロリズムやギャング・暴力団といった非公式の組織的活動の活発化，散発的・突発的な集団的暴動の増加，個人による軽重様々な反社会的行為（犯罪）の増加などを含む。

　第4・5章で見た通り，WH 渡航者のなかには，長時間労働，不安定雇用，勤務先に対する不満，管理者・後継者としてのプレッシャーなどが原因で疲弊したり，燃え尽き症候群に陥ったり，将来に対する不安に苛まれたりする者が含まれている。このような人々は，潜在的には上記の「爆発」に至る可能性がある存在と言える。しかし WH 渡航者は，海外に行くことを決意すると，たとえ仕事や勤務先に問題があっても，もうすぐ辞めるから我慢する／やり過ごすといった行動を選択しがちである。事実，「インタビュー調査」対象者のなかには，辞める直前まで会社と交渉したり，辞める直前（または去り際）に上司に文句を言ったりした人はいなかった。したがって，上記のシステムは，日本国内で閉塞状況に陥った若者の意識を海外に向けさせ，彼らをスムーズに海外へ送り出すことによって，不満の「爆発」を未然に防ぐことに寄与している可能性が高い。

　もう1つの機能は，日本国内で自信を失った若者の自己効力感を強化することによって若者の就業意欲（あるいは生きることに対する意欲）を回復させる再生装置としての機能である。序章で見た通り，閉塞状況に置かれた若者は，自尊感情が損なわれたり将来に対する不安に苛まれたりすることが多い。これに対して，第7・8章は，日系商業・サービス産業で働く WH 渡航者が，「（ささやかな）成功体験」と「（ささやかな）成功談」の獲得による自己効力感の強化という心理的報酬を得ている事実を明らかにした。したがって，上記のシステムは，あくまで当事者の主観的認識のレベルでは，自己効力感の強化による意欲の回復に寄与している可能性が高い。

　ただし，外部観察者の客観的な視点から見れば，上記のシステムは若者を「再生」するだけでなく「酷使」するものでもある点ははっきり指摘しておかなければならない。これまで見てきた通り，このシステムには，日本国内の企業・労働市場で酷使されて疲弊した若年労働者を海外に送り出し，その若者を豪州で低賃金・低技能労働者として再活用するという過程が含まれる。つまり，

このシステムの内部では，若者を日豪両国で都合の良い労働力として活用する「二重の酷使」に近い状況が生起している。また，日本国内で酷使した若者を海外に送り出し，その先で別の経営者がその若者を再び活用しようと待ち構えている様子は，あらかじめ設置しておいた網に魚を追い込んで一網打尽にする「追い込み漁」の様相すら呈している。

果たして，日系商業・サービス産業で働く日本人WH渡航者は，「追い込み漁」で捕えられて「二重の酷使」を受ける同情すべき（あるいは「残念な」）若者なのだろうか。それとも，「成功体験」や「成功談」の獲得によって自己効力感の強化を果たし，渡航前より強い意欲を持って帰国する頼もしい若者なのだろうか。おそらく，エリート層にとっては前者がより現実的であり，WH渡航者自身にとっては後者がより現実的なのだろう。この2つの見方・立場を調停することは容易でない点を指摘して，本節を締めくくりたい。

第3節　課題と展望

本書には，十分に扱えなかった論点が少なくとも3つ存在する。それは①ジェンダー，②豪州国内の経済・産業構造，③帰国後の就業・生活状況の3点である。順に見て行こう。

本研究は，日本の若年雇用・労働研究が海外長期滞在者や海外就業者をほぼ完全に無視するという「内向き」状態に陥っている現状を問題視し，この研究領域に国境横断的な視点を導入することを意図して行われたものである。この目的を達成するために，視野を拡大して若者の国際移動と海外就業の実態解明に向かったが，その過程でジェンダーという視点が後景に退いてしまった点は認めざるをえない。日本国内の労働市場はもちろんのこと，豪州の日本人労働市場もジェンダーによる分断を内包しているため，WH渡航者の海外就業・滞在パターンにもジェンダーの影響が及んでいる。たとえば男性WH渡航者のなかには調理師が一定数おり，飲食店でコック（料理人）として働く者がいる。他方，女性のなかには日本語教師，看護師，保育士に代表される教育・福祉関係者が一定数おり，日系商業・サービス産業や日本人コミュニティで（しばしばインフォーマルな）教育・福祉サービスを提供している。また，男性WH渡

航者の大多数が帰国後に安定的な雇用を求めているのに対して，女性WH渡航者は必ずしもそうではないといった違いもある。しかし本書ではこれらの論点を掘り下げることができなかった。今後は，本書が採用した就業状況による類型化（キャリアトレーニング型，キャリアブレーク型，キャリアリセット型，プレキャリア型）にジェンダーの次元を導入し，分析枠組みを精緻化する必要があるだろう。

　次に豪州国内の経済・産業構造について。本書は豪州の日系商業・サービス産業を考察対象とし，その発展過程と当該産業内部における階層構造を捉えようと試みた。しかしこの課題に取り組む過程で，日系商業・サービス産業が現地の経済・産業構造に埋め込まれている現実を捨象せざるをえなかった。日本人向けビジネスにせよ現地消費者向けビジネスにせよ，あらゆる企業は豪州の経済・産業構造を構成する要素だから，このような方法には問題があると言わざるをえない。たとえば，日本食関連の飲食店は，現地の外食産業を構成する一要素であり，他の（エスニック系）飲食店と相互依存関係や競争関係を形成しつつ発展・存続している。日本人向けの観光業も同様であり，豪州人向けの観光関連業者や非日本人向けの観光関連業者と様々な関係を形成しながら発展・存続している。しかし本書ではこれらの論点を掘り下げることができなかった。今後は，日系商業・サービス産業と現地の経済・産業構造がどのような関係にあるのかという問題を個別の産業分野に焦点を当てつつ考察し，さらにその作業を複数の産業分野で積み重ねることによって，日系商業・サービス産業と現地の経済・産業構造の関係の全体像を提示するという粘り強い作業が必要になるだろう。

　最後に帰国後の就業・生活状況について。本研究は，日本の若者を取り巻く国境横断的な雇用・労働システムの全体像を示すことを最終的な目的として行われたものであるが，この目的を完全に達成するためには，日本から豪州に移動した若者が再び日本に戻った後の状況を考察する必要がある。なぜなら，海外長期滞在を経験した若者が日本国内の企業や労働市場に何らかの影響を及ぼしたり，あるいはそうした若者が国内の職業的・社会的移動とは異なる移動パターンを生み出したりする可能性があるからである。前者の例をあげれば，90年代に急速な成長を見せた留学・WH斡旋産業には，留学やWHをはじめと

する海外長期滞在の経験者が経営者や労働者として数多く流入している可能性が高い。こうした状況は，新たな産業分野や産業・労働文化の成長・生成を促進する可能性がある。後者の例をあげれば，国内での転職経験と国境を越えた転職経験が全く異なる社会的評価や職業的・社会的移動を帰結する可能性は高い。こうした状況は，新たな階層移動のパターン，キャリアモデル，ライフプランといったものの生成を促進する可能性がある。しかし本書ではこれらの論点を掘り下げることができなかった。今後は，「インタビュー調査」対象者やフィールドワーク中に知り合った人々の追跡調査を実施して上記の課題を検討し，本書が示した国境横断的な雇用・労働システムのモデルを修正したり発展させたりする作業が必要になるだろう。

　最後に，言うまでもないことだが，本研究はあくまで豪州WH制度の利用者を対象とした1つの事例研究にすぎない。今後は，豪州国内および他の国・地域に滞在する多様な海外長期滞在者との比較を繰り返しながら，日本の若者を取り巻く国境横断的な雇用・労働システムの全体像（本当の意味での全体像）を提示するという（途方もない能力，時間，資金，労力等を要する）作業が待ち受けている。今後の課題としたい。

補章 1

インタビュー調査について

　インタビュー調査においては，調査対象者の代表性と，インタビューの進め方がしばしば問題になる。換言すれば，インタビュー対象者が調査対象の母集団を代表する人物であることをどう担保するのかという問題と，調査者が強い仮説をインタビュー過程に持ち込むことによって，インタビュー対象者の主観的認識や生活世界を軽視あるいは無視する状況をいかに防ぐかという問題である[1]。これらの問題に対する本書の立場を説明しておきたい。

第1節　調査対象者の代表性

　まず調査対象者の代表性について。本調査では，代表性を担保するための統計的サンプリングは行っていない。言い換えれば，母集団であるWH渡航者の属性分布を再現するようなサンプリング（たとえば，WH渡航者全体の男女比率と同じ比率になるようにインタビュー対象者を集めるような操作）は行っていない。なぜなら，そもそも母集団であるWH渡航者の属性分布に不明な部分が多いからである。OVTA調査の結果を見れば，WH渡航者の性別，年齢，渡航前の雇用形態，職業などの大まかな分布を知ることはできるが，複数の属性をクロスしたデータは公表されていないため，厳密な統計的サンプリングは不

---

[1] 調査者がインタビュー調査に先立って仮説を構築し，それをインタビュー調査で検証するという実証主義アプローチは，近年ではほとんど行われなくなっている。なぜなら，実証主義アプローチでは仮説構築とその検証を行う調査者（社会科学者）の特権的な地位が前提されているため，インタビューの場において，聞き手と語り手の間の平等な関係性を担保することができないからである（桜井 2002）。不平等な関係性のもとで行われるインタビューは，強者である聞き手（調査者）が弱者である語り手（インタビュー対象者）の生を恣意的に解釈したり表象したりする危険性を常に伴う。

可能である。そこで本調査では，原則として，理論的サンプリングによる対象者の選択を試みた。理論的サンプリングとは，前のインタビュー結果をもとに次のインタビュー対象者を選択するという操作を繰り返していく方法である（桜井 2002：26-28）。具体的には，1人目のインタビューから仮説を構築し，その仮説を検証するのに適した人物を2人目のインタビュー対象者として選び，2人目のインタビュー結果を基に仮説を修正し，修正された仮説を検証するのに適した人物を3人目の対象者として選ぶ，という操作を繰り返す方法である。そしてこの操作を繰り返すうちに，新しいインタビューを行っても仮説が修正されない段階に至る。これを「飽和」と言い，飽和状態に達した仮説が新たな理論または説明モデルとなる。この方法では，複数（しばしば多数）のインタビュー対象者の共通部分から1つ（または少数）の理論やモデルを構築するため，特定のインタビュー対象者を一般化して的外れなモデルを構築してしまう危険性が縮減されている。

　本調査でもこの方法によるモデルの構築を目指したが，実際のフィールドでは，教科書通りに進まないことの方が多かった。というのも，仮説を検証するのに適した人物を探し出す方法が決定的に不足していたからである。WH渡航者は一時滞在者であり，しかも3～6カ月程度で滞在する都市や住居を変えるのが普通であるため（第1・2章参照），WH渡航者同士のネットワークは狭く弱いものになりがちである。その結果として，あるインタビュー対象者に次の対象者を紹介してもらう場合も，そもそも選択肢が足りなかったり，ちょうど良い人がいなくなってしまったり（他の都市に移動または帰国済みなど）することがきわめて多い。そのため，モデル構築に向けて効率的に，言わば直線的に対象者を選定し続けることはほとんど不可能であった。そこで本調査では，現実的な妥協策として，筆者自身が多様なサークルやイベントに頻繁に参加して，その時々に知り合ったWH渡航者・経験者に調査への協力を依頼するという非系統的なサンプリングに頼らざるをえないことが多かった。その結果として，「飽和」に至ったと判断するまでに大量（84人）のフォーマルなインタビューと，それよりはるかに多いインフォーマルなインタビューを要した。

　調査開始から「飽和」に至ったと判断するまでの大まかな流れは次の通りである。まず，豪州で本格的な調査を開始する前に，日本の若者の海外長期滞在

に関する先行研究，ガイドブックやインターネットに掲載されたWH経験者の体験談，調査開始以前に知り合ったWH渡航者の体験談などに依拠して，①渡航までの経緯と②現地での就業状況に関するいくつかの基本的な仮説を立てた。具体的には以下のような仮説である。

①渡航までの経緯に関する仮説
・WH渡航者の中核を占めるのは中位層であり，エリート層や貧困層は少ない
・日本で順調な就業生活を送っていた人が仕事を辞め海外に行く事例は少ない
・WH渡航者のなかには，渡航前の経歴がそれほど「輝かしい」わけではない人や，日本で様々な困難に直面していた人が比較的多い
・以上の仮説は「社会人」（すでに最終学校を卒業し，本格的な就業を開始している者）を対象とするものであり，それ以外の者（休学中の学生など）は別途検討が必要である

②現地での就業状況に関する仮説
・WH渡航者の大半は英語が話せないから日系商業・サービス産業の低賃金労働に従事せざるをえない
・WH渡航者は日系商業・サービス産業の労働条件に強い不満を抱いている
・日系商業・サービス産業で働くWH渡航者の労働意欲はあまり高くない

　インタビュー調査では，以上の仮説を検証すると同時に，インタビューで得られた情報を基に仮説の修正と精緻化を繰り返していった。①の「渡航までの経緯」については，上記の仮説を否定する事例に出会うことがほとんどなかったため[2]，比較的順調に仮説の精緻化が進み，本格的な調査を開始してから半

2　調査中は，仮説を否定する事例，すなわち「エリート層や貧困層の若者」「日本で順調な就業生活を送っていた人」「『輝かしい』経歴を持つ人」を常に探し続けたが，そうした人に出会うことは至難の業だった。ただし2年間の豪州滞在中に1人だけ，エリート層に属し，日本で順調な就業生活を送っていたにもかかわらずWH制度を利用して豪州に来た人と知り合うことができた。それは付録1の79番の男性である。彼は有名私立大学を卒業した後，東証一部上場企業に総合職として就職し，順風満帆な就業生活を送っていたが，英語環境で働いて英語力を高めたいという願望を抑えることができず，会社を辞めてWHビザで豪州に来た。彼は3ヵ月間語学学校に通った後に豪州で就職活動を行い，世界的に有名な外資系保険会社の豪州支社に正社員として就職し，ビジネスビザを取得して滞在を延長した。このような事例が存在することは事実だが，WH渡航者のなかでは例外中の例外であり，類似の事例を見つけることもできなかったため，仮説の根本的な見直しは行わなかった。

年程度で本書の4類型（キャリアリセット型，キャリアブレーク型，キャリアトレーニング型，プレキャリア型）の原型に辿り着いた[3]。その後は，それぞれの類型内部におけるバリエーションを増やすと同時に，この4類型に当てはまらない事例を見つけるために，調査する都市・地域を増やしたり，参加するイベントやサークルの種類を増やしたりした。具体的には，本拠地としていたメルボルンだけでなく，アデレード，パース，シドニー，ケアンズ，ゴールドコースト，ブリスベンといった主要都市およびクィーンズランド州，ニューサウスウェールズ州，ヴィクトリア州の非都市部でも調査を実施した。また，熱心な英語学習者が集まる英会話サークルから，マリファナ臭の漂うパーティやクラブイベントまで幅広く足を運び，多様なWH渡航者の話を聞くよう心がけた。このような調査を2年間続けた結果，さらなる仮説の精緻化を行うことは困難と判断し，論文の発表（藤岡 2012b）とその後の微修正を経て本書の議論（特に第4・5章）に到達した。

②の「現地での就業状況」については，「渡航までの経緯」とは異なり，1年目（2007年度）の調査で仮説の精緻化が行き詰まった。具体的には，「WH渡航者の大半は英語が話せないから日系商業・サービス産業の低賃金労働に従事せざるをえない」という仮説については一部の例外を除けば概ね妥当という検証結果が得られる一方で，「WH渡航者は日系商業・サービス産業の労働条件（低賃金）に強い不満を抱いている」「日系商業・サービス産業で働くWH渡航者の労働意欲はあまり高くない」という仮説については大幅に見直すべきという考えがインタビューを重ねるたびに強くなっていった。というのも，インタビュー対象者のなかで，日系商業・サービス産業に対する強い不満を述べる者が予想より少ない一方で，勤務先に対する感謝や肯定的な意見を述べる者が予想以上に多かったからである。本調査では，こうした状況に対処すべく，1年目の調査終了後に仮説の大幅な修正を行うと同時に，2年目（2009年度）の調査ではインタビューだけでなく参与観察も実施することによって，さらなるデータ収集と仮説の検証・精緻化を試みた。具体的には，「日系商業・サービス産業で働くWH渡航者は，比較的高い労働意欲を持ち，仕事を通じて一

3　当初は「キャリアトレーニング型」ではなく「キャリアアップ型」と呼んでいた（藤岡 2012b）。

定の充足感を得ている」という仮説に変更し，この仮説の妥当性を検証すると同時に，「なぜ低賃金であるにもかかわらずこのようなことが起こるのか」という点を明らかにしようと試みた。このような紆余曲折を経て到達したのが本書の議論（特に第7・8章）である。

　本研究の仮説が「飽和」に至ったと判断するまでの概要は以上の通りである。これを踏まえれば，本書の議論が「恣意的に選んだごく少数のインタビュー対象者を安易に一般化したものではない」という点は説得力を持って主張できるはずである。とはいえもちろん，本書の議論が豪州に滞在する日本人WH渡航者の全てを説明し尽くしているなどと強弁するつもりはない。そうではなく，本書の議論は，豪州に滞在する日本人WH渡航者に関わる豊かな現実の一部を，「就業・生活状況」という観点から切り取って整理したものにすぎない。本書と異なる観点からWH渡航者を考察すれば，本書とは異なる知見が得られるはずである。

第2節　インタビューの進め方

　次にインタビューの進め方について見てみよう。筆者はあくまで，若年雇用・労働研究の一環として調査を行っているため，インタビューで日本および豪州での就業・生活状況について聞き取るという前提を外すことはできなかった。したがって，筆者のインタビューが，対象者の主観的認識や生活世界（彼らが仕事以上に重要だと考えていたもの）を軽視してしまう可能性が常にあったことは否定できない。ただし，インタビューではこの点を常に意識し，ただひたすら就業・生活状況について聞くということはしないように努めた。具体的には，以下のような流れに沿ってインタビューを進めた。

(1) 典型的なインタビューの流れ

　典型的なインタビューは，「滞在の概要」「滞在中のハイライト」「滞在中の就業・生活状況」「渡航までの経緯と動機」「日本での就業・生活状況」「今後（帰国後）の展望」という6つの大きな設問を軸に行われた（半構造化インタビュー）。インタビューの流れも，基本的にこれらの設問を順に問うという流れ

で進行した。

「滞在の概要」とは，豪州に入国してからインタビュー当日までの状況に関する大まかな情報である。具体的には，入国日，入国した都市，住居の情報（地名，アパートかホームステイか，家賃など），通った語学学校の概要（学校名，コースなど），経験した仕事の概要（業種，職種など），旅行・観光経験（訪問した場所，時期など），他の都市での滞在経験がある場合はその都市での滞在状況に関する情報などを含む。「滞在中のハイライト」とは，長期間従事した活動や印象深い出来事などに関する詳細な内容であり，語学学校，仕事，旅行・観光，遭遇したトラブルなどについての説明や語りが中心となる。「滞在中の就業・生活状況」とは，豪州滞在中の就業経験と，就業中の生活状況に関する詳細な情報や語りである。「渡航までの経緯と動機」とは，豪州WH制度を利用した動機とそれまでの経緯であり，学歴，渡航前の就業・生活状況，家族状況などに関する説明と語りを含む。「日本での就業・生活状況」とは，日本で働いていたときの仕事と生活に関する詳細な情報や語りである。「今後（帰国後）の展望」とは，残りのWH期間の過ごし方と，WH後の展望に関する説明や語りである。

上記の設問を順番に聞くというインタビューの流れは，WH渡航者同士が初めて知り合った際に，あるいは顔見知りの人と改めてじっくり話をする際に頻繁に現れる会話のパターンを踏襲したものである。この点を明らかにするために，WH渡航者同士の典型的な会話パターンについて若干の説明を加えておこう。

(2) ワーキングホリデー渡航者の典型的な会話パターン

WH渡航者が他のWH渡航者と知り合うと，まず儀礼的な会話を行うのが普通である。互いのことを何も知らない状況下で会話をする際に，儀礼的な会話から始めること自体は，何もWH渡航者に特有の行動ではない。それは多くの文化に見られる普遍的な行動パターンである。しかし儀礼的な会話の具体的なあり方は国，地域，階層，ジェンダー，会話が交わされる場の状況などによって異なる。「豪州に滞在するWH渡航者の世界」において，儀礼として交わされる会話のトピックとしては，「天気・気候」「豪州社会の『おかしな』

点」「滞在の概要」といったものが代表的である。

　WH渡航者に限らず，天気・気候は儀礼的な会話のトピックとして広く用いられている。豪州に滞在するWH渡航者（および日本人全般）の間では，日差しの強さ，空の青さ，空気の乾燥度などについて，日本との違いを踏まえつつ語ることがいわば「お約束」となっている。WH渡航者は，豪州滞在中に，次のような会話を幾度となく交わすことになるだろう。

　　　　Ａ：今日も日差し強いですね。
　　　　Ｂ：この日差し，ありえないですよね（苦笑）。
　　　　Ａ：私，こっちに来てから肌のシミが増えた。
　　　　Ｂ：あ〜分かる分かる！
　　　　Ａ：日焼け止め塗らないとヤバいよね〜。
　　　　Ｂ：ホントホント。超危険（苦笑）。
　　　　　　　　　　　　　　　　　　　　（Ａ・Ｂともに女性のケース）

　豪州社会の「おかしな」点も，儀礼的な会話のトピックとして欠かせないものである。たとえば，電車やバスが時間通りに来ないこと，豪州人の「いい加減さ」，店員のサービスの悪さなどは特に頻繁に採用されるトピックである。以下の会話は，筆者が実際にしばしば用いた儀礼的な会話の例である。

　　　　筆者：どうですか，オーストラリア生活は？
　　　　　Ａ：まだ慣れないことが多いですね〜。
　　　　筆者：バスが時間通りに来ないとかですか？
　　　　　Ａ：そうなんですよ〜。基本的に時間通りに来ないですよね（苦笑）。
　　　　筆者：そうそう（笑）。でも，遅れるだけじゃなくて，たまに来ないこともありますよ。
　　　　　Ａ：マジっすか!? 日本だったらありえないな〜。でも，オーストラリアなら十分ありえるな〜（笑）。
　　　　筆者：ホントに，オーストラリアはありえないよね（笑）。
　　　　　　　　　　　　　　　　　　（Ａは豪州到着後間もないWH渡航者）

ここにあげた例は，WH渡航者の間で頻繁に交わされる儀礼的な会話のほんの一部である。こうした会話は，第一義的には，互いのことをよく知らない者同士が「当たり障りのない」会話を交わすことによって，初対面あるいは顔見知り程度の者同士の会話に伴いがちな緊張を緩和するという役割を担っている。しかし同時に，こうした儀礼的な会話は，経験の共通性を互いに確認し合うことによって，仲間意識を強め，両者の心理的距離を縮める役割を果たすことも多い。特に，共感や驚きを引き金として発せられる感嘆表現——たとえば，「分かる分かる！」や「マジっすか!?」など——をきっかけに，敬語を省いた比較的親密な言葉遣いに変化することもしばしば目にする状況である。また，「日本だったらありえない」「オーストラリアならありえる」「オーストラリアはありえない（＝豪州はおかしな国だ）」といった言葉のやり取りは，WH渡航者（あるいは豪州に滞在する日本人全般）にとって一種の「お約束」のような位置を占めていると言ってよい。互いの素性を知らない者同士であっても，具体的なエピソードを交えつつこうしたやり取りをしておけば，会話が盛り上がることはほぼ約束されたようなものである（少なくとも気まずい感じになることはない）。

　こうして緊張が解けた後に，「いつ来たの？」「ケアンズ・イン？」「エージェント通した？」「学校どこ？」「仕事してる？」「ジャパレス？ それともローカル？」「旅行とかした？」「どこに住んでるの？」「ホームステイ？ それともシェア？」といった滞在状況に関するやり取りが行われることが多い。「天気・気候」「豪州の『おかしな』点」といった話題には触れずに，滞在状況から話し始める者も少なくない。これは，滞在状況が基本的に「当たり障りのない」話題であり，たとえば入国日を聞かれて不快な思いをする人はほとんどいないという事情によっている。また，偶然にも家が近かったり学校が同じだったりする場合は，共通の話題が見つかって話が弾み，心理的な距離が縮まることを期待できる。このような事情により，WH渡航者の間では，滞在状況は儀礼的な会話で採用されるトピックとしての性質を強く帯びている。

　ところで，滞在状況に関するやり取りとして例示した上記の表現のなかに，意味不明なものがあるという読者がいるかもしれない。そこで，紛らわしいと思われる表現について解説しておこう。「ケアンズ・イン」とは「ケアンズか

ら入国した」ことを意味する表現である。ホテルの名前ではない。「シドニー・イン」なら「シドニーから入国した」という意味である。「エージェント」とは，留学やワーキングホリデーに関する情報を提供し，様々な事務手続きを代行する斡旋業者のことである。「エージェント」を「通す」とは，斡旋業者の提供するサービスやプログラムを「利用する」ことを意味する。「学校」とは，中学校・高校・大学ではなく，「語学学校」を意味するのが普通である。「ジャパレス」とは「日本食レストラン」の意味である。[4]「ローカル」とは，豪州人が経営する企業や商店を意味する。「ローカルのレストランで仕事をゲットした！」などと使うのが一般的である。「ホームステイ」は，一般家庭の部屋を間借りする居住形態である。「シェア」は「ハウス（フラット）・シェアリング」の略であり，アパートや一軒家で複数の他人が共同生活を送る居住形態である。

　WH渡航者は，他のWH渡航者との会話を通じてこれらの言葉を学ぶ。そして滞在期間が長くなるにつれて，無意識のうちにこれらの言葉を使うようになっていく。したがってこれらの言葉は，「ワーホリの世界」で用いられる一種の符牒や隠語という性格を帯びている。WH渡航者は，こうした言葉を用いつつ儀礼的な会話を交わすことによって，警戒心を解いたり心理的な距離を縮めたりしているのである。

　儀礼的な会話を通じた緊張緩和が順調に進むと，仕事や住居についての情報・意見交換，共通の関心についての情報・意見交換，（WH後の展望を含む）生き方や人生観に関わる議論といった，より実質のある会話へと移行していく。その際，滞在状況についての会話は，儀礼から実質を伴う会話への橋渡しをする役割をしばしば担う。たとえば，仕事についての儀礼的なやり取り（「仕事してる？」）から始まった会話が，労働条件の比較，仕事中の印象的な出来事の披露，そうした出来事を通じた成長（あるいは挫折，出会い，転機など）の語りへと発展する展開は，WH渡航者同士の会話のなかできわめて頻繁に目にす

4　ただし，「ジャパレス」には多様な形態の日本式飲食店が含まれる。たとえば，ラーメン店，焼き肉店，回転寿司店，テーブルがなくカウンターで弁当や寿司を販売する持ち帰り専門店（takeaway shop）といった日本食関連の飲食店は，全て「ジャパレス」に含まれるのが普通である。居酒屋や接待型の飲酒店（いわゆるクラブやキャバクラ）を「ジャパレス」に含めるかどうかは状況や人によってまちまちである。

るものである。

　さらに，成長にせよ何にせよ，WH 中の経験に意味を付与するような語りが行われると，そこから WH の動機に言及するような会話が誘発されることがある。なぜなら，多様な出来事や経験のなかからあえて選び出され，意味を付与されて語られるようなものは，WH の動機と関連がある出来事や経験である場合が少なくないからである。たとえば，「英語力の向上」を目的として豪州に来た者は，日頃から英語に関わる出来事や経験に対して敏感であることが多い。そのため，滞在状況について話す際も，英語に関わるエピソードをより多く（あるいはより「熱く」）語りがちである。そうした語り口は，聞き手から「英語にこだわる理由」を問われたり，自分からその理由を明かしたりするような会話の流れを引き起こしやすい。こうなれば，動機について言及しない方がむしろ不自然ということになる。

　また，動機に関する語りは，しばしば渡航までの経緯に関するやり取りを誘発しやすい。というのも，動機は渡航前の生活や経験を通じて形成され強化されるものだからである。たとえば，「英語力の向上」を目的として豪州に来た者は，海外旅行の経験，仕事で英語が必要になったこと，あるいは以前の仕事を辞めて英語関連の仕事（英語講師，斡旋業者のカウンセラー，外資系企業の事務職など）に転職したいことなどを語る傾向がある。そしてこのような語りは，日本での就業・生活状況に関する語りとともに行われるのが普通である。なぜなら，仕事で英語が必要になったり，英語関連の仕事に転職したかったりするときは仕事の話が出てくるのは当然であるし，動機が仕事と直接関係なくても，仕事を辞めてまで WH をしたかったことに対する何らかの説明が行われることが多いからである。

　とはいえもちろん，こうした会話のパターンはあくまで1つの例であって，これとは異なるパターンも数多く存在する。予想をはるかに超えた体験をしたり，トラブルに見舞われたりした者は，上記のパターンを完全に無視してもっぱらそうした出来事や経験を語ることも多い。また，WH の動機や日本での生活についてはあまり多くを語らない者も一定数存在する[5]。しかし，互いの素

5　動機について多くを語らない理由は多様である。会話の展開上，あえて動機に言及する必要がないことはよくある。日本から遠く離れた異国の地で年齢，学歴，職歴といった現

性を何も知らず,さしあたり WH 渡航者であるという共通点しか見当たらない者同士が不快な思いをせず／させずに会話を成立させようとすれば,会話の展開に一定のパターンが現れることはごく自然な成り行きであるとも考えられる。この点を踏まえれば,挨拶をして儀礼的な会話を交わし,滞在の概要をきっかけとしてより実質のある会話へと移行し,そうした会話のなかで WH の動機や渡航までの経緯に言及するという上述のパターンは,WH 渡航者にとってストレスが少なく,不快な思いをする／させるリスクが低いものであることが理解されるだろう。筆者がインタビューにおいて「滞在の概要」「滞在中のハイライト」「滞在中の就業・生活状況」「渡航までの経緯と動機」「日本での就業・生活状況」を順番に質問し,最後に「今後の展望」を聞いて終了するという進め方を採用したのは,参与観察(あるいは現地での日常生活)を通じて上述のパターンを発見したからに他ならない。

(3) インタビューの進め方の変遷

ところで,筆者は調査開始当初から上述の進め方を採用していたわけではない。実際には,若干の紆余曲折を経て上述のパターンに収まったというのが実態である。この点について説明しておこう。

筆者は当初,インタビューの冒頭で被調査者の「プロフィール」(学歴,職歴,家族構成などの経歴)を確認していた。しかし,インタビューを重ねるうちに,被調査者の経歴をインタビューの冒頭に聞くことをやめ,「ハイライト」や「動機」について聞くなかで確認する方法に変えていった。

被調査者の経歴を冒頭に確認することを止めた1つの理由は,先に見た WH 渡航者の典型的な会話パターンと深い関係がある。端的に言えば,会っていきなり相手の経歴を尋ねるのは不自然なことだと気づかされた,ということである。これは何も「ワーホリの世界」だけに限られた話ではない。会っていきなり相手の経歴について尋ねることが許されるのは,似たような経歴の持ち主で構成される閉鎖的な集団か,警察の尋問くらいのものであろう。しかしより重

実的な話題について事細かに語るのは「野暮」だという雰囲気に配慮する場合もある。また,渡航前の経歴がそれほど「輝かしい」わけではない人や,日本で様々な困難に直面していた人は,心情的に,あるいは経緯の複雑さゆえに,そう簡単には動機を語れない場合もある。

要なのは，WH 渡航者の階層的位置に関連する次の理由である。筆者は先行研究サーベイや現地での参与観察を通じて，WH 渡航者のなかには，渡航前の経歴がそれほど「輝かしい」わけではない人や，日本で様々な困難に直面していた人が比較的多いという仮説を立てていた。そこで，この仮説を検証するために，インタビューでは学歴，職歴，家族状況などを聞き漏らさないよう心がけた。インタビューの冒頭で被調査者の経歴を聞こうとしたのは，こうした構えの直接的な反映でもあった。

しかし実際に複数のインタビューを実施すると，被調査者の経歴をインタビューの冒頭で確認しようとするのは「望ましくない」ことが明らかとなった。それは上述の仮説が的外れだったからではない。むしろ上述の仮説が当てはまる（当てはまりすぎる）事例に接したからである。この点について説明しよう。

筆者が2番目にインタビューを実施した人は，高校中退の過去を持っていた。4番目の人は離婚歴があった。6番目の人は深刻な家庭内不和を抱えていた。そしてこれらの過去が，豪州 WH の動機と直接的・間接的に関連していた。こうしたインタビューが，開始早々から多大な緊張を伴うものであったことは容易に想像されるだろう。高校中退にせよ離婚にせよ家庭内不和にせよ，「そうなんですね」と言って軽く流せるような過去ではない。しかしインタビューが始まってすぐに深く掘り下げるような話題でもない。少なくとも筆者にはそう感じられた（調査者というより1人の人間として）。幸運にも，上記の人々は筆者の質問に対して終始気さくな態度で応じてくれたが，筆者自身は「失礼なことをした」という感情が拭えなかった。こうした経験を経て，7番目のインタビュー以降は，被調査者の経歴をインタビューの冒頭で確認することをやめ，「ハイライト」や「動機」との関連で問うという上述の進め方に行き着いたのである。

補章 2

日豪関係史の概略

　本章では，日豪関係の歴史を経済関係――貿易，投資，労働力移動――に焦点を当てつつ概観する。その際，①第二次世界大戦以前，②第二次世界大戦期と終戦直後まで，③サンフランシスコ講和条約から1990年代まで，④2000年代以降という4つの時期に分けて日豪関係を概観する。この区分はあくまで便宜的なものであり，専門的な議論に基づくものではない。本章は日豪関係について専門的な議論を行うものではなく，あくまで日豪関係になじみのない読者のために基本的な知識と情報を提供するためのものだから，記述は簡潔で読みやすい箇条書きを基本とする。

　主要な参照文献は遠山（2007a, 2007b, 2009），Clark（1969=1978），DFAT（2008）である。参照文献の提示は必要最小限にとどめるが，特に重要な論点と，上記文献以外の資料を参照する際は，引用文献・箇所を明示する。

第1節　第二次世界大戦以前

1606	豪州に欧州人が来航
1780s	イギリスが豪州に本格的な植民を開始
1850s	豪州でゴールドラッシュが起き，中国人が大量に流入する→アジア人への反感強まる
1853	日本にペリーが来航
1865	記録に残る最初の対日石炭輸出
1868	明治政府樹立
1876	木曜島で日本人潜水夫が真珠の採取に従事し始める
1888	記録に残る最初の対日羊毛輸出
1890	兼松房治郎がシドニーに豪州初の日系貿易会社を開設し，対日羊毛輸出を開始

1892	クィーンズランドのサトウキビ農場で日本人労働者が働き始める
1897	日本大使館がシドニーに開設される
1901	白豪政策開始
1905	高須賀穣が豪州でコメ栽培を開始
1909	三井物産がシドニーにオフィスを開設
1931	日本は豪州にとって3番目に重要な貿易相手国になる
1941	太平洋戦争開戦により貿易停止，日本人・日系人が強制収容される

- 日豪貿易はかなり早い時期から行われていた。記録に残る最初の対日石炭輸出は1865年，最初の対日羊毛輸出は1888年である。
- 1876年から，木曜島で日本人潜水夫が真珠の採取に従事し始めた。その後，日本人潜水夫は増加し，1896年には618人（うち女性35人）の日本人が木曜島とその周辺地域に滞在していた（村上 1998）。
- 1892年から，クィーンズランド州ケアンズやタウンズビル周辺のサトウキビ農場で，日本人労働者が働き始めた。その後，日本人労働者は増加し，最盛期の1898年には1865人（うち女性117人）の日本人が同地域に滞在していた（村上 1998）。
- 19世紀後半は，豪州においてアジア人に対する反感が強まっていた時期に当たるため，潜水夫や農場労働者は全て任期付きの契約労働者として雇われた。アジア人に対する反感が強まったのは，1850年代以降のゴールドラッシュ期に大量の中国人が流入したことが原因である。アジア人排斥の動きは1901年の白豪政策として帰結した。
- 1889年に貿易会社を設立した兼松房治郎は，1890年にシドニー支社を開設し，対日羊毛輸出を開始した。日豪貿易の礎を築いた兼松は，神戸大学に兼松記念館を，一橋大学に兼松講堂を，シドニー病院に兼松病理学研究所をそれぞれ寄贈した篤志家としても有名である。
- 白豪政策のもとで日本からの移民は排除されたが，貿易は盛んに行われた。1931年（1930年度）には日本が豪州にとって3番目に貿易額の多い国となった。
- 1941年に日本が太平洋戦争を開始したため，日豪貿易は中断された。開戦と同時に日本人・日系人は逮捕され，強制収容所に収監された。開戦時に豪

州に在留していた日本人は1100人程度であったが，オランダ領インド諸島，ニュージーランド，ニューカレドニア，太平洋諸島に滞在していた日本人・日系人約3200人が豪州の強制収容所に集められたため，全部で4000人程度の日本人・日系人が収容されていた。ただし，開戦から半年後に，商社・銀行・領事館の駐在員とその関係者867人は日豪捕虜交換船で日本に引き渡された。出稼ぎの契約労働者と定住者は強制収容所に残された（永田 1998）。

第2節　第二次世界大戦期と終戦直後まで

1941	12月10日，日本軍はマレー沖でイギリス戦艦を撃沈
1942	2月19日，日本軍がダーウィンを空爆し，243人の命を奪う
	5月，日本軍の小型特殊潜水艇3隻がシドニー湾に潜入し，21人の兵士を殺害
1943	日本軍は11月まで北部の複数都市に空爆を実施，空爆回数は全部で64回に達した
1944	8月5日，カウラ脱走事件が起き，豪州兵4人，日本人捕虜231人が死亡
1945	戦時中に死亡した豪州人は1万7501人，捕虜は2万2000人，うち8000人が虐待などで死亡
1945	駐日豪州軍向けの輸出を開始
1946	日本が南極海で捕鯨を実施
1947	日本がアルゼンチンから羊毛の輸入を開始
1947	対日羊毛輸出を再開
1951	サンフランシスコ講和条約

（1）第二次世界大戦期[1]

・1941年12月8日の真珠湾攻撃以降，日本軍は破竹の勢いでアジア太平洋地域を席巻した。12月10日には，豪州が国土防衛の砦と位置づけていたイギリス戦艦プリンスオブウェールズとレパルスをマレー沖で撃沈し，グアム島を占領した。その後も日本軍の南下の勢いは止まらず，年末にはシンガポールに迫りつつあった。そうしたなかで，豪州首相のカーテンは，豪州は滅亡するかもしれないとの危機感を表明し，アメリカに助力を請う事態にまで陥った。

1　本項の記述は，特に断りのない限り，Clark（1969=1978：285-288）に依拠している。

- 1942年に入ると，日本軍は豪州北部のダーウィンに空爆を行い，少なくとも243人の命を奪った（2月19日）。その後，ダーウィンへの空爆は1943年11月まで続き，空爆回数は64回に達した。この間に日本軍は豪州北部の複数の都市（ブルーム，タウンズビル，ダービー，ウィンダム，ポートヘッドランドなど）にも空爆を行った[2]。また，1942年5月には日本軍の小型特殊潜水艇3隻がシドニー湾に潜入して攻撃を試みた。そのうち2隻は撃沈されたが，1隻は港への魚雷攻撃を成功させ，21人の兵士を殺害した[3]。さらに日本軍は，戦時中にニューサウスウェールズ州からブリスベンに至る海岸線で潜水艦による船舶攻撃を行い，約20隻の艦艇を撃沈した。
- 1944年8月5日には，カウラの戦争捕虜収容所で日本人捕虜による集団脱走事件が発生した。この事件で4人の豪州兵が殺害され，日本人捕虜のうち231人が死亡し，108人が負傷した。この事件は，豪州では「カウラ脱走事件（Cowra Breakout）」として有名である。日本人捕虜は，野球のバットや食事用のナイフなどを武器にして守衛のマシンガンに突撃したと言われる。カウラはシドニーから西に300kmほど離れた小さな町で，戦後に日本人墓地と日本庭園が建設された[4]。
- 日豪両軍が豪州本土で陸上戦をすることはなかったが，ニューギニア島をはじめとする太平洋諸島では激しい戦闘が行われた。日本軍に捕えられた豪州人捕虜は約2万2000人に達し，そのうち約8000人が虐待などで命を落とした。生還者のなかには虐待で負傷した者が多数おり，虜囚生活の過酷さを物語っていた。
- 1945年8年15日に日本が降伏した際は，人々が町に飛び出して喜びを表現し合う光景が各地で見られた。翌日にメルボルンの戦没将兵慰霊堂で開かれた感謝祭には20万人の市民が参列した。3年半にわたる戦争によって犠牲になった豪州人は1万7501人に達していた。

---

2 日本軍による豪州北部への空爆に関しては，豪州国立公文書館ウェブサイト（http://www.naa.gov.au/collection/fact-sheets/fs195.aspx）を参照。
3 シドニー湾攻撃に関しては，豪州国立公文書館ウェブサイト（http://www.naa.gov.au/collection/fact-sheets/fs192.aspx）を参照。
4 カウラ脱走事件に関しては豪州国立公文書館ウェブサイト（http://www.naa.gov.au/collection/fact-sheets/fs198.aspx）を参照。

- 以上の戦争体験を経て、豪州人の日本に対する国民感情は、「完全な敵意（absolute hostility）」と呼ぶべきものになっていた（DFAT 2008：45）。

(2) 終戦直後[5]

- 戦後、強制収容所に収容されていた日本人・日系人の大部分が日本へ強制送還された。豪州で生まれた日本人（豪州国籍保持者）とその両親、豪州人と結婚した日本人などは例外的に居住を認められた。反日感情が強かったため、豪州に残った日本人・日系人のなかには、素性を隠し、中国人を装って生活する者もいた（永田 1998）。
- 戦後まもなく、連合軍の管理下で日豪貿易が再開された。1945年には日本に駐留する豪州軍向けの輸出が行われ、1947年には多数の規制付きで民間の羊毛輸出が再開された。羊毛輸出が再開されたのは、同年に日本がアルゼンチンから羊毛の輸入を開始したため、豪州の羊毛業者の間で日本市場の喪失に対する懸念が強まったからである。ただし、日本に対する憎悪が収まらない豪州側は、日本側の要望より低品質の羊毛を送りつけたと言われている。
- 1945年の貿易再開、1946～47年に行われた日本の南極捕鯨、1951年に締結されたサンフランシスコ講和条約の内容に対して、豪州国内では数多くの不満や反発が渦巻いていた。しかし、アメリカの要望で、あるいはアメリカとの協力関係を維持するために、豪州政府は上記の全てを認めざるをえなかった。

第3節 サンフランシスコ講和条約から1990年代まで

1953	日本政府が豪州政府に通商関係の正常化に向けた協議を申し入れる
1955	日本がガットに加盟→豪州は日本に第35条を適用
1956	航空協定の締結、通商協定の締結に向けた政府間協議の開始
	日本人向けのビザ規制を撤廃→日本の商社・貿易会社が豪州に現地支社を開設
1957	日豪通商協定の締結→貿易再開
1963	日本に対するガット第35条の適用を撤回し、自由貿易体制へ移行
1966	日本が豪州にとって最大の輸出相手国となる

---

5 本項の記述は、特に断りのない限り、遠山（2007a）に依拠している。

1971	日本が豪州にとって最大の貿易相手国（輸出入総額が最大の国）となる
	ニクソンショック，鉄鉱石のカットバック問題
1973	オイルショック
1974	牛肉紛争，日豪文化協定の締結
1975	砂糖戦争
1976	対日輸出額が豪州の輸出総額の31%に達する
	日豪友好協力基本条約
1980	日豪ワーキングホリデー協定の締結
	イェブーンの観光開発地で爆発事件が発生
1980s	ゴールドコーストとケアンズへの観光投資→日本人観光客の増加

(1) 日豪貿易の正常化[6]

・GHQの支配から脱した日本は，経済成長に必要な資源を確保すべく，日豪貿易の再開に向けた動きを開始した。1953年に，日本政府は豪州政府へ通商関係の正常化に向けた協議を申し入れた。1956年には，戦後初の日豪政府間協定である航空協定が締結され，通商協定の締結に向けた政府間協議も開始された。また同年に，豪州政府は戦後に設けられた日本人向けのビザ規制を撤廃した。その結果，同年から翌年にかけて，日本の複数の商社・貿易会社が豪州に現地支社を開設した。1957年には日豪通商協定が締結され，両国の通商関係の基礎が確立された。

・このように，日本側の要望で日豪間の通商関係が回復されたが，当時は豪州国内の反日感情も根強かったため，対日貿易に様々な制限が加えられていた。具体的には，日本がガット（GATT：関税及び貿易に関する一般協定）に加盟した際も，豪州は日本に対して第35条を適用し，輸入許可制や高い関税率などを採用した。1957年に日豪通商協定が締結された後も第35条の適用は継続され，1963年に撤回されるまで対日貿易の制限は続いた。

・1963年に貿易の自由化が行われると，日本の高度経済成長を背景に，日豪間の貿易額が急激に増加した。日本は石炭，鉄鉱石，羊毛などを豪州から輸入し，工業製品を豪州に輸出した。日本は，1966年度に豪州にとって最大の輸出相手国となり，1971年度に豪州にとって最大の貿易相手国（輸出入総

---

6 本項の記述は，遠山（2007a）とDFAT（2008）に依拠している。

額が最大の国）になった。1976年度には，豪州の日本に対する輸出額は，豪州の輸出総額の31％を占めるまでに至った。輸出額2位のアメリカのシェアは8％だったから，輸出相手国としての日本の存在感は圧倒的だった。

(2) 1970年代の貿易摩擦[7]

- 一見すると順調に見える1963年以降の日豪貿易は，実際には，いくつかの難問（貿易摩擦）を抱えながら発展してきた。
- 1つはニクソンショックとオイルショックの後に日本が引き起こした鉄鉱石のカットバック問題である。これは，不況に陥った日本が事前に契約した分の鉄鉱石を輸入しないという問題だった。たとえば1978年度に，日本は契約輸入量の78％しか輸入しなかった。豪州側は契約違反として反発したが，その後，日本経済の回復によってこの問題は自然に解消された。
- 2つ目は牛肉紛争である。日本は国内農家の保護のために牛肉の輸入制限を行っており，牛肉を輸入する際は規制当局である畜産振興事業団が一括して輸入していた。豪州側の業者は，オイルショック前に同事業団が決めた輸入枠に沿って生産（増産）を行っていたが，日本側がオイルショック後に輸入枠を一方的に減らした。具体的には，1974年に日本側は，豪州側に何の通達もないまま一方的に輸入を停止し，1976年には，日本側が選挙対策のために輸入枠を削減した。これに対して豪州側は，日豪漁業協定の延長を白紙に戻して対抗した。その結果，日本側が態度を変え，輸入枠を増やして解決に至った。
- 3つ目は砂糖紛争である。日豪両国は，1975年から5年間，一定量（60万トン）の砂糖を固定額（トンあたり229ポンド）で取引するという契約を締結していた。ところが，契約締結後に砂糖価格が急落し，トンあたり100ポンド程度まで落ち込んだ。そこで日本側は砂糖の引取りを拒否し，価格交渉を申し入れた。これに対して豪州側は船積みを強行し，東京湾と大阪湾で原糖積載船十数隻が立ち往生するという事態に陥った。1977年9月15日，豪州側は日本の製糖業界を（ロンドン砂糖協会に）提訴し，同年10月26日，双

7　本項の記述は遠山（2009）に依拠している。

方が妥協して和解に至った。

(3) 日豪友好協力基本条約と日豪関係の新局面[8]

- 日豪間の貿易が活発化し、日豪両国がお互いに重要な経済的パートナーとなった——特に豪州にとって日本が圧倒的とも言える貿易相手国になった——ことを受けて、経済関係だけでなく人的・文化的な交流の促進を目指す機運が高まった。その結果として、日豪文化協定（1974年）と日豪友好協力基本条約（1976年）が締結された。また、1980年には、人的・文化的な交流を促進するための具体的な施策として、日豪WH協定が締結された。
- これらの文化・友好協定は、公式的には、「人的・文化的交流」（＝非経済的な結びつき）を促進するための施策として位置づけられている。しかし実際にはそれほど単純なものではない。日豪友好協力基本条約は貿易摩擦で両国が緊張関係にあるさなかに締結されたものだから、貿易摩擦の解消と再発防止に向けた関係強化という経済的・政治的な意図も含まれていたと見るのが妥当である（遠山 2009：80）。
- また、WHなどを通じて人的・文化的な交流が促進されれば、日本からの観光客・旅行者・留学生が増加して、観光産業や留学産業をはじめとするサービス産業の成長が可能になる。豪州政府が70年代から80年代初頭の段階でこうしたことまで考えていたかどうかは不明だが、日本人観光客が急増した80年代後半以降に関して言えば、豪州政府がこの点を明確に意識していたことは間違いないようである（遠山 2007b）。本書の第1・2章で見るWH制度の運用状況もその証左の1つである。
- つまり豪州政府の対日戦略は、70年代後半から80年代後半の時期に、「経済関係の強化」から「人的・文化的交流（＝非経済的な結びつき）の促進」に重点をシフトしたわけではない。そうではなく、これまで行われてきた石炭、鉄鉱石、農産物をはじめとする商品輸出に加えて、観光や留学といったサービス輸出を増加させようとした点にこの時期の変化の本質がある。本書の考察対象であるWH制度も、このような文脈において——豪州政府の

---

8 本項の記述は、特に断りのない限り、遠山（2007b, 2009）とDFAT（2008）に依拠している。

サービス輸出奨励策の1つとして——理解する必要がある。
・以上の通り，1974年の文化協定，1976年の友好協力基本条約，1980年のWH 協定は，豪州政府が，日本経済の脱工業化や日本社会の成熟化に合わせて対日戦略を修正していく際の節目となる出来事として理解するのが妥当である。
・なお，商品輸出だけでなくサービス輸出にも力を入れるという考え方は，対日戦略だけではなく，豪州政府の貿易政策全体を貫く基本的な方針になっていったようである。というのも，オイルショック後に工業生産が停滞し，経済の脱工業化が急速に進むなかで，石炭や鉄鉱石に対する需要が低下するという現象は日本だけでなく先進国全体で見られたからである。オイルショック後の豪州政府は，鉱産物の輸出への過度の依存をリスクとみなし，鉱産物に代わる輸出品を増やそうとしていた。そうしたなかで，ユニークな動植物，アボリジニ文化，多文化主義といった豪州の特徴（特長）を「売り」にする国際観光が注目されるようになった。その最初のターゲットが日本人だったのである[9]。
・ところで，豪州とりわけクィーンズランド州は，日本人観光客を呼び寄せるために日本企業の観光投資を積極的に誘致した。特に有名な投資先はゴールドコーストとケアンズであり，80年代のわずか数年間で両都市に世界的な観光地が作り出されたことはよく知られている（Hajdu 2005：遠山 2007b：小野塚 2011）。しかし，あまりに急激な観光開発は現地住民と豪州社会の反発を招き，新聞に批判的な記事が書かれたり，住民による抗議行動が行われたりすることもしばしばあった（Hajdu 2005：小野塚 2011）。
・このように，ゴールドコーストとケアンズでは，70年代とは異なるタイプの「貿易摩擦」（急激な観光投資に対する受け入れ社会の反発）が発生したものの，それ以後も開発は継続され，結果的に日本人観光客が増加したから，（賛否両論はありつつも）両都市への投資はひとまず「成功」したと言える。しかし日本による観光投資の全てが「成功」したわけではないことは（日本では）あまり知られていない。

9　豪州政府の観光政策については朝水（2003）を参照されたい。

- 鹿児島県に本拠を置く岩崎グループは，1971年にクィーンズランド州イェプーン（Yeppoon）の広大な土地（930ヘクタール）を買収し，日本人向けリゾート地の建設を計画した。しかしこの計画は当初から激しい反対運動――環境破壊と外国人による土地所有・開発に対する反対運動――に遭い，1980年11月29日には，反対派が仕掛けたと目される爆弾が敷地内で爆発し，直径7メートルのクレーターを出現させる事態にまで発展した。その結果，この計画は大幅な遅延と変更を余儀なくされ，日本人向けリゾート地の建設は達成されなかった。[10]
- 以上の通り，日本による豪州への観光投資は，新しいタイプの「貿易摩擦」を引き起こしつつ急激に進められた。しかし日本の投資は（良くも悪くも）バブル経済の崩壊とともに終息し，90年代以降は日系資本の引き上げと日本人観光客の減少が急速に進んだ。その結果，現地住民と豪州社会の反発も沈静化したように見える。

第4節　2000年代以降

2006	日豪交流年（日豪友好協力基本条約締結30周年記念キャンペーン）
2007	日豪EPA（経済連携協定）交渉開始
	中国が豪州にとって第1の貿易相手国になる（日本は2位に転落）
2008	ラッド首相，就任後初の外遊で日本より中国を優先
2009	中国が豪州にとって第1の輸出相手国になる（日本は2位に転落）
2014	日豪EPAの締結，2015年1月より発効
2016	TPP（環太平洋パートナーシップ協定）の署名

- 2006年は日豪友好協力基本条約の締結30周年にあたるため，日豪両国で記念事業が数多く実施された。
- その一方で，2000年代以降，豪州における日本の経済的パートナーとしての地位は確実に低下しつつある。その主要な要因は中国の急激な経済成長である。

10　リゾート地そのものは完成し，所有権も岩崎グループが保持し続けたものの，経営は豪州企業（リッジズ：Rydges）に委託され，「日本」色は薄められた。ゴールドコーストやケアンズを知る日本人はいても，イェプーンを知る日本人はあまり多くないはずである。岩崎グループによるイェプーンの観光開発については，Gistitin（2010）を参照した。

・2001年度の時点では，中国は豪州にとって6番目の輸出相手国にすぎなかったが，2009年度には日本を抜いて第1の輸出相手国になった。2001年度に88億豪州ドルだった豪州の対中輸出額は，2011年度には771億ドルに達した。10年間で9倍近く増加した計算になる（DFAT 2012：8）。
・輸出入額の合計で見ると，中国は2007年度に日本を抜き，豪州にとって第1の貿易相手国になった（DFAT 2010：26）。
・2007年12月に豪州の首相に就任したケビン・ラッドは，2008年4月に行った就任後初の外遊で，中国を最初の訪問先に選んだ。しかもこのときの外遊では日本を訪問しなかったことから，豪州における中国の地位上昇と日本の地位低下を象徴する出来事として受け止められた（遠山 2009）。
・近年の日豪貿易において注目すべきトピックとしては，温室効果ガス排出量の抑制という国際的趨勢を背景に液化天然ガスの対日輸出が増加していること，豪州企業によるニセコ（北海道）への観光投資が活発に行われ，豪州人観光客が増加していることなどがある（DFAT 2008：遠山 2009）。
・また，日豪EPA（経済連携協定）の締結・発効とTPP（環太平洋パートナーシップ協定）の署名により日豪間の貿易活発化が期待されると同時に，新たな貿易摩擦の発生が懸念されている。
・なお，付録2に日豪間の貿易額の推移（図表付2-1），日本の対豪直接投資の推移（図表付2-2），豪州を訪問した日本人ビジター数の推移（図表付2-3），日本人に対する豪州WHビザ発給数の推移（図表付2-4）を掲載したので，そちらもあわせて参照されたい。

付録1　インタビュー対象者一覧

番号	本論での仮名	性別	年齢	場所	日時	学歴	類型	渡航前の主な仕事	滞在中の主な仕事
1		男	25	MEL	2007/5/31	大学院休学	PC		農場・収穫作業
2		男	20	MEL	2007/6/13	大学休学	PC		日本食品・雑貨店/販売
3		男	31	MEL	2007/7/24	大学卒	CB	IT/プログラマー/正	ジャパレス/フロア・キッチン
4		女	31	MEL	2007/7/27	専門学校卒	CR	IT/事務/正	ジャパレス/フロア・キッチン
5		女	31	MEL	2007/7/27	専門学校卒	CR	事務・電話オペレーター/派	ローカルカフェ/フロア
6		女	32	MEL	2007/7/31	大学卒	CT	語学学校/英語教師/パ	寿司テークアウト店/キッチン・販売
7		女	23	MEL	2007/7/31, 2007/12/20	高校卒	CR	公務員/保安/正	農場/収穫作業、電話オペレーター
8		女	31	MEL	2007/8/2	短大卒	CT	薬局/医療事務/派	日本食卸売業者、電話オペレーター
9	拓哉 タクヤ	男	27	MEL	2007/8/13	大学卒	CR	旅行代理店/接客・販売/正	旅行代理店/接客、日系旅行代理店/接客・販売
10		男	29	MEL	2007/9/11	高校卒	CR	写真店/接客・事務/正	日系清掃業者/チラシ配り
11		男	31	MEL	2007/9/11	高校卒	CB	フリーター	ジャパレス、寿司テークアウト店/フロア・キッチン・販売
12		女	26	MEL	2007/10/4	短大卒	PC	幼稚園/教員/正	ジャパレス/フロア、日本語学校/日本語教師
13		男	22	MEL	2007/10/4	大学卒	CR	メーカー/事務/正	寿司テークアウト店/キッチン・販売
14		女	28	MEL	2007/10/24	高校卒	CB	スポーツクラブ/インストラクター/正	農場/収穫作業、寿司テークアウト店/キッチン・販売
15		女	30	MEL	2007/10/30	短大卒	CR	事務/正	日本食品・雑貨店/販売
16		女	29	MEL	2007/11/12	短大卒	PC		ホテル/清掃員
17		男	22	MEL	2007/11/12	大学休学	CR		ホテル/清掃員
18		男	20	MEL	2007/11/13	大学休学	CR	電力会社/事務/正	寿司テークアウト店/キッチン・販売
19		女	32	MEL	2007/11/16	短大卒	PC		
20		女	26	MEL	2007/11/17	大学卒	PC		
21		女	27	MEL	2008/3/8	大学卒	PC		日系大企業現地法人/事務/正

付録1　インタビュー対象者一覧

	性別	年齢	都市	日付	学歴	PC	職場/職種/雇用形態	職務内容
22	男	24	MEL	2007/11/17, 2008/3/18	高校卒			農場/仕分け・箱詰め作業、家具工房/家具製作
23	女	24	MEL	2007/11/21	大学卒	CR	商社/事務/正	ジャパレス・フレンチレストラン/フロア・キッチン
24	男	31	MEL	2007/11/22	大学卒	CR	フリーター	ジャパレス/フロア
25	女	30	MEL	2007/11/22	高校卒	CR	メーカー/検査系/正	
26 静香/シズカ	女	31	MEL	2007/11/30	短大卒	CT	事務・秘書/派(日本語教師資格保持)	日本語学校/日本語教師/正
27 剛/ツヨシ	男	31	MEL	2007/11/30	大学卒	CR	パチンコ店/管理/正	ジャパレス/キッチン、日本食卸売業者/配送
28	男	30	ADL	2007/12/3	高校卒	CT	スポーツクラブ/コーチ/正	ジャパレス/ローカルレストラン/キッチン、スポーツクラブ/コーチ補助
29	男	22	ADL	2007/12/3	高校卒	PC		
30	男	18	ADL	2007/12/3	高校中退	PC		
31	女	36	ADL	2007/12/4	大学卒	CR	事務/正	ローカルカフェ/フロア
32	女	30	ADL	2007/12/5	短大卒	CR	金融/事務/正	ジャパレス/フロア
33	男	25	ADL	2007/12/5	高校卒	CT	寿司店/調理・接客/自	ジャパレス/キッチン
34	男	25	ADL	2007/12/5	大学卒	PC		
35	女	28	ADL	2007/12/5	短大卒	CB	語学学校/子ども英語教師	
36	女	23	ADL	2007/12/5	短大卒	CR	幼稚園/教員/正	
37	女	23	ADL	2007/12/5	短大卒	CR	フリーター	
38	男	35	PER	2007/12/8	高校卒	CT	飲食店/店長/正	ジャパレス/店長/正
39	男	23	PER	2007/12/8	大学卒	PC		ツアー会社/日本人向けツアーガイド、ジャパレス/キッチン
40	女	27	PER	2007/12/9	大学卒	CR	金融/事務/正	
41	女	27	PER	2007/12/9	大学卒	CR	事務/正	
42	女	27	PER	2007/12/9	大学卒	CB	ホテル/接客/正	

		性別	年齢	都市	日付	学歴	ビザ	職業/業種/雇用形態	その他の仕事
43		男	24	SYD	2008/2/3	大学卒	CR	フリーター	ジャパレス/キッチン
44		女	28	SYD	2008/2/3	大学卒	CR	金融/営業/正	
45		女	32	SYD	2008/2/3	高校卒	CT	IT/プログラマー/正	IT系大企業日本部門/システム・ソフトウェアの保全とサポート
46		女	29	SYD	2008/2/6	専門学校卒	CT	病院/助産師/正	農場/収穫作業、高齢者介護施設/介護補助
47		男	26	SYD	2008/2/6	大学卒	CT	語学学校/接客・管理/正	日系留学・WH斡旋業者/接客・販売
48		女	28	MEL	2008/2/25	大学院卒	PC		農場/収穫作業
49		女	25	MEL	2008/3/6	大学卒	PC		ジャパレス/フロア
50		男	22	MEL	2008/3/11	高校卒	CR	住宅会社/配管工/正	ジャパレス/フロア、日本食卸売業者/配送
51		男	22	MEL	2008/3/12	大学休学	PC		ローカルパー/フロア
52		男	25	MEL	2008/3/13	中学卒	CR	CDショップ/販売/ア	日本食品・雑貨店/販売
53		女	26	MEL	2008/3/13	高校卒	CR	菓子店/販売/パ	ジャパレス/フロア
54		女	26	MEL	2008/3/13	大学卒	CR	自動車販売店/販売/正	ジャパレス/フロア
55		男	29	MEL	2008/3/17	高校卒	CR	レンタカー会社/車の移動・整備/ア	日系中古車輸入業者/接客・販売
56	美穂ミホ	女	32	MEL	2008/3/20	専門学校卒	CT	公務員/ケアマネージャー/正	高齢者介護施設/介護補助
57		女	21	CAR	2009/4/5	専門学校卒	CB	フリーター	
58	優子ユウコ	女	27	CAR	2009/4/5	大学卒	CR	病院/看護師/正	
59	多恵タエ	女	31	CAR	2009/4/7	大学卒	CR	教育関連/営業・事務/正	農場/仕分け作業、ローカルレストラン/フロア
60		男	25	CAR	2009/4/7	高校卒	CR	メーカー/営業/正	
61		男	24	CAR	2009/4/7	専門学校卒	CR	百貨店/販売/正	農場/収穫作業
62	進ススム	男	24	CAR GC	2009/4/8 2010/3/18	専門学校卒	CR	建設業/エアダクト設置/正	ストリートパフォーマンス（弾き語り）、日系清掃業者/清掃員

No.	仮名	性別	年齢	都市	インタビュー日	学歴	ビザ	前職	現地での仕事
63		男	22	CAR	2009/4/9	大学休学	PC	フリーター	農場/収穫作業、ローカルレストラン、ジャパレス/キッチン
64		男	23	CAR	2009/4/11	専門学校卒	CR	メーカー/技能/派	日本食品・雑貨店/販売
65		男	26	CAR	2009/4/11	専門学校卒	CR	メーカー/技能/派	フレンチレストラン・タイレストラン/キッチン
66		男	19	CAR	2009/4/12	高校卒	CB	ガソリンスタンド/接客/正	観光施設/事務・接客・キッチン、日系旅行代理店/事務
67	遼リョウ	男	29	CAR/MEL	2009/6/24, 2010/3/10	大学卒	CB	メーカー/プログラマー/正	観光施設/事務・接客・キッチン、農場/収穫・キッチン
68	瑠依ルイ	女	29	CAR/MEL	2009/6/24, 2010/3/10	大学卒	CR	不動産/接客/自	観光施設/事務・接客、ジャパレス/フロア・キッチン
69	裕貴ヒロタカ	男	29	MEL	2009/11/3	大学卒	CT	幼稚園/教員/正	観光施設/事務・接客・キッチン、ジャパレス/キッチン、幼稚園/ボランティアスタッフ
70	愛アイ	女	30	MEL	2009/11/17	大学卒	CR	事務・販売/派	観光施設/事務・接客・キッチン、農場/収穫・箱詰め作業
71	和雄カズオ	男	22	MEL	2010/1/2	大学休学	PC		中華ヌードルショップ/キッチン、ジャパレス/キッチン
72		女	24	MEL	2010/1/18	大学卒	PC		現地中学校/日本語教師アシスタント、ジャパレス/フロア
73	奈美ナミ	女	29	MEL	2010/1/30	短大卒	CR	メーカー/技能・検査/派	観光施設/事務・接客・キッチン、日本食品・雑貨店/販売
74	理恵リエ	女	23	MEL	2010/1/30	短大卒	CR	ファーストフード店/接客/ア	観光施設/事務・接客・キッチン、中華レストラン/フロア
75		男	26	MEL	2010/2/25	専門学校卒	CT	洋食レストラン/調理/正	農場/収穫・除草作業など、ジャパレス/調理・キッチン
76	良美ヨシミ	女	21	MEL	2010/3/1	大学休学	PC		ジャパレス/フロア
77	環タマキ	男	33	MEL	2010/3/5	専門学校卒	CT	割烹料理店/調理/正	ジャパレス/調理

	名前	性別	年齢	場所	日付	学歴	類型	渡航前の主な仕事/雇用形態	滞在中の主な仕事
78		男	29	MEL	2010/3/8	大学卒	CT	ホテル・接客・管理/正	農場/仕分け・箱詰め作業、ホテル/接客・宴会場の設営と片付けなど
79	龍也 タツヤ	男	34	MEL	2010/3/8	大学卒	CT	IT/システムエンジニア/正	保険大企業日本部門/システム・ソフトウェアの保全とサポート/正
80		男	26	MEL	2010/3/10	大学卒	CB	人材派遣/管理・営業/正	ジャパレス/キッチン
81	邦彦 クニヒコ	男	29	MEL	2010/3/10	専門学校卒	CT	寿司店/調理/正	ジャパレス/調理・キッチン
82		女	31	BRB	2010/3/20	高校卒	CR	菓子店/販売/派	オーペア、観光施設/事務・接客・キッチン、農場/収穫作業、ジャパレス/キッチン
83	真央 マオ	女	30	GC	2010/3/21	大学卒	PC		ジャパレス/キッチン、日系土産物店/販売
84		男	22	GC	2010/3/22	高校卒	CR	金融/為替ディーラー/正	

注：(1)「場所」はインタビューを実施した場所のことである。「MEL」はメルボルン、「ADL」はアデレード、「PER」はパース、「SYD」はシドニー、「BRB」はブリスベン、「GC」はゴールドコーストの略である。

(2)「類型」はキャリアトレーニング型に基づく類型のことである。「PC」はプレキャリア型、「CB」はキャリアブレーク型、「CR」はキャリアアフリセット型、「CT」はキャリアトレーニング型の略である。それぞれの類型の特徴については第4章第1節を参照されたい。

(3)「渡航前の主な仕事」は、渡航以前に最も長く従事していた仕事のことである。「就業先/仕事内容/雇用形態」となっている。「雇用形態」は、「正」が正社員、「パ」はパートタイム、「派」は派遣労働者。「自」は自営業（実家が自営業・中小企業経営で、実家の店、会社で働いているケース）の略である。「ア」はアルバイト、アルバイトをかけもちしたり、アルバイトを転々としていた者は「フリーター」と記述した。

(4)「滞在中の主な仕事」は、豪州滞在中に従事した仕事のうち、比較的長い期間従事したものである。記述のルールは「就業先/仕事内容/雇用形態」と同じだが、「雇用形態」は非正規の短期雇用が普通なので省略した。ただし正社員として働いている者には「正」を付記した。

(5)「ローカルレストラン・カフェ・バー」の「就業先」において、「ジャパレス」は現地の一般的なレストラン（レストラン、バー、カフェ）を意味する。「フロア」はフロアスタッフ（ウェイター・ウェイトレス）を、「キッチンハンド」（調理補助）を、「キッチン」は調理担当者・料理人を、それぞれ意味する。日系関連の飲食店（レストラン、寿司屋、ラーメン屋、定食屋、焼肉屋など）を、「ローカルレストラン・バー・カフェ」は現地の一般的なレストラン・バー・カフェを意味する。「仕事内容」において、「調理」は調理担当者・料理人を、それぞれ意味する。

付録2　各種統計資料

図表付2-1　豪州の貿易額の推移

A：輸出

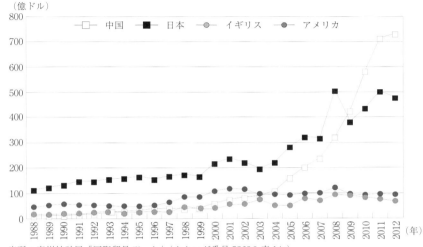

出所：豪州統計局「国際貿易データ」(カタログ番号5368.0 表14a)。

B：輸入

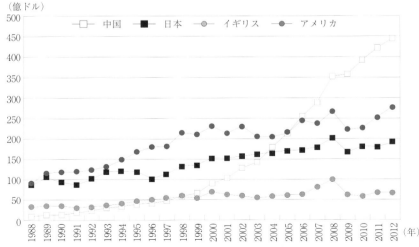

出所：豪州統計局「国際貿易データ」(カタログ番号5368.0 表14b)。

図表付2-2　日本の対豪直接投資の推移

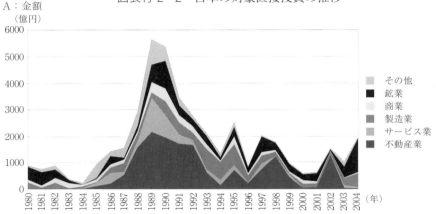

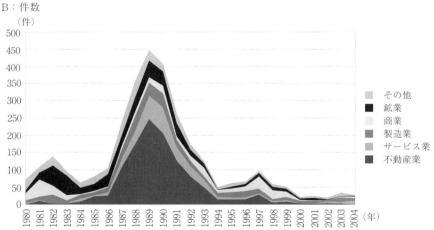

出所：財務省財務総合政策研究所編『財政金融統計月報』No.452, 548, 645 より作成。

付録2　各種統計資料　467

図表付2-3　豪州を訪問した日本人ビジター数の推移

出所：豪州統計局「出入国者数データ」（カタログ番号3401.0 表5）。
注：「ビジター」は旅行者（3カ月以内の短期留学者を含む）と短期ビジネス出張者からなる。

図表付2-4　豪州ワーキングホリデービザ取得者数の推移（1981〜2014年）

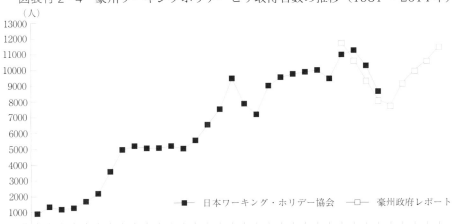

出所：日本ワーキング・ホリデー協会（2009），厚生労働省（2010c），DIAC（2011a：12），DIBP（2015b：19）より作成。
注：(1) 日本ワーキング・ホリデー協会は2010年以降のビザ発給数を調査していないので，豪州政府レポートのデータで補った。
(2) 日本ワーキング・ホリデー協会は年（1〜12月）単位で，豪州政府は年度（7月〜翌年6月）単位でデータを集計しているため，両者の数値に差が生じている。
(3) 2005年以降はセカンドWHビザ取得者数を含む。

図表付 2-5　日本人に対する豪州ワーキングホリデービザ発給数の推移（男女・年齢別）

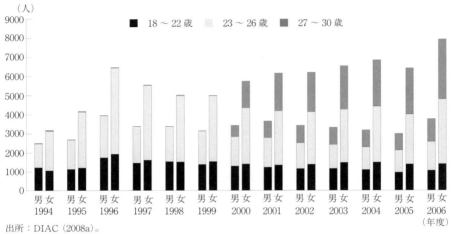

出所：DIAC（2008a）。

図表付 2-6　若年人口の推移（1980〜2014年）

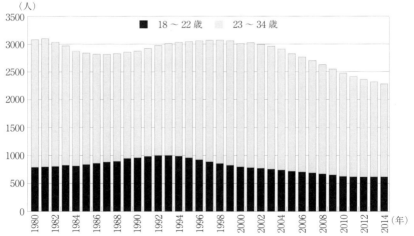

出所：総務省「人口推計」（http://www.stat.go.jp/data/jinsui/index.htm）。
元資料：総務省「国勢調査」。
注：各年10月1日時点の推計値。

参考文献

日本語文献（五十音順）

赤木智弘，2007，「『丸山眞男』をひっぱたきたい——31歳，フリーター。希望は，戦争。」『論座』140：53-59。

安里和晃，2010，「EPA看護師候補者に関する労働条件と二重労働市場形成」五十嵐編（2010：79-113）。

安里和晃編，2011，『労働鎖国ニッポンの崩壊——人口減少社会の担い手はだれか』ダイヤモンド社。

アジア太平洋観光交流センター，1998，『観光に関する学術研究論文——入選論文集』アジア太平洋観光交流センター。

浅野智彦，2001，『自己への物語論的接近——家族療法から社会学へ』勁草書房。

朝日新聞（無署名記事），1989a，「留学OLが増えている20代後半，仕事に不満，そして海外へ」『朝日新聞』1989年4月24日，朝刊，15頁。

——，1989b，「OL留学　古田薫美さんと中川康一さん」『朝日新聞』1989年10月31日，朝刊，16頁。

——，1990，「男社会への反発そして脱出　米留学のOL，その現状」『朝日新聞』1990年9月14日，朝刊，18頁。

阿部真大，2006，『搾取される若者たち——バイク便ライダーは見た！』集英社。

——，2007，『働きすぎる若者たち——「自分探し」の果てに』日本放送出版協会。

阿部康久，2012，「中国大連市に進出した日本語コールセンターの存続状況」『地理科学』67（2）：51-69。

朝水宗彦，2003，『オーストラリアの観光と食文化（改訂版）』学文社。

新井克弥，2000，『カオサン探検——バックパッカーズ・タウン　バンコク安宿街解剖』双葉社。

——，2001，「メディア消費化する海外旅行〜バックパッキングという非日常——バンコク・カオサン地区の定点観測」嶋根・藤村編（2001：111-137）。

荒武賢一朗・池田智恵編，2011，『文化交渉における画期と創造——歴史世界と現代を通じて考える』関西大学文化交渉学教育研究拠点。

新谷周平，2002，「ストリートダンスからフリーターへ——進路選択のプロセスと下位文化の影響力」『教育社会学研究』71：151-169。

——，2004，「フリーター選択プロセスにおける道具的機能と表出的機能——現在志向・『やりたいこと』志向の再解釈」『社会科学研究』55（2）：51-78。

1　このリストには可能な限り新しいURLを記載したが，時間の経過とともにデータが削除されたりURLが変わったりして閲覧できなくなるウェブサイトが増えてくると予想される。もし閲覧できない場合は，Internet Archiveの過去ページ検索機能（https://archive.org/web/）を利用して削除・変更前のウェブサイトを確認していただきたい。

――，2007，「ストリートダンスと地元つながり――若者はなぜストリートにいるのか」本田編（2007：221-252）。
飯島裕子・ビッグイシュー基金，2011，『ルポ若者ホームレス』筑摩書房。
居神　浩ほか，2005，『大卒フリーター問題を考える』ミネルヴァ書房。
五十嵐泰正編，2010，『労働再審2　越境する労働と「移民」』大月書店。
井口　泰，1997，『国際的な人の移動と労働市場――経済のグローバル化の影響』日本労働研究機構。
――，2002，「高度人材の国際移動とアジアの対応」『経済学論究』56（2）：135-170。
居郷至伸，2007，「コンビニエンスストア――便利なシステムを下支えする擬似自営業者たち」本田編（2007：77-112）。
石川淳志・橋本和孝・浜谷正晴編，1994，『社会調査――歴史と視点』ミネルヴァ書房。
石川友紀，1997，『日本移民の地理学的研究』榕樹書林。
石毛直道・小山修三・山口昌伴・栄九庵祥二，1985，『ロスアンジェルスの日本料理店――その文化人類学的研究』ドメス出版。
石戸谷滋，1991，『日本を棄てた日本人――カリフォルニアの新一世』草思社。
石山永一郎，1989，『フィリピン出稼ぎ労働者――夢を追い日本に生きて』柘植書房。
伊藤健太郎，2011，「プロジェクトマネジメント入門（1）手法の基本はだれでも理解できる」『日経コンピュータ』532：138-140。
伊藤　守編，2004，『文化の実践，文化の研究――増殖するカルチュラル・スタディーズ』せりか書房。
井上　俊・上野千鶴子・大澤真幸・見田宗介・吉見俊哉編，1996，『ライフコースの社会学（岩波講座 現代社会学 第9巻）』岩波書店。
井上英明，2011，「日本のバックオフィス，大連 中国 BPO の驚くべき底力」『日経コンピュータ』777：92-99。
井原圭子，2004，「いま『職』は中国にあり――日本の若者吸い寄せる 大連」『AERA』17（32）：12-15。
井原亮司，2003，『トヨタの労働現場――ダイナミズムとコンテクスト』桜井書店。
伊豫谷登士翁，2001，『グローバリゼーションと移民』有信堂高文社。
岩澤美帆・三田房美，2005，「職縁結婚の盛衰と未婚化の進展」『日本労働研究雑誌』535：16-28。
上西充子，2002，「フリーターという働き方」小杉編（2002：55-74）。
上間常正，1990a，「生きることの満足感求め　米留学の OL，その現状」『朝日新聞』1990 年 9 月 21 日，朝刊，16 頁。
――，1990b，「『周りは日本人ばかり』が悩み　米留学の OL，その現状」『朝日新聞』1990 年 9 月 28 日，朝刊，18 頁。
梅澤　隆，2007，「ソフトウエア産業における国際分業――日本と中国の事例」『国際ビジネス研究学会年報』13：1-19。
NHK，2013，「アルジェリア人質事件――海を渡った熟練技術者たち」『ニュースウォッチ 9』2013 年 2 月 8 日放送。
　　（http://www9.nhk.or.jp/nw9/marugoto/2013/02/0208.html）
NPO 法人 POSSE，2010，『POSSE vol.9：もう，逃げだせない。ブラック企業』合同

出版。
エバアート, ルーク／ガネリ, ジョバンニ, 2016,「日本：第4の矢を放つ準備を──賃金上昇」『iMFdirect』2016年3月14日.
　（http://www.imf.org/external/japanese/np/blog/2016/031416j.pdf）
遠藤公嗣編, 2012,『個人加盟ユニオンと労働NPO──排除された労働者の権利擁護』ミネルヴァ書房.
大石亜希子ほか, 2003,「第12回出生動向基本調査　結婚と出産に関する全国調査──独身者調査の結果概要」『人口問題研究』59（3）：17-42.
大内裕和・今野晴貴, 2015,『ブラックバイト』堀之内出版.
大川武宏, 1994,「目的持ってね『ワーホリ』諸君──働きながら学べる日豪間の制度だが……」『毎日新聞』1994年1月21日, 東京夕刊, 9頁.
OKCオセアニア交流センター編, 2005,『ワーキングホリデー完全ガイド』イカロス出版.
太田聰一, 2005,「地域の中の若年雇用問題」『日本労働研究雑誌』47（6）：17-33.
──, 2007,「地域の中の若年雇用問題」労働政策研究・研修機構（2007b：81-105）.
大野拓司, 2004,「覇気ない『ワーホリ』青年」『朝日新聞』2004年2月19日, 朝刊, 9頁.
大野哲也, 2007,「商品化される『冒険』──アジアにおける日本人バックパッカーの『自分探し』の旅という経験」『社会学評論』58（3）：268-285.
──, 2012,『旅を生きる人びと──バックパッカーの人類学』世界思想社.
大和田武士, 2009,「ルポにっぽん──元派遣, 新天地はタイ」『朝日新聞』2009年12月30日, 朝刊, 1-2頁.
岡部一詩, 2012,「改革の勘所──アジア最前線 中国へのBPO セブン銀行 手つかずだった業務改革を断行 外販前提にセキュリティ徹底」『日経コンピュータ』809：70-74.
岡部牧夫, 2002,『海を渡った日本人』山川出版社.
小川原純子, 2008,『海外赴任とメンタルヘルス』海外法人医療基金.
　（http://www.jomf.or.jp/html/mentalhealth.html）
沖田敏恵, 2004,「ソーシャル・ネットワークと移行」労働政策研究・研修機構（2004：186-211）.
奥谷めぐみ・鈴木真由子, 2011,「子どもをとりまく消費文化の変遷にみる生活課題」『大阪教育大学紀要　第2部門　社会科学・生活科学』60（1）：23-34.
小倉充夫編, 1997,『国際移動論──移民・移動の国際社会学』三嶺書房.
小沢有作, 1989,「高度成長と子どもの生活構造の変貌」『教育科学研究』8：1-14.
小田実, 1961,『何でも見てやろう』河出書房新社.
小野塚和人, 2010,『祝福か, 呪いか──ケアンズにおける観光推進』一橋大学大学院社会学研究科修士論文.
──, 2011,「観光地ケアンズの生成と日本企業──イメージをめぐる政治過程と地域社会変動」『オーストラリア研究』24：40-55.
海外職業訓練協会, 2005,『海外就業体験が若年者の職業能力開発・キャリア形成に及ぼす影響に関する調査研究報告書』海外職業訓練協会.
外国人研修生権利ネットワーク編, 2009,『外国人研修生 時給300円の労働者2──

使い捨てをゆるさない社会へ』明石書店。
外国人研修生問題ネットワーク編，2006，『外国人研修生 時給300円の労働者——壊れる人権と労働基準』明石書店。
介護労働安定センター，2013，『平成24年度　介護労働実態調査結果について』介護労働安定センター。
　　（http://www.kaigo-center.or.jp/report/pdf/h24_chousa_kekka.pdf）
外務省，2015，『海外在留邦人数調査統計 平成27年（2015年）要約版』外務省。
家計経済研究所編，2004，『共依存する家計——消費生活に関するパネル調査（第11年度）』国立印刷局。
梶田孝道・宮島　喬編，2002，『国際化する日本社会』東京大学出版会。
梶田孝道・丹野清人・樋口直人，2005，『顔の見えない定住化——日系ブラジル人と国家・市場・移民ネットワーク』名古屋大学出版会。
加藤彰彦，2011，「未婚化を推し進めてきた2つの力——経済成長の低下と個人主義のイデオロギー」『人口問題研究』67（2）：3-39。
加藤恵津子，2009，『「自分探し」の移民たち——カナダ・バンクーバー，さまよう日本の若者』彩流社。
——，2010，「カナダで働く——トラブル頻発に両国連携を」『朝日新聞』2010年1月7日，朝刊，15頁。
上林千恵子，2002，「日本の企業と外国人労働者・研修生」梶田・宮島編（2002：69-96）。
神谷浩夫（研究代表），2016，『日本企業のグローバル化と若者の海外就職』（2011～2014年度　科研費助成事業基盤研究B）日本学術振興会。
川上郁雄，2001，『越境する家族——在日ベトナム系住民の生活世界』明石書店。
川嶋久美子，2010，「オーストラリアのワーキングホリデー労働者——ロスジェネ世代の越境と帰還」五十嵐（2010：231-270）。
河添　誠，2013，「非正規労働者の組織化と労働組合運動の課題——首都圏青年ユニオンの実践から」『労働法律旬報』1801：94-97。
川又英紀・島田優子，2010，「コスト半減は当たり前　バックオフィス業務大革命——BPOとシェアードサービスで事務処理を見直せ」『日経情報ストラテジー』19（6）：22-49。
北川隆吉，1965，『労働社会学入門』有斐閣。
北川宗忠編，2004，『観光文化論』ミネルヴァ書房。
北村行伸・坂本和靖，2007，「世代間関係から見た結婚行動」『経済研究』58（1）：31-46。
木下武男，2012，『若者の逆襲——ワーキングプアからユニオンへ』旬報社。
木下康仁，2003，『グラウンデッド・セオリー・アプローチの実践——質的研究への誘い』弘文堂。
——，2007，『ライブ講義M-GTA——実践的質的研究法　修正版グラウンデッド・セオリー・アプローチのすべて』弘文堂。
木村玉己，2002，「米国ニューヨーク市およびその周辺における駐在員妻の生活圏および人間関係ネットワーク」『千葉大学教育学部研究紀要』50：351-360。
清川卓史・多田敏男，2007，「派遣天引き『全額返せ』」『朝日新聞』2007年8月24日，

朝刊，2 頁．
久木元真吾，2007，「広がらない世界——若者の相談ネットワーク・就業・意識」堀編（2007：129-171）．
——，2011，「不安の中の若者と仕事」『日本労働研究雑誌』53（7）：16-28．
——，2012，「若者の相談ネットワークの状況——推移と変化」労働政策研究・研修機構（2012b：122-150）．
熊沢　誠，1981，『ノンエリートの自立——労働組合とはなにか』有斐閣．
——，2000，『女性労働と企業社会』岩波書店．
——，2006，『若者が働くとき——「使い捨てられ」も「燃えつき」もせず』ミネルヴァ書房．
——，2010a，『働きすぎに斃れて——過労死・過労自殺の語る労働史』岩波書店．
——，2010b，「正社員の過重労働と非正規労働者のワーキングプア化」『POSSE』9：40-46．
熊沢　誠・本田由紀・遠藤公嗣・今野晴貴，2010，「『ブラック会社』で働く若者たち」『POSSE』9．
久米功一・大竹文雄・奥平寛子・鶴光太郎，2011，「非正規労働者の幸福度」RIETI ディスカッションペーパー（11-J-061）．
経済産業省，2001，『日豪経済関係強化に関する研究会報告書』経済産業省．
——，2009，『ジョブカフェ事業の平成 20 年度事業評価・平成 21 年度事業目標』経済産業省．
　　（http://www.meti.go.jp/committee/materials2/downloadfiles/g90630d01j.pdf）
——，2011，『クール・ジャパン官民有識者会議提言　新しい日本の創造——「文化と産業」「日本と海外」をつなぐために』経済産業省．
　　（http://www.meti.go.jp/committee/kenkyukai/seisan/cool_japan/2011_houkoku_01_00.pdf）
——，2012a，『クール・ジャパン戦略——平成 24 年 1 月』経済産業省．
　　（http://www.meti.go.jp/policy/mono_info_service/mono_creative/kisoshiryo.pdf）
——，2012b，『通商白書 2012 年版』経済産業省．
——，2015，『平成 26 年特定サービス産業実態調査報告書——教養・技能教授業』経済産業省．
　　（http://www.meti.go.jp/statistics/tyo/tokusabizi/result-2/h26/pdf/h26report28.pdf）
小池和男編，2007，『国際化と人材開発』ナカニシヤ出版．
GO 豪メルボルン編集部，2008，「LION NATHAN Brand Manager 福島健氏インタビュー」『GO 豪メルボルン』（電子版専門の日本語情報誌）2008 年 12 月 1 日．
　　（http://www.gogomelbourne.com.au/interview/society/424.html）
厚生労働省，2004a，「若年者のためのワンストップサービスセンターの設置状況について」厚生労働省．
　　（http://www.mhlw.go.jp/houdou/2004/04/h0416-1.html）
——，2004b，「フリーターについて——平成 16 年雇用管理調査結果の概況」厚生労働省．

――，2009，「非正規労働者の雇止め等の状況について」厚生労働省。
　　（http://www.mhlw.go.jp/houdou/2009/08/dl/h0828-1a.pdf）
――，2010a，『平成22年版　労働経済の分析』日経印刷。
――，2010b，『脳・心臓疾患の労災認定――「過労死」と労災保険』厚生労働省。
　　（http://www.mhlw.go.jp/new-info/kobetu/roudou/gyousei/rousai/dl/040325-11.pdf）
――，2010c，「ワーキングホリデー制度の概要――第7回労働政策審議会職業能力開発分科会若年労働者部会議・配布資料2-3」厚生労働省。
　　（http://www.mhlw.go.jp/stf/shingi/2r98520000010bg4.html）
――，2011，『平成23年版　労働経済の分析』日経印刷。
――，2012a，『平成23年度個別労働紛争解決制度施行状況』，厚生労働省。
　　（http://www.mhlw.go.jp/stf/houdou/2r9852000002bko3-att/2r9852000002bkpt.pdf）
――，2012b，『平成22年社会保障を支える世代に関する意識等調査報告書』厚生労働省。
　　（http://www.mhlw.go.jp/stf/houdou/2r9852000002gruv-att/2r9852000002gryz.pdf）
――，2012c，「平成24年改正労働者派遣法について」厚生労働省。
　　（http://www.mhlw.go.jp/seisakunitsuite/bunya/koyou_roudou/koyou/haken-shoukai/kaisei/）
――，2014a，「標準労働者――賃金構造基本統計調査で使用されている主な用語の説明」厚生労働省。
　　（http://www.mhlw.go.jp/toukei/itiran/roudou/chingin/yougo-01.html#20）
――，2014b，「平成26年度『高校・中学新卒者の求人・求職・内定状況』取りまとめ」厚生労働省。
　　（http://www.mhlw.go.jp/stf/houdou/0000097029.html）
――，2015a，「平成26年度個別労働紛争解決制度施行状況」厚生労働省。
　　（http://www.mhlw.go.jp/file/04-Houdouhappyou-10401000-Daijinkanbouchihouka-Chihouka/Daijinkanbouchihouka-Chihouka270612.pdf）
――，2015b，「新規学卒者の離職状況（平成24年3月卒業者の状況）」厚生労働省。
　　（http://www.mhlw.go.jp/stf/houdou/0000101670.html）
――，2016，「ジョブカフェにおける支援」厚生労働省ウェブサイト。
　　（http://www.mhlw.go.jp/stf/seisakunitsuite/bunya/koyou_roudou/koyou/jakunen/jobcafe.html）
小内　透・酒井恵真編，2001，『日系ブラジル人の定住化と地域社会――群馬県太田・大泉地区を事例として』御茶の水書房。
高容　生，1998，「バックパッカーの観光学――オーストラリアにおける分析」アジア太平洋観光交流センター（1998：1-16）。
伍賀一道，2007，「今日のワーキングプアと不安定就業問題――間接雇用を中心に」『静岡大学経済研究』11（4）：519-542。
――，2009，「派遣労働は働き方・働かせ方をどのように変えたか」『大原社会問題

研究所雑誌』604：9-24.
――，2010，「今日の貧困と失業・半失業―――労働基準の視点から」『金沢大学経済論集』30（2）：3-25.
国際交流基金，2013，『2012年度日本語教育機関調査 結果概要抜粋』国際交流基金.
　　（http://www.jpf.go.jp/j/project/japanese/survey/result/dl/survey_2012/2012_s_excerpt_j.pdf）
国立社会保障・人口問題研究所，2011，『独身者調査の結果概要―――第14回出生動向基本調査・結婚と出産に関する全国調査』国立社会保障・人口問題研究所.
　　（http://www.ipss.go.jp/ps-doukou/j/doukou14_s/doukou14_s.pdf）
――，2012，「表6-24：性，年齢（5歳階級），配偶関係別割合（1920〜2010年）」『2012年版人口統計資料集』国立社会保障・人口問題研究所.
　　（http://www.ipss.go.jp/syoushika/tohkei/Data/Popular2012/T06-24.xls）
小杉礼子，2008，「若者の就業の現状と支援の課題」『ビジネス・レーバー・トレンド』2008年4月号：2-12.
小杉礼子編，2002，『自由の代償／フリーター―――現代若者の就業意識と行動』日本労働研究機構.
――，2007，『大学生の就職とキャリア―――「普通」の就活・個別の支援』勁草書房.
小杉礼子・堀有喜衣，2005，「若者の就業・不就業と就業形態―――「就業構造基本調査」個票データの特別集計から」労働政策研究・研修機構（2005：79-135）.
小林美希，2011，『看護崩壊―――病院から看護師が消えてゆく』アスキー・メディアワークス.
小西二郎，2002a，「仕事は好きなんですよ。でもやっぱ，友達と家族が一番すね―――北海道小樽市の『ノンエリート』青年」『北海道大学大学院教育学研究科紀要』86：179-250.
――，2002b，「『ノンエリート』青年の『社会』形成―――北海道小樽市A工業高校出身者を事例として」『唯物論研究年誌』7：313-340.
今野晴貴，2012，『ブラック企業―――日本を食いつぶす妖怪』文藝春秋.
――，2015，『ブラック企業2―――「虐待型管理」の真相』文藝春秋.
今野晴貴・川村遼平，2011，『ブラック企業に負けない』旬報社.
今野晴貴・常見陽平・上西充子，2013，『ブラック企業の見分け方―――大学生向けガイド』ブラック企業対策プロジェクトウェブサイト.
　　（http://bktp.org/recognize）
税所哲郎，2010，「ベトナムにおけるオフショアリング開発の現状と課題」『経済系』242：87-100.
在日オーストラリア大使館，2011，『もっと知りたい！オーストラリア』永和堂.
　　（http://repository.australia.or.jp/embassy/files/aib/TellMeAboutAustralia_all.pdf）
――，2015，「2015年11月21日より開始―――ワーキングホリデービザ保持者が，1つの雇用主の下で就労可能な期間の延長に関するご案内」在日オーストラリア大使館.
　　（http://australia.or.jp/visa/news/20151121_changes.php）
酒井　正・樋口美雄，2005，「フリーターのその後―――就業・所得・結婚・出産」『日

本労働研究雑誌』47（1）：29-41。
酒井千絵，2007，「中国へ向かう日本人——ブームに終わらないアジア就職の現在」『アジア遊学』104：82-91。
坂口　智，2000，「増える『なんとなく』派——ワーキングホリデー，発足20年」『朝日新聞』2000年11月19日，朝刊，15頁。
桜井　厚，2002，『インタビューの社会学——ライフストーリーの聞き方』せりか書房。
桜井　厚・小林多寿子，2005，『ライフストーリー・インタビュー——質的研究入門』せりか書房。
佐々木昇一，2012，「結婚市場における格差問題に関する実証分析——男性の非正規就業が交際行動や独身継続に与える影響」『日本労働研究雑誌』54（2）：93-106。
佐藤郁哉，1984，『暴走族のエスノグラフィー——モードの叛乱と文化の呪縛』新曜社。
——，2002，『フィールドワークの技法——問いを育てる，仮説をきたえる』新曜社。
——，2006，『フィールドワーク——書を持って街へ出よう（増訂版）』新曜社。
——，2008，『質的データ分析法——原理・方法・実践』新曜社。
佐藤　忍，2006，『グローバル化で変わる国際労働市場——ドイツ，日本，フィリピン外国人労働力の新展開』明石書店。
佐藤博樹・永井暁子・三輪　哲編，2010，『結婚の壁——非婚・晩婚の構造』勁草書房。
佐藤真知子，1993，『新・海外定住時代——オーストラリアの日本人』新潮社。
佐野　哲，1996，『ワーカーの国際還流』日本労働研究機構。
沢木耕太郎，1986a，『深夜特急　第1便——黄金宮殿』新潮社。
——，1986b，『深夜特急　第2便——ペルシャの風』新潮社。
——，1992，『深夜特急　第3便——飛光よ，飛光よ』新潮社。
柴野昌山，1981，『現代の青年』第一法規。
島田法子，2009，『写真花嫁・戦争花嫁のたどった道——女性移民史の発掘』明石書店。
嶋根克己・藤村正之編，2001，『非日常を生み出す文化装置』北樹出版。
島村麻里，2007，「アジアへ向かう女たち——日本からの観光」『アジア遊学』104：92-99。
下川裕治，2007，『日本を降りる若者たち』講談社。
——，2011，『アジアでハローワーク——わたしの"アジア就活"35のストーリー』ぱる出版。
下村英雄，2011，「若年者の自尊感情の実態と自尊感情等に配慮したキャリアガイダンス」JILPTディスカッションペーパーNo.11-06。
ジョーンズ・コリン，2011，『子どもの連れ去り問題——日本の司法が親子を引き裂く』平凡社。
白井晴男，2009，「ベトナムにおけるオフショア開発と人材育成」『上武大学経営情報学部紀要』33：63-80。
白河桃子，2007，「バリの日本人妻たちの今」『アジア遊学』104：118-121。

白木三秀, 2006, 『国際人的資源管理の比較分析——「多国籍内部労働市場」の視点から』有斐閣.
――, 2012, 「日本企業のグローバリゼーションと海外派遣者——アジアの現地スタッフによる上司評価からの検討」『日本労働研究雑誌』54 (6): 5-16.
自立生活サポートセンター・もやい編, 2012, 『貧困待ったなし！――とっちらかりの10年間』岩波書店.
神野賢二, 2006a, 「ノンエリート青年の『学校と仕事の間』のリアリティ――ある高校中退者の事例から考える」『労働社会学研究』7: 1-36.
――, 2006b, 「若年『ノンエリート』女性の学校と仕事の間――『正規』と『非正規』の境界で揺れる医療事務職経験者のケーススタディ」『女性労働研究』50: 80-93.
――, 2009a, 「自転車メッセンジャーの労働世界」『労働社会学研究』10: 71-103.
――, 2009b, 「自転車メッセンジャーの労働と文化――四人の『ノンエリート青年』のライフヒストリーより」中西・高山編 (2009: 109-174).
杉田真衣, 2009, 「大都市の周縁で生きていく――高卒若年女性たちの五年間」中西・高山編 (2009: 269-344).
杉本良夫, 1990, 『日本人をやめる方法』ほんの木.
須子はるか, 2004, 「海外就職 役立つ資格 (2) 日本語教育能力検定試験――日本語教師への最短資格」All About.
　　（https://allabout.co.jp/gm/gc/295064/）
須藤 廣, 2008, 『観光化する社会――観光社会学の理論と応用』ナカニシヤ出版.
『成功する留学』編集室編, 2009, 『ワーキングホリデー完ペキガイド』ダイヤモンド社.
関口和代, 2011, 「アウトソーシング・ビジネスの現状と課題――ビジネス・プロセス・アウトソーシング (BPO) を中心に」『東京経大学会誌経営学』270: 143-157.
全豪日本クラブ, 1998, 『オーストラリアの日本人――一世紀をこえる日本人の足跡』全豪日本クラブ.
総務省統計局, 2010, 『説明及び内容例示――日本標準職業分類 (平成21年12月統計基準設定)』総務省統計局.
　　（http://www.stat.go.jp/index/seido/shokgyou/pdf/nai_h21.pdf）
高山智樹, 2009, 「『ノンエリート青年』という視覚とその射程」中西・高山編 (2009: 345-401).
竹内 洋, 1995, 『日本のメリトクラシー――構造と心性』東京大学出版会.
武田 丈編, 2005, 『フィリピン女性エンターテイナーのライフストーリー――エンパワーメントとその支援』関西学院大学出版会.
田中研之輔, 2004, 「若年労働と下位文化――スケートボードをする若者の日常」伊藤編 (2004: 58-67).
田中洋之, 2004, 「不法就労：日本の若者，相次ぎ摘発　ワーキングホリデーの期間超え強制退去――豪州」『毎日新聞』2004年11月20日, 夕刊, 8頁.
谷 富夫編, 2008, 『新版　ライフヒストリーを学ぶ人のために』世界思想社.
太郎丸博, 2006, 「社会移動とフリーター――誰がフリーターになりやすいのか」太

郎丸編（2006：30-48）。
太郎丸博編，2006，『フリーターとニートの社会学』世界思想社。
丹野清人，2007，『越境する雇用システムと外国人労働者』東京大学出版会。
中小企業庁，2012，『中小企業白書（2012年版）——試練を乗り越えて前進する中小企業』日経印刷。
佃　陽子，2007，「二一世紀日本人のアメリカン・ドリーム——移民と非移民の間」『アジア遊学』104：72-80。
津崎克彦，2010，「フィリピン人エンターテイナーの就労はなぜ拡大したのか——歓楽街のグローバリゼーション」（五十嵐編 2010：189-230）。
筒井美紀，2001，「外国人労働者と高卒就職者の雇用代替——『間接雇用によるマス代替』のプロセスとインパクト」『日本労働社会学会年報』12：179-202。
鶴光太郎，2011，「非正規雇用問題解決のための鳥瞰図——有期雇用改革に向けて」鶴ほか編（2011：1-44）。
鶴光太郎・樋口美雄・水町勇一郎編，2011，『非正規雇用改革——日本の働き方をいかに変えるか』日本評論社。
土井隆義，2010，「地方の空洞化と若者の地元志向——フラット化する日常空間のアイロニー」『社会学ジャーナル』35：97-108。
東洋経済新報社，2015，『海外進出企業総覧 2015年版 国別編』東洋経済新報社。
遠山嘉博，2007a，「日豪貿易再開による相互補完関係の再確立——1945年〜1960年代前半」『追手門経済論集』42（1）：1-33。
——，2007b，「オーストラリアへの日本の観光客と観光投資」『追手門経済論集』42（1）：34-81。
——，2009，「日豪経済関係の発展と近年の変容」『追手門経済論集』43（2）：53-88。
戸崎　肇，2003，「国際航空市場における新たな展開」『明大商學論叢』85（3）：507-522。
戸田佳子，2001，『日本のベトナム人コミュニティ——一世の時代，そして今』暁印書院。
冨浦英一，2012，「グローバル化とわが国の国内雇用——貿易，海外生産，アウトソーシング」『日本労働研究雑誌』54（6）：60-70。
戸室健作，2009，「請負労働の実態と請負労働者像——孤立化と地域ネットワーク」中西・高山編（2009：227-268）。
内閣府編，2003，『デフレと生活 若年フリーターの現在——国民生活白書 平成15年版』ぎょうせい。
——，2010，『平成22年版 子ども・若者白書』内閣府。
中川勝雄・藤井史朗編，2006，『労働世界への社会学的接近』学文社。
中澤高志・由井義通・神谷浩夫・木下礼子・武田祐子，2008，「海外就職の経験と日本人としてのアイデンティティ——シンガポールで働く現地採用日本人女性を対象に」『地理学評論』81（3）：95-120。
永瀬伸子，2002，「若年層の雇用の非正規化と結婚行動」『人口問題研究』58（2）：22-35。
永田由利子，1998，「オーストラリアの戦時日本人強制収容について」全豪日本クラブ（1998：62-64）。

長友　淳，2007，「90 年代日本社会における社会変動とオーストラリアへの日本人移民――ライフスタイル価値観の変化と移住のつながり」『オーストラリア研究紀要』33：177‒200。
――，2013，『日本社会を「逃れる」――オーストラリアへのライフスタイル移住』彩流社。
永瀬伸子，2002，「若年層の雇用の非正規化と結婚行動」『人口問題研究』58（2）：22‒35。
中西新太郎・高山智樹編，2009，『ノンエリート青年の社会空間――働くこと，生きること，「大人になる」ということ』大月書店。
中村二朗，2009，「外国人労働者の受け入れは何をもたらすのか」『日本労働研究雑誌』51（6）：16‒26。
中村真由美・佐藤博樹，2010，「なぜ恋人にめぐりあえないのか？　経済的要因・出会いの経路・対人関係能力の側面から」佐藤・永井・三輪編（2010：54‒73）。
中村靖三郎・井上充昌・十河朋子，2016，「夜勤中　呼び出しコール 90 回」『朝日新聞』2016 年 3 月 2 日，朝刊，33 頁。
永吉希久子，2006，「フリーターの自己評価――フリーターは幸せか」太郎丸編（2006：121‒143）。
西澤晃彦編，2011，『労働再審 4　周縁労働力の移動と編成』大月書店。
西野史子，2007，「非正社員化と雇用区分の再編」『一橋社会科学』1：177‒199。
西平直喜・久世敏雄編，1988，『青年心理学ハンドブック』福村出版。
西本　秀，2011，「5000 人デモ　ネットから火――『韓国番組多い』つぶやき引き金」『朝日新聞』2011 年 9 月 1 日，朝刊，37 頁。
日豪プレス編集部，2004，「ビザの労働条件に細心の注意を――楽しい滞在が一転，強制退去も」『日豪プレス』電子版，2004 年 11 月。
　　（http://top.25today.com/topics/news/nat0411/so09.php）
――，2008a，「ライオン・ネイサン――キリン・グループの中核的存在」『日豪プレス』電子版，2008 年 3 月 18 日。
　　（http://nichigopress.jp/business/kigyo_interview/274/）
――，2008b，「トップに聞く豪州進出企業のストラテジー　第 1 回――食品メーカー編」『日豪プレス』電子版，2008 年 9 月 20 日。
　　（http://nichigopress.jp/business/kigyo_interview/1134/）
日本医療労働組合連合会，2010，「看護職員の労働実態調査報告書」『医療労働』526：3‒96。
日本貿易振興会，1988，『ジェトロ白書・投資編――グローバル化時代を迎えた海外直接投資』日本貿易振興会。
――，1989，『ジェトロ白書・投資編――直接投資の新局面と戦略的提携』日本貿易振興会。
――，1990，『ジェトロ白書・投資編――高まる投資交流と日本の責任』日本貿易振興会。
――，1991，『ジェトロ白書・投資編――グローバルな構造調整を促進する直接投資』日本貿易振興会。
日本貿易振興機構，2010a，「オーストラリアの食品流通事情――流通，PR の方法・

　　　　ヒント，周辺情報，販売先リスト」日本貿易振興機構．
　　　　（http://www.jetro.go.jp/world/oceania/au/foods/data/201003_02.pdf）
――――，2010b，『日本食品の輸入動向』日本貿易振興機構．
　　　　（http://www.jetro.go.jp/world/oceania/au/foods/trends/1009001.pdf）
――――，2010c，『外食産業の動向――シドニー・センター発』日本貿易振興機構．
　　　　（http://www.jetro.go.jp/world/oceania/au/foods/trends/1010002.pdf）
――――，2013，『日本食品に対する海外消費者アンケート調査（中国・香港・台湾・韓国・米国・フランス・イタリア）』日本貿易振興機構．
　　　　（http://www.jetro.go.jp/industry/foods/reports/07001256）
日本旅行業協会・日本観光振興協会，2012，『数字が語る旅行業――日本を元気に，旅で笑顔に』日本旅行業協会・日本観光振興協会．
日本労働研究機構，2001，『大都市の若者の就業行動と意識――広がるフリーター経験と共感』日本労働研究機構．
日本ワーキング・ホリデー協会，2004，『ワーキング・ホリデー　オフィシャル・ガイドブック』中央公論新社．
――――，2009，『ワーキング・ホリデービザの発給数』日本ワーキング・ホリデー協会未刊行資料．
ネオディライトインターナショナル，2012，「業界No.1 メイドカフェグループ『めいどりーみん』タイ・バンコクに現地法人設立」．
　　　　（http://neodelight.co.jp/neodelight/news/16443.html）
――――，2016，「沿革」．
　　　　（http://www.neodelight.co.jp/company/history.html）
農林水産省，2006，「第1回海外日本食レストラン認証有識者会議 議事録」海外日本食レストランに関する有識者会議・第1回会議議事録．
　　　　（http://www.maff.go.jp/j/shokusan/sansin/nihon_syoku/pdf/report1.pdf）
――――，2007，「主要都市・地域における日本食レストランの現状と関係組織の活動状況」海外日本食レストランに関する有識者会議・第2回会議参考資料1．
　　　　（http://www.maff.go.jp/j/shokusan/sanki/easia/e_sesaku/japanese_food/kaigi/02/pdf/ref_data1.pdf）．
――――，2015，「海外における日本食レストランの数」農林水産省．
　　　　（http://www.maff.go.jp/j/press/shokusan/service/pdf/150828-01.pdf）
野村正實，1994，『終身雇用』岩波書店．
橋口昌治，2010，「『若者の労働運動』の活動実態と問題意識の射程」『日本労働研究雑誌』602：60-66．
――――，2011，『若者の労働運動――「働かせろ」と「働かないぞ」の社会学』生活書院．
濱口桂一郎，2010，「日本の外国人労働者政策――労働政策の否定に立脚した外国人政策の『失われた20年』」五十嵐編（2010：271-313）．
濱中義隆，2007，「現役大学生の就職活動プロセス」小杉編（2007：17-49）．
濱野　健，2011，「両義的ジェンダーアイデンティティの構築――オーストラリアの日本人婚姻移住者たちの文化交渉」荒武・池田編（2011：279-303）．
――――，2012，「オーストラリアへの婚姻移住――国際結婚による永住ビザ申請者数の把握と日本人女性婚姻移住者への個別インタビュー事例から」『オーストラリア

研究紀要』38：83-103。
────，2013a，「日本の『国際的な子の奪取の民事上の側面に関する条約（ハーグ条約）』批准をめぐる報道内容のメディア・フレーム分析──全国紙掲載記事を対象として」『北九州市立大学国際論集』11：77-98。
────，2013b，「婚姻移住の増加と郊外化する『ホーム』──オーストラリア，西シドニー地域における日本人女性婚姻移住者の事例より」『オーストラリア研究』26：49-67。
────，2014，『日本人女性の国際結婚と海外移住──多文化社会オーストラリアの変容する日系コミュニティ』明石書店。
林かおり・田村恵子・高津文美子，2002，『戦争花嫁──国境を越えた女たちの半世紀』芙蓉書房出版。
原口　剛，2011，「地名なき寄せ場──都市再編とホームレス」西澤編（2011：157-200）。
反貧困たすけあいネットワーク，2011，『反貧困たすけあいネットワーク活動報告書（2007〜2010年）』反貧困たすけあいネットワークウェブサイト。
（http://www.tasukeai-net.org/tasukeai/houkoku_2007-2009.pdf）
樋口明彦，2006，「社会的ネットワークとフリーター・ニート──若者は社会的に排除されているのか」太郎丸編（2006：49-74）。
樋口直人，2002，「国際移民におけるメゾレベルの役割」『社会学評論』52（4）：76-90。
ビッグイシュー基金，2010，『若年ホームレス白書』ビッグイシュー基金。
────，2012，『若年ホームレス白書2』ビッグイシュー基金。
平井恵美，2015，「学生講師に未払い　労基署が是正勧告──「明光義塾」茨城の加盟教室」『朝日新聞』2015年8月26日，朝刊，34頁。
平井恵美・沢路毅彦，2015，「企業はずっと派遣，働き手は3年限り　専門26業務，雇い止め不安」『朝日新聞』2015年6月11日，朝刊，3頁。
福沢　諭，2001，『ザ・フィリピンパブ──雇われ店長が覗いたニッポンの異空間』情報センター出版局。
福田節也，2004，「親との同別居と家計支出──コーホートの比較および離家・再同居前後の変化」家計経済研究所編（2004：61-75）。
藤岡伸明，2008a，「ワーキングホリデーと低賃金就労」『Hope Connection Newsletter』No.46（http://members.optusnet.com.au/hopec/worholi_low_wage.pdf）。
────，2008b，「オーストラリアの日本人コミュニティにおけるワーキングホリデー渡航者の役割」『オーストラリア研究紀要』34：181-204。
────，2009，「近年における若者研究の動向──包括的アプローチの現状と課題」『一橋社会科学』6：153-170。
────，2012a，「オーストラリア・ワーキングホリデー制度の利用者増加と動機をめぐる語りの曖昧さの背景にある諸要因」『オーストラリア研究』25：29-44。
────，2012b，「若者はなぜ海外長期滞在を実践するのか──オーストラリア・ワーキングホリデー制度利用者のライフヒストリー分析」『労働社会学研究』13：36-68。
────，2012c，「海外経験は役に立つのか──ワーキングホリデーの効果とリスクの

検証」『一橋研究』37（1）：73-88。
――，2013，「クィーンズランド観光業における日本人ワーキングホリデー渡航者の役割――ケアンズ周辺地域の観光施設の事例から考える」『オーストラリア研究』26：68-84。
――，2014，「オーストラリアの日本食産業はなぜ発展したのか――ワーキングホリデー制度の役割に注目して」『オーストラリア研究』27：63-79。
藤田英典，1988，「青年期への社会学的接近」西平・久世編（1988：141-180）。
藤田結子，2008，『文化移民――越境する日本の若者とメディア』新曜社。
古川千絵，2005，「『自分探し』の制度的支援の可能性――イギリスgapyear制度化を支えた社会意識を手がかりに」『教育社会学研究』77：27-46。
文化庁（日本語教員の養成に関する調査研究協力者会議），2000，『日本語教育のための教員養成について』文化庁。
法務省，2012，『平成24年版　出入国管理』法務省。
堀有喜衣，2004，「無業の若者のソーシャル・ネットワークの実態と支援の課題」『日本労働研究雑誌』46（12）：38-48。
――，2012，「フリーターへの経路と離脱」労働政策研究・研修機構（2012b：57-86）。
堀有喜衣編，2007，『フリーターに滞留する若者たち』勁草書房。
本田由紀，2007，「自己実現という罠〈やりがい〉の搾取――拡大する新たな『働きすぎ』」『世界』762：109-119。
――，2008，『軋む社会――教育・仕事・若者の現在』双風舎。
本田由紀編，2007，『若者の労働と生活世界――彼らはどんな現実を生きているか』大月書店。
本田由紀・内藤朝雄・後藤和智，2006，『「ニート」って言うな！』光文社。
増田正勝，2011，「オーストラリアの労働事情とワーキング・ホリデー制度」『広島経済大学経済研究論集』33（4）：1-19。
町村敬志，1999，『越境者たちのロスアンジェルス』平凡社。
松田史朗・大野晴香・松浦　新・藤西晴子，2014，「薄給耐えられない　介護現場の待遇」『朝日新聞』2014年10月13日，朝刊，4頁。
松谷実のり，2011，「日本を離れアジアへと向かう若年労働者」安里編（2011：248-261）。
松本紘宇，2006a，「世界の寿司のれん繁盛記――北米・中米・南米編」『Food Culture（キッコーマン国際食文化研究センター研究機関誌）』12：9-13。
――，2006b，「世界の寿司のれん繁盛記――アジア・オセアニア編」『Food Culture』13：14-19。
――，2007a，「世界の寿司のれん繁盛記――欧州・中近東・アフリカ編」『Food Culture』14：9-14。
――，2007b，「寿司の国際化――30か国35都市，100店舗あまりの寿司店探訪の報告」『Food Culture』15：2-6。
間々田孝夫，2000，『消費社会論』有斐閣。
水落正明，2006，「学卒直後の雇用状態が結婚タイミングに与える影響」『生活経済学研究』22：167-176。

水落正明・永瀬伸子，2011，『若年男女の非正規・無業経験と正規職就業に関する分析』総務省統計研修所リサーチペーパー第25号．
水上徹男，1996，『異文化社会適応の理論──グローバル・マイグレーション時代に向けて』ハーベスト社．
水島宏明，2007，『ネットカフェ難民と貧困ニッポン』日本テレビ放送網．
皆上晃一・齋藤勇紀・松浦龍夫，2015，「売り手市場なのに復活する『学歴フィルター』」『日本経済新聞』2015年2月26日電子版．
　　（http://www.nikkei.com/article/DGXMZO83651170V20C15A2000000/）
南川文里，2005，「現代社会における見えざる移住者──ロスアンジェルス在住日本人若者層の非合法就労とステイタス」『神戸外大論叢』56（2）：111-131．
南谷恵樹，1997，「『先進国』間の技能労働力移動──第二次世界大戦後におけるアメリカ合衆国への日本人の流入を例として」小倉編（1997：181-207）．
峯村健司・奥寺　淳，2010，「和僑になる──日本人が大陸へ向かう『逆流時代』」『朝日新聞』2010年9月5日，朝刊，1-2頁．
宮島　喬・梶田孝道編，1996，『外国人労働者から市民へ──地域社会の視点と課題から』有斐閣．
宮本みち子，2004，『ポスト青年期と親子戦略──大人になる意味と形の変容』勁草書房．
──，2006，「雇用流動化の下での家族形成」『家族社会学研究』17（2）：29-39．
向井宏樹・小山謙太郎・峯村健司・奥寺　淳，2010，「大陸でシューカツ」『朝日新聞』2010年9月6日，朝刊，3頁．
宗像誠之，2011，「アジア最前線　中国が欲しがる日本のIT力　日中IT企業，協業が活発化」『日経コンピュータ』797：64-71．
──，2012a，「徹底取材　アジア最前線　中国へのBPO　今も3～4割のコスト減効果　ビッグデータの分析受託も」『日経コンピュータ』799：102-105．
──，2012b，「国内IT企業もミャンマーに殺到──開発拠点の新設，市場開拓など相次ぐ」『日経コンピュータ』807：13．
──，2012c，「ミャンマーでオフショア開発──知られざる『最後のフロンティア』の実力」『日経コンピュータ』810：64-71．
村上雄一，1998，「日本人契約労働者とクィーンズランド砂糖黍農場」全豪日本クラブ（1998：30-32）．
森島　覚，2007，「オーストラリア・ニュージーランドの航空産業における労働者の現状と問題点」『オーストラリア研究紀要』33：81-89．
森田桐郎，1987，『国際労働力移動』東京大学出版会．
森　廣正，2000，『国際労働力移動のグローバル化──外国人定住と政策課題』法政大学出版局．
矢野経済研究所，2015，『語学ビジネス市場に関する調査結果2015』矢野経済研究所．
　　（http://www.yano.co.jp/press/pdf/1415.pdf）
山口　誠，2007，『グアムと日本人──戦争を埋立てた楽園』岩波書店．
──，2010，『ニッポンの海外旅行──若者と観光メディアの50年史』筑摩書房．
山下晋司，1999，『バリ──観光人類学のレッスン』東京大学出版会．
山田昌弘，1999，『パラサイト・シングルの時代』筑摩書房．

やまだようこ編，2000，『人生を物語る——生成のライフストーリー』ミネルヴァ書房．
山中速人，1992，『イメージの「楽園」——観光ハワイの文化史』筑摩書房．
山中雅夫，2010，「オーストラリアのツーリズムと産業政策——限界性と可能性」『オーストラリア研究紀要』36：31-48．
山本　勲，2011，「非正規労働者の希望と現実——不本意型非正規雇用の実態」鶴・樋口・水町編（2011：93-120）．
雪印メグミルク，2015，『Fact Book 2015』雪印メグミルク．
　　（http://www.meg-snow.com/english/ir/common/pdf/fact/150629_factbook_e.pdf）
吉本圭一・長尾由希子，2008，「高学歴女子青年におけるモラトリアム活用としてのワーキング・ホリデー」『大学院教育学研究紀要』11：1-24．
依光正哲，2003，『国際化する日本の労働市場』東洋経済新報社．
李　美多・高橋信弘，2006，「日本の情報サービス産業における海外へのアウトソーシングの進展——中国・インドへのオフショア開発の現状とその影響」『経営研究』57（3）：79-97．
林　楽青・西尾林太郎・孫　連花，2011，「大連における『日本語人材』の需要について——日系企業を中心に」『愛知淑徳大学現代社会研究科研究報告』8：37-45．
労働政策研究・研修機構，2004，『移行の危機にある若者の実像——無業・フリーターの若者へのインタビュー調査（中間報告）』（労働政策研究報告書 No.6）労働政策研究・研修機構．
——，2005，『若者就業支援の現状と課題——イギリスにおける支援の展開と日本の若者の実態分析から』（労働政策研究報告書 No.35）労働政策研究・研修機構．
——，2007，『地域雇用創出の新潮流——統計分析と実態調査から見えてくる地域の実態』（プロジェクト研究シリーズ No.1）労働政策研究・研修機構．
——，2008，『第7回海外派遣勤務者の職業と生活に関する調査結果』（調査シリーズ No.40）労働政策研究・研修機構．
——，2009，『若年者の就業状況・キャリア・職業能力開発の現状——平成19年版「就業構造基本調査」特別集計より』（JILPT 資料シリーズ No.61）労働政策研究・研修機構．
——，2010，『個別労働関係紛争処理事案の内容分析——雇用終了，いじめ・嫌がらせ，労働条件引下げ及び三者間労務提供関係』（労働政策研究報告書 No.123）労働政策研究・研修機構．
——，2011a，『個別労働関係紛争処理事案の内容分析2——非解雇型雇用終了，メンタルヘルス，配置転換・在籍出向，試用期間及び労働者に対する損害賠償請求事案』（労働政策研究報告書 No.133）労働政策研究・研修機構．
——，2011b，『JILPT「多様な就業形態に関する実態調査」——事業所調査・従業員調査』（JILPT 調査シリーズ No.86）労働政策研究・研修機構．
——，2012a，『「多様な正社員」の人事管理——企業ヒアリング調査から』（JILPT 資料シリーズ No.107）労働政策研究・研修機構．
——，2012b，『大都市の若者の就業行動と意識の展開——「第3回　若者のワークスタイル調査」から』（労働政策研究報告書 No.148）労働政策研究・研修機構．

脇田　滋，2010，「労働法の規制緩和と雇用崩壊――労働者派遣法改正をめぐる課題」『総合社会福祉研究』36：26-36。
渡辺善次郎，2005，「国際的注目を集める『日本型食生活』の成立と展開」『Food Culture（キッコーマン国際食文化研究センター研究機関誌）』10：2-7。
渡邊博顕，2009，「外国人の研修・技能実習制度見直し動向について」『日本労働研究雑誌』51（6）：36-42。
渡辺雅男，2007，『階級！――社会認識の概念装置』彩流社。
渡辺雅子編，1995a，『共同研究　出稼ぎ日系ブラジル人――論文編　就労と生活』明石書店。
――，1995b，『共同研究　出稼ぎ日系ブラジル人――資料編　体験と意識』明石書店。

英語文献

ABS and SNZ (Australian Bureau of Statistics and Statistic New Zealand), 2006, *Australian and New Zealand Standard Classification of Occupations: First Edition*, Canberra: Commonwealth of Australia.
Access Economics, 2009, *The Australian Education Sector and the Economic Contribution of International Students*.
　（http://www.acceseconomics.com.au/publicationsreports/showreport.php?id=192）
Adler, J., 1985, "Youth on the Road: Reflections on the History of Tramping", *Annals of Tourism Research*, 12：335-354.
AEI (Australian Education International), 2000, "Table 2: Time series of overseas student numbers by country, 1994–2000", AEI.
　（https:// internationaleducation.gov.au/research/International-Student-Data/Documents/INTERNATIONAL STUDENT DATA/2000/2000_02_pdf.pdf）
――, 2010, "International Students Strategy for Australia", AEI.
　（http://aei.gov.au/aei/governmentactivities/internationalstudentstaskforce/coagstrategy/default.htm）
――, 2013, "2012 pivot tables: Pivot table 2002 onwards", AEI.
　（https://internationaleducation.gov.au/research/International-Student-Data/Documents/INTERNATIONAL STUDENT DATA/2012/Pivot_Basic_All.zip）
Andressen, C. and Kumagai, K., 1996, *Escape from affluence: Japanese students in Australia*, Brisbane: Centre for the Study of Australia-Asia Relations.
Anonymous, 2007, "Perth eatery exploited Japanese workers", *The Age*, July 19, 2007.
　（http://www.theage.com.au/news/National/Perth-eatery-exploited-Japaneseworkers/2007/07/19/1184559923878.html）
AQFC (Australian Qualifications Framework Council), 2013, *Australian Qualifications Framework: Second Edition January 2013*, AQFC.

Bandura, A., 1977, "Self-efficacy: toward a unifying theory of behavioral change", *Psychological Review*, 84 (2) : 191-215.

Baudrillard, J., 1970, *La Société de Consommation: Ses Mythes, Ses Structures*, Paris: Gallimard.（= 1995，今村仁司・塚原史訳『消費社会の神話と構造』紀伊國屋書店）

Beck, U., 1986, *Risikogesellschaft: auf dem Weg in eine andere Moderne*, Frankfurt am Main: Suhrkamp.（= 1998，東　廉・伊藤美登里訳『危険社会：新しい近代化への道』法政大学出版局）

Befu, H., 2000, "Globalization as Human Dispersal: From the Perspective of Japan," in Eades *et al.*（2000：17-40）.

Ben-Ari, E., 2003, "The Japanese in Singapore: The Dinamics of an Expatriate Community", in Goodman *et al.*（2003：116-130）.

Bertaux, D., 1997, *Les récits de vie: perspective ethnosociologique*, Paris: Éditions Nathan.（= 2003，小林多寿子訳『ライフストーリー——エスノ社会学的パースペクティブ』ミネルヴァ書房）

Buraway, M., 1979, *Manufacturing Consent: Changes in the Labor Process under Monopoly Capitalism*, Chicago: University of Chicago Press.

Castles, S. and Miller, M.J., 2009, *The Age of Migration: International Population Movements in the Modern World, 4th edition*, Palgrave Macmillan.（= 2011，関根政美・関根薫監訳『国際移民の時代 第4版』名古屋大学出版会）

Certeau, M. de, 1980, *Arts de Faire*, Paris: Union Generale d'Editions.（= 1987，山田登世子訳『日常的実践のポイエティーク』国文社）

Clark, M., 1969, *A Short History of Australia*, London: Heinemann.（= 1978，竹下美保子訳『オーストラリアの歴史——距離の暴虐を超えて』サイマル出版会）

Clifford, J. and Marcus, G.E., 1986, *Writing Culture: the poetics and politics of ethnography*, Berkeley: University of California Press.（= 1996，春日直樹ほか訳『文化を書く』紀伊國屋書店）

Cohen, E., 1973, "Nomads from Affluence: Notes on the Phenomenon of Drifter-Tourism", *International Journal of Comparative Sociology*, 14：89-103.

CRC（Cairns Regional Council）, 2012, *Cairns 2012: Economic Snapshot*, CRC. (http://www.cairns.qld.gov.au/__data/assets/pdf_file/0009/52587/EcoSnapMAR12.pdf)

Csikszentmihalyi, M., 1990, *Flow: the Psychology of Optimal Experience*, New York: Harper & Row.（= 1996，今村浩明訳『フロー体験：喜びの現象学』世界思想社）

Cummings Economics, 2005, Cairns 2020-2050 Business Research Manual, Cairns: BRM Partnership.

DAWN（Development Action for Women Network）, 2003, Pains and Gains: A Study of Overseas Performing Artists in Japan, DAWN.（= 2005，DAWN-Japan 訳『フィリピン女性エンターテイナーの夢と現実——マニラ，そして東京に生きる』明石書店）

Desforges, L., 2000, "Traveling the World: Identity and Travel Biography", *Annals of*

Tourism Research, 27（4）：926-945.
DET（Department of Education and Training, Australia）, 2015, *Study pathways of international students in Australia*, DET.
（https://internationaleducation.gov.au/research/research-papers/Documents/Study Pathways 2015_2.pdf）
DFAT（Department of Foreign Affairs and Trade, Australia）, 2008, *Australia and Japan: How Distance and Complementarity Shape a Remarkable Commercial Relationship*, Canberra: Commonwealth of Australia.
――, 2010, *Composition of Trade: Australia 2009-10*, DFAT.
――, 2012, *Composition of Trade: Australia 2011-12*, DFAT.
――, 2015, *Composition of Trade: Australia 2014-15*, DFAT.
DHA（Department of Health and Aging, Australia）, 2013, *The Aged Care Workforce 2012: Final Report*, Canberra: Australian Government Publishing Service.
DIAC（Department of Immigration and Citizenship, Australia）, 2005, "Amendments relating to the Working Holiday Maker visa program", DIAC.
（http://www.immi.gov.au/legislation/amendments/2005/051101/lc01112005-08.htm）
――, 2006, "New Initiatives for Working Holiday（Subclass 417）and Work and Holiday（Subclass 462）Visas", DIAC.
（http://www.immi.gov.au/legislation/amendments/2006/060601/lc01062006-02.htm）
――, 2008a, *Working Holiday Visa Grants: Japan 1993/1994 to 2006/2007*, Unpublished data from DIAC.
――, 2008b, "Migration Regulation Amendments to the Working Holiday visa", DIAC．
（http://www.immi.gov.au/legislation/amendments/2008/080701/lc01072008-02.htm）
――, 2011a, *Working Holiday Maker Visa Program Report: 30 June 2011*.
（http://www.border.gov.au/ReportsandPublications/Documents/statistics/working-holiday-report-jun11.pdf）
――, 2011b, *Population Flows: Immigration Aspects 2009-2010 Edition*, Canberra: Australian Government Publishing Service.
――, 2012, *Working Holiday Maker Visa Program Report: 30 June 2012*, DIAC.
（http://www.border.gov.au/ReportsandPublications/Documents/statistics/working-holiday-report-jun12.pdf）
――, 2013, *Working Holiday Maker Visa Program Report: 30 June 2012*, DIAC.
（http://www.border.gov.au/ReportsandPublications/Documents/statistics/working-holiday-report-jun13.pdf）
DIBP（Department of Immigration and Border Protection, Australia）, 2014a, *Australia's Migration Trends 2013-14*, DIBP.
（http://www.border.gov.au/ReportsandPublications/Documents/statistics/migration-trends13-14.pdf）

―, 2014b, *Working Holiday Maker Visa Program Report: 31 December 2014*, DIBP.
 (http://www.border.gov.au/ReportsandPublications/Documents/statistics/working-holiday-report-dec14.pdf)
―, 2015a, "Permanent additions, 1996–97 to 2007–08", *Historical Migration Statistics*, DIBP.
 (https://www.border.gov.au/ReportsandPublications/Documents/statistics/historical-migration-statistics.xls)
―, 2015b, *Working Holiday Maker Visa Program Report: 30 June 2015*, DIBP.
 (http://www.border.gov.au/ReportsandPublications/Documents/statistics/working-holiday-report-june15.pdf)
―, 2016, "Working in Australia - six months with one employer", DIBP (https://www.border.gov.au/Trav/Work/Empl/WHM-six-months-one-employer).
DIMA (Department of Immigration and Multicultural Affairs, Australia), 1999, Review of Illegal Workers in Australia, Canberra: Commonwealth of Australia.
DRET (Department of Resources, Energy and Tourism, Australia), 2009, *The Jackson Report On behalf of the Steering Committee Informing the National Long-Term Tourism Strategy*, Canberra: Commonwealth of Australia.
Dupleix, J. and Durack, T., 1987, "Japanese Accent on the West", *Herald Sun*, July 29.
Eades, J.S., Gill, T., and Befu, H. (eds.), 2000, *Globalization and Social Change in Contemporary Japan*, Melbourne: Trans Pacific Press.
Economist Intelligence Unit, 2015, *A Summary of the Liveability Ranking and Overview August 2015*, Economist Intelligence Unit.
Educational Testing Service, 2011, *TOEFL Test and Score Data Summary for TOEFL Internet-based and Paper-based Tests: January–December 2010 Test Data*, Educational Testing Service.
 (http://www.ets.org/Media/Research/pdf/TOEFL-SUM-2010.pdf)
Fair Work Ombudsman, 2008, *QLD Cafe, Restaurant and Catering Campaign Report*, Commonwealth of Australia.
 (http://www.fairwork.gov.au/campaignresults/Archive/QLD/QLD-Cafe-Restaurant-and-Catering-Campaign.pdf)
―, 2009, *National Hospitality Campaign Final Report*, Commonwealth of Australia.
 (http://www.fairwork.gov.au/campaignresults/Archive/National/National-Hospitality-Campaign-March-2009.pdf)
―, 2011a, *VIC Mornington Peninsula Hotels and Restaurant Campaign Final Report*, Commonwealth of Australia.
 (http://www.fairwork.gov.au/campaignresults/VIC/VIC-Mornington-Peninsula-Hotels-and-Restaurant-Campaign-Final-Report.pdf)
―, 2011b, *Japanese Restaurants and Asian Grocery Campaign Report*, Commonwealth of Australia.
 (http://www.fairwork.gov.au/campaignresults/VIC/Japanese-Restaurants-and-

Asian-Grocery-Campaign-Report.pdf）
―――, 2011c, *NT Hospitality Final Report,* Commonwealth of Australia.
（http://www.fairwork.gov.au/campaignresults/NT/Final-NT-Hospitality-Report.pdf）
―――, 2016, "Japanese restaurant admits deliberately underpaying 417 visa-holders and hoping to get away with it", Fair Work Ombudsman.
（https://www.fairwork.gov.au/about-us/news-and-media-releases/2016-media-releases/january-2016/20160121-uchouten-eu-presser）
Fitzgerald, J., 2006, *Moving Up in the New Economy: Career Ladders for U.S. Workers,* Cornell University Press.（＝ 2008, 筒井美紀・阿部真大・居郷至伸訳『キャリアラダーとは何か―――アメリカにおける地域と企業の戦略転換』勁草書房）
Funaki, S., 2010, "Multicultural Social Work and Ethnic Identity Positioning: A Case Study of Social Welfare Activities by Japanese Community Organizations in Australia", *Asia Pacific Journal of Social Work and Development,* 20（1）: 5 - 15.
Furlong, A. and Cartmel, F., 1997, *Young People and Social Change: individualization and risk in late modernity,* Buckingham: Open University Press.
Geoscience Australia, 2005, "Outline map of Australia (with state borders)", Geoscience Australia.
（https://d28rz98at9flks.cloudfront.net/61755/61755.pdf）
Gistitin, C., 2010, "Iwasaki Project", *Queensland Historical Atlas,* 24 September 2010.
（http://www.qhatlas.com.au/content/iwasaki-project）
Glaser, B.G. and Strauss, A.L., 1967, *The Discovery of Grounded Theory: strategies for qualitative research,* Chicago: Aldine.（＝ 1996, 後藤 隆・大出春江・水野節夫訳『データ対話型理論の発見―――調査からいかに理論をうみだすか』新曜社）
Glebe, G., 2003, "Segregation and the Ethnoscape: the Japanese business community in Düsseldorf", in Goodman *et al.*（2003：98 - 115）.
Glebe, G. *et al.*, 1999, "Investment-led Migration and the Distribution of Japanese in Germany and Great Britain", Escape, Populations, Sociétés, 17（3）: 425 - 437.
Goffman, E., 1961a, *Asylums: Essays on the Social Situation of Mental Patients and Other Inmates,* New York: Doubleday & Company.（＝ 1984, 石黒 毅訳『アサイラム―――施設被収容者の日常世界』誠信書房）
―――, 1961b, *Encounters: Two Studies in the Sociology of Interaction,* New York: Bobbs - Merrill.（＝ 1985, 佐藤 毅・折橋徹彦訳『出会い―――相互行為の社会学』誠信書房）
Goodman, R., 2003, "The Changing Perception and Status of Japan's Returnee Children (Kikokushijo)", in Goodman *et al.*（2003：177 - 194）.
Goodman, R., Peach, C., Takenaka, A., and White, P. (eds.), 2003, *Global Japan: The Experience of Japan's New Immigrants and Overseas Communities,* London: RoutledgeCurzon.
Hajdu, J., 2005, *Samurai in the Surf: The Arrival of the Japanese on the Gold Coast in the 1980s,* Canberra: Pandanus Books.

Hamano, T., 2011, *Japanese Women Marriage Migrants Today: Negotiating Gender, Identity and Community in Search of a New Lifestyle in Western Sydney*, PhD. Dissertation, the University of Western Sydney.

Harding, G. and Webster, E., 2002, *The Working Holiday Maker Scheme and the Australian Labour Market*, Melbourne Institute of Applied Economic and Social Research, University of Melbourne.

Hopkins, N., 1987, "Sushi A Culinary Art Form", *The Advertiser*, September 30.

Houlihan, L., 2009, "Rich pickings in savage slaying", *Herald Sun*, October 11, 2009. (http://www.heraldsun.com.au/news/rich-pickings-in-savage-slaying/story-e6frf7jo-1225785346339)

Howells, S., 2011, *The Report of the 2010 Review of the 'Migration Amendment (Employer Sanctions) Act 2007'*, Canberra: Commonwealth of Australia.

Ingram, R., 1986, "Firing the Passion for Raw Food", *The Sydney Morning Herald*, December 30, 1986, p. 11.

―, 1987, "Raw Appeal", *The Sydney Morning Herald*, May 19, 1987, p. 1.

Itoh, M., 2012, "Dream Chasers: Japanese Migrant Women in International Marriages and their Experiences in the Hierarchy of Languages", *Intersections: Gender and Sexuality in Asia and the Pacific*, 31.

Jones, A., 2004, *Review of Gap Year Provision*, Department of Education and Skills.

JSCM (Joint Standing Committee on Migration, Australia), 1997, *Working Holiday Makers : More Than Tourists*, Canberra: Commonwealth of Australia.

Kelsky, K., 2001, *Women on the Verge: Japanese Women, Western Dreams*, Durham: Duke University Press.

King, B., 2010, "Bitter harvest", ABC Radio National, 23 May 2010.
 (http://www.abc.net.au/radionational/programs/backgroundbriefing/bitter-harvest/3050520)

Kottasova, I., 2015, "Australia : Want a better life? More here", *CNN Money*, June 4, 2015.
 (http://money.cnn.com/gallery/news/2015/06/03/better-life-index/)

Lee, B. 2009, *Processed Asian Foods in Australia - An update*, RIRDC (Rural Industries Research and Development Corporation, Australia).

Lévi-Strauss, C., 1962, *La Pensée Sauvage*, Paris: Plon. (= 1976, 大橋保夫訳『野生の思考』みすず書房)

Loker-Murphy, L. and Pearce, P.L., 1995, "Young Budget Travelers: Backpackers in Australia", *Annals of Tourism Research*, 22 (4) : 819 - 843.

Machimura, T., 2003, "Living in a Transnational Community within a Multi-ethnic City: Making a Localised 'Japan' in Los Angeles", in Goodman *et al.* (2003 : 147 - 156).

Maksay, A., 2007, "Japanese Working Holiday Makers in Australia: Subculture and Resistance," *Tourism Review International*, 11 (1) : 33 - 43.

Marginson, S., Nyland, C., Sawir, E., and Forbes-Mewett, H., 2010, *International Student Security*, New York: Cambridge University Press.

Miletic, D., 2010, "Dining feast's staff famine: WAITER! WAITER!", *The Age*, November 27, 2010.
Mizukami, T., 1993, *The Integration of Japanese Residents into Australian Society: Immigrants and Sojourners in Brisbane*, Melbourne: The Japanese Studies Centre.
――, 2006, "Leisurely Life in a 'Wide Brown Land': Japanese Views on Australia", *Journal of Applied Sociology*, 48：19-35.
――, 2007, *The Sojourner Community: Japanese Migration and Residency in Australia*, Leiden: Brill.
Mouer, R. and Kawanishi, H., 2005, *A Sociology of Work in Japan*, Cambridge: Cambridge University Press.（＝ 2006, 渡辺雅男監訳『労働社会学入門』早稲田大学出版会）
National Farmers' Federation, 2008, *Summary of Labour Shortages in the Agricultural Sector*, National Farmers' Federation.
（www.nff.org.au/get/3021.pdf）
Norrie, J., 2011, "Raw deal for sushi workers", *The Sydney Morning Herald*, February 6, 2011.
（http://www.smh.com.au/entertainment/restaurants-and-bars/raw-deal-for-sushi-workers-20110205-1ahmg.html）
North, N., 1987, "Taste of Tradition: Japan - an Annual Survey Published with the Age, Melbourne", *The Sydney Morning Herald*, June 16, p.16.
O'Reilly, C.C., 2006, "From Drifter to Gap Year Tourist: Mainstreaming Backpacker Travel", *Annals of Tourism Research*, 33（4）：998-1017.
Prasso, S., 2006, "Escape from Japan", *New York Times*, October 15, 2006.
Prideaux, B. and Shiga, H., 2007, "Japanese Backpacking: The Emergence of a New Market Sector—A Queensland Case Study," *Tourism Review International*, 11（1）：45-56.
Reynolds, P., 1987, "Sushi Food 'Light, Healthy'", *Telegraph*, January 20.
Richards, G. and Wilson, J., 2003, *Today's Youth Travellers: Tomorrow's Global Nomads*, Amsterdam: International Student Travel Confederation.
Rozentals, J., 1989,（no title）, *Sunday Tasmanian*, January 22.
Sakai, C., 2003, "The Japanese Community in Hong Kong in the 1990s: The Diversity of Strategies and Intentions", in Goodman *et al.*（2003：131-146）.
Sakai, J., 2000, *Japanese Bankers in the City of London: Language, Culture and Identity in the Japanese Diaspora*, London: Routledge.
Sassen, S., 1988, *The Mobility of Labor and Capital: A Study in International Investment and Labor Flow*, Cambridge University Press, 1988.（＝ 1992, 森田桐郎ほか訳『労働と資本の国際移動――世界都市と移民労働者』岩波書店）
Shiobara, Y., 2005, "Middle-Class Asian Immigrants and Welfare Multiculturalism: A Case Study of a Japanese Community Organisation in Sydney," *Asian Studies Review*, 29：395-414.
Stalker, P., 1994, *The Work of Strangers: A Survey of International Labour Migra-

tion, International Labour Office.（= 1998，大石奈々・石井由香訳『世界の労働力移動——ILO リポート』築地書館）

Strauss, A.L. and Corbin, J.M., 1998, *Basics of Qualitative Research: Techniques and Procedures for Developing Grounded Theory* (2nd ed.), Thousand Oaks: Sage Publications.（= 2004，操　華子・森岡　崇訳『質的研究の基礎——グラウンデッド・セオリー開発の技法と手順（2 版）』医学書院）

TA (Tourism Australia), 2011, *Backpackers Uncovered: What Do Travellers Really Think of Australia?*, TA.
(http://www.tourism.australia.com/documents/corporate/Backpackers_uncovered.pdf)

——, *Japan Market Profile 2012*, TA.

Tan, Y., Richardson, S., Lester, L., Bai, T., and Sun, L., 2009, *Evaluation of Australia's Working Holiday Maker (WHM) Program*, Canberra: Commonwealth of Australia.

Thang, L. L., MacLachlan, E. and Goda, M., 2002, "Expatriates on the Margins: a Study of Japanese Women Working in Singapore", *Geoforum*, 33 (4) : 539-551.

——, 2006, "Living in 'My Space': Japanese Working Women in Singapore", *Geographical Sciences*, 61 (3) : 156-171.

TRA (Tourism Research Australia), 2008, *International Visitor Profile: Japan 2007*, TRA.

——, 2013, *International Visitors in Australia - September 2013 Quarterly Results of the International Visitor Survey*, TRA.
(http://tra.gov.au/documents/International_Visitors_in_Australia_September_2013.pdf)

United Nations, 2009, *Population Ageing and Development 2009*, New York: United Nations.

USDA and HHS (U.S. Department of Agriculture and U.S. Department of Health & Human Services), 1980, *Nutrition and Your Health: Dietary Guidelines for Americans*, Washington, D.C.: U.S. Government Printing Office.

Walther, A., 2006, "Regimes of Youth Transitions: Choice, Flexibility and Security in Young People's Experiences across Different European Contexts", *Young*, 14: 119-139.

White, P., 2003, "The Japanese in London: from Transcience to Settlement?", in Goodman *et al*. (2003 : 79-97).

Whyte, S. and Lucas, C., 2013, "Underclass of restaurant employees in Sydney grossly underpaid", *The Sydney Morning Herald*, January 18, 2013.
(http://www.smh.com.au/nsw/underclass-of-restaurant-employees-in-sydney-grossly-underpaid-20130117-2cwoa.html)

Wilson, T., 2008, "A Leap into the Future: The Australia-Japan Working Holiday Agreement and Immigration Policy", *Japanese Studies*, 28 (3) : 365-381.

YHA Australia, 2016, "YHA Organisation", YHA Australia.
(https://www.yha.com.au/about/yha-organisation/)

あとがき

　本書は 2013 年 10 月に一橋大学大学院社会学研究科に提出した博士論文『日本の若者と雇用システムの国際化──オーストラリア・ワーキングホリデー制度利用者の事例研究』を基にしている。今回の出版に際して，構成や内容の大幅な変更は行われていないが，古くなったデータを更新したり分かりづらい表現・用語を差し替えたりするといった修正は行われている。そのなかで最も重要なものの1つは，表題にも含まれる「雇用システム」という用語を「雇用・労働システム」に変更した点である。筆者は博士論文において，雇用システムを「雇用や労働のあり方を規定する制度，組織，慣習，パターン化された行為などの体系」という広い意味で用いた。しかしその後，雇用システムという用語には「雇用に関わる（主に企業内の）ルールの体系」という用法があり紛らわしいとの指摘を受けたため，本書の刊行に際して雇用・労働システムに変更した。もう1つの重要な変更は，表題を『若年ノンエリート層と雇用・労働システムの国際化──オーストラリアのワーキングホリデー制度を利用する日本の若者のエスノグラフィー』に変えた点である。主題の「若者」を「若年ノンエリート層」に変更したのは，本書の考察対象の階層的特徴を明確にするためである。副題の「事例研究」を「エスノグラフィー」に変更したのは，本研究の方法論的特徴がフィールドワークに基づく対象の内在的理解であることと，本研究に対する反応のなかで，若者の意識や行為に関する記述と分析（第4・5・7・8章）を肯定的に評価するものが多かったことによる。本書が日本の若年ノンエリート層，とりわけ若年中位層の文化や行為様式を理解する一助となれば幸いである。

　ところで，博士論文を提出してから本書の刊行までの間に，若者の就業状況をめぐるいくつかの無視できない変化が生じた。たとえば，ブラック企業に対する社会的批判の高まりを受けて若者雇用促進法が制定されたこと，同一労働同一賃金の実現に向けた議論が盛り上がりつつあること，リーマン・ショック後に買い手市場化した新卒労働市場が売り手市場に変わりつつあること，そして多様な企業・産業分野で人手不足の影響が顕在化しつつある（にもかかわら

ず賃金の上昇ペースが緩慢である）ことなどである。本書の立場を改めて明確化するためにこれらの変化に対する筆者の見解を述べると，今後，若者の就業意識やキャリア展望を解明するための社会学的研究がいっそう重要性を増すと考えられる。なぜなら，上記の変化を背景に，若年労働者にとって有利な条件がかつてないほど――少なくともバブル経済の崩壊から20年余りの間で最も多く――出揃いつつあるため，彼らの意識・展望とそれらに基づく行為のあり方が，雇用・労働情勢の方向性に大きな影響を及ぼす可能性が高まりつつあるからである。

　たとえば，少子化や高齢世代の退職に伴う人手不足や売り手市場は，若年労働者の全般的な地位向上に寄与しうる。ブラック企業に対抗しようとする労働運動や社会運動の高まりは，経営者の横暴に歯止めをかけたり労働条件の改善に結実したりする可能性を秘めている。（憲法改正という悲願の達成に向けた人気取りの一環として繰り出される）安倍政権の金融政策，経済政策，社会政策は，賃金水準の上昇に多少なりとも寄与するかもしれない。興味深いことに，新自由主義的改革の旗振り役であるIMF（国際通貨基金）でさえも，デフレ脱却の処方箋として賃金上昇や非正規雇用の処遇改善を提示している（エバアート／ガネリ　2016）。若年労働者がこうした状況を好機と捉え，自らの地位向上に結びつく何らかの行動を取るようになれば，バブル経済の崩壊から20年以上続く若年雇用の悪化傾向に多少なりとも歯止めがかかるかもしれない。

　その一方で，若年労働者の意識・展望とそれに基づく行為のあり方によっては，上記の好条件が彼らに対して有利に作用しない可能性も大いにありうる。たとえば，人手不足を高齢者／女性／外国人等の搾取的「活用」（劣悪な労働条件での雇用・実習・ボランティアなど）によって解消しようとする「改革」に賛成したり，非正社員の地位向上ではなく正社員の地位低下によって同一労働同一賃金を実現しようとする「改革」を支持したり，状況の改善をあくまで個人単位の消費的活動によって実現しようとしたり（本書の事例も大枠ではこの類型に属する），福祉の削減や低所得層に対する課税強化を訴える政党や政治家に社会変革の希望を託したりする若者が増加した場合，上記の好条件を自分たちの地位向上に結びつけることが難しくなるかもしれない。本書が上記のような問題関心を共有する人々に対して有益な知見を提供するものであることを祈

りたい。

　博士論文の執筆と本書の刊行にあたり，多くの方々のご指導とご助力を得た。まず，指導教員として，学部ゼミ時代から博士課程修了までの長い年月にわたり，厳しくも温かい指導を辛抱強く続けて下さった渡辺雅男先生に心よりの感謝を申し上げたい。また，論文指導委員の西野史子先生は，博論執筆が滞るたびに激励の言葉と貴重な助言を下さった。深く感謝したい。

　ロス・マオア先生（モナシュ大学名誉教授）には，オーストラリア・モナシュ大学日本研究センターで客員研究員として勤務する機会をいただいた。マオア先生のご支援がなければオーストラリアで調査することは不可能だった。心よりお礼を申し上げたい。水上徹男先生（立教大学教授）には，オーストラリア滞在中と帰国後の多様な機会に，国際社会学の動向を分かりやすく教えていただいた。改めて感謝を申し上げる。また，オーストラリア滞在中は，モナシュ大学日本研究センターから研究活動費の助成を受けた。本研究は同センターの助成に多くを負っている。記して謝意を表したい。

　調査に際しては，多くの方々のご協力とご助力を賜った。特に，参与観察を許可して下さった日本食レストランと観光施設の関係者の方々には，いくらお礼を言っても言い足りないほどである。また，インタビューに協力して下さった方々にも大変お世話になった。残念ながらお名前をあげることはできないが，ご協力下さった全ての方々に，心よりお礼を申し上げたい。

　日本オーストラリア学会に所属する同年代の研究仲間には，資料の提供を含む多大な支援をいただいた。特に，濱野健氏（北九州市立大学准教授）と小野塚和人氏（神田外語大学専任講師）からいただいた情報と資料がなければ，本書の完成は困難だった。記して謝意を表したい。

　学部生時代から所属している渡辺ゼミの先輩や学友には，研究はもちろんのこと，それ以外の面でも多大な支援と激励をいただいた。少なくともここ10年間，先輩である伊原亮司氏（岐阜大学准教授）と共に会食して自分の財布を出した記憶がない。同じく先輩である中村好孝氏（滋賀県立大学助教）と高山智樹氏（北九州市立大学准教授）からは，隣接する専門分野の視点に立った鋭いご意見をいただけることが刺激になった。大学院の同期である神野賢二氏と記田路子氏の存在は，研究生活を続ける上で大きな励みになっている。この場

を借りて感謝の意を表したい。
　福村出版の宮下基幸氏には，本書の出版を快く引き受けていただいた。編集部の佐藤珠鶴氏には，懇切丁寧な編集作業で大変お世話になった。深く感謝申し上げる。
　最後に，いつまでもふらふらと落ち着かない私を辛抱強く見守ってくれている両親と2人の兄に心から感謝したい。

2016年8月
藤岡伸明

〈著者紹介〉
藤岡　伸明（ふじおか　のぶあき）
1978 年生まれ。一橋大学大学院社会学研究科博士後期課程修了。
現在：静岡大学情報学部専任講師。
著書に論文："The Youth Labor Market in Japan", in *Creating Social Cohesion in an Interdependent World: Experiences of Australia and Japan*, edited by Ernest Healy, Dharma Arunachalam, and Tetsuo Mizukami, New York: Palgrave Macmillan, 2016.「若者はなぜ海外長期滞在を実践するのか──オーストラリア・ワーキングホリデー制度利用者のライフヒストリー分析」『労働社会学研究』第 13 号，2012 年など。
翻訳：「オフショア化した仕事」ジョン・アーリ『オフショア化する世界（仮題）』須藤廣監訳，明石書店，近刊など。

若年ノンエリート層と雇用・労働システムの国際化
──オーストラリアのワーキングホリデー制度を利用する日本の若者のエスノグラフィー

2017年2月15日　初版第1刷発行

著　者　藤岡　伸明
発行者　石井　昭男
発行所　福村出版株式会社
〒113-0034　東京都文京区湯島2-14-11
電話 03-5812-9702　FAX 03-5812-9705
http://www.fukumura.co.jp

印　刷　株式会社文化カラー印刷
製　本　本間製本株式会社

© Nobuaki Fujioka　2017
Printed in Japan
ISBN978-4-571-41060-4
乱丁本・落丁本はお取替え致します。
定価はカバーに表示してあります。

福村出版◆好評図書

髙橋 豊 著
日本の近代化を支えた文化外交の軌跡
●脱亜入欧からクール・ジャパンまで
◎4,000円　ISBN978-4-571-41058-1　C3036

西欧文化を受容した明治維新以降、日本の近代化を築いた文化外交の足跡をたどり、その重要性を見直す。

藤井和佐・杉本久未子 編著
成熟地方都市の形成
●丹波篠山にみる「地域力」
◎3,400円　ISBN978-4-571-41056-7　C3036

「兵庫県篠山市」にスポットをあて、地方都市の再生や文化の継承、地域づくりにおける課題・可能性を考察。

福田友子 著
トランスナショナルなパキスタン人移民の社会的世界
●移住労働者から移民企業家へ
◎4,800円　ISBN978-4-571-41046-8　C3036

「自営起業家」として中古自動車貿易業界に特異な位置を築くパキスタン移民を考究、新たな移民論を提起する。

小林真生 著
日本の地域社会における対外国人意識
●北海道稚内市と富山県旧新湊市を事例として
◎5,600円　ISBN978-4-571-41045-1　C3036

地方小都市は外国人をどう受け入れるのか？住民の意識分析を通じて共生社会創生への道を提示する。

野中 葉 著
インドネシアのムスリムファッション
●なぜイスラームの女性たちのヴェールはカラフルになったのか
◎3,200円　ISBN978-4-571-41059-8　C3036

クルアーンの記述、女性たちの証言、アパレル業界への取材をもとに、信仰とファッションの両立の謎を解く。

医王秀行 著
預言者ムハンマドとアラブ社会
●信仰・暦・巡礼・交易・税からイスラム化の時代を読み解く
◎8,800円　ISBN978-4-571-31020-1　C3022

預言者ムハンマドが遺したイスラム信仰体系が、アラブ社会のイスラム化にいかなる変革を与えたのかを探る。

櫻庭 総 著
ドイツにおける民衆扇動罪と過去の克服
●人種差別表現及び「アウシュヴィッツの嘘」の刑事規制
◎5,000円　ISBN978-4-571-40029-2　C3036

ナチズムの復活阻止を目的とするドイツ刑法第130条を詳細に分析、その比較から日本の差別構造の本質を撃つ。

◎価格は本体価格です。